国家社会科学基金重点项目（18AJY016）
哈尔滨商业大学博士科研支持计划（22BQ80）

农村现代化水平评价与地区差异研究

钱佰慧　杜　旭　郭翔宇　著

中国农业出版社
北　京

图书在版编目（CIP）数据

农村现代化水平评价与地区差异研究 / 钱佰慧，杜旭，郭翔宇著. -- 北京 ：中国农业出版社，2024. 12.
ISBN 978-7-109-33437-3

Ⅰ. F320.3

中国国家版本馆 CIP 数据核字第 2025PR0461 号

中国农业出版社出版
地址：北京市朝阳区麦子店街 18 号楼
邮编：100125
责任编辑：赵　刚　张潇逸
版式设计：小荷博睿　　责任校对：吴丽婷
印刷：中农印务有限公司
版次：2024 年 12 月第 1 版
印次：2024 年 12 月北京第 1 次印刷
发行：新华书店北京发行所
开本：787mm×1092mm　1/16
印张：28.25
字数：670 千字
定价：158.00 元

前言

FOREWORD

实施乡村振兴战略，是党的十九大从党和国家事业全局出发、着眼于实现“两个一百年”奋斗目标、顺应亿万农民对美好生活的向往作出的重大决策，是新时代“三农”工作的总统领和主要抓手。进入“十四五”时期，“三农”工作重心历史性转向全面推进乡村振兴。党的二十大对全面推进乡村振兴作出战略部署，提出了加快建设农业强国的战略目标。

实施乡村振兴战略的总目标，是实现农业农村现代化。党的十九大报告首次提出了加快推进农业农村现代化的新思想，这一新思想的创新性在于，在强调农业现代化的基础上，第一次明确提出农村现代化的建设内容和发展目标要求，确立了把农村现代化纳入社会主义现代化国家建设体系的新安排。农业现代化是产业现代化的概念，属于经济现代化的范畴。党的十九大创新性地提出了农村现代化，这是一个区域现代化的概念，包含经济建设、社会建设、文化建设、政治建设和生态文明建设等多方面内容，具有综合现代化的特征。提出农村现代化这一创新思想的重大意义在于，把农村现代化纳入社会主义现代化国家建设体系当中，使得现代化建设的内涵更全面、更科学。加快推进农业农村现代化，是国家现代化的基础，是建成现代化强国的题中应有之义。

本书是哈尔滨商业大学经济学院钱佰慧和哈尔滨师范大学经济管理学院杜旭、东北农业大学现代农业发展研究中心郭翔宇合作研究完成的一部学术专著。本书是国家社会科学基金重点项目“乡村振兴水平评价与战略驱动机制研究”（批准号：18AJY016）和哈尔滨商业大学博士科研支持计划“加快黑龙江省农村现代化的实现机制与路径研究”（22BQ80）的研究成果。国家社会科学基金重点项目“乡村振兴水平评价与战略驱动机制研究”于2018年6月立项，2022年8月通过验收结项，鉴定等级为优秀。

全书分为上、中、下三篇。上篇是综合研究，由钱佰慧完成，从推进农业农村现代化的理论分析入手，依据农村现代化系统的作用要素建立农村现代化水平评价指标体系，从全国和省域两个层面分别进行定量评价，并详细分析省域农村现代化水平的地区差异及类型划分，探究省域农村现代化水平差异的影响因素，提出提升农村现代化水平的总体思路、机制与对策建议。中篇是地区研究，由钱佰慧完成，将全国31个省（自治区、直辖市）按照地理分区划分为华北、东北、华东、中南、西南和西北等6个地区，分别从评价结果、分段比较分析、指标均衡性与优劣势分析及对策建议等4个部分对各省份农村现代化水平进行评价。下篇是专题研究，主要由杜旭和郭翔宇完成，主要研究了以创新理念推进农业农村现代化、以大农业为主攻方向率先实现农业农村现代化等问题。哈尔滨商业大学经济学院硕士研究生于嘉雯、张颖、曹颖琪、刘志鹏、张永建在课题研究和书稿撰写过程中参与了数据搜集、处理与文字校对等工作。

书中某些章节的内容是在项目立项之前和验收结项之后完成的，并在相关报刊上发表。由于作者水平所限，书中难免存在不当之处，敬请读者批评指正。

著　者

2024.12

目录

CONTENTS

上篇

综合研究

第一章
引　言

一、研究背景与问题的提出

自2017年党的十九大报告第一次将农村现代化作为发展目标与农业现代化并列提出后，国家多次强调农业农村现代化对于全面建成小康社会以及全面建成社会主义现代化强国的重要性。这意味着农村现代化被正式纳入社会主义现代化国家建设体系①，且起着决定性作用。

2004—2025年，党中央连续22年将“中央1号文件”的主题聚焦“三农”工作。2021年中央1号文件为《中共中央　国务院关于全面推进乡村振兴加快农业农村现代化的意见》，明确指出“举全党全社会之力加快农业农村现代化”。2022年中央1号文件为《中共中央　国务院关于做好2022年全面推进乡村振兴重点工作的意见》，进一步提出“推动乡村振兴取得新进展、农业农村现代化迈出新步伐”的工作目标。可见，农业农村现代化对于解决“三农”问题的重要性和紧迫性。

在《中华人民共和国国民经济和社会发展第十四个五年规划和2035年远景目标纲要》中也提到加快农业农村现代化。由此可见，农业农村现代化不仅是新时代“三农”工作的突破方向，也是国民经济和社会发展的重要内容。

虽然农村现代化的概念是在2017年才被正式提出，但农村现代化建设的实践开始于改革开放初期甚至更早。自改革开放以来，经过40余年的改革、创新、发展，我国农村现代化的实践取得可观成就。完成了农村经营体制机制改革、农村土地承包经营体制机制改革，农业综合生产能力显著提升，农业产业发展取得新突破，农民收入显著增加，农村基础设施和公共服务水平得到明显改善，农村生态保护与修复效果显著。

小康社会全面建成标志着“第一个百年”奋斗目标圆满完成，“第二个百年”奋斗目标已然开启，全面建成社会主义现代化强国的重点、难点都是农业农村现代化。“十四五”规划中加快农业农村现代化是主要发展目标之一。脱贫攻坚战取得全面胜利解决了我国绝对贫困问题，通过推进农业农村现代化解决相对贫困问题成为下一阶段的主要任务。乡村振兴战略全面推进，全面实现农业农村现代化指日可待。从“三农”视角出发，推进农业农村现代化、促进城乡融合发展是解决社会主要矛盾的客观要求，也是全面建成社会主义现代化强国的必然选择。

然而，事实上，我国推进农业农村现代化的基础薄弱，任务艰巨，其薄弱性和艰巨性体现在多个方面。从“三农”视角来看，我国是农业大国，却不是农业强国。农业现代化建设虽然起步较早，但与发达国家的先进水平仍有一定差距。2020年，我国农作物耕种

① 郭翔宇，胡月．乡村振兴战略的鲜明特征［N］．中国社会科学报，2018-11-14（004）．

收综合机械化率达到 71.25%。而美国早已实现完全机械化，日本达到 90%以上。2017 年，我国农业劳动生产率为 4 630 美元，只是日本的 11.5%、美国的 9.26%。农村地区在经济、文化、生态等方面也存在较多问题。如产业结构不合理，治理体系有待完善，治理能力有待提高，农村公共物品供给总量不足、质量不高、结构失衡，农村居民社会保障标准低于城镇职工，农村空心化和老龄化严重等。

相对传统、落后的农村与现代、先进的城市形成鲜明的对比。第三次全国农业普查结果显示，我国农村的基础设施建设和公共服务质量相较于城市仍有较大差距，如村内卫生厕所、托儿所、医疗卫生人员的覆盖率处于较低水平，生活垃圾和污水的集中处理状况较差。农民受教育年限普遍不高、城乡居民收入差距较大等问题也较为突出。2020 年，我国农村居民和城镇居民人均可支配收入分别是 17 131.5 元和 43 833.8 元，人均消费支出分别是 16 063 元和 34 033 元，农村居民的人均可支配收入和人均消费支出分别是城镇居民的 39.08%和 47.20%①。2019 年，农村居民受教育年限为 7.89 年，城镇居民受教育年限为 10.82 年，农村居民受教育年限是城市居民的 72.95%②。

可见，加快推进农业农村现代化是新时代的必然选择。本书将在清晰界定新时代背景下农村现代化内涵的基础上，构建农村现代化水平评价指标体系，以了解国家和省域层面的农村现代化发展状态。基于测度结果，探析我国农村现代化发展均衡性及其影响因素，并尝试提出提升农村现代化水平的总体思路和具体措施。

二、研究目的与意义

（一）研究目的

作为乡村振兴战略的总目标、新时代“三农”工作的突破方向、国家现代化的重要组成部分、“十四五”时期国民经济和社会发展的重要内容，农村现代化的推进具有重大意义。本书在界定农村现代化概念的基础上，从“三农”视角出发，以城乡融合发展为目标导向，构建农村现代化水平评价指标体系和评价模型，量化分析农村现代化水平。基于对省域农村现代化水平的地区均衡性及影响因素的分析，提出提升思路与对策，以期达到加快推进农村现代化的目的。

（1）界定分析农村现代化的内涵与特征。通过对历史文献和方针、政策等资料的梳理，尝试界定新时代背景下农村现代化的内涵、特征及意义，明确推进农村现代化相关工作的开展内容、方向，以及完全实现农村现代化时应达到的水平和状态，以期既可以为农村现代化水平评价提供理论基础，又可以为开展、考核农村现代化工作提供借鉴与参考。

（2）构建农村现代化水平评价指标体系和评价模型，量化全国和省域农村现代化水平。通过大量的文献阅读与梳理，结合相关的方针、政策、规划等资料，构建一套科学、合理、具有实用价值的农村现代化水平评价指标体系，并引入评价模型，对国家层面和省级层面的农村现代化水平进行量化测算，从而了解我国农村现代化发展水平与状态，以及其与完全实现农村现代化目标的差距。

---

① 农村和城镇居民人均可支配收入、人均消费支出数据均源自《中国统计年鉴》，城乡之比为作者计算所得。

② 农村和城镇居民受教育年限由作者整理计算所得，基础数据源自《中国人口和就业统计年鉴》。

(3) 分析省域农村现代化水平的地区差异。综合使用标准差、基尼系数、泰尔指数等差异指数和全局自相关分析、热点分析等空间分析手段，分析省域农村现代化水平的地区差异的来源与程度，为探索省域农村现代化水平差异成因并实现其均衡、快速发展提供数据依据。

(4) 剖析省域农村现代化水平差异的影响因素。综合运用指标优劣势分析和空间计量模型，从内部结构和外部环境2个维度，分析省域农村现代化水平地区差异的影响因素，为实现农村现代化均衡、快速发展提供抓手。

(5) 提出提升农村现代化水平的总体思路、机制与对策建议。基于上述分析，从整体思路和机制、具体措施和对策2个维度，提出提升农村现代化水平的建议，为国家相关政策、规划的制定提供参考。

(二) 研究意义

加快推进农村现代化是农村区域发展和社会主义现代化强国建设的重要内容。界定农村现代化的内涵，构建农村现代化水平评价指标体系并评价其发展水平，分析其地区差异的来源和程度，并找到差异的影响因素，最终提出提升对策建议，具有重要理论意义和现实意义。

1. 理论意义

本书的理论意义如下：

(1) 对农村现代化内涵和外延的界定，有助于把握新时代背景下农村现代化的内容与标准。农村现代化具有鲜明的时代性，在辨析农村与农业、农民的并列与包含关系的基础上，阐明新时代背景下广义和狭义农村现代化的内涵、特征及意义，有助于更好地把握农村现代化的内容与标准，为开展农村现代化的相关研究提供理论基础。

(2) 农村现代化水平评价指标体系的构建，为评价农村现代化进展提供有效的方法和工具。在全面把握农村现代化内涵的基础上，从"三农"视角出发，以城乡融合发展为目标导向，构建符合当前国情、农情且独具特色的农村现代化水平评价指标体系，可以为更直观、准确地评价农村现代化进展提供有效的方法和工具。

(3) 以区域现代化理论作为理论基础，有助于丰富区域现代化理论的研究内容。本书将农村现代化的本质界定为与城镇相对应的农村区域的现代化，对于农村现代化水平评价的研究以区域现代化相关理论为基础。相应的，本书中对农村现代化内涵的界定、全国与省域农村现代化水平评价指标体系的构建与评价、省域农村现代化地区差异的探索和差异影响因素的分析，以及提升农村现代化水平的思路与对策，也将丰富区域现代化理论的研究内容。

2. 实践意义

本书的实践意义如下：

(1) 界定农村现代化的内涵与特征，对于农村现代化相关实践工作的推进具有指导意义。在农村现代化的内涵、特征中，蕴含着对农村现代化的目标、内容、标准的阐释，对明确推进农村现代化的工作方向、实践重点以及实现农村现代化须达到的标准具有一定实践指导意义。

(2) 构建农村现代化水平评价指标体系和评价模型，为农村现代化考核评价工作提供参考借鉴。在构建农村现代化水平评价指标体系过程中，需要明确具体考核项目及评分标准，可供参考借鉴。因而，评价指标体系和评价模型的构建有助于开展农村现代化水平考核评价工作。

（3）测度国家和省域层面的农村现代化水平，有助于相关部门了解我国农村现代化发展水平与状态，科学规划相关工作重点。在构建农村现代化水平评价指标体系和评价模型的基础上，定量分析全国和不同地区、不同时间的农村现代化进展情况，将抽象的农村现代化水平变得具体可视化，便于政府及时、准确地把握我国农村现代化的发展现状、所处地位、阶段和趋势，从而查缺补漏、科学规划，加快推进农村现代化。

（4）分析省域农村现代化水平的地区差异及影响因素，对于促进我国农村现代化的地区均衡发展具有实践意义。分析省域农村现代化水平的地区差异的来源与程度，并探索差异成因，可为加快推进我国农村现代化均衡、快速发展提供数据依据，因而具有实践意义。

（5）提出提升农村现代化水平的总体思路、机制与对策建议，对于全面推进农村现代化水平具有现实意义。基于对农村现代化水平的评价和对地区差异及其影响因素的分析，从整体思路和机制、具体措施和对策2个维度，提出提升农村现代化水平的建议，为国家相关政策、规划的制定提供参考。

三、国内外研究文献综述

国内外学者关于现代化、农业现代化、农村现代化及其水平评价的研究丰富，可为本书提供参考和依据，本小节将从国内和国外2个方面对现代化与水平评价相关文献进行梳理。

（一）国外研究文献综述

国外学者关于现代化的理论与评价的探索开始得较早，成果也相当丰富，一些经典的现代化评价方法至今仍是国内外学者开展现代化相关研究的重要参考。国外学者开展现代化研究的对象大多为国家、地区、城市或者产业。关于农村的研究多集中于农业现代化和农村建设。因此，将从经典现代化评价方法、农业现代化、农村发展等3个方面梳理国外研究文献。

1. 关于经典现代化评价方法的研究

“现代化”一词最早由欧美国家提出。1951年6月，美国学者用“现代化”形容从农业社会向工业社会的转变（布莱克，1996）。后有学者从经济学、社会学（西尔斯，1968）、政治学（亨廷顿等，1989）、人文学（英克尔斯，1985）、体制比较（布莱克，1989）等多个领域对经典现代化理论展开研究。

关于现代化实现程度评价的方法主要包括以问卷调查为主的定性评价方法，以统计数据测算为主的定量评价方法，以及综合定性与定量两种方法的综合评价方法。出于对数据可量化角度的考虑，国际范围内现代化标准的制定往往集中于经济与社会维度的指标，弱化政治性和思想性的指标。

一些经典的现代化评价方法至今仍对相关研究具有指导和借鉴意义。如英克尔斯指标体系和工业国家发展指标是经典的定量评价方法，“箱根”模型、“列维”模型、现代人模型和比较模型是经典的定性评价方法。

20世纪80年代初，英克尔斯（Alex Inkeles）提出了现代化的11项评价指标和标准。1960年，来自日本、美国和英联邦国家的30多位专家在日本箱根就经典现代化的标准展开了讨论，提出了“箱根”模型中的8项标准。Levy（1996）总结了现代化社会的8个特征。英克尔斯提出现代人的9个特征。比较模型中包罗不同领域的现代化特征或标准。

此外，20世纪末，世界银行发布的《1979年世界发展报告》以发达工业国家发展指标的平均值作为标准，从人均国民生产总值、劳动力就业结构、产业结构、城市化、教育、健康状况等6个方面，评价发展中国家现代化水平。20世纪80年代末，对各国城市发展水平的评估也覆盖了政治、经济、社会、文化、教育、科技、居住水平、基础设施、环境、人的发展等10个方面。吉尔伯特·罗兹曼（2014）从国际背景、政治结构、经济结构及经济增长、社会整合、知识和教育等5个维度，选择21个具体指标，构建国家现代化指标体系。

2. 关于农业现代化的研究

国外学者关于农业现代化的研究，主要包括农业现代化的内涵、特征、评价、模式以及战略选择等方面。

（1）关于农业现代化内涵与特征的研究。1964年，西奥多·舒尔茨（Theodore W. Schultz，1964）提出，农业部门可以为国家经济增长提供助力，不该被忽视，但若不能向传统农业中注入现代生产要素，由技术进步推动传统农业向现代农业转化，那么传统农业无法助力发展中国家的经济增长。罗斯托在发展阶段论中揭示了农业社会现代化的动力所在，并说明了农业生产的增长对于经济发展初期阶段的关键性。生产力水平和农业生产效率的提升是农业现代化的目的所在。对于国家而言，其农业现代化过程可以视为向工业化、城市化转变的过程。

农业现代化长期以来都是备受国际关注的话题，兼具开放性和历史过程性等特征。因而，在研究农业现代化问题时应具备全球视野，可将发达国家的既有水平作为现代化的内在要求。技术的变革和经济社会的进步会催化农业现代化特征的演变，因而，在不同时期、不同经济发展水平和社会发展阶段中，其特征会有所差异。Koivu总结，农业现代化的主要特征包括农民的现代化和机械化。若考虑农业发展的可持续性，友好的生态环境、安全的食品、稳定的政治也是农业现代化特征的应有之义。经纬度地带分布特征导致农业生产具有较强的地域性，进而使各国资源禀赋、农业经济制度、文化、科技水平差异较大。发挥生态环境对农业现代化的促进作用，意味着既要发展现代农业又要保护好生态。

（2）关于农业现代化目标与评价指标体系的研究。由于西方发达国家在农业现代化进程中忽视生态保护问题，造成比工业化进程中更为严重的生态问题，因而，国外学者在农业现代化指标体系研究中，往往从可持续发展和农业的多功能等角度考量指标选取与体系构建问题。Rezaei和Carof充分考虑农业可持续发展问题，从环境输入、排放、经济以及社会发展等4个方面构建了农业现代化指标体系。Huffman运用EM模型及层次分析法，从农产品产量、质量、利润、股权分红、就业、生活质量、公平性、环境保护和资源利用等诸多维度测度农业现代化发展水平。Carlos 和 Groot 将经济价值和利益相关者等因素纳入评估多功能农业的指标体系中。Lehr 认为，若指标体系欠缺对系统性和可操作性的考虑，又忽略对农业系统生态透支的考量，则无法实现以可持续发展理论指导农业发展实践。

(3) 关于农业现代化动力的研究。Altieri 和 Deere 认为，农业现代化演进的动力来自资本要素和劳动力持续公平发展。Bellon 分析认为，可通过政府规划推进农业技术的推广应用，进而保障农业现代化的进一步发展。

政府实施的高价值链和环境政策是农业现代化的重要影响因素。农业现代化发展的进程会受到矿物肥料对化学肥料的替代、水资源、土壤条件、道路网络和市场发育等诸多物质条件的影响。农民的人力资本积累和技术采用对农业现代化水平具有显著促进作用，具有优质教育背景的专业技术人员和技术进步，使国家农业生产力实现跨越式发展。农业现代化演进过程也会受到农业技术进步和制度创新影响。

(4) 关于农业现代化模式及战略选择的研究。Timmer (1988) 认为，促进若干政策组合发力是推动农业现代化发展的战略选择，特别是以市场化充分发展调动农民的积极性。Twomey 等 (2001) 倾向于引进先进技术，通过科技进步和外贸经济促进农业经济发展。Kennedy 和速水佑次郎从国家层面总结了具有不同资源禀赋特征的国家的发展模式，为农业落后国家农业现代化演进路径选择提供了有益借鉴①。Naoki (2011) 认为，劳动力在政府的引导下由城市返乡创业产生“回流效应”、规模化生产和积累农民人力资本是农业现代化战略选择。Adel 等 (2011) 肯定了农业信息咨询公司和农民合作社对于生产决策和技术应用的影响，认为二者是农业现代化的重要路径选择。Hardeman 等 (2012) 就荷兰在农业现代化进程中出现的土壤肥力下降、生物多样性受到威胁的问题，提出了实现农业的环境保护与可持续发展的农业现代化演进道路和战略选择。

3. 关于农村发展的研究

在个案研究方面，众多学者分别对亚洲、欧洲多国的农村发展过程进行梳理，并总结相关经验启示。世界各国的文化、资源禀赋、经济发展、政治体制不同，农村发展特征也各不相同。韩国和马来西亚重视农村基础设施建设和基本生活保障，以此保障农村居民福利，促进农村发展 (Hamzah, 2010)。法国强调“一体化”发展。日本“一村一品”运动与韩国的“新农村运动”都采取了一种由政府引导的强制式推进、农民参与式发展模式，从中央到地方设立一套专门行政机构，自上而下负责各项事务，既调动农民主体的积极性，又以政府投资、财政补贴和减免税收的形式给予扶持 (坂下明彦, 2000)。德国注重绿色可持续发展，也注重以颁布《土地整理法》《建筑法典》等法规促进农村发展。美国成立“州农村发展委员会”；韩国由中央政府牵头，内务部、农林水产与畜产食品部、工商管理部等多部门政府官员组成中央新农村运动咨询与协调委员会，相互协作，合力推进农村发展；日本构建三级“农业协同组合”“农业振兴协议会”等，通过村民自治保障农民利益。泰国政府相关部门选择发展项目并投资，农民可以信贷补贴的形式获得资金要

---

① 速水佑次郎，弗农·拉坦．农业发展：国际前景 [M]．北京：商务印书馆，2014.

素，参与到政府选择并投资的项目中，这种“自上而下”的发展模式盛行于东南亚若干国家。

其中，有以下几点值得我国借鉴：

第一，以农民为促进农村发展的主体。作为建设者和受益人，农民明确自己在农村发展进程中的占位后，可根据自己的优势、劣势、需求以及亟待解决的问题，规划自身的发展计划，并为地区发展建言献策。

第二，以科学的地区规划引领农村发展。以健全的法律和科学的规划设计为制度保障，推进农村地区协调发展。比如美国、英国、德国、荷兰和日本等发达国家，在发展初期主要是通过颁布相关法律和推行土地改革，明确划分土地使用类别，确定乡村的空间分布和基本形态。

第三，打破“二元结构”，保障城乡平等。现有研究表明，发达国家的城乡居民并不会因为资源禀赋条件或者区位条件差异而差异化地享有经济、政治权利。在农村发展进程中，政府应扮演好平衡城乡公共物品、服务供应的角色。

第四，政策扶持。以低息贷款、财政补贴等形式扶持农业生产，以减免税收支持农村非农产业发展，以引入市场竞争机制激发农业竞争力、优化资源配置（卢丹，2002）。

第五，提升农民的组织化程度也是推进农村发展的有效途径之一。如欧美国家和日本、韩国等国家都先后成立“农协”或类似的农民组织，这些组织集生产、加工、销售、金融、保险等于一体，大大提高了当地农民的组织能力、生产能力和市场竞争力（崔大树，2002）。

也有国外学者做了微观研究。具有创业创新精神的农村居民、充足的金融投资和财政投入、各区域协调发展都会正向促进农村发展（Korsching，1992）。政府、社会组织中的志愿者、涉农的发展改革部门也是农村发展的有力推动者。也有学者从理论层面研究乡村治理、城乡关系、社会发展等问题（Bai X 等，2014；McLaughlin K，2016）。

（二）国内研究文献综述

国内学者关于农村现代化水平评价的研究起步较晚，但是关于国家现代化、地区现代化和农村发展实践的研究较为丰富，且对本书具有借鉴意义。下面将从现代化思想演进、农业现代化和农村现代化的理论研究、现代化评价指标与方法、国际农业农村现代化给我国的启示等 4 个方面梳理国内学者的相关研究文献。

1. 关于现代化思想演进的研究

我国学者关于现代化的研究起源于对国家现代化的探索，随后沿着各学科、地区、领域、产业的脉络逐渐扩张，铺展成我国现代化研究体系。下面将从国家现代化、地区现代化以及不同领域现代化等 3 个方面对关于现代化思想起源与演进的研究进行梳理。

早在 1933 年 7 月，国内学者就在《申报月刊》中探讨过中国现代化的困难和道路，但当时并未形成现代化理论体系（罗荣渠，1990）。国内研究现代化的代表性人物罗荣渠认为，现代化有广义与狭义之分。广义的现代化是一种世界性的历史进程，以工业化为特征；狭义的现代化主要指落后国家追赶先进的过程。起初，中国现代化的自发动力不足，是由外力引领和推动的外源式的现代化。随着经济社会的不断革新发展，中国现代化的动力源依次经历了“外源—内外结合—内源主导”的演化过程。

农村现代化属于地区现代化的范畴（中国现代化战略研究课题组，2004）。著名经济学家厉以宁（2000）研究了我国区域发展不平衡与国家现代化进程之间的互动关系。地区现代化是客观存在的，遵循国家现代化的一般规律，不是国家现代化的简单“缩小”。发达国家的现代化发展经验显示：一般而言，相对贫困落后的地区应将解决居民的温饱问题放在首要位置，经济发达、现代化进程比较快的地区通过辐射逐步影响周边相对落后的地区，落后地区也可能通过优势互补与发达地区不断加强经济及其他方面的交流和合作，从而逐步实现现代化水平的共同提高。

崔大树（2003）认为，科学技术进步和经济发展始终是现代化进程的直接动力。王树华等（2018）提出，我国区域现代化发展的驱动力集中于制度创新、开放发展、技术进步、区域竞争和人的现代化等5个方面，并基于对内在驱动机理的深入剖析，构建了区域现代化驱动机制模型。

王秀华（2009）研究分析了欠发达地区的现代化发展模式。付蓓（2012）从民生的视角探讨了西部民族地区现代化的内涵、特点以及重要意义。杨志远（2016）研究了西部欠发达地区现代化进程中存在的共性问题，并提出发展路径。赵西君（2015）基于二次现代化理论，对苏南地区现代化的发展历程、阶段特征、存在问题以及发展路径进行研究。孙宁华等（2013）研究认为，可将韩国作为苏南地区现代化的标杆国家，并通过多角度对比分析和客观评价，提出苏南地区推进现代化进程的战略选择。

中国现代化战略研究课题组先后就人类社会的经济、社会、政治、文化、环境和个人（行为心理）等6个领域展开研究。经济现代化的水平评价指标包括经济效率、结构和制度变化。产业结构现代化是产业结构进阶演化的过程，也是国家现代化和经济现代化的一种表现形态和重要组成部分，可从产业水平、产业结构和产业质量等3个方面进行分析。社会现代化是指人们利用近现代科学技术，全面改造自己生存的物质条件和精神条件的过程。社会领域的现代化包括人口与健康（人口、家庭、家居和卫生等4个小领域）、学习与工作（教育、劳动、分配和贫困等4个分领域）、休闲与福利（休闲娱乐、交通通信、社会保障和公共安全）等3个领域，社会生活、结构、制度和观念等4个方面。国家治理体系是基于明确的治理理念构建，用以保障国家平稳运行的体制机制；是一个包括行政体制、经济体制和社会体制等的制度体系；是党领导人民管理国家的制度体系，包括经济、政治、文化、社会、生态文明和党的建设等各领域的体制机制和法律法规安排，也就是一整套紧密相连、相互协调的国家制度。学者们就国家治理能力是国家治理体系的执行能力这一观点达成共识。戴长征（2014）将国家治理能力定义为，国家在管理社会政治、经济、文化事务过程中，为实现国家治理的战略目标，分配社会利益并实现对社会生活的有效控制和调节的能量及其作用的总称。李武装（2010）对我国关于文化现代化的研究进行了整理、分析和评述。何传启提出，文化现代化是文化领域的现代化，其外延包括纯粹文化、文化设施、文化产业、文化生活、文化内容、文化形式、文化制度、文化观念、文化体系和文化管理的现代化等，文化现代化只在文化生活、文化设施和文化产业等维度具备横向可比性。生态现代化理论兴起于二十世纪七八十年代，对我国现代化建设影响深远。各地区围绕城乡联动、特色经济发展、生态工程建设等主题，为推进我国生态现代化建设进行有益实践。

2. 关于农业现代化和农村现代化的理论研究

（1）关于农业现代化的理论研究。1949 年，党的七届二中全会提出，引导农业经济向着现代化方向发展。这是农业与现代化首次产生联系，但此时农业现代化尚未上升到战略高度。《1954 年国务院政府工作报告》中，农业现代化被纳入国家发展战略框架，并成为摆脱贫困、推进改革进程的必要条件之一。

曹俊杰（2019）认为，农业现代化的理论政策会随社会经济发展形势的变化而变化，并将我国农业现代化的理论、政策与实践的历程划分为“老四化”“多化并举”“三化协调”“四化同步”和农业农村现代化一体等 5 个阶段。农业现代化的特征会因经济、社会、科技进步发展水平的变化而变化。当代发达国家既有的最高水平，可作为农业现代化的衡量标准（韩长赋，2010）。农业现代化的内涵相对固定，但会因侧重点的偏好和表达方式的差异而以不同形式呈现，其外延会随着时代背景、生产力发展水平或经济社会发展水平不断演化（柯炳生，2000；陈锡文，2001）。究其本质，农业现代化是以变革提升农业生产效率和经济效益，其关键在于农业科技的普及应用（张冬平等，2002）。以增加农业产业投入、促进土地产权制度改革、建立健全社会化服务体系的方式推进适度规模经营和集约经营，是推进农业现代化发展的主要途径。陈晓华（2009）认为，应走具有中国特色的农业现代化道路，构建发展中国家现代农业的支撑体系，在城乡统筹中推进中国特色农业现代化。但无论选择哪种路径，保障粮食安全都是农业现代化的根本出发点和落脚点。

（2）关于农村现代化的理论研究。新中国成立之初，党和国家已开始关注农村建设问题，在《一九五六年到一九六七年全国农业发展纲要（修正草案）》中，提出“建设社会主义农村”，并开展了关于农村现代化的相关实践（杜志雄，2021）。党的十三届八中全会关于“农业和农村现代化”的表述引发了国内学者对农村现代化研究的热潮（毛飞等，2012）。直到 2017 年，党的十九大首次从国家政策层面将农村现代化作为一个独立的概念和战略发展目标与农业现代化并列提出，关于农村现代化的研究出现新的转折。

因此，以党的十九大为时间节点分两部分梳理关于农村现代化的理论研究。

①党的十九大之前关于农村现代化的理论研究。改革开放极大解放了生产力，农村现代化建设愈加受到重视，我国学者继农业现代化后开展了对农村现代化的理论与实证研究。起初，农村现代化的主要特征包括农业现代化、农村工业化和农村城镇（市）化（朱道华，2002）。相关研究也集中于农业现代化、乡镇企业和农村经济发展（陈耀邦，1999）。可见，改革开放初期的农村现代化建设更注重农村的产业发展和经济功能。随着农村改革逐渐深化，农村发展地位不断提升，农村现代化的内涵不断丰富，相关研究也拓展到农村现代化过程中的教育、人力资本、生态环境、农民现代化等各个领域。

农村现代化以缩小或消灭城乡、工农、体力劳动和脑力劳动差别，从而实现城乡协调发展为目标（林毅夫，2002）。何传启（1999）认为，农村地区现代化的目标应是先实现第一次现代化（即工业化和城市化，包括实现农业现代化），后达到并保持世界先进水平。

农村现代化应以农业发展方式的转变和农业农村的持续发展为主要特征。农村现代化就是要在工业化和城市化的过程中，让农村与城市同步发展，让农村居民与城市居民过同样舒适而体面的生活。农村现代化的根本任务是加快农村城镇化进程，不断提高城镇化水平。

黄文新等（1995）认为，农村现代化是一个复杂的系统工程，并具有世界性、历史性、动态性、区域性等特征。雷原（1999）认为，农村现代化的主要特征包括时代特征、滞后特征、条件特征、阶段特征、技术特征、产业特征、家庭特征、服务特征、制度特征、国别特征。提升农村现代化程度必须与时俱进，创新农村制度体系。郑晔等（2009）从农村人力资源、农业科学技术、农村产业结构、农业生产经营管理、农村基础设施、农村资源环境、农民生活消费等方面提出农村现代化的现实选择。杨勇（2015）提出了中国农村现代化的 3 种模式，分别是以工业化为主导的农村现代化模式、以农业现代化为主导的农村现代化模式和以服务业为主导的农村现代化模式。李昌平（2013）基于四川省自身的发展条件，提出以新村建设为路径加快推进农业农村现代化。

②党的十九大之后关于农村现代化的理论研究。党的十九大后，农村现代化被正式纳入社会主义现代化国家建设体系。“农业现代化”向“农业农村现代化”的转变，既是表述的创新，也是对农村价值的肯定，从审视角度、重要性认识、推进方式和认知程度等方面实现了“三农”工作认识上的时代性跃升（王兆华，2019）。农村现代化被赋予了新的时代内涵，但缩小城乡差距的目标一直未变。

新时代背景下，我国农业农村现代化建设在粮食生产能力、农业供给侧结构性改革、农业绿色发展、现代农业建设、农村改革、农民收入提升等方面有重大突破。但在收入、消费、生态、资源环境、基础设施建设、生产成本、供需结构、技术、业态、要素、制度、民生等多个方面面临诸多问题和挑战（杜志雄，2021）。实施乡村振兴战略与推进农业农村现代化是新时代解决“三农”问题的基本方针政策（陆益龙，2018），实施乡村振兴战略，有助于改变农业农村发展滞后、我国发展不平衡不充分的局面，使农业农村现代化跟上国家现代化步伐。“两个一百年”奋斗目标中也包含实现农村现代化。

农村现代化既包括产业和基础设施等“物”的现代化，又包括“人”即农民的现代化，其真实内涵则是乡村主体性的维续和乡村新的发展。张文彩（2018）认为，农村现代化是一个系统性的工程，包含农村经济、社会、政治、生态和文化的现代化，乡村振兴战略是新时代农村现代化的必然选择与战略依据。郭翔宇（2018）认为，农村现代化是一个区域现代化的概念，包含经济建设、社会建设、文化建设、政治建设、生态文明建设等多方面内容，具有综合现代化的特征。魏后凯（2019）认为，农业农村现代化由农村产业现代化、农村生态现代化、农村文化现代化、乡村治理现代化和农民生活现代化组成。姜长云等（2021）认为，农业农村现代化是农业作为产业的现代化和农村作为区域的现代化的结合体，其外延包括 2 个维度：一是农业现代化、农村现代化、农民现代化“三化融动”，二是推动农业农村高质量发展、乡村居民高品质生活、“三农”高水平安全良性互动并达到世界先进水平。

推进农业农村现代化，需要走以粮食安全为核心、以农户为主体、由农民因地制宜自主选择的中国特色农业农村现代化道路。其战略重点应集中于促进农民持续增收、建设现代农业产业体系、推进农业科技创新、加快乡村建设、实现城乡融合发展与统筹国内、国际市场等方面。具体的，坚持农业农村优先发展、推动脱贫攻坚与乡村振兴有机衔接、健全城乡融合发展的体制机制、全面提升农业农村治理能力等政策取向，在农业技术进步、农地保护、城乡区划、城乡社会治理、土地产权等方面从政策层面进行深度改革（党国英，2018）。郭翔宇（2017）认为，要深化农村改革、确保国家粮食安全、实现小农户和现代农业发展有机衔接、深化农业供给侧结构性改革、促进农村一二三产业融合发展、培养造就一支有力的“三农”工作队伍等，加快推进农业农村现代化。以城乡融合发展为核心路径，最终归宿是以农业现代化带动农村现代化。韩文龙（2019）认为，应从产业、社会、要素市场、空间、生态文化等 5 个方面，以城乡融合发展推进农业农村现代化。孔祥智（2021）认为，城乡融合以外部财力和农业农村内部能量裂变为动力，加快推进农业农村现代化，是实现城乡融合发展的内生动力机制。

有学者就各地区农业农村现代化发展问题，从政策和发展成效等理论层面进行研究。刘奇葆（2011）探讨了西部地区推进农业农村现代化的道路选择，王沛（2020）梳理了辽宁省在乡村振兴背景下农业农村现代化发展取得的成就，王立胜等（2021）为农业农村现代化发展总结了“潍坊模式”。

（3）关于农业现代化与农村现代化关系的研究。纳麒等（2009）认为，农业现代化是农村现代化的核心。也有学者认为，农业现代化是农村现代化的前提和基础，农村现代化是农业现代化的依托与支撑（杜志雄，2021），农民现代化是农业、农村现代化的条件和归宿（朱道华，2002）。杜志雄认为，农业现代化是实现农村现代化的物质基础，只有农业实现生产经营管理现代化，才能为农村现代化提供丰富的物质资料；农村现代化是农业现代化的保障，为农业现代化发展所必需的人口、土地等资源要素提供空间载体。若从政治经济学视角剖析二者关系，农业现代化是通过生产力变革为农村发展提供经济基础的保障，农村现代化是通过生产关系优化来打造农业产业的上层建筑。从社会主义现代化国家建设体系来看，农业现代化是产业现代化的概念，而农村现代化是地域现代化，其内容不仅包括农业产业的现代化发展，也包括农村文化、生态环境、居民生活和乡村治理的现代化，更包括涵盖广大农民的人的现代化（李周等，2021）。

3. 关于现代化评价指标与方法的研究

（1）关于现代化评价指标的研究。农村现代化与城市现代化共同构成国家现代化，二者是相互对应的区域现代化概念。因此，将依次从国家现代化、地区现代化、农业现代化、农村现代化等 4 个部分，对评价指标的研究进行梳理。

①关于国家现代化评价指标的研究。北京同响现代化战略研究中心以英克尔斯指标体系为蓝本，结合 20 世纪 50 年代工业国家的发展水平，构建了英克尔斯—同响评价模型，用以评价经典现代化进程。何传启构建了包含知识生产指标、知识传播指标、知识应用指标的何传启评价模型，用以评价第二次现代化的进程，后将何传启评价模型中的知识应用分解为生活质量和经济质量指数两部分，构建同响评价模型。《中国现代化进程监测系统

研究》课题组（2003）构建了包含经济水平、生活水平、人口素质、社会发展、环境状况等5个方面下设16项指标的体系，用以监测中国现代化进程。国家计划委员会宏观经济研究院课题组（2000）从经济发展、人口素质、社会进步和环境质量综合指数等4个方面选取15项指标，组成用于评价我国基本实现现代化水平的指标体系。国家计划委员会从经济现代化、社会现代化、科技现代化和人的素质现代化等4个方面选取了21项指标，参考国际标准，构建了中国国家现代化指标体系。《全面建设小康社会统计监测方案》考察了经济发展、社会和谐、生活质量、民主法制、文化教育、资源环境等6个方面，包含23项具体指标。

②关于地区现代化评价指标的研究。田杰等（2002）基于英克尔斯指标测算了我国31个省份的现代化水平，并分析了我国现代化水平的整体特点及地域分异特点。崔大树、黄庆（2003）从经济发展、科技教育和国民素质、社会发展、生活质量等4个方面，下设16项指标，评价区域现代化进程。张晓瑞（2005）认为，地区现代化应包含经济现代化、科学技术与教育现代化、人民生活现代化、社会发展现代化及信息现代化等6个方面的内容。洪银兴（2012）认为，现代化应包括科学技术现代化、人民幸福、经济结构现代化和社会发展水平现代化等内容，且就国内某个区域来说，能够率先推进的只能是基本现代化。李飏等（2018）充分考虑欠发达地区的经济、社会、文化及环境资源特性，评价欠发达地区的现代化进程。任保平等（2021）从经济现代化、社会现代化、城乡现代化、生态文明、政治文明等5个维度构建现代化建设评价指标体系，测度2019年西部地区12个省份的现代化水平，基于测算结果提出西部地区基本实现现代化的路径。朱强等（2010）以中国现代化战略研究课题组在《中国现代化报告2007》中提出的第一次现代化评价指标体系为例，利用排序多元选择离散模型对我国31个省份的现代化排名进行分析，并评价了该指标体系的合理性。于津平等（2013）研究了基本现代化指标体系在我国东部地区现代化进程中的作用。宋彦蓉等（2015）在中国现代化战略研究课题组与中国科学院中国现代化研究中心提出的指标体系的框架基础上进行调整，采用熵值法、变异系数法以及复相关系数法分别为指标赋权，并对各种赋权方法的评价结果进行比较分析。江苏省社会科学院从经济发展水平、社会经济结构、人力资源素质、生活质量水平、社会协调程度等5个方面构建了江苏省现代化进程综合指标体系。还有学者对英克尔斯指标进行修正与扩展，从经济、制度、社会、教育科学卫生、持续发展等5个领域，构建了包含15个方面40项指标的现代化指标体系。

③关于农业现代化评价指标的研究。国内学者关于农业现代化评价指标体系的研究兴起于20世纪90年代。起初，学者们主要关注农业生产过程中的投入与产出的现代化水平（黄祖辉等，2003），如农业基础设施、农田标准化、农业机械化、农业规模化、农业从业人员素质、劳动生产率、土地生产率、投入产出率等指标。随着研究的深入，农业现代化的内涵逐渐丰富，学者们从纵向上，将经营产业化、农业生态、农业可持续发展（辛岭等，2010）等方面指标纳入农业现代化水平评价指标体系。从横向上，有学者将农村社会发展和农民生活相关指标纳入农业现代化水平评价指标体系，如农民收入以及生活水平、农村社会发展水平（蒋和平等，2006）、农村城镇化水平（辛岭等，2014）。研究层次包括国家、省域、市域、县域以及地区，具体包括江苏省、广东省、河南省、榆林市、珠江三

角洲地区、北方沿海地区。赵景阳等（2007）认为，农业现代化概念有广义和狭义之分，广义农业现代化评价指标体系包括农业现代化、农村现代化和农民现代化水平等3项一级指标。

④关于农村现代化评价指标与方法的研究。随着社会政治经济的发展，现代化指标体系的内容逐渐放大和拓宽，层次逐渐提高，从侧面佐证现代化是过程和目标的统一体。党的十九大是农村现代化内涵升级的重大转折点，因此，关于农村现代化评价指标研究的梳理也将以党的十九大为时间节点。

党的十九大之前关于农村现代化评价指标的研究。起初，农村现代化评价指标体系主要包括农业现代化、农村工业化、农村城市化等3项一级指标。随着研究视角不断拓展，农村现代化的内涵不断丰富，学者们构建的农村现代化指标表现出差异性。赵旭（1999）在前人基础上，增加农民知识化的相关指标。王春光（1998）从经济非农化、人口城市化、生活质量科学化和高水平化、生活方式和人口素质现代化等方面构建。雷原（1999）从农民现代化、农业现代化、农村经济现代化、农村社会现代化等方面构建。潘弘图（2005）从农业现代化、农村工业化、城镇化、信息化和农村政治民主化、农民生活现代化等方面构建。梁丹等（2005）从经济发展水平、农业现代化水平、农村工业化水平、农村城市化等方面构建。袁金辉（2005）从农村经济、政治、文化、农民的现代化等方面构建。戴林送、杨国才（2007）从农村的农业化、工业化、城镇化、农民的生活、基础设施、农民的素质等方面构建。李永宁（2009）从农村的农业化、工业化、城市化、信息化、农村生态环境建设、农民生活质量及农民素质等方面构建。余科豪等（2012）从农村经济现代化、农村政治现代化、农村文化教育现代化、农民现代化等方面构建。梁艳（2013）从农业生产方式、农村生活方式、农民素质等方面构建。此外，赵景阳等（2007）认为，农村现代化包含于广义农业现代化中，并将农村现代化作为广义农业现代化评价指标体系的一级指标之一。杜萍（2009）结合新农村建设背景，从农村的农业化、工业化、城市化、信息化、农村生态环境建设及农民生活质量等6个方面构建了农村现代化的评价指标体系。研究区域层次包括全国、省、市、县以及乡镇，具体包括江苏省、福建省、河北省、山东省和宜兴市等。

党的十九大之后关于农村现代化评价指标与方法的研究。党的十九大之后，学术界和政府部门加强了农村现代化的理论研究和实践探索。在农村现代化评价方面，现有相关研究均是把农业现代化与农村现代化结合在一起构建评价指标体系，但之后进行的测评和结果分析内容不同。一是仅构建评价指标体系。叶兴庆、程郁等（2021）从产业体系、生产体系、经营体系等方面构建农业现代化评价体系，从基础设施和公共服务、居民思想观念和生活质量、治理体系和治理能力等方面构建农村现代化评价体系，并设置了基本实现和全面实现现代化的目标值。任常青从农村产业现代化、农村现代化、农民生活现代化、体制机制保障与政策性供给等4个方面构建体系[①]。二是对全国和31个省份进行测评。魏后凯、郜亮亮等（2020）从农村产业、生态、文化、农

① 魏后凯，闫坤，等．中国农村发展报告2018：新时代乡村全面振兴之路［M］．北京：中国社会科学出版社，2018：113-114.

民生活和乡村治理等5个方面建立评价指标体系，设定了2035年基本实现农业农村现代化的目标值，分别对全国及31个省份农业农村现代化情况进行测度。覃诚、汪宝等（2022）从农业生产现代化、农业经营现代化、农业产出现代化、农业绿色现代化、农业支持现代化等方面构建农业现代化评价指标体系，从基础设施、社会发展、生态、农民生活等方面构建农村现代化评价指标体系。辛岭、刘衡等（2021）从农业结构现代化、农业生产现代化、农业经营现代化、农村文化现代化、乡村治理现代化、农村生态现代化、农民生活现代化等方面，张应武、欧阳子怡（2019）从乡村振兴总要求方面，祝志川等（2018）从农业经济效益与科技水平、新农村建设、农民生活保障和农业生态环境等4个方面，分别构建农业农村现代化评价指标体系。三是以某一个省份为对象进行评价。张玉英等（2021）、李刚等（2020）、巴·哥尔拉等（2020）、章磷等（2021）、赵颖文等（2018）从不同方面构建评价指标体系，分别对甘肃省、青海省、新疆维吾尔自治区、黑龙江省和四川省的农业农村现代化发展水平进行测度和分析。四是地方政府研究制定指标体系。苏州市政府于2020年发布的率先基本实现农业农村现代化评价考核指标体系涵盖了农业现代化、农村现代化、农民现代化、城乡融合等4个领域，具体指标分为3个层次，可用于市、县、镇三级政府的农业农村现代化评价考核；潍坊市政府构建的指标体系涵盖了农业生产、农民生活、乡村生态、乡村文化、乡村治理和城乡融合发展等6个领域，测算结果显示，2020年，潍坊市农业农村现代化处于转型跨越阶段，具体量化分值是65.55分。

（2）关于现代化评价方法的研究。在测算过程中，确定指标权重的方法一般是层次分析法、专家评价法、熵权法、变异系数法、熵权Topsis法、熵值系数和复相关系数组合赋权等。测算方法主要是综合指数法、主成分分析法、探索性空间数据分析法、Topsis法、数据包络分析法、多指标综合测定法、动态因子分析法。比较分析方法主要是系统聚类分析、模糊聚类法、耦合协调度模型、障碍度模型、空间计量模型、障碍因素诊断模型。

4. 国际农业农村现代化给我国的启示

潘弘图（2005）、邓德胜（2007）、张治会（2017）根据不同国家之间资源禀赋与生产要素的差异，归纳整理了荷兰、美国、澳大利亚、加拿大、日本、韩国、法国、英国、德国等多个国家农业农村现代化的类型和特点。燕洁等（2020）总结各国农业特色，如英国的规模化农业、法国的政策支持农业、德国的绿色农业。日本基于“一村一品”的精致农业成功经验，也是可借鉴的农业发展模式。

黄季焜等（2019）分析国外农村发展存在的普遍特征与规律，吸取国际上农村发展的成功经验，有利于高效推进我国农村现代化建设。韩秀兰和阚先学（2011）探讨了韩国农村实现现代化的发展路径，对我国的农村现代化建设有着极大的借鉴意义。韩国和马来西亚以改善农村居民的福利促进农村发展，如加强基础设施建设和保障农村居民基本生活需求。日本的乡村振兴运动侧重于农产品品牌营销和推进乡村产业融合。欧美国家总结出多产业融合与可持续发展体系等建设经验。欧美国家和日本、韩国等都先后成立“农协”或类似的农民组织，以提升农民组织化程度，从而提高竞争力。完备的政策法规与发展机制也是乡村发展的必备条件，各国在乡村振兴初期均颁布《农业法》《农业指导法》《农业调整法》（高强，2019），以保障乡村建设工作稳步开展。在农村发展初期，发达国家往往通过立法和土地改革的手段，规划土地用途和农村的空间分布、基本形态。美国依托完善全面的政策法规体系，推进农村经济建设与农业的现代化发展（芦千文等，2018）。农业现代化、城镇化、工业化在促进国家经济社会发展的同时，也引起城乡关系的变化，多数国家通过区域规划来保证城乡的平衡发展，确保城市与农村在空间、功能等方面实现充分对接与合理互补。对于生态和文化的保护贯穿于欧美发达国家农村发展的全过程，即使是在大力推进农业现代化和工业化的过程中，也未忽视农村生态环境和传统文化的保护，农业和工业得到充分发展后仍以严格的法律法规保障农村的多功能、绿色、可持续发展，且政府的更替不会影响法律对土地利用和发展规划的保障力度。德国的“巴伐利亚试验”对我国农村发展理念有一定启示作用。村庄发展的总体规划和设计中秉持“城乡等值化”理念，通过片区规划、土地整合与机械化、基础设施建设及发展教育等措施，使农村与城市生活达到“类型不同，但质量相同”的目标，以此推动城乡平衡发展，缓解农村人口的单向流出。

（三）文献评述

通过对已有文献的梳理发现，国内外学者对于现代化相关的研究比较丰富，为本书提供了坚实的文献基础，对研究框架设计思路具有借鉴意义。关于现代化的相关研究内容涉及经济、政治、人文、制度等多个方面，研究对象也覆盖了由国家到地方的各级行政区域，但研究对象向农村地区的延伸不足。现有农业农村现代化的研究成果中围绕农业现代化和农业发展的研究较多，对农村现代化的研究相对较少。关于农业农村现代化的理论解读相当丰富，但以定量方法进行实证分析的研究成果略显不足。现有的实证评价研究中，有的学者止步于构建指标体系，并未展开实际评价。展开研究农村现代化水平评价的学者们构建指标体系的视角多样，均是将农业现代化和农村现代化合并构建评价指标体系，未辨析二者概念内涵。且大多以单个或多个省份为研究对象，鲜有研究同时从全国和省域2个层面评价农村现代化水平。指标赋权方法大多选择客观赋权法，无法充分体现所选指标对于推进农业农村现代化发展的重要程度，无法充分显现专家学者的经验与判断，也无法根据评价结果判断当前发展状态与全面实现农村现代化时应达状态的差距。

综上所述，本书将在辨析农村与农业、农民辩证关系的基础上，界定新时代背景下的农村现代化内涵，从“三农”视角出发，以城乡融合发展为目标导向，构建农村现代化水平评价指标体系，采用专家打分法为指标赋权，引入综合指数测度模型，测算2010—2020年全国和省域农村现代化水平指数。基于测度结果，深入剖析省域农村现代化水平的地区差异及其影响因素，提出提升农村现代化水平的总体思路、机制与对策建议，以期为推动我国农村现代化提供有力的决策支撑。

四、研究内容与研究方法

（一）研究内容

为实现加快推进我国农村现代化的根本目的，本书在界定新时代背景下的农村现代化内涵的基础上，构建农村现代化水平评价指标体系，定量评价2010—2019年全国和省域农村现代化水平，深入剖析省域农村现代化水平的地区差异及其影响因素，提出提升农村现代化水平的总体思路、机制与对策建议。具体研究内容如下：

(1) 界定农村现代化的内涵、特征与意义。通过对历史文献和方针、政策等资料的梳理，在辨析农村与农业、农民辩证关系的基础上，尝试界定新时代背景下农村现代化的内涵、特征及意义，把握新时代背景下农村现代化的内容与标准，为探索新时代背景下农村现代化水平的具体评价标准奠定理论基础。

(2) 构建农村现代化水平评价指标体系。基于对农村现代化科学内涵、基本特征、内在要求的充分把握，综合使用理论分析法、频度分析法、专家咨询法，选取具有代表性的若干指标，从农业现代化、农村现代化、农民现代化及城乡融合发展水平等4个维度，分层次建立多极化的农村现代化水平评价指标体系，为更直观、更准确地评价农村现代化水平提供有效的方法和工具。

(3) 测算全国和省域层面的农村现代化实际水平。基于构建的农村现代化水平评价指标体系，利用专家打分法确定农村现代化不同层次各指标的权重，选择合适的目标值进行标准化，引入综合指数评价模型以测算和评价2010—2020年全国、省域层面农村现代化水平。测算结果使农村现代化水平具体化、可视化，便于实时动态掌握国家农村现代化水平及其变化趋势，为深入剖析农村现代化水平的差异及影响因素提供数据支持。

(4) 分析省域农村现代化水平的地区差异并划分区域类型。基于农村现代化水平的评价结果，综合采用标准差、基尼系数、泰尔指数等差异指数和全局自相关分析、热点分析等空间分析手段，分析省域农村现代化水平的整体差异、子系统差异、空间差异以及不同类型区域差异，分析省域农村现代化的差异来源与程度，为进一步探究省域农村现代化水平地区差异的影响因素奠定基础。

(5) 分析全国农村现代化水平与省域农村现代化水平地区差异的影响因素。运用指标均衡性分析法探究制约国家农村现代化水平的影响因素，综合运用指标优劣势分析和空间计量模型等方法，从内部结构和外部环境2个维度进一步分析造成省域农村现代化水平地区差异的影响因素，为提出提升农村现代化水平的思路与对策提供实证分析基础。

(6) 提出提升农村现代化水平的总体思路、机制与对策建议。基于以上理论与实证研究，首先，从全局视角出发，整体把握加快提升农村现代化水平的总体思路，并进行加快提升农村现代化水平的机制设计。其次，从全国和省域2个层面提出加快提升农村现代化水平的对策建议。

(二) 研究方法

本书遵循还原论与系统论相结合的方法论原则。基于还原论原则，将农村现代化问题还原为其本质上的区域现代化和农村地区发展问题。从区域现代化视角，以经济现代化、生态现代化、社会现代化等现代化相关理论为理论基础，构建适宜的现代化评价模型及方法。从农村地区发展视角，以农村经济学、农村社会学、农村区域发展理论为基础，结合我国的国情、农情，剖析农村现代化的内涵与发展目标。基于系统论原则，以系统的思维和观点贯穿整个研究过程，将农村现代化视为一个复杂的巨系统，剖析其结构、功能和规律，进而解决农村现代化系统的发展问题。在研究过程中主要运用以下具体方法：

（1）文献分析法。基于还原论的方法论原则，将农村现代化水平评价问题还原为区域现代化和农村地区发展问题。首先，对现代化理论、城乡关系理论、系统论、区域均衡发展理论、综合评价理论的相关文献进行梳理分析，提炼与主题相关内容作为本书理论基础。其次，通过整理与分析国内外关于国家现代化、区域现代化、现代化评价指标与方法以及农村地区发展的相关研究成果，了解相关研究进展，探寻本书的研究思路和适用方法。

（2）系统分析方法。基于系统论的方法论原则，认为推进农村现代化是一项系统工程。运用系统论方法，以定性与定量相结合的研究范式，分析农村现代化系统的环境、目标、要素、功能、结构以及制约条件，以系统的最优解为决策者提供参考，提出最优的规划设计方案。

（3）综合评价方法。在农村现代化水平评价过程中，采用专家打分法，确定农村现代化各项指标的权重；引入综合指数评价模型，对 2010—2020 年全国和省域农村现代化水平进行综合评价；通过专家打分法赋予权重，以充分体现专家、学者的专业知识与经验，体现各指标内涵对于农村现代化总目标的重要程度，使评价结果更为准确、客观。在基于测度结果的综合评价中，运用 K-means 均值聚类法将研究区域划分为高、中等、初等、低水平等 4 类地区；运用标准差、基尼系数、泰尔指数等差异指数，测度省域农村现代化水平的整体差异、子系统差异以及不同类型区域差异；运用全局自相关分析、热点分析等空间分析手段，测度省域农村现代化水平的空间差异；运用指标均衡性分析法、指标优劣势分析和空间计量模型等方法，分析全国和省域农村现代化水平地区差异的影响因素。

（4）统计分析与典型调查相结合的方法。在全国和省域农村现代化水平评价过程中，基础数据的主要来源是国家统计年鉴、各省份统计年鉴、政府公开数据以及行业报告等官方统计数据。在指标权重确定和主观性指标评价的过程中，需采用典型调查法。通过广泛征询“三农”领域专家、学者，政府农村发展、农业经济相关管理部门人员，涉农社会组织成员等的主观评价意向，统计整理后形成量化数据结果，进入农村现代化水平测算环节。

（5）比较分析法。基于国家层面评价结果，比较分析不同时期的全国农村现代化水平测度结果，研判其时间维度变化趋势。基于省域层面评价结果，可分别比较分析省域农村现代化水平与全国平均水平差距、各省份不同时期农村现代化水平的时序变化、同一时期内省域农村现代化的空间分布和省域间差异。从多层次、多视角进行比较分析，总结农村现代化水平发展特点和规律，为加快推进农村现代化提出科学、有效的对策建议。

（三）技术路线

本书沿着“发现问题→提出问题→分析问题→解决问题”的逻辑思路，从政策背景和现实背景 2 个层面发现并提出问题，综合采用多种研究方法深入分析问题，最终达到从根本上解决问题的目的。本书的技术路线如图 1－1 所示。

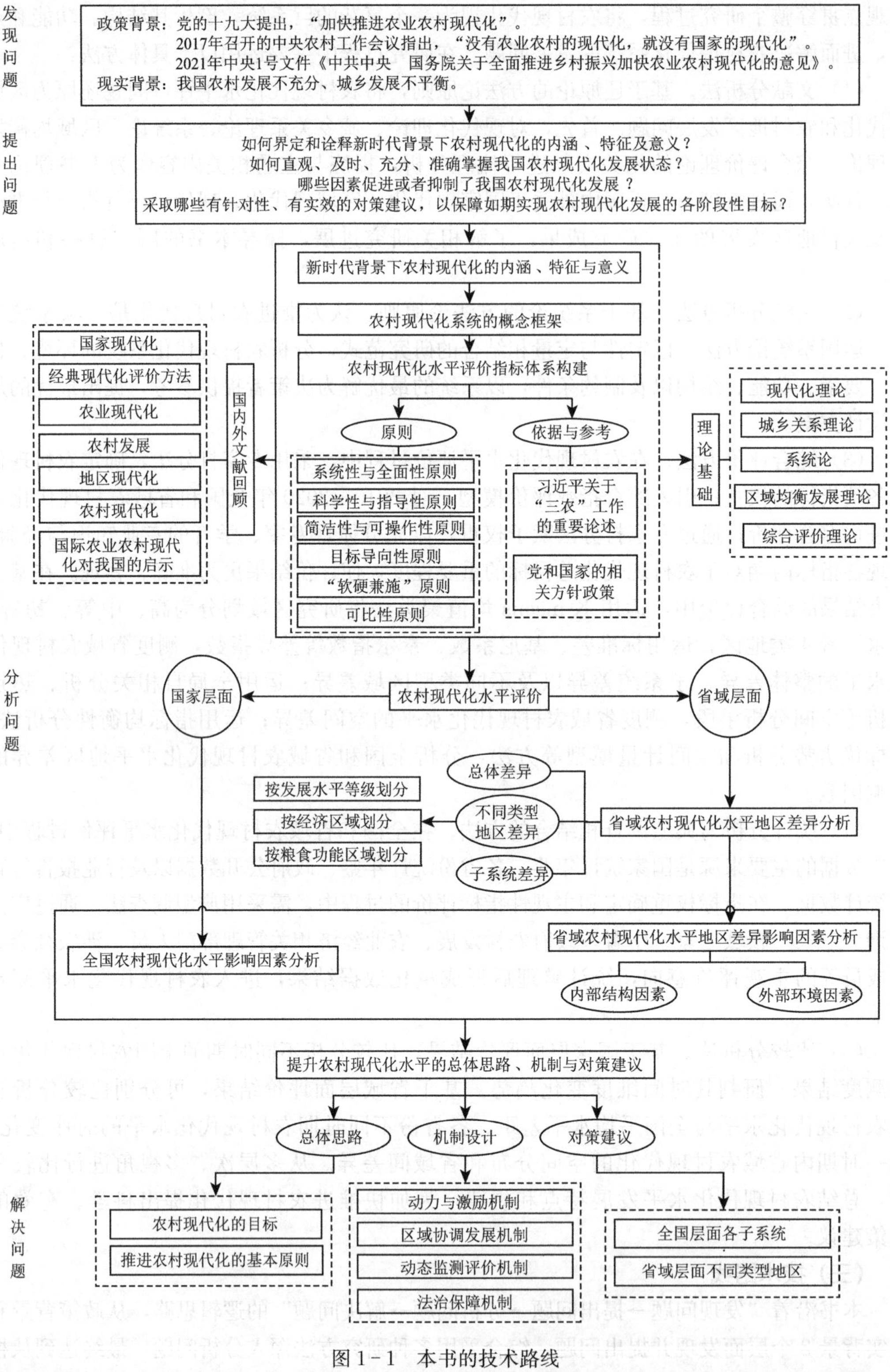
发现问题
政策背景：党的十九大提出，“加快推进农业农村现代化”。
2017年召开的中央农村工作会议指出，“没有农业农村的现代化，就没有国家的现代化”。
2021年中央1号文件《中共中央 国务院关于全面推进乡村振兴加快农业农村现代化的意见》。
现实背景：我国农村发展不充分、城乡发展不平衡。
提出问题
如何界定和诠释新时代背景下农村现代化的内涵、特征及意义？
如何直观、及时、充分、准确掌握我国农村现代化发展状态？
哪些因素促进或者抑制了我国农村现代化发展？
采取哪些有针对性、有实效的对策建议，以保障如期实现农村现代化发展的各阶段性目标？
新时代背景下农村现代化的内涵、特征与意义
农村现代化系统的概念框架
农村现代化水平评价指标体系构建
原则
依据与参考
系统性与全面性原则
科学性与指导性原则
简洁性与可操作性原则
目标导向性原则
“软硬兼施”原则
可比性原则
习近平关于“三农”工作的重要论述
党和国家的相关方针政策
国内外文献回顾
国家现代化
经典现代化评价方法
农业现代化
农村发展
地区现代化
农村现代化
国际农业农村现代化对我国的启示
理论基础
现代化理论
城乡关系理论
系统论
区域均衡发展理论
综合评价理论
分析问题
农村现代化水平评价
国家层面
省域层面
总体差异
不同类型地区差异
子系统差异
按发展水平等级划分
按经济区域划分
按粮食功能区域划分
省域农村现代化水平地区差异分析
省域农村现代化水平地区差异影响因素分析
全国农村现代化水平影响因素分析
内部结构因素
外部环境因素
提升农村现代化水平的总体思路、机制与对策建议
总体思路
机制设计
对策建议
解决问题
农村现代化的目标
推进农村现代化的基本原则
动力与激励机制
区域协调发展机制
动态监测评价机制
法治保障机制
全国层面各子系统
省域层面不同类型地区

图1-1 本书的技术路线

第二章

相关概念界定与理论基础

一、相关概念界定

(一) 现代化

早在1933年，我国《申报月刊》就刊载过关于“中国现代化的困难与道路”的相关文章，但未形成成体系的理论。19世纪50年代，美国学者认为，农业社会向工业社会的转变是现代化（布莱克，1996）。1958年，丹尼尔·勒纳在此基础上提出，现代化是指传统社会向现代社会的转变。经典现代化理论将现代化的内涵界定为工业革命后发达国家发生的深刻变化，或者发展中国家在不同领域追赶世界先进水平的发展过程。我国现代化研究代表性人物罗荣渠（2004）认为，广义现代化是人类社会从工业革命以来，以工业化为推动力，导致传统农业社会向现代化工业社会转变的世界性历史进程；狭义现代化是落后国家迅速赶上先进工业国家和适应现代世界环境的发展过程。何传启将地区现代化定义为，18世纪工业革命以来地区经济社会等各方面达到、保持及追赶世界先进水平的历史过程及其深刻变化[①]。

综上，本书认为，现代化是某主体的特征从传统性向现代性演化的过程。源起于工业革命，以生产力发展为动力，反过来促进生产力的发展。按不同视角可划分成不同类型，如：从政治经济学视角划分，可分为生产力现代化和生产关系现代化，或经济基础现代化和上层建筑现代化等；从产业结构视角划分，可分为农业现代化、工业现代化、科技现代化、国防现代化等；从主体属性视角划分，可分为制度现代化、人的现代化、物的现代化；按区域视角划分，可分为城市现代化和农村现代化。

(二) 农村现代化

在本质上，农村现代化是指农村地区经济社会等各方面达到或接近城市发展水平，或者达到并保持农村世界先进水平的历史过程及其深刻变化。农村现代化既是一个目标，又是一个过程，是相对传统落后的农村追赶城市发展水平或国际先进水平，逐步实现现代化目标的转变过程；农村现代化还是一个状态，是已经实现了现代化的农村保持城市发展水平或国际先进水平并进一步提高的持续状态。

为了准确把握农村现代化的内涵，需要结合农村与农业、农民的两种不同关系进行深入分析。一方面，农村与农业、农民具有包含与所属关系。农村是一个地域概念，主要由农业和农民构成。农业作为农村的主导产业，是农村发展的基础；农民作为居住在农村的居民，既是农业生产经营主体，又是农村生活消费主体。此时的农村是一个广义范畴。另一方面，农村与农业、农民又具有并列关系，各有侧重，通常被并列称为“三农”，此时

① 中国现代化战略研究课题组．中国现代化报告2004：地区现代化之路［M］．北京：北京大学出版社，2004.

的农村是狭义范畴。

相应的，农村现代化也可以分为广义的农村现代化和狭义的农村现代化。广义的农村现代化，就是广义范畴农村的现代化，在内容上包括农村经济现代化、农村文化现代化、农村生态现代化、农村社会现代化、农村政治现代化等，与城市现代化、国家现代化一样，具有全面性、综合性特征。在这个广义角度上，农村现代化包含农业现代化和农民现代化。农业现代化是农村现代化的基础，是农村经济现代化的主要组成部分；农民现代化是农村现代化的实质，是实现农民的全面发展。相对而言，狭义的农村现代化，就是狭义范畴农村的现代化，是指把农业现代化和农民现代化相关内容剔除后的农村经济、文化、生态、社会、政治等的现代化。本书书名中的“农村现代化”是广义概念，作为后文评价指标体系中一级指标的“农村现代化”是狭义概念。

基于以上观点，农村现代化水平是指农村地区的政治、经济、文化、社会、生态、农民等方面由传统向现代转变的程度及状态。农村现代化水平评价指标是指反映全国和省域、市域、区（县）域、乡镇、村屯等各层面农村现代化发展程度与水平的要素。

（三）农业现代化

1964 年，美国著名经济学家舒尔茨（2006）将农业现代化定义为，运用技术改造传统农业的过程。我国学者在此基础上做出了阐释和补充，柯炳生（2000）、牛若峰（1999）、傅晨（2010）、叶普万（2002）、陈锡文（2007）等认为，农业现代化是用先进的科学技术、现代化的基础设施、高效的组织形式和完善的服务体系，来打破物质能量封闭圈，实现劳动生产率、资源利用率和土地产出率最优的农业生产状态。农业资源配置效率改进、产业转型、比较效益提升是农业现代化的目的与成效所在。农业现代化是用现代工业装备农业，用现代科学技术改造农业，用现代管理方法管理农业，用现代社会化服务体系服务农业，用科学文化知识提高农民的素质，用市场机制构建高产、优质、高效的农业生产体系，把农业建成具有显著经济效益、社会效益和生态效益的可持续发展的现代产业的过程。农业生产过程具有科技化、机械化、水利化、信息化、规模化、组织化特征。

综上，本书将农业现代化定义为现代农业的形成与发展过程，主要表现为农业生产手段与技术科学化、农业生产工具与装备机械化、农田水利工程与设施完备化、农业信息数字网络化、农业生产经营规模适度化、农业经营主体组织化、农业风险保障化等。农业现代化的结果，是农业生产效率和农民收入水平的提高，主要表现在土地生产率、农业劳动生产率等方面。农业现代化属于产业现代化范畴，理论上，是农村经济现代化的一个子系统。

（四）农民现代化

中国现代化是社会主义现代化，是以人民为中心的现代化，其实质和核心是人的现代化。英克尔斯（1985）将人的现代化定义为，人的心理、思想和行为方式由传统人向现代人的转变，是现代化制度和经济赖以长期发展并取得成功的先决条件。任保平（2018）认为，人的现代化是以制度创新为保证，实现人的思想观念和素质能力的现代化。农民既是农村现代化的实践主体又是价值主体（邹广文，2022），既是农村现代化的建设者又是受益人。综上，本书认为，农民现代化是不断提高农民素质和生活水平、实现农民全面发展的历史过程。

二、农村现代化的基本特征

新时代背景下，党的十九大将农村现代化作为乡村振兴战略的目标与农业现代化并列提出，使农村现代化具有一定时代特征。

1. 农村现代化在地位意义上具有根本性和全局性特征

一方面，实现农村现代化，是促进农业发展、农村繁荣、农民增收的基本途径，有助于从根本上解决我国的“三农”问题。实现农村现代化的过程，是推动现代农业和乡村非农产业发展、促进农村经济繁荣的过程，是推动乡村文化振兴、提高乡村社会文明程度的过程，是推动乡村生态振兴、促进乡村美丽宜居的过程，是推动乡村组织振兴、促进现代乡村社会有效治理的过程，是推动农民持续增收、全面改善农村生产生活条件，促进农民生活富裕和全面发展的过程。

另一方面，实现农村现代化，从根本上解决“三农”问题，对于全面建成社会主义现代化强国、实现全体人民共同富裕具有全局性的重大意义。在我国社会主要矛盾已经转化为人民日益增长的美好生活需要和不平衡不充分的发展之间的矛盾这一背景下，实现农村现代化可以有效促进城乡之间的平衡发展和农业农村的充分发展，为解决新时代我国社会主要矛盾奠定坚实基础。在全面建设社会主义现代化国家的短板和难点都在农村的情况下，实现农村现代化可以补齐农业农村发展的短板，为实现第二个百年奋斗目标奠定坚实基础。在农业是国民经济的基础、农村经济是现代化经济体系重要组成部分的状态下，实现农村现代化可以加快现代农业和农村经济发展，为建设现代化经济体系奠定坚实基础。实现农村现代化，有利于构建人与自然和谐共生的乡村发展新格局，加快美丽中国建设；有利于在新时代焕发出乡风文明的新气象，进一步丰富和传承中华优秀传统文化；有利于健全现代社会治理格局，推进国家治理体系和治理能力现代化。

2. 农村现代化在发展理念上具有创新性与系统性特征

党的十九大报告首次提出“加快推进农业农村现代化”，意味着农村现代化被纳入社会主义现代化国家建设体系当中。这是第一次明确地从国家战略层面把农村现代化作为一个新的发展目标提出，是新时代背景下农村发展在国家现代化进程中地位和价值的重新定义。

农村现代化是一个复杂的系统工程，是由多方面内容构成的有机整体，不同方面的内容之间又互相影响，具有内在的逻辑关系和一定的协同性、关联性，整体呈现出系统性。在整体推进农村现代化过程中应注重各方面各自的特点和相互的关联，整体部署、统筹规划、协调推进。2021 年中央 1 号文件提出，坚持农业现代化与农村现代化一体设计、一并推进。

3. 农村现代化在内容任务上具有区域性与综合性特征

农村现代化属于区域现代化的范畴，是指在农村区域内，各方面都要达到现代化标准和要求，由传统性向现代性转变。同时，农村现代化在不同区域之间具有差异性，不同地区具有不同的资源禀赋、经济发展水平以及地理位置等不同条件特征，具有较强的区域性特征。

农村现代化的目标任务具有综合性，包括农村区域范围内的经济、社会、文化、政治和生态文明建设等诸多内容。农村现代化，既包括物的现代化，又包括人的现代化，其内容涉及农村发展的方方面面，包括农村经济、政治、文化、社会、生态、农民等各方面现代化。

4. 农村现代化在实现过程上具有长远性与阶段性特征

完全实现农村现代化是一个长期的过程，具有长远性。在目标步骤上，到 2025 年，农业农村现代化要取得重要进展，有条件的地区要率先基本实现农业农村现代化；到 2035 年，全国农业农村现代化要基本实现；到 2050 年，农业农村现代化要全面实现。因此，在推进农村现代化的过程中，需要分阶段、分步实施。实现农村现代化既需要具有导向性的长期目标，也需要分阶段制定短期目标，并根据发展情况对时间表和路线图进行适当调整。不同阶段的工作重点、发展目标、模式和政策举措不同，需要科学规划。

三、农村现代化的重要意义

农村现代化是实施乡村振兴战略的总目标，是国家现代化的重要组成部分，是“五位一体”总体布局在农村发展中的具体落实，代表农村改革方向和发展目标。

1. 农村现代化是乡村振兴战略的重要目标

实施乡村振兴战略，有助于农业农村现代化跟上国家现代化步伐（叶兴庆，2017），改变落后乡村和现代都市共存的矛盾现象，缓解社会主要矛盾。农业农村现代化是实施乡村振兴战略的总目标，乡村振兴战略是实现农业农村现代化的有效手段、必然选择、战略依据。贯彻落实“二十字总要求”，即从经济、政治、文化、生态、社会以及农民等方面推进传统农村向现代农村转变，促进城乡融合发展，实现农业农村现代化。

2. 农村现代化是国家现代化的重要组成部分

党的十九大将农村现代化纳入社会主义现代化国家建设体系，使国家现代化在内容上更丰富、更完善，在内涵上更科学、更全面。国家现代化由城市现代化和农村现代化组成。相较于城市现代化而言，农村现代化的基础薄弱，是全面实现国家现代化的重点和难点。国家现代化的实现取决于农村现代化的进程，国家现代化的质量取决于“三农”发展的质量。

3. 农村现代化是“五位一体”总体布局在农村发展中的具体落实

“五位一体”总体布局的全面性不仅体现在经济、政治、文化、社会和生态文明同步协调发展，还体现在城市和农村同步协调发展。对于农村发展来说，农民现代化是“五位一体”总体布局中“以人为本”核心思想的集中体现，农村经济现代化是基础，农村政治现代化是保障，农村文化现代化是关键，农村社会现代化是核心，农村生态现代化是重点。多个方面的现代化统筹协调，全面推进，实现农村的科学可持续发展，是“五位一体”总体布局在农村发展中的具体落实。

4. 农村现代化代表农村改革方向和发展目标

推进农村现代化就是为了使农村的经济发展达到繁荣，农村生态建设达到宜居良好，农村文化建设达到文明，农村社会事业达到发达，农民生活达到富裕，农村政治达到和谐稳定。这与农村改革方向和发展目标相契合。农村改革就是为了实现“农业强、农村美、农民富”这一目标。为了使农业强，党中央通过改革逐步解决体制、机制等问题，不断完善农村基本经营制度，加强农业基础建设，发展现代农业，推进农业供给侧结构性改革，加快培育农业农村发展新动能；为了使农村美，党中央倡导农业农村绿色发展理念，开展中国特色社会主义新农村建设、美丽乡村建设，实施乡村振兴战略等重要改革举措；为了使农民富，党中央坚持以人为本的改革理念，积极推进拓宽农民增收渠道、多形式促农增收。农村现代化的提出为农村改革指明了方向，农村现代化代表农村改革方向和发展目标。

四、理论基础

（一）现代化理论

现代化理论的研究内容涉及经济、社会、生态等诸多领域。其中，较为具有代表性的理论有经典现代化理论、生态现代化理论、广义社会现代化理论、人的现代化理论、区域现代化理论等。

1. 经典现代化理论

经典现代化理论出现于18世纪工业革命后，是学者们通过各国的发展情况对现代化普遍规律的归纳和总结。其中，经典现代化特指在这一时期内，人类社会从传统农业社会向现代工业社会转变的历史过程及其深刻变化。既可作为转变过程，又可作为状态或者目标。美国学者亨廷顿教授（1989）归纳了经典现代化过程的9个特征，即经典现代化过程是革命的、复杂的、系统的、全球的、长期的、有阶段的、趋同的、不可逆的和进步的过程。布莱克对现代化进程进行了阶段划分，认为现代化会依次经历现代性的挑战、现代化领导的稳固、经济和社会的转型、社会整合等4个阶段。现代性的特征会因为领域的不同而有所变化，比如，在政治领域表现为民主化，在经济领域表现为工业化，观念的现代性表现为理想化，教育的现代性表现为初等教育的普及。美国学者殷格哈特教授（Inglehart，1997）归纳了经典现代化理论的3种观点：经济发展驱动现代化，文化发展驱动现代化，政治、经济、文化的共同作用驱动现代化。历史文化和地理条件的差异使经典现代化模式表现出多样性和路径依赖性特征。

2. 生态现代化理论

生态现代化理论起源于欧洲，其核心观点是以人类智慧协调经济发展和生态进步；其核心目标是减少人类发展对自然环境的压力，实现经济增长与环境退化的脱钩；其基本要求是将生态化理念应用到经济与社会、生产与消费的全过程，不以牺牲环境为代价推进经济发展。Hajer认为，生态现代化是一个效率导向的环境问题的解决方案。生态现代化是一种前瞻的和预防性的环境政策，它与预防性原理紧密相关，涉及生产和消费模式的长期的结构转变①。罗荣渠指出，作为一种结果和目标，生态现代化的内涵要求现代化社会兼具发达的经济水平、高素质的人群、合理高效的社会架构以及良好的生态环境；作为一种过程，生态现代化的内涵是坚持生态理念、普及生态工程技术、保护生态环境的过程。何传启认为，生态现代化指的是发生在生态环境领域之内，但意义又超越了生态环境范围的划时代的革命性变革。

生态现代化要求实现“三化一脱钩”，即非物化、绿色化、生态化、经济与环境退化

① 中国现代化战略研究课题组．中国现代化报告2007：生态现代化研究［M］．北京：北京大学出版社，2007.

脱钩。其中，非物化的具体内涵是提高资源利用率，提高经济品质，降低经济物质比例，降低能源密度。绿色化的具体内涵是降低有毒物、有害物和废物的生产和排放，推进绿色工业化、清洁生产、环保产业、污染治理、绿色服务等。生态化的具体内涵是预防、创新、循环、双赢，即发展生态农业、生态工业、生态旅游等，进行环境友好的科技和制度创新，发展循环经济，实现经济与生态双赢。经济与环境退化脱钩的具体内涵是不在过度消耗自然资源和污染环境的基础上盲目追求经济高速发展，促进经济与生态良性耦合。

3. 广义社会现代化理论

中国现代化战略研究课题组认为，社会现代化是18世纪以来社会领域发生的重要革命，既涵盖农业社会向工业社会的转变，又涵盖工业社会向知识社会的转变。社会现代化理论的研究内容涉及社会生产力，国民的文化、健康素质、生活质量、生活方式与观念、社会福利与公平以及国际地位等诸多方面。若从社会领域视角看待现代化问题，具体可分为人口与健康、学习与工作、休闲与福利等3个领域，以及社会生活、结构、制度和观念等4个方面。

社会现代化的简化数量模型的常用指标有进步、正适应和转型，能够综合体现出社会现代化的水平，并能够衡量社会地位。社会进步指生活质量与福利、社会效率与公平的提高。生活质量包括物质生活质量和主观幸福感等，但幸福感是难以定量评价的。社会进步可以用生活质量和社会效率的变化来表征，社会进步指数等于生活质量和社会效率指数的简单算术平均数。社会适应是社会正适应的简称。社会正适应指生活积极性与社会环境的提高与变化，可由生活方式和社会环境的变化衡量；社会适应指数等于生活方式和社会环境的算术平均数。社会转型指社会结构转型，可以用人口结构、劳动力结构和教育结构等的变化来表征；社会转型指数等于各个分指数的算术平均数①。

4. 人的现代化理论

人的现代化理论的代表人物是英克尔斯，他以人文学为学科基础，将人的现代化作为现代化的核心本质，肯定了人的现代化对于社会发展的重要意义，并具体归纳了12个现代人的典型特征。后有学者对英克尔斯的研究进行拓展，将现代化的研究对象从个人扩大到民族、国家，甚至是全体人类。广义的人的现代化是指整个人类状况的现代化，即适应社会现代化发展需要的整个人口素质的现代化和人的主体意识的现代化。褚宏启（2000）将人的现代化定义为，人由传统人格转化为现代人格的过程。赵克荣（2003）认为，人的现代化是指与现代社会相联系的人的素质的普遍提高和全面发展，包括人的思维方式、价值观念、生活方式和行为方式的转变。石大建等（1998）将人的现代化认定为社会现代化的重要内容之一。李德玲（1998）从社会主体的视角，将人与现代社会相适应的素质视为人的现代化，其实质就是把主体提高到当代的水准，实现主体素质的现代化。

5. 区域现代化理论

区域现代化理论是现代化理论和区域科学的融合，用以阐述18世纪以来地区现代化进程中的基本规律、结果及特征。其中，区域科学侧重于分析各区域或空间要素及其组合所形成的差异和变化，从而将区域划分为不同等级或类型后，研究其经济社会发展问题。区域本身具有综合性、空间性、整体性和差异性。我国的区域间表现出显著异质性特征。

---

① 中国现代化战略研究课题组．中国现代化报告2006：社会现代化研究［M］．北京：北京大学出版社，2006.

基于此特征，地理位置上的邻近性可降低交易成本，促进区域间商品、服务、资金、人力交流互动，实现互补与分工，以先进地区带动落后区域，实现共同利益最大化，最终影响区域发展。随着交通运输条件和信息通信技术的不断发展，虽然"经济距离"不断缩短，但地理位置的邻近性仍对缩小区域间差异和实现区域经济一体化具有持续促进作用。

区域现代化侧重于描述某一特定地区经济、社会、政治、知识、文化以及人的观念和思维方式、习惯等方面达到、保持及追赶世界先进水平的历史过程及其深刻变化，既可以作为过程，也可以作为状态或目标，现代化的动力、程度、过程和途径会因为区域和发展阶段的不同而表现出差异性。崔大树（2003）认为，科学技术进步和经济发展始终是现代化进程的直接动力。王树华等（2018）提出，制度创新、开放发展、技术进步、区域竞争和人的现代化五大动力因素共同构成了当前我国区域现代化发展的动力群。

与传统的经典现代化理论相比，区域现代化的概念更明确，边界更清晰。因此，开展区域现代化的相关研究的前提，是从主权区域、行政区域、地域规模等方面清晰界定特定空间系统的边界范围，并从时间和空间双视角确定现代化目标。比如，时间上，在不同的发展阶段，基于不同的时代内涵，确定动态的发展目标；空间上，发达地区追赶世界先进水平的同时，通过辐射逐步影响周边相对落后的地区，落后地区也可能通过优势互补和发达地区不断加强经济及其他方面的交流和合作，从而逐步实现现代化水平的共同提高。其基本原理可以总结为：进程不同步、空间不均衡、结构稳定、地位可变迁。区域现代化的发展遵循国家现代化的一般规律（厉以宁，2000），但区域现代化不是国家现代化的简单"微缩"①。

现代化理论与本书的内在联系如下：现代化理论是研究农村现代化问题的核心理论，对于把握新时代背景下的农村现代化的内涵具有重要指导意义。其中，经典现代化理论中的评价方法至今仍对现代化的相关研究起着理论指导作用，相关评价思路、方法、体系也被沿用至今。广义社会现代化理论、生态现代化理论、人的现代化理论为理清广义农村现代化系统的各子系统结构与功能提供坚实的理论基础。农村现代化本质上属于区域现代化范畴，区域现代化理论可直接指导本书总结、提炼农村现代化的内涵、动力、基本原理、组成与发展规律。

（二）城乡关系理论

1. 城乡二元结构理论

1954 年，Lewis 提出"发展中国家经济二元结构"，即发展中国家由传统农业部门和现代工业部门两部门构成，长期形成并逐步固化为二元经济社会结构，经济发展是工业扩张并不断吸纳传统农业部门富余劳动力的过程，农业部门为工业部门无限制地提供劳动力，工业部门乃至整个经济的发展主要受到资本积累的约束，并且存在着工业和城市优先的不平衡发展状态。随后，两部门分析模型的提出为发展中国家经济发展问题的分析提供了新范式，虽然突出了破解二元经济结构对经济发展的促进作用，但未考虑到农业部门的落后会阻滞经济发展的可持续性，或将影响粮食安全。1961 年，Fei、Ranis 和 Jorgenson 发展和完善了刘易斯模型，提出了系统的工业化理论。Fei 和 Ranis 将农业部门依靠技术

① 中国现代化战略研究课题组．中国现代化报告 2004：地区现代化之路［M］．北京：北京大学出版社，2004.

进步提高劳动生产率作为二元经济结构破裂的必要条件；Jorgenson（1961）把二元经济的研究重点转向农业剩余，认为农业剩余的存在和不断增长是经济发展的关键，农业部门不再仅向其他部门输出劳动力，在满足自身需求之后向其他部门提供剩余的农产品成为农业部门的主要职能，因此要积极推动农业部门的建设与发展。Krugman（1991）相应地提出了中心—外围理论，即由于市场经济背景下要素的自由流动，导致工业部门和城市处于经济区域发展的中心地带并起着主导经济发展的作用，农业部门和农村则处在经济区域的边缘，这种不对等的发展关系形成了中心主导外围的城乡不平衡发展状态。

2. 马克思主义城乡关系理论

从“城乡同一”到“城乡对立”再到“城乡融合”是马克思主义城乡关系的发展规律。城乡关系是社会发展的重要表现形式，其变化体现着整个社会的发展水平。城乡关系由“同一”到“对立”的转变是早期生产力水平低下背景下的旧的社会分工造成的。因此，打破城乡藩篱的主要手段是对与当前社会环境不适配的旧的社会分工的消除。城乡关系实质上是生产关系随生产力的演进发展，这是马克思与恩格斯站在历史唯物主义的角度研究城乡关系在不同历史时期的发展趋势的成果。他们揭示了生产力的发展和生产关系的演进造成城乡关系的分离，资本主义私有制的存在和发展加剧这种对立。同时，对空间区域自主发展、社会地位、要素平等的要求呼之欲出。

列宁立足于当时俄国的实际发展情况，对马克思主义城乡关系理论进行更进一步的本土化发展，使之能够适配俄国的生产力发展情况。列宁强调了俄国城乡关系的 3 个总要求，即建立工农联盟、大力发展生产力与科学技术以及建立科学合理的政府调控机制，它们分别是列宁为俄国城乡融合发展所设计的前提、手段与关键。

3. 中国特色社会主义城乡发展制度理论

党中央立足于我国基本国情重新审视时代发展特征，尝试将马克思、列宁提出的城乡关系理论与我国发展实践相结合，总结出具有中国特色的社会主义城乡发展制度理论。

改革开放后，实行城乡经济体制改革，加快城乡互动步伐，注重工业与农业相结合，促进小城镇建设与发展。20 世纪 90 年代后，大力推进城镇化建设，注重市场调节与国家调控相结合。进入 21 世纪后，建立“以工促农、以城带乡”长效发展机制，建立城乡一体化发展体制机制，将城乡一体化发展作为实现城乡统筹的主要手段和根本路径。党的十九大提出“城乡融合发展”，标志着中国城乡关系进入新发展时期，着力构建有利于城乡要素合理配置的制度体系，协同推进新型城镇化建设与乡村振兴战略，向改革要动力，加快建立健全城乡融合发展体制机制和政策体系。

4. 城乡关系理论与本书的内在联系

推进农村现代化的目的是实现城乡融合发展，在关于农村现代化水平评价的研究中，城乡融合发展水平应当是重要的考核内容之一。城乡关系理论涵盖对城乡关系的发展脉络、内在逻辑、演变机理的阐释，对把握城乡融合发展水平的本质与内容具有指导意义。

（三）系统论

20 世纪初生物学家贝塔朗菲（1987）以“系统”概念为基础提出系统论。他认为，系统内部存在多个组成要素，并且和外部环境存在相关联系。系统论的研究对象是系统内部各单元的组成结构和外部所表现出的整体功能，可以从各单元的性质以及相互作用关系推导其影响因素。系统论属于数学学科的范畴，因此较早地将系统论应用于农业领域实践的学者是数学家。钱学森（2001）通过将农村的演进变化规律与系统论的思想相结合，提出了“政策—生产结构—生产大发展”的规律。系统论将所研究的对象视为一个具有整体性、层次性、突变性、稳定性、自组织性与相似性等6个性质的系统，这些性质也是系统论思想的重要原则。整体性是指，系统是由若干要素构成的有机体，既具有每个要素的特征，也具有基础要素相互作用产生的新功能。层次性是指，系统的各层次均有各自特点，不同层次间、同层次内相互关联，由低层次到高层次体现量变到质变。突变性是指，系统自身是不稳定的，存在变异的可能。稳定性是指，当系统受到外界冲击出现混乱时，会自动修复至原来的有序状态。自组织性是指，系统的结构总是由低级到高级的，系统的形成与演化总是由无序到有序的。相似性是指，系统在结构与功能的统一与差异当中存在共通的相似性。

农村是一个复杂的系统，其内部的资源、生产、消费等单元相互独立，但彼此间却有着紧密的内在联系。农村的现代化发展涉及“五位一体”总体布局的各个方面，推动农业现代化发展的过程也是农村这一系统从无序到有序的演进过程。因此，可以说系统论思想是农村现代化发展的理论基础。

（四）区域均衡发展理论

区域均衡发展理论是指工业体系或国民经济各部门、各地区按同一比率保持同步、全面均衡发展，可分为罗森斯坦·罗丹的大推进论、赖宾斯坦的临界最小努力命题论、纳尔森的低水平均衡陷阱论、纳克斯的贫困恶性循环论和平衡增长理论等4种类型。其中，大推进论的核心观点认为，发展中国家应通过广泛、大量的工业部门投资，实现工业化，突破经济发展瓶颈，推动国民经济发展，从根本上摆脱贫困、落后状态。临界最小努力命题论的核心观点认为，发展中国家经济发展只有突破低水平均衡状态，才能保持持续增长，同时强调资本投入的积极作用和对人口压力的预防。低水平均衡陷阱论基于马尔萨斯理论，认为只有当人均收入增长率超过人口增长率时，发展中国家才能走出低水平均衡陷阱。贫困恶性循环论和平衡增长理论认为，投资和储蓄能力不足导致的资本匮乏是发展中国家经济发展的关键制约因素，只有在国民经济各部门均衡地投入大量资本，才能突破发展瓶颈。

但区域均衡理论也存在以下不足：首先，忽视了区域间要素禀赋、区位条件等层面的客观差异；其次，假定发展中国家的市场体系和市场机制已经成熟，从而把要素自由流动与经济均衡增长直接联系起来；再次，其核心观点对国家干预和计划的依赖程度过高，欠缺对资源、技术、管理水平不足的考虑。

区域非均衡发展理论指出，本就是稀缺的资源无法满足均衡区域经济的增长需求，因此在进行资源配置的过程中应当注重“长板效应”，将经济发展重点地区和重点经济部门作为资源配置的优先考虑，将它们的发展优势转化扩散，进而促进区域整体的全面发展。代表理论包括：缪尔达尔的循环累积因果论、佩鲁的增长极理论、赫希曼的不平衡增长理论、弗里德曼的中心—外围理论、威廉姆逊的倒U形理论等。①循环累积因果论将经济发展分为了2个阶段：在整体经济发展水平较低的发展初期，应将资源集中到具有更好的发展条件的区域，寻求能够满足整体发展需求的投资回报率，并将发展红利扩散到邻近的其他区域；在发达区域得到有效发展的经济发展后期，循环累积因果出现，导致马太效应开始显著，此时政府应当进行干预，对社会资源进行宏观调控，实现社会资源的合理利用。②增长极理论认为，科技是第一生产力，创新是第一驱动力，创新是推动经济增长与社会进步的源动力。因此，只有具备创新意识且拥有创新能力的区域才可能实现经济增长。在一个完整的经济社会环境中，能够创新的区域被称为增长极。布代维尔将增长极原理引入地理学科，认为增长极具有空间特性。③不平衡增长理论认为，经济进步不是全体区域同步发生，而是由最初实现经济增长的区域带动产生的。不平衡增长理论对极化效应与涓滴效应在经济发展的过程中对区域发展差异的共同作用进行讨论，认为区域差异的扩大与缩小是由二者在经济发展的不同时期分别占据了主导地位而实现的。不平衡增长理论是从资源有效配置的角度出发，通过产业的优先发展来带动整体经济发展。④中心—外围理论认为，优先发展起来的区域会成为中心，它会与相对发展较慢的外围区域形成空间上的二元结构。在经济发展的初级阶段，二元结构十分明显，最初表现为一种单核结构；随着经济进入起飞阶段，单核结构逐渐为多核结构所替代；当经济进入持续增长阶段，随着政府政策干预、区际人口迁移、市场扩展、交通运输的改善，中心和外围界限会逐渐消失，最终会达到空间经济的一体化，各区域优势充分发挥，经济获得全面的发展。⑤倒U形理论认为，区域差异是随着经济的发展呈倒U形变化的，从长期来看，倒U形理论揭示了一个国家的经济增长造成的区域差异变动规律。

结合中国实际情况来看，我国区域发展战略大体上经历了“均衡—不均衡—均衡”发展的4个阶段：①1949—1978年向内陆地区推进的平衡发展阶段；②1979—1999年向沿海地区倾斜的不平衡发展阶段；③2000—2016年以四大板块区域发展总体战略为主体的区域协调发展阶段；④2017年开启新时代中国特色社会主义区域协调发展战略新阶段。根据张学良（2012）和魏后凯（2019）等学者的研究，虽然当前的发展仍不平衡与不充分，但是中国的区域差异扩大速度已经开始放缓，逐渐进入了区域间相对平衡的发展阶段。日臻成熟的交通运输条件和信息通信技术将弱化地理位置的限制，地区间的交流合作日益增强将推动各地区协调发展。

区域协调发展战略是解决“不平衡不充分发展”问题的有效办法。区域协调发展是国民经济平稳快速发展的基础和前提，是区域经济长期发展的重要目标，关系到国家经济发展和社会稳定。

农村现代化研究的本质是探讨农村区域发展问题。然而，各地区的资源禀赋、区位条件差异将长期存在，会在一定程度上造成农村现代化的非均衡发展。本书将基于区域均衡发展理论，探讨如何在客观地区差异长期存在的前提下，促进农村现代化趋向均衡发展。

（五）综合评价理论

综合评价具有包括系统性与复杂性等在内的多重特性，被广泛应用于经济社会研究当中。综合评价的主要功能包括：对研究对象进行更深层次的理解以及更客观的评价，为评价对象的排序工作提供参考，能够对实践与管理进行改进与优化，为行为管理与级别评定提供依据。综合评价理论的主要表现形式是构建评价指标体系和方法，其主要步骤为：对评价对象进行深入了解与剖析，确定指标建立评价指标体系，根据各指标的重要性确定指标权重，确定数据来源并对数据进行处理，对评价结果进行计算与分析。日本学者三浦武雄（1983）将评价定义为，根据确定的目的来测定对象系统的属性，并将这种属性变为客观定量的计值或者主观效用的行为。苏为华（2000）将评价定义为，人们参照一定标准对客体的价值或优劣进行评判比较的一种认知过程。综合评价理论常被统计决策、政策科学、一般社会科学等学科领域吸收融合，形成具有不同学科特色的综合评价理论与方法体系。

根据不同研究领域的差异性要求，综合评价理论衍生出许多的评价方法，具体有定性评价方法、定量评价方法、基于目标规划模型的评价方法以及多方法融合的综合评价方法。其中，定性评价方法是运用文字，将被评价对象的性质科学严谨地描述出来，其主要特点是描述过程的辩证与逻辑，要求在评价的过程中运用经验或者偏好主观地确定被评价对象的等级与得分，常被用于评价在量化方面较为困难的对象，但在评价的精度方面存在不足。定性评价的常用方法有德尔菲法以及专家打分法等。与定性评价不同，定量评价方法运用数学语言对被评价对象的特征进行量化，是一种更加客观的综合评价方法。定量评价的主要思想就是依据各个指标对于被评价对象的重要程度进行简单加权，具有代表性的方法有层次分析法、熵权法、灰色关联分析法以及神经网络分析法等。基于目标规划模型的评价方法的基础是运筹学领域的目标规划模型，是一种在给定的多个目标中找到最优选择的评价方法，主要方法有数据包络分析法以及 Topsis 法等。多方法融合的综合评价方法的特点在于融合，该方法认为各个指标的评价逻辑不应该是同质的，应当根据其性质针对性地利用不同的方法对指标的选取和赋权进行处理，发挥其比较优势，使得综合评价的科学性与严谨性得到提高。常用方法有组合赋权法、组合评价法以及基于赋权方法和信息集成方法的融合方法等（彭张林等，2015）。

本书对综合评价理论的思想与方法的运用贯穿始终。对农村现代化的目标选择、水平评价指标体系构建、评价指标赋权、数据源开发、数据处理与评价结果分析等多部分均有重要指导作用。

第三章

农村现代化系统及水平评价指标体系的构建

构建科学合理、有效可行的评价指标体系，是评价农村现代化水平的基础。本章将基于前文的相关概念界定和理论基础，剖析农村现代化的内在机理，建立农村现代化系统，厘清各子系统的要素及相互作用，构建农村现代化水平评价指标体系。

一、农村现代化系统的概念模型

（一）农村现代化的概念框架

党的十九大以后，加快推进农村现代化是实施乡村振兴战略的总目标，是社会主义现代化国家建设体系的重要组成部分，是“五位一体”总体布局在农村发展中的具体落实，也是现阶段“三农”工作的重要内容，还是相当长一段时间内农村地区的发展目标。因此，农村现代化既要满足乡村振兴战略的总要求，还要满足社会主义现代化强国“富强、民主、文明、和谐、美丽”的目标，以及满足“农业强、农村美、农民富”的农村发展目标。既可以按照“五位一体”总体布局的思路划分为农村经济现代化、农村政治现代化、农村文化现代化、农村社会现代化、农村生态现代化以及农民现代化等 6 类，也可以按照“三农”视角划分为农业现代化、农村现代化、农民现代化等 3 类。本书从“三农”视角出发，以城乡融合发展为目标导向，将农村现代化划分为农业现代化、狭义农村现代化、农民现代化以及城乡融合发展等 4 类（图 3－1）。

（二）农村现代化的系统层次

我国农村现代化的中心任务包括农业、农村、农民 3 个方面的现代化以及城乡融合发展。农村现代化既是一个过程、状态，也是一个目标。3 个现代化的任务内容，是农村现代化的内在要求，也是实现农村现代化的具体目标。2021 年中央 1 号文件提出了 2021 年和 2025 年短期目标任务。农村现代化的实现过程需要农村居民、政府、新型经营主体、乡镇企业、高校、科研院所及其他社会组织与个体等多方利益共同体协调配合。可见，农村现代化是一项需要多领域谋划、多部门参与、多主体配合，按阶段性目标有序推进的复杂系统工程。

农村现代化系统由多个层次构成，每个层次由相互独立又紧密联系的若干要素构成。从不同的视角出发，农村现代化系统可以拆解成不同组合的子系统。如按照社会主义现代化国家建设体系总要求或“五位一体”总体布局划分，可分为农村经济现代化、农村政治现代化、农村文化现代化、农村社会现代化、农村生态现代化以及农民现代化等 6 个子系统；按照“三农”视角，可划分为农业现代化、农村现代化、农民现代化等 3 个子系统；按照乡村振兴战略的内容要求，可划分为组织现代化、产业现代化、文化现代化、人才现代化、生态现代化等 5 个子系统；按照实施主体，可分为以各级政府为主、以高校和科研

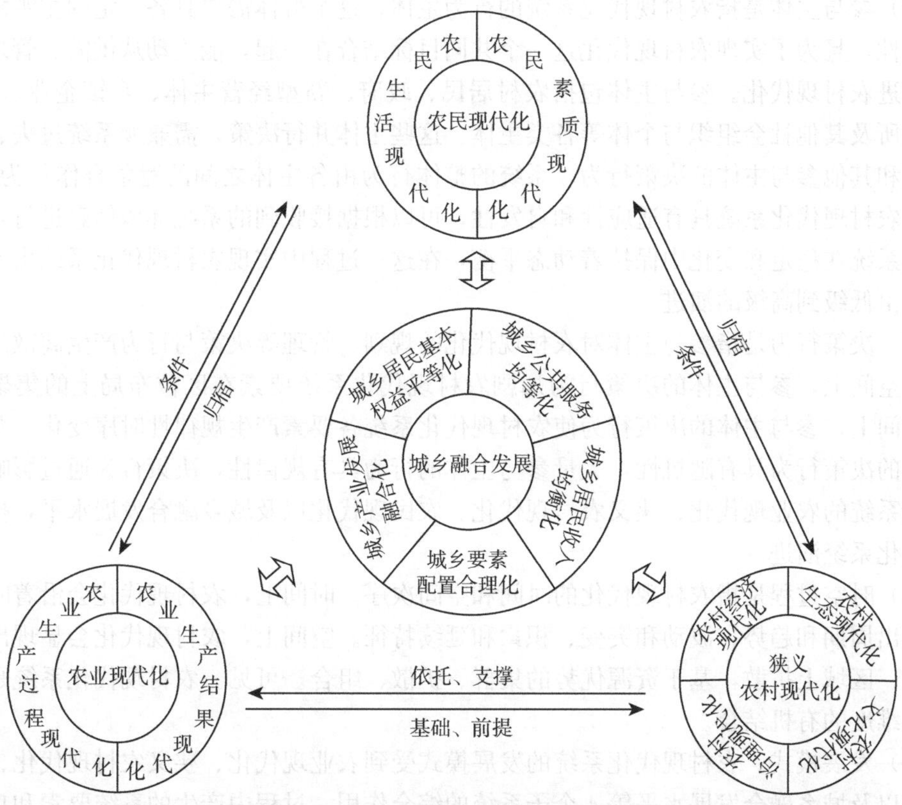

图 3-1　农村现代化系统的概念框架

院所为主、以新型农业经营主体为主、以小农户为主等子系统；按照行政区划级别，可分为国家、省域、县域层次等子系统。系统与外部环境之间、系统各层次之间、同层次各子系统之间、各要素之间均保持稳定而错综复杂的联系。各要素只有在农村现代化这个系统中相互作用才能实现自身的功能，进而使整个系统实现相应的功能。按系统管理理论分类标准，农村现代化系统属于一种复杂巨系统，若要详细剖析它，需遵循一定的逻辑顺序。按照“自定性到定量”“自上而下”的逻辑顺序，构建农村现代化系统的概念模型，为后文量化农村现代化水平和提出农村现代化水平提升路径奠定坚实的理论基础。

按照复杂系统的层次理论，农村现代化系统可分解为政策制度、参与主体、决策行为、时空过程和发展模式等 5 个层次，每个层次相互作用。政策制度是农村现代化在宏观层面上的关键影响因素和驱动力。发展模式是落实到基层实践层面的农村现代化结果。时空过程是指农村现代化的动态性和规律性。参与主体是受政策制度和发展模式约束的行为主体。决策行为是参与主体对其他层次产生信息的响应活动。系统各层次之间存在双向的影响作用。

（1）政策制度是指与加快推进农业农村现代化相关的政策、规则、制度、规划等，既包括系统内生政策，也包括系统外部植入政策，二者均可深刻影响农村现代化系统的演进。农村现代化的参与主体的行动受政策影响调控，同时，系统也可以通过政策调控适应外部环境。因此，通过政策分析可以预测农村现代化的系统演进趋势。

（2）参与主体是指农村现代化系统的行为主体，这个群体需要具备一定的主观能动性和创造性，且为了实现农村现代化这一个共同目标结合在一起，能主动从供需、管理等多方面推进农村现代化。参与主体包括农村居民、政府、新型经营主体、乡镇企业、高校、科研院所及其他社会组织与个体等各类主体。这些主体并行决策，需兼顾系统过去、将来的状态和其他参与主体的决策行为。系统的整体行为由各主体之间的竞争合作行为组成。因此，农村现代化系统具有适应性和自发性，可以根据接收到的系统环境信息进行自发调试，使系统在稳定和变化中保持着动态平衡，在这一过程中实现农村现代化系统由无序到有序、由低级到高级的演进。

（3）决策行为是指参与主体对农村现代化的规划、管理等决策与行为产生离散的时空过程。空间上，参与主体的决策行为加剧农村现代化系统要素在区位布局上的集聚或扩散；时间上，参与主体的决策行为使农村现代化系统各要素产生规律性时序变化。单一参与主体的决策行为具有随机性，大量参与主体的行为具有规律性，决策行为通过影响农村现代化系统的农业现代化、狭义农村现代化、农民现代化以及城乡融合发展水平，推动农村现代化系统演进。

（4）时空过程是指农村现代化的时间和空间次序。时间上，农村现代化会沿着时间脉络显现出周期和趋势、波动和突变、积累和延续特征。空间上，农村现代化会显现出空间上蔓延、区域上扩散，基于资源优势的集群、扩散、组合。可见。农村现代化系统是时间和空间维度的有机结合。

（5）发展模式。农村现代化系统的发展模式受到农业现代化、狭义农村现代化、农民现代化以及城乡融合发展水平等4个子系统的综合作用，过程中产生的系统要素和功能改变，表现为多元性。参与主体的决策行为在时空过程中积累、固化后形成发展模式。相应的，模式的改变也会反过来通过影响参与主体的决策行为进而影响时空过程。

（三）农村现代化子系统的层次结构

为使基于农村现代化系统构建的农村现代化水平评价指标体系更贴近“三农”工作的开展方向，从“三农”视角，将农村现代化系统划分为农业现代化、狭义农村现代化、农民现代化以及城乡融合发展水平等4个子系统。每个子系统都有各自的相互独立又紧密联系的要素组合，农村现代化的参与主体通过一系列决策行为整合这些要素。

农业现代化子系统是前提和基础。农业现代化在我国社会主义现代化建设初期就被提出，是农村的基础功能之一。现阶段，参与主体应以农业供给侧结构性改革和农业高质量发展为主线，进行农业现代化的相关决策行为，推进农业现代化。

狭义农村现代化子系统是依托和支撑。其他子系统需要依托于狭义农村现代化子系统才能实现功能，起到载体作用。狭义农村现代化子系统在内涵上包括农村经济现代化、农村文化现代化、农村生态现代化、农村治理现代化、农村社会现代化。农村经济现代化是以三次产业融合发展、延长产业链、提升价值链为主线，实现产业兴旺，促进农村经济发展。农村文化现代化是以社会主义核心价值观为指导，传承和发扬传统农耕文化，同时接纳、融合现代文明，加强农民思想道德建设，提高公共文化服务水平，强化乡村社会文明程度。农村生态现代化是以农村人居环境整治和绿色农业发展为主线，实现农村美丽、宜居。农村治理现代化是在保障中国共产党核心领导地位的基础上，党组织、政府、社会组织、广大农民等多元主体共治，自治、法治、德治相结合，实现治理体系和治理能力现代化。农村社会现代化是以实现城乡基本公共服务均等化、生活质量等值化为主线，提高农村居民生活质量，缩小城乡居民差距。参与主体据此进行决策行为，全面推进农村现代化。

农民现代化子系统是核心和归宿。农民既是农村现代化的实践主体又是价值主体，既是农村现代化的建设者又是受益人。农民现代化子系统的目标是提高农民素质和改善农民生活水平。

城乡融合发展子系统是路径和目标。推进农村现代化就是为了缩小城乡差距，实现城乡融合发展。调整城乡关系的目标体现在城乡居民基本权益、居民收入、公共服务、要素配置以及产业发展等多个方面。

基于以上对农村现代化系统层次结构的剖析，设置农业现代化水平、狭义农村现代化水平、农民现代化水平以及城乡融合发展水平为农村现代化（广义）水平评价指标体系的4个一级指标，以此为基础尝试量化农村现代化水平。

二、农村现代化水平评价指标体系构建的原则与依据

（一）农村现代化水平评价指标体系构建的原则

农村现代化水平评价指标体系的构建应遵循系统性与全面性相结合、科学性与指导性相结合、简洁性与可操作性相结合、目标导向性、“软硬兼施”、可比性等原则。

1. 系统性与全面性原则

系统性体现在，农村现代化水平评价指标体系的构建过程是将零散的、可以表征农村现代化水平的要素纳入农村现代化系统中，按一定规则和标准划分为若干相互关联、互为条件的子系统，用以探寻农村现代化系统的演进规律，分析农村现代化发展情况。全面性体现在，各子系统的功能叠加可以实现完整的系统功能。从多视角、多层次构建，从目标层、准则层到指标层，逐层推进，进而形成完整的农村现代化水平评价指标体系。所得到的指标体系可以完整地反映农村现代化的内涵、特征、内在要求、中心任务，各层次之间相互关联。

2. 科学性与指导性原则

农村现代化水平评价指标体系的建立旨在研究、解决科学问题，所以建立体系的过程首先要基于科学的研究方法、科学的基础理论，所建立的体系需要科学反映研究对象的目标要求、符合演进规律。指标的选取既要遵循客观的农村现代化发展规律，也要符合实际发展情况和发展趋势。本书在构建指标体系过程中充分吸收了国内外专家学者关于国家现代化、区域现代化、农业现代化、农村现代化评价指标体系的研究成果，以最大化保证所构建指标体系的科学性。此外，构建指标体系的目的不仅是评估目前的发展水平，更是要为后续发展过程提供指导性建议。因此，所构建指标体系不仅需要具有稳定性，还需要具有前沿性，为推进农村现代化起到一定指导作用。

3. 简洁性与可操作性原则

选取指标应贯彻简洁性原则，在满足评价要求的待选指标中，选择最具有代表性的指标。避免多重指标交叉造成多重共线性，影响评价结果的科学合理性。根据理论框架模型

设计、构建的评价指标体系往往在实际测算过程中会受到数据可获得性的限制，数据缺失、指标难以量化的情况常常出现。数据源稳定、统计口径一致、来源权威可靠的数据是实现指标体系设计功能的基本要求。因此，在设计指标体系时就应充分考虑数据的可获得性，实在无法开发数据源的指标可用相关性较强的指标代替。

4. 目标导向性原则

评价指标体系的指标选取标准应与评价主体的目标要求保持高度一致。如农村现代化的发展目标是农业强、农村美、农民富，那么农村现代化水平评价指标体系中的指标应坚持这一鲜明导向，符合农村现代化推进的总要求，并充分表达农村现代化的全部内容。要做到体系中的指标均能反映农村现代化进程中的实际发展状态，并且按照农村现代化的发展要求引导农村向全面实现现代化的方向前进。

5. “软硬兼施”的原则

在本书建立的指标体系中，“软硬兼施”的原则具体表现为指标选取的主客观结合原则。在农村现代化系统中，每个子系统的功能各有侧重，参与主体会根据目标功能的不同做出不同的决策行为。如农业现代化子系统的功能之一是保障粮食安全，这一系统任务存在硬性标准，就需要选取可用统计数据客观反映的硬性指标。而狭义农村现代化子系统下的农村生态现代化、农村治理现代化是保障性较强的子系统，就可以部分选用主观评价指标。只有综合使用主客观评价指标，才能保证评价结果真实、准确地反映农村现代化系统的演进规律。

6. 可比性原则

在指标选取过程中，还要注意所选指标的可比性。即便区域间存在资源禀赋、经济发展、区位分布等方面的不同情况，但是农村现代化的基本内涵和固有逻辑不变，因此，可选用空间上横向可比、时间上纵向可比、通用性较强的指标（柯炳生，2000；黄祖辉等，2003），且最大限度地体现区域特色和国情。

（二）农村现代化水平评价指标体系构建的依据与参考

本书在筛选指标和构建体系的过程中，以习近平总书记关于“三农”工作的重要论述为指导，充分参考了党和国家的相关方针政策、国务院及有关部门的相关文件，以及国内外相关研究成果。农村现代化水平评价指标体系中指标的筛选依据如下：

1. 习近平总书记关于“三农”工作的重要论述

习近平总书记关于“三农”工作的重要论述，为本书研究和构建农村现代化水平评价指标体系的理论框架设计提供思路上的指引和理论上的依托。

2. 党和国家的相关方针政策

一是“五位一体”总体布局。农村现代化是“五位一体”总体布局在农村的具体落实，所以，农村现代化水平评价指标体系也应该包括农村经济现代化建设、农村政治现代化建设、农村文化现代化建设、农村社会现代化建设和农村生态文明现代化建设 5 个方面。

二是“两个一百年”奋斗目标。党的十九大将农村现代化纳入社会主义现代化国家建设体系的范畴。这意味着，推进农村现代化的目标应与社会主义现代化强国目标充分契合。本书在构建农村现代化水平评价指标体系时应充分考虑社会主义现代化强国总目标。

三是2018年中央1号文件确定的推进农村现代化时间表。按照“三步走”的时间表，从基本实现农村现代化到完全实现农村现代化，各阶段均有具体的标准和相应表现，成为阶段性目标值测算所参考的定性依据。此外，本书在构建农村现代化水平评价指标体系时应充分考虑乡村振兴总要求。

四是2021年中央1号文件确定的农业农村现代化的目标任务。《中共中央　国务院关于全面推进乡村振兴加快农业农村现代化的意见》中明确了取得重要进展的具体标准和奋斗目标，是筛选评价指标和目标值测算所参考的定性依据。

3. 国务院及有关部门的相关文件

农村现代化本质上是“三农”的发展目标，因此，本书在筛选指标过程中充分参考国务院及有关部门的相关文件，以保证所构建指标体系与国家政策导向的一致性。可供参考的主要有：《中华人民共和国国民经济和社会发展第十四个五年规划和2035年远景目标纲要》《加快建设农业强国规划（2024—2035年）》《全面建成小康社会统计监测指标体系》《美丽乡村建设评价》《全国农业现代化规划（2016—2020年）》以及其他相关专项规划、方案，如《“十四五”推进农业农村现代化规划》《2020年农业农村绿色发展工作要点》《新型农业经营主体和服务主体高质量发展规划（2020—2022年）》《中共中央　国务院关于建立健全城乡融合发展体制机制和政策体系的意见》等。

三、农村现代化水平评价指标体系及其特点

（一）农村现代化水平评价指标体系设计

根据新时代背景下农村现代化的内涵与特征、参考依据，遵循系统性与全面性、科学性与指导性、简洁性与可操作性、目标导向性、“软硬兼施”、可比性等原则，综合使用理论分析法、频度分析法、专家咨询法，选取具有代表性的若干指标。构建包含农业现代化水平、狭义农村现代化水平、农民现代化水平以及城乡融合发展水平等4个一级指标，在一级指标下设13个二级指标和58个三级指标的农村现代化（广义）水平评价指标体系，见表3-1。

表3-1　农村现代化水平评价指标体系

一级指标	二级指标	三级指标
A农业现代化水平	A1农业生产过程现代化	A11农业科技化水平（%）
		A12农业机械化水平（%）
		A13农田水利化水平（%）
		A14农业信息化水平（%）
		A15农业规模化水平（%）
		A16农民组织化水平（%）
		A17农业风险保障水平（%）
	A2农业生产结果现代化	A21土地生产率（元/公顷）
		A22农业劳动生产率（元/人）

（续）

一级指标	二级指标	三级指标
B狭义农村现代化水平	B1农村经济现代化	B11农村集体经济发展水平（%）
		B12农业增加值增长率（%）
		B13人均农业增加值（元）
		B14农产品加工业产值发展水平（%）
		B15休闲农业与乡村旅游业发展水平（%）
		B16农村非农产业就业人员占比（%）
		B17农林牧渔服务业发展水平（%）
	B2农村生态现代化	B21化学投入品使用合理化程度（%）
		B22农作物绿色防控水平（%）
		B23单位农业增加值农业用水量（亿立方米）
		B24单位农业增加值能源消耗量（万吨标准煤）
		B25农业废弃物资源化利用水平（%）
		B26乡村绿化覆盖率（%）
		B27农村生活废弃物无害化处理水平（%）
		B28农村卫生厕所普及率（%）
	B3农村文化现代化	B31县级及以上文明村和乡镇占比（%）
		B32农村学校本科以上学历专任教师占比（%）
		B33乡镇文化站覆盖率（%）
		B34村综合性文化服务中心覆盖率（%）
	B4农村治理现代化	B41村庄选举登记选民投票率（%）
		B42实行财务公开村占比（%）
		B43农村社区综合服务设施覆盖率（%）
		B44村党组织书记兼任村委会主任的村占比（%）
		B45有建设规划行政村占全部行政村的比例（%）
		B46有村规民约的村占比（%）
C农民现代化水平	C1农民生活现代化	C11农村居民人均可支配收入（元/人）
		C12农村居民人均消费支出（元/人）
		C13农村恩格尔系数（%）
		C14农村自来水普及率（%）
		C15具备条件的建制村通硬化道路比例（%）
		C16农村居民居住水平（%）
		C17农村居民家庭平均每百户家用汽车拥有量（辆）
	C2农民素质现代化	C21农村居民受教育年限（年）
		C22农村居民教育文化娱乐支出占比（%）

（续）

一级指标	二级指标	三级指标
D城乡融合发展水平	D1城乡居民收入均衡化程度	D11农民收入相当于城镇居民收入的百分比（%）
		D12城乡居民收入绝对数差距缩小程度（%）
	D2城乡居民基本权益平等化程度	D21户籍人口城镇化率与常住人口城镇化率之比（%）
		D22城乡义务教育学校生师比的比值（%）
		D23城乡居民财产性收入比（%）
		D24城乡居民基本权益平等化程度主观评价（%）
	D3城乡要素配置合理化程度	D31农林水事务财政支出占比提高程度（%）
		D32涉农贷款余额占比提高程度（%）
		D33城乡要素配置合理化程度主观评价（%）
	D4城乡公共服务均等化程度	D41城乡社会保障均等化程度（%）
		D42城乡卫生技术人员数量比（%）
		D43城乡人均义务教育经费支出均等化程度（%）
		D44城乡公共服务均等化程度主观评价（%）
	D5城乡产业发展融合化程度	D51二元对比系数
		D52城乡产业发展融合化程度主观评价（%）

1. 农业现代化水平

农业现代化，是现代农业的形成与发展过程，主要表现为农业生产手段与技术科学化、农业生产工具与装备机械化、农田水利工程与设施完备化、农业信息数字网络化、农业生产经营规模适度化、农业经营主体组织化、农业风险保障化等；农业现代化的结果，是农业生产效率和农民收入水平的提高，主要表现在土地生产率、农业劳动生产率等方面。因此，在农业现代化水平一级指标下设置农业生产过程现代化和农业生产结果现代化2个二级指标。在农业生产过程现代化二级指标下设置7个三级指标，在农业生产结果现代化二级指标下设置2个三级指标，具体计算方法见表3－2。

表3－2 农业现代化的三级指标及其计算方法

二级指标	三级指标	指标解释说明与计算方法
A1农业生产过程现代化	A11农业科技化水平（%）	农业科技进步贡献率（%）
	A12农业机械化水平（%）	主要农作物耕种收综合机械化率（%）
	A13农田水利化水平（%）	a/b×100%：a为农田有效灌溉面积（千公顷），b为耕地总面积（千公顷）
	A14农业信息化水平（%）	农村互联网普及率（%）
	A15农业规模化水平（%）	0.5（0.5a＋0.5b）＋0.5c：a为经营耕地10亩以上农户占比（%），b为流转面积占家庭承包经营耕地面积比例（%），c为畜禽养殖规模化率（%）
	A16农民组织化水平（%）	a/b×100%：a为农户社员数（万户），b为农户总数（万户）
	A17农业风险保障水平（%）	a/b×100%：a为财产保险公司农业保险保费收入（亿元），b为第一产业增加值（亿元）

（续）

二级指标	三级指标	指标解释说明与计算方法
A2 农业生产结果现代化	A21 土地生产率（元/公顷）	a/b×100%：a 为农业总产值（亿元），b 为耕地总面积（千公顷）
	A22 农业劳动生产率（元/人）	a/b×100%：a 为农林牧渔业增加值（亿元），b 为第一产业就业人员数（万人）

①农业科技化水平。农业生产技术、经营管理、决策等智力及软技术的进步可以使农业产值的增长摆脱对农业生产要素投入的依赖。生产技术的科学化是农业现代化的重要内容，是降低生产成本、提高经济效率的有效途径。选用农业科技进步贡献率衡量。

②农业机械化水平。以农用机械代替人工进行农业生产，可提高生产效率、降低生产成本。生产手段的机械化是农业现代化的主要内容。选用主要农作物耕种收综合机械化率衡量。

③农田水利化水平。农田水利设施是农业抵御自然旱涝灾害的屏障，也是实现农业现代化的基础保障。生产基础设施的水利化是农业现代化的基础条件。选用农田有效灌溉面积占耕地总面积的比重衡量。

④农业信息化水平。将光纤网络、4G 网络、遥感监测、物联网、大数据等现代化的通信技术和信息技术广泛应用于获取农业信息、农资购买、生产过程监测、销售等农业生产经营管理全过程，并渗透到农业领域相关的市场、消费以及农村社会等各个具体环节，加快农业农村数字化转型，是农业现代化的必然趋势。选用农村互联网普及率表示。

⑤农业规模化水平。适度规模经营是实现小农户和现代化大农业有机衔接的有效途径，也是现阶段我国推进农业现代化的必然选择，用种植业规模化水平和畜禽养殖规模化率 2 个基础指标平均加权汇总测算，其中，种植业规模化水平用经营耕地 10 亩* 以上农户占比和流转面积占家庭承包经营耕地面积比例平均加权汇总测算。

⑥农民组织化水平。提升农户组织化程度是实现农业现代化的必要手段。现有条件下，合作是促进小农户和现代农业发展有机衔接的必然选择。农民专业合作社是被普遍选择的实现组织化生产经营的方式。用农户社员数占农户总数的比重计算。

⑦农业风险保障水平。农业保险可以帮助农户承担自然灾害等因素带来的收入波动，提升农业劳动生产率，为推进农业现代化提供保障。农业保险的普及是保障农业经营管理的关键因素。用农业保险深度即财产保险公司农业保险保费收入占第一产业增加值的比重表示。

2. 狭义农村现代化水平

狭义的农村现代化，主要包括农村经济现代化、农村生态现代化、农村文化现代化、农村治理现代化等，为此设置 4 个二级指标。

（1）农村经济现代化是农村产业高质量发展、农村生产力水平不断提高的历史过程。本书主要从农业经济发展水平、农村非农产业发展水平、农村集体经济发展水平 3 个方面设置反映农村经济现代化水平的三级指标，具体计算方法见表 3-3。

* 亩为非法定计量单位，1 亩≈667 平方米，下同。

表 3-3　农村经济现代化的三级指标及其计算方法

三级指标	指标解释说明与计算方法
B11 农村集体经济发展水平（%）	0.5a+0.5（1-b）：a 为集体经济强村占比（%），b 为当年无经营收益村占比（%）
B12 农业增加值增长率（%）	(a-b)/b×100%：a 为当期农林牧渔业增加值（亿元），b 为基期农林牧渔业增加值（亿元）
B13 人均农业增加值（元）	a/b×100%：a 为农林牧渔业增加值（亿元），b 为乡村人口数（万人）
B14 农产品加工业产值发展水平（%）	a/b×100%：a 为农产品加工业主营业务收入（亿元），b 为农林牧渔业总产值（亿元）
B15 休闲农业与乡村旅游业发展水平（%）	0.5a+0.5b：a 为休闲农业与乡村旅游接待人次（亿人次），b 为休闲农业与乡村旅游营业收入（亿元）
B16 农村非农产业就业人员占比（%）	1-a/b×100%：a 为第一产业就业人员（万人），b 为乡村就业人员（万人）
B17 农林牧渔服务业发展水平（%）	a/b×100%：a 为农林牧渔服务业增加值（亿元），b 为农林牧渔业增加值（亿元）

（2）农村生态现代化，是农村发展与生态系统互利耦合、农村生产和生活环境不断改善的历史过程。本书从农村生产环境与农业绿色发展水平、农民生活环境与农村美化程度 2 个方面设置 8 个三级指标来综合衡量农村生态现代化水平，具体计算方法见表 3-4。①化学投入品使用合理化程度。实施农药、化肥减量增效行动，提高其利用率并保持其使用量负增长是实现农业生产生态化的重要措施。②农作物绿色防控水平。用绿色防控替代化学防治是农业生产过程生态化的重要表现。③单位农业增加值农业用水量和单位农业增加值能源消耗量。现代化的农业应转变农业发展方式，节能降耗，使经济增长和自然资源、能源消耗脱钩，降低农业生产产值增长对自然资源的依赖程度。④农业废弃物资源化利用水平。农业废弃物资源化利用可有效防治农业污染，同时为农业生产提供生态化生产资料。⑤乡村绿化覆盖率，用乡村园林绿化面积占比代表。⑥农村生活废弃物无害化处理水平，用对生活垃圾进行治理的行政村占比和对生活污水进行处理的村占比平均加权汇总。⑦农村卫生厕所普及率是衡量农村人居环境生态化水平的指标。

表 3-4　农村生态现代化的三级指标及其计算方法

三级指标	指标解释说明与计算方法
B21 化学投入品使用合理化程度（%）	[（0.5a+0.5b）+（0.5c+0.5d）]/2：a 为单位耕地面积农药使用量，b 为主要农作物农药利用率，c 为单位耕地面积化肥使用量，d 为主要农作物化肥利用率
B22 农作物绿色防控水平（%）	主要农作物绿色防控覆盖率（%）

（续）

三级指标	指标解释说明与计算方法
B23 单位农业增加值农业用水量（亿立方米）	a/b×100%：a 为农业用水总量（亿立方米），b 为农林牧渔业增加值（亿元）
B24 单位农业增加值能源消耗量（万吨标准煤）	a/b×100%：a 为农林牧渔业能源消耗总量（万吨标准煤），b 为农林牧渔业增加值（亿元）
B25 农业废弃物资源化利用水平（%）	0.5a+0.5b：a 为农作物秸秆综合利用率（%），b 为畜禽粪污综合利用率（%）
B26 乡村绿化覆盖率（%）	a/b×100%：a 为乡村园林绿化面积（公顷），b 为乡村建成区面积（公顷）
B27 农村生活废弃物无害化处理水平（%）	0.5a+0.5b：a 为对生活垃圾进行治理的行政村占比（%），b 为对生活污水进行处理的村占比（%）
B28 农村卫生厕所普及率（%）	农村卫生厕所普及率（%）

（3）农村文化现代化是农村文化从传统向现代转型、乡风文明程度不断提高的历史过程。本书选用县级及以上文明村和乡镇占比、农村学校本科以上学历专任教师占比、乡镇文化站覆盖率和村综合性文化服务中心覆盖率等 4 个三级指标衡量农村文化现代化水平，具体计算方法见表 3-5。

表 3-5　农村文化现代化的三级指标及其计算方法

三级指标	指标解释说明与计算方法
B31 县级及以上文明村和乡镇占比（%）	县级及以上文明村和乡镇占比（%）
B32 农村学校本科以上学历专任教师占比（%）	0.5a+0.5b：a 为小学专任教师本科以上比例（%），b 为初中专任教师本科以上比例（%）
B33 乡镇文化站覆盖率（%）	a/b×100%：a 为乡镇文化站数（个），b 为乡镇数（个）
B34 村综合性文化服务中心覆盖率（%）	村综合性文化服务中心覆盖率（%）

（4）农村治理现代化，是乡村治理体系日趋完善、治理能力和服务水平不断提高的历史过程。本书选用 6 个三级指标衡量农村治理现代化水平，具体计算方法见表 3-6。①村庄选举登记选民投票率。行使选举权是村民参与农村治理的重要形式，选用村庄选举登记选民投票率衡量农村民主选举水平。②实行财务公开村占比。村级财务实行公开管理、接受民主监督是农村治理现代化的重要表现，选用实行财务公开村占比衡量农村民主监督水平。③农村社区综合服务设施覆盖率。健全农村基层服务体系、提高农村基层服务水平是实现农村治理现代化的体系保障，选用农村社区综合服务设施覆盖率衡量农村基层管理服务水平。④村党组织书记兼任村民委员会（简称村委会）主任的村占比。要坚持和加强党对农村工作的统一领导，农村基层党组织是党治理农村的组织基础，选用村党组织书记兼任村委会主任的村占比衡量农村基层党组织建设水平。⑤有建设规划行政村占全部行政村的比例。农村建设规划的制定是实现农村治理现代化的有效保障。选用有建设规划

行政村占全部行政村的比例衡量农村规划建设水平。⑥有村规民约的村占比。“四个民主”是村民自治的核心内容，制定并监督执行村规民约是民主管理的主要形式，选用有村规民约的村占比衡量农村民主管理水平。

表3-6　农村治理现代化的三级指标及其计算方法

三级指标	指标解释说明与计算方法
B41 村庄选举登记选民投票率（%）	a/b×100%：a 为农村参加投票人数（人），b 为农村登记选民数（人）
B42 实行财务公开村占比（%）	实行财务公开村占比（%）
B43 农村社区综合服务设施覆盖率（%）	农村社区综合服务设施覆盖率（%）
B44 村党组织书记兼任村委会主任的村占比（%）	村党组织书记兼任村委会主任的村占比（%）
B45 有建设规划行政村占全部行政村的比例（%）	有建设规划行政村占全部行政村的比例（%）
B46 有村规民约的村占比（%）	有村规民约的村占比（%）

3. 农民现代化水平

农民现代化是不断提高农民素质和生活水平、实现农民全面发展的历史过程。农民生活水平的提高，是农村社会现代化的本质；农民素质的提高，是农村综合现代化的关键。因此，设置农民生活现代化和农民素质现代化 2 个二级指标，具体计算方法见表 3-7。

表3-7　农民现代化水平的三级指标及其计算方法

二级指标	三级指标	指标解释说明与计算方法
C1 农民生活现代化	C11 农村居民人均可支配收入（元/人）	农村居民人均可支配收入（元/人）
	C12 农村居民人均消费支出（元/人）	农村居民人均消费支出（元/人）
	C13 农村恩格尔系数（%）	农村恩格尔系数（%）
	C14 农村自来水普及率（%）	农村自来水普及率（%）
	C15 具备条件的建制村通硬化道路比例（%）	具备条件的建制村通硬化道路比例（%）
	C16 农村居民居住水平（%）	0.5a+0.5b：a 为混合结构住房所占比重（%），b 为农村居民人均住房面积定基增长率（%）
	C17 农村居民家庭平均每百户家用汽车拥有量（辆）	农村居民家庭平均每百户年末家用汽车拥有量（辆）
C2 农民素质现代化	C21 农村居民受教育年限（年）	农村居民受教育水平（年）
	C22 农村居民教育文化娱乐支出占比（%）	a/b×100%：a 为农村居民教育文化娱乐支出（元），b 为农村居民消费总支出（元）

4. 城乡融合发展水平

从城乡关系角度来看，农村现代化，既是农村地区发展逐渐达到或接近城市水平的一个动态目标，又是依靠构建城乡融合发展体制机制和政策体系来支撑的推进过程。本书设置城乡居民收入均衡化程度、城乡居民基本权益平等化程度、城乡要素配置合理化程度、城乡公共服务均等化程度和城乡产业发展融合化程度等 5 个二级指标。需要说明的是，由于无法全部用客观指标进行准确定量评价，因此分别在后 4 个二级指标下，增设了 1 个主观评价三级指标，以增强评价指标体系的科学性和评价结果的可靠性，具体计算方法见表 3－8。

表 3－8　城乡融合发展水平的三级指标及其计算方法

二级指标	三级指标	指标解释说明与计算方法
D1 城乡居民收入均衡化程度	D11 农民收入相当于城镇居民收入的百分比（%）	a/b×100%：a 为农村居民人均可支配收入（元/人），b 为城镇居民人均可支配收入（元/人）
	D12 城乡居民收入绝对数差距缩小程度（%）	0－(a－b)/b×100%：a 为当年城乡居民可支配收入绝对数差值（元/人），b 为上年城乡居民可支配收入绝对数差值（元/人）
D2 城乡居民基本权益平等化程度	D21 户籍人口城镇化率与常住人口城镇化率之比（%）	a/b×100%：a 为户籍人口城镇化率（%），b 为常住人口城镇化率（%）
	D22 城乡义务教育学校生师比的比值（%）	0.5a＋0.5b：a 为城乡初中学校生师比的比值（%），b 为城乡小学校生师比的比值（%）
	D23 城乡居民财产性收入比（%）	a/b×100%：a 为城镇居民财产性收入（元），b 为农村居民财产性收入（元）
	D24 城乡居民基本权益平等化程度主观评价（%）	定性评价（%）
D3 城乡要素配置合理化程度	D31 农林水事务财政支出占比提高程度（%）	a/b×100%：a 为农林水事务财政支出（亿元），b 为总财政支出（亿元）
	D32 涉农贷款余额占比提高程度（%）	a/b×100%：a 为金融机构本外币涉农贷款余额（亿元），b 为金融机构本外币贷款余额（亿元）
	D33 城乡要素配置合理化程度主观评价（%）	定性评价（%）
D4 城乡公共服务均等化程度	D41 城乡社会保障均等化程度（%）	1/3×(a＋b＋c)×100%：a 为农村居民基本养老保险参保率（%），b 为农村居民基本医疗保险参保率（%），c 为城乡居民最低生活保障人均支出水平比（%）
	D42 城乡卫生技术人员数量比（%）	a/b×100%：a 为每千人拥有农村卫生技术人员数（人），b 为每千人拥有城市卫生技术人员数（人）
	D43 城乡人均义务教育经费支出均等化程度（%）	0.5a＋0.5b：a 为城乡初中教育经费均等化程度（%）；b 为城乡小学教育经费均等化程度（%）
	D44 城乡公共服务均等化程度主观评价（%）	定性评价（%）

（续）

二级指标	三级指标	指标解释说明与计算方法
D5 城乡产业发展融合化程度	D51 二元对比系数	a/b：a 为农业比较劳动生产率（%），b 为非农产业比较劳动生产率（%）
	D52 城乡产业发展融合化程度主观评价（%）	定性评价（%）

（二）农村现代化水平评价指标体系的特点

在现有研究中，大多将农业现代化和农村现代化结合在一起构建农村现代化水平评价指标体系，所选指标多为描述农业农村发展状态的客观数据，往往会舍弃无法量化却对描述农村现代化水平具有重要意义的指标，且所选客观评价指标集中于对农村现代化发展过程状态的描述，缺少对其结果状态的评价。与现有研究相比，本书构建的指标体系具有如下特点：

1. 区分广义农村现代化和狭义农村现代化两个核心概念

在第 2 章中提到，本书基于对农村与农业、农民的并列与包含关系的辨析，提出了广义农村现代化和狭义农村现代化两个概念。将两个核心概念进行区分后，分别对二者进行评价，其中，评价指标体系的目标层是广义农村现代化，一级指标中的农村现代化是指狭义农村现代化。指标体系构建过程均围绕两个核心概念展开，因广义农村现代化包含狭义农村现代化、农业现代化和农民现代化，所以将狭义农村现代化水平、农业现代化水平和农民现代化水平作为本书所构建评价指标体系中的一级指标。

2. 过程评价与结果评价相结合

城乡融合发展既是农村现代化的路径，也是其目标，二者互为过程和结果。推进农村现代化是为了解决城乡发展不平衡问题，改善城乡关系，实现城乡融合发展。同时，建立健全城乡融合发展体制机制和政策体系，是实现农村现代化的有效途径。将城乡融合发展和“三农”现代化相结合，即将结果评价与过程评价相结合。

此外，这一特点也体现在三级指标设置上。在一级指标农业现代化水平中，将三级指标分为农业生产过程现代化和农业生产结果现代化两部分。用农业科技化、机械化、水利化、信息化、规模化、组织化以及风险保障水平衡量农业生产过程现代化水平，用土地和农业劳动力的生产效率衡量农业生产结果现代化水平。

将过程评价与结果评价相结合，可以保证本书构建的指标体系的完整性和全面性。

3. 主观评价与客观评价相结合

由于全部使用客观指标进行定量评价无法准确量化我国农村现代化水平，因此本书在构建农村现代化水平评价指标体系过程中，增设若干主观评价三级指标，以增强评价指标体系的科学性和评价结果的可靠性。具体的，采用典型调查法，通过广泛征询“三农”领域专家、学者，政府农村发展、农业经济相关管理部门人员，涉农社会组织成员等的主观评价意向，统计整理后形成量化数据结果，进入农村现代化水平测算环节。

第四章

全国农村现代化水平评价

基于上一章构建的农村现代化水平评价指标体系，本章拟使用综合指数测度法对2010—2019年的全国农村现代化水平进行测度，量化农村现代化的发展水平。根据测度结果分析我国农村现代化的发展状态，探析我国农村现代化水平在时间维度上的演进规律。

一、数据来源与指标处理

（一）数据来源

本章应用的数据主要来源于2009—2020年的《中国统计年鉴》《中国农村统计年鉴》《中国城乡建设统计年鉴》《中国农村经营管理统计年报》《中国农业年鉴》《国民经济和社会发展统计公报》《中国社会统计年鉴》《中国金融年鉴》《中国人口和就业统计年鉴》《中国教育统计年鉴》《中国环境统计年鉴》《中国农产品加工业年鉴》《中国科技统计年鉴》《中国住户调查年鉴》《中国教育经费统计年鉴》《中国卫生健康统计年鉴》《中国民政统计年鉴》《中国第三产业统计年鉴》、中国综合社会调查数据库及司法部、民政部等政府部门公开数据。

（二）指标处理

1. 指标属性

指标的基础属性反映的是该指标对目标的作用方向，可以分为正向指标、负向指标、暂时正向指标和暂时负向指标等4种。本章将通过调整计算方法的方式使逆指标或暂时逆向指标正向化。因此，本章只含有正向指标和暂时正向指标。

（1）正向指标是指与目标呈正相关的指标。指标数值越大，其反映的目标水平越高。本书构建的指标体系内绝大多数指标都是正向指标。

（2）暂时正向指标是指其数值在一定范围内与目标呈正相关的指标，即指标数值在达到某个限值之前与目标正相关，达到该限值时其正向影响最大，超过该限值后可能会变成负向指标，对目标产生负向影响。比如农业规模化水平（A15）中包含基础数据流转面积占家庭承包经营耕地面积比例，在流转面积达到土地适度经营规模之前，该指标数值越大，对农业现代化的正向影响越大，但若超过最优的经营面积，就会造成规模不经济，反而对农业现代化水平有负向影响。又如化学投入品使用合理化程度（B21），其基础指标是用农药和化肥减量化程度计算，在达到最佳使用量之前，该指标数值与农村生态现代化水平呈正相关。极限假设，若二者使用量减至零，则势必需要投入其他生产要素替代其功能，可能不利于提高农村生态现代化水平。现阶段，我国农村现代化并未达到最佳水平，各指标数值也未达到最佳区间，所以暂时不需要考虑暂时正向指标超过最佳数值后转变为负向指标。

2. 正向化处理

在测算农村现代化水平时，需要将各指标得分加总，以反映不同要素对农村现代化水平的作用效果。若指标属性不同，则不可直接相加，所以需要对属性不同的基础指标作同向化处理，使全部指标对农村现代化水平的作用力保持方向相同，方可乘以权重、加总得到测算结果。本章从指标计算方法上实现逆向指标或暂时逆向指标的正向化处理。如化学投入品使用合理化程度（B21），其基础数据包括单位耕地面积农药使用量和化肥使用量，本是暂时逆向指标。将其采用基期比较法计算减量化程度后，可作为暂时正向指标进行后续计算。单位农业增加值农业用水量（B23）、单位农业增加值能源消耗量（B24）以及农村恩格尔系数（C13）3 个三级指标，均可以 2009 年为基期计算减量化程度或定基降低程度，则可作为正向指标进行后续计算。

3. 价值量指标的处理

价值量指标的价值变化受价格变化和物量变化两种因素影响，若要使数据具有时间上的可比性，则需要进行平减，采用不变价格进行相关测算，以剔除价格因素对该指标的影响，只反映物量的变化。如农业增加值增长率（B12）、人均农业增加值（B13）、单位农业增加值农业用水量（B23）、单位农业增加值能源消耗量（B24）等 4 个指标中涉及的农业增加值数据，以 2009 年为基期，采用不变价格指数进行平减处理。

4. 标准化处理

为使不同单位、不同量级的指标间可以进行比较，需对原始数据进行标准化处理，本章采用基期比较法、达标率法以及综合方法对指标进行标准化。

（1）基期比较法。对于采用当期绝对量计算无法充分反映目标含义的指标，采用基期比较法，以某一固定基期测算其相对于基期的变化量，更能反映目标含义。如单位农业增加值农业用水量（B23）、单位农业增加值能源消耗量（B24）两个实物量指标和农林水事务财政支出占比提高程度（D31）、涉农贷款余额占比提高程度（D32）两个占比提高程度指标，以固定年份（除 D32 外，均为 2009 年）为基期，计算其各年度的变化程度，得到标准化处理后的指标评价值。其中，涉农贷款余额占比提高程度（D32）是以 2007 年为基期，《中国农村金融服务报告 2018》提到，我国涉农贷款是 2007 年创立，当年涉农贷款余额占贷款余额比重为 22%①。

（2）达标率法。因本书构建的指标体系的指标属性均为正向或暂时正向，所以采用公式 4－1 进行标准化处理：

$$S_i = \frac{i_{\text{实际值}}}{i_{\text{目标值}}} \times 100\% \tag{4-1}$$

其中，S_i是标准化处理后的值，$i_{\text{实际值}}$是原始数据，$i_{\text{目标值}}$是 2050 年我国全面实现农村现代化时各指标应达到的目标值。

根据不同指标的内涵差异，采用 5 种不同方法确定不同三级指标的最理想目标值。

①以最大值为目标值。对于数值介于 0～100%，且自身既定最大值为 100%的指标，

① 《中国农村金融服务报告 2018》（http：//www.pbc.gov.cn/goutongjiaoliu/113456/113469/3892519/2019091917241089761.pdf）。

无需进行标准化处理即可用于测算。适用此类的指标包括：农业机械化水平（A12）、农田水利化水平（A13）、农业信息化水平（A14）、农业规模化水平（A15）、农民组织化水平（A16）、农村集体经济发展水平（B11）、农作物绿色防控水平（B22）、农业废弃物资源化利用水平（B25）、农村生活废弃物无害化处理水平（B27）、农村卫生厕所普及率（B28）、县级及以上文明村和乡镇占比（B31）、农村学校本科以上学历专任教师占比（B32）、乡镇文化站覆盖率（B33）、村综合性文化服务中心覆盖率（B34）、村庄选举登记选民投票率（B41）、实行财务公开村占比（B42）、农村社区综合服务设施覆盖率（B43）、村党组织书记兼任村委会主任的村占比（B44）、有建设规划行政村占全部行政村的比例（B45）、有村规民约的村占比（B46）、农村自来水普及率（C14）、具备条件的建制村通硬化道路比例（C15）、农民收入相当于城镇居民收入的百分比（D11）、城乡居民收入绝对数差距缩小程度（D12）、户籍人口城镇化率与常住人口城镇化率之比（D21）、城乡义务教育学校生师比的比值（D22）、城乡居民财产性收入比（D23）、城乡居民基本权益平等化程度主观评价（D24）、城乡要素配置合理化程度主观评价（D33）、城乡社会保障均等化程度（D41）、城乡卫生技术人员数量比（D42）、城乡人均义务教育经费支出均等化程度（D43）、城乡公共服务均等化程度主观评价（D44）、城乡产业发展融合化程度主观评价（D52）34个相对数指标。

②以城市发展水平为目标值。城乡融合发展是农村现代化的重要目标，因而可选择城市发展水平作为目标值。将农村居民人均可支配收入（C11）、农村居民人均消费支出（C12）、农村居民家庭平均每百户家用汽车拥有量（C17）、农村居民受教育年限（C21）、农村居民教育文化娱乐支出占比（C22）等5个反映农民素质与生活水平、存在明显城乡差异的指标，以城市同期发展水平作为目标值进行标准化处理。

③以全国发展水平为目标值。推进农村现代化的目标之一是让农村现代化跟上国家现代化的步伐，因而，农村现代化指标应该对标国家的发展水平，以全国发展水平作为目标值。适用此类的指标为农业劳动生产率（A22）、休闲农业与乡村旅游业发展水平（B15）。

④以政府部门规划目标为目标值。《中国绿色时报》在2018年发布的一篇题为《国家林业局将实施乡村绿化美化工程》的报道中提到，21世纪中叶全国乡村绿化覆盖率达到43%，因此，将乡村绿化覆盖率（B26）的目标值设定为43%。

⑤以发达国家或者国际先进水平为目标值。对于自身没有最大值也无法与城市或全国发展水平比较的指标，则以农业发达国家目前水平或国际先进水平为目标值。适用此类的指标包括：农业科技化水平（A11）、农业风险保障水平（A17）、土地生产率（A21）、农产品加工业产值发展水平（B14）、农林牧渔服务业发展水平（B17）、二元对比系数（D51）。

将农业科技化水平（A11）的目标值设置为85%。2013年，韩长赋在文章中提到，当时的发达国家农业科技进步贡献率为70%～80%。河南省人民政府发展研究中心“乡村振兴战略研究”课题组（2018）将河南省农业科技进步贡献率目标值设置为当前发达国家水平85%。

将农业风险保障水平（A17）的目标值设置为3.59%。经计算，我国2019年农业保险密度为0.95%，2019年发布的《关于加快农业保险高质量发展的指导意见》中提出，

2022 年农业保险深度（保费/第一产业增加值）达到 1%。基于世界银行网站的农业 GDP 数据和 FIF（French Insurance Federation）年度报告中的农业保险保费收入数据，经计算得到法国农业保险深度约为 3.24%。以美国和加拿大、日本、法国分别作为北美洲、亚洲和欧洲的发达国家代表，计算 4 个国家目前农业保险深度平均值作为我国全面实现农村现代化时农业保险深度指标的目标值，即 5.2%、4.1%、1.8%、3.24%，平均值为 3.59%。

将土地生产率（A21）的目标值设置为 7 914.7 千克/公顷。从世界银行网站获取发达国家[①] 2018 年谷类产量数据，并选取韩国、荷兰、美国、新西兰等数值高于中国的发达国家分别代表亚洲、欧洲、北美洲、大洋洲。计算 4 个国家的平均值作为我国全面实现农村现代化时农业土地生产率的目标值，即 6 585 千克/公顷、8 317.8 千克/公顷、8 691.6 千克/公顷、8 064.3 千克/公顷，平均值为 7 914.7 千克/公顷。

将农产品加工业产值发展水平（B14）的目标值设置为 4。有关数据显示，发达国家农产品加工业与农业总产值比为（3～4）∶1[②]，我国 2019 年的农产品加工业与农业总产值比为 2.3∶1，因而选择发达国家目前水平的上限，即 4∶1 作为我国全面实现农村现代化时农产品加工业产值发展水平的目标值。

将农林牧渔服务业发展水平（B17）的目标值设置为 12.7%。2013 年韩长赋提到，目前美国农业生产性服务业增加值占农业 GDP 的比重已达到 12.7%，我国仅为 2.3%[③]。经计算，2019 年我国农林牧渔服务业增加值占农林牧渔业增加值的比例为 4.2%，虽与发达国家该水平仍具有一定差距，但是可将发达国家目前发展水平作为我国全面实现农村现代化时农林牧渔服务业发展水平的目标值。

将二元对比系数（D51）的目标值设置为 0.69。发达国家的二元对比系数一般为 0.52～0.86，取这个区间的中间值 0.69 作为我国全面实现农村现代化时二元对比系数的目标值。

（3）综合方法。对于农业增加值增长率（B12）、人均农业增加值（B13）、农村非农产业就业人员占比（B16）、化学投入品使用合理化程度（B21）、农村恩格尔系数（C13）、农村居民居住水平（C16）6 个三级指标，同时采用基期比较法和达标率法两种方法进行数据标准化处理。其中，对于农业增加值增长率（B12）和人均农业增加值（B13），先以 2009 年为基期计算其增长率，再以 GDP 和人均 GDP 为目标值计算比较农业增加值和比较人均农业增加值，最后以 0.6 和 0.4 的权重加权汇总成指标评价值；对于农村非农产业就业人员占比（B16），将以 2009 年为基期计算的农村非农产业就业人员比例定基增长速度与以全国第二、三产业就业比重为目标值计算的比较农村非农产业就业人员比重分别按 0.6 和 0.4 的权重加权汇总；对于农村恩格尔系数（C13），将以 2009 年为基期计算的农村恩格尔系数定基降低程度与以城镇居民恩格尔系数为目标值计算的比较农村恩格尔系数平均加权汇总；对于农村居民居住水平（C16），将以 2009 年为基期计算的农村居民人均住房面

① 发达国家名单提取自国际货币基金组织、世界银行和美国中央情报局（CIA）《世界概况》发达经济体调查机构公开发布信息。

② 农业部关于印发《全国农产品加工业与农村一二三产业融合发展规划（2016—2020 年）》的通知。

③ 韩长赋．积极推进新型农业经营体系建设［N］．人民日报，2013-08-07（009）．

积定基增长率与以最大值为目标值计算的村庄混合结构房屋面积占比平均加权汇总；对于化学投入品使用合理化程度（B21），先以 2009 年为基期分别计算单位耕地面积农药使用量和化肥使用量的定基减量化程度，再以最大值为目标值分别对主要农作物农药利用率和化肥利用率进行标准化处理，最后平均加权汇总成指标评价值。

基于上一章设计的农村现代化水平评价指标体系，遵循以上原则进行标准化处理和目标值选择。将国家层面农村现代化水平评价标准化算法汇总如下，见表 4－1。

表 4－1　国家层面农村现代化水平评价标准化目标值选取

三级指标	目标值	标准化计算说明
A11 农业科技化水平（%）	85%	农业科技进步贡献率（%）/85%
A12 农业机械化水平（%）	100%	主要农作物耕种收综合机械化率（%）
A13 农田水利化水平（%）	100%	农田有效灌溉面积占比（%）
A14 农业信息化水平（%）	100%	农村地区互联网普及率（%）
A15 农业规模化水平（%）		0.5（0.5a＋0.5b）＋0.5c
	100%	a 经营耕地 10 亩以上农户占比（%）
	100%	b 流转面积占家庭承包经营耕地面积比例（%）
	100%	c 畜禽养殖规模化率（%）
A16 农民组织化水平（%）	100%	加入合作社农户占比（%）
A17 农业风险保障水平（%）	3.59%	农业保险深度（%）/3.59%
A21 土地生产率（%）	7 914.7 千克/公顷	中国谷类产量/7 914.7（千克/公顷）
A22 农业劳动生产率（%）	当年全国社会全员劳动生产率	比较农业劳动生产率（%）＝农业劳动生产率/全国社会全员劳动生产率×100%
B11 农村集体经济发展水平（%）		0.5a＋0.5（100－b）
	20%	a 集体经济强村比例（%）/20%
	100%	b 当年无经营收益村占比（%）
B12 农业增加值增长率（%）		0.6a＋0.4b
	以 2009 年为基期	a 农业增加值定基增长率（%）＝(当期农林牧渔业增加值－基期农林牧渔业增加值)/基期农林牧渔业增加值×100%
	GDP 指数（上年＝100）按不变价格计算	b 比较农业增加值增长率（%）＝农业增加值增长率/当年 GDP 增长率×100%
B13 人均农业增加值（元）		0.6a＋0.4b
	以 2009 年为基期	a 人均农业增加值定基增长率（%）
	当年人均 GDP（元）	b 比较人均农业增加值（%）＝人均农业增加值/当年人均 GDP×100%
B14 农产品加工业产值发展水平（%）	4	农产品加工业产值与农业产值之比/4

（续）

三级指标	目标值	标准化计算说明
B15 休闲农业与乡村旅游业发展水平（%）		0.4a＋0.6b
	全国接待游客人次（亿人次）	a 休闲农业与乡村旅游接待人次（亿人次）/全国接待游客人次（亿人次）
	全国旅游业务收入（亿元）	b 休闲农业与乡村旅游营业收入（亿元）/全国旅游业务收入（亿元）
B16 农村非农产业就业人员占比（%）		0.6a＋0.4b
	以 2009 年为基期	a 农村非农产业就业人员比例定基增长速度（%）=（当期农村非农产业就业人员比例－基期农村非农产业就业人员比例）/基期农村非农产业就业人员比例×100%
	全国第二、三产业就业比例	b 农村非农产业就业人员比例/全国第二、三产业就业比例（%）
B17 农林牧渔服务业发展水平（%）	12.7%	农林牧渔服务业增加值占农林牧渔业增加值比（%）/12.7%
B21 化学投入品使用合理化程度（%）		0.5（0.5a＋0.5b）＋0.5（0.5c＋0.5d）
	以 2009 年为基期	a 农药使用减量化程度（%）＝0－（当期单位耕地面积农药使用量－基期单位耕地面积农药使用量）/基期单位耕地面积农药使用量×100%
	100%	b 主要农作物农药利用率（%）
	以 2009 年为基期	c 化肥使用减量化程度（%）＝0－（当期单位耕地面积化肥使用量－基期单位耕地面积化肥使用量）/基期单位耕地面积化肥使用量×100%
	100%	d 主要农作物化肥利用率（%）
B22 农作物绿色防控水平（%）	100%	主要农作物病虫绿色防控覆盖率（%）
B23 单位农业增加值农业用水量（亿立方米）	以 2009 年为基期	单位农业增加值耗水定基减量化程度（%）＝0－（当期单位农林牧渔业增加值耗水－基期单位农林牧渔业增加值耗水）/基期单位农林牧渔业增加值耗水×100%
B24 单位农业增加值能源消耗量（万吨标准煤）	以 2009 年为基期	单位农业增加值耗能定基减量化程度（%）＝0－（当期单位农林牧渔业增加值耗能－基期单位农林牧渔业增加值耗能）/基期单位农林牧渔业增加值耗能×100%

（续）

三级指标	目标值	标准化计算说明
B25 农业废弃物资源化利用水平（%）		0.5a+0.5b
	100%	a 农作物秸秆综合利用率（%）
	100%	b 畜禽粪污综合利用率（%）
B26 乡村绿化覆盖率（%）	43%	全国乡园林绿化面积占比（%）/43%
B27 农村生活废弃物无害化处理水平（%）		0.5a+0.5b
	100%	a 对生活垃圾进行治理的行政村占比（%）
	100%	b 对生活污水进行处理的村占比（%）
B28 农村卫生厕所普及率（%）	100%	农村卫生厕所普及率（%）
B31 县级及以上文明村和乡镇占比（%）	100%	县级及以上文明村和乡镇占比（%）
B32 农村学校本科以上学历专任教师占比（%）		0.5a+0.5b
	100%	a 小学专任教师本科学历以上人数占比（%）
	100%	b 初中专任教师本科学历以上人数占比（%）
B33 乡镇文化站覆盖率（%）	100%	乡镇文化站数（个）/乡镇级区划数（个）
B34 村综合性文化服务中心覆盖率（%）	100%	村综合性文化服务中心覆盖率（%）
B41 村庄选举登记选民投票率（%）	100%	村庄选举登记选民投票率（%）
B42 实行财务公开村占比（%）	100%	实行财务公开村占比（%）
B43 农村社区综合服务设施覆盖率（%）	100%	建有综合服务站的村占比（%）
B44 村党组织书记兼任村委会主任的村占比（%）	100%	村党组织书记兼任村委会主任的村占比（%）
B45 有建设规划行政村占全部行政村的比例（%）	100%	有建设规划行政村占全部行政村的比例（%）
B46 有村规民约的村占比（%）	100%	有村规民约的村占比（%）
C11 农村居民人均可支配收入（元/人）	城镇居民人均可支配收入（元/人）	农村居民人均可支配收入（元/人）/城镇居民人均可支配收入（元/人）
C12 农村居民人均消费支出（元/人）	城镇居民人均消费支出（元/人）	农村居民人均消费支出（元/人）/城镇居民人均消费支出（元/人）

（续）

三级指标	目标值	标准化计算说明
C13 农村恩格尔系数（%）	以 2009 年为基期 城镇居民恩格尔系数	0.5a＋0.5b a 农村恩格尔系数定基降低程度（%）=（当期农村恩格尔系数－基期农村恩格尔系数）/基期农村恩格尔系数×100% b 比较农村恩格尔系数＝城镇居民恩格尔系数/农村恩格尔系数
C14 农村自来水普及率（%）	100%	农村自来水普及率（%）
C15 具备条件的建制村通硬化道路比例（%）	100%	具备条件的建制村通硬化道路比例（%）
C16 农村居民居住水平（%）	100% 以 2009 年为基期	0.5a＋0.5b a 村庄混合结构房屋面积占比（%） b 农村居民人均住房面积定基增长率＝（当期农村居民人均住房面积－基期农村居民人均住房面积）/基期农村居民人均住房面积×100%
C17 农村居民家庭平均每百户家用汽车拥有量（辆）	城镇居民家庭平均每百户家用汽车拥有量（辆）	农村居民家庭平均每百户年末家用汽车拥有量（辆）/城镇居民家庭平均每百户家用汽车拥有量（辆）
C21 农村居民受教育年限（年）	城市居民受教育年限（年）	农村居民受教育年限（年）/城市居民受教育年限（年）
C22 农村居民教育文化娱乐支出占比（%）	城镇居民教育文化娱乐支出水平（%）	农村居民教育文化娱乐支出（元）/城镇居民教育文化娱乐支出（元）
D11 农民收入相当于城镇居民收入的百分比（%）	100%	农村居民人均可支配收入（元/人）/城镇居民人均可支配收入（元/人）
D12 城乡居民收入绝对数差距缩小程度（%）	100%	0－城乡居民人均可支配收入绝对数差距的环比增长率（%）
D21 户籍人口城镇化率与常住人口城镇化率之比（%）	100%	户籍人口城镇化率与常住人口城镇化率之比（%）
D22 城乡义务教育学校生师比的比值（%）	100% 100%	0.5a＋0.5b 乡城初中学校生师比的比值（%） 乡城小学校生师比的比值（%）
D23 城乡居民财产性收入比（%）	100%	农村居民财产性收入（元）/城镇居民财产性收入（元）

（续）

三级指标	目标值	标准化计算说明
D24 城乡居民基本权益平等化程度主观评价（%）	100%	城乡居民基本权益平等化程度定性评价水平（%）
D31 农林水事务财政支出占比提高程度（%）	以 2009 年为基期	农林水事务财政支出占比提高程度＝(当期农林水事务财政支出占比－基期农林水事务财政支出占比)/基期农林水事务财政支出占比
D32 涉农贷款余额占比提高程度（%）	以 2007 年为基期	金融机构本外币涉农贷款余额占各项贷款余额比重定基提高程度（%）＝[当年金融机构本外币涉农贷款余额占各项贷款余额比重（%）/22%－1]×100%
D33 城乡要素配置合理化程度主观评价（%）	100%	城乡要素配置合理化程度定性评价水平（%）
D41 城乡社会保障均等化程度（%）		(a＋b＋c)/3
	100%	a 农村居民基本养老保险参保率（%）
	100%	b 农村居民基本医疗保险参保率（%）
	100%	c 城乡居民最低生活保障平均标准比（%）
D42 城乡卫生技术人员数量比（%）	100%	城乡每千人拥有农村卫生技术人员数比（%）
D43 城乡人均义务教育经费支出均等化程度（%）		0.5a＋0.5b
	100%	a 城乡初中教育经费均等化程度
	100%	b 城乡小学教育经费均等化程度
D44 城乡公共服务均等化程度主观评价（%）	100%	城乡公共服务均等化程度定性评价水平（%）
D51 二元对比系数	0.69	二元对比系数
D52 城乡产业发展融合化程度主观评价（%）	100%	城乡产业发展融合化程度定性评价水平（%）

5. 缺失值处理

为保证测算结果的完整性，运用合适的统计学方法对受数据源限制而产生的缺失值进行填充。对于相邻年份数值可获取的缺失值，采用均值法填充，或者相近年份数值替代；对于可获取的数值存在规律性变化的缺失值，采用线性插值法填充；对于官方规划中明确说明的基期值和目标值，按一定增长率估算缺失值。以上填充方法均会造成评价结果的误差，但为了兼顾测算结果的完整性和准确性，只能尽可能选择合适的填充方法，以将误差降到最低，使测算结果更接近实际发展水平。

二、指标权重确定方法与计算

（一）赋权方法选择

目前确定权重的方法分为以德尔菲法为主的主观方法和以熵权法、自变异系数法为主的客观方法。

熵权法是一种根据原始数据本身携带信息量的大小确定权重的客观赋值方法，该方法隐含的内在逻辑是，在众多指标中，数值相差越大的指标对于评价对象的解释力越强，说明该指标对于评价对象的重要性越大，权重系数越大[①]。虽然熵权法可以直观、深入地反映原始数据隐含的特征信息，从数理角度放大了指标的差异性，增强了指标的辨识度，使评价对象间不会因为差异过小而难以辨析，但是熵权法也存在属性上的弱势。第一，采用熵权法计算所得权重无法反映指标本身具有的农村现代化内涵的重要性，有些指标年度间差异并不大，但从内涵上讲对于农村现代化的重要性较强；第二，采用熵权法计算的过程中，指标统计量（如样本数量、平均值、标准差）的变化会影响权重的大小，影响程度尚未确定[②]。

层次分析法是一种常用的主客观结合赋权方法，其内在逻辑是结合主观和客观方法，将专家打分的单排序权重系数用客观数理方法转化为总排序的权重系数。单排序是指本层次各因素对于上一层次某因素的重要性的排序。总排序是指某层次所有因素对于总目标相对重要性的排序。本书的指标体系共有 58 个三级指标，若使用层次分析法会使总排序权重辨识度较低，造成评价对象间差异较小。综合上述考虑，选择使用专家打分法。

（二）指标权重计算

为最大限度地保证农村现代化水平评价结果的科学性和合理性，共发放电子版和纸质版“农村现代化水平评价指标体系及权重专家打分表”50 份，回收 49 份，问卷有效率达到 98%。

受访专家包括政府农村发展、农业经济相关管理部门人员，涉农社会组织成员，农业科研院所的研究员、副研究员，具有农林经济管理学科的高校内从事农业农村领域研究的教授、副教授、讲师和农业经济管理专业的博士后、博士、硕士等。其中涉农高校和研究院所受访者单位包括东北农业大学、贵州财经大学、黑龙江八一农垦大学、哈尔滨商业大学、哈尔滨师范大学、吉林农业大学、深圳大学、中共黑龙江省委党校、省级农业科学院等。

受访者皆深入了解“三农”领域的理论和实践，问卷发放范围涵盖多行业、多领域、多身份，样本结构科学合理，可在最大限度内保障结果的科学性和合理性。

将回收问卷汇总后可直接得到一级指标权重 W_k，为使不同一级指标所含的二、三级指标间互相可比，需对打分表汇总数据进行处理，生成可直接使用的二、三级指标权重总排序。二级指标的最终权重（W_i）为专家打分表汇总结果中的一级指标权重和二级指标权重相乘，三级指标的最终权重（W_{ij}）为专家打分表汇总结果中的一、二、三级指标权重相乘。经处理，得到农村现代化水平评价指标体系指标权重，见表 4－2。

---

① 信桂新，杨朝现，杨庆媛，等．用熵权法和改进 TOPSIS 模型评价高标准基本农田建设后效应［J］．农业工程学报，2017，33（1）：238－249.

② 李培月，吴健华，钱会．样本统计量对水质评价中熵权计算的影响［J］．南水北调与水利科技，2012，10（2）：68－74.

表 4-2 农村现代化水平评价指标体系指标权重

一级指标	一级指标单排序权重	一级指标总排序权重	二级指标	二级指标单排序权重	二级指标总排序权重	三级指标	三级指标单排序权重	三级指标总排序权重
A 农业现代化水平	0.297 8	0.297 8	A1 农业生产过程现代化	0.609 7	0.181 6	A11 农业科技化水平（%）	0.204 4	0.037 1
						A12 农业机械化水平（%）	0.197 2	0.035 8
						A13 农田水利化水平（%）	0.125 4	0.022 8
						A14 农业信息化水平（%）	0.116 4	0.021 1
						A15 农业规模化水平（%）	0.155 4	0.028 2
						A16 农民组织化水平（%）	0.103 3	0.018 8
						A17 农业风险保障水平（%）	0.097 8	0.017 8
			A2 农业生产结果现代化	0.390 3	0.116 2	A21 土地生产率（元/公顷）	0.704 4	0.081 9
						A22 农业劳动生产率（元/人）	0.295 6	0.034 3
B 狭义农村现代化水平	0.288 1	0.288 1	B1 农村经济现代化	0.346 9	0.099 9	B11 农村集体经济发展水平（%）	0.177 8	0.017 8
						B12 农业增加值增长率（%）	0.195 3	0.019 5
						B13 人均农业增加值（元）	0.141 1	0.014 1
						B14 农产品加工业产值发展水平（%）	0.152 5	0.015 2
						B15 休闲农业与乡村旅游业发展水平（%）	0.110 3	0.011 0
						B16 农村非农产业就业人员占比（%）	0.121 1	0.012 1
						B17 农林牧渔服务业发展水平（%）	0.101 9	0.010 2
			B2 农村生态现代化	0.256 1	0.073 8	B21 化学投入品使用合理化程度（%）	0.188 9	0.013 9
						B22 农作物绿色防控水平（%）	0.138 2	0.010 2

（续）

一级指标	一级指标单排序权重	一级指标总排序权重	二级指标	二级指标单排序权重	二级指标总排序权重	三级指标	三级指标单排序权重	三级指标总排序权重
B狭义农村现代化水平	0.288 1	0.288 1	B2 农村生态现代化	0.256 1	0.073 8	B23 单位农业增加值农业用水量（亿立方米）	0.104 2	0.007 7
						B24 单位农业增加值能源消耗量（万吨标准煤）	0.107 1	0.007 9
						B25 农业废弃物资源化利用水平（%）	0.127 1	0.009 4
						B26 乡村绿化覆盖率（%）	0.099 0	0.007 3
						B27 农村生活废弃物无害化处理水平（%）	0.125 4	0.009 3
						B28 农村卫生厕所普及率（%）	0.110 1	0.008 1
			B3 农村文化现代化	0.190 6	0.054 9	B31 县级及以上文明村和乡镇占比（%）	0.229 7	0.012 6
						B32 农村学校本科以上学历专任教师占比（%）	0.301 4	0.016 5
						B33 乡镇文化站覆盖率（%）	0.241 7	0.013 3
						B34 村综合性文化服务中心覆盖率（%）	0.227 2	0.012 5
			B4 农村治理现代化	0.206 4	0.059 5	B41 村庄选举登记选民投票率（%）	0.172 6	0.010 3
						B42 实行财务公开村占比（%）	0.210 6	0.012 5
						B43 农村社区综合服务设施覆盖率（%）	0.187 5	0.011 1
						B44 村党组织书记兼任村委会主任的村占比（%）	0.122 6	0.007 3
						B45 有建设规划行政村占全部行政村的比例（%）	0.148 1	0.008 8
						B46 有村规民约的村占比（%）	0.158 6	0.009 4
C农民现代化水平	0.214 7	0.214 7	C1 农民生活现代化	0.734 7	0.157 8	C11 农村居民人均可支配收入（元/人）	0.289 6	0.045 7
						C12 农村居民人均消费支出（元/人）	0.303 4	0.047 9

（续）

一级指标	一级指标单排序权重	一级指标总排序权重	二级指标	二级指标单排序权重	二级指标总排序权重	三级指标	三级指标单排序权重	三级指标总排序权重
C农民现代化水平	0.214 7	0.214 7	C1 农民生活现代化	0.734 7	0.157 8	C13 农村恩格尔系数（%）	0.102 4	0.016 2
						C14 农村自来水普及率（%）	0.068 5	0.010 8
						C15 具备条件的建制村通硬化道路比例（%）	0.075 7	0.011 9
						C16 农村居民居住水平（%）	0.103 5	0.016 3
						C17 农村居民家庭平均每百户家用汽车拥有量（辆）	0.056 8	0.009 0
			C2 农民素质现代化	0.265 3	0.057 0	C21 农村居民受教育年限（年）	0.570 8	0.032 5
						C22 农村居民教育文化娱乐支出占比（%）	0.429 2	0.024 4
D城乡融合发展水平	0.199 4	0.199 4	D1 城乡居民收入均衡化程度	0.246 0	0.049 1	D11 农民收入相当于城镇居民收入的百分比（%）	0.652 8	0.032 0
						D12 城乡居民收入绝对数差距缩小程度（%）	0.347 2	0.017 0
			D2 城乡居民基本权益平等化程度	0.190 3	0.037 9	D21 户籍人口城镇化率与常住人口城镇化率之比（%）	0.194 3	0.007 4
						D22 城乡义务教育学校生师比的比值（%）	0.167 2	0.006 3
						D23 城乡居民财产性收入比（%）	0.147 4	0.005 6
						D24 城乡居民基本权益平等化程度主观评价（%）	0.491 1	0.018 6
			D3 城乡要素配置合理化程度	0.200 0	0.039 9	D31 农林水事务财政支出占比提高程度（%）	0.231 3	0.009 2
						D32 涉农贷款余额占比提高程度（%）	0.197 9	0.007 9
						D33 城乡要素配置合理化程度主观评价（%）	0.570 8	0.022 8
			D4 城乡公共服务均等化程度	0.198 6	0.039 6	D41 城乡社会保障均等化程度（%）	0.248 7	0.009 9
						D42 城乡卫生技术人员数量比（%）	0.157 0	0.006 2
						D43 城乡人均义务教育经费支出均等化程度（%）	0.165 1	0.006 5
						D44 城乡公共服务均等化程度主观评价（%）	0.429 2	0.017 0
			D5 城乡产业发展融合化程度	0.165 1	0.032 9	D51 二元对比系数	0.505 6	0.016 7
						D52 城乡产业发展融合化程度主观评价（%）	0.494 4	0.016 3

由汇总结果可见，在一级指标中，权重由大到小依次是农业现代化水平（A）、狭义农村现代化水平（B）、农民现代化水平（C）、城乡融合发展水平（D），前3个一级指标都是偏向于评价农村现代化过程的指标，城乡融合发展水平指标偏向于评价农村现代化的结果，专家们认为过程性指标的重要性略高于结果性指标。农业现代化推进时间开始得较早，建设时间较长，且农业是农村的支柱产业，农业现代化是农村现代化的基础和前提，因而占有较大的比重，农村现代化和农民现代化的权重稍小。

二级指标中，农业现代化水平（A）一级指标下，农业生产过程现代化（A1）的权重大于农业生产结果现代化（A2）的权重。狭义农村现代化水平（B）一级指标下，二级指标的权重由大到小依次是农村经济现代化（B1）、农村生态现代化（B2）、农村治理现代化（B4）、农村文化现代化（B3）。农民现代化水平（C）一级指标下，农民生活现代化（C1）的权重大于农民素质现代化（C2）的权重。城乡融合发展水平（D）一级指标下，二级指标的权重由大到小依次是城乡居民收入均衡化程度（D1）、城乡要素配置合理化程度（D3）、城乡公共服务均等化程度（D4）、城乡居民基本权益平等化程度（D2）、城乡产业发展融合化程度（D5）。

全部二级指标无分组的总排序权重由大到小依次是农业生产过程现代化（A1）、农民生活现代化（C1）、农业生产结果现代化（A2）、农村经济现代化（B1）、农村生态现代化（B2）、农村治理现代化（B4）、农民素质现代化（C2）、农村文化现代化（B3）、城乡居民收入均衡化程度（D1）、城乡要素配置合理化程度（D3）、城乡公共服务均等化程度（D4）、城乡居民基本权益平等化程度（D2）、城乡产业发展融合化程度（D5）。全部三级指标无分组的总排序权重最大值为土地生产率（A21）的权重0.081 9，最小值为城乡居民财产性收入比（D23）的权重0.005 6，最大值与最小值之间相差0.076 3。

三、全国农村现代化水平测算与时序分析

（一）模型构建

采用综合指数测度模型对各层次指标得分进行测算，具体公式4-2、4-3、4-4如下：

$$M=\sum_{k=1}^{4}\left\{\sum\left[\sum(x_{ij}\times W_{ij})\times W_i\right]\times W_k\right\} \qquad (4-2)$$

其中，M是全国农村现代化水平指数；x_{ij}为第i个二级指标下设的第j个三级指标的评价值，W_{ij}为第i个二级指标下设的第j个三级指标的权重；W_i为二级指标的权重，W_k为一级指标的权重。

一级指标综合得分计算公式为：

$$M_k=\sum\left[\sum(x_{ij}\times W_{ij})\times W_i\right] \qquad (4-3)$$

二级指标综合得分计算公式为：

$$M_i=\sum(x_{ij}\times W_{ij}) \qquad (4-4)$$

（二）结果分析

农村现代化的实现是一个渐进的长期过程，参考国内外现代化评价的相关研究成果和《中共中央　国务院关于实施乡村振兴战略的意见》《乡村振兴战略规划（2018—2022年）》中关于农村现代化发展阶段的规划，将农村现代化过程划分为农村现代化起步阶段、基本实现农村现代化阶段、全面实现农村现代化阶段等 3 个阶段，每个阶段又划分为初期、中期、后期等 3 个时期，见表 4-3。

表 4-3　农村现代化实现过程的阶段划分

时期	农村现代化起步阶段	基本实现农村现代化阶段	全面实现农村现代化阶段
初期	[40，50)	[70，75)	[85，90)
中期	[50，60)	[75，80)	[90，95)
后期	[60，70)	[80，85)	[95，100]

将处理后的数据导入公式，测算得到 2010—2019 年全国农村现代化水平指数及各级指标综合得分，见表 4-4、表 4-5、表 4-6。评价结果显示，2010 年以来，全国农村现代化水平呈现持续上升趋势。2019 年全国农村现代化水平指数为 52.71，与 2010 年相比，提高 15.08 个百分点，处于农村现代化起步阶段的中期。基于以上测评结果，结合《“十四五”推进农业农村现代化规划》中相关主要指标的目标值，采用回归分析方法预测农村现代化水平未来变化趋势。预测结果显示，2024 年农村现代化水平指数将达到 60.71，进入农村现代化起步阶段的后期。

表 4-4　2010—2019 年农村现代化水平指数及 2024 年、2025 年预测

年份	农村现代化水平	农业现代化水平	狭义农村现代化水平	农民现代化水平	城乡融合发展水平
2010	37.63	44.72	32.58	41.39	30.30
2011	39.52	46.58	35.14	42.43	32.16
2012	41.21	48.27	37.14	43.76	33.81
2013	43.60	49.76	38.65	48.51	36.25
2014	45.06	50.91	41.17	49.84	36.79
2015	46.48	51.76	43.64	50.68	38.16
2016	47.66	52.71	45.65	51.54	38.86
2017	48.96	53.48	48.77	52.19	39.01
2018	50.74	54.51	52.40	53.46	39.79
2019	52.71	56.40	55.36	54.47	41.47
2024	60.71	62.22	66.51	63.04	47.55
2025	62.32	63.41	68.98	64.54	48.70

注：2024 年、2025 年为预测值。

表 4-5　全国农村现代化水平评价指标体系二级指标得分

二级指标	2010年	2011年	2012年	2013年	2014年	2015年	2016年	2017年	2018年	2019年
A1 农业生产过程现代化	37.06	38.88	40.84	42.65	44.39	45.69	46.88	48.14	49.66	52.04
A2 农业生产结果现代化	56.69	58.61	59.88	60.88	61.11	61.24	61.82	61.83	62.10	63.21
B1 农村经济现代化	23.14	27.12	29.26	30.92	33.52	35.66	37.59	41.39	43.75	47.33
B2 农村生态现代化	24.66	25.66	27.10	27.91	30.54	33.58	35.79	37.62	41.61	43.53
B3 农村文化现代化	41.36	44.10	46.64	49.36	52.10	54.84	57.38	61.15	66.60	67.19
B4 农村治理现代化	50.16	52.10	54.09	55.10	57.14	59.19	60.58	63.58	67.20	72.63
C1 农民生活现代化	37.55	39.19	40.95	45.33	46.82	48.01	49.15	49.97	51.10	52.20
C2 农民素质现代化	52.04	51.41	51.55	57.31	58.21	58.07	58.16	58.33	59.99	60.75
D1 城乡居民收入均衡化程度	16.84	16.56	16.79	22.45	21.05	21.22	21.41	21.30	21.78	22.29
D2 城乡居民基本权益平等化程度	45.53	46.50	46.67	46.47	47.66	49.60	50.69	51.70	52.97	54.07
D3 城乡要素配置合理化程度	18.28	21.24	24.45	26.62	28.00	30.30	30.31	29.04	29.09	31.87
D4 城乡公共服务均等化程度	46.54	51.20	54.49	55.92	56.31	57.68	59.27	60.38	61.99	64.18
D5 城乡产业发展融合化程度	27.83	29.20	30.84	33.03	34.86	36.28	37.03	37.13	37.67	39.85

从一级指标评价结果来看，2019 年农业现代化水平指数最高，达到 56.40，2010 年为 44.72，上升 11.68 个百分点；农民现代化水平指数次之，2010 年为 41.39，2019 年达到 54.47，上升 13.08 个百分点；狭义农村现代化水平指数上升速度最快，2010 年为 32.58，2019 年达到 55.36，上升 22.78 个百分点，并超过农民现代化水平指数；城乡融合发展水平指数最低，2010 年为 30.30，2019 年达到 41.47，上升 11.17 个百分点。

随着农村现代化水平指数的逐年增加，各一级指标评分占农村现代化水平指数的百分比如图 4-1 所示。农业现代化水平（A）的贡献度最高，但呈下降趋势，由 2010 年的 35.39%下降至 2019 年的 31.86%；狭义农村现代化水平（B）的贡献度次之，但呈上升趋势，由 24.94%上升至 30.25%；城乡融合发展水平（D）的贡献度最低，基本保持在 16%左右，呈现先升后降趋势，整体呈下降趋势；农民现代化水平（C）的贡献度处于中间状态，由 23.62%下降 22.19%，呈现先升后降趋势，整体上略有下降。

综上，4 个一级指标中，农业现代化水平的指数虽然保持最高水平，但其贡献率呈下

表 4-6　全国农村现代化水平评价指标体系三级指标得分

三级指标	2010 年	2011 年	2012 年	2013 年	2014 年	2015 年	2016 年	2017 年	2018 年	2019 年
A11 农业科技化水平（%）	61.18	62.94	64.12	64.94	65.88	66.35	66.71	67.65	68.59	69.65
A12 农业机械化水平（%）	52.30	55.00	57.00	59.50	61.00	63.00	65.20	66.00	67.00	70.00
A13 农田水利化水平（%）	44.61	45.61	46.24	46.96	47.79	48.79	49.76	50.28	53.25	50.92
A14 农业信息化水平（%）	17.50	20.20	23.70	27.50	28.80	31.60	33.10	35.40	38.40	46.20
A15 农业规模化水平（%）	29.71	30.98	32.78	34.93	37.13	38.90	40.40	41.95	42.40	45.15
A16 农民组织化水平（%）	9.93	11.84	14.58	14.93	21.06	20.19	20.51	21.74	22.03	25.36
A17 农业风险保障水平（%）	9.85	10.82	13.65	16.11	16.31	18.08	19.35	21.48	24.64	26.58
A21 土地生产率（元/公顷）	69.82	72.14	73.62	74.47	74.46	74.50	75.55	76.17	76.84	77.84
A22 农业劳动生产率（元/人）	25.41	26.37	27.12	28.48	29.30	29.64	29.09	27.67	26.97	28.33
B11 农村集体经济发展水平（%）	32.75	34.15	35.05	35.00	35.10	36.25	37.50	43.00	50.35	53.73
B12 农业增加值增长率（%）	18.81	22.71	30.93	30.22	35.79	38.79	38.44	45.38	45.96	48.03
B13 人均农业增加值（元）	11.72	15.98	20.81	25.16	29.67	35.02	39.92	45.44	50.93	56.81
B14 农产品加工业产值发展水平（%）	36.89	46.62	43.14	46.15	47.22	47.52	47.66	48.02	48.42	57.50
B15 休闲农业与乡村旅游业发展水平（%）	12.19	16.66	17.17	16.73	16.22	17.38	26.21	30.62	29.70	30.87
B16 农村非农产业就业人员占比（%）	21.57	25.40	26.45	32.36	37.46	39.24	38.45	37.95	38.29	39.83
B17 农林牧渔服务业发展水平（%）	23.61	22.90	23.30	23.96	25.29	27.34	29.15	31.18	32.79	33.18
B21 化学投入品使用合理化程度（%）	12.76	12.67	12.73	13.20	13.17	13.85	15.01	17.50	20.00	24.22
B22 农作物绿色防控水平（%）	12.00	14.00	16.00	18.00	20.00	23.10	25.20	27.20	29.20	31.51
B23 单位农业增加值农业用水量（亿立方米）	5.00	7.48	7.71	10.65	15.32	18.85	23.16	26.15	30.04	32.34

（续）

三级指标	2010年	2011年	2012年	2013年	2014年	2015年	2016年	2017年	2018年	2019年
B24 单位农业增加值能源消耗量（万吨标准煤）	0.65	0.61	4.53	−8.99	−5.11	−2.78	−3.07	−3.50	1.78	−3.17
B25 农业废弃物资源化利用水平（%）	53.00	53.35	55.30	59.00	61.75	65.05	67.50	71.00	76.85	77.43
B26 乡村绿化覆盖率（%）	42.01	41.75	39.82	42.95	44.07	46.35	46.84	49.53	50.09	54.51
B27 农村生活废弃物无害化处理水平（%）	13.40	15.60	18.55	22.85	29.10	36.80	42.50	42.10	52.00	54.97
B28 农村卫生厕所普及率（%）	67.40	69.20	71.70	74.10	76.10	78.40	80.30	81.70	83.80	85.67
B31 县级及以上文明村和乡镇占比（%）	12.72	13.50	15.00	16.50	18.00	19.50	21.20	28.00	35.00	32.27
B32 农村学校本科以上学历专任教师占比（%）	35.02	38.23	41.78	45.52	49.26	52.86	56.33	60.45	63.31	65.61
B33 乡镇文化站覆盖率（%）	83.41	84.36	84.31	84.80	85.35	86.05	85.90	85.23	84.76	86.52
B34 村综合性文化服务中心覆盖率（%）	34.00	40.00	45.00	50.00	55.00	60.00	65.00	70.00	83.60	84.04
B41 村庄选举登记选民投票率（%）	56.66	54.82	55.89	49.75	51.34	52.94	52.77	54.12	57.25	53.57
B42 实行财务公开村占比（%）	95.70	96.32	96.91	96.80	97.50	97.50	97.20	97.40	97.80	98.09
B43 农村社区综合服务设施覆盖率（%）	8.58	9.50	10.50	11.50	12.50	13.50	14.30	23.00	32.00	59.30
B44 村党组织书记兼任村委会主任的村占比（%）	18.00	20.00	22.00	24.00	26.00	28.00	30.00	34.00	38.00	38.50
B45 有建设规划行政村占全部行政村的比例（%）	47.88	52.73	55.81	59.58	58.97	60.54	61.46	65.00	70.00	75.00
B46 有村规民约的村占比（%）	58.80	65.00	70.00	77.00	85.00	92.00	98.00	98.50	99.00	99.50
C11 农村居民人均可支配收入（元/人）	30.97	31.99	32.23	35.63	36.36	36.61	36.78	36.91	37.24	37.82
C12 农村居民人均消费支出（元/人）	31.70	33.57	34.54	40.49	41.98	43.11	43.89	44.81	46.43	47.49
C13 农村恩格尔系数（%）	43.31	45.66	48.13	50.44	53.67	54.76	56.23	57.78	59.31	59.41
C14 农村自来水普及率（%）	57.66	60.30	63.00	67.30	71.60	76.00	79.00	80.00	81.00	83.20

（续）

三级指标	2010年	2011年	2012年	2013年	2014年	2015年	2016年	2017年	2018年	2019年
C15 具备条件的建制村通硬化道路比例（%）	81.70	83.00	86.46	89.00	91.76	94.45	96.70	98.40	99.47	100.00
C16 农村居民居住水平（%）	32.30	33.70	34.78	35.66	36.46	37.12	37.70	37.78	38.42	40.87
C17 农村居民家庭平均每百户家用汽车拥有量（辆）	18.32	20.43	30.70	44.39	42.80	44.33	49.01	51.47	54.39	57.18
C21 农村居民受教育年限（年）	72.37	72.11	71.81	71.86	71.81	71.14	71.38	71.24	72.19	72.95
C22 农村居民教育文化娱乐支出占比（%）	25.00	23.87	24.61	37.95	40.12	40.68	40.58	41.15	43.76	44.53
D11 农民收入相当于城镇居民收入的百分比（%）	30.97	31.99	32.23	35.63	36.36	36.61	36.78	36.91	37.24	37.82
D12 城乡居民收入绝对数差距缩小程度（%）	−9.72	−12.45	−12.24	−2.34	−7.73	−7.73	−7.48	−8.05	−7.27	−6.92
D21 户籍人口城镇化率与常住人口城镇化率之比（%）	68.41	67.70	67.15	66.44	67.74	71.12	71.84	72.37	72.79	73.23
D22 城乡义务教育学校生师比的比值（%）	90.41	90.48	85.98	79.45	78.98	80.42	81.66	82.62	82.57	82.41
D23 城乡居民财产性收入比（%）	6.70	7.00	7.30	7.63	7.90	8.27	8.32	8.40	8.49	8.59
D24 城乡居民基本权益平等化程度主观评价（%）	32.86	35.00	37.00	39.00	41.00	43.00	44.50	46.00	48.40	50.50
D31 农林水事务财政支出占比提高程度（%）	2.70	3.28	7.93	8.10	6.02	12.20	12.40	6.72	8.37	8.67
D32 涉农贷款余额占比提高程度（%）	5.00	14.09	19.09	24.09	27.73	26.36	20.41	15.59	9.09	16.08
D33 城乡要素配置合理化程度主观评价（%）	29.19	31.00	33.00	35.00	37.00	39.00	41.00	42.75	44.42	46.75
D41 城乡社会保障均等化程度（%）	52.03	65.67	74.04	75.34	77.09	79.09	81.66	83.81	86.14	87.85
D42 城乡卫生技术人员数量比（%）	39.90	40.38	39.93	39.65	38.87	38.20	39.16	39.37	42.44	44.68
D43 城乡人均义务教育经费支出均等化程度（%）	91.21	92.18	94.77	96.52	91.77	92.50	92.18	90.89	90.29	91.08
D44 城乡公共服务均等化程度主观评价（%）	28.60	31.00	33.00	35.00	37.00	39.00	41.00	42.75	44.26	47.25
D51 二元对比系数	25.71	27.44	28.72	31.10	32.77	33.61	33.15	31.64	31.07	33.11
D52 城乡产业发展融合化程度主观评价（%）	30.00	31.00	33.00	35.00	37.00	39.00	41.00	42.75	44.42	46.75

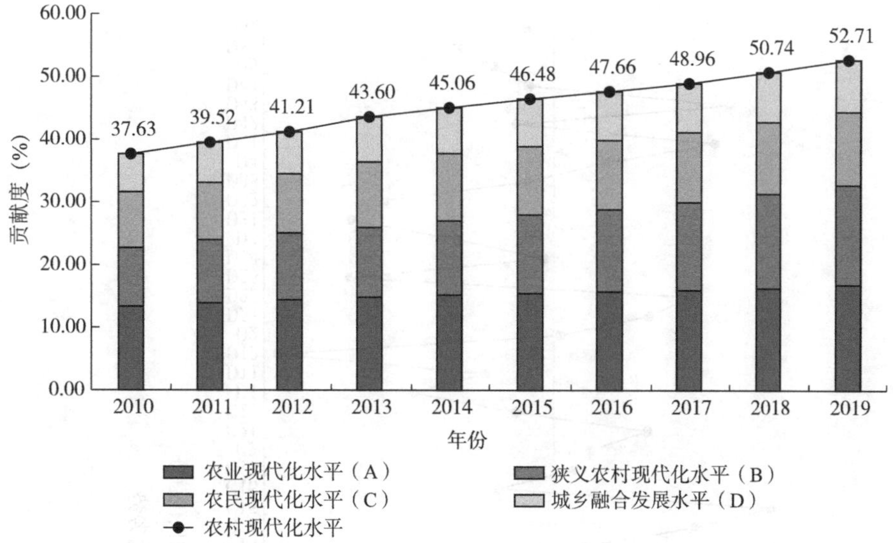

图 4－1　一级指标对农村现代化水平的贡献度

降趋势，说明农业现代化水平的提高程度相较于其他 3 个一级指标处于较低水平。我国农业现代化建设开始较早，至今已取得诸多显著成就，农业现代化水平虽保持在较高水平，但存在发展后劲不足问题。本书将进一步探索农业现代化发展的制约因素，以重点突破制约因素为抓手，以改革和创新为手段，实现农业现代化的跨越发展。狭义农村现代化水平处于较高水平且上升态势明显，可见，近些年我国开展的各项农村建设行动成效显著。农民现代化水平虽有提升，但提升速率减缓，需更加关注和扶持。城乡融合发展水平指数表现出最低水平，且贡献率也波动走低，是实现广义农村现代化的短板和难点，需在后续研究中进一步探索制约其发展的深层次原因，加快推进城乡融合发展。

四、全国农村现代化水平影响因素分析

为进一步探索全国农村现代化水平的影响因素，本小节采用指标均衡性分析法，将各级指标评价值得分绘制成折线图（图 4－2），以直观展示各二、三级指标对各自隶属的上层指标以及农村现代化整体水平的作用方向和程度。图 4－2 以 2019 年广义农村现代化水平指数为基准线，各项指标评价值与基准线的位置关系及其距离基准线的远近反映了不同指标对农村现代化水平的作用方向、程度以及指标间发展的均衡性。

由图 4－2 可以看出，在 6 个二级指标、27 个三级指标的正向拉动作用和 7 个二级指标、31 个三级指标的逆向制约作用下，我国农村现代化水平呈现持续上升趋势，说明优势指标的正向拉动作用效果强于劣势指标的逆向制约作用效果。

结合前文结果分析可知，农业现代化水平较高，提升程度较小，在农业现代化水平一级指标下，农业生产结果现代化（A2）为优势指标，农业生产过程现代化（A1）为劣势指标，可据此推断，农业生产过程现代化水平较低是制约农业现代化发展的主要原因。在农业生产过程现代化（A1）指标下，农业科技化水平（A11）、农业机械化水平（A12）是优势指标，农田水利化水平（A13）、农业信息化水平（A14）、农业规模化水平

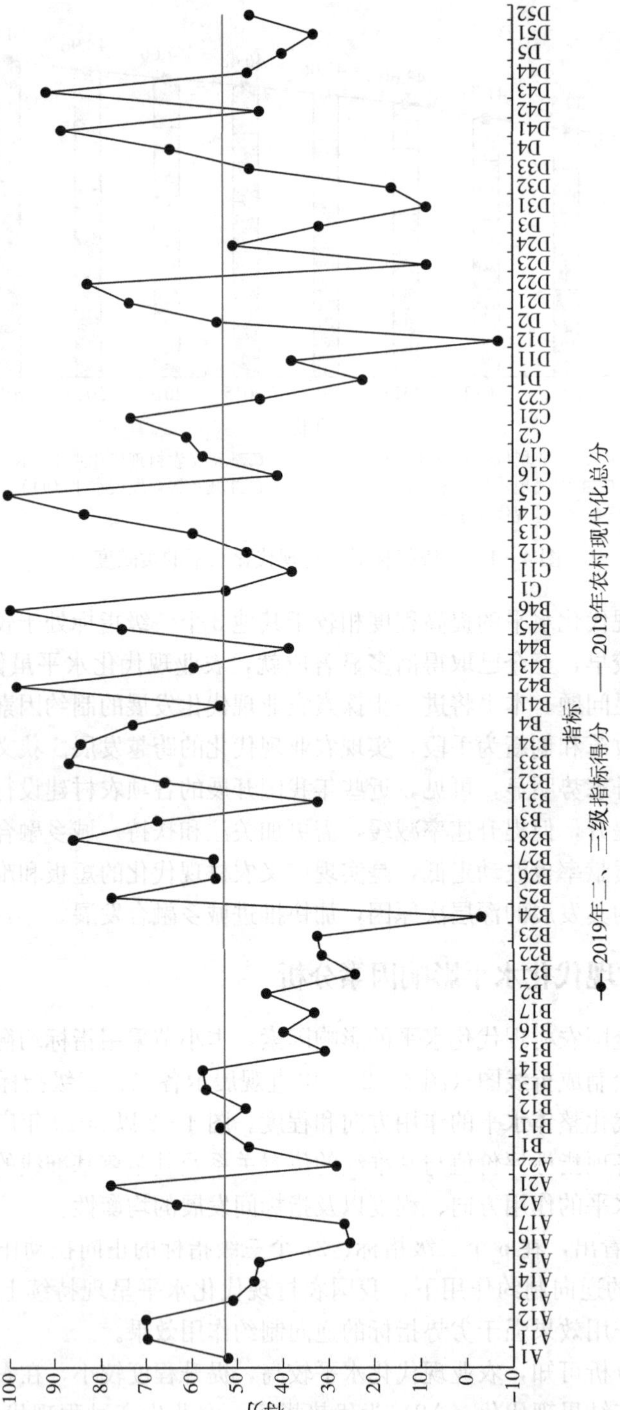

图 4-2　2019年各二、三级指标均衡性与优劣势

（A15）、农民组织化水平（A16）、农业风险保障水平（A17）是劣势指标。这说明，我国农业现代化水平发展的突破方向包括：通过加强农田水利设施建设，提升农田水利化水平；通过推进“互联网＋”农业发展，提升农业信息化水平；通过促进土地流转、发展农业生产社会化服务、推进适度规模经营，提升农业规模化水平；通过发挥农民合作社、种粮大户、龙头企业、家庭农场等新型生产经营主体的作用，促进小农户和现代农业有机衔接，提升农民组织化水平；通过丰富农业保险产品、增加农业保险保障范围和深度，提升农业风险保障水平。

在狭义农村现代化水平一级指标下，农村文化现代化（B3）和农村治理现代化（B4）是优势指标，农村经济现代化（B1）和农村生态现代化（B2）是劣势指标。可据此推断，农村经济现代化水平和农村生态现代化水平较低是制约狭义农村现代化发展的主要原因。在这2个劣势指标中，农业增加值增长率（B12）、休闲农业与乡村旅游业发展水平（B15）、农村非农产业就业人员占比（B16）、农林牧渔服务业发展水平（B17）、化学投入品使用合理化程度（B21）、农作物绿色防控水平（B22）、单位农业增加值农业用水量（B23）、单位农业增加值能源消耗量（B24）是劣势指标。这说明，我国狭义农村现代化水平发展的突破方向包括：通过延长产业链，提升农业产业价值链，促进农村富余劳动力非农就业，推进农业生产社会化服务，发展农林牧渔服务业、休闲农业以及乡村旅游等农村非农产业，促进农村第一、二、三产业高质量融合等方式，提升农村经济现代化水平；通过降低农药、化肥等化学品投入，以科技进步代替能源投入，以绿色防控代替化学防控等手段，提升农村生态现代化水平。

在农民现代化水平一级指标下，农民素质现代化（C2）是优势指标，农民生活现代化（C1）是劣势指标。可据此推断，农民生活现代化水平是制约农民现代化发展的主要原因。在农民生活现代化水平中，农村居民人均可支配收入（C11）、农村居民人均消费支出（C12）、农村居民居住水平（C16）是劣势指标。这说明，农村的基础设施建设成效显著，但在农民收入、消费及住房条件等方面还存在差距。

结合前文结果分析可知，城乡融合发展水平在4个一级指标中发展水平最低、提升程度最小，是我国农村现代化发展的主要制约因素。在城乡融合发展水平指标下，城乡居民基本权益平等化程度（D2）、城乡公共服务均等化程度（D4）是优势指标，城乡居民收入均衡化程度（D1）、城乡要素配置合理化程度（D3）、城乡产业发展融合化程度（D5）是劣势指标。根据三级指标的优劣势分析结果可以推断，城乡融合发展的突破点在于：通过促农增收，促进农村消费，降低城乡居民收入绝对数差距扩大程度，促进城乡居民收入均衡化；通过财政、金融和社会投入的形式，促进城乡要素配置合理化；加大对农村产业发展的政策扶持力度，促进城乡产业发展融合化。

从整体来看，我国农村现代化水平关键制约因素集中于狭义农村现代化水平、城乡融合发展水平2个一级指标及城乡居民收入均衡化程度（D1）、城乡要素配置合理化程度（D3）、城乡产业发展融合化程度（D5）、农村生态现代化（B2）、农村经济现代化（B1）等二级指标内，具体体现在城乡居民收入绝对数差距缩小程度（D12）、单位农业增加值能源消耗量（B24）、城乡居民财产性收入比（D23）、农林水事务财政支出占比提高程度（D31）、涉农贷款余额占比提高程度（D32）、化学投入品使用合理化程度（B21）等三级指标。

1. 城乡居民收入绝对数差距缩小程度

由指标均衡性分析结果可知，城乡居民收入绝对数差距缩小程度是制约我国农村现代化水平的关键因素。我国城乡发展不平衡问题长期存在，城乡居民收入差距是城乡差距的直观表现。2020 年，我国城乡居民收入比为 2.56∶1，与发达国家（1.5∶1）的水平还有差距①。如图 4-3 所示，2009—2020 年，我国城乡居民收入的相对数差距由 2009 年的 3.11∶1 减至 2020 年的 2.56∶1，与此同时，绝对数差距却从 11 465.9 元增至 26 702.3 元。可见，虽然城乡居民收入的相对数差距逐渐缩小，但绝对数差距在不断拉大。究其原因，可追溯至通过工农产品价格“剪刀差”为工业发展提供原始积累，导致城乡割裂的二元结构长期存在。工业化、城市化、公共财政支出、农村投资比重、农业就业人数、人均 GDP 增速也在不同程度上影响城乡居民收入差距②。解决这个问题的关键在于打破城乡二元结构，统一城乡要素市场，畅通城乡要素循环，拓宽农民增收渠道，实现城乡融合发展。

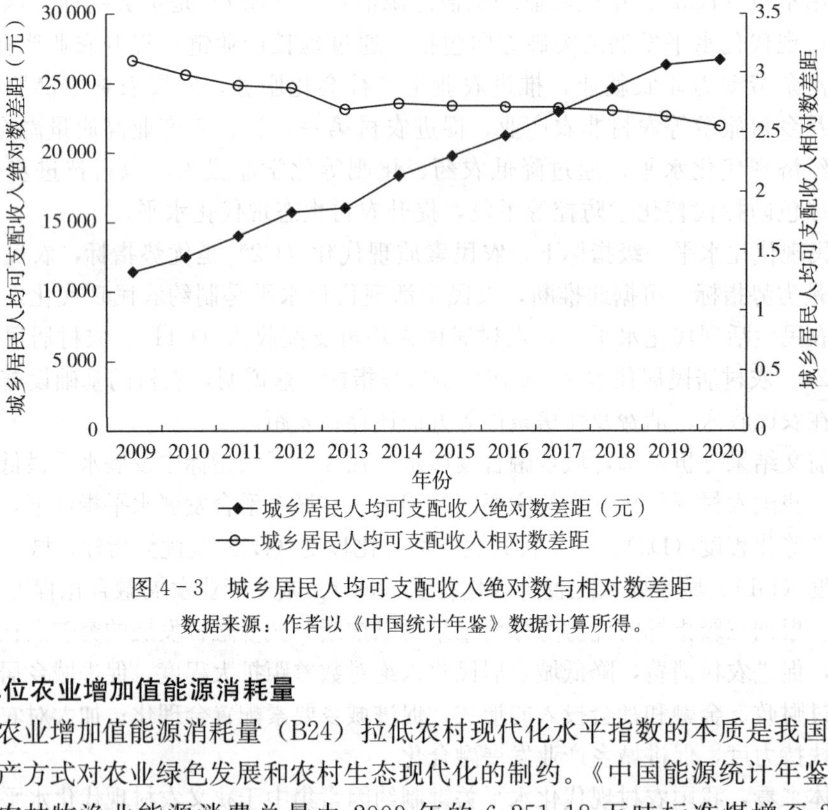

图 4-3　城乡居民人均可支配收入绝对数与相对数差距

数据来源：作者以《中国统计年鉴》数据计算所得。

2. 单位农业增加值能源消耗量

单位农业增加值能源消耗量（B24）拉低农村现代化水平指数的本质是我国农业的粗放经营生产方式对农业绿色发展和农村生态现代化的制约。《中国能源统计年鉴》数据显示，我国农林牧渔业能源消费总量由 2009 年的 6 251.18 万吨标准煤增至 2019 年的 9 017.78 万吨标准煤，每亿元农业增加值能耗由 2009 年的 0.180 4 万吨标准煤降至

① 程承坪，曹扬．“同地同权”能否促进农户消费和人力资本投资？——基于农村住房拆迁的实证研究［J］．学习与实践，2020（3）：36-47．

② 曹光四，张启良．我国城乡居民收入差距变化的新视角［J］．调研世界，2015（5）：9-12．

0.176 3 万吨标准煤。可见，随着农业科技进步贡献率的提升，农业生产对于能源的依赖程度并未明显减弱，这有悖于生态现代化理论中“三化一脱钩”的基本要求。针对这一制约因素，应从农业集约化、绿色化、精细化角度着手，以科技进步替代能源投入，以优化农业生产经营方式降低农业对能源的消耗和依赖。

3. 城乡居民财产性收入比

财产性收入的差距是城乡居民财产权差异的具象，造成城乡财产性收入悬殊的本质原因是城乡居民基本权益的不平等。2020 年，城镇居民财产净收入为 4 626.5 元，农村居民财产净收入为 418.8 元，二者相差 10 倍以上。从财产性收入来源的角度剖析，农村居民的收入偏低，难以用财产投资创造财产性收入；农村金融市场难以为农民提供财产性金融服务，制约农民以财产投资获取收入；城乡二元社会保障制度也在一定程度上制约农民通过财产投资获得收入的积极性①。增加农村居民财产性收入的关键在于多渠道增加农民收入，统一城乡要素市场，实现城乡居民基本权益平等化。较为直接、有效的方式是提高土地出让金用于农业农村发展的比例，以及对农村土地、集体经营性建设用地等的土地制度改革，盘活农村集体资产，达到促农增收的目的。

4. 农林水事务财政支出占比提高程度

农林水事务财政支出占比提高程度（D31）影响农村现代化水平指数的内在机理是农村发展对于财政资金的依赖度较高，农林水事务财政支出占比提高程度降低会制约农村现代化水平。一方面，农业农村相关投资存在周期长、风险大、回报低等天然劣势，且农村金融市场发育不健全，投资环境亟待改善，导致短期内社会投入进入涉农领域受阻。另一方面，城乡发展不平衡使城市可通过“虹吸效应”吸引包括金融资本在内的多种生产要素，使农村在资本要素市场处于劣势。在自身吸引力不足和外部竞争强劲的双重压力下，农村发展的经济来源偏向于财政资金。2009—2020 年，我国农林水事务财政支出由 6 720.4 亿元增至 23 948.5 亿元，在国家财政支出中所占比重由 8.8%波动增至 9.7%。相较于 2009 年，2020 年我国农林水事务财政支出占比提升了 0.9 个百分点。虽然我国农林水事务财政支出占国家财政支出比重远高于主要发达国家平均水平（1.09%）②，但是相对于我国农村发展对资金的需求量而言仍相差甚远。农业农村发展依靠国家在资金投入上优先保障并非长久之计，若要从根本上解决经济基础问题，还应致力于优化农村自身投资环境，吸引金融和社会投入，激发农村发展的内生动力，增强农村“造血”功能。

5. 涉农贷款余额占比提高程度

举全党全社会之力加快推进农村现代化，为农村发展带来难得机遇，也为农村金融体系带来重大考验。财政投资和社会投资的引入无法满足新时代背景下农村发展的巨大资金需求，与此同时，我国农村金融市场的发展瓶颈难以突破，涉农贷款余额占各项贷款比重较低，在一定程度上限制了农村现代化进程的推进。自统计涉农贷款以来，金融机构涉农

---

① 谭智心．城镇化进程中城乡居民财产性收入比较研究：一个被忽略的差距［J］．学习与探索，2020（1）：131-137.

② 黄修杰，储霞玲．基于国际比较的广东农业高质量发展思考［J］．南方农业学报，2020，51（6）：1502-1510.

贷款余额由2007年末的6.1万亿元增至2019年的35.18万亿元，虽然涉农贷款余额总量持续增长，但金融机构本外币涉农贷款余额占各项贷款余额比重由2007年的22%增长至2014年的峰值（28.1%）后持续走低，到2019年降至23.3%[①]。若按受贷主体分类，2019年，个人涉农贷款余额占各项贷款比重仅为7%，企业涉农贷款占比为15.9%。可见，农村金融市场的发展潜力巨大，尤其是针对农户的金融产品开发具有很大探索空间。目前农村金融市场发展的难点在于，"大国小农"情况将长期存在，农户因无抵押、担保难等问题难以取用金融投资[②]。为解决这一系统问题，应从农户、金融市场和政府三方着手。在农户方面，通过引导农户的经营方式向适度规模经营转变、推进农业生产社会化服务、提高农户组织化程度等方式，促进小农户与现代化农业有效衔接，从根本上强化农户融资资质，拓宽融资渠道；或者通过盘活农村闲置资源、资产，解决抵押和担保问题[③]。在金融市场方面，金融机构可通过金融服务和产品创新，提高农户对金融投资的可获得性。在政府方面，应完善顶层设计，充分发挥财政资金的杠杆效应和导向作用[④]，针对农村金融市场的痛点和堵点，制定相应的纾解政策。

6. 化学投入品使用合理化程度

目前，农药、化肥是农业生产过程中的重要化学投入品，其使用合理化程度制约农村现代化水平的方式主要包括：一方面，作为农业生产要素，化学品的投入量和利用率会影响农业生产环境与农业绿色发展水平；另一方面，化学投入品的使用也是造成农业面源污染的主要因素，并通过生态系统作用于农民生活环境与农村美化程度。《中国农村统计年鉴》数据显示，2009—2020年，我国化肥施用量由5 404.4万吨减至5 250.7万吨，农药使用量由170.9万吨减至131.3万吨。2020年，我国主要粮食作物的农药、化肥利用率分别为40.6%和40.2%，虽然化肥、农药减量增效行动效果显著，但其投入水平仍超过发达国家公认的环境安全标准上限[⑤]，其利用率低于发达国家水平[⑥]。传统、粗放的农业生产经营方式使我国农村生态环境承载较大压力，贯彻绿色发展理念、促进农业生产经营方式向绿色化转型，不仅有助于推进农业高质量发展，还将通过农村生态系统传导提升农村生态现代化水平，进而提升农村现代化水平。针对缓解化学投入品使用合理化程度这一指标对农村现代化水平的制约效果，具体措施可以包括：依托科技手段，研发、推广节肥节药技术，以高效低害农药代替化学农药，以有机肥代替化肥，测土配方施肥，科学、精准施药等。

---

① 2007年金融机构涉农贷款余额及其占各项贷款余额比重数据来自《中国农村金融服务报告2018》（https：//www.gov.cn/xinwen/2019-09/20/5431568/files/169df3a085ed4157b3d4750ed0ed6a17.pdf）。其他年份相关数据来自《中国金融年鉴》。

② 穆克瑞．新发展阶段城乡融合发展的主要障碍及突破方向［J］．行政管理改革，2021（1）：79-85.

③ 陈燕．农业农村现代化与乡村振兴：内在逻辑与机制建构［J］．学习与探索，2021（10）：114-121.

④ 杨小平．破解农村金融服务难的制度安排：以广西田东县为例［J］．中国金融，2011（14）：82-84.

⑤ 张建杰，张昆扬，张改清，等．家庭农场绿色生产行为选择及其区域比较研究［J］．农业经济与管理，2021（1）：46-57.

⑥ 杨文杰，巩前文．城乡融合视域下农村绿色发展的科学内涵与基本路径［J］．农业现代化研究，2021，42（1）：18-29.

第五章

省域农村现代化水平评价与对比分析

为全面掌握农村现代化发展水平，本章将在评价分析全国农村现代化水平的基础上，对农村现代化水平评价指标体系、基础数据和指标标准化处理方法进行适当调整，进一步从省域层面进行农村现代化水平评价与分析。测度2010—2020年我国省域农村现代化水平，并综合时间与空间、静态与动态维度分析测度结果。

党的十九大首次提出加快推进农业农村现代化，在强调农业现代化的基础上，第一次把农村现代化纳入社会主义现代化国家建设体系当中，体现了对“三农”工作的认识在审视角度、重要性、推进方式和认知程度等方面的时代性跃升[①]。然而，受禀赋异质性的影响，省域农村现代化发展进程中存在明显的不平衡、不充分发展问题，各省份之间的农村现代化水平具有较强的地区差异性，不利于全面实现农业农村现代化。测度省域农村现代化水平并总结其时空变化规律，对于实现省域农村现代化的平衡、充分发展具有重要意义。

国内外学者关于农业现代化的研究起步很早，研究内容非常丰富，涉及不同地区、国家及领域。Schultz（1964）提出，向传统农业中注入现代生产要素，由技术进步推动传统农业向现代农业转化，从而实现农业现代化。Rezaei和Karami（2008）、Carof（2013）等从可持续发展视角构建指标体系，评价农业现代化水平。辛岭和王济民（2014）基于1980个县的数据测度县域农业现代化水平并进行实证分析。高芸和蒋和平对我国农业现代化发展水平评价的研究进行了梳理。

关于农村现代化的相关研究，主要是在党的十九大之后，把农业现代化与农村现代化结合在一起，集中于农业农村现代化内涵和外延的辨析[②]，从宏观层面把握农业农村现代化的重大突破、成就、形势、问题和挑战，并提出实现农业农村现代化的对策、路径、战略重点和政策取向，以及不同地区农业农村现代化的道路选择、取得的成就和典型模式等。

在进行理论和政策研究的同时，部分学者研究构建农业农村现代化评价指标体系，进行测度、评价和预测。一是以全国的农业农村现代化水平为研究对象，从不同维度展开实证研究。如魏后凯等（2020）以“十四五”时期为研究背景，从乡村振兴战略视角，从农村产业、生态、文化、农民生活和乡村治理5个方面进行测度，并根据阶段差异性划分梯队，预判推进次序；覃诚等（2022）从农业和农村2个维度测度了2015—2019年全国农业农村现代化发展指数；钱佰慧等（2021）从农业现代化、狭义农村现代化、农民现代化、城乡融合发展水平等4个方面测度了广义农村现代化发展水平，并进行了阶段划分。

① 王兆华．新时代我国农业农村现代化再认识［J］．农业经济问题，2019（8）：76-83．

② 魏后凯．深刻把握农业农村现代化的科学内涵［J］．农村工作通讯，2019（2）：1．

二是以 31 个省份的农业农村现代化水平为研究对象，从不同维度、不同时段展开实证研究。如辛岭等（2021）从农业结构现代化、农业生产现代化、农业经营现代化、农村文化现代化、乡村治理现代化、农村生态现代化、农民生活现代化等方面进行测度，并就其时空演变特征和影响因素展开分析；张应武和欧阳子怡（2019）从乡村振兴总要求维度展开测度，并从横向空间分布状态和时间维度动态趋势变化 2 个角度展开分析；祝志川等（2018）从农业经济效益与科技水平、新农村建设、农民生活保障和农业生态环境 4 个方面进行测度，并从农业农村现代化系统及各子系统发展水平角度探究空间分布差异。三是以某一省份的农业农村现代化水平为研究对象进行实证研究。张玉英和吕剑平（2021）、李刚和李双元（2020）、巴·哥尔拉等（2020）、章磷和姜楠（2021）、赵颖文和吕火明（2018）分别根据甘肃、青海、新疆、黑龙江和四川的农业农村现代化发展特征，构建水平评价指标体系，并提出适用于相应省份的对策建议。

从研究方法上看，在省域农业农村现代化水平评价的指标权重确定过程中，学者们一般采用专家评价法和层次分析法、熵权法、变异系数法、熵权 Topsis、熵值系数和复相关系数组合赋权等。在水平测度过程中，一般采用多指标综合测定法、动态因子分析法。用于对评价结果进行比较分析的方法包括系统聚类分析、耦合协调度模型、障碍度模型、空间计量模型和障碍因素诊断模型等。

综上，现有研究主要是将农业现代化与农村现代化结合在一起构建指标体系，从不同的维度和视角对全国和省域农业农村现代化水平进行评价，不同的评价体系与方法使评价结果存在明显差异，但对于省域农村现代化水平的结构差异与地区差异的内在影响因素探索仍显不足。基于此，本章专门对省域农村现代化水平进行评价研究，将农业现代化作为其一个组成部分，从农业现代化、狭义农村现代化、农民现代化 3 个方面构建指标体系并测度省域农村现代化水平指数。综合运用 K-means 均值聚类分析和基尼系数、泰尔指数等差异指数，在整体分析省域农村现代化水平评价结果的基础上，从总体、子系统和地区类型 3 个维度，分析省域农村现代化水平的差异程度。最后，采用指标优劣势分析法探析不同类型地区的优劣势指标，以期为提升省域农村现代化水平提供参考。

一、省域农村现代化水平评价指标体系

在前文中，基于农村与农业、农民并列与包含两种不同关系，将农村现代化分为广义与狭义概念，构建了国家层面的农村现代化水平评价指标体系，并进行了测度评价。所谓农村现代化，是指农村地区经济社会等各方面达到或接近城市发展水平，或者达到并保持农村世界先进水平的历史过程及其深刻变化。广义的农村现代化包含农业现代化和农民现代化，狭义的农村现代化是指把农业现代化和农民现代化相关内容剔除后的农村经济、文化、生态、社会和政治等方面的现代化。本书题目中的农村现代化是广义概念，在书中直接使用；作为准则层指标的农村现代化是狭义概念，在书中标明。在前期研究的基础上，本章根据省域农村现代化的特点，遵循科学性、合理性、系统性和可操作性等原则，兼顾所选指标官方统计数据的连续性、省际可比性，以广义农村现代化水平为目标层，以农业现代化水平、狭义农村现代化水平、农民现代化水平为准则层，筛选出 26 个具有代表性

的关键指标，形成省域农村现代化水平评价指标体系（表 5－1）。

表 5－1　省域农村现代化水平评价指标体系及权重

准则层及权重	指标层指标名称	含义与计算方法	权重
A 农业现代化水平（0.222 3）	A1 农业科技化水平	农业科技进步贡献率（%）	0.057 1
	A2 农业机械化水平	主要农作物耕种收综合机械化率（%）	0.032 6
	A3 农田水利化水平	农田有效灌溉面积占耕地总面积的比重（%）	0.008 8
	A4 农业规模化水平	（0.5a＋0.5b）：a 为经营耕地 10 亩以上农户占比（%），b 为流转面积占家庭承包经营耕地面积比例（%）	0.011 8
	A5 农民组织化水平	加入农民合作社的农户数占农户总数的比重（%）	0.006 8
	A6 土地生产率	单位耕地面积的种植业产值（元/公顷）	0.064 6
	A7 农业劳动生产率	每一农业就业人员创造的农林牧渔业增加值（元/人）	0.040 6
B 狭义农村现代化水平（0.504 7）	B1 农业增加值增长水平	（0.5a＋0.5b）：a 为第一产业增加值增长率（%），b 为乡村人口人均第一产业增加值水平（%）	0.063 8
	B2 农产品加工业产值发展水平	农产品加工业主营业务收入与农林牧渔业总产值之比	0.030 0
	B3 农村非农产业就业人员占比	农村第二、三产业就业人员占农村就业人员总数的比重（%）	0.042 7
	B4 农林牧渔服务业发展水平	农林牧渔服务业增加值占农林牧渔业增加值的比重（%）	0.041 6
	B5 化学投入品使用合理化程度	（0.5a＋0.5b）：a 为农药使用减量化程度（%），b 为化肥使用减量化程度（%）	0.0405
	B6 单位农业增加值能源消耗量	单位农林牧渔业增加值消耗的能源总量（万吨标准煤/亿元）	0.034 4
	B7 农村生活废弃物无害化处理水平	（0.5a＋0.5b）：a 为对生活垃圾进行治理的行政村占比（%），b 为对生活污水进行处理的村占比（%）	0.036 2
	B8 农村卫生厕所普及率	农村卫生厕所普及率（%）	0.034 1
	B9 农村学校本科以上学历专任教师占比	（0.5a＋0.5b）：a 为小学专任教师本科学历以上人数占比（%），b 为初中专任教师本科学历以上人数占比（%）	0.042 8
	B10 乡镇文化站覆盖率	建有文化站的乡镇占比（%）	0.035 4
	B11 农村集体经济发展水平	0.5a＋0.5（100%－b）：a 为集体经济强村比例（%），b 为当年无经营收益村占比（%）	0.067 6
	B12 村庄规划管理覆盖率	有建设规划行政村占全部行政村的比例（%）	0.035 6

（续）

准则层及权重	指标层指标名称	含义与计算方法	权重
C农民现代化水平（0.273 0）	C1 农民收入水平	农村居民人均可支配收入（元/人）	0.061 2
	C2 农民消费水平	农村居民人均消费支出（元/人）	0.046 7
	C3 农村恩格尔系数	农村恩格尔系数	0.034 4
	C4 农村自来水普及率	集中供水的行政村占比（%）	0.032 1
	C5 农民家庭汽车拥有水平	农村居民家庭平均每百户年末家用汽车拥有量（辆）	0.031 4
	C6 农村居民受教育水平	农村居民受教育年限（年）	0.034 7
	C7 农民教育文化支出水平	农村居民教育文化娱乐支出占比（%）	0.032 5

二、数据来源与指标处理

（一）数据来源

省域农村现代化评价的数据主要来源于2个方面：一是统计数据，包括2010—2021年的《中国统计年鉴》《中国农村统计年鉴》《中国农村经营管理统计年报》《中国农业年鉴》《中国人口和就业统计年鉴》《中国社会统计年鉴》《中国城乡建设统计年鉴》《中国环境统计年鉴》《中国农产品加工业年鉴》《中国科技统计年鉴》《中国住户调查年鉴》《中国城乡建设统计年鉴》《中国金融年鉴》《中国教育统计年鉴》《中国教育经费统计年鉴》《中国卫生健康统计年鉴》《中国民政统计年鉴》《国民经济和社会发展统计公报》《中国第三产业统计年鉴》《中国文化文物和旅游统计年鉴》以及各省份统计年鉴等；二是政府公开数据，包括各省份乡村振兴战略规划，以及农业农村部、国家林业和草原局、司法部、民政部等政府部门公报及公开数据等。

本章以31个省份（不包含港澳台地区，以下简称“省份”）为研究对象，按国家统计局划分标准，北京、天津、河北、上海、江苏、浙江、福建、山东、广东和海南10个省份属于东部地区，山西、安徽、江西、河南、湖北和湖南6个省份属于中部地区，内蒙古、广西、重庆、四川、贵州、云南、西藏、陕西、甘肃、青海、宁夏和新疆12个省份属于西部地区，辽宁、吉林和黑龙江3个省份属于东北地区。按《国家粮食安全中长期规划纲要（2008—2020）》的标准，黑龙江、吉林、辽宁、内蒙古、河北、河南、山东、江苏、安徽、江西、湖北、湖南和四川13个省份为粮食主产区，北京、天津、上海、浙江、福建、广东和海南7个省份为粮食主销区，山西、广西、重庆、贵州、云南、西藏、陕西、甘肃、青海、宁夏和新疆11个省份为粮食产销平衡区。

（二）指标处理

指标处理过程包括指标数据标准化处理、指标权重确定和省域农村现代化水平指数测度等3个部分。

（1）指标数据预处理方法。综合运用目标值法和基期比较法进行数据标准化处理。省域农村现代化水平评价指标体系标准化方法详见表5-2。

表 5-2　省域农村现代化水平评价指标体系标准化方法

准则层指标名称	指标层指标名称	目标值	标准化计算说明
A 农业现代化水平	A1 农业科技化水平	85%	农业科技进步贡献率（%）/85%
	A2 农业机械化水平	100%	主要农作物耕种收综合机械化率（%）
	A3 农田水利化水平	100%	农田有效灌溉面积占耕地总面积的比重（%）
	A4 农业规模化水平		0.5a+0.5b
		100%	a 为经营耕地 10 亩以上农户占比（%）
		100%	b 为流转面积占家庭承包经营耕地面积比例（%）
	A5 农民组织化水平	100%	加入农民合作社的农户数占农户总数的比重（%）
	A6 土地生产率	各省份最大值	单位耕地面积的种植业产值（元/公顷）/各省份最大值
	A7 农业劳动生产率	当年全国社会全员劳动生产率	每一单位农业就业人员创造的农林牧渔业增加值（元/人）/当年全国社会全员劳动生产率×100%
B 狭义农村现代化水平	B1 农业增加值增长水平		0.5a+0.5b
		地区生产总值增长率	a 为第一产业增加值增长率（%）/各省份最大值
		全国水平	b 为乡村人口人均第一产业增加值水平（%）/当年全国人均 GDP（元）
	B2 农产品加工业产值发展水平	各省份最大值	农产品加工业主营业务收入与农林牧渔业总产值之比/各省份最大值
	B3 农村非农产业就业人员占比	当年各省份第二、三产业就业比例（%）	农村第二、三产业就业人员占农村就业人员总数的比重（%）/当年各省份第二、三产业就业比例（%）
	B4 农林牧渔服务业发展水平	12.7%	农林牧渔服务业增加值占农林牧渔业增加值的比重（%）/12.7%
	B5 化学投入品使用合理化程度		0.5a+0.5b
		100%	a 为农药使用减量化程度（%）
		100%	b 为化肥使用减量化程度（%）
	B6 单位农业增加值能源消耗量	以 2009 年为基期	单位农业增加值耗能定基减量化程度（%）=0-（当期单位农林牧渔业增加值耗能-基期单位农林牧渔业增加值耗能）/基期单位农林牧渔业增加值耗能×100%

（续）

准则层指标名称	指标层指标名称	目标值	标准化计算说明
B狭义农村现代化水平	B7 农村生活废弃物无害化处理水平		0.5a＋0.5b
		100%	a为对生活垃圾进行治理的行政村占比（%）
		100%	b为对生活污水进行处理的村占比（%）
	B8 农村卫生厕所普及率	100%	农村卫生厕所普及率（%）
	B9 农村学校本科以上学历专任教师占比		0.5a＋0.5b
		100%	a为小学专任教师本科学历以上人数占比（%）
		100%	b为初中专任教师本科学历以上人数占比（%）
	B10 乡镇文化站覆盖率	100%	建有文化站的乡镇占比（%）
	B11 农村集体经济发展水平		0.5a＋0.5（100%－b）
		各省份最大值	a为集体经济强村比例（%）/各省份最大值
		100%	b为当年无经营收益村占比（%）
	B12 村庄规划管理覆盖率	100%	有建设规划行政村占全部行政村的比例（%）
C农民现代化水平	C1 农民收入水平	当年全国城镇居民人均可支配收入（元/人）	农村居民人均可支配收入（元/人）/当年全国城镇居民人均可支配收入（元/人）
	C2 农民消费水平	当年全国城镇居民人均消费支出（元/人）	农村居民人均消费支出（元/人）/当年全国城镇居民人均消费支出（元/人）
	C3 农村恩格尔系数	当年全国城镇居民恩格尔系数	当年全国城镇居民恩格尔系数/各省份农村恩格尔系数
	C4 农村自来水普及率	100%	集中供水的行政村占比（%）
	C5 农民家庭汽车拥有水平	城镇居民家庭平均每百户家用汽车拥有量（辆）	农村居民家庭平均每百户年末家用汽车拥有量（辆）/城镇居民家庭平均每百户家用汽车拥有量（辆）

（续）

准则层指标名称	指标层指标名称	目标值	标准化计算说明
C 农民现代化水平	C6 农村居民受教育水平	当年全国城镇居民受教育年限（年）	农村居民受教育年限（年）/当年全国城镇居民受教育年限（年）
	C7 农民教育文化支出水平	城镇居民教育文化娱乐支出水平（%）	农村居民教育文化娱乐支出（元）/城镇居民教育文化娱乐支出（元）

在适用于目标值法的指标中，对于农业机械化水平（A2）、农田水利化水平（A3）、农业规模化水平（A4）、农民组织化水平（A5）、化学投入品使用合理化程度（B5）、农村生活废弃物无害化处理水平（B7）、农村卫生厕所普及率（B8）、农村学校本科以上学历专任教师占比（B9）、乡镇文化站覆盖率（B10）、村庄规划管理覆盖率（B12）、农村自来水普及率（C4）等 11 个数值介于 0～100%且最大值为 100%的相对数指标，直接使用指标原值进行加权测算。

对于农业劳动生产率（A7）、农村非农产业就业人员占比（B3）、农民收入水平（C1）、农民消费水平（C2）、农村恩格尔系数（C3）、农民家庭汽车拥有水平（C5）、农村居民受教育水平（C6）、农民教育文化支出水平（C7）等 8 个表征缩小城乡差距的指标，以城市或者省域整体相关指标的同期发展水平作为目标值进行标准化处理。

对于农业科技化水平（A1）和农林牧渔服务业发展水平（B4）等 2 个指标，综合国内外相关文献和数据，以农业发达国家目前水平或国际先进水平为目标值，其目标值分别为 85%和 12.7%。将农业科技化水平（A1）指标的目标值设置为 85%。2013 年韩长赋提到，当时的发达国家农业科技进步贡献率为 70%～80%[①]。河南省人民政府发展研究中心“乡村振兴战略研究”课题组等（2018）将河南省农业科技进步贡献率目标值设置为当前发达国家水平 85%。将农林牧渔服务业发展水平（B17）的目标值设置为 12.7%。2013 年韩长赋提到，美国农业生产性服务业增加值占农业 GDP 的比重已达到 12.7%，我国仅为 2.3%[②]。经计算，2019 年我国农林牧渔服务业增加值占农林牧渔业增加值的比重为 4.2%，虽与发达国家该水平仍具有一定差距，但是可将发达国家目前发展水平作为我国全面实现农村现代化时农林牧渔服务业发展水平的目标值。

对于土地生产率（A6）和农产品加工业产值发展水平（B2）等 2 个指标，以各省份最大值为目标值。对于农业增加值增长水平（B1）的 2 个基础数据，第一产业增加值增长率（%）和乡村人口人均第一产业增加值水平（%），分别以各省份最大值和全国水平为目标值进行标准化处理后，加权汇总。对于农村集体经济发展水平（B11）的 2 个基础

① 韩长赋．实现中国梦 基础在“三农”[J]．农村工作通讯，2013（18）：6-12.

② 韩长赋．积极推进新型农业经营体系建设［N］．人民日报，2013-08-07（009）．

数据，集体经济强村比例（%）和当年无经营收益村占比（%），分别以各省份最大值和100%为目标值进行标准化处理后，加权汇总。

此外，对于单位农业增加值能源消耗量（B6）这一实物量指标，以2009年为基期，采用基期比较法进行标准化处理。同时，综合采用均值、线性插值、相近年份数据替代等方法对个别缺失值进行填充。

（2）指标权重确定方法。为兼顾客观赋权方法对指标数据离散程度的刻画和主观赋权方法对不同指标内涵重要程度的描述，采用主客观相结合的赋权方法确定指标权重。首先，向全国不同地区的“三农”领域专家学者、政府农业农村部门管理人员、涉农社会组织成员等发放50份打分问卷，采用层次分析法统计整理后形成主观赋权法的量化权重结果。然后，采用熵权法进行客观赋权，通过极值标准化方式进行无量纲处理，计算指标信息熵值和信息效用值，根据信息效用值计算各指标权重。最后，将两种赋权结果进行均权汇总，作为省域农村现代化水平评价指标的最终权重（表5-3）。

表5-3　省域农村现代化水平评价指标体系及权重

准则层及权重	主观赋权法权重	客观赋权法权重	最终权重	指标层指标名称	主观赋权法权重	客观赋权法权重	最终权重
A农业现代化水平	0.428 6	0.015 9	0.222 3	A1农业科技化水平	0.113 1	0.001 2	0.057 1
				A2农业机械化水平	0.064 2	0.000 9	0.032 6
				A3农田水利化水平	0.014 5	0.003 1	0.008 8
				A4农业规模化水平	0.021 8	0.001 9	0.011 8
				A5农民组织化水平	0.010 1	0.003 5	0.006 8
				A6土地生产率	0.126 1	0.003 0	0.064 6
				A7农业劳动生产率	0.078 8	0.002 3	0.040 6
B狭义农村现代化水平	0.428 6	0.580 9	0.504 7	B1农业增加值增长水平	0.126 8	0.000 8	0.063 8
				B2农产品加工业产值发展水平	0.055 2	0.004 8	0.030 0
				B3农村非农产业就业人员占比	0.028 6	0.056 8	0.042 7
				B4农林牧渔服务业发展水平	0.025	0.058 2	0.041 6
				B5化学投入品使用合理化程度	0.022 8	0.058 4	0.040 5
				B6单位农业增加值能源消耗量	0.010 1	0.058 6	0.034 4
				B7农村生活废弃物无害化处理水平	0.014 8	0.057 6	0.036 2
				B8农村卫生厕所普及率	0.011 2	0.057 1	0.034 1
				B9农村学校本科以上学历专任教师占比	0.028 2	0.057 4	0.042 8
				B10乡镇文化站覆盖率	0.013 5	0.057 3	0.035 4
				B11农村集体经济发展水平	0.078 5	0.056 7	0.067 6
				B12村庄规划管理覆盖率	0.013 9	0.057 3	0.035 6

（续）

准则层及权重	主观赋权法权重	客观赋权法权重	最终权重	指标层指标名称	主观赋权法权重	客观赋权法权重	最终权重
C 农民现代化水平	0.142 8	0.403 1	0.273 0	C1 农民收入水平	0.065 8	0.056 5	0.061 2
				C2 农民消费水平	0.035 9	0.057 5	0.046 7
				C3 农村恩格尔系数	0.011 1	0.057 7	0.034 4
				C4 农村自来水普及率	0.006 8	0.057 4	0.032 1
				C5 农民家庭汽车拥有水平	0.004 9	0.057 9	0.031 4
				C6 农村居民受教育水平	0.010 9	0.058 6	0.034 7
				C7 农民教育文化支出水平	0.007 4	0.057 5	0.032 5

（3）省域农村现代化水平指数测度方法。采用综合指数测度模型对各层次指标进行逐级加权汇总，计算方法为：

$$M = \sum_{i=1}^{26} x_i \times W_i \qquad (5-1)$$

式中，M 是省域农村现代化水平指数，x_i 为第 i 个指标的评价值，W_i 为第 i 个指标的权重。

三、省域农村现代化水平的总体评价

（一）评价结果

将处理后的数据导入综合指数测度模型，测算得到 2010—2020 年我国省域农村现代化水平指数、排名及其在评价期内的变化，见表 5-4。结果显示，2010 年，广义农村现代化水平指数高于全国平均水平①的省份有 11 个，分别是上海、北京、江苏、浙江、天津、福建、山东、广东、黑龙江、河北、辽宁；广义农村现代化水平指数排名处于后 5 名的省份依次是广西、甘肃、云南、西藏、贵州。2020 年，广义农村现代化水平指数高于全国平均水平的省份有 12 个，分别是江苏、北京、上海、浙江、福建、天津、广东、山东、安徽、湖北、江西、海南；广义农村现代化水平指数排名处于后 5 名的省份依次是山西、贵州、甘肃、广西、西藏。

表 5-4　2010—2020 年各省份农村现代化水平及变化

地区	项目	2010 年	2011 年	2012 年	2013 年	2014 年	2015 年	2016 年	2017 年	2018 年	2019 年	2020 年	变化
北京	得分	58.49	58.90	60.09	61.90	61.66	61.71	61.54	62.97	64.62	64.79	65.19	6.70
	排名	2	2	2	2	3	3	3	2	3	3	2	0

① 由于在省域农村现代化水平评价过程中，基础数据和标准化处理方法有适当调整，所以，省域农村现代化的全国平均值与第 4 章测算的国家层面农村现代化水平指数的数值不一致。

（续）

地区	项目	2010年	2011年	2012年	2013年	2014年	2015年	2016年	2017年	2018年	2019年	2020年	变化
天津	得分	50.41	52.25	53.38	55.89	56.65	57.62	57.19	58.54	57.72	58.04	58.96	8.55
	排名	5	5	5	5	4	5	6	5	6	8	6	−1
河北	得分	41.85	38.52	36.89	39.52	41.84	42.86	43.87	45.71	51.38	52.32	50.77	8.92
	排名	10	20	25	23	20	21	20	19	13	13	15	−5
山西	得分	37.85	38.14	38.93	40.03	41.64	41.58	42.25	42.85	44.76	45.65	45.36	7.51
	排名	22	22	22	22	21	24	25	25	27	27	27	−5
内蒙古	得分	35.46	36.95	36.72	37.97	39.90	41.42	42.73	42.23	45.99	47.01	45.83	10.37
	排名	25	25	27	26	26	25	24	26	22	24	24	1
辽宁	得分	41.35	42.08	43.02	44.95	45.40	46.78	46.51	46.85	47.27	48.32	49.01	7.66
	排名	11	9	11	11	12	13	14	15	17	18	18	−7
吉林	得分	38.80	38.92	39.85	40.52	41.11	40.91	41.90	42.09	44.06	44.88	45.46	6.66
	排名	19	18	19	20	24	26	26	27	28	28	26	−7
黑龙江	得分	42.12	41.43	42.27	43.58	44.77	44.86	44.85	44.76	45.11	47.87	47.18	5.06
	排名	9	12	13	14	14	16	19	22	25	21	22	−13
上海	得分	62.13	63.13	64.48	64.11	64.03	62.60	63.68	62.41	65.62	65.68	65.16	3.03
	排名	1	1	1	1	1	2	1	3	1	2	3	−2
江苏	得分	55.06	57.43	59.58	60.61	61.68	63.06	63.37	64.70	65.03	65.86	67.03	11.97
	排名	3	3	3	3	2	1	2	1	2	1	1	2
浙江	得分	53.48	53.97	55.40	56.66	56.42	58.49	59.07	60.32	62.01	62.99	62.65	9.17
	排名	4	4	4	4	6	4	4	4	4	4	4	0
安徽	得分	40.35	41.31	42.59	44.09	45.33	46.99	48.49	50.44	52.51	54.03	54.94	14.59
	排名	13	13	12	12	13	12	11	11	10	10	9	4
福建	得分	48.57	49.55	51.37	54.68	56.43	56.67	57.35	56.84	59.07	59.80	60.23	11.66
	排名	6	6	6	6	5	6	5	6	5	5	5	1
江西	得分	40.72	41.96	43.68	45.16	46.76	47.16	47.67	49.31	51.41	52.82	53.68	12.96
	排名	12	10	9	10	10	11	12	12	12	12	11	1
山东	得分	47.54	48.87	50.51	50.85	52.24	52.12	52.39	53.88	56.58	58.21	57.36	9.82
	排名	7	7	7	7	7	7	7	8	8	7	8	−1
河南	得分	40.31	40.08	40.84	42.56	43.45	43.77	45.27	46.47	48.34	49.33	50.21	9.90
	排名	14	16	17	16	18	19	17	16	16	15	16	−2
湖北	得分	39.86	41.50	43.03	45.18	47.52	47.96	49.02	51.11	53.09	54.28	54.78	14.92
	排名	16	11	10	9	9	10	10	9	9	9	10	6
湖南	得分	38.38	38.57	39.13	39.51	41.21	43.08	45.87	46.23	46.79	47.92	48.13	9.75
	排名	21	19	21	24	23	20	15	17	19	20	19	2
广东	得分	45.68	46.70	48.30	49.72	50.44	52.05	51.54	56.23	57.31	58.79	58.28	12.60
	排名	8	8	8	8	8	8	8	7	7	6	7	1

（续）

地区	项目	2010年	2011年	2012年	2013年	2014年	2015年	2016年	2017年	2018年	2019年	2020年	变化
广西	得分	33.13	35.18	36.67	37.83	36.10	36.94	37.20	41.55	45.17	47.25	42.78	9.65
	排名	27	27	28	27	28	30	30	28	24	23	30	−3
海南	得分	38.42	39.64	41.80	43.47	46.38	48.50	49.42	50.76	51.92	53.58	52.52	14.10
	排名	20	17	15	15	11	9	9	10	11	11	12	8
重庆	得分	36.07	37.95	38.70	42.20	44.62	45.27	47.15	48.15	49.89	48.98	50.89	14.82
	排名	24	23	23	17	15	15	13	14	15	17	13	11
四川	得分	34.35	36.62	37.44	38.48	41.00	41.63	43.00	45.00	46.31	47.74	49.51	15.16
	排名	26	26	24	25	25	23	23	21	21	22	17	9
贵州	得分	27.62	29.68	30.79	32.09	34.11	37.06	38.60	40.64	42.28	44.31	44.27	16.65
	排名	31	30	30	30	30	29	29	30	30	30	28	3
云南	得分	32.19	34.58	36.84	35.38	39.57	40.57	41.20	43.00	45.37	46.73	45.62	13.43
	排名	29	28	26	28	27	27	27	24	23	26	25	4
西藏	得分	28.50	29.11	28.36	31.04	32.39	33.62	33.04	34.18	36.35	38.33	42.11	13.61
	排名	30	31	31	31	31	31	31	31	31	31	31	−1
陕西	得分	40.10	40.20	40.89	41.69	43.26	44.51	45.03	45.79	46.71	48.14	47.46	7.36
	排名	15	15	16	18	19	17	18	18	20	19	21	−6
甘肃	得分	32.52	33.00	33.21	34.85	36.07	37.22	38.85	40.86	43.50	44.70	42.79	10.27
	排名	28	29	29	29	29	28	28	29	29	29	29	−1
青海	得分	36.11	38.18	40.03	40.39	41.61	42.72	43.41	43.92	44.83	46.93	46.86	10.75
	排名	23	21	18	21	22	22	21	23	26	25	23	0
宁夏	得分	38.94	37.23	39.36	41.15	44.44	45.35	45.71	48.29	49.91	50.41	50.89	11.95
	排名	18	24	20	19	16	14	16	13	14	14	14	4
新疆	得分	39.64	40.56	42.12	43.81	43.46	43.92	43.35	45.34	46.91	49.02	47.72	8.08
	排名	17	14	14	13	17	18	22	20	18	16	20	−3
最高分		62.13	63.13	64.48	64.11	64.03	63.06	63.68	64.70	65.62	65.86	67.03	16.65
最低分		27.62	29.11	28.36	31.04	32.39	33.62	33.04	34.18	36.35	38.33	42.11	3.03
平均分		41.16	42.01	43.11	44.51	45.85	46.74	47.44	48.76	50.57	51.77	51.73	10.57
标准差		8.08	8.07	8.39	8.36	7.96	7.70	7.55	7.36	7.18	6.85	6.97	3.21

（二）横向静态分析

2020年省域农村现代化水平指数的平均值为51.73分，在整体上呈现“由东向西递减”格局，有12个省份高于全国平均值，19个省份低于全国平均值。其中，江苏广义农村现代化水平最高，指数为67.03分；西藏最低，指数为42.11分；二者之差为24.92分（表5-5）。从准则层指标评价结果来看，2020年农业现代化水平的高值集中于东部地区和粮食主销区，低值主要集中于西部地区和粮食产销平衡区，其中，江苏最高，西藏最低，二者之差为7.63分；狭义农村现代化水平的高值集中于东部地区、中部地区和粮食主销区，低值集中于西部地区、东北地区和粮食主产区、产销平衡区，其中，江苏最高，广西最低，二者之差为15.62分；农民现代化水平的高值集中于东部地区和粮食主销、主产区，低值集中于西部地区和粮食产销平衡区，其中，北京最高，西藏最低，二者之差为8.25分。可以看出，省域农村现代化水平目标层和各准则层均呈现非均衡性发展，各准则层指标高低值分布具有一定规律性和集聚性。狭义农村现代化水平极差最大，可能是造成省域农村现代化区域差异的主要原因。

表5-5　2020年省域农村现代化水平与准则层指标评价结果

省份	目标层		农业现代化水平		狭义农村现代化水平		农民现代化水平	
	得分	排名	得分	排名	得分	排名	得分	排名
北京	65.19	2	12.23	8	32.14	2	20.82	1
天津	58.96	6	12.13	10	28.35	6	18.47	4
河北	50.77	15	11.14	19	22.74	16	16.89	9
山西	45.36	27	8.79	29	21.68	19	14.88	27
内蒙古	45.83	24	9.69	25	19.68	28	16.46	15
辽宁	49.01	18	10.65	21	22.40	17	15.96	20
吉林	45.46	26	9.86	23	19.00	29	16.59	14
黑龙江	47.18	22	11.87	11	18.06	30	17.25	6
上海	65.16	3	13.68	4	31.41	3	20.07	2
江苏	67.03	1	15.61	1	33.18	1	18.24	5
浙江	62.65	4	12.91	6	30.27	4	19.47	3
安徽	54.94	9	11.10	20	27.03	9	16.81	10
福建	60.23	5	14.87	2	28.61	5	16.74	11
江西	53.68	11	11.19	17	26.42	10	16.07	19
山东	57.36	8	12.52	7	27.94	7	16.90	8
河南	50.21	16	12.15	9	21.38	22	16.68	13
湖北	54.78	10	11.82	12	25.71	11	17.25	7
湖南	48.13	19	11.55	14	20.95	23	15.62	21
广东	58.28	7	14.81	3	27.25	8	16.21	16
广西	42.78	30	10.22	22	17.56	31	15.00	26
海南	52.52	12	13.31	5	24.44	12	14.78	28
重庆	50.89	13	11.34	15	24.08	14	15.48	24
四川	49.51	17	11.16	18	22.83	15	15.52	23
贵州	44.27	28	9.49	26	19.72	27	15.06	25
云南	45.62	25	9.23	28	21.78	18	14.61	30
西藏	42.11	31	7.98	31	21.56	20	12.57	31

（续）

省份	目标层		农业现代化水平		狭义农村现代化水平		农民现代化水平	
	得分	排名	得分	排名	得分	排名	得分	排名
陕西	47.46	21	11.30	16	20.59	24	15.57	22
甘肃	42.79	29	8.35	30	19.76	26	14.67	29
青海	46.86	23	9.31	27	21.40	21	16.15	18
宁夏	50.89	14	9.76	24	24.39	13	16.74	12
新疆	47.72	20	11.61	13	19.91	25	16.21	17
平均值	51.73	—	11.34	—	23.94	—	16.44	—
最大值	67.03	—	15.61	—	33.18	—	20.82	—
最小值	42.11	—	7.98	—	17.56	—	12.57	—
极差	24.92	—	7.63	—	15.62	—	8.25	—

在发展阶段上，所有省份均处于农村现代化的起步阶段，但所处具体时期有所不同。2020年江苏、北京、上海、浙江和福建5个省份农村现代化水平排名前5位，指数分值介于60～70分，处于农村现代化起步阶段的后期；天津、广东、山东、安徽等11个省份，分值介于50～60分，处于农村现代化起步阶段的中期；西藏、广西、甘肃、贵州等15个省份，分值介于40～50分，处于农村现代化起步阶段的前期。

（三）纵向动态分析

2010—2020年省域农村现代化水平整体上呈提升态势，但各省份增长程度不同（图5-1）。贵州、四川、湖北、重庆和安徽等省份农村现代化水平进步较快，其中贵州农村现代化水平指数提高幅度最大，提高了16.65个百分点；上海、黑龙江、吉林、北京和陕西等省份农村现代化水平进步较慢，其中上海农村现代化水平指数的提高幅度最小，仅提高了3.03个百分点。

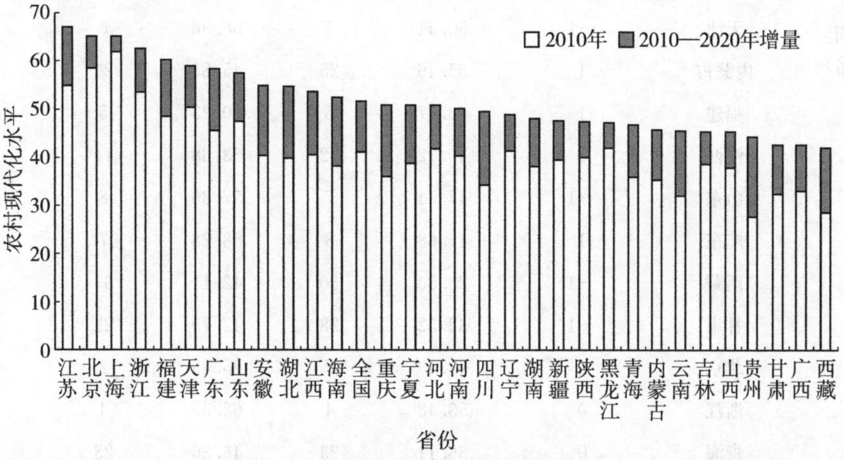

图5-1　2010年和2020年省域农村现代化水平得分变动情况

从排名变动幅度来看（表 5－6），将变动范围在 0～4 名的省份定义为波动稳定省份，

表 5－6　2010—2020 年省域农村现代化水平排名变动幅度

变动幅度	地区	评价期排名变化	2010 年		2020 年		评价期分数变化
			得分	排名	得分	排名	
变化剧烈（9～12 名）	黑龙江	－13	42.12	9	47.18	22	5.06
	重庆	11	36.07	24	50.89	13	14.82
	四川	9	34.35	26	49.51	17	15.16
变化强烈（5～8 名）	海南	8	38.42	20	52.52	12	14.10
	辽宁	－7	41.35	11	49.01	18	7.66
	吉林	－7	38.80	19	45.46	26	6.66
	湖北	6	39.86	16	54.78	10	14.92
	陕西	－6	40.10	15	47.46	21	7.36
	河北	－5	41.85	10	50.77	15	8.92
	山西	－5	37.85	22	45.36	27	7.51
变化稳定（0～4 名）	安徽	4	40.35	13	54.94	9	14.59
	云南	4	32.19	29	45.62	25	13.43
	宁夏	4	38.94	18	50.89	14	11.95
	广西	－3	33.13	27	42.78	30	9.65
	贵州	3	27.62	31	44.27	28	16.65
	新疆	－3	39.64	17	47.72	20	8.08
	上海	－2	62.13	1	65.16	3	3.03
	江苏	2	55.06	3	67.03	1	11.97
	河南	－2	40.31	14	50.21	16	9.90
	湖南	2	38.38	21	48.13	19	9.75
	天津	－1	50.41	5	58.96	6	8.55
	内蒙古	1	35.46	25	45.83	24	10.37
	福建	1	48.57	6	60.23	5	11.66
	江西	1	40.72	12	53.68	11	12.96
	山东	－1	47.54	7	57.36	8	9.82
	广东	1	45.68	8	58.28	7	12.60
	西藏	－1	28.50	30	42.11	31	13.61
	甘肃	－1	32.52	28	42.79	29	10.27
	北京	0	58.49	2	65.19	2	6.70
	浙江	0	53.48	4	62.65	4	9.17
	青海	0	36.11	23	46.86	23	10.75
	安徽	4	40.35	13	54.94	9	14.59

将变动范围在5～8名的省份定义为波动强烈省份，将变动范围在9～12名的省份定义为波动剧烈省份。由测算结果可见，黑龙江下降13名，重庆上升11名，四川上升9名，属于波动剧烈省份，占比为9.7%。海南上升8名，辽宁下降7名，吉林下降7名，湖北上升6名，陕西下降6名，河北下降5名，山西下降5名，此7个省份属于波动强烈省份，占比为22.6%。余下21个省份属于波动稳定省份，占比为67.7%。

四、省域农村现代化水平各级指标比较分析

基于省域农村现代化水平指数测度结果，将31个省份平均分为6段，依次为1～5位、6～10位、11～15位、16～20位、21～25位、26～31位，并计算各组段内均值，结果见表5-7。由表5-7可见，广义农村现代化总体水平评价结果中，处于前3个段位的省份段内均值高于全国省域均值；农业现代化水平和狭义农村现代化水平评价结果中，处于前4个段位的省份段内均值高于全国省域均值；农民现代化水平评价结果中，处于前5个段位的省份段内均值高于全国省域均值。将第1段位和第6段位的段内均值分别与全国省域均值对比，可得到以下结果：广义农村现代化总体水平评价结果中，第1段位的段内均值较全国省域均值高12.32，第6段位的段内均值较全国省域均值低7.6；农业现代化水平评价结果中，第1段位的段内均值较全国省域均值高4.08，第6段位的段内均值较全国省域均值低1.34；狭义农村现代化水平评价结果中，第1段位的段内均值较全国省域均值高9.35，第6段位的段内均值较全国省域均值低2.65；农民现代化水平评价结果中，第1段位的段内均值较全国省域均值高4.1，第6段位的段内均值较全国省域均值低0.53。

表5-7　2020年省域农村现代化水平及其一级指标评价得分和位次分段

分段	位次	广义农村现代化总体水平		农业现代化水平		狭义农村现代化水平		农民现代化水平	
		省份	段内均值	省份	段内均值	省份	段内均值	省份	段内均值
1	1～5位	江苏 北京 上海 浙江 福建	64.05	上海 江苏 福建 广东 海南	14.46	北京 上海 江苏 浙江 福建	31.12	北京 天津 上海 江苏 浙江	19.42
	最高得分	江苏	67.03	江苏	15.61	江苏	33.18	北京	20.82
2	6～10位	天津 广东 山东	56.86	北京 天津 浙江	12.39	天津 安徽 江西	27.40	河北 黑龙江 安徽	17.02
2	6～10位	安徽 湖北	56.86	山东 河南	12.39	山东 广东	27.40	山东 湖北	17.02

（续）

分段	位次	广义农村现代化总体水平		农业现代化水平		狭义农村现代化水平		农民现代化水平	
		省份	段内均值	省份	段内均值	省份	段内均值	省份	段内均值
3	11～15位	江西 海南 重庆 宁夏 河北	51.75	黑龙江 湖北 湖南 重庆 新疆	11.64	湖北 海南 重庆 四川 宁夏	24.29	内蒙古 吉林 福建 河南 宁夏	16.64
4	16～20位	河南 四川 辽宁 湖南 新疆	48.92	河北 安徽 江西 四川 陕西	11.18	河北 山西 辽宁 云南 西藏	22.03	辽宁 江西 广东 青海 新疆	16.12
5	21～25位	黑龙江 内蒙古 云南 陕西 青海	46.59	内蒙古 辽宁 吉林 广西 宁夏	10.04	河南 湖南 陕西 青海 新疆	20.85	湖南 重庆 四川 贵州 陕西	15.45
6	26～31位	甘肃 贵州 广西 吉林 山西	44.13	山西 贵州 云南 甘肃 青海	9.04	内蒙古 吉林 黑龙江 贵州 甘肃	19.12	山西 广西 海南 云南 甘肃	14.79
	最低得分	西藏	42.11	西藏	7.98	广西	17.56	西藏	12.57
全国省域均值		51.73		10.38		21.77		15.32	

上述结果表明，广义农村现代化总体水平中，第1段位省份的引领作用较强，第6段位省份的拖拽作用较强，首尾两段差距明显。3个一级指标中，狭义农村现代化水平的第1段位省份引领作用最明显，第6段位省份的拖拽作用最明显；农民现代化水平的第1段位省份引领作用最弱，第6段位省份的拖拽作用最弱。

第六章

省域农村现代化水平的地区差异分析及类型划分

由上一章评价结果的空间分布情况可初步判断，省域农村现代化水平指数存在规律性的地区差异。本章从横、纵 2 个维度对省域农村现代化水平的差异进行进一步分析。纵向上，综合采用差异指数和空间分析手段，分析 31 个省份的农村现代化水平指数和各子系统评价指数的整体差异；横向上，将 31 个省份按不同分类特征划分为不同类型，采用泰尔指数，分析不同类型地区内部及地区之间的差异。

基于以上评价结果，将省域农村现代化水平按照发展水平等级、经济区域和粮食功能区域划分为不同类型，进一步从总体、子系统和地区类型 3 个维度，量化分析省域农村现代化水平的差异程度。

一、省域农村现代化水平总体差异分析

本节综合使用标准差、基尼系数、泰尔指数等差异指数描述省域农村现代化水平的整体绝对差异与相对差异程度；采用全局自相关分析和热点分析等空间分析手段，科学刻画省域农村现代化水平的空间分布格局，初步探索省域农村现代化水平的地区差异规律。

（一）差异指数分析

1. 分析方法

为进一步描述省域农村现代化水平的发展特征，运用差异指数分析不同维度中省域农村现代化水平的区域差异。综合使用基尼系数和泰尔指数量化分析省域农村现代化水平的总体差异程度，使用基尼系数量化分析省域农村现代化水平各子系统的差异程度，使用泰尔指数及其分解量化分析不同类型地区省域农村现代化水平的相对差异程度，计算方法依次为：

$$G=\frac{\sum_{r=1}^{n}\sum_{i=1}^{n}\left|RM_i-RM_r\right|}{2n^2\,\overline{RM}} \tag{6-1}$$

式中，G 为总体基尼系数，n 代表省份的总数，RM_i 和 RM_r 分别代表 i 省份和 r 省份的农村现代化水平，$\overline{RM}$ 为省域农村现代化水平的均值。

总体的泰尔指数（T_t）可分解为区域内差异（T_{wt}）和区域间差异（T_{bt}），三者共同反映省域农村现代化水平的差异程度，计算方法为：

$$T_t=T_{wt}+T_{bt} \tag{6-2}$$

$$T_t=\sum_{i=1}^{n}\left[\frac{RM_{it}}{\overline{RM_t}}\times\ln\left(\frac{RM_{it}}{\overline{RM_t}}\right)\right] \tag{6-3}$$

$$T_{wt}=\sum_{g=1}^{m}\sum_{i=1}^{n}\left\{\left(\frac{\overline{RM_{gt}}}{\overline{RM_t}}\right)\left[\frac{RM_{git}}{RM_{gt}}\times\ln\left(\frac{RM_{git}}{RM_{gt}}\right)\right]\right\} \tag{6-4}$$

$$T_{bt}=\sum_{g=1}^{n}\left[\frac{\overline{RM_{gt}}}{\overline{RM_t}}\times\ln\left(\frac{\overline{RM_{gt}}}{\overline{RM_t}}\right)\right] \tag{6-5}$$

式中，t 代表时间，T_{wt} 代表 i 省域、g 区域和 w 区域的组内差异指数，T_{bt} 代表 b 区域的组间差异指数，m 为不同分类方法各自的区域个数，RM 为某省域农村现代化水平，$\overline{RM}$ 为某区域内各个省份农村现代化水平的平均值。

2. 分析结果

以标准差系数测度 2010—2020 年省域农村现代化水平的绝对差异，以基尼系数和泰尔指数测度其相对差异。结果见表 6-1。

表 6-1 省域农村现代化水平总体差异指数结果

年份	标准差	基尼系数	泰尔指数
2010	8.215 7	0.106 3	0.018 6
2011	8.200 2	0.102 2	0.017 7
2012	8.531 3	0.104 4	0.018 2
2013	8.494 9	0.102 1	0.017 0
2014	8.092 5	0.094 8	0.014 7
2015	7.827 7	0.090 4	0.013 2
2016	7.671 0	0.087 3	0.012 4
2017	7.480 6	0.083 4	0.011 2
2018	7.295 5	0.078 1	0.009 9
2019	6.966 6	0.072 7	0.008 6
2020	7.088 1	0.075 2	0.008 9

以基尼系数和泰尔指数测度 2010—2020 年省域农村现代化水平的整体差异程度。从整体上看，省域农村现代化水平差异指数呈现波动下降趋势。这表明，在农业农村发展相关规划的引领作用下，省域农村现代化水平的差异程度逐渐减弱，这也侧面反映了持续优化顶层设计的重要作用。

（二）空间差异分析

1. 分析方法

本部分以全局自相关分析和热点分析等空间分析手段，分析省域农村现代化水平的空间差异。空间自相关是指位置相近的区域具有相似的变量取值。常被用来考察空间集聚情况的空间自相关指标包括全局莫兰指数 I、吉尔里指数 C 和 Getis-Ord 指数 G 等。选用全局莫兰指数 I 度量空间自相关情况，判断省域农村现代化水平分布在统计意义上是否表现出聚集或分散特征。

公式 6-1 可表示为：

$$I=\frac{\sum_{i=1}^{n}\sum_{j=1}^{n}W_{ij}(x_i-\overline{x})(x_j-\overline{x})}{S^2\sum_{i=1}^{n}\sum_{j=1}^{n}W_{ij}} \tag{6-6}$$

其中，n 为样本数，W_{ij} 为空间权重矩阵的（i，j）元素（用来度量区域 i 与区域 j 之间的距离），S^2 为样本方差，x_i 为第 i 区域的农村现代化水平值，$\overline{x}$ 为 i 个区域农村现代化水平的平均值，$\sum_{i=1}^{n}\sum_{j=1}^{n}W_{ij}$ 为所有空间权重之和。

全局莫兰指数 I 的取值区间是［−1，1］。若为正值，则表示农村现代化水平在省域空间上呈现空间正相关，即高值与高值相邻、低值与低值相邻；若为负值，则表示农村现代化水平在省域空间上呈现空间负相关，即高值与低值相邻；若接近于 0，则表示农村现代化水平在省域空间上是随机分布的，不存在空间自相关。

2. 分析结果

由表 6－2 计算结果可见，评价期内，农村现代化水平的全局莫兰指数 I 均为正值，且通过了 1%水平的显著性检验。这表明，省域农村现代化水平呈现显著的空间正相关，在空间上表现出高值与高值集聚、低值与低值集聚的分布格局，空间聚集效应显著。2010—2020 年全局莫兰指数 I 呈现先波动下降后波动回升的趋势，从 2010 年的 0.591 先波动降至最低值 0.519，后波动回升至 0.598。其中 2017—2018 年有明显跃升，增幅为 0.052。说明省域农村现代化水平的空间聚集效应先逐渐减弱后逐渐增强。出现这个结果的原因可能是，2017 年以前并未将农村现代化与农业现代化并列提出，各省份更加重视农业现代化建设而相对忽视农村现代化的发展。实施乡村振兴战略并提出农业农村现代化后，各省份更加重视“三农”工作，农村现代化整体水平提升，高值区与低值区差距缩小，在一定程度上打破原有省域农村现代化水平分布格局，造成空间集聚效应减弱。在后续政策制定过程中，可考虑充分利用空间集聚效应，强化农村现代化高值区的辐射效应，以缩小区域间差距、提升整体水平。

表 6－2　2010—2020 年全局莫兰指数结果参数

年份	*Moran'* *I* 指数	*Z* 得分	*P* 值
2010	0.591	5.508	0.000
2011	0.553	5.177	0.000
2012	0.520	4.876	0.000
2013	0.543	5.048	0.000
2014	0.519	4.830	0.000
2015	0.532	4.934	0.000
2016	0.543	5.040	0.000
2017	0.556	5.133	0.000
2018	0.608	5.593	0.000
2019	0.612	5.619	0.000
2020	0.598	5.482	0.000

二、省域农村现代化水平子系统差异分析

采用基尼系数度量省域农村现代化水平的各子系统内差异情况（表 6－3）。2010—2020 年农业现代化水平和农民现代化水平的差异程度呈明显降低趋势，农业现代化水平的差异指数由 0.148 3 降至 0.091 7，农民现代化水平的差异指数由 0.103 0 降至 0.054 0，狭义农村现代化水平的差异指数在 0.087 9～0.119 7 波动性降低。这说明，2010—2020 年，省域间农业现代化水平和农民现代化水平的差异呈现平稳缩小趋势，狭义农村现代化水平的差异缩小幅度不大且趋势不稳定；2020 年，在 3 个子系统中，狭义农村现代化水平子系统差异程度最大，对省域农村现代化水平整体差异的影响更为突出。

表 6－3　2010—2020 年省域农村现代化水平各子系统差异

年份	农业现代化水平	狭义农村现代化水平	农民现代化水平
2010	0.148 3	0.107 4	0.103 0
2011	0.140 7	0.112 9	0.096 0
2012	0.130 6	0.119 7	0.109 3
2013	0.125 7	0.117 7	0.104 7
2014	0.118 4	0.119 0	0.088 5
2015	0.112 8	0.111 7	0.085 2
2016	0.108 2	0.107 3	0.082 7
2017	0.106 3	0.103 3	0.076 7
2018	0.101 0	0.095 2	0.062 5
2019	0.097 8	0.087 9	0.059 2
2020	0.091 7	0.099 8	0.054 0

三、不同类型地区农村现代化水平差异分析

为进一步探索、剖析省域农村现代化的地区差异与关联，按广义农村现代化指数的大小、经济区域、粮食功能区域等分类特征将 31 个省份划分为不同类型地区，并运用泰尔指数量化分析各类地区间及区域内部差异。

（一）不同等级发展水平地区差异分析

为探究广义农村现代化水平指数相近省份群组内部及群组间的差异特征，以广义农村现代化指数的大小为分类特征，将 31 个省份划分为不同发展等级地区，深入研究各类地区农村现代化水平的差异与关联。

1. 发展水平等级划分方法选择

聚类分析的原理是根据数据间的相似性将大量数据归类，从而达到化繁为简的目的。常见的聚类方法包括：K-means 均值聚类、两步聚类、分层聚类、模糊聚类、系统

聚类、动态聚类等。本部分选用 K-means 均值聚类，设定 K 个聚类中心点，将 31 个样本按照“与中心点的欧氏距离最小”的原则分配到各类中心所在的类中。经多次迭代，直至达到收敛条件，形成最终的聚类中心。根据上述操作步骤，进行多次迭代后，结果呈现收敛，根据 K-means 均值聚类分析结果，将各省份农村现代化水平分为高水平发展地区、中等水平发展地区、初等水平发展地区、低水平发展地区等 4 种类型，如表 6－4 所示。

表 6－4　2010 年和 2020 年 K-means 均值聚类分析结果

地区类型	2010 年			2020 年		
	个数	聚类中心值	省份	个数	聚类中心值	省份
高水平发展	2	60.31	北京、上海	4	65.01	北京、上海、江苏、浙江
中等水平发展	6	50.12	天津、江苏、浙江、福建、山东、广东	7	56.89	天津、安徽、福建、江西、山东、湖北、广东
初等水平发展	17	39.20	河北、山西、内蒙古、辽宁、吉林、黑龙江、安徽、江西、河南、湖北、湖南、海南、重庆、陕西、青海、宁夏、新疆	10	49.71	河北、辽宁、河南、湖南、海南、重庆、四川、陕西、宁夏、新疆
低水平发展	6	31.38	广西、四川、贵州、云南、西藏、甘肃	10	44.82	山西、内蒙古、吉林、黑龙江、广西、贵州、云南、西藏、甘肃、青海

从发展水平等级变化来看（表 6－4），与 2010 年相比，2020 年除初等水平发展地区省份减少 7 个以外，其他 3 种类型地区省份均有不同程度增加，低水平发展地区省份增加最多。从经济区域来看，2020 年高水平发展地区全部是东部地区省份，中等水平发展地区集中于东部、中部地区，低水平发展地区大多为西部地区和东北地区。从粮食功能区域来看，高水平发展地区省份 75％是粮食主销区，低水平发展地区集中于粮食主产区和产销平衡区。由此推断，农村现代化水平分布的空间特征与经济区域和粮食功能区域划分原则具有较强的关联性，省域农村现代化水平受地区经济发展水平和粮食作物种植比例影响，可按照不同经济区域和粮食功能区域对省域农村现代化发展水平进行地区类型划分。从各类型地区聚类中心值的变化情况来看，低水平发展地区的农村现代化水平聚类中心值增量最大，增长 13.44 个百分点；高水平发展地区增量最小，增长 4.70 个百分点。可见，提升低水平发展地区的农村现代化水平是促进省域农村现代化发展的发力点。

2. 差异分析

采用泰尔指数测度不同发展水平区域内部与区域间的差异程度，结果见表 6－5。

表 6-5　2020 年不同类型区域的总体泰尔指数及分解

划分依据	总差异	不同类型区域内差异		区域内总差异		区域间总差异	
		区域类型	差异	差异	贡献率（%）	差异	贡献率（%）
发展水平等级	0.008 9	高水平发展地区	0.000 3	0.000 6	6.68	0.008 3	93.32
		中等水平发展地区	0.000 8				
		初等水平发展地区	0.000 5				
		低水平发展地区	0.000 7				
经济区域	0.008 9	东部地区	0.003 7	0.002 6	29.25	0.006 3	70.75
		中部地区	0.002 5				
		西部地区	0.002 0				
		东北地区	0.000 5				
粮食功能区域	0.008 9	粮食主产区	0.005 7	0.003 6	40.96	0.005 2	59.04
		粮食主销区	0.002 4				
		粮食产销平衡区	0.002 0				

从不同类型地区来看，采用泰尔指数，从发展水平等级、经济区域、粮食功能区域 3 个视角，剖析不同类型地区农村现代化水平差异特征。省域农村现代化水平的差异主要来源于不同类型地区的区域间差异，即省域农村现代化水平受发展水平等级、地区经济发展水平和粮食作物种植比例影响。不同区域内差异具有明显的区域异质性。为实现省域农村现代化均衡发展，首要任务是通过政策支持手段缩小不同类型地区间的差距。

由表 6-6 测算结果可知，2010—2020 年各类区域的总差异、区域内差异、区域间差异均明显缩小，意味着各类区域的差异化程度减弱。在按照聚类分析结果划分的高水平发展地区、中等水平发展地区、初等水平发展地区、低水平发展地区等 4 类区域中，省域农村现代化水平的差异主要来源于区域间差异，区域间差异对总差异的贡献率在 78.94%～93.32%。总体、区域间、区域内差异均呈现缩小趋势，与此同时，区域间差异贡献率波动上升。由此看来，处于不同等级发展水平区域的省份之间差异逐渐明显。为全面推进农业农村现代化，实现区域间均衡发展，应在保证第一梯队省份高速发展的基础上，扶持相对落后省份加快推进农业农村现代化进程，缩小不同等级发展水平区域省份之间的差距。

表 6-6　2010—2020 年不同发展水平区域的总体泰尔指数及分解

年份	总差异	总体区域内		区域间		各经济区域内差异			
		差异	贡献率	差异	贡献率	高水平	中等水平	初等水平	低水平
2010	0.018 6	0.003 9	21.06%	0.014 7	78.94%	0.001 7	0.004 1	0.001 6	0.007 9
2011	0.017 7	0.003 1	17.65%	0.014 5	82.35%	0.001 6	0.004 0	0.000 8	0.005 8
2012	0.018 2	0.003 4	18.41%	0.014 9	81.59%	0.001 4	0.003 7	0.001 2	0.006 7
2013	0.017 0	0.002 9	17.16%	0.014 1	82.84%	0.001 0	0.004 0	0.001 1	0.005 2

（续）

年份	总差异	总体区域内		区域间		各经济区域内差异			
		差异	贡献率	差异	贡献率	高水平	中等水平	初等水平	低水平
2014	0.014 7	0.002 5	17.24%	0.012 1	82.76%	0.001 1	0.003 4	0.000 7	0.004 6
2015	0.013 2	0.002 0	15.33%	0.011 2	84.67%	0.000 4	0.003 1	0.000 9	0.003 3
2016	0.012 4	0.001 9	15.33%	0.010 5	84.67%	0.000 4	0.002 5	0.000 8	0.003 5
2017	0.011 2	0.001 3	12.04%	0.009 8	87.96%	0.000 3	0.001 9	0.000 6	0.002 3
2018	0.009 9	0.001 1	11.57%	0.008 7	88.43%	0.000 2	0.001 3	0.000 8	0.001 9
2019	0.008 6	0.001 0	11.42%	0.007 6	88.58%	0.000 2	0.001 0	0.000 7	0.001 7
2020	0.008 9	0.000 6	6.68%	0.008 3	93.32%	0.000 3	0.000 8	0.000 5	0.000 7

在不同等级发展水平区域的内部差异变化中，高水平发展地区的区域内差异由2010年的0.001 7降低至2020年的0.000 3，中等水平发展地区的区域内差异由2010年的0.004 1降低至2020年的0.000 8，初等水平发展地区的区域内差异由2010年的0.001 6降低至2020年的0.000 5，低水平发展地区的区域内差异由2010年的0.007 9降低至2020年的0.000 7，分别下降0.001 4、0.003 3、0.001 1和0.007 2。高水平发展地区和初等水平发展地区的区域内差异始终保持相对较低水平，中等水平发展地区和低水平发展地区的区域内差异均明显下降，其中低水平发展地区的区域内差异下降最为明显。目前4类地区的区域内差异均处于较低差异水平。其中，2020年，高水平发展地区的差异化程度相对最低，而中等水平发展地区的差异化程度相对最高。综上所述，不同区域内差异具有明显的区域异质性。为实现省域农村现代化均衡发展，首要任务是缩小不同等级发展地区之间的差距；低水平发展地区的农村现代化均衡发展进展较快，可能原因是国家政策向西部地区与经济相对落后地区倾斜；中等水平发展地区在推进农村现代化进程中，应注重缩小区域内省份之间的差距。

（二）不同经济区域差异分析

由于我国省域农村现代化水平指数的高水平发展地区集中于东部沿海地区，低水平发展地区以西部地区省份为主，所以本部分以经济区域为分类特征将31个省份划分为不同类型[①]，采用泰尔指数测度不同经济区域内部与区域间的差异程度，测算结果见表6-7。由测算结果可知，按不同经济区域分类后测得的区域间差异对总体差异的贡献度明显降低，说明不同经济区域间的差异程度相对不同等级发展水平地区而言较低。在按照经济区域划分的东部、中部、西部以及东北地区等4类区域中，省域农村现代化水平的差异主要来源于区域间差异，区域间差异对总差异的贡献率在62.04%～73.57%。总体、区域间、区域内差异均呈现缩小趋势，与此同时，区域间差异贡献率波动上升。由此看来，处于不

① 北京、天津、河北、上海、江苏、浙江、福建、山东、广东、海南等10个省份属于东部地区，山西、安徽、江西、河南、湖北、湖南等6个省份属于中部地区，内蒙古、广西、重庆、四川、贵州、云南、西藏、陕西、甘肃、青海、宁夏、新疆等12个省份属于西部地区，辽宁、吉林、黑龙江等3个省份属于东北地区。

同经济区域的省份之间差异逐渐明显，应注重东部、中部、西部及东北地区之间的均衡发展。

表 6-7 2010—2020 年不同经济区域的总体泰尔指数及分解

年份	总差异	总体区域内		区域间		各经济区域内差异			
		差异	贡献率	差异	贡献率	东部地区	中部地区	西部地区	东北地区
2010	0.018 6	0.006 0	32.12%	0.012 6	67.88%	0.009 7	0.000 4	0.006 3	0.000 6
2011	0.017 7	0.006 2	35.05%	0.011 5	64.95%	0.011 2	0.000 7	0.004 9	0.000 6
2012	0.018 2	0.006 9	37.96%	0.011 3	62.04%	0.012 1	0.001 0	0.005 9	0.000 5
2013	0.017 0	0.006 0	35.55%	0.011 0	64.45%	0.010 1	0.001 4	0.005 3	0.000 9
2014	0.014 7	0.005 1	34.50%	0.009 6	65.50%	0.007 7	0.001 5	0.005 1	0.000 9
2015	0.013 2	0.004 3	32.59%	0.008 9	67.41%	0.006 5	0.001 4	0.004 1	0.001 5
2016	0.012 4	0.004 2	33.74%	0.008 2	66.26%	0.006 2	0.001 2	0.004 4	0.000 9
2017	0.011 2	0.003 6	31.93%	0.007 6	68.07%	0.004 9	0.001 8	0.003 7	0.001 0
2018	0.009 9	0.002 7	27.68%	0.007 1	72.32%	0.003 4	0.001 9	0.003 0	0.000 4
2019	0.008 6	0.002 3	26.43%	0.006 3	73.57%	0.002 9	0.002 1	0.002 1	0.000 5
2020	0.008 9	0.002 6	29.25%	0.006 3	70.75%	0.003 7	0.002 5	0.002 0	0.000 5

在不同经济区域的内部差异变化中，东部地区的区域内差异由 2010 年的 0.009 7 降低至 2020 年的 0.003 7，中部地区的区域内差异由 2010 年的 0.000 4 升至 2020 年的 0.002 5，西部地区的区域内差异由 2010 年的 0.006 3 降至 2020 年的 0.002 0，东北地区的区域内差异由 2010 年的 0.000 6 降至 2020 年的 0.000 5，评价期间的变化分别为降低 0.006 0、上升 0.002 1、降低 0.004 3 以及降低 0.000 1。其中，2020 年，东北地区的内部差异化程度相对最低，东部地区的内部差异化程度相对最高。由此看来，东部和西部地区区域内差异缩减明显，中部地区区域内差异波动呈小幅上升，东北地区区域内差异较小且变化不明显。产生这个结果的原因可能是：东部地区凭借优越的经济发展水平、区位优势和资源禀赋条件，农村现代化发展速度较快，受益于集群效应带动，缩小了区域内差异；西部地区的农村现代化基础薄弱，起初区域内差异较大，后在西部大开发等政策交叉联动下各类要素资源涌聚西部，得以快速发展，因而差异缩小。由此推出，不同经济区域内差异具有明显的区域异质性。推进不同经济区域间均衡发展是全面实现农村现代化的首要任务。中部区域的内部差异扩大趋势应受到足够重视。东北地区应针对自身发展特点，在加快提升整体农村现代化水平的同时，缩小区域内差异。因而，提出假设：地区经济发展水平可能是影响省域农村现代化水平差异的重要因素，有待后续检验。

（三）不同粮食功能区域差异分析

由于前文推断，我国省域农村现代化的差异主要来源于农业现代化子系统，而保障国家粮食安全是我国农业现代化建设的底线任务，地区的粮食功能属性也在一定程度上影响农业现代化发展水平和特征，因此选择以粮食功能区域为分类特征将 31 个省份划分为不同类型①，并采用泰尔指数测度不同粮食功能区域内部与区域间的差异程度。由表 6-8 可知，在按照粮食功能区域划分的粮食主产区、粮食主销区、粮食产销平衡区等3 类区域中，省域农村现代化水平的差异主要来源于区域间差异，区域间差异对总差异的贡献率在 54.96%～59.89%，呈现波动上升的趋势。这说明处于不同粮食功能区域的省份之间差异逐渐明显，应注重粮食主产区、粮食主销区、粮食产销平衡区之间的均衡发展，尤其应通过构建粮食主产区和粮食主销区利益补偿机制，加强不同粮食功能区之间的均衡发展。该贡献率较前文其他 2 种区域类型分类而言较小。总体、区域内差异和区域间差异均呈现缩小趋势，分别缩小 0.009 7、0.004 5 和 0.005 3。

表 6-8 2010—2020 年不同粮食功能区域的总体泰尔指数及分解

年份	总差异	总体区域内		区域间		各粮食功能区域内差异		
		差异	贡献率	差异	贡献率	主产区	主销区	产销平衡区
2010	0.018 6	0.008 1	43.52%	0.010 5	56.48%	0.007 1	0.010 5	0.007 2
2011	0.017 7	0.007 6	43.12%	0.010 0	56.88%	0.007 7	0.009 7	0.005 5
2012	0.018 2	0.008 2	45.04%	0.010 0	54.96%	0.009 3	0.008 5	0.006 6
2013	0.017 0	0.007 2	42.48%	0.009 8	57.52%	0.008 4	0.007 1	0.005 9
2014	0.014 7	0.006 2	42.26%	0.008 5	57.74%	0.007 3	0.005 1	0.005 6
2015	0.013 2	0.005 3	40.11%	0.007 9	59.89%	0.007 1	0.003 4	0.004 5
2016	0.012 4	0.005 0	40.38%	0.007 4	59.62%	0.006 2	0.003 5	0.004 7
2017	0.011 2	0.004 6	41.55%	0.006 5	58.45%	0.006 7	0.002 3	0.004 0
2018	0.009 9	0.004 2	42.13%	0.005 7	57.87%	0.005 8	0.002 7	0.003 2
2019	0.008 6	0.003 6	41.35%	0.005 0	58.65%	0.005 4	0.002 1	0.002 3
2020	0.008 9	0.003 6	40.96%	0.005 2	59.04%	0.005 7	0.002 4	0.002 0

在不同粮食功能区的内部差异变化中，粮食主产区的区域内差异由 2010 年的 0.007 1 降至 2020 年的 0.005 7，粮食主销区的区域内差异由 2010 年的 0.010 5 降至 2020 年的 0.002 4，粮食产销平衡区的区域内差异由 2010 年的 0.007 2 降至 2020 年的 0.002 0，分别下降 0.001 4、0.008 1、0.005 2。2020 年，3 类区域中粮食主产区的区域内差异仍处于最高水平。由此可见，粮食主销区和粮食产销平衡区内部差异缩小明显，粮食主产区差异最大且变化较小。产生这个结果的原因可能是，粮食主销区和粮食产销平衡区的农业生产以高附加值的经济作物为主，地区的良好经济基础和农业产业链产生的高额收益有助于

① 黑龙江、吉林、辽宁、内蒙古、河北、河南、山东、江苏、安徽、江西、湖北、湖南、四川 13 个省份为粮食主产区，北京、天津、上海、浙江、福建、广东、海南 7 个省份为粮食主销区，山西、广西、重庆、贵州、云南、西藏、陕西、甘肃、青海、宁夏、新疆等 11 个省份为粮食产销平衡区。

提高这 2 类地区的农村现代化水平，进而缩小内部差异。由此推出，不同粮食功能区域内差异具有明显的区域异质性。政策上，应对粮食主产区给予充分的政策倾斜和利益补偿，以提升粮食主产区的农村现代化水平，缩小其区域内省份间的差异以及其与其他区域间的差异。因而，提出假设：农作物种植结构可能是影响省域农村现代化水平差异的重要因素，有待后续检验。

第七章

省域农村现代化水平差异的影响因素

基于上一章对省域农村现代化水平空间差异的描述与分析，本章从内部结构和外部环境2个维度进一步分析省域农村现代化水平地区差异的影响因素。

一、省域农村现代化水平差异的内部影响因素

本小节采用指标优劣势分析和空间计量模型等方法，着眼于农村现代化系统的内部结构，分别从总体结构差异、不同类型地区结构差异等维度探析省域农村现代化的内部影响因素。

（一）总体结构差异影响因素分析

若某省份某一指标排名优于该省份整体农村现代化水平排名，则认为该指标为强势指标，且对该省份整体农村现代化水平具有促进作用；若指标排名与整体农村现代化水平排名相同，则认为该指标为中势指标，且对该省份整体农村现代化水平没有明显作用效果；若指标排名劣于整体农村现代化水平排名，则认为该指标为弱势指标，且对该省份整体农村现代化水平具有抑制作用。

1. 准则层指标的结构差异影响因素分析

由表7-1可知，将各准则层指标排名与相应省份整体农村现代化水平排名相比较后，得到正向促进、无明显作用、逆向制约等作用效果如下。2020年，农业现代化水平（A）对38.71%的省份起促进作用，对6.45%的省份无明显影响，对54.84%的省份起抑制作用。狭义农村现代化水平（B）对35.48%的省份起促进作用，对25.81%的省份无明显影响，对38.71%的省份起抑制作用。农民现代化水平（C）对48.39%的省份起促进作用，对12.90%的省份无明显影响，对38.71%的省份起到抑制作用。可见，狭义农村现代化水平（B）的促进效果最弱，农业现代化水平（A）的抑制效果最强。

表7-1 准则层指标对各省份整体农村现代化水平排名的作用效果

准则层指标	正向促进省份		无明显作用省份		逆向制约省份	
	数量（个）	占比（%）	数量（个）	占比（%）	数量（个）	占比（%）
A农业现代化水平	12	38.71	2	6.45	17	54.84
B狭义农村现代化水平	11	35.48	8	25.81	12	38.71
C农民现代化水平	15	48.39	4	12.90	12	38.71

在农业现代化水平（A）制约的17个省份中，7个省份属于粮食主产区，6个省份属于粮食产销平衡区，4个省份属于粮食主销区；7个省份属于西部地区，5个省份属于东

部地区，4个省份属于中部地区，1个省份属于东北地区。相应的，正向促进的省份中，4个省份属于东部地区，4个省份属于西部地区；5个省份属于粮食主产区。狭义农村现代化水平（B）制约的12个省份中，7个省份属于粮食主产区，5个省份属于西部地区；促进的11个省份里，7个省份属于西部地区，7个省份属于粮食产销平衡区。农民现代化水平（C）制约的12个省份中，6个省份属于粮食主产区，4个省份属于东部地区，4个省份属于西部地区；促进的15省份中，6个省份属于粮食主产区，6个省份属于西部地区。

需要注意的是，由于一些省份的农村现代化排名相对靠后，因而在进行指标均衡性分析时，会出现准则层或指标层指标相较于本省份总排名具有相对优势，但不代表该省份优势指标的绝对水平。反之，劣势指标同理。

综上，可以推测，狭义农村现代化水平（B）的促进效果弱和农业现代化水平（A）的抑制效果强是造成省域农村现代化水平差异的主要原因。造成这一结果的原因可能是：粮食主产区在土地生产率和劳动生产率等2个农业现代化水平评价的关键指标上不占优势；东部地区省份城市的现代化水平较高，虽然该地区农村的现代化水平相较于其他地区处于较高水平，但与本地区城市相比仍有较大差距，因而狭义农村现代化水平（B）未产生明显的促进效果。针对这一结果提出：有针对性地提升粮食主产区和西部省份的农业现代化水平，推动农业现代化的抑制效果向促进效果转化；通过强化城市对农村的辐射、带动效应，缩小城乡差距，促进东部地区省份城乡融合发展水平提升。

2. 指标层指标的结构差异影响因素分析

将各指标层指标排名与相应省份整体农村现代化水平排名相比较后，得到正向促进、无明显作用、逆向制约等作用效果如表7-2所示。由统计结果可知，农村恩格尔系数（C3）、农业增加值增长水平（B1）、农业劳动生产率（A7）、农民组织化水平（A5）、农民教育文化支出水平（C7）等5个指标层指标对最多省份起正向促进作用，分别促进19、18、17、16、16个省份的农村现代化发展。

表7-2　指标层指标对各省份农村现代化水平排名的作用效果统计

指标层指标名称	正向促进省份		无明显作用省份		逆向制约省份	
	数量（个）	占比（%）	数量（个）	占比（%）	数量（个）	占比（%）
农业科技化水平（A1）	15	48.39	2	6.45	14	45.16
农业机械化水平（A2）	14	45.16	2	6.45	15	48.39
农田水利化水平（A3）	10	32.26	5	16.13	16	51.61
农业规模化水平（A4）	12	38.71	2	6.45	17	54.84
农民组织化水平（A5）	16	51.61	4	12.90	11	35.48
土地生产率（A6）	14	45.16	1	3.23	16	51.61
农业劳动生产率（A7）	17	54.84	1	3.23	13	41.94
农业增加值增长水平（B1）	18	58.06	0	0	13	41.94
农产品加工业产值发展水平（B2）	13	41.94	2	6.45	16	51.61

（续）

指标层指标名称	正向促进省份		无明显作用省份		逆向制约省份	
	数量（个）	占比（%）	数量（个）	占比（%）	数量（个）	占比（%）
农村非农产业就业人员占比（B3）	13	41.94	3	9.68	15	48.39
农林牧渔服务业发展水平（B4）	15	48.39	2	6.45	14	45.16
化学投入品使用合理化程度（B5）	13	41.94	2	6.45	16	51.61
单位农业增加值能源消耗量（B6）	15	48.39	1	3.23	15	48.39
农村生活废弃物无害化处理水平（B7）	12	38.71	6	19.35	13	41.94
农村卫生厕所普及率（B8）	14	45.16	3	9.68	14	45.16
农村学校本科以上学历专任教师占比（B9）	14	45.16	2	6.45	15	48.39
乡镇文化站覆盖率（B10）	15	48.39	0	0	16	51.61
农村集体经济发展水平（B11）	14	45.16	1	3.23	16	51.61
村庄规划管理覆盖率（B12）	13	41.94	5	16.13	13	41.94
农民收入水平（C1）	13	41.94	2	6.45	16	51.61
农民消费水平（C2）	13	41.94	2	6.45	16	51.61
农村恩格尔系数（C3）	19	61.29	0	0	12	38.71
农村自来水普及率（C4）	14	45.16	3	9.68	14	45.16
农民家庭汽车拥有水平（C5）	15	48.39	4	12.90	12	38.71
农村居民受教育水平（C6）	15	48.39	1	3.23	15	48.39
农民教育文化支出水平（C7）	16	51.61	1	3.23	14	45.16

农村恩格尔系数（C3）促进的19个省份中，包含10个西部地区省份，占比为52.63%；包含10个粮食产销平衡区省份和8个粮食主产区省份，占比分别为52.63%、42.11%。农业增加值增长水平（B1）促进的18个省份中，包含11个西部地区省份，占比为61.11%；包含9个粮食产销平衡区省份和7个粮食主产区省份，占比分别为50%、38.89%。农业劳动生产率（A7）促进的17个省份中，包含10个西部地区省份以及全部东北地区省份，其中，西部地区省份占比为58.82%；包含8个粮食产销平衡区省份和7个粮食主产区省份，占比分别为47.06%和41.18%。产生这一结果的原因可能是，粮食主产区省份和西部地区省份的自然条件、资源禀赋和经济发展水平均在一定程度上制约了当地农村现代化发展。相对于其他排名靠后的指标来说，农村恩格尔系数（C3）、农业增加值增长水平（B1）、农业劳动生产率（A7）对相应省份起到促进作用。此外，由前文测算结果可知，粮食主产区省份和西部地区省份的农村现代化排名相对靠后，因而以上指标均衡性分析结果只能说明上述指标对相应省份起到促进作用，但不能说明该省份相应指标的发展水平较高。

农业规模化水平（A4）、乡镇文化站覆盖率（B10）、土地生产率（A6）、农村集体经济发展水平（B11）、农产品加工业产值发展水平（B2）、化学投入品使用合理化程度

(B5)、农民收入水平(C1)、农民消费水平(C2)、农田水利化水平(A3)等9个指标层指标对最多省份起逆向制约作用，其中，农业规模化水平(A4)制约了17个省份的农村现代化发展，其他8个指标均制约了16个省份的农村现代化发展。

农业规模化水平(A4)制约的17个省份中，包含10个东部地区省份，占比为58.82%；粮食主产区和粮食主销区省份均有7个，均占比41.18%。可见，该指标对大部分东部地区省份起制约作用，对粮食主产区和粮食主销区的制约程度也很大。但该指标制约东部地区、粮食主产区和粮食主销区省份农村现代化发展的原理略有区别。①该指标制约东部地区和粮食主销区省份的原因可能是：首先，相较于第二、三产业，农业生产对土地要素依赖程度高，且收益相对较低，农业产业在生产要素竞争力上不具优势。东部地区和粮食主销区省份将土地用于农业生产的机会成本比其他地区更高，土地非农化的风险较高。其次，东部地区和粮食主销区省份农村现代化水平指数排名均比较靠前，以上指标在排名上未占据绝对优势，进而产生了制约作用。②该指标对粮食主产区制约作用明显的原因可能是：在属于粮食主产区的省份中，河北、江苏、江西、山东、湖北、湖南、四川等省份的农村现代化水平总排名相对靠前，受自然地理因素和耕地分布限制，以上省份的经营耕地10亩以上农户占比和流转面积占家庭承包经营耕地面积比例较低。

(二)不同类型地区结构差异影响因素分析

在前文的分析过程中可以初步判断，省域农村现代化水平具有区域性特征，不同类型区域间存在不同程度差异。为详细研究不同类型区域模块间农村现代化水平内部影响因素的差异与关联，本部分依据不同等级发展水平地区、经济区域、粮食功能区域等3种定义将研究区划分为不同类型，分别讨论不同类型地区的农村现代化水平指标作用效果，从内部结构差异层面，找出共性的抑制因素，以求针对类型特点提出有效提升策略。

1. 不同等级发展水平地区的结构差异影响因素分析

为从内部结构差异层面了解高水平发展地区、中等水平发展地区、初等水平发展地区、低水平发展地区等4种类型地区的影响因素，采用指标均衡性分析法，得出指标层指标对各类地区的作用效果情况(表7-3)。

表7-3 指标层指标对按均值聚类结果分类地区的作用效果

指标层指标名称	高水平发展地区			中等水平发展地区			初等水平发展地区			低水平发展地区		
	强势	中势	弱势	强势	中势	弱势	强势	中势	弱势	强势	中势	弱势
农业科技化水平(A1)	1	1	2	3	1	3	4	0	6	7	0	3
农业机械化水平(A2)	1	0	3	1	1	5	5	1	4	7	0	3
农田水利化水平(A3)	0	1	3	2	1	4	4	1	5	4	2	4
农业规模化水平(A4)	0	0	4	1	0	6	4	0	6	7	2	1
农民组织化水平(A5)	0	1	3	2	1	4	5	1	4	9	1	0
土地生产率(A6)	0	0	4	2	0	5	6	1	3	6	0	4

（续）

指标层指标名称	高水平发展地区			中等水平发展地区			初等水平发展地区			低水平发展地区		
	强势	中势	弱势	强势	中势	弱势	强势	中势	弱势	强势	中势	弱势
农业劳动生产率（A7）	1	1	2	1	0	6	7	0	3	8	0	2
农业增加值增长水平（B1）	0	0	4	2	0	5	7	0	3	9	0	1
农产品加工业产值发展水平（B2）	1	0	3	3	0	4	4	1	5	5	1	4
农村非农产业就业人员占比（B3）	2	0	2	3	0	4	3	1	6	5	2	3
农林牧渔服务业发展水平（B4）	0	2	2	2	0	5	7	0	3	6	0	4
化学投入品使用合理化程度（B5）	1	1	2	3	0	4	3	1	6	6	0	4
单位农业增加值能源消耗量（B6）	0	1	3	2	0	5	6	0	4	7	0	3
农村生活废弃物无害化处理水平（B7）	2	0	2	2	2	3	3	2	5	5	2	3
农村卫生厕所普及率（B8）	2	1	1	2	1	4	4	0	6	6	1	3
农村学校本科以上学历专任教师占比（B9）	1	2	1	1	0	6	3	0	7	9	0	1
乡镇文化站覆盖率（B10）	0	0	4	1	0	6	6	0	4	8	0	2
农村集体经济发展水平（B11）	1	1	2	3	0	4	2	0	8	8	0	2
村庄规划管理覆盖率（B12）	0	1	3	2	2	3	4	1	5	7	1	2
农民收入水平（C1）	2	0	2	2	2	3	3	0	7	6	0	4
农民消费水平（C2）	2	0	2	2	1	4	3	0	7	6	1	3
农村恩格尔系数（C3）	1	0	3	2	0	5	7	0	3	9	0	1
农村自来水普及率（C4）	0	0	4	1	1	5	6	0	4	7	2	1
农民家庭汽车拥有水平（C5）	0	2	2	1	1	5	5	1	4	9	0	1
农村居民受教育水平（C6）	2	0	2	1	0	6	6	0	4	6	1	3
农民教育文化支出水平（C7）	0	0	4	3	0	4	3	1	6	10	0	0

将指标层指标对按均值聚类结果分类地区的作用效果整理后，得出不同等级发展水平地区省域农村现代化水平优劣势指标，见表7-4。

表 7-4 不同等级发展水平地区省域农村现代化水平优劣势指标

区域类型	指标属性	作用比例（%）	指标序号
高水平发展地区	优势	50.0	农村非农产业就业人员占比（B3）、农村生活废弃物无害化处理水平（B7）、农村卫生厕所普及率（B8）、农民收入水平（C1）、农民消费水平（C2）、农村居民受教育水平（C6）
	劣势	100	农业规模化水平（A4）、土地生产率（A6）、农业增加值增长水平（B1）、乡镇文化站覆盖率（B10）、农村自来水普及率（C4）、农民教育文化支出水平（C7）
中等水平发展地区	优势	42.9	农业科技化水平（A1）、农产品加工业产值发展水平（B2）、农村非农产业就业人员占比（B3）、化学投入品使用合理化程度（B5）、农村集体经济发展水平（B11）、农民教育文化支出水平（C7）
	劣势	85.7	农业规模化水平（A4）、农业劳动生产率（A7）、农村学校本科以上学历专任教师占比（B9）、乡镇文化站覆盖率（B10）、农村居民受教育水平（C6）
初等水平发展地区	优势	70.0	农业劳动生产率（A7）、农业增加值增长水平（B1）、农林牧渔服务业发展水平（B4）、农村恩格尔系数（C3）
	劣势	80.0	农村集体经济发展水平（B11）
低水平发展地区	优势	≥90.0	农民组织化水平（A5）、农业增加值增长水平（B1）、农村学校本科以上学历专任教师占比（B9）、农村恩格尔系数（C3）、农民家庭汽车拥有水平（C5）、农民教育文化支出水平（C7）
	劣势	40.0	农田水利化水平（A3）、土地生产率（A6）、农产品加工业产值发展水平（B2）、农林牧渔服务业发展水平（B4）、化学投入品使用合理化程度（B5）、农民收入水平（C1）

由分析结果可见，对于高水平发展地区，农村非农产业就业人员占比（B3）、农村生活废弃物无害化处理水平（B7）、农村卫生厕所普及率（B8）、农民收入水平（C1）、农民消费水平（C2）、农村居民受教育水平（C6）等6个指标层指标为优势指标，对50%高水平发展地区的农村现代化水平有正向带动作用。由于高水平发展地区的农村现代化水平排名靠前，劣势指标数量较多，农业规模化水平（A4）、土地生产率（A6）、农业增加值增长水平（B1）、乡镇文化站覆盖率（B10）、农村自来水普及率（C4）、农民教育文化支出水平（C7）等6个指标层指标对全部高水平发展地区的农村现代化水平有逆向制约影响。

对于中等水平发展地区，农业科技化水平（A1）、农产品加工业产值发展水平（B2）、农村非农产业就业人员占比（B3）、化学投入品使用合理化程度（B5）、农村集体经济发展水平（B11）、农民教育文化支出水平（C7）等6个指标是主要优势指标，对42.9%的中等水平发展地区有正向带动作用。农业规模化水平（A4）、农业劳动生产率（A7）、农村学校本科以上学历专任教师占比（B9）、乡镇文化站覆盖率（B10）、农村居民受教育水平（C6）等5个指标层指标是劣势指标，对85.7%的中等水平发展地区的农村现代化水平有逆向制约影响。

对于初等水平发展地区，农业劳动生产率（A7）、农业增加值增长水平（B1）、农林牧渔服务业发展水平（B4）、农村恩格尔系数（C3）等4个指标层指标是优势指标，对70%的初等水平发展地区有正向带动作用。农村集体经济发展水平（B11）是劣势指标，对80%的初等水平发展地区有逆向制约影响。

对于低水平发展地区，农民组织化水平（A5）、农业增加值增长水平（B1）、农村学校本科以上学历专任教师占比（B9）、农村恩格尔系数（C3）、农民家庭汽车拥有水平（C5）、农民教育文化支出水平（C7）等6个指标层指标对90%以上的低水平发展地区有正向带动作用。农田水利化水平（A3）、土地生产率（A6）、农产品加工业产值发展水平（B2）、农林牧渔服务业发展水平（B4）、化学投入品使用合理化程度（B5）、农民收入水平（C1）等6个指标层指标对40%的低水平发展地区有逆向制约影响。

综上分析可知，在不同等级发展水平地区中，由于各地区在空间上并不邻近，且排名位置集中靠前或靠后，所以其优劣势指标较为分散。高、中等水平发展地区的经济发展水平较高，因而拉高土地、人力等要素用于农业生产的机会成本，使其在农业生产规模和农业经济方面表现出相对劣势。初等水平发展地区的劣势集中体现在农村的经济基础薄弱，尤其是农村集体经济发展水平滞后。低水平发展地区集中于西部地区省份，受气候条件、资源禀赋、经济发展水平等的限制，在农业生产水利化程度、土地生产效率，农业相关的第二、三产业发展水平，农药化肥使用量合理化程度和农民收入等方面存在劣势。其优势指标大多是以当地城镇发展水平为目标值进行标准化的指标，出现此情况的原因可能是低水平发展地区的整体经济水平偏低，城乡差距相对较小。

对不同等级发展水平地区来说，高水平发展地区可在保持并充分利用现有优势的基础上，建立改革创新试验区，以改革和创新为动力探索新动能，在农村现代化的发展模式上实现新突破，在提升自身的同时带动辐射其他地区的农村现代化水平提升；中等水平发展地区应从提升农业规模和提高农业产值方面发力，推动农业现代化；初等水平发展地区应重点夯实农村经济基础；低水平发展地区应在兼顾农田水利等基础设施建设、合理降低农药和化肥使用量、提高土地生产效率的同时，加快推进农业和第二、三产业融合发展，促进农民增收。

2. 不同经济区域的结构差异影响因素分析

为从内部结构差异层面了解不同经济区域的影响因素，采用指标均衡性分析法，整理得到指标层指标对各类地区的作用效果分析结果（表7-5）。

表7-5 指标层指标对按经济区域分类地区的作用效果

指标层指标名称	东部地区			中部地区			西部地区			东北地区		
	强势	中势	弱势	强势	中势	弱势	强势	中势	弱势	强势	中势	弱势
农业科技化水平（A1）	3	2	5	3	0	3	6	0	6	3	0	0
农业机械化水平（A2）	3	1	6	2	0	4	6	1	5	3	0	0
农田水利化水平（A3）	2	2	6	4	0	2	3	3	6	1	0	2

（续）

指标层指标名称	东部地区			中部地区			西部地区			东北地区		
	强势	中势	弱势	强势	中势	弱势	强势	中势	弱势	强势	中势	弱势
农业规模化水平（A4）	0	0	10	2	1	3	7	1	4	3	0	0
农民组织化水平（A5）	1	2	7	3	0	3	10	2	0	2	0	1
土地生产率（A6）	3	0	7	3	0	3	8	1	3	0	0	3
农业劳动生产率（A7）	2	1	7	2	0	4	10	0	2	3	0	0
农业增加值增长水平（B1）	2	0	8	2	0	4	11	0	1	3	0	0
农产品加工业产值发展水平（B2）	3	1	6	4	0	2	4	1	7	2	0	1
农村非农产业就业人员占比（B3）	5	0	5	3	0	3	4	1	7	1	2	0
农林牧渔服务业发展水平（B4）	2	2	6	4	0	2	7	0	5	2	0	1
化学投入品使用合理化程度（B5）	4	1	5	3	1	2	6	0	6	0	0	3
单位农业增加值能源消耗量（B6）	2	1	7	2	0	4	10	0	2	1	0	2
农村生活废弃物无害化处理水平（B7）	4	2	4	1	1	4	6	2	4	1	1	1
农村卫生厕所普及率（B8）	4	2	4	2	0	4	6	1	5	2	0	1
农村学校本科以上学历专任教师占比（B9）	2	2	6	1	0	5	9	0	3	2	0	1
乡镇文化站覆盖率（B10）	2	0	8	3	0	3	10	0	2	0	0	3
农村集体经济发展水平（B11）	2	1	7	4	0	2	6	0	6	2	0	1
村庄规划管理覆盖率（B12）	0	3	7	3	0	3	7	2	3	3	0	0
农民收入水平（C1）	4	2	4	3	0	3	3	0	9	3	0	0
农民消费水平（C2）	3	1	6	2	0	4	6	1	5	2	0	1
农村恩格尔系数（C3）	3	0	7	4	0	2	10	0	2	2	0	1
农村自来水普及率（C4）	3	1	6	1	0	5	8	2	2	2	0	1
农民家庭汽车拥有水平（C5）	2	2	6	1	1	4	9	1	2	3	0	0
农村居民受教育水平（C6）	5	0	5	2	0	4	5	1	6	3	0	0
农民教育文化支出水平（C7）	0	0	10	6	0	0	8	1	3	2	0	1

分析结果显示，东部地区的主要共性优势指标是农村非农产业就业人员占比（B3）和农村居民受教育水平（C6），对50%的东部地区省份的农村现代化水平有正向带动作用；主要共性劣势指标是农业规模化水平（A4）和农民教育文化支出水平（C7），对全部东部地区的农村现代化水平有逆向制约影响。

中部地区的主要共性优势指标是农民教育文化支出水平（C7），对全部中部地区省份的农村现代化水平有正向带动作用；主要共性劣势指标是农村学校本科以上学历专任教师占比（B9）和农村自来水普及率（C4），对83.3%的中部地区的农村现代化水平有逆向制约影响。

西部地区的主要共性优势指标是农业增加值增长水平（B1），对91.7%的西部地区省份的农村现代化水平有正向带动作用；主要共性劣势指标是农民收入水平（C1），对75%的西部地区的农村现代化水平有逆向制约影响。

东北地区的主要共性优势指标是农业科技化水平（A1）、农业机械化水平（A2）、农业规模化水平（A4）、农业劳动生产率（A7）、农业增加值增长水平（B1）、村庄规划管理覆盖率（B12）、农民收入水平（C1）、农民家庭汽车拥有水平（C5）、农村居民受教育水平（C6）等9个指标，对东北地区所有省份的农村现代化水平有正向带动作用；主要共性劣势指标是土地生产率（A6）、化学投入品使用合理化程度（B5）、乡镇文化站覆盖率（B10），对东北地区所有省份的农村现代化水平有逆向制约影响。

将指标层指标对不同经济区域省份的作用效果整理后，得出不同经济区域省域农村现代化水平优劣势指标，见表7-6。

表7-6　不同经济区域省域农村现代化水平优劣势指标

区域类型	指标属性	作用比例（%）	指标序号
东部地区	优势	50.0	农村非农产业就业人员占比（B3）、农村居民受教育水平（C6）
	劣势	100	农业规模化水平（A4）、农民教育文化支出水平（C7）
中部地区	优势	100	农民教育文化支出水平（C7）
	劣势	83.3	农村学校本科以上学历专任教师占比（B9）、农村自来水普及率（C4）
西部地区	优势	91.7	农业增加值增长水平（B1）
	劣势	75.0	农民收入水平（C1）
东北地区	优势	100	农业科技化水平（A1）、农业机械化水平（A2）、农业规模化水平（A4）、农业劳动生产率（A7）、农业增加值增长水平（B1）、村庄规划管理覆盖率（B12）、农民收入水平（C1）、农民家庭汽车拥有水平（C5）、农村居民受教育水平（C6）
	劣势	100	土地生产率（A6）、化学投入品使用合理化程度（B5）、乡镇文化站覆盖率（B10）

在不同经济区域中，东部地区省份占据经济发展水平、资源禀赋和气候条件优势，但城市、工业的“虹吸效应”使该地区的农村、农业处于经济和要素竞争的相对劣势。中部地区省份与粮食主产区省份的重合度较高，在区位条件、农业经济效益、农村经济基础等方面不具备绝对优势，教育资源和基础设施建设的发展相对受限。受经济基础和资源环境禀赋限制，西部地区省份的农村现代化水平整体偏低，其核心劣势在于农村居民收入较低和城乡居民收入相对差距大。东北地区省份均为农业大省，其农业生产过程的现代化水平处于全国领先水平，但相对落后的经济发展水平和人口净流出的现实情况为该地区的基础设施建设增加了难度，较高的粮食作物种植比例使其在土地生产效率方面处于劣势。

西部和东北地区的农村现代化水平排名靠后，所以优势指标只是相对于本地区的其他指标排名而言更加靠前，因而在推进西部和东北地区省份的农村现代化进程中，不仅要关注劣势指标的制约影响，也要缩小本地区优势指标与其他地区相应指标的差距。

对于不同经济区域来说，东部沿海地区应充分利用在经济条件、区位和资源禀赋等方面的比较优势，先行先试、改革创新，强化领先地位，扩大辐射带动效应，率先基本实现农村现代化；中部地区应利用自身农业发展优势，重点在农业经济、农村生态和农民生活等弱势方面发力；西部地区应以夯实经济基础为主要任务，从大力发展农业现代化和农村经济方面进行突破，加强农村基础设施建设，提升农村居民生活水平和综合素质；东北地区应加快推进由“农业大省”向“农业强省”转化，加强农村基础设施建设和公共服务供给。

3. 不同粮食功能区域的结构差异影响因素分析

为从内部结构差异层面了解不同粮食功能区域的影响因素，采用指标均衡性分析法，整理得到指标层指标对各类地区的作用效果分析结果（表7-7）。

表7-7　指标层指标对按粮食功能区域分类地区的作用效果

指标层指标名称	粮食主产区			粮食主销区			粮食产销平衡区		
	强势	中势	弱势	强势	中势	弱势	强势	中势	弱势
农业科技化水平（A1）	7	0	6	2	2	3	6	0	5
农业机械化水平（A2）	6	1	6	2	0	5	6	1	4
农田水利化水平（A3）	5	3	5	1	1	5	4	1	6
农业规模化水平（A4）	6	0	7	0	0	7	6	2	3
农民组织化水平（A5）	7	2	4	0	0	7	9	2	0
土地生产率（A6）	3	0	10	3	0	4	8	1	2
农业劳动生产率（A7）	7	1	5	2	0	5	8	0	3
农业增加值增长水平（B1）	7	0	6	2	0	5	9	0	2
农产品加工业产值发展水平（B2）	7	1	5	2	0	5	4	1	6
农村非农产业就业人员占比（B3）	5	2	6	4	0	3	4	1	6
农林牧渔服务业发展水平（B4）	7	1	5	0	1	6	8	0	3
化学投入品使用合理化程度（B5）	4	1	8	3	1	3	6	0	5
单位农业增加值能源消耗量（B6）	3	0	10	2	1	4	10	0	1
农村生活废弃物无害化处理水平（B7）	3	2	8	3	2	2	6	2	3
农村卫生厕所普及率（B8）	6	1	6	4	1	2	4	1	6
农村学校本科以上学历专任教师占比（B9）	3	0	10	2	2	3	9	0	2
乡镇文化站覆盖率（B10）	5	0	8	1	0	6	9	0	2
农村集体经济发展水平（B11）	5	0	8	2	1	4	7	0	4
村庄规划管理覆盖率（B12）	7	2	4	0	1	6	6	2	3
农民收入水平（C1）	7	1	5	3	1	3	3	0	8
农民消费水平（C2）	6	0	7	3	1	3	4	1	6
农村恩格尔系数（C3）	8	0	5	1	0	6	10	0	1

（续）

指标层指标名称	粮食主产区			粮食主销区			粮食产销平衡区		
	强势	中势	弱势	强势	中势	弱势	强势	中势	弱势
农村自来水普及率（C4）	4	0	9	1	1	5	9	2	0
农民家庭汽车拥有水平（C5）	7	1	5	1	2	4	7	1	3
农村居民受教育水平（C6）	6	0	7	4	0	3	5	1	5
农民教育文化支出水平（C7）	8	0	5	0	0	7	8	1	2

分析结果显示，粮食主产区的主要共性优势指标是农村恩格尔系数（C3）和农民教育文化支出水平（C7），对61.5%的粮食主产区省份的农村现代化水平有正向带动作用；主要共性劣势指标是土地生产率（A6）、单位农业增加值能源消耗量（B6）和农村学校本科以上学历专任教师占比（B9）等3个指标，对76.9%的粮食主产区省份的农村现代化水平有逆向制约影响。

粮食主销区的主要共性优势指标是农村非农产业就业人员占比（B3）、农村卫生厕所普及率（B8）和农村居民受教育水平（C6）等3个指标，对57.1%的粮食主销区省份的农村现代化水平有正向带动作用；主要共性劣势指标是农业规模化水平（A4）、农民组织化水平（A5）、农民教育文化支出水平（C7）等3个指标，对所有粮食主销区的农村现代化水平有逆向制约影响。

粮食产销平衡区的主要共性强势指标是单位农业增加值能源消耗量（B6）和农村恩格尔系数（C3），对90.9%粮食产销平衡区省份的农村现代化水平有正向带动作用；主要共性劣势指标是农民收入水平（C1），对72.7%的粮食产销平衡区的农村现代化水平有逆向制约影响。

将指标层指标对不同粮食功能区域省份的作用效果整理后，得出不同粮食功能区域省域农村现代化水平优劣势指标，见表7-8。

表7-8 不同粮食功能区域省域农村现代化水平优劣势指标

区域类型	指标属性	作用比例（%）	指标序号
粮食主产区	优势	61.5	农村恩格尔系数（C3）、农民教育文化支出水平（C7）
	劣势	76.9	土地生产率（A6）、单位农业增加值能源消耗量（B6）、农村学校本科以上学历专任教师占比（B9）
粮食主销区	优势	57.1	农村非农产业就业人员占比（B3）、农村卫生厕所普及率（B8）、农村居民受教育水平（C6）
	劣势	100	农业规模化水平（A4）、农民组织化水平（A5）、农民教育文化支出水平（C7）
粮食产销平衡区	优势	90.9	单位农业增加值能源消耗量（B6）、农村恩格尔系数（C3）
	劣势	72.7	农民收入水平（C1）

在不同粮食功能区域中，粮食主产区难以单纯从粮食生产中获得较高的经济收益，在一定程度上限制了经济发展水平，进而导致在基础设施建设和公共服务供给方面存在共性劣势；粮食主销区省份与高、中等水平发展地区和东部沿海地区省份的重合度较高，因而促进因素和制约因素相近；粮食产销平衡区的经济发展水平较低，其共性劣势集中于农村居民收入较低和城乡居民收入相对差距大。

对于不同粮食功能区域来说，粮食主产区要以保障国家粮食安全为主要任务，在加快农业现代化的基础上兼顾农村建设和农民现代化，国家应在基础设施建设、农村公共服务供给、财政支持等方面给予政策性补偿，积极引导粮食加工企业到产粮大县投资，增强其造血功能，并强化粮食主销区对产粮大县的发展性补偿；粮食产销平衡区应着重拓宽促农增收渠道，提高农民收入，缩小城乡居民收入差距；粮食主销区应提升农业规模化和组织化程度，提高农村居民文化生活质量，有效提升农村现代化水平。

二、省域农村现代化水平差异的外部影响因素

基于上一章对省域农村现代化水平地区差异的分析，本章进一步从农村现代化系统内部视角，分析了造成省域农村现代化水平差异的系统结构性因素。本小节采用空间计量模型，从农村现代化系统外部视角着手，探析影响省域农村现代化水平差异的外部环境因素及其影响方向、程度。

（一）省域农村现代化水平差异的外部影响因素理论分析

省域农村现代化水平的空间差异分析结果显示，我国农村现代化水平存在空间异质性和依赖性。空间计量经济学认为，互相邻近空间单元间的经济地理现象或属性具有相关关系（Anselin L，1988）。由此认为，一个地区的农村现代化水平可能会受到相邻地区农村现代化水平的影响，其主要原因可能是邻近地区的地理环境、经济特征、自然资源等情况相似，且农业现代化水平（A）、狭义农村现代化水平（B）、农民现代化水平（C）的发展模式和路径可能对邻近地区甚至非邻近地区的农业农村现代化水平发展产生带动效应、示范效应、模仿效应。因此，本部分利用空间计量方法探究截面单位之间的空间依赖性，进而对省域农村现代化的空间效应进行分析。

省域农村现代化水平差异的本质是区域非均衡发展问题。既有研究表明，自然地理环境、区位和交通、人力资本和研发水平是影响区域发展的关键因素（王铮，2002）。学者们大多从产业和空间 2 个视角探索区域发展差异的成因。随着经济社会发展，科技进步、要素流通、政策、制度等诸多因素对区域发展水平的影响趋于显著（邓祥征等，2021）。汤放华等（2011）认为，人口和经济要素的流通是影响区域均衡发展的重要因素，与经济要素相比，受户籍制度限制的人口要素流动对区域均衡发展的阻滞作用更明显。具体到农村现代化的均衡发展问题，辛岭等（2021）实证分析了技术进步、城镇化、农作物种植结构、农产品对外开放度、经济发展水平等 5 个指标对我国农业农村现代化区域差异的影响程度与作用方向。

由前文研究可知，我国省域农村现代化水平的差异主要来自不同类型地区间的差异，且不同类型地区的制约因素各不相同，由此推断，基于经济区域和粮食功能区域类型划分标准的地区异质性是造成省域农村现代化水平差异的主要原因。在农村

现代化系统的 4 个子系统中，农业现代化水平子系统的差异程度最高，因而认为，造成省域农业现代化水平差异的因素也将在一定程度上影响广义农村现代化的差异水平。综上，将研究分析经济发展水平、工业化水平、农作物种植结构、城镇化水平、人口密度、交通密度、地区财政收入等 7 个指标对省域农村现代化水平的影响。

（1）经济发展水平（*pgdp*）。各类经济区域的主要区别体现在经济发展水平、阶段和战略等方面的差异，地区经济发展水平可能是造成省域农村现代化水平差异的主要因素。一方面，经济发展水平的溢出效应会提高本地区农村的经济发展水平，且在农业生产效率和农村地区的基础设施、消费、投资与建设等方面也会产生积极作用（李季刚等，2021）。另一方面，农业的经济再生产特性决定了经济发展水平较高的地区会为农业生产提供较多的要素支持，从而提升经营管理和生产技术水平，促进农业的规模化与集约化，具有较高的农业经济发展水平（姚成胜等，2019）。借鉴相关研究成果（张米尔等，2022），选用人均地区生产总值表征地区经济发展水平。

（2）工业化水平（*ind*）。我国长期以工业化为主的发展战略促使资金和劳动力等生产要素向工业领域流动。因而，在工业化后期采取以工补农、以城促乡的农业反哺政策。可见，工业化水平是区域农业经济发展的重要影响因素（姚成胜等，2019）。前文研究结果表明，省域农村现代化水平的差异主要来自农业现代化子系统，因此认为，不同地区工业化水平的差异会影响省域农村现代化水平的异质性。参考已有文献，用工业增加值占国民生产总值比重表征地区工业化水平。

（3）农作物种植结构（*cs*）。各类粮食功能区域的主要区别是对粮食生产的保障水平不同。一方面，种植结构的不同会导致收益能力和经营绩效的差异，进而影响各地区对劳动力、农业资源的吸引力，以及农业竞争力空间格局（魏素豪等，2020）。另一方面，粮食作物具有土地密集型产品特征，导致粮食主产区会因为种植粮食作物占用耕地的机会成本过高而与粮食主销区发展水平差距较大。因而认为，农作物种植结构是农村现代化水平的主要影响因素。参考既有文献（徐辉等，2021），用粮食作物播种面积占农作物总播种面积的比重表征农作物种植结构。

（4）城镇化水平（*urb*）。在城镇化进程中，农村的富余劳动力补充至城镇的劳动力要素市场（姚成胜等，2016）。一方面，可以通过促进土地流转提升农业规模化水平，通过实现富余劳动力非农就业提升农业劳动生产效率，进而促进农业现代化水平提升。另一方面，劳动力要素市场充盈可以促进城镇经济充分发展，进而通过辐射、溢出效应提高农村现代化水平。参考已有文献，用城镇户籍人口数与地区总人口数的比值表征地区城镇化水平。

（5）人口密度（*pd*）。一方面，人口密度影响社会资源的分配和使用，较高的人口密度可以起到推动地区发展的作用。另一方面，人口密度较高的地区往往经济活动较为频繁，具有良好的市场规模和消费水平，人口密度与经济聚集程度呈现正相关关系。由此认为，地区人口密度是农村现代化的主要影响因素之一。参考已有文献（周启良等，2021），采用地区人口数与地区土地面积的比值表征人口密度。

（6）交通密度（*td*）。区域交通条件是地区发展的基础要素，对农村经济社会发展有推动作用（陈垚等，2021）。便利的交通条件可以降低运输成本，促进农业生产要素的流动和规模经济的形成，进而促进农村经济的发展，推动农业现代化水平的提升。各地区交通条件的差异会造成省域农村现代化水平的异质性。公路密度常被用来衡量经济地理区位及基础设施建设水平（李裕瑞等，2014），可用铁路、公路、内河航道总里程的和与各地区面积的比值计算（万永坤等，2022）。

（7）地区财政收入（rfr）。财政收入是保障公共服务质量的基础，财政收入水平的不同是造成基础设施资本积累区域异质性的主要原因之一（曹跃群等，2019）。地方财政收入对于保障区域发展具有重要作用，农村发展水平与地方财政收入水平紧密相关（陈秧分等，2019）。因此认为，地方财政收入是省域农村现代化水平差异的影响因素之一。

（二）模型设定与变量说明

1. 模型设定与变量选取

目前空间计量模型主要有3种：①空间滞后模型（Spatial Lag Model，SLM）是将空间滞后项引入传统模型中；②空间误差模型（Spatial Error Model，SEM）是引入空间自相关误差项；③空间杜宾模型（Spatial Durbin Model，SDM）可同时考察解释变量和被解释变量的空间滞后项。其公式分别为式7－1、式7－2、式7－3。

$$y_{it}=\rho\sum_{j=1}^{n}w_{ij}\,y_{it}+\beta x'_{it}+\mu_i+\lambda_i+\varepsilon_{it}\tag{7-1}$$

$$\begin{cases}y_{it}=\beta x'_{it}+u_{it}+\mu_i+\lambda_i\\ u_{it}=\rho\sum_{j=1}^{n}w_{ij}\,u_{jt}+\varepsilon_{it}\end{cases}\tag{7-2}$$

$$y_{it}=\rho\sum_{j=1}^{n}w_{ij}\,y_{jt}+\beta x'_{it}+\theta\sum_{j=1}^{n}w_{ij}\,x'_{it}+\mu_i+\lambda_i+\varepsilon_{it}\tag{7-3}$$

其中，y_{it}是在t时期内i区域的被解释变量，y_{jt}是邻近j地区的被解释变量，x_{it}是解释变量，x'_{it}是邻近地区解释变量；ρ是空间滞后项的相关系数，β是解释变量估计系数；θ是邻近地区解释变量空间滞后项的相关系数，用以表达邻近地区解释变量对本地被解释变量的空间溢出效应；w_{ij}是空间权重矩阵，μ_i是空间效应，λ_i是时间效应，ε_{it}和u_{it}是随机误差项，空间权重矩阵为邻接矩阵。

为进一步分析以上外部因素对省域农村现代化水平差异的影响程度与方向，以第五章省域农村现代化水平评价测度得到的省域广义农村现代化水平指数为被解释变量，以前文所述7个外部因素为解释变量，建立空间杜宾模型，表达式为式7－3。其中被解释变量为农村现代化水平，解释变量分别为经济发展水平、工业化水平、农作物种植结构、城镇化水平、人口密度、交通密度、地区财政收入等7个变量。

2. 数据来源与变量描述性统计分析

被解释变量数据源自前文省域农村现代化水平评价测度结果，解释变量数据源自2011—2021年的《中国统计年鉴》。各变量的计算方法与描述性统计分析结果见表7－9。

表 7-9　变量说明与描述性统计分析

变量分类	变量名称及符号	变量含义	观察值	均值	标准差
被解释变量	农村现代化水平（*M*）	省域广义农村现代化水平指数	341	46.69	8.51
解释变量	经济发展水平（*pgdp*）	人均地区生产总值	341	10.78	0.47
	工业化水平（*ind*）	工业增加值/国民生产总值	341	0.42	0.10
	农作物种植结构（*cs*）	粮食作物播种面积/农作物总播种面积	341	0.65	0.14
	城镇化水平（*urb*）	城镇户籍人口数/地区总人口数	341	0.57	0.13
	人口密度（*pd*）	地区人口数/地区土地面积	341	0.45	0.69
	交通密度（*td*）	（铁路总里程＋公路总里程＋内河航道总里程）/地区面积	341	9.68	5.70
	财政收入（*rfr*）	地方一般公共预算收入	341	7.45	0.98

（三）模型适用性检验分析

兼顾数据可获得性，省域农村现代化水平差异的外部影响因素实证分析部分的研究区域不包括西藏。由于所选变量相关数据为面板数据，且变量间存在量纲差异，因而，将工业化水平（*ind*）、人口密度（*pd*）和财政收入（*rfr*）等 3 个变量作取对数处理，以最大限度地避免异方差，保证变量间具有可比性（郭海红，2019）。参考已有文献（黄蓉，2022；Anderson T W，et al.，1982；Bai J，2004；Bai J，2009），样本的截面数量 n 为 30，时间跨度 t 为 11，时间跨度较短且 $n>t$，属于短面板数据，因此，可不进行面板单位根检验。

2010—2020 年省域农村现代化水平的全局莫兰指数结果见表 7-10。由表中数据可知，2010—2020 年研究区域的省域农村现代化水平具有显著空间相关性，全局莫兰指数由 2010 年的 0.178 波动下降至 2020 年的 0.163。

表 7-10　2010—2020 年全局莫兰指数

年份	*Moran's I*	*P* 值	年份	*Moran's I*	*P* 值
2010	0.178	0.000	2016	0.156	0.000
2011	0.167	0.000	2017	0.152	0.000
2012	0.155	0.000	2018	0.164	0.000
2013	0.159	0.000	2019	0.167	0.000
2014	0.148	0.000	2020	0.163	0.000
2015	0.151	0.000			

2010 年和 2020 年的局部莫兰指数分别见图 7-1 和图 7-2，可进一步验证 2010 年和 2020 年省域农村现代化水平的空间相关性。

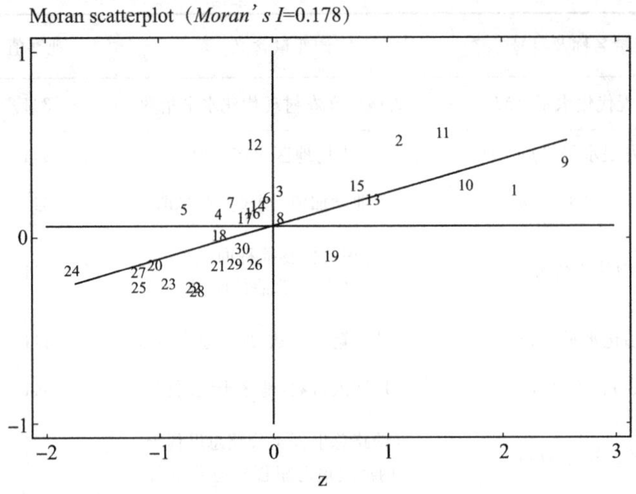

图 7-1 2010 年局部莫兰指数

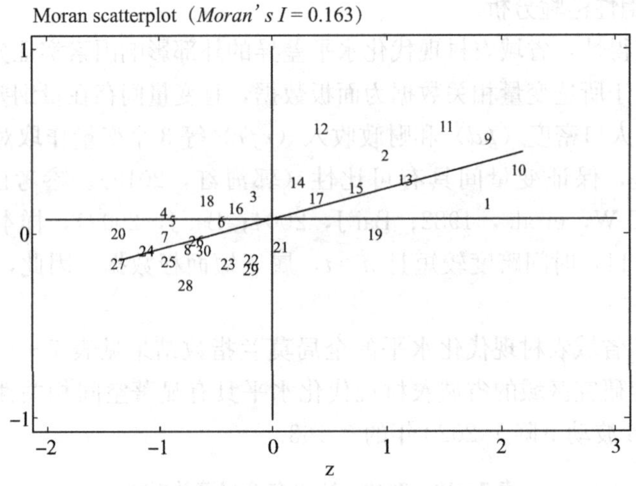

图 7-2 2020 年局部莫兰指数

为根据空间效应产生的原因选取解释力最佳的模型，须对空间面板模型进行模型适用性检验，检验结果见表 7-11。

表 7-11 模型适用性检验

诊断性检验		统计值	P 值
莫兰指数	*Moran's I*	4.096	0.000 0
LM 检验	*LM-error*	12.717	0.000 0
	LM-error（*robust*）	12.272	0.000 0
	LM-lag	66.508	0.000 0
	LM-lag（*robust*）	53.791	0.000 0

（续）

诊断性检验		统计值	P 值
LR 检验	*Test Both-time*	628.52	0.000 0
	Test Both-ind	45.89	0.000 0
	LR-SAR	27.51	0.000 3
	LR-SEM	49.97	0.000 0
Wald 检验	*WALD-SAR*	12.34	0.089 8
	WALD-SEM	14.76	0.039 2

由表中数据可知，2010—2020 年的省域农村现代化水平莫兰指数统计值为 4.096，且 *P* 值通过显著性检验，因此可判定 2010—2020 年的省域农村现代化水平存在空间效应。

LM 检验结果显示，空间误差和空间滞后的 *LM* 值和稳健 *LM* 值都显著，说明模型可以退化为 SAR 模型或者 SEM 模型，具体需要进一步经过 LR 检验确定。采用 LR 方法对空间面板模型进行检验，结果显示，空间滞后模型（SAR）和空间误差模型（SEM）的 LR 检验统计量在 5%的水平下均显著，说明空间杜宾模型不能退化为空间误差模型或空间滞后模型，因此拟合空间杜宾模型。最后，LR 检验结果均通过 1%显著性水平下的检验，即可采用地区和时间的双向固定效应模型。

空间杜宾模型能够捕捉解释变量和因变量之间的空间效应，故适合本节的需求。综上，确定选用双向固定的空间杜宾模型。

（四）模型估计结果与分析

此处将模型估计结果与分析分为 SDM 模型的估计结果分析与空间效应分解两部分。

1. SDM 模型估计结果分析

关于空间固定效应、时间固定效应以及时空双向固定效应的 SDM 模型回归结果见表 7－12。在 3 种交互效应估计结果中，时空双向固定效应的拟合结果最优，因此选择时空双向固定效应进行结果分析。

表 7－12 SDM 模型估计结果

模型 Y	时间固定效应		空间固定效应		时空双向固定效应	
	Main	*Wx*	*Main*	*Wx*	*Main*	*Wx*
pgdp	0.046***	−0.063 6	−0.009 28	0.069 9*	−0.032 1***	−0.200***
	(0.014 5)	(0.073 5)	(0.011 4)	(0.037 3)	(0.012 0)	(0.060 1)
ln*ind*	2 807**	35 290***	1 027	2 849**	2 646***	22 836***
	(1 122)	(6 150)	(933.4)	(1 408)	(967.5)	(6 246)
cs	−7 991***	−29 672***	−6 304***	−20 696***	−6 492***	−42 515***
	(1 645)	(11 330)	(2 320)	(7 346)	(2 273)	(11 691)
urb	339.9***	968.1***	360.3***	280.8	299.9***	−606.7*
	(29.45)	(219.4)	(54.89)	(187.4)	(54.63)	(351.1)
ln*pd*	−186.7	3 992	1 276	−3 632	2 293	11 632
	(361.5)	(3 807)	(2 840)	(13 799)	(2 744)	(15 207)

（续）

模型 Y	时间固定效应		空间固定效应		时空双向固定效应	
	Main	*Wx*	*Main*	*Wx*	*Main*	*Wx*
td	295.9***	1 610**	588.7***	522.9	799***	3 172***
	(74.76)	(714.8)	(101.3)	(619.0)	(101.6)	(804.2)
ln*rfr*	−803.9*	−8 918**	1 814**	−3 451***	2 122***	950.6
	(415.4)	(3 670)	(720.4)	(1 038)	(691.9)	(4 689)
rho	−0.312		0.100		−0.747***	
	(0.234)		(0.156)		(0.250)	
观测值	330	330	330	330	330	330
R^2	0.629	0.629	0.780	0.780	0.394	0.394

注：第一行为回归系数，第二行为 *z* 值，*、**、*** 依次代表 10%、5%、1%的显著性水平。

在表 7-12 中，SDM 模型的空间自回归系数（*Spatial rho*）为−0.747，且在 1%的水平下显著，再次证实选用空间杜宾模型更为合适。

从 *Main* 主效应列可看出，经济发展水平（*pgdp*）、工业化水平（*ind*）、农作物种植结构（*cs*）、城镇化水平（*urb*）、交通密度（*td*）及财政收入（*rfr*）等 6 个变量均在 1%水平下显著，人口密度（*pd*）不显著。在 7 个变量中，经济发展水平（*pgdp*）和农作物种植结构（*cs*）2 个变量影响系数为负数，分别为−0.032 1 和−6 492，其余变量的影响系数为正数。说明本地区的经济发展水平（*pgdp*）、工业化水平（*ind*）、农作物种植结构（*cs*）、城镇化水平（*urb*）、交通密度（*td*）及财政收入（*rfr*）可以显著地影响本地区的农村现代化水平。其中，经济发展水平（*pgdp*）和农作物种植结构（*cs*）的影响方向为逆向制约，其余变量为正向促进。

通过 *Wx* 列的空间交互项系数，初步得出邻近地区的经济发展水平（*pgdp*）、工业化水平（*ind*）、农作物种植结构（*cs*）、交通密度（*td*）在 1%水平下显著，城镇化水平（*urb*）在 10%水平下显著，人口密度（*pd*）和财政收入（*rfr*）不显著。其中，经济发展水平（*pgdp*）、农作物种植结构（*cs*）和城镇化水平（*urb*）为显著负向影响，工业化水平（*ind*）和交通密度（*td*）为显著正向影响，人口密度（*pd*）和财政收入（*rfr*）的影响虽不显著，但为正向。说明邻近地区的工业化水平（*ind*）和交通密度（*td*）均可以对本地区的农村现代化水平产生促进作用，具有正的空间溢出效应；而邻近地区的经济发展水平（*pgdp*）、农作物种植结构（*cs*）和城镇化水平（*urb*）对本地区的农村现代化水平系数为负，产生负的空间溢出效应。具体的效应分解结果将在 SDM 模型的空间效应分解部分详细说明。

（1）经济发展水平（*pgdp*）在 1%水平下，对农村现代化水平（*M*）表现为显著的负向影响，主效应和空间交互项系数分别为−0.032 1 和−0.200，经济发展水平对省域农村现代化水平具有轻微的抑制作用。出现这一结果的原因可能是，虽然较高的地区经济发展水平可以为农村现代化提供一定要素支持，夯实农村的经济基础，为农村现代化的发展提供助力，但各省域内部的城乡差距较大，农村对生产要素和资源的竞争力远不及城市，导致农村地区发展受限，从而制约农村现代化水平。

(2) 工业化水平（*ind*）在1%水平下，对农村现代化水平（*M*）表现为显著的正向影响，主效应回归系数为2 646，工业化水平（*ind*）对农村现代化水平具有显著的促进作用。这说明，工业产业的发展需要从农业、农村获取原始积累，并利用当地的发展机会和资源，对农村地区发展可能产生抑制作用。但工业崛起后，会在一定程度上带动本省份的城乡发展。

(3) 农作物种植结构（*cs*）在1%水平下，对农村现代化水平（*M*）表现为显著的负向影响，主效应回归系数为−6 492。说明，较高的粮食作物种植比例会在一定程度上制约农村现代化水平。因此，需要从国家层面统筹规划、合理安排农业种植结构，以实现邻近地区的结构互补。同时，也应对粮食种植比例高的地区给予利益补偿。

(4) 城镇化水平（*urb*）在1%水平下，对农村现代化水平（*M*）表现为显著的正向影响，主效应回归系数为299.9，城镇化水平对农村现代化水平具有显著的促进作用。可见，提高城镇化水平既可以转移农村富余劳动力，又可以促进城镇经济发展。推进新型城镇化是提升农村现代化水平的有效途径。

(5) 人口密度（*pd*）对农村现代化水平（*M*）未表现出显著的影响，但影响方向为正向。说明各省份应积极应对人口外流和农村“空心化”问题。

(6) 交通密度（*td*）在1%水平下，对农村现代化水平（*M*）表现为显著的正向影响，主效应回归系数为799。说明，我国交通运输基础设施建设满足地区当前发展需求，促进要素流动，且明显促进省域农村现代化水平提升。

(7) 财政收入（*rfr*）在1%水平下，对农村现代化水平（*M*）表现为显著的正向影响，主效应回归系数为2 122。说明，地区财政收入对于保障农村公共服务质量、完善农村基础设施的作用明显，可以通过提升地区财政收入，促进农村现代化发展。

2. SDM模型的空间效应分解

基于SDM模型的估计结果，采用偏微分法将空间效应分解为直接效应（本地效应）和间接效应（溢出效应）两部分。通过对总效应、直接效应、间接效应的分析，依次反映本省份的解释变量对所有省份、本省份、邻近省份的农村现代化水平的影响程度与方向。

由于SDM模型估计结果显示时空双向固定效应的拟合结果最优，因此，在对空间效应分解的分析过程中，也将以时空双向固定效应的分解结果为主要参考。空间杜宾模型的效应分解见表7-13。经济发展水平（*pgdp*）和农作物种植结构（*cs*）的总效应、直接效应和间接效应均显著为负；工业化水平（*ind*）和交通密度（*td*）的总效应、直接效应和间接效应均显著为正；城镇化水平（*urb*）的总效应不显著，间接效应在5%水平下显著为负，直接效应显著为正；财政收入（*rfr*）的总效应和间接效应不显著，直接效应显著为正；人口密度（*pd*）的总效应、直接效应和间接效应均不显著。基于空间杜宾模型计算结果，进一步分析产生上述结果的原因。

(1) 经济发展水平（*pgdp*）的直接效应和间接效应负向显著，表明其对本地区及邻近地区的农村现代化水平有明显的抑制作用，但影响弹性较小，分别为−0.026 4和−0.110。说明，地区经济发展水平的提升进程中城市的贡献度较大，且城市的发展会通

表 7-13　空间杜宾模型的效应分解

Models Y	时间固定效应			空间固定效应			时空双向固定效应		
	直接效应	间接效应	总效应	直接效应	间接效应	总效应	直接效应	间接效应	总效应
pgdp	0.047 3***	−0.064 8	−0.017 5	−0.008 52	0.072 5*	0.064 0	−0.026 4**	−0.110***	−0.137***
	(0.015 3)	(0.059 4)	(0.057 2)	(0.011 6)	(0.039 5)	(0.039 7)	(0.012 5)	(0.038 6)	(0.039 7)
ln*ind*	2 294**	27 672***	29 966***	1 002	3 450**	4 452***	1 975**	13 051***	15 025***
	(1 022)	(6 501)	(7 071)	(904.1)	(1 447)	(1 121)	(927.5)	(4 038)	(4 140)
cs	−7 411***	−21 842**	−29 253***	−6 191***	−23 922***	−30 113***	−5 163**	−22 932***	−28 095***
	(1 704)	(9 074)	(8 523)	(2 207)	(8 076)	(7 967)	(2 244)	(7 603)	(7 522)
urb	327.7***	684.4***	1 012***	362.0***	349.7**	711.8***	324.3***	−519.2**	−194.9
	(31.54)	(168.2)	(168.4)	(52.64)	(154.1)	(144.3)	(57.44)	(230.8)	(207.2)
ln*pd*	−249.5	3 473	3 223	1 314	−3 669	−2 355	2 042	6 810	8 852
	(350.9)	(3 163)	(3 289)	(2 752)	(16 181)	(15 593)	(2 909)	(10 221)	(9 239)
td	279.7***	1 188**	1 468**	598.1***	714.0	1 312	728.7***	1 559***	2 287***
	(73.70)	(597.7)	(612.1)	(102.4)	(766.5)	(815.8)	(93.44)	(501.4)	(528.5)
ln*rfr*	−712.6*	−7 138*	−7 850**	1 802**	−3 632***	−1 829**	2 146***	−330.9	1 816
	(395.9)	(3 728)	(3 969)	(722.9)	(1 157)	(893.7)	(728.5)	(2 845)	(2 714)
Observations	330	330	330	330	330	330	330	330	330
R-squared	0.629	0.629	0.629	0.780	0.780	0.780	0.394	0.394	0.394

注：第一行为回归系数，第二行为 *z* 值，*、**、*** 依次代表 10%、5%、1%的显著性水平。

过虹吸效应，吸收本省份和相邻省份的农村发展要素，进而抑制邻近省份的农村现代化水平。

（2）工业化水平（*ind*）的直接效应和间接效应正向显著，意味着工业化水平的提升能够提升本地区的农村现代化水平，且对邻近地区的农村现代化水平具有显著的正向空间溢出效应，促进邻近省份农村现代化水平的提升。说明，当工业化水平提升后，会通过三次产业融合发展、农业产业链延长等方式带动本省份及邻近省份的农业和农村经济发展。

（3）农作物种植结构（*cs*）的直接效应和间接效应负向显著，表明其对本地区及邻近地区的农村现代化水平有明显的抑制作用，且影响弹性较大，分别为−5 163 和−22 932。可能原因是，较高的粮食作物种植比例使本省份农村发展的机会成本增加，虽然通过粮食主销区对主产区的利益补偿协调机制可以在一定程度上弥补本省份的发展短板，但省域间经济活动强度降低的情况不能有效改善。因而，本省份的粮食作物种植比例提升会对邻近省份的农村现代化具有显著的负向空间溢出效应。

（4）城镇化水平（*urb*）的直接效应显著为正，间接效应显著为负。表明其明显促进本地区的农村现代化水平，但对邻近地区的农村现代化水平有明显的抑制作用。较高的城镇化水平会促进本省份的农村现代化水平，说明推进新型城镇化建设对于提升省域农村现代化水平具有重要意义。但本省份的城镇化水平提升后，相对较好的生活条件会吸引邻近省份的人口流入本省份，从而抑制邻近省份的农村现代化水平。

（5）人口密度（*pd*）对本省份和邻近省份的农村现代化水平有一定促进作用，但不显著。间接效应的影响弹性高于直接效应的原因可能是，较高的人口密度在为本省份创造经济效益的同时，也增加了当地资源环境和公共服务供给的压力，而产生的效益会以经济、技术等形式溢出至其他省份，从而促进了邻近省份的农村现代化发展。

（6）交通密度（*td*）对本省份的农村现代化水平具有显著的正向直接效应，对邻近省份的农村现代化水平具有显著的正向溢出效应。可能原因是，便利的交通条件降低了本地农村发展所需生产要素的运输成本，同时促进了地区间的要素流动，提高了生产、生活活动效率，从而促进了本省份和相邻省份的农业农村现代化水平提升。

（7）财政收入（*rfr*）对本省份的农村现代化水平的直接效应显著为正，影响弹性为 2 146，对邻近省份的农村现代化水平具有负向溢出效应但不显著。可能原因是，较高的财政收入可有效保障本省份农村地区的公共服务供给和基础设施建设，但本省份的经济社会发展水平提升后，邻近省份的人口、资金等生产要素会流入本省份，因而对邻近省份农村现代化水平产生一定程度制约。这也说明，现阶段政府的财政收入对提升农村现代化水平的保障作用意义重大。

第八章

提升农村现代化水平的总体思路、机制与对策建议

基于前文的理论与实证研究，本章从提升农村现代化水平的总体思路和具体对策展开论述。首先，从全局视角出发，整体把握加快提升农村现代化水平的总体思路，并进行加快提升农村现代化水平的机制设计。其次，从全国和省域2个层面提出措施性的加快提升农村现代化水平的对策建议。

一、加快提升农村现代化水平的总体思路

为加快提升我国农村现代化水平，结合前文研究结果，从农村现代化的目标和提升农村现代化水平的基本原则2个方面提出总体思路。

（一）农村现代化的目标

从整体上看，广义农村现代化的目标是农村地区的经济、政治、文化、生态、社会以及农民等各方面达到或接近城市发展水平，或者达到并保持农村世界先进水平。具体包括：现代农业的形成与发展，农村产业高质量发展，农村生产力水平不断提高；农村发展与生态系统互利耦合，农村生产和生活环境不断改善；农村文化从传统向现代转型，乡风文明程度不断提高；乡村治理体系日趋完善，乡村治理能力和服务水平不断提高；农民素质和生活水平不断提高，农民全面发展。

农村现代化具有长远性与阶段性特征，其目标也应分为若干阶段。结合国家对于农业农村现代化规划的目标和本书对于农村现代化实现阶段的划分，确立如下提升农村现代化水平的目标。

到2025年，广义农村现代化水平指数达到60%以上，进入农村现代化起步阶段后期，农村现代化取得重要进展，省域农村现代化水平的地区差异程度明显降低。各省份整合地方资源，根据自身特色谋划发展定位，实现农村现代化的规划科学、体制健全、体系完善，发展可持续。农业现代化水平显著提升，粮食安全得到有效保障，农业生产手段与技术科学化、农业生产工具与装备机械化、农田水利工程与设施完备化、农业信息数字网络化、农业生产经营规模适度化、农业经营主体组织化、农业风险保障化水平进一步提高，农业劳动生产率和土地生产率显著增长。狭义农村现代化水平显著提升，农村地区集体经济明显壮大，产业结构更加合理；农业生产和农村生活环境明显改善，农业面源污染得到有效控制，人居环境更加宜居；农村文化设施更加齐备，文化生活更加丰富，乡风文明程度明显提升；基层党组织建设水平明显提升，治理体系和治理能力取得突破进展。农民现代化水平显著提升，农民综合素质和生活水平显著提高。城乡融合发展水平显著提升，城乡融合发展体制机制基本建立，城乡二元结构松动，城乡差距明显缩小。基本实现农村现代化的试点工作取得突破性进展，试验成效显著，为基本实现农村现代化提供样

本，有条件的地区率先基本实现农村现代化。

到2035年，广义农村现代化水平指数达到70%以上，农村现代化基本实现，省域农村现代化水平趋于均衡。其中，东部沿海地区等有条件的地区率先达到75%或80%，进入基本实现农村现代化中后期，或率先达到85%，进入全面实现农村现代化阶段。其他地区达到70%，进入基本实现农村现代化阶段前期。农业现代化接近或达到农村世界先进水平，农业生产过程现代化和生产结果现代化基本实现；狭义农村现代化接近或达到城市发展水平，农村经济、生态、治理、文化现代化基本实现；农民现代化基本实现，农村居民的生活水平和综合素质接近或达到城市相应水平；城乡居民基本权益、公共服务、居民收入、要素配置、产业发展等5个方面基本实现融合发展。

到2050年，广义农村现代化水平指数达到85%以上，农村现代化全面实现，省域农村现代化水平实现均衡发展。农业现代化、狭义农村现代化、农民现代化均达到城市发展水平或农村世界先进水平。城乡二元结构彻底打破，完全实现融合发展。

（二）提升农村现代化水平的基本原则

基于前文的研究结果，本章认为，我国推进农村现代化的进程中应坚持政府主导与农民主体地位、坚持深化改革与制度创新、坚持顶层设计与规划引领、坚持分类施策与梯度推进等基本原则。

1. 坚持政府主导与农民主体地位

农村现代化系统的各类主体均在推进农村现代化进程中发挥重要作用，但国情和农情要求我国必须走中国特色社会主义农村现代化道路，坚持政府主导与农民主体地位原则。

我国的国情和农情要求农村现代化要维续乡村的主体性，以农民为主体，农民是农村现代化的建设者和受益者。因此，在推进农村现代化进程中，以开放、包容的体制机制设计疏通农民表达意愿的通道，对于农民的意见、建议、创意给予充分的尊重和重视。时刻将维护农民的利益置于一切工作的首位，引导、调动农民参与到提升农村现代化水平的进程中。切实发挥农民在农村现代化建设中的主体作用，让农民成为现代化的真正受益者。

中国特色社会主义制度决定我国不能照搬西方发达国家的农村现代化建设发展经验，目前我国农村现代化进程仍处于政府主导，在具体项目表现为“自上而下”的发展模式，在一定程度上会弱化农民的主观能动性。可结合我国国情逐步转化为“由农民申请立项，政府相关部门把关、审批并指导，再由第三方介入评估进度”的发展模式，充分发挥农民、政府和社区（村庄）各自的优势和作用。政府应充分发挥引导、推动、服务、保障、扶持的职能作用，以规划、政策、制度等形式引导、推动农村现代化科学、可持续发展；在投入上，更加关注农业农村的公共物品与服务的供给；为农村现代化提供制度、政策、投资等方面保障；扶持合作性质的新型生产经营主体，促进各类新型农业经营主体优势互补、分工协作，提高合作稳定性，增强农民的参与感、主观能动性，保护农民的合法权益，促进乡村发展；扶持农村金融行业健康长效发展。

2. 坚持深化改革与制度创新

当前，政策、制度层面的因素对提升农村现代化水平的制约作用较为明显。因此，要通过体制机制改革缓解政策、制度因素的制约作用，通过深化改革来为加快农村现代化提供动力。改革的重点是要进行制度创新。比如，以土地制度创新激活农村要素市场，为农村产业发展供能，使市场在资源配置中起决定性作用，增强农村发展的内生活力。推动农村发展模式由“抽血”“输血”向“造血”转变。

我国农业现代化水平与国际先进水平还存在较大差距，且西部地区的农业产业发展具有天然劣势。为解决以上问题，需要提升农业科技自主创新能力，加快研发农业新科技、新装备和新材料，推动农业精准化、自动化和智能化，强化农业科技创新对农村现代化的支撑引领作用。扩大农业对外开放，推动农业新业态新模式竞相发展，引入大数据、物联网、移动互联、云计算、人工智能、区块链等技术手段，增强农业农村自我发展动力。坚持农业科技创新的基础性、公益性属性，加大农业科技创新政策支持力度，调整优化农业科技投入结构，注重保护农业科技知识产权，提升农业科技人员待遇水平。大力支持农业科技企业和科技成果转化项目，引导企业独立承担科技创新和成果转化的主体角色，形成企业在农业科技创新中的主体地位。整合农业高新技术企业、高等院校、科研院所等优势资源，建立一批农业科技重点实验室和技术研究中心，打造农业科技创新联盟，为农业科技自主创新奠定软硬件基础。同时，要积极推动科技创新成果转化，构建市场化的科技服务和技术交易体系，加强重大应用技术开发攻关的区域合作，建立农业科技创新转化应用基地，形成农业科技区域开放、协作和联合攻关机制，探索农业科产融合新路径。

在改革过程中，应注意系统性、整体性、协同性。推进改革举措系统集成，聚焦农村现代化总目标，抓好财政支农、金融支持、土地配置、产业发展、人才支撑、科技创新、民生保障等改革举措集成，推广成熟定型的改革举措，放大改革协同效应。

3. 坚持顶层设计与规划引领

农村现代化是一项需要多领域谋划、多部门参与、多主体配合，按阶段性目标有序推进的复杂系统工程。推进农村现代化过程中须坚持系统观念，科学规划，坚持顶层设计与规划引领原则。

关于顶层设计。首先，明确习近平新时代中国特色社会主义思想的指导地位，以中国特色社会主义道路推进农村现代化。其次，我国农村现代化推进工作是一项复杂的系统工程，且省域农村现代化水平的地区差异明显，各地区的禀赋条件各异，因而，须由中国共产党从全局统筹安排、谋划布局、完善顶层设计，才能确保农村现代化水平均衡、快速提升。以城乡融合发展为根本目的，以深化农村改革为动力，从农业现代化、狭义农村现代化、农民现代化、城乡融合发展等4个方面全面推进农村现代化。此外，还应具有国际视野，统筹国内、国际两大市场，统筹国内资源、市场、制度。根据土地和淡水资源来合理布局农产品进口来源，充分利用国际、国内资源。

关于统筹兼顾科学规划，强化规划引领作用。做到规划先行、精准施策，形成上下衔接的规划体系。从纵向来讲，在农村现代化规划制定过程中，应充分剖析农村现代化的内涵和外延，细化各领域和行业的相应发展目标和任务要求，以县域为基本单元，从农业、农村、农民以及城乡融合发展等方面做出总体性安排，落实落细规划任务。从横向来讲，首先，农村现代化规划应兼顾国家、城乡、国土空间等多维度规划，实现“多规合一”，确保政策的一致性、科学性、可行性，以增强规划实用性；其次，各级政府部门紧密联系，规划步调协调一致，国家、省域、县域、村庄等各级规划系统设计、有机融合、相辅相成，确保发展目标在村域层面落实、落地，不偏离、不走样；再次，农村现代化规划应与城镇规划一体设计、紧密衔接，城乡规划配合发力，有力推进城乡融合发展；最后，农村现代化发展涉及空间开发、土地利用、基础设施、公共服务、文化建设、环境保护等多部门发力，在规划过程中应充分征集各部门意见，合理配置公共资源，完善配套措施，使工作效率最大化。

4. 坚持分类施策与梯度推进

我国明显的地区差异决定了农业农村现代化发展模式的多元化。在制定发展策略时，应考虑地区特色、资源禀赋、发展需求和发展阶段，坚持分类施策与梯度推进原则，遵循发展规律因地制宜，把握主要矛盾和问题，在关键领域进行改革和创新。可参考本书的分类方法，按照发展水平等级划分为高水平、中等水平、初等水平、低水平发展地区，或按照经济区域、粮食功能区域等分类特征划分，最后根据类型特征，针对地区特色实施农村现代化发展策略。

农村现代化的实现是一个渐进的长期过程，区域异质性决定了我国各省份的农村现代化水平处于不同的发展阶段。因此，省域层面的农村现代化发展应坚持因地制宜，遵循农村现代化发展规律，分梯次推进，既要防止各地区不顾条件盲目攀比、揠苗助长，又要发挥不同地区的比较优势。其中，高水平发展地区及其他有条件的地区可充分利用资源优势，解放思想、锐意创新，率先实现农村现代化。中等水平、初等水平发展地区可深入挖掘自身优势产业或资源禀赋，探索内生性发展模式。低水平发展地区应针对自身短板优先补足。各地区科学判断自身所处发展阶段，不盲目求快，以求科学、高质量发展。

二、加快提升农村现代化水平的机制设计

基于前文对广义农村现代化的内涵阐释、水平评价、地区差异以及影响因素分析，从动力与激励、区域协调发展、动态监测评价、法治保障等 4 个方面进一步探索加快提升农村现代化水平的机制。

（一）动力与激励机制

受历史因素和现实条件限制，我国农业农村发展相较于工业和城市处于相对弱势地位，因而对财政收入和政策倾斜的依赖度较高。提出农村现代化的激励机制，旨在以多元化的激励手段和精密的政策设计，激发农村发展的内生动力，从而提升农村现代化水平。政府的有限、有效作为是农村现代化激励机制实现功能的关键。激励机制设计的技术难点是针对激励客体的实际需求，给予适当的政治激励、经济激励、精神激励、技能激励或环境激励。

政府在实现激励机制功能方面扮演重要角色，而政治激励和经济激励是激励地方政府的有效手段。因而，各级政府可以基于农村现代化水平的评价结果，建立有效的动力激励机制。比如，省级政府可以对农村现代化水平最高或进展比较快的一定比例地市、县等各级地区给予适当的政治表彰或者经济奖励。

细化到微观主体，应重点关注农村现代化系统中的农村干部和各类新型经营主体。此外，也应注意善用对农民群体和农村引进人才的激励对策。对于农村干部，应以政策激励和经济激励为主，并辅以技能激励，给予其资金要素等方面的激励，同时以多元化的技能培训提升强化其综合素质，激发其投身农村现代化建设的热情，提升其开展引导、管理工

作的技能。对于新型经营主体，则应因类施策，以激励机制因势利导合作社、龙头企业、种粮大户等新型经营主体的发展方向趋近国家战略规划方向，以政策激励为主、技能激励为辅，并结合以奖代投的激励形式，向其提供物质支持。既激发其经营发展内生动力，又为其提升生产经营技能提供条件。对于引进人才的激励，须从职业发展、工作氛围、社会地位、荣誉表彰、物质支持以及政策偏向等多方面通盘设计，综合运用多种激励方式。

（二）区域协调发展机制

区域协调发展战略是解决我国发展不平衡、不充分问题的重要战略之一。因而，应以区域协调发展机制解决省域农村现代化水平的不平衡发展问题。我国省域农村现代化水平存在地区差异，极化效应明显，增长极集中于热点区域、高水平发展地区、东部地区以及粮食主销区省份，且省域农村现代化水平差异主要源自类型地区间的差异。因而，省域农村现代化水平的区域协调发展机制应针对类型地区间的非均衡发展问题提出。首先，在强化增长极的极化效应的基础上，充分利用其空间溢出效应，缓解省域农村现代化水平不平衡发展问题。具体可通过经济、技术、生产要素溢出的形式，辐射、带动邻近甚至非邻近地区的农村现代化建设。其次，以利益补偿协调机制为纽带，实现粮食主产区与粮食主销区之间的区域协调发展。除此之外，在农村现代化系统的外部，还应充分借力于城市，基于以城促乡、以工补农的相关政策，从居民基本权益、公共服务、居民收入、要素配置、产业发展等方面推动城乡融合发展。

此外，农业现代化子系统的地区差异是省域农村现代化水平差异的主要来源。造成农业现代化水平差异的主要原因之一是资源禀赋的地区异质性。针对农业现代化子系统的区域协调机制应着力于以现代农业科技为支撑，打破资源禀赋分布格局对农业现代化均衡发展的限制。

（三）动态监测评价机制

及时、准确地掌握我国农村现代化发展状况，有利于相关部门了解进度、查找不足、发现问题、分析成因、及时反馈，进而为其制定出相对完善、有针对性的政策提供科学依据。因此，应基于农村现代化水平评价指标体系，建立农村现代化发展监测机制并开发相关监测系统。

第一，要健全以农村现代化水平评价指标体系为支撑的地方政府农村现代化发展目标评价考核制度，将农村现代化发展目标与政绩考评挂钩，各地区根据自身特色选择底线任务指标、硬性约束指标、预期性指标和弹性指标，差异化设置各地区的监测报表。第二，应由政府部门牵头，涉农相关部门单位参与，建立农村现代化水平监测工作机制，将责任细分落实到具体责任主体，明确农村现代化建设核心指标的进度要求，定期发布重点任务清单，建立重点任务台账制度、月报制度和跟踪调度制度，制定差异化的综合考评方案，统筹推进专项任务落实。第三，充分利用现代信息技术和“互联网+”功能，构建可使用软件进行数据录入、审核、评估、分析的联网直报数据处理平台。第四，及时分析平台获取的结果，完善响应体系，随时对现有工作机制、考核机制进行动态调整。

（四）法治保障机制

现代化的治理体系和治理能力是实现地区现代化发展的基础保障。法治是自治、德治、法治相结合的乡村治理体系的重要内容。若要保障农村现代化进程有序推进，必然要依赖于法律制度的有力保障和支持，提高农村现代化的规范化和法治化水平。

首先，应从科学顶层设计角度，保证“三农”工作相关法律法规的科学性和完备性。加快农业、农村领域重要法律的立法进程，及时修改重要法律的相应条款，强化农业农村法律供给。在立法过程中，要尊重农村发展的客观规律，充分听取农民意见，最大限度保障农民的合法权益。其次，创新法律服务模式，整合现有法律服务资源，积极引入市场化法律服务供给主体，推进法治宣传进村入户，创新多元化的法治教育模式。再次，推进基层权力规范化运作，规范权力实施程序，明确权力实施依据，建立村级组织承接公共事务清单制度，夯实乡村法治政治根基。最后，加强基层执法队伍建设，统一实行农业综合执法，完善执法事项目录，提升基层依法行政水平，维护农民群众合法权益。

三、加快提升农村现代化水平的对策建议

当前正值我国加快推进农村现代化的关键期和机遇期，我国农村现代化正处于起步阶段的中期，准确找到制约其发展的关键因素并改进，可有效、快速提升发展水平。基于前文理论和实证相结合的综合分析，分别从全国和省域 2 个层面提出对策建议。

（一）提升全国农村现代化水平的对策建议

农村现代化水平反映的是农村现代化各子系统集成后的整体绩效。各子系统间的协调程度和平衡程度会影响农村现代化系统的适应性和稳定性，进而影响整体绩效，即农村现代化整体水平。针对农村现代化各子系统的薄弱要素重点强化，形成稳定均衡的发展结构，可促进农村现代化系统的层级间、环节间、要素间的良性协调联动，实现农村现代化各子系统集成高效发展，从而提升农村现代化水平。

1. 农业现代化子系统

农业现代化子系统对总系统绩效的贡献率虽然仍是众子系统之首，但有所下降，需要重点提升农业水利化、信息化、规模化、组织化、保障水平以及农业土地生产效率。

农业生产过程现代化方面。第一，关于农业水利化，应将资金、政策向农田基础设施建设方面倾斜，优化农田水利配套设施，提升农田有效灌溉面积占比。第二，关于农业信息化，注重互联网技术与农业生产过程的有机结合，充分利用无人机、遥感、大数据、物联网、移动互联、云计算、人工智能、区块链等信息技术，提高农业生产效率。第三，关于农业规模化，我国农业人口众多、土地细碎化严重导致农业规模化经营进程缓慢，“大国小农”的客观情况在短时间内仍存在。因此，应坚持农业专业化生产和多元化经营并存，完善土地流转政策、服务体系，引导新型农业生产经营主体开展适度规模经营，避免盲目推进土地集中连片、扩大经营规模，导致“规模不经济”的负面效应。应积极探索小农户与现代农业有效衔接的新模式。第四，关于农业组织化，加大对合作性质的新型生产经营主体的扶持力度，以“以奖代投”等方式优化现有的激励机制，将有限的财政资金投入高效运营的合作社中，促进优质的新型生产经营主体吸纳更多小农户，提高农业组织化水平。第五，关于农业保障水平，建立健全促进农业保险市场发展政策。将与生产挂钩的补贴转化为政策性信贷和保险支持的可选方案。统筹实现农业补贴、涉农信贷、农产品期货和农业保险组合发力，更加有效地防范农业生产的市场风险。各地因地制宜制定促进本地区农业保险市场发展的政策，鼓励并引导社会力量投入农业保险市场，丰富农业保险品

种，健全理赔机制，构建以政策性保险为主、互助性保险和商业性保险为补充的风险保障体系，满足多元化的市场需求。

农业生产结果现代化方面。关于农业土地生产效率提升，应深入实施“藏粮于地、藏粮于技”战略。一方面，加强农村土地治理与整治，重点关注黑土地保护，通过种养业废弃物资源化以及轮作、休耕、退耕等耕地保护制度，提高耕地质量和使用效率，提高单位耕地面积产值。另一方面，引入技术化要素，加快以种业为重点的农业科技创新，提高作物生产能力。

2. 狭义农村现代化子系统

狭义农村现代化子系统对总系统绩效的贡献率提升速度最快，但仍有进步空间。若要综合提升农村地区的现代化水平，需要从经济、生态、文化、治理多方向发力。

农村经济现代化方面。第一，应注重农业增加值增长率水平的提高，农业增加值是农村发展的重要经济支柱，农业经济的萎缩不利于农村经济发展，应格外注意耕地“非农化”和撂荒问题，提高对农业经济的重视程度。第二，应注重扶持休闲农业和乡村旅游的发展，二者是农村非农产业的重要组成部分，也是农业“接二连三”的有效形式，对延长农业产业链、促进农村产业融合、增加农民收入具有很大助益。第三，提升农村人口非农就业比例，促进农村富余劳动力转移，拓宽农民增收渠道。第四，发展农业生产性服务业，提升农业专业化程度和生产效率，促进农业劳动力向非农产业转移，降低农业生产过程中潜在的劳动力成本。

农村生态现代化方面。应大力推进农业绿色发展，大力发展生态农业、有机农业、循环农业，加快传统农业的绿色化改造和绿色转型，推广节水、节地、节肥、节药的农技农艺，促进农业由资源依赖型的掠夺式经营转向资源节约、环境友好的集约经营，在生产过程中减少化肥、农药等化学投入品的用量，推广使用测土配方施肥和农作物绿色防控等绿色生产技术，促进农业可持续发展。

农村文化现代化方面。一方面，以现有的图书阅览室与文化活动广场等文化设施为依托，充分利用现代化的信息与通信手段，多渠道、多形式宣传社会主义核心价值观与优秀乡村文化，形成良好的文化氛围。另一方面，评选符合乡风文明标准的优秀个人、家庭或村集体，以榜样典型的力量带动形成良好风气与文明风尚，提升农村文明建设软实力。

农村治理现代化方面。坚持党的全面领导，增强农村基层治理能力，进一步加强以党组织为核心的农村基层组织建设，发挥基层党组织的战斗堡垒作用，完善现代乡村治理体系，提升农村基层治理能力和综合应急能力，依据自身特色探索合适的农村治理模式。

3. 农民现代化子系统

农民现代化子系统对总系统绩效的贡献率排名靠后，且有所下降，需要重点提升农民收入水平、消费水平、居住水平以及消费观念。

农民生活现代化方面。应重点关注如何提升农村居民人均可支配收入和消费支出，缩小城乡居民在收入和消费水平上的差距。可通过引入新产业、新业态丰富农民收入结构、拓宽农民增收渠道，促进农业富余劳动力转移，增加农民非农收入等方式，提高农民收入；通过增加公共支出、推动农村金融行业发展、增加农民收入、提高农村信息化建设等方式，促进农民消费。同时，注重保障农村居民人均住房面积。此外，在农村基础设施建设过程中，需要避免“数字工程”，应充分考虑设备的实用性以及后期运营、维护成本，按实际需求设计、研发、建设，合理选择改厕模式。

农民素质现代化方面。应引导、促进农民消费升级，使其消费观念由传统向现代化转变，从基本的生活物品消费为主向教育、文化、娱乐、交通通信、医疗保健等方向转变。

4. 城乡融合发展子系统

城乡融合发展子系统对总系统绩效的贡献率最小，其中城乡居民收入均衡化程度、城乡要素配置合理化程度和城乡产业发展融合化程度是最需要关注的 3 个方面。

城乡居民收入均衡化方面。首先，以现代化的科学技术和管理经营手段提升农业现代化程度，增加农民的农业收入；其次，促进农业富余劳动力向城市和非农产业转移，增加农民非农收入；最后，提升农民兼业化程度，拓宽农民增收渠道。以各种科学、有效的手段达到促农增收、缩小城乡居民差距的目的。

城乡要素配置合理化方面。应紧紧抓牢“人、地、钱”3 个核心要素，建立健全城乡一体化的要素市场，为要素在城乡间自由流转创造便利。应增强农村自身的“造血”能力，如提高土地出让金用于农业农村比例，充分利用农村自身闲置的土地资源。此外，由于农业的不稳定性和农业信贷主体缺乏抵押物，造成我国农村金融行业以政策性贷款为主，商业性涉农贷款发展缓慢。对此，政府应鼓励金融行业积极研发适合农业产业特质的贷款产品，鼓励金融、社会投入，支持“三农”发展。

城乡产业发展融合化方面。我国农村的经济二元性强度较大，单纯依靠市场机制选择乡村产业类型和产业融合方式会导致城乡产业发展融合化进程缓慢。因此，第一，需要政府充分发挥职能作用，为城乡产业融合发展提供良好环境，如提供产业融合信息服务、促进主体对接、通过简化市场准入条件降低制度性交易成本等。第二，以现有农业产业为依托，以“接二连三”为目标，延长农业产业链，推进农产品加工业发展，促进休闲农业和乡村旅游、民俗体验等新产业、新业态融合发展，优化升级城乡产业结构，推动城乡空间互联互动。第三，通过在税收、土地、金融等方面的政策扶持，引导和激励龙头企业、合作社、家庭农场等市场主体发挥主观能动性，积极促进城乡产业融合发展。

城乡居民基本权益平等化方面。居民的基本权益大多依附于户籍制度存在，现阶段实现城乡居民基本权益平等化的关键在于进行户籍制度改革，逐渐消除户籍人口城镇化率与常住人口城镇化率之间的差距。在众多基本权益中，城乡居民财产权的差距最大，2019 年城镇居民财产性收入是农村居民的 11.64 倍①。应深化农村集体产权制度和土地制度改革，保障“同地同权”“同地同价”，破除城乡二元的土地制度，完善农村产权制度，建立全国统一的土地产权交易市场，搭建城乡统一的土地市场交易平台，通过市场化的流转，合理合法增加农民财产性收入，减少城乡财产差距，为保护农民合法利益提供制度性保障。

城乡公共服务均等化方面。应增加农村公共服务供给，均衡配置城乡教育、医疗、社会保障等公共服务资源。财政支持是政府提供公共服务的基本保障，因此，为保障城乡公共服务均等化，应从根本上以农业农村优先发展为原则，调整完善城乡公共服务财政支出

① 数据来源：《中国统计年鉴 2020》，作者整理计算所得。

结构的顶层设计。同时，积极鼓励各种民间组织和社会投资参与农村公共服务建设。就我国农村现代化发展现状而言，应重点关注农村基本医疗服务，通过完善农村医疗基础设施建设和提高医护人员的医疗服务能力，进一步提高农村居民医疗保障水平。

（二）提升省域农村现代化水平的对策建议

基于前文的研究可知，省域之间的地区特色、资源禀赋、经济社会发展水平和发展需求存在差异，导致省域农村现代化水平表现出差异性。将上述特征相同或相近的省份划分成相同类型，进而针对类型特征提出对策建议，将有助于科学、有效地提升各地区农村现代化水平。下面将按高水平、中等水平、初等水平、低水平发展地区和经济区域、粮食功能区域等分类特征划分区域类型，以各指标对农村现代化总目标的作用效果为依据，针对共性问题提出对策建议。

1. 对不同等级发展水平区域的对策建议

高水平发展地区的农村现代化水平虽处于全国领先地位，但增速减缓，现有发展模式无法满足高水平发展地区的高速发展需求，可在保持现有优势的基础上，充分利用自身资源优势，建立改革创新试验区，以改革和创新为发展动力，探索新动能，在农村现代化的发展模式上实现新突破。在提升自身的同时，还应通过示范效应、带动效应、模仿效应等，辐射带动邻近甚至非邻近地区的农村现代化水平发展。高水平发展地区的相对弱项主要体现在农业现代化和城乡融合发展水平上。在农业现代化方面，高水平发展地区的经济发展水平也相对较高，应注重对农业的扶持和保护，发展精品农业、绿色农业，提高农业现代化水平。此外，从城乡居民收入均衡化、城乡居民基本权益平等化、城乡要素配置合理化等方面促进城乡融合发展。

中等水平发展地区应加快缩小与高水平发展地区的差距，保持现有的相对领先优势，从提升农业规模、强化农业风险保障水平、提高农业产值、降低农业能耗、提高农民收入与消费水平、促进城乡融合发展等方面发力。初等水平发展地区需注意缩小与中等水平发展地区的差距，重点关注农业的能源消耗、农村文化教育水平、农村基础设施建设以及城乡居民基本权益平等化。对于低水平发展地区来说，促农增收是提升其农村现代化水平最直接、有效的方式。

2. 对不同经济区域的对策建议

东部沿海地区与热点区域、高水平发展地区重合度较高，应充分利用省域农村现代化空间集聚的特征。利用东部沿海地区在经济条件、区位、资源禀赋等方面的比较优势，先行先试、改革创新，强化东部沿海地区的领先地位，扶持其率先基本实现农业农村现代化后，通过经验交流、互助协作、产业联动等形式强化其辐射带动效应，从而扩大热点区域范围，达到全面实现农村现代化的根本目的。其相对弱项主要体现在农业经济、农民生活、城乡融合发展等方面，具体可以注意提升农业增加值、增加农民收入、提高农民生活品质、增加对农村的资金支持、促进城乡要素流动等方面。

中部地区应利用自身农业发展优势，以农业现代化为抓手发力，重视农业经济、农村生态、农民生活、城乡融合发展等方面的弱势。

西部地区经济发展相对落后，自然资源条件较差，农业资源相对不足，农村基础设施建设难度较大。应着重关注农业生产过程现代化、农民生活、城乡融合发展、农村经济、农村绿化等方面。从提高农业信息化水平和规模化水平方面促进农业现代化发展，从提高农民收入方面提高农民生活质量，从缩小城乡居民收入差距方面促进城乡融合发展，从促进非农就业方面促进农村经济发展，从提高农村绿化水平方面促进农村生态发展。需要格外注意的是，根据旱作农业区、山区、半山区、丘陵地区的自然地理条件做好配套研发工作。

东北地区历来被视为农业发达地区，但测算结果显示，东北地区存在农业大而不强、单位面积效益较低、产业融合发展程度不高、农村基础设施建设较低等问题，与农村现代化目标值差距较大。可能是东北地区经济发展水平相对落后，纬度较高，积温较低，降雨量不充沛，农业单产水平相对较差，并且东北地区地广人稀，农村基础设施建设较为困难，从而导致农村现代化水平较低。综上，关于东北地区农村现代化发展，在农业现代化发展方面，在保持现有优势的基础上，应注重补短板，提高农田有效灌溉面积占比和农业土地生产率。同时着重关注农村经济、文化、生态、政治一体发展，关注农民生活质量，从城乡居民基本权益平等化和城乡公共服务均等化方面促进城乡融合发展。

对于西部和东北地区，应给予人才、资金、政策等方面的倾斜，以技术进步和科技成果转化弥补其在气候、地理条件、资源禀赋等方面的不足，优化其农业现代化水平的劣势。如研发适用于山地农业、高原农业、零散地块的农业机械，培育耐寒、耐旱、抗盐碱、抗贫瘠良种。通过体制机制创新和改革，激发农村发展内生动力。通过培育本土人才、引进优秀人才、留住“三农”人才、提升农民现代化水平，增强实现农村现代化软实力。在政策扶持资金向西部和东北地区倾斜的同时，应吸引社会投资，合理使用金融杠杆，鼓励金融机构自发、积极创新金融产品或开展普惠金融服务，助力农村现代化建设。

3. 对不同粮食功能区域的对策建议

粮食主产区农业现代化水平排名靠后的主要制约因素是农业土地生产率。但是，粮食主产区承担保障国家粮食安全的重任，以粮食作物为主的种植结构导致农业土地生产率难以显著提升。应完善粮食主产区利益补偿机制，根据粮食主销区粮食调入量，按一定比例从地方财政收入中征缴专项补偿基金，用于补贴粮食主产区；在基础设施建设、农村公共服务供给、税收减免等方面，给予粮食主产区政策性补偿；积极引导粮食加工企业到产粮大县投资，增强产粮大县的造血功能，强化粮食主销区对产粮大县的发展性补偿。粮食主产区自身应通过提高农业增加值增长率、降低单位农业产值能耗、加强农村生活废弃物处理、提高农村义务教育阶段师资水平、提高自来水普及率、缩小户籍人口和常住人口城镇化率差距等方式，全面提高粮食主产区的农村现代化水平。粮食主销区应提升农业组织化程度、提高农业增加值增长率、发展农林牧渔服务业、加强农村社区综合服务设施建设、提高农村居民文化生活质量、缩小城乡居民收入差距、增加农林水事务财政支出、大力发展涉农贷款，有效提升农村现代化水平。粮食产销平衡区与低水平发展地区的抑制要素特征一致，促农增收是提升其农村现代化水平最直接、有效的方式。

中篇

地区研究

第九章

华北地区农村现代化水平评价分析

一、北京市农村现代化水平评价

北京市位于中国华北地区北部，面积1.641万平方千米，辖16个市辖区，343个乡镇，3 783个行政村。2022年末常住总人口2 184.3万人，其中乡村人口271.5万人，占12.4%。乡村户数224.57万户（2020年），乡村就业人员141万人。2022年，全市地区生产总值41 610.9亿元，其中第一产业增加值111.5亿元，占0.27%。农村居民人均可支配收入34 754元。

北京市是世界上最大、最密集的农产品消费市场之一，具有消费结构层次多、消费需求变化快、消费质量高、消费点多、消费多元化等特点。2022年，北京市实现社会消费品零售总额13 794.2亿元，其中商品零售12 832.6亿元，餐饮收入961.6亿元。同时，随着北京市国际化水平的提升，对于品质高、文化内涵深、个性化的产品消费需求不断增多，农产品中高端市场需求势头强劲。

（一）评价结果

2010年以来，北京市农村现代化水平呈稳步上升趋势。2020年，北京市农村现代化水平评价得分为65.19，在全国31个省份中排名第2位，与2010年相比，评价得分提高6.70个点，排名保持不变，处于农村现代化起步阶段的后期，详见图9-1。

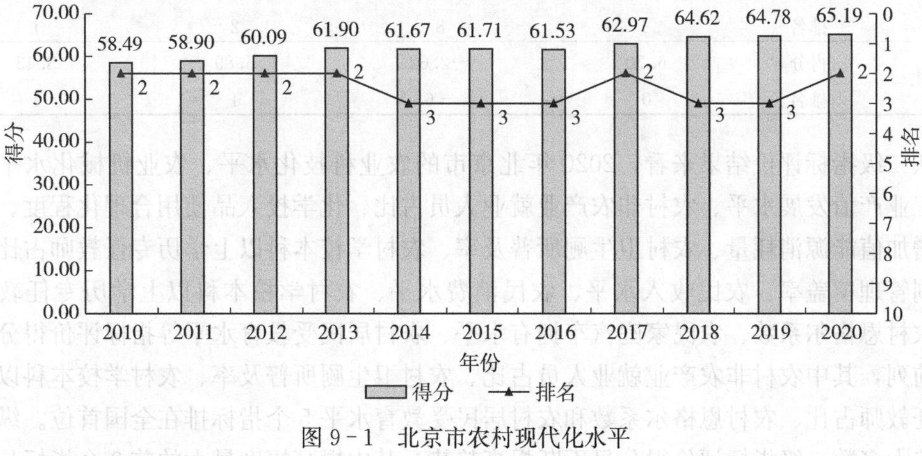

图9-1 北京市农村现代化水平

从一级指标评价结果来看（表9-1），北京市农业现代化水平2010年评价得分14.85，排名第2位；2020年评价得分12.23，下降2.62点，排名第8位，下降了6位。狭义农村现代化水平2010年评价得分26.25，排名第3位；2020年评价得分32.14，提高5.89点，排名第2位，提高了1位。农民现代化水平2010年评价得分17.39，排名第2

位；2020 年评价得分 20.82，提高 3.43 点，排名第 1 位，上升了 1 位。

表 9-1 北京市农村现代化水平一级指标评价结果

年份	项目	农村现代化总体水平	农业现代化水平（A）	狭义农村现代化水平（B）	农民现代化水平（C）
2010	得分	58.49	14.85	26.25	17.39
	排名	2	2	3	2
2011	得分	58.90	14.89	26.50	17.51
	排名	2	2	3	1
2012	得分	60.09	14.53	27.00	18.56
	排名	2	2	3	2
2013	得分	61.90	14.43	27.74	19.73
	排名	2	3	3	1
2014	得分	61.67	13.53	28.83	19.31
	排名	3	4	3	1
2015	得分	61.71	13.60	29.07	19.04
	排名	3	4	3	2
2016	得分	61.53	13.07	29.02	19.44
	排名	3	5	3	2
2017	得分	62.97	13.03	30.29	19.65
	排名	2	5	2	1
2018	得分	64.62	12.58	31.64	20.40
	排名	3	6	3	1
2019	得分	64.78	12.17	32.28	20.33
	排名	3	8	3	1
2020	得分	65.19	12.23	32.14	20.82
	排名	2	8	2	1
变化	得分	6.70	−2.62	5.89	3.43
	排名	0	−6	1	1

从二级指标评价结果来看，2020 年北京市的农业科技化水平、农业机械化水平、农业加工业产值发展水平、农村非农产业就业人员占比、化学投入品使用合理化程度、单位农业增加值能源消耗量、农村卫生厕所普及率、农村学校本科以上学历专任教师占比、村庄规划管理覆盖率、农民收入水平、农民消费水平、农村学校本科以上学历专任教师占比、农村恩格尔系数、农民家庭汽车拥有水平、农村居民受教育水平等指标评价得分排在全国前列，其中农村非农产业就业人员占比、农村卫生厕所普及率、农村学校本科以上学历专任教师占比、农村恩格尔系数和农村居民受教育水平 5 个指标排在全国首位。纵向比较，绝大多数二级指标评价得分呈不断提高趋势，其中提高幅度最大的前 3 个指标是单位农业增加值能源消耗量、农民家庭汽车拥有水平、化学投入品使用合理化程度，2010—2020 年分别提高了 86.35 点、82.39 点和 48.82 点；二级指标得分在全国的排名有升有降，上升幅度最大的前 3 个指标是农民家庭汽车拥有水平、化学投入品使用合理化程度、单位农业增加值能源消耗量，分别上升了 25 位、10 位和 7 位，详见表 9-2。

表 9-2　北京市农业现代化水平二级指标评价结果（1）

指标	项目	2010 年	2011 年	2012 年	2013 年	2014 年	2015 年	2016 年	2017 年	2018 年	2019 年	2020 年	变化
A1 农业科技化水平	得分	81.18	81.18	81.18	82.35	82.35	82.35	83.53	83.53	85.29	86.47	88.24	7.06
	排名	1	1	1	1	1	1	1	2	2	2	2	−1
A2 农业机械化水平	得分	64.14	66.72	69.30	71.49	72.00	87.00	88.00	89.00	90.00	91.00	92.00	27.86
	排名	9	12	11	11	12	2	2	3	3	3	3	6
A3 农田水利化水平	得分	94.46	94.28	70.03	69.17	65.08	62.65	59.41	54.05	51.33	51.10	51.19	−43.27
	排名	2	2	8	9	11	14	14	16	16	16	16	−14
A4 农业规模化水平	得分	25.20	25.13	25.47	25.64	27.32	29.66	31.39	32.99	49.29	49.29	43.78	18.58
	排名	7	7	8	9	9	9	9	9	2	2	4	3
A5 农民组织化水平	得分	12.58	12.35	8.60	16.02	17.37	18.27	26.12	16.25	16.06	16.06	22.59	10.01
	排名	7	9	22	10	15	15	6	20	21	21	17	−10
A6 土地生产率	得分	83.50	83.63	79.73	74.93	61.62	58.16	50.34	53.18	43.40	35.25	34.73	−48.77
	排名	3	4	4	4	6	8	8	8	15	18	20	−17
A7 农业劳动生产率	得分	37.40	36.11	37.33	37.92	36.55	31.47	27.44	23.34	20.44	20.96	20.46	−16.94
	排名	9	10	9	8	8	12	15	15	15	18	22	−13

表 9-2　北京市狭义农村现代化水平二级指标评价结果（2）

指标	项目	2010 年	2011 年	2012 年	2013 年	2014 年	2015 年	2016 年	2017 年	2018 年	2019 年	2020 年	变化
B1 农业增加值增长水平	得分	53.25	54.10	54.10	54.56	52.66	46.66	47.19	47.73	48.79	48.85	45.60	−7.65
	排名	28	28	28	28	30	30	31	31	30	30	30	−2
B2 农产品加工业产值发展水平	得分	40.31	37.25	32.66	30.06	36.20	29.30	31.75	35.43	41.63	41.63	41.10	0.79
	排名	7	6	5	5	5	5	4	3	3	3	3	4
B3 农村非农产业就业人员占比	得分	87.36	87.36	87.77	88.63	89.37	89.33	90.84	89.65	89.84	90.39	91.04	3.68
	排名	3	3	3	2	2	2	2	2	2	2	1	2
B4 农林牧渔服务业发展水平	得分	11.32	11.32	11.32	11.32	11.32	13.25	14.35	15.39	15.67	17.01	17.39	6.07
	排名	29	29	29	29	29	27	26	28	26	27	27	2
B5 化学投入品使用合理化程度	得分	−1.01	−1.82	−1.17	2.57	9.86	19.34	23.11	30.80	37.51	45.98	47.81	48.82
	排名	12	12	11	7	2	2	2	3	2	2	2	10
B6 单位农业增加值能源消耗量	得分	2.72	5.14	14.03	20.53	29.10	31.93	41.30	58.60	76.07	79.16	89.07	86.35
	排名	9	7	4	7	5	5	4	2	2	1	2	7
B7 农村生活废弃物无害化处理水平	得分	58.05	60.85	60.75	61.40	61.45	63.45	65.00	68.50	69.40	70.50	71.38	13.33
	排名	3	3	3	3	4	4	5	5	6	6	6	−3
B8 农村卫生厕所普及率	得分	91.40	96.90	97.00	97.00	98.20	98.40	99.80	98.10	99.00	100	100	8.60
	排名	3	2	2	2	1	2	1	3	2	1	1	2
B9 农村学校本科以上学历专任教师占比	得分	79.89	81.52	83.98	86.41	89.89	91.92	92.27	93.24	94.05	94.13	94.91	15.02
	排名	1	1	1	1	1	1	1	1	1	1	1	0
B10 乡镇文化站覆盖率	得分	55.59	55.59	56.00	56.31	55.62	54.98	54.98	54.98	55.59	55.59	52.77	−2.82
	排名	28	28	28	29	29	29	29	29	28	28	29	−1
B11 农村集体经济发展水平	得分	59.61	55.96	57.33	60.50	63.49	65.15	53.77	53.33	53.25	53.25	54.82	−4.79
	排名	3	4	4	4	3	3	3	4	5	5	5	−2
B12 村庄规划管理覆盖率	得分	77.19	80.70	82.85	83.61	84.63	85.02	82.52	86.57	88.94	90.00	77.20	0.01
	排名	3	3	4	7	7	6	8	5	5	5	3	0

表 9-2　北京市农民现代化水平二级指标评价结果（3）

指标	项目	2010 年	2011 年	2012 年	2013 年	2014 年	2015 年	2016 年	2017 年	2018 年	2019 年	2020 年	变化
C1 农民收入水平	得分	70.62	68.77	68.29	72.00	65.41	65.94	66.37	66.60	67.49	68.29	68.73	−1.89
	排名	2	2	2	2	3	3	3	3	3	3	3	−1
C2 农民消费水平	得分	54.11	55.63	54.34	57.41	57.17	58.11	59.15	60.62	60.68	61.42	61.45	7.34
	排名	2	1	2	2	2	3	2	1	1	2	3	−1
C3 农村恩格尔系数	得分	100	100	100	100	100	100	100	100	100	100	100	0.00
	排名	1	1	1	1	1	1	1	1	1	1	1	0
C4 农村自来水普及率	得分	83.40	86.50	86.50	85.70	85.80	86.50	82.06	84.68	93.09	89.11	87.19	3.79
	排名	5	4	5	5	5	5	7	7	4	11	11	−6
C5 农民家庭汽车拥有水平	得分	10.94	17.24	49.62	79.07	77.78	68.38	77.78	79.88	92.91	90.84	93.33	82.39
	排名	27	24	6	2	4	6	4	5	1	2	2	25
C6 农村居民受教育水平	得分	86.96	85.24	88.04	82.94	86.64	86.53	87.03	89.07	87.25	87.68	96.49	9.53
	排名	1	1	1	1	1	1	1	1	1	1	1	0
C7 农民教育文化支出水平	得分	32.76	30.35	31.19	33.40	30.39	28.43	33.09	30.37	32.63	33.49	37.83	5.07
	排名	6	7	6	4	28	29	28	28	30	29	28	−22

（二）分段比较分析

将省域农村现代化水平评价指标得分从高到低分段，按照5个位次为一段，将全国31个省（自治区、直辖市）分成6段，最后一段为6个省份。通过分段对比分析，可以看出北京市农村现代化水平在全国所处的相对位置，见表9-3。

表9-3 2020年北京市农村现代化水平各级指标位次分段

分段	位次	一级指标	二级指标
1	1～5位	狭义农村现代化水平（B）、农民现代化水平（C）	农业科技化水平（A1）、农业机械化水平（A2）、农业规模化水平（A4）、农产品加工业产值发展水平（B2）、农村非农产业就业人员占比（B3）、化学投入品使用合理化程度（B5）、单位农业增加值能源消耗量（B6）、农村卫生厕所普及率（B8）、农村学校本科以上学历专任教师占比（B9）、农村集体经济发展水平（B11）、村庄规划管理覆盖率（B12）、农民收入水平（C1）、农民消费水平（C2）、农村恩格尔系数（C3）、农民家庭汽车拥有水平（C5）、农村居民受教育水平（C6）
2	6～10位	农业现代化水平（A）	农村生活废弃物无害化处理水平（B7）
3	11～15位		农村自来水普及率（C4）
4	16～20位		农田水利化水平（A3）、农民组织化水平（A5）、土地生产率（A6）
5	21～25位		农业劳动生产率（A7）
6	26～31位		农业增加值增长水平（B1）、农林牧渔服务业发展水平（B4）、乡镇文化站覆盖率（B10）、农民教育文化支出水平（C7）

2020年，北京市农村现代化总体水平得分65.19，在全国31个省份中排名第2位，处于第1段位。横向比较，比全国31个省份得分均值（51.73）高13.46点，比最高得分的江苏省低1.84点，比最低得分的西藏自治区高出23.08点。这反映出，北京市农村现代化总体水平偏高，处于先进水平。

从一级指标评价结果看，北京市农业现代化水平（A）、狭义农村现代化水平（B）和农民现代化水平（C）得分在全国31个省份中排名分别为第8位、第2位和第1位，分别处于第2段位、第1段位和第1段位。在3个一级指标排名中，农民现代化水平相对较高，农业现代化水平相对较低，狭义农村现代化水平居于中间。具体比较，北京市农业现代化水平评价得分12.23，略低于本段内各省份得分均值，比上一个段位各省份得分均值低2.22点，比最高得分的江苏省低3.38点，比下一个段位各省份得分均值高0.60点，比全国31个省份得分均值高1.85点，比最低得分的西藏自治区高4.25点；狭义农村现代化水平评价得分32.14，略高于本段内各省份得分均值，比下一个段位各省份得分均值高4.74点，比最高得分的江苏省低1.04

点，比全国31个省份得分均值高8.33点，比最低得分的广西壮族自治区高14.58点；农民现代化水平评价得分20.82，略高于本段内各省份得分均值，比下一个段位各省份得分均值高3.8点，比全国31个省份得分均值高4.38点，比最低得分的西藏自治区高8.25点。

从26个二级指标评价结果看，北京市有16个二级指标处在第1段位，占比61.54%；1个二级指标处于第2段位，占比3.85%；1个二级指标在第3段位，占比3.85%；3个二级指标在第4段位，占比11.54%；1个二级指标在第5段位，占比3.85%；4个二级指标处于第6段位，占比15.38%。

（三）指标均衡性与优劣势分析

从指标“离散系数”即各级指标评价得分标准差与其平均值的比值来看（表9-4），北京市农村现代化水平一级指标评价分值的标准差接近于8，离散系数较小，为0.375 1，低于全国平均离散系数，说明北京市农村现代化一级指标之间发展较均衡，且均衡程度高于全国平均水平；北京市农村现代化水平二级指标评价分值的离散系数较小，为0.409 3，低于全国平均离散系数，说明北京市农业科技创新能力二级指标之间发展比较均衡，且均衡程度高于全国平均水平。

表9-4　北京市农村现代化水平各级指标均衡性对比

项目	一级指标			二级指标		
	标准差	平均值	离散系数	标准差	平均值	离散系数
北京市	8.150 5	21.731 0	0.375 1	26.466 1	64.657 9	0.409 3
全国平均	6.435 2	17.243 3	0.384 5	27.504 7	51.388 9	0.546 6

从指标优劣势来看，农民现代化水平（C）一级指标和农村非农产业就业人员占比（B3）、农村卫生厕所普及率（B8）、农村学校本科以上学历专任教师占比（B9）、农村恩格尔系数（C3）、农村居民受教育水平（C6）等5个二级指标评价值位于基准线上方，属于农村现代化推进过程中的优势指标，对提升农村现代化水平起到正向带动作用，特别是农村非农产业就业人员占比（B3）、农村卫生厕所普及率（B8）、农村学校本科以上学历专任教师占比（B9）、农村恩格尔系数（C3）和农村居民受教育水平（C6）等指标评价值居全国首位，意味着这些指标对于农村现代化发展的正向拉动作用显著；农业现代化水平（A）一级指标和农业机械化水平（A2）、农田水利化水平（A3）、农业规模化水平（A4）、农民组织化水平（A5）、土地生产率（A6）、农业劳动生产率（A7）、农业增加值增长水平（B1）、农产品加工业产值发展水平（B2）、农林牧渔服务业发展水平（B4）、农村生活废弃物无害化处理水平（B7）、乡镇文化站覆盖率（B10）、农村集体经济发展水平（B11）、村庄规划管理覆盖率（B12）、农民收入水平（C1）、农民消费水平（C2）、农村自来水普及率（C4）、农民教育文化支出水平（C7）等17个二级指标评价值位于基准线下方，属于农村现代化推进过程中的劣势指标，对提升农村现代化水平产生了逆向的制约影响，尤其是农业增加值增长水平

(B1)、农林牧渔服务业发展水平 (B4)、乡镇文化站覆盖率 (B10)、农民教育文化支出水平 (C7) 等指标评价值与基准线的距离较远，意味着这些指标对于推进农村现代化的逆向制约影响很大 (图 9-2)。

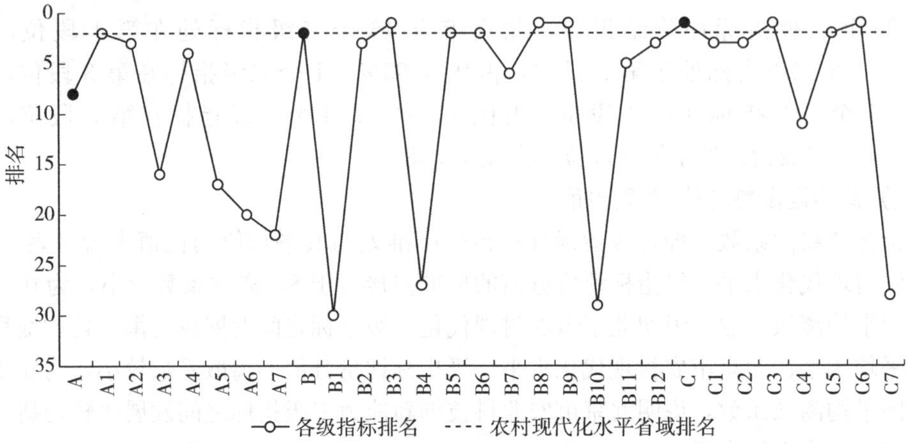

图 9-2　2020 年北京市农村现代化水平及各项指标得分排名位次

(四) 对策建议

根据评价和分析结果，北京市推进乡村全面振兴、加快农业农村现代化，应坚持扬长补短原则，采取更有针对性的对策措施。对于提升农村现代化水平起着正向拉动作用的优势指标，要进一步做大做强；对于产生逆向制约影响的劣势指标，要尽力缩小差距，弥补短板。今后的重点：一是保障农业生产高效可持续，加快推进农业技术装备化、标准化、信息化、智能化，全面提升农业现代化水平，推动农业向绿色、智能、数字、现代化方向发展；二是完善农村基础设施建设，大力发展农村公共事业，完善农村公路、电力、河道管理、节水补给等基础设施建设，加快实施农村清洁能源、通信、水务技术现代化建设，支持农村垃圾处理和可再生能源发展；三是提高农民收入，建立健全新型农业经营与服务体系，推动农业产业化、规模化、专业化发展，统筹城乡经济，加强农村现代市场体系和运营机制改革，完善劳动力市场，助力构建社会主义和谐社会。

二、天津市农村现代化水平评价

天津市位于中国东部地区北部，面积 16 410 万平方千米，辖 16 个市辖区，252 个乡镇，3 520 个行政村。2022 年末常住总人口 1 363 万人，其中乡村人口 203 万人，占 14.9%。乡村户数 79.6 万户 (2020 年)，乡村就业人员 103 万人。2022 年，全市地区生产总值 16 311.34 亿元，其中第一产业增加值 273.15 亿元，占 1.67%。农村居民人均可支配收入29 018 元。

天津市蔬菜、肉类、禽蛋、牛奶、水产等“菜篮子”产品自给率位居全国大城市前列，是北京市的“菜篮子”。粮食种植面积已稳定在 250 万亩以上，产量连续 6 年保持在 200 万吨以上，在全国粮食主销区中名列前茅，粮食自给率提升到 36%，特别是口粮自给率提高到65%。乡村产业融合发展取得新突破，休闲农业和乡村旅游接待人数达到1 700万人次。

（一）评价结果

2010年以来，天津市农村现代化水平呈稳步上升趋势。2020年，天津市农村现代化水平评价得分为58.95，在全国31个省份中排名第6位，与2010年相比，评价得分提高8.54个点，排名下降了1位，处于农村现代化起步阶段的中期，详见图9-3。

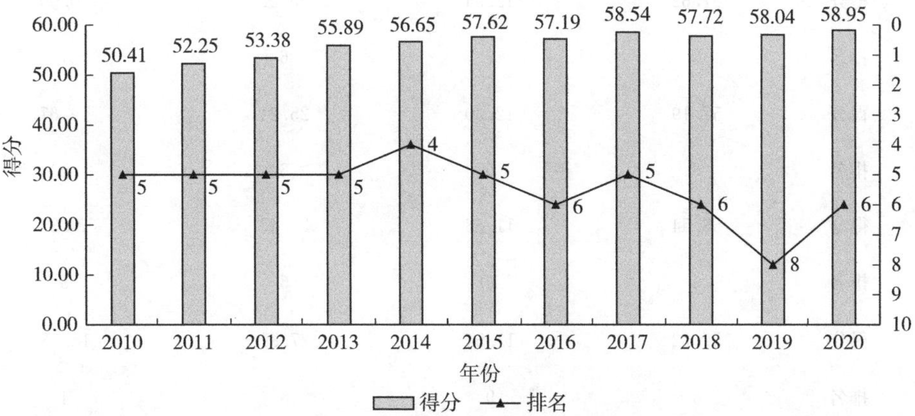

图9-3　天津市农村现代化水平

从一级指标评价结果来看（表9-5），天津市农业现代化水平2010年评价得分11.85，排名第8位；2020年评价得分12.13，提高0.28点，排名第10位，下降了2位。狭义农村现代化水平2010年评价得分22.92，排名第6位；2020年评价得分28.35，提高5.43点，排名第6位，保持不变。农民现代化水平2010年评价得分15.64，排名第3位；2020年评价得分18.47，提高2.83点，排名第4位，下降了1位。

表9-5　天津市农村现代化水平一级指标评价结果

年份	项目	农村现代化总体水平	农业现代化水平（A）	狭义农村现代化水平（B）	农民现代化水平（C）
2010	得分	50.41	11.85	22.92	15.64
	排名	5	8	6	3
2011	得分	52.25	11.92	24.12	16.21
	排名	5	8	5	3
2012	得分	53.38	12.00	24.14	17.24
	排名	5	8	5	3
2013	得分	55.89	12.24	25.21	18.44
	排名	5	8	6	3

（续）

年份	项目	农村现代化总体水平	农业现代化水平（A）	狭义农村现代化水平（B）	农民现代化水平（C）
2014	得分	56.65	12.28	25.09	19.28
	排名	4	7	6	2
2015	得分	57.62	12.34	25.28	20.00
	排名	5	7	6	1
2016	得分	57.19	12.30	25.21	19.67
	排名	6	6	6	1
2017	得分	58.54	11.68	27.49	19.37
	排名	5	10	6	3
2018	得分	57.72	11.54	27.81	18.38
	排名	6	9	8	4
2019	得分	58.04	11.57	28.16	18.30
	排名	8	11	8	4
2020	得分	58.95	12.13	28.35	18.47
	排名	6	10	6	4
变化	得分	8.54	0.28	5.43	2.83
	排名	−1	−2	0	−1

从二级指标评价结果来看，2020 年天津市的农产品加工业产值发展水平、化学投入品使用合理化程度、农村生活废弃物无害化处理水平、农民收入水平、农村居民受教育水平等指标评价得分排在全国前列。纵向比较，绝大多数二级指标评价得分呈不断提高趋势，其中提高幅度最大的前 3 个指标是化学投入品使用合理化程度、农村生活废弃物无害化处理水平、农村学校本科以上学历专任教师占比，2010—2020 年分别提高了 41.70 点、41.62 点和 27.29 点；二级指标得分在全国的排名有升有降，上升幅度最大的前 3 个指标是农林牧渔服务业发展水平、农村非农产业就业人员占比、农业规模化水平，分别上升了 16 位、11 位和 9 位，详见表 9－6。

（二）分段比较分析

将省域农村现代化水平评价指标得分从高到低分段，按照 5 个位次为一段，将全国 31 个省（自治区、直辖市）分成 6 段，最后一段为 6 个省份。通过分段对比分析，可以看出天津市农村现代化水平在全国所处的相对位置，见表 9－7。

表 9-6 天津市农业现代化水平二级指标评价结果（1）

指标	项目	2010年	2011年	2012年	2013年	2014年	2015年	2016年	2017年	2018年	2019年	2020年	变化
A1 农业科技化水平	得分	68.71	69.88	71.06	72.24	73.41	74.59	75.29	76.47	77.65	78.82	80.00	11.29
	排名	7	6	6	5	5	5	6	6	6	6	6	1
A2 农业机械化水平	得分	80.69	81.65	82.60	83.00	84.00	85.00	86.00	87.00	87.00	88.50	90.15	9.46
	排名	3	3	2	2	2	3	4	4	5	6	5	−2
A3 农田水利化水平	得分	77.67	76.63	66.08	70.48	70.65	70.70	70.18	70.19	69.76	69.78	68.48	−9.19
	排名	4	4	10	8	8	8	8	8	8	8	10	−6
A4 农业规模化水平	得分	11.15	11.94	12.35	13.81	19.00	19.87	26.08	27.40	19.32	19.32	29.15	18.00
	排名	25	24	26	26	18	20	14	14	25	25	16	9
A5 农民组织化水平	得分	5.56	10.21	11.06	10.68	12.89	15.82	18.88	18.96	18.91	18.91	23.41	17.85
	排名	23	15	16	20	23	20	16	14	14	14	15	8
A6 土地生产率	得分	45.97	46.34	47.25	48.20	46.10	44.97	41.93	36.72	36.50	34.21	36.13	−9.84
	排名	11	13	13	13	12	11	11	20	20	20	18	−7
A7 农业劳动生产率	得分	36.40	34.18	34.32	35.46	35.42	35.63	35.47	25.49	23.17	24.85	29.27	−7.13
	排名	10	12	12	12	11	7	6	11	11	11	10	0

表 9-6　天津市狭义农村现代化水平二级指标评价结果（2）

指标	项目	2010 年	2011 年	2012 年	2013 年	2014 年	2015 年	2016 年	2017 年	2018 年	2019 年	2020 年	变化
B1 农业增加值增长水平	得分	56.94	57.07	55.67	56.64	56.17	55.88	56.27	53.72	51.79	52.42	52.94	−4.00
	排名	20	22	25	25	26	27	26	27	28	28	28	−8
B2 农产品加工业产值发展水平	得分	47.61	83.40	100	90.81	100	76.44	65.83	87.88	76.81	76.81	70.63	23.02
	排名	4	2	1	2	1	2	2	2	2	2	2	2
B3 农村非农产业就业人员占比	得分	66.03	66.36	66.77	67.95	68.73	69.58	69.87	71.03	72.77	71.80	72.65	6.62
	排名	16	15	15	14	14	14	14	11	12	11	5	11
B4 农林牧渔服务业发展水平	得分	6.37	6.37	6.37	6.37	6.37	6.32	6.49	22.81	34.40	26.22	28.80	22.43
	排名	31	31	31	31	31	31	31	21	14	20	15	16
B5 化学投入品使用合理化程度	得分	1.31	1.94	1.07	3.52	5.24	9.61	13.36	32.94	37.26	38.90	43.01	41.70
	排名	6	4	7	4	6	4	4	2	3	3	3	3
B6 单位农业增加值能源消耗量	得分	−6.56	−14.81	−22.34	−0.89	0.43	−4.58	−7.78	−2.61	−1.70	9.32	−1.15	5.41
	排名	23	26	27	21	22	22	25	21	26	23	25	−2
B7 农村生活废弃物无害化处理水平	得分	35.35	37.25	37.30	44.65	46.00	60.55	66.13	69.73	73.00	74.00	76.97	41.62
	排名	6	6	6	6	8	5	4	4	4	4	4	2
B8 农村卫生厕所普及率	得分	96.00	93.20	93.30	93.40	93.60	93.60	94.40	93.20	94.00	95.00	93.94	−2.06
	排名	2	3	3	3	5	6	5	8	8	8	10	−8
B9 农村学校本科以上学历专任教师占比	得分	61.07	65.84	68.98	71.36	74.07	77.52	80.22	83.38	84.51	86.56	88.36	27.29
	排名	2	3	3	4	4	4	4	3	4	4	5	−3
B10 乡镇文化站覆盖率	得分	54.92	54.92	54.29	56.25	55.42	53.88	53.88	53.88	54.92	54.92	51.60	−3.32
	排名	29	29	29	30	30	30	30	30	29	29	30	−1
B11 农村集体经济发展水平	得分	48.36	52.13	48.95	45.38	41.14	45.23	43.96	43.06	40.72	40.72	39.79	−8.57
	排名	5	5	5	6	8	7	7	9	13	13	11	−6
B12 村庄规划管理覆盖率	得分	71.90	70.11	69.53	75.13	64.84	64.09	61.59	59.24	57.41	60.00	71.91	0.01
	排名	5	7	11	10	14	16	17	21	24	22	6	−1

表 9-6　天津市农民现代化水平二级指标评价结果（3）

指标	项目	2010年	2011年	2012年	2013年	2014年	2015年	2016年	2017年	2018年	2019年	2020年	变化
C1 农民收入水平	得分	53.65	57.50	58.13	62.20	58.99	59.25	59.72	59.77	58.76	58.56	58.61	4.96
	排名	4	4	4	4	4	4	4	4	4	4	4	0
C2 农民消费水平	得分	28.86	33.78	38.13	43.01	54.04	54.17	54.32	52.80	50.67	50.09	49.49	20.63
	排名	7	5	5	4	4	4	4	4	4	4	6	1
C3 农村恩格尔系数	得分	85.52	100	99.93	100	95.53	100	93.60	96.60	93.73	89.55	87.49	1.97
	排名	18	1	11	1	14	1	17	14	18	21	19	−1
C4 农村自来水普及率	得分	84.60	86.10	88.20	100	90.20	87.70	88.10	81.74	88.90	91.87	90.69	6.09
	排名	3	5	4	1	4	4	4	9	8	6	8	−5
C5 农民家庭汽车拥有水平	得分	59.52	45.10	59.73	71.34	81.75	100	100	100	77.27	78.76	81.23	21.71
	排名	4	5	4	5	2	1	1	1	3	4	5	−1
C6 农村居民受教育水平	得分	77.42	76.65	76.50	77.71	78.24	77.04	77.52	77.56	80.45	81.13	83.64	6.22
	排名	4	4	5	2	2	3	4	4	3	2	4	0
C7 农民教育文化支出水平	得分	24.34	25.62	33.98	31.89	51.73	54.56	49.13	45.09	34.37	32.54	36.81	12.47
	排名	15	13	4	5	5	5	7	14	29	30	30	−15

表 9-7　2020 年天津市农村现代化水平各级指标位次分段

分段	位次	一级指标	二级指标
1	1～5 位	农民现代化水平（C）	农业机械化水平（A2）、农产品加工业产值发展水平（B2）、农村非农产业就业人员占比（B3）、化学投入品使用合理化程度（B5）、农村生活废弃物无害化处理水平（B7）、农村学校本科以上学历专任教师占比（B9）、农民收入水平（C1）、农民家庭汽车拥有水平（C5）、农村居民受教育水平（C6）
2	6～10 位	农业现代化水平（A）、狭义农村现代化水平（B）	农业科技化水平（A1）、农田水利化水平（A3）、农业劳动生产率（A7）、农业劳动生产率（A10）、农村卫生厕所普及率（B8）、村庄规划管理覆盖率（B12）、农民消费水平（C2）、农村自来水普及率（C4）
3	11～15 位		农民组织化水平（A5）、农林牧渔服务业发展水平（B4）、农村集体经济发展水平（B11）
4	16～20 位		农业规模化水平（A4）、土地生产率（A6）、农村恩格尔系数（C3）
5	21～25 位		单位农业增加值能源消耗量（B6）
6	26～31 位		农业增加值增长水平（B1）、乡镇文化站覆盖率（B10）、农民教育文化支出水平（C7）

2020 年，天津市农村现代化总体水平得分 58.95，在全国 31 个省份中排名第 6 位，处于第 2 段位。横向比较，比全国 31 个省份得分均值（51.73）高 7.22 点，比最高得分的江苏省低 8.08 点，比最低得分的西藏自治区高出 16.84 点。这反映出，天津市农村现代化总体水平偏高，处于先进水平。

从一级指标评价结果看，天津市农业现代化水平（A）、狭义农村现代化水平（B）和农民现代化水平（C）得分在全国 31 个省份中排名分别为第 10 位、第 6 位和第 4 位。在 3 个一级指标排名中，农民现代化水平相对较高，农业现代化水平相对较低，狭义农村现代化水平居于中间。具体比较，天津市农业现代化水平评价得分 12.13，略高于本段内各省份得分均值，比上一个段位各省份得分均值低 2.33 点，比最高得分的江苏省低 3.48 点，比下一个段位各省份得分均值高 0.49 点，比全国 31 个省份得分均值高 0.79 点，比最低得分的西藏自治区高 4.15 点；狭义农村现代化水平评价得分 28.35，略高于本段内各省份得分均值，比上一个段位各省份得分均值低 2.77 点，比最高得分的江苏省低 4.83 点，比全国 31 个省份得分均值高 4.54 点，比最低得分的广西壮族自治区高 10.79 点；农民现代化水平评价得分 18.47，略低于本段内各省份得分均值，比最高得分的北京市低 2.35 点，比下一个段位各省份得分均值高 1.45，比全国 31 个省份得分均值高 2.03 点，比最低得分的西藏自治区高 5.90 点。

从 26 个二级指标评价结果看，天津市有 9 个二级指标处在第 1 段位，占比 34.62%；8 个二级指标处于第 2 段位，占比 30.77%；3 个二级指标在第 3 段位，占比 11.54%；2 个二级指标在第4段位，占比7.70%；1个二级指标在第5段位，占比3.85%；3个二级指标处于第6段位，占比11.54%。

（三）指标均衡性与优劣势分析

从指标“离散系数”即各级指标评价得分标准差与其平均值的比值（表9-8）来看，天津市农村现代化水平一级指标评价分值的标准差在6左右，离散系数较小，为0.339 6，低于全国平均离散系数，说明天津市农村现代化一级指标之间发展较均衡，且均衡程度高于全国平均水平；天津市农村现代化水平二级指标评价分值的离散系数较小，为0.499 6，低于全国平均离散系数，说明天津市农业科技创新能力二级指标之间发展比较均衡，且均衡程度高于全国平均水平（表9-8）。

表9-8　天津市农村现代化水平各级指标均衡性对比

项目	一级指标			二级指标		
	标准差	平均值	离散系数	标准差	平均值	离散系数
天津市	6.674 0	19.652 5	0.339 6	25.348 2	59.000 1	0.499 6
全国平均	6.435 2	17.243 3	0.384 5	27.504 7	51.388 9	0.546 6

从一级、二级指标评价结果可以看出，不同指标之间发展不均衡，表现出不同的优劣势，对各自隶属的上一级指标以及农村现代化整体水平具有不同方向、不同程度的影响。为了直观地展示各项指标的优劣势及其发展的均衡程度，将各级指标评价值得分绘制折线图，图中横线为农村现代化水平省域排名，相当于基准线，详见图9-4。各项指标评价值与基准线的位置关系及其距离基准线的远近反映了不同指标对农村现代化水平的作用方向、程度以及指标间发展的均衡性。

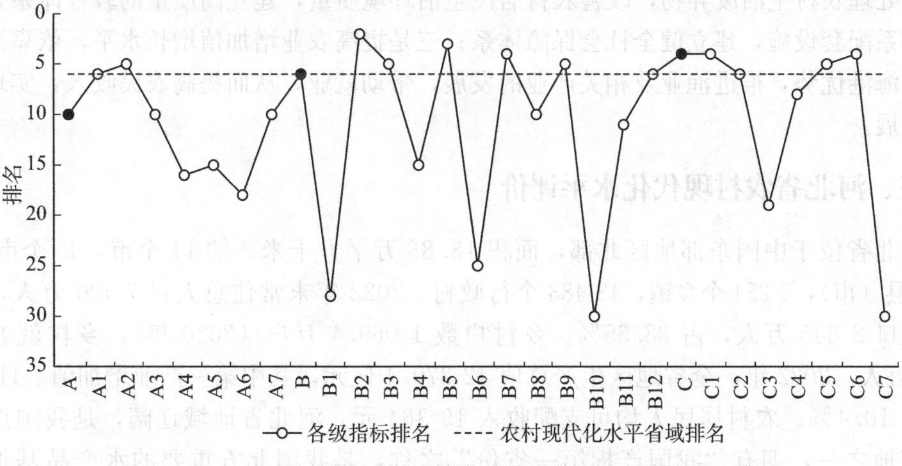

图9-4　2020年天津市农村现代化水平及各项指标得分排名位次

从指标优劣势来看，农民现代化水平（C）一级指标和农业机械化水平（A2）、农产品加工业产值发展水平（B2）、农村非农产业就业人员占比（B3）、化学投入品使用合理化程度（B5）、农村生活废弃物无害化处理水平（B7）、农村学校本科以上学历专任教师

(B9)、农民收入水平（C1)、农民家庭汽车拥有水平（C5)、农村居民受教育水平（C6) 9个二级指标评价值位于基准线上方，属于农村现代化推进过程中的优势指标，对提升农村现代化水平起到正向带动作用，特别是农产品加工业产值发展水平（B2)、化学投入品使用合理化程度（B5)、农村生活废弃物无害化处理水平（B7）等指标评价值与基准线距离较远，意味着这些指标对于农村现代化发展的正向拉动作用显著；农业现代化水平（A）和农田水利化水平（A3)、农业规模化水平（A4)、农民组织化水平（A5)、土地生产率（A6)、农业劳动生产率（A7)、农业增加值增长水平（B1)、农林牧渔服务业发展水平（B4)、单位农业增加值能源消耗量（B6)、农村卫生厕所普及率（B8)、乡镇文化站覆盖率（B10)、农村集体经济发展水平（B11)、农村恩格尔系数（C3)、农村自来水普及率（C4)、农民教育文化支出水平（C7）等14个二级指标评价值位于基准线下方，属于农村现代化推进过程中的劣势指标，对提升农村现代化水平产生了逆向的制约影响，尤其是农业增加值增长水平（B1)、单位农业增加值能源消耗量（B6)、乡镇文化站覆盖率(B10)、农民教育文化支出水平（C7）等指标评价值与基准线的距离较远，意味着这些指标对于推进农村现代化的逆向制约影响很大。

（四）对策建议

根据评价和分析结果，天津市推进乡村全面振兴、加快农业农村现代化，应坚持扬长补短原则，采取更有针对性的对策措施。对于提升农村现代化水平起着正向拉动作用的优势指标，要进一步做大做强；对于产生逆向制约影响的劣势指标，要尽力缩小差距，弥补短板。今后的重点：一是努力提高土地生产率，推进农业数字化、科技化进程，提高农业规模化程度，找准制约天津市农民组织化水平的关键因素，加大科研投入，切实采用先进农业组织形式、农业运作机制，促进天津市农业劳动生产率稳步提高；二是完善基础设施建设，改善道路交通、通信广电、居民用水等一系列民生问题，严格控制化学品使用能源消耗与处理农村生活废弃物，改善农村居民生活环境质量，建立高质量的教育体系并完善教育体系配套设施，建立健全社会保障体系；三是提高农业增加值增长水平，依靠天津市独有的海港优势，推进渔业及相关产业的发展，带动就业，从而提高农民收入，实现城乡共同发展。

三、河北省农村现代化水平评价

河北省位于中国东部地区北部，面积18.88万平方千米，辖11个市，49个市辖区、118个县（市），2 254个乡镇，48 483个行政村。2022年末常住总人口7 420万人，其中乡村人口2 845万人，占38.35%。乡村户数1 069.4万户（2020年），乡村就业人员1 477万人。2022年，全省地区生产总值42 370.4亿元，其中第一产业增加值4 410.3亿元，占10.4%。农村居民人均可支配收入19 364元。河北省地域辽阔，是我国重要的粮油产地之一，拥有“我国产棉第一省份”之称，是我国北方重要的水产品基地。在适宜的气候和地理环境下，河北省果树种类繁多、产量丰富，各种蛋类产品也在全国名列前茅。

（一）评价结果

2010年以来，河北省农村现代化水平呈稳步上升趋势。2020年，河北省农村现代化水平评价得分为 50.77，在全国 31 个省份中排名第 15 位，与 2010 年相比，评价得分提高 8.92 个点，排名下降了 5 位，处于农村现代化起步阶段的中期，详见图 9-5。

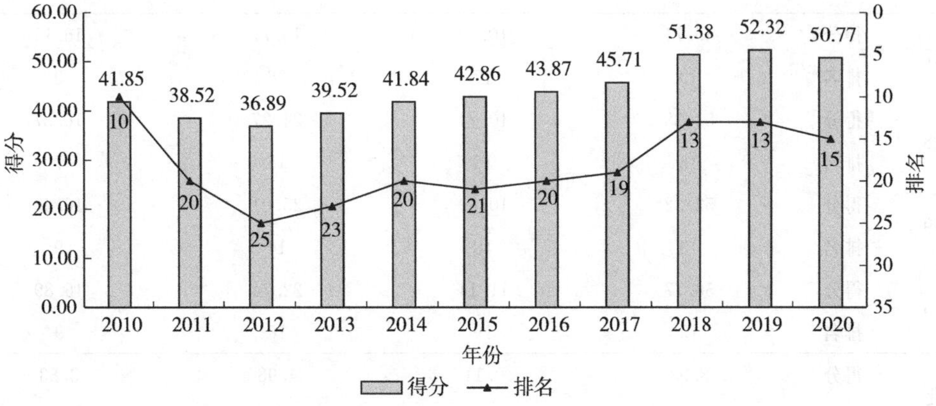

图 9-5　河北省农村现代化水平

从一级指标评价结果来看（表 9-9），河北省农业现代化水平 2010 年评价得分 11.03，排名第 9 位；2020 年评价得分 11.14，提高 0.11 点，排名第 19 位，下降了 10 位。狭义农村现代化水平 2010 年评价得分 17.76，排名第 16 位；2020 年评价得分 22.74，提高 4.98 点，排名第 16 位，保持不变。农民现代化水平 2010 年评价得分 13.06，排名第 11 位；2020 年评价得分 16.89，提高 3.83 点，排名第 9 位，上升了 2 位。

表 9-9　河北省农村现代化水平一级指标评价结果

年份	项目	农村现代化总体水平	农业现代化水平（A）	狭义农村现代化水平（B）	农民现代化水平（C）
2010	得分	41.85	11.03	17.76	13.06
	排名	10	9	16	11
2011	得分	38.52	11.18	14.24	13.10
	排名	20	9	30	11
2012	得分	36.89	11.30	11.49	14.09
	排名	25	9	31	8
2013	得分	39.52	11.52	13.62	14.37
	排名	23	9	31	9
2014	得分	41.84	11.29	14.84	15.70
	排名	20	11	31	8
2015	得分	42.86	11.14	15.93	15.80
	排名	21	11	30	9
2016	得分	43.87	10.93	16.80	16.15
	排名	20	12	29	8

（续）

年份	项目	农村现代化总体水平	农业现代化水平（A）	狭义农村现代化水平（B）	农民现代化水平（C）
2017	得分	45.71	10.79	18.77	16.15
	排名	19	17	26	9
2018	得分	51.38	10.74	24.27	16.37
	排名	13	15	15	7
2019	得分	52.32	10.69	25.01	16.63
	排名	13	18	14	9
2020	得分	50.77	11.14	22.74	16.89
	排名	15	19	16	9
变化	得分	8.92	0.11	4.98	3.83
	排名	−5	−10	0	2

从二级指标评价结果来看，河北省的农村恩格尔系数、农林牧渔服务业发展水平、农民家庭汽车拥有水平等指标评价得分排在全国前列，其中农村恩格尔系数在全国首位。纵向比较，绝大多数二级指标评价得分呈不断提高趋势，其中提高幅度最大的前3个指标是农民家庭汽车拥有水平、农村生活废弃物无害化处理水平和农村学校本科以上学历专任教师占比，2010—2020年分别提高了45.48点、36.54点和31.69点；二级指标得分在全国的排名有升有降，上升幅度最大的前3个指标是农民组织化水平、农产品加工业产值发展水平、农村卫生厕所普及率，分别上升了15位、8位和7位，详见表9-10。

（二）分段比较分析

将省域农村现代化水平评价指标得分从高到低分段，按照5个位次为一段，将全国31个省（自治区、直辖市）分成6段，最后一段为6个省份。通过分段对比分析，可以看出河北省农村现代化水平在全国所处的相对位置。

2020年，河北省农村现代化总体水平得分50.77，在全国31个省份中排名第15位，处于第3段位。横向比较，比全国31个省份得分均值（51.73）低0.96点，比最高得分的江苏省低16.26点，比最低得分的西藏自治区高出8.66点。这反映出，河北省农村现代化总体水平居中，与先进水平相比有差距。

从一级指标评价结果看，河北省农业现代化水平（A）、狭义农村现代化水平（B）和农民现代化水平（C）得分在全国31个省份中排名分别为第19位、第16位和第9位，分别处于第4段位、第4段位和第2段位。在3个一级指标排名中，农民现代化水平相对较高，农业现代化水平相对较低，狭义农村现代化水平居于中间。具体比较，河北省农业现代化水平评价得分11.14，略低于本段内各省份得分均值，比上一个段位各省份得分均值低0.50点，比最高得分的江苏省低4.47点，比下一个段位各省份得分均值高1.11点，比全国31个省份得分均值低0.20点，比最低得分的西藏自治区高3.16点；狭义农村现代化水平评价得分22.74，略高于本段内各省份得分均值，比上一个段位各省份得分均值低1.55点，比最高得分的江苏省低10.44点，比全国31个省份得分均值低1.20点，比

表 9-10　河北省农业现代化水平二级指标评价结果（1）

指标	项目	2010 年	2011 年	2012 年	2013 年	2014 年	2015 年	2016 年	2017 年	2018 年	2019 年	2020 年	变化
A1 农业科技化水平	得分	65.41	64.82	65.18	65.76	66.59	65.88	65.88	67.06	68.24	69.41	69.80	4.39
	排名	11	13	13	13	13	20	22	22	22	22	23	−12
A2 农业机械化水平	得分	68.75	68.97	69.20	70.70	72.50	74.70	76.20	77.20	78.00	79.25	83.00	14.25
	排名	7	8	12	12	11	12	12	12	13	13	11	−4
A3 农田水利化水平	得分	69.42	70.02	63.51	66.38	67.39	68.16	68.36	68.64	68.91	68.76	68.57	−0.85
	排名	9	9	12	11	10	9	9	9	10	10	9	0
A4 农业规模化水平	得分	11.93	13.79	13.51	15.45	18.23	21.23	22.94	24.21	24.21	24.21	28.89	16.96
	排名	21	20	23	22	21	18	19	19	17	17	17	4
A5 农民组织化水平	得分	4.94	9.18	13.12	7.80	19.80	19.78	22.56	23.47	23.23	23.23	30.44	25.50
	排名	24	20	12	24	10	13	11	9	10	10	9	15
A6 土地生产率	得分	45.69	48.04	49.99	51.57	46.17	43.54	39.78	38.82	38.28	35.19	36.11	−9.58
	排名	12	12	11	10	11	13	15	18	19	19	19	−7
A7 农业劳动生产率	得分	32.45	31.61	31.82	32.35	29.69	28.32	26.75	21.86	19.19	20.23	23.81	−8.64
	排名	13	13	13	13	13	14	16	18	18	20	19	−6

表 9-10　河北省狭义农村现代化水平二级指标评价结果（2）

指标	项目	2010 年	2011 年	2012 年	2013 年	2014 年	2015 年	2016 年	2017 年	2018 年	2019 年	2020 年	变化
B1 农业增加值增长水平	得分	58.65	59.08	58.19	58.94	58.44	57.68	58.15	56.69	55.86	55.73	56.95	−1.70
	排名	13	15	12	12	14	17	18	19	21	24	20	−7
B2 农产品加工业产值发展水平	得分	10.91	9.68	8.34	7.51	17.51	13.54	15.28	18.61	17.96	17.96	16.01	5.10
	排名	23	24	24	24	18	18	17	16	15	15	15	8
B3 农村非农产业就业人员占比	得分	80.71	81.79	81.16	76.72	77.36	76.52	76.36	82.24	81.39	77.89	70.58	−10.13
	排名	5	5	5	10	9	8	8	6	6	6	8	−3
B4 农林牧渔服务业发展水平	得分	28.41	28.41	28.41	28.41	28.41	30.63	32.84	40.06	41.07	44.16	44.58	16.17
	排名	9	9	9	9	9	9	10	7	8	7	4	5
B5 化学投入品使用合理化程度	得分	−0.12	0.42	−1.15	0.54	−3.37	−1.77	−0.32	3.97	14.52	19.31	22.94	23.06
	排名	9	8	10	11	13	14	13	14	10	11	11	−2
B6 单位农业增加值能源消耗量	得分	−36.81	−153.78	−232.09	−176.83	−157.79	−151.57	−143.36	−118.28	16.35	23.96	−34.15	2.66
	排名	31	31	31	31	30	30	30	30	17	18	28	3
B7 农村生活废弃物无害化处理水平	得分	5.30	6.00	8.70	12.15	13.90	25.45	27.11	30.51	34.53	37.25	41.84	36.54
	排名	25	26	23	23	22	17	20	19	18	18	19	6
B8 农村卫生厕所普及率	得分	53.20	53.10	55.80	56.70	60.90	68.80	73.20	73.30	75.00	76.50	81.58	28.38
	排名	26	25	26	26	26	22	20	23	20	21	19	7
B9 农村学校本科以上学历专任教师占比	得分	38.96	41.87	45.43	49.55	53.87	57.55	60.49	63.26	66.02	68.12	70.65	31.69
	排名	15	14	16	14	14	14	15	16	17	16	17	−2
B10 乡镇文化站覆盖率	得分	88.13	88.13	88.59	88.20	88.20	88.16	88.16	88.16	88.13	88.13	88.29	0.15
	排名	13	13	12	13	13	14	14	14	13	13	12	1
B11 农村集体经济发展水平	得分	31.26	32.90	32.13	30.59	30.85	30.73	29.88	31.42	33.43	33.43	31.49	0.23
	排名	14	12	12	12	12	14	14	15	21	21	18	−4
B12 村庄规划管理覆盖率	得分	39.93	45.19	40.22	43.35	43.99	46.18	48.55	49.48	51.14	53.00	39.94	0.01
	排名	18	20	26	26	26	26	26	27	27	26	18	0

表 9-10　河北省农民现代化水平二级指标评价结果（3）

指标	项目	2010 年	2011 年	2012 年	2013 年	2014 年	2015 年	2016 年	2017 年	2018 年	2019 年	2020 年	变化
C1 农民收入水平	得分	31.73	33.23	33.50	35.74	35.31	35.42	35.46	35.39	35.75	36.29	37.57	5.84
	排名	12	12	12	12	13	14	14	15	13	14	14	−2
C2 农民消费水平	得分	22.48	23.66	24.54	25.98	32.44	33.16	33.45	33.95	34.20	34.73	37.15	14.67
	排名	19	17	18	17	12	12	15	15	16	17	17	2
C3 农村恩格尔系数	得分	100	100	100	100	100	100	100	100	100	100	100	0.00
	排名	1	1	1	1	1	1	1	1	1	1	1	0
C4 农村自来水普及率	得分	63.80	65.80	68.10	72.40	74.00	79.40	81.28	79.80	81.60	83.38	84.77	20.97
	排名	11	12	12	11	12	11	8	12	12	12	13	−2
C5 农民家庭汽车拥有水平	得分	30.50	28.73	51.99	56.11	64.50	63.96	72.41	73.47	73.15	73.33	75.98	45.48
	排名	13	13	5	7	7	7	5	8	7	7	6	7
C6 农村居民受教育水平	得分	76.57	76.50	76.92	75.13	75.83	74.01	73.16	74.08	74.15	76.25	79.14	2.57
	排名	5	5	4	9	5	11	12	9	12	9	13	−8
C7 农民教育文化支出水平	得分	29.58	26.20	29.78	25.73	47.66	46.53	47.85	46.67	50.80	52.82	47.87	18.29
	排名	11	12	10	11	7	11	9	9	6	6	22	−11

最低得分的广西壮族自治区高 5.18 点；农民现代化水平评价得分 16.89，略低于本段内各省份得分均值，比上一个段位各省份得分均值低 2.53 点，比最高得分的北京市低 3.93 点，比下一个段位各省份得分均值高 0.24 点，比全国 31 个省份得分均值高 0.44 点，比最低得分的西藏自治区高 4.32 点。

从 26 个二级指标评价结果看，河北省有 2 个二级指标处在第 1 段位，占比 7.70%；4 个二级指标处于第 2 段位，占比 15.38%；7 个二级指标在第 3 段位，占比 26.92%；10 个二级指标在第 4 段位，占比 38.46%；2 个二级指标在第 5 段位，占比 7.70%；1 个二级指标处于第 6 段位，占比 3.84%（表 9－11）。

表 9－11　2020 年河北省农村现代化水平各级指标位次分段

分段	位次	一级指标	二级指标
1	1～5 位		农林牧渔服务业发展水平（B4）、农村恩格尔系数（C3）
2	6～10 位	农民现代化水平（C）	农田水利化水平（A3）、农民组织化水平（A5）、农村非农产业就业人员占比（B3）、农民家庭汽车拥有水平（C5）
3	11～15 位		农业机械化水平（A2）、农产品加工业产值发展水平（B2）、化学投入品使用合理化程度（B5）、乡镇文化站覆盖率（B10）、农民收入水平（C1）、农村自来水普及率（C4）、农村居民受教育水平（C6）
4	16～20 位	农业现代化水平（A）、狭义农村现代化水平（B）	农业规模化水平（A4）、土地生产率（A6）、农业劳动生产率（A7）、农业增加值增长水平（B1）、农村生活废弃物无害化处理水平（B7）、农村卫生厕所普及率（B8）、农村学校本科以上学历专任教师占比（B9）、农村集体经济发展水平（B11）、村庄规划管理覆盖率（B12）、农民消费水平（C2）
5	21～25 位		农业科技化水平（A1）、农民教育文化支出水平（C7）
6	26～31 位		单位农业增加值能源消耗量（B6）

（三）指标均衡性与优劣势分析

从指标“离散系数”即各级指标评价得分标准差与其平均值的比值来看（表 9－12），河北省农村现代化水平一级指标评价分值的标准差在 4 左右，离散系数较小，为 0.279 8，低于全国平均离散系数，说明河北省农村现代化一级指标之间发展较均衡，且均衡程度高于全国平均水平；河北省农村现代化水平二级指标评价分值的离散系数较大，为 0.566 0，高于全国平均离散系数，说明河北省农业科技创新能力二级指标之间发展不够均衡，且均衡程度低于全国平均水平。

表 9－12　河北省农村现代化水平各级指标均衡性对比

项目	一级指标			二级指标		
	标准差	平均值	离散系数	标准差	平均值	离散系数
河北省	4.734 7	16.922 0	0.279 8	29.033 5	51.300 1	0.566 0
全国平均	6.435 2	17.243 3	0.384 5	27.504 7	51.388 9	0.546 6

从一级、二级指标评价结果可以看出，不同指标之间发展不均衡，表现出不同的优劣势，对各自隶属的上一级指标以及农村现代化整体水平具有不同方向、不同程度的影响。为了直观地展示各项指标的优劣势及其发展的均衡程度，将各级指标评价值得分绘制折线图，图中横线为农村现代化水平省域排名，相当于基准线，详见图 9-6。各项指标评价值与基准线的位置关系及其距离基准线的远近反映了不同指标对农村现代化水平的作用方向、程度以及指标间发展的均衡性。

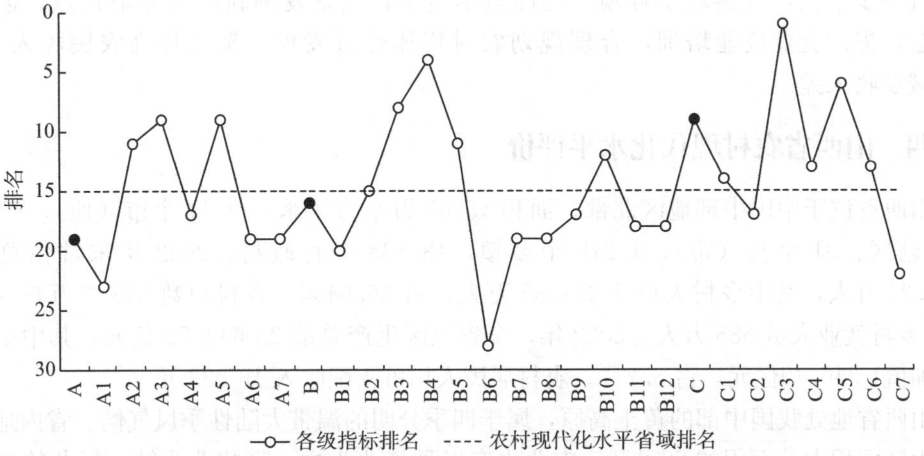

图 9-6　2020 年河北省农村现代化水平及各项指标得分排名位次

从指标优劣势来看，农民现代化水平（C）一级指标和农业机械化水平（A2）、农田水利化水平（A3）、农民组织化水平（A5）、农村非农产业就业人员占比（B3）、农林牧渔服务业发展水平（B4）、化学投入品使用合理化程度（B5）、乡镇文化站覆盖率（B10）、农民收入水平（C1）、农村恩格尔系数（C3）、农村自来水普及率（C4）、农民家庭汽车拥有水平（C5）、农村居民受教育水平（C6）等 12 个二级指标评价值位于基准线上方，属于农村现代化推进过程中的优势指标，对提升农村现代化水平起到正向带动作用，特别是农林牧渔服务业发展水平（B4）、农村恩格尔系数（C3）、农民家庭汽车拥有水平（C5）等指标评价值与基准线距离较远，意味着这些指标对于农村现代化发展的正向拉动作用显著；农业现代化水平（A）、狭义农村现代化水平（B）2 个一级指标和农业科技化水平（A1）、农业规模化水平（A4）、土地生产率（A6）、农业劳动生产率（A7）、农业增加值增长水平（B1）、单位农业增加值能源消耗量（B6）、农村生活废弃物无害化处理水平（B7）、农村卫生厕所普及率（B8）、农村学校本科以上学历专任教师（B9）、农村集体经济发展水平（B11）、村庄规划管理覆盖率（B12）、农民消费水平（C2）、农民教育文化支出水平（C7）等 13 个二级指标评价值位于基准线下方，属于农村现代化推进过程中的劣势指标，对提升农村现代化水平产生了逆向的制约影响，尤其是农业科技化水平（A1）、单位农业增加值能源消耗量（B6）、农民教育文化支出水平（C7）等指标评价值与基准线的距离较远，意味着这些指标对于推进农村现代化的逆向制约影响很大。

（四）对策建议

根据评价和分析结果，河北省推进乡村全面振兴、加快农业农村现代化，应坚持扬长补短原则，采取更有针对性的对策措施。对于提升农村现代化水平起着正向拉动作用的优势指标，要进一步做大做强；对于产生逆向制约影响的劣势指标，要尽力缩小差距，弥补短板。今后的重点：一是使用先进技术设备，采取组织规划经营策略，努力提高农业劳动生产率，加快推进农业科技化进程，提高农业规模化程度，提高土地生产率，降低能源消耗；二是完善农村基础设施建设，加大农村厕所改革经费投入与落实力度，提高农村生活废弃物无害化处理水平，全面提高农村居民生活环境质量，推进农村厕所改革进一步落实，改善教学环境，提高教学质量；三是发掘新的就业增长点，创造就业机会，提供就业技能培训，合理规划农村集体经济发展，努力提高农民收入水平，缩小城乡收入差距。

四、山西省农村现代化水平评价

山西省位于中国中部地区北部，面积 15.67 万平方千米，辖 11 个市（地），26 个市（地）辖区、91 个县（市），1 278 个乡镇，18 838 个行政村。2022 年末常住总人口 3 481.35 万人，其中乡村人口 1 254.85 万人，占 36.04%。乡村户数 523.3 万户（2020 年），乡村就业人员 685 万人。2022 年，全省地区生产总值 25 642.59 亿元，其中第一产业增加值1 340.40亿元，占 5.2%。农村居民人均可支配收入 16 323 元。

山西省地处我国中部的黄土高原，属于四季分明的温带大陆性季风气候。省内地势复杂，山区面积占总面积的 80.1%，农业生产以种植业为主、畜牧业为辅。复杂的地形和多样的气候，造就了山西省独特的农业资源。中部地区盛产杂粮，有“小杂粮王国”的美誉；北部地区牧草资源丰富，是黄金优质养殖带；南部地区盛产园林果品，出口“一带一路”国家及欧美市场。

（一）评价结果

2010 年以来，山西省农村现代化水平呈稳步发展趋势。2020 年，山西省农村现代化水平评价得分为 45.35，在全国 31 个省份中排名第 27 位，与 2010 年相比，评价得分提高 7.49 个点，排名下降了 5 位，处于农村现代化起步阶段的初期，详见图 9－7。

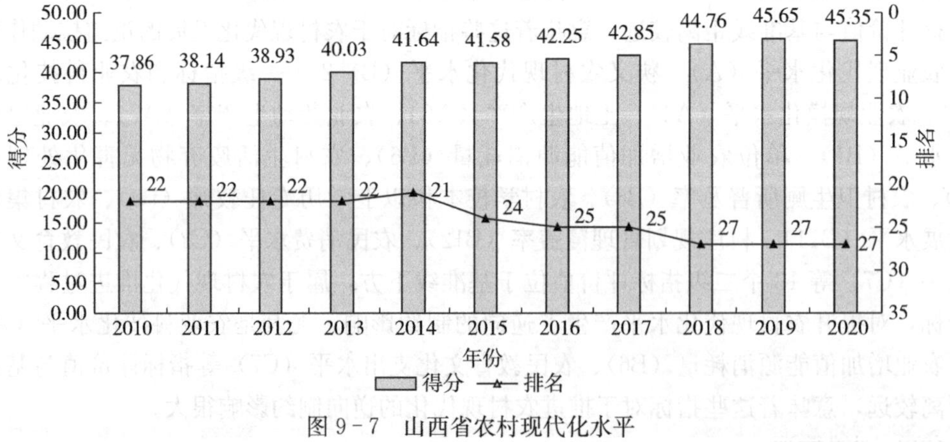

图 9－7　山西省农村现代化水平

从一级指标评价结果来看（表 9－13），山西省农业现代化水平 2010 年评价得分

7.84，排名第24位；2020年评价得分8.79，提高0.95点，排名第29位，下降了5位。狭义农村现代化水平2010年评价得分17.34，排名第19位；2020年评价得分21.68，提高4.34点，排名第19位，保持不变。农民现代化水平2010年评价得分12.68，排名第13位；2020年评价得分14.88，提高2.20点，排名第27位，下降了14位。

表9-13　山西省农村现代化水平一级指标评价结果

年份	项目	农村现代化总体水平	农业现代化水平（A）	狭义农村现代化水平（B）	农民现代化水平（C）
2010	得分	37.86	7.84	17.34	12.68
	排名	22	24	19	13
2011	得分	38.14	8.10	17.36	12.68
	排名	22	24	20	14
2012	得分	38.93	8.25	17.37	13.31
	排名	22	25	23	12
2013	得分	40.03	8.38	18.53	13.12
	排名	22	25	20	16
2014	得分	41.64	8.39	18.83	14.43
	排名	21	25	19	15
2015	得分	41.58	8.36	19.01	14.21
	排名	24	26	21	17
2016	得分	42.25	8.28	19.57	14.40
	排名	25	27	22	18
2017	得分	42.85	8.33	20.24	14.28
	排名	25	29	20	20
2018	得分	44.76	8.36	21.84	14.56
	排名	27	29	20	20
2019	得分	45.65	8.45	22.70	14.50
	排名	27	29	19	26
2020	得分	45.35	8.79	21.68	14.88
	排名	27	29	19	27

（续）

年份	项目	农村现代化总体水平	农业现代化水平（A）	狭义农村现代化水平（B）	农民现代化水平（C）
变化	得分	7.49	0.95	4.34	2.20
	排名	-5	-5	0	-14

从二级指标评价结果来看，山西省的农林牧渔服务业发展水平、单位农业增加值能源消耗量、农村居民受教育水平等指标评价得分排在全国前列。纵向比较，绝大多数二级指标评价得分呈不断提高趋势，其中提高幅度最大的前3个指标是单位农业增加值能源消耗量、农村生活废弃物无害化处理水平、农村学校本科以上学历专任教师占比，2010—2020年分别提高了45.43点、37.47点和36.69点；二级指标得分在全国的排名有升有降，上升幅度最大的前3个指标是农村生活废弃物无害化处理水平、农村学校本科以上学历专任教师占比、农田水利化水平，分别上升了6位、2位和2位，详见表9-14。

（二）分段比较分析

将省域农村现代化水平评价指标得分从高到低分段，按照5个位次为一段，将全国31个省（自治区、直辖市）分成6段，最后一段为6个省份。通过分段对比分析，可以看出山西省农村现代化水平在全国所处的相对位置。

2020年，山西省农村现代化总体水平得分45.35，在全国31个省份中排名第27位，处于第6段位。横向比较，比全国31个省份得分均值（51.73）低6.38点，比最高得分的江苏省低21.68点，比最低得分的西藏自治区高出3.24点。这反映出，山西省农村现代化总体水平偏低，与先进水平相比差距较大。

从一级指标评价结果看，山西省农业现代化水平（A）、狭义农村现代化水平（B）和农民现代化水平（C）得分在全国31个省份中排名分别为第29位、第19位和第27位，分别处于第6段位、第4段位和第6段位。在3个一级指标排名中，狭义农村现代化水平相对较高，农业现代化水平相对较低，农民现代化水平居于中间。具体比较，山西省农业现代化水平评价得分8.79，略低于本段内各省份得分均值，比上一个段位各省份得分均值低1.25点，比最高得分的江苏省低6.82点，比全国31个省份得分均值低2.55点，比最低得分的西藏自治区高0.81点；狭义农村现代化水平评价得分21.68，略低于本段内各省份得分均值，比上一个段位各省份得分均值低2.61点，比最高得分的江苏省低11.50点，比全国31个省份得分均值低2.26点，比最低得分的广西壮族自治区高4.12点；农民现代化水平评价得分14.88，略低于本段内各省份得分均值，比上一个段位各省份得分均值低0.57点，比最高得分的北京市低5.94点，比全国31个省份得分均值低1.56点，比最低得分的西藏自治区高2.31点。

从26个二级指标评价结果看，山西省有2个二级指标处在第1段位，占比7.70%；1个二级指标处于第2段位，占比3.85%；3个二级指标在第3段位，占比11.54%；4

表 9-14　山西省农业现代化水平二级指标评价结果（1）

指标	项目	2010年	2011年	2012年	2013年	2014年	2015年	2016年	2017年	2018年	2019年	2020年	变化
A1 农业科技化水平	得分	63.53	64.12	64.71	65.29	65.88	66.47	66.82	67.06	68.24	69.41	71.76	8.23
	排名	13	14	14	14	14	15	20	22	22	22	14	−1
A2 农业机械化水平	得分	53.39	57.19	59.10	61.00	63.07	65.00	66.60	68.10	69.50	71.05	72.00	18.61
	排名	15	14	15	16	16	15	17	16	16	16	16	−1
A3 农田水利化水平	得分	31.35	32.47	32.46	34.04	34.71	35.98	36.66	37.26	37.44	37.46	37.41	6.06
	排名	24	23	21	21	21	21	22	22	22	22	22	2
A4 农业规模化水平	得分	16.83	17.97	17.23	17.92	18.42	18.55	18.72	19.22	19.66	19.66	20.34	3.51
	排名	13	14	17	18	20	21	25	26	24	24	27	−14
A5 农民组织化水平	得分	8.02	8.78	12.82	12.06	13.64	14.76	15.68	16.05	17.31	17.31	19.17	11.15
	排名	16	22	14	18	21	22	21	21	18	18	20	−4
A6 土地生产率	得分	19.95	21.45	22.08	22.32	21.19	19.72	17.71	18.60	17.84	17.01	18.29	−1.66
	排名	22	22	23	24	25	26	27	27	27	28	26	−4
A7 农业劳动生产率	得分	16.04	15.47	15.37	15.44	14.35	13.26	12.27	10.14	8.99	9.67	11.45	−4.59
	排名	27	27	27	27	28	29	30	30	30	31	31	−4

表 9-14　山西省狭义农村现代化水平二级指标评价结果（2）

指标	项目	2010 年	2011 年	2012 年	2013 年	2014 年	2015 年	2016 年	2017 年	2018 年	2019 年	2020 年	变化
B1 农业增加值增长水平	得分	54.31	54.70	53.92	54.02	54.09	52.17	53.03	52.34	51.38	52.11	52.90	−1.42
	排名	27	27	29	29	28	29	29	29	29	29	29	−2
B2 农产品加工业产值发展水平	得分	9.34	9.70	9.48	9.13	11.14	8.23	9.21	10.43	9.78	9.78	7.91	−1.43
	排名	24	23	23	23	24	24	23	23	23	23	23	1
B3 农村非农产业就业人员占比	得分	66.32	67.84	67.53	66.85	66.60	66.06	65.10	39.98	42.08	52.35	48.27	−18.05
	排名	15	14	14	15	15	15	15	24	23	17	20	−5
B4 农林牧渔服务业发展水平	得分	37.37	37.37	37.37	37.37	37.37	39.12	40.49	46.27	47.42	45.14	42.10	4.73
	排名	4	4	4	4	4	3	4	3	4	4	6	−2
B5 化学投入品使用合理化程度	得分	−4.58	−11.09	−15.69	−18.51	−18.98	−18.43	−16.81	−10.97	−5.29	−2.29	−0.91	3.67
	排名	22	25	23	24	24	23	22	21	22	24	24	−2
B6 单位农业增加值能源消耗量	得分	6.13	10.36	9.55	31.29	35.39	37.70	30.44	37.63	46.96	49.07	51.56	45.43
	排名	6	4	8	4	3	4	7	6	7	7	5	1
B7 农村生活废弃物无害化处理水平	得分	7.40	8.30	10.05	12.70	14.00	25.45	34.24	37.04	39.85	41.50	44.87	37.47
	排名	21	20	20	21	21	17	16	16	16	16	15	6
B8 农村卫生厕所普及率	得分	53.50	50.60	52.20	53.20	53.60	56.00	58.80	61.10	63.00	64.00	64.77	11.27
	排名	25	26	27	27	27	28	28	29	29	29	29	−4
B9 农村学校本科以上学历专任教师占比	得分	31.99	35.75	39.50	43.54	48.23	51.98	55.20	59.88	62.88	65.29	68.68	36.69
	排名	23	22	22	22	20	20	21	21	22	22	21	2
B10 乡镇文化站覆盖率	得分	85.68	85.68	85.61	85.55	85.62	85.55	85.55	85.55	85.68	85.68	85.53	−0.15
	排名	15	15	14	14	15	17	17	17	15	15	14	1
B11 农村集体经济发展水平	得分	26.75	25.58	25.14	22.02	19.14	17.69	20.23	27.09	34.46	34.46	27.31	0.56
	排名	17	21	21	23	24	25	24	21	19	19	22	−5
B12 村庄规划管理覆盖率	得分	24.57	25.41	26.79	40.00	41.31	32.52	30.15	35.45	40.84	43.00	24.58	0.01
	排名	28	30	30	27	27	30	31	30	29	29	28	0

表 9-14　山西省农民现代化水平二级指标评价结果（3）

指标	项目	2010年	2011年	2012年	2013年	2014年	2015年	2016年	2017年	2018年	2019年	2020年	变化
C1 农民收入水平	得分	25.22	26.14	26.35	28.09	30.54	30.31	29.99	29.64	29.94	30.46	31.66	6.44
	排名	22	22	23	23	22	23	24	24	24	25	26	−4
C2 农民消费水平	得分	21.42	23.04	25.46	24.62	27.50	27.27	27.41	27.15	27.56	27.31	30.24	8.82
	排名	23	20	15	20	26	27	27	27	27	29	29	−6
C3 农村恩格尔系数	得分	95.30	96.25	100	100	100	100	100	100	100	97.59	92.52	−2.78
	排名	9	13	1	1	1	1	1	1	1	14	16	−7
C4 农村自来水普及率	得分	67.70	67.80	71.80	73.00	73.60	74.30	75.02	75.27	76.03	79.71	81.01	13.31
	排名	9	9	9	10	13	12	13	14	15	17	21	−12
C5 农民家庭汽车拥有水平	得分	26.89	25.81	31.23	31.38	41.59	33.33	37.39	36.29	44.39	42.29	41.58	14.69
	排名	16	15	17	23	18	27	26	29	27	29	30	−14
C6 农村居民受教育水平	得分	78.57	77.19	77.81	77.46	77.22	78.11	79.35	79.72	79.13	80.12	85.81	7.25
	排名	2	3	3	3	3	2	3	2	4	3	3	−1
C7 农民教育文化支出水平	得分	34.17	31.59	33.06	24.33	45.82	46.07	46.42	44.04	43.58	41.11	44.99	10.82
	排名	4	4	5	12	10	13	12	17	21	24	24	−20

个二级指标在第 4 段位，占比 15.38%；7 个二级指标在第 5 段位，占比 26.92%；9 个二级指标处于第 6 段位，占比 34.62%（表 9－15）。

表 9－15　2020 年山西省农村现代化水平各级指标位次分段

分段	位次	一级指标	二级指标
1	1～5 位	狭义农村现代化水平（B）	单位农业增加值能源消耗量（B6）、农村居民受教育水平（C6）
2	6～10 位		农林牧渔服务业发展水平（B4）
3	11～15 位		农业科技化水平（A1）、农村生活废弃物无害化处理水平（B7）、乡镇文化站覆盖率（B10）
4	16～20 位		农业机械化水平（A2）、农民组织化水平（A5）、农村非农产业就业人员占比（B3）、农村恩格尔系数（C3）
5	21～25 位		农田水利化水平（A3）、农产品加工业产值发展水平（B2）、化学投入品使用合理化程度（B5）、农村学校本科以上学历专任教师占比（B9）、农村集体经济发展水平（B11）、农村自来水普及率（C4）、农民教育文化支出水平（C7）
6	26～31 位	农业现代化水平（A）、农民现代化水平（C）	农业规模化水平（A4）、土地生产率（A6）、农业劳动生产率（A7）、农业增加值增长水平（B1）、农村卫生厕所普及率（B8）、村庄规划管理覆盖率（B12）、农民收入水平（C1）、农民消费水平（C2）、农民家庭汽车拥有水平（C5）

（三）指标均衡性与优劣势分析

从指标“离散系数”即各级指标评价得分标准差与其平均值的比值来看（表 9－16），山西省农村现代化水平一级指标评价分值的标准差接近于 5，离散系数较小，为 0.348 3，低于全国平均离散系数，说明山西省农村现代化一级指标之间发展较均衡，且均衡程度高于全国平均水平；山西省农村现代化水平二级指标评价分值的离散系数较大，为 0.568 4，高于全国平均离散系数，说明山西省农业科技创新能力二级指标之间发展不够均衡，且均衡程度低于全国平均水平。

表 9－16　山西省农村现代化水平各级指标均衡性对比

项目	一级指标			二级指标		
	标准差	平均值	离散系数	标准差	平均值	离散系数
山西省	5.265 8	15.115 8	0.348 3	25.702 8	45.223 4	0.568 4
全国平均	6.435 2	17.243 3	0.384 5	27.504 7	51.388 9	0.546 6

从一级、二级指标评价结果可以看出，不同指标之间发展不均衡，表现出不同的优劣势，对各自隶属的上一级指标以及农村现代化整体水平具有不同方向、不同程度的影响。为了直观地展示各项指标的优劣势及其发展的均衡程度，将各级指标评价值得分绘制折线

图，图中横线为农村现代化水平省域排名，相当于基准线，详见图9-8。各项指标评价值与基准线的位置关系及其距离基准线的远近反映了不同指标对农村现代化水平的作用方向、程度以及指标间发展的均衡性。

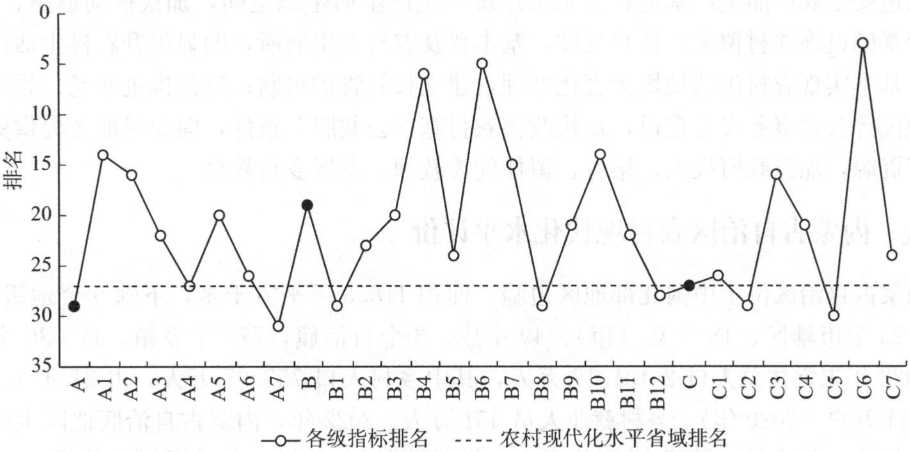

图9-8 2020年山西省农村现代化水平及各项指标得分排名位次

从指标优劣势来看，狭义农村现代化水平（B）一级指标和农业科技化水平（A1）、农业机械化水平（A2）、农田水利化水平（A3）、农民组织化水平（A5）、土地生产率（A6）、农产品加工业产值发展水平（B2）、农村非农产业就业人员占比（B3）、农林牧渔服务业发展水平（B4）、化学投入品使用合理化程度（B5）、单位农业增加值能源消耗量（B6）、农村生活废弃物无害化处理水平（B7）、农村学校本科以上学历专任教师（B9）、乡镇文化站覆盖率（B10）、农村集体经济发展水平（B11）、农民收入水平（C1）、农村恩格尔系数（C3）、农村自来水普及率（C4）、农村居民受教育水平（C6）、农民教育文化支出水平（C7）等19个二级指标评价值位于基准线上方，属于农村现代化推进过程中的优势指标，对提升农村现代化水平起到正向带动作用，特别是农林牧渔服务业发展水平（B4）、单位农业增加值能源消耗量（B6）、农村居民受教育水平（C6）等指标评价值与基准线距离较远，意味着这些指标对于农村现代化发展的正向拉动作用显著；农业现代化水平（A）一级指标和农业劳动生产率（A7）、农业增加值增长水平（B1）、农村卫生厕所普及率（B8）、村庄规划管理覆盖率（B12）、农民消费水平（C2）、农民家庭汽车拥有水平（C5）等6个二级指标评价值位于基准线下方，属于农村现代化推进过程中的劣势指标，对提升农村现代化水平产生了逆向的制约影响，尤其是农业劳动生产率（A7）、农业增加值增长水平（B1）、农村卫生厕所普及率（B8）、农民家庭汽车拥有水平（C5）等指标评价值与基准线的距离较远，意味着这些指标对于推进农村现代化的逆向制约影响很大。

（四）对策建议

根据评价和分析结果，山西省推进乡村全面振兴、加快农业农村现代化，应坚持扬长补短原则，采取更有针对性的对策措施。对于提升农村现代化水平起着正向拉动作用的优势指标，要进一步做大做强；对于产生逆向制约影响的劣势指标，要尽力缩小差距，弥补短板。今后的重点：一是提高农业劳动生产率，推进农业数字化、规模化进程，改进和优化农业用地管理方式，对设施农业用地予以财政支持，加大设施建设及农业生产科研项目支持力度，推进设施建设的大型化、宜机化、数字化发展，培育新型农业经营主体，建设优质绿色安全农产品生产基地；二是重点统筹生产生活生态空间，加快推动道路、供水、供气等基础设施往村覆盖、往户延伸，基本普及农村卫生厕所，明显提升农村生活污水治理率．基本实现农村生活垃圾无害化处理，建立长效管护机制；三是推进养老、教育、医疗、便民等公共服务设施建设，加快改善农村基本公共服务条件，向农村地区提供更广泛的教育资源，加强政府投入，培育、留住优秀教师，发展乡村教育。

五、内蒙古自治区农村现代化水平评价

内蒙古自治区位于中国北部地区边疆，面积 118.3 万平方千米，下辖 9 个地级市、3 个盟，23 个市辖区、18 个县（市）、49 个旗、3 个自治旗，774 个乡镇，11 036 个行政村。2022 年末常住总人口 2 401.17 万人，其中乡村人口 753.97 万人，占 31.4%。乡村户数 334 万户（2020 年），乡村就业人员 451 万人。2022 年，内蒙古自治区地区生产总值 23 159 亿元，其中第一产业增加值 2 654 亿元，占 11.46%。农村居民人均可支配收入 19 641 元。

内蒙古自治区拥有广阔的草原和肥沃的土地，既是全国耕地保有量过亿亩的4 个省区之一，也是全国 13 个粮食主产区和 5 个粮食净调出省区之一，有“东林西矿、南农北牧”之称。近年来，内蒙古自治区在建设高标准农田、推动农牧业高质量发展、增强农业抗灾减灾能力、绿色发展等方面采取重要举措，在建设“两个屏障”“两个基地”“一个桥头堡”上积极展现新作为。

（一）评价结果

2010 年以来，内蒙古自治区农村现代化水平呈波动上升趋势。2020 年，农村现代化水平评价得分为 45.83，在全国 31 个省份中排名第 24 位，与 2010 年相比，评价得分提高 10.36 个点，排名上升了 1 位，处于农村现代化起步阶段的初期，详见图 9-9。

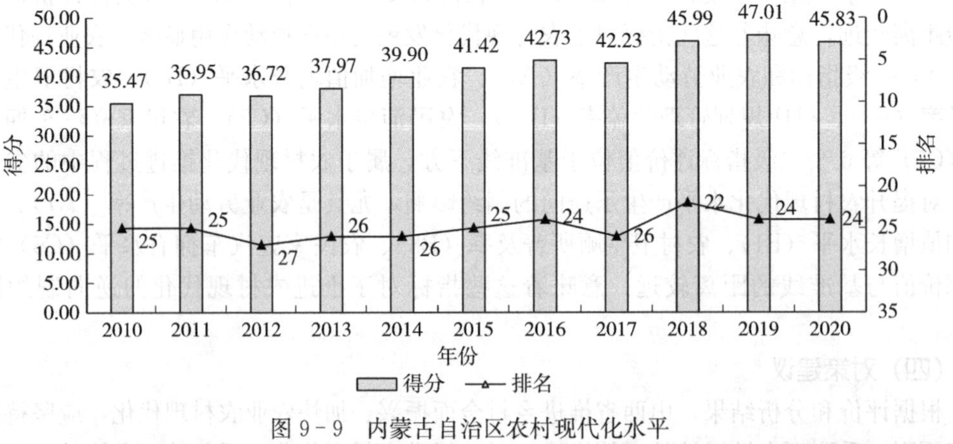

图 9-9　内蒙古自治区农村现代化水平

从一级指标评价结果来看（表 9-17），内蒙古自治区农业现代化水平 2010 年评价得分

8.71，排名第19位；2020年评价得分9.69，提高0.98点，排名第25位，下降了6位。狭义农村现代化水平2010年评价得分15.36，排名第29位；2020年评价得分19.68，提高4.32点，排名第28位，上升了1位。农民现代化水平2010年评价得分11.40，排名第19位；2020年评价得分16.46，提高5.06点，排名第15位，上升了4位。

表9-17　内蒙古自治区农村现代化水平一级指标评价结果

年份	项目	农村现代化总体水平	农业现代化水平（A）	狭义农村现代化水平（B）	农民现代化水平（C）
2010	得分	35.47	8.71	15.36	11.40
	排名	25	19	29	19
2011	得分	36.95	8.92	15.81	12.22
	排名	25	20	27	16
2012	得分	36.72	8.96	14.86	12.90
	排名	27	22	29	14
2013	得分	37.97	9.14	15.33	13.50
	排名	26	22	30	13
2014	得分	39.90	9.23	15.19	15.48
	排名	26	22	30	10
2015	得分	41.42	9.23	16.17	16.02
	排名	25	23	29	7
2016	得分	42.73	9.24	17.32	16.17
	排名	24	23	26	7
2017	得分	42.23	9.36	16.65	16.22
	排名	26	23	30	7
2018	得分	45.99	9.23	20.83	15.94
	排名	22	25	27	11
2019	得分	47.01	9.41	21.63	15.96
	排名	24	24	27	12
2020	得分	45.83	9.69	19.68	16.46
	排名	24	25	28	15
变化	得分	10.36	0.98	4.32	5.06
	排名	1	−6	1	4

从二级指标评价结果来看，内蒙古自治区的农业规模化水平、农业增加值增长水平、农民教育文化支出水平等指标评价得分排在全国前列。纵向比较，绝大多数二级指标评价得分呈不断提高趋势，其中提高幅度最大的前3个指标是农村卫生厕所普及率、单位农业增加值能源消耗量、农民教育文化支出水平，2010—2020年分别提高了52.05点、47.01点和45.62点；二级指标得分在全国的排名有升有降，上升幅度最大的前3个指标是单位农业增加值能源消耗量、农村卫生厕所普及率和农民教育文化支出水平，分别上升了17位、16位和15位，详见表9-18。

表 9-18 内蒙古自治区农业现代化水平二级指标评价结果（1）

指标	项目	2010 年	2011 年	2012 年	2013 年	2014 年	2015 年	2016 年	2017 年	2018 年	2019 年	2020 年	变化
A1 农业科技化水平	得分	56.47	57.65	58.24	58.82	60.00	61.18	62.35	63.53	64.71	65.88	67.06	10.59
	排名	27	26	26	26	28	28	28	28	28	28	28	−1
A2 农业机械化水平	得分	72.00	72.50	73.00	75.70	78.00	81.00	82.50	83.50	84.00	85.25	88.00	16.00
	排名	5	5	7	6	6	6	8	7	9	8	7	−2
A3 农田水利化水平	得分	32.95	33.43	31.89	32.15	32.63	33.42	33.83	34.25	34.48	34.51	34.51	1.56
	排名	22	22	23	23	23	24	24	24	24	24	24	−2
A4 农业规模化水平	得分	41.70	42.91	43.85	44.67	46.65	47.60	49.67	49.64	47.75	47.75	52.33	10.63
	排名	2	2	2	2	2	2	2	2	4	4	3	−1
A5 农民组织化水平	得分	9.86	12.60	10.23	9.94	16.41	17.26	18.00	17.62	17.12	17.12	20.32	10.46
	排名	9	8	19	22	16	17	17	19	19	19	19	−10
A6 土地生产率	得分	11.88	13.08	13.51	14.04	13.33	12.68	11.46	13.55	13.19	12.76	12.64	0.76
	排名	30	29	30	30	30	30	30	30	30	30	30	0
A7 农业劳动生产率	得分	37.42	37.72	37.32	37.74	35.63	32.24	30.58	27.74	23.76	26.16	27.38	−10.04
	排名	8	9	10	9	10	10	11	7	8	8	11	−3

表 9-18　内蒙古自治区狭义农村现代化水平二级指标评价结果（2）

指标	项目	2010 年	2011 年	2012 年	2013 年	2014 年	2015 年	2016 年	2017 年	2018 年	2019 年	2020 年	变化
B1 农业增加值增长水平	得分	65.51	66.42	65.89	66.96	65.43	64.57	64.18	63.09	62.33	62.51	64.71	−0.80
	排名	2	3	3	3	3	4	4	3	3	4	3	−1
B2 农产品加工业产值发展水平	得分	25.29	20.42	17.43	16.01	18.84	14.78	14.64	14.86	13.58	13.58	11.79	−13.50
	排名	10	14	17	17	17	17	18	20	20	20	20	−10
B3 农村非农产业就业人员占比	得分	43.84	45.83	44.29	42.56	41.75	41.80	41.13	40.68	36.43	37.03	34.05	−9.79
	排名	26	25	26	26	28	27	27	23	24	25	25	1
B4 农林牧渔服务业发展水平	得分	11.39	11.39	11.39	11.39	11.39	12.03	12.53	13.11	11.36	12.56	11.91	0.52
	排名	28	28	28	28	28	30	29	30	30	30	30	−2
B5 化学投入品使用合理化程度	得分	−6.13	−6.40	−22.16	−29.06	−33.51	−39.98	−39.81	−47.01	−30.06	−23.70	−12.05	−5.92
	排名	24	21	28	30	27	28	29	30	30	30	29	−5
B6 单位农业增加值能源消耗量	得分	−13.74	−10.38	−14.20	−4.54	−7.68	−6.40	0.60	−26.71	54.80	56.26	33.27	47.01
	排名	28	22	23	24	25	24	20	26	3	4	11	17
B7 农村生活废弃物无害化处理水平	得分	2.00	2.20	2.60	3.50	3.85	12.60	17.33	17.90	18.45	21.25	23.96	21.96
	排名	31	31	31	31	30	31	28	29	30	30	30	1
B8 农村卫生厕所普及率	得分	37.00	43.20	46.00	50.00	53.10	62.60	71.40	77.90	79.00	80.00	89.05	52.05
	排名	30	28	29	29	28	27	21	17	17	18	14	16
B9 农村学校本科以上学历专任教师占比	得分	42.51	44.15	47.36	49.10	54.33	58.88	66.47	69.55	72.96	76.12	78.46	35.95
	排名	9	11	11	16	12	12	7	7	6	6	6	3
B10 乡镇文化站覆盖率	得分	90.54	90.54	83.17	84.85	85.05	88.17	88.17	88.17	90.54	90.54	85.16	−5.38
	排名	10	10	18	16	17	13	13	13	10	10	15	−5
B11 农村集体经济发展水平	得分	19.38	18.50	19.00	19.51	17.05	15.52	14.87	16.34	23.13	23.13	17.66	−1.72
	排名	25	28	25	25	28	28	29	27	28	28	29	−4
B12 村庄规划管理覆盖率	得分	31.54	34.87	34.68	38.20	38.71	52.84	58.01	62.18	70.00	74.00	31.55	0.01
	排名	22	27	27	28	28	21	21	18	16	16	22	0

表 9-18　内蒙古自治区农民现代化水平二级指标评价结果（3）

指标	项目	2010年	2011年	2012年	2013年	2014年	2015年	2016年	2017年	2018年	2019年	2020年	变化
C1 农民收入水平	得分	29.45	31.00	31.55	33.75	34.59	34.54	34.53	34.58	35.17	36.08	37.79	8.34
	排名	16	15	15	15	16	19	19	20	18	15	13	3
C2 农民消费水平	得分	26.08	27.66	29.19	30.79	39.22	39.09	39.13	39.26	38.04	38.78	39.94	13.86
	排名	10	9	9	10	8	8	8	8	12	12	13	−3
C3 农村恩格尔系数	得分	95.07	96.72	97.08	98.47	98.44	100.0	99.87	100.0	100.0	100.0	95.32	0.25
	排名	11	12	14	15	10	1	10	1	1	1	11	0
C4 农村自来水普及率	得分	40.70	44.80	49.20	53.50	55.50	62.80	65.95	68.01	67.34	70.02	72.58	31.88
	排名	23	23	22	23	23	18	18	18	22	24	26	−3
C5 农民家庭汽车拥有水平	得分	16.11	24.46	39.44	47.45	61.49	71.96	70.91	69.51	55.30	53.20	55.33	39.22
	排名	22	17	11	10	8	5	7	9	15	21	19	3
C6 农村居民受教育水平	得分	73.50	73.65	74.83	73.20	71.12	71.15	72.23	70.44	71.78	72.47	78.18	4.68
	排名	18	16	10	16	20	18	15	20	20	19	16	2
C7 农民教育文化支出水平	得分	22.80	29.02	26.07	26.30	60.52	58.20	59.76	62.15	66.99	63.73	68.42	45.62
	排名	18	9	13	9	1	2	2	1	1	1	3	15

（二）分段比较分析

将省域农村现代化水平评价指标得分从高到低分段，按照5个位次为一段，将全国31个省（自治区、直辖市）分成6段，最后一段为6个省份。通过分段对比分析，可以看出内蒙古自治区农村现代化水平在全国所处的相对位置。

2020年，内蒙古自治区农村现代化总体水平得分45.83，在全国31个省份中排名第24位，处于第5段位。横向比较，比全国31个省份得分均值（51.73）低5.90点，比最高得分的江苏省低21.20点，比最低得分的西藏自治区高出3.72点。这反映出，内蒙古自治区农村现代化总体水平偏低，与先进水平相比差距较大。

从一级指标评价结果看，内蒙古自治区农业现代化水平（A）、狭义农村现代化水平（B）和农民现代化水平（C）得分在全国31个省份中排名分别为第25位、第28位和第15位，分别处于第5段位、第6段位和第3段位。在3个一级指标中，农民现代化水平居于中间，农业现代化水平和狭义农村现代化水平相对较低。具体比较，内蒙古自治区农业现代化水平评价得分9.69，略低于本段内各省份得分均值，比上一个段位各省份得分均值低1.49点，比最高得分的江苏省低5.92点，比下一个段位各省份得分均值高0.65点，比全国31个省份得分均值低0.69点，比最低得分的西藏自治区高1.71点；狭义农村现代化水平评价得分19.68，略高于本段内各省份得分均值，比上一个段位各省份得分均值低1.17点，比最高得分的江苏省低13.50点，比全国31个省份得分均值低2.09点，比最低得分的广西壮族自治区高2.12点；农民现代化水平评价得分16.46，略低于本段内各省份得分均值，比上一个段位各省份得分均值低0.58点，比最高得分的北京市低4.36点，比下一个段位各省份得分均值高0.34点，比全国31个省份得分均值高1.14点，比最低得分的西藏自治区高3.89点。

从26个二级指标评价结果看，内蒙古自治区有4个二级指标处在第1段位，占比15.38%；2个二级指标处于第2段位，占比7.69%；7个二级指标在第3段位，占比26.92%；4个二级指标在第4段位，占比15.38%；3个二级指标在第5段位，占比11.54%；7个二级指标处于第6段位，占比26.92%（表9-19）。

表9-19　2020年内蒙古自治区农村现代化水平各级指标位次分段

分段	位次	一级指标	二级指标
1	1～5位		农业规模化水平（A4）、农业增加值增长水平（B1）、农民教育文化支出水平（C7）
2	6～10位		农业机械化水平（A2）、农村学校本科以上学历专任教师占比（B9）
3	11～15位	农民现代化水平（C）	农业劳动生产率（A7）、单位农业增加值能源消耗量（B6）、农村卫生厕所普及率（B8）、乡镇文化站覆盖率（B10）、农民收入水平（C1）、农民消费水平（C2）、农村恩格尔系数（C3）
4	16～20位		农民组织化水平（A5）、农产品加工业产值发展水平（B2）、农民家庭汽车拥有水平（C5）、农村居民受教育水平（C6）
5	21～25位	农业现代化水平（A）	农田水利化水平（A3）、农村非农产业就业人员占比（B3）、村庄规划管理覆盖率（B12）

（续）

分段	位次	一级指标	二级指标
6	26～31位	狭义农村现代化水平（B）	农业科技化水平（A1）、土地生产率（A6）、农林牧渔服务业发展水平（B4）、化学投入品使用合理化程度（B5）、农村生活废弃物无害化处理水平（B7）、农村集体经济发展水平（B11）、农村自来水普及率（C4）

（三）指标均衡性与优劣势分析

从指标“离散系数”即各级指标评价得分标准差与其平均值的比值来看（表9－20），内蒙古自治区农村现代化水平一级指标评价分值的标准差接近于5，离散系数较小，为0.334 1，低于全国平均离散系数，说明内蒙古自治区农村现代化一级指标之间发展较均衡，且均衡程度高于全国平均水平；内蒙古自治区农村现代化水平二级指标评价分值的离散系数较大，为0.627 4，高于全国平均离散系数，说明内蒙古自治区农业科技创新能力二级指标之间发展不够均衡，且均衡性程度低于全国平均水平。

表9－20　内蒙古自治区农村现代化水平各级指标均衡性对比

项目	一级指标			二级指标		
	标准差	平均值	离散系数	标准差	平均值	离散系数
内蒙古自治区	5.103 6	15.280 0	0.334 1	29.421 6	46.90	0.627 4
全国平均	6.435 2	17.243 3	0.384 5	27.504 7	51.388 9	0.546 6

从一级、二级指标评价结果可以看出，不同指标之间发展不均衡，表现出不同的优劣势，对各自隶属的上一级指标以及农村现代化整体水平具有不同方向、不同程度的影响。为了直观地展示各项指标的优劣势及其发展的均衡程度，将各级指标评价值得分绘制折线图，图中横线为农村现代化水平省域排名，相当于基准线，详见图9－10。各项指标评价值与基准线的位置关系及其距离基准线的远近反映了不同指标对农村现代化水平的作用方向、程度以及指标间发展的均衡性。

从指标优劣势来看，农民现代化水平（C）一级指标和农业机械化水平（A2）、农业规模化水平（A4）、农民组织化水平（A5）、农业劳动生产率（A7）、农业增加值增长水平（B1）、农产品加工业产值发展水平（B2）、单位农业增加值能源消耗量（B6）、农村卫生厕所普及率（B8）、农村学校本科以上学历专任教师占比（B9）、乡镇文化站覆盖率（B10）、村庄规划管理覆盖率（B12）、农民收入水平（C1）、农民消费水平（C2）、农村恩格尔系数（C3）、农民家庭汽车拥有水平（C5）、农村居民受教育水平（C6）、农民教育文化支出水平（C7）等17个二级指标评价值位于基准线上方，属于农村现代化推进过程中的优势指标，对提升农村现代化水平起到正向带动作用，特别是农业规模化水平（A4）、农业增加值增长水平（B1）、农民教育文化支出水平（C7）等指标评价值与基准线距离较远，意味着这些指标对于农村现代化发展的正向拉动作用显著；农业现代化水平（A）、狭义农村现代化水平（B）2个一级指标和农业科技化水平（A1）、土地生产率

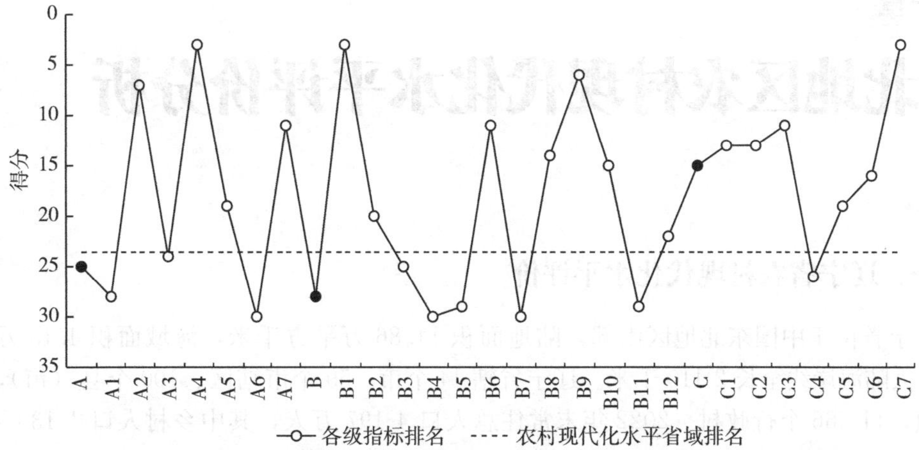

图 9-10　2020 年内蒙古自治区农村现代化水平及各项指标得分排名位次

（A6）、农村非农产业就业人员占比（B3）、农林牧渔服务业发展水平（B4）、化学投入品使用合理化程度（B5）、农村生活废弃物无害化处理水平（B7）、农村集体经济发展水平（B11）、农村自来水普及率（C4）等 8 个二级指标评价值位于基准线下方，属于农村现代化推进过程中的劣势指标，对提升农村现代化水平产生了逆向的制约影响，尤其是土地生产率（A6）、农林牧渔服务业发展水平（B4）、农村集体经济发展水平（B11）等指标评价值与基准线的距离较远，意味着这些指标对于推进农村现代化的逆向制约影响很大。

（四）对策建议

根据评价和分析结果，内蒙古自治区推进乡村全面振兴、加快农业农村现代化，应坚持扬长补短原则，采取更有针对性的对策措施。对于提升农村现代化水平起着正向拉动作用的优势指标，要进一步做大做强；对于产生逆向制约影响的劣势指标，要尽力缩小差距，弥补短板。今后的重点：一是通过科技创新和现代农业技术推广，提高土地的种植效率和产量，同时推动可持续土地利用和保护，避免过度开发和破坏环境；二是提高农林牧渔服务业的技术含量和附加值，促进其向现代、智能化方向发展，同时加强对从业人员的培训和技能提升；三是支持农村集体经济发展，鼓励农民参与农业合作组织，同时加强对这些组织的管理和扶持，促进其规范化、现代化发展。

第十章

东北地区农村现代化水平评价分析

一、辽宁省农村现代化水平评价

辽宁省位于中国东北地区南部，陆地面积 14.86 万平方千米，海域面积 4.13 万平方千米，大陆海岸线全长 2 110 千米。辽宁省辖 14 个市，59 个市辖区、100 个县（市），841 个乡镇，11 566 个行政村。2022 年末常住总人口 4 197 万人，其中乡村人口 1 133 万人，占 27%。乡村户数 689.8 万户（2021 年），乡村就业人员 697 万人。2022 年，全省地区生产总值14 621.7 亿元，其中第一产业增加值 2 597.6 亿元，占 17.77%。农村居民人均可支配收入 19 908 元。

辽宁省是全国粮食主产区，畜牧、水产、果蔬等各类农产品供给在国内具有举足轻重的地位。近年来，辽宁省在完善现代农业产业体系、培育壮大乡村产业新业态、实施乡村建设行动、建设食品工业大省和发展现代海洋渔业上统筹谋划、强力推进，取得了长足进展。

（一）评价结果

2010 年以来，辽宁省农村现代化水平呈稳步上升趋势。2020 年，辽宁省农村现代化水平评价得分为 49.01，在全国 31 个省份中排名第 18 位，与 2010 年相比，评价得分提高 7.66 个点，排名下降了 7 位，处于农村现代化起步阶段的初期，详见图 10－1。

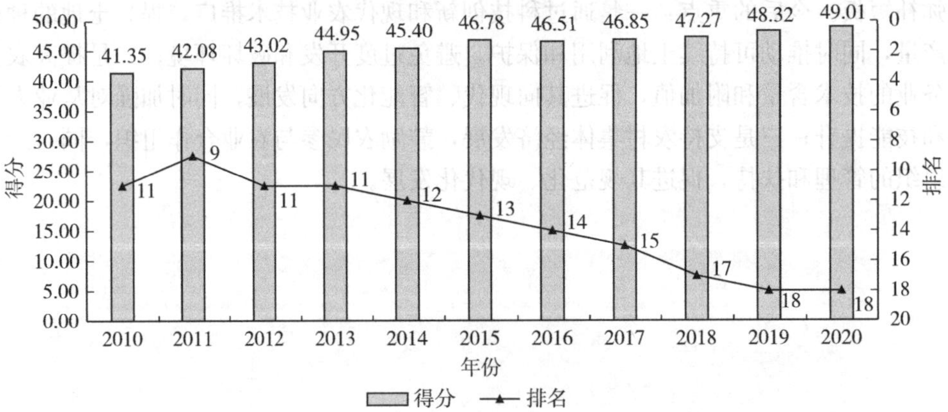

图 10－1　辽宁省农村现代化水平

从一级指标评价结果来看（表 10－1），辽宁省农业现代化水平 2010 年评价得分 9.91，排名第 14 位；2020 年评价得分 10.65，提高 0.74 点，排名第 21 位，下降了 7 位。狭义农村现代化水平 2010 年评价得分 18.68，排名第 13 位；2020 年评价得分 22.40，提高 3.72 点，排名第 17 位，下降了 4 位。农民现代化水平 2010 年评价得分 12.76，排名第

12 位；2020 年评价得分 15.96，提高 3.20 点，排名第 20 位，下降了 8 位。

表 10-1　辽宁省农村现代化水平一级指标评价结果

年份	项目	农村现代化总体水平	农业现代化水平（A）	狭义农村现代化水平（B）	农民现代化水平（C）
2010	得分	41.35	9.91	18.68	12.76
	排名	11	14	13	12
2011	得分	42.08	10.25	18.53	13.31
	排名	9	15	14	9
2012	得分	43.02	10.69	19.50	12.83
	排名	11	15	12	15
2013	得分	44.95	10.84	19.89	14.22
	排名	11	15	14	10
2014	得分	45.40	10.74	19.93	14.74
	排名	12	15	15	13
2015	得分	46.78	11.08	20.58	15.12
	排名	13	14	15	12
2016	得分	46.51	10.50	20.77	15.24
	排名	14	16	16	12
2017	得分	46.85	10.36	21.32	15.17
	排名	15	19	17	14
2018	得分	47.27	10.28	21.94	15.05
	排名	17	20	18	17
2019	得分	48.32	10.43	22.66	15.22
	排名	18	21	20	20
2020	得分	49.01	10.65	22.40	15.96
	排名	18	21	17	20
变化	得分	7.66	0.74	3.72	3.20
	排名	−7	−7	−4	−8

从二级指标评价结果来看，2020 年辽宁省的农业规模化水平、农业增加值增长水平、农村恩格尔系数、农村居民受教育水平等指标评价得分排在全国前列。纵向比较，绝大多数二级指标评价得分呈不断提高趋势，其中提高幅度最大的前 3 个指标是农民家庭汽车拥有水平、农村生活废弃物无害化处理水平、农村学校本科以上学历专任教师占比，2010—2020 年分别提高了 37.39 点、36.87 点和 32.58 点；二级指标得分在全国的排名有升有降，上升幅度最大的前 3 个指标是化学投入品使用合理化程度、农业规模化水平、农村恩格尔系数，分别上升了 10 位、8 位和 5 位，详见表 10-2。

表 10-2 辽宁省农业现代化水平二级指标评价结果（1）

指标	项目	2010 年	2011 年	2012 年	2013 年	2014 年	2015 年	2016 年	2017 年	2018 年	2019 年	2020 年	变化
A1 农业科技化水平	得分	66.47	67.06	67.65	68.24	68.82	69.41	70.35	71.76	73.18	74.59	74.53	8.06
	排名	8	8	8	9	9	9	10	10	10	10	10	−2
A2 农业机械化水平	得分	62.79	66.79	70.80	73.00	75.10	77.10	78.30	78.50	78.70	79.40	81.30	18.51
	排名	11	11	10	10	10	11	11	11	12	12	12	−1
A3 农田水利化水平	得分	30.56	31.68	25.88	28.21	29.59	30.54	31.62	32.40	32.57	32.77	32.84	2.28
	排名	25	25	28	26	26	26	25	25	25	25	26	−1
A4 农业规模化水平	得分	15.92	17.10	17.26	20.76	25.65	28.69	30.59	32.12	29.93	29.93	37.79	21.87
	排名	15	15	16	15	11	10	10	10	9	9	7	8
A5 农民组织化水平	得分	15.22	15.53	14.45	13.24	18.69	18.91	15.99	18.27	16.80	16.80	18.67	3.45
	排名	5	5	9	13	12	14	20	18	20	20	21	−16
A6 土地生产率	得分	27.47	29.63	32.62	32.63	30.41	34.31	28.03	28.54	28.45	28.32	28.53	1.06
	排名	21	21	21	21	21	19	22	22	23	23	23	−2
A7 农业劳动生产率	得分	42.81	42.86	46.52	46.23	42.01	40.80	33.74	26.29	23.19	24.68	25.64	−17.17
	排名	6	5	2	3	5	5	7	9	9	12	16	−10

表 10-2　辽宁省狭义农村现代化水平二级指标评价结果（2）

指标	项目	2010 年	2011 年	2012 年	2013 年	2014 年	2015 年	2016 年	2017 年	2018 年	2019 年	2020 年	变化
B1 农业增加值增长水平	得分	65.35	66.74	66.31	67.06	64.74	65.38	59.16	60.04	59.30	59.98	61.78	−3.57
	排名	3	2	2	2	4	3	11	7	8	8	6	−3
B2 农产品加工业产值发展水平	得分	35.18	32.53	29.29	27.13	25.85	20.01	19.77	21.24	18.70	18.70	17.00	−18.18
	排名	8	8	8	9	13	13	13	13	13	13	12	−4
B3 农村非农产业就业人员占比	得分	59.47	60.76	62.94	62.65	62.30	62.92	63.10	62.23	62.23	60.10	57.21	−2.26
	排名	18	18	16	16	16	16	16	14	16	15	18	0
B4 农林牧渔服务业发展水平	得分	38.47	38.47	38.47	38.47	38.47	38.06	42.34	38.62	28.26	30.89	28.40	−10.07
	排名	3	3	3	3	3	4	3	9	18	14	16	−13
B5 化学投入品使用合理化程度	得分	−16.82	−7.02	−10.51	−13.49	−13.83	−13.73	−8.89	−9.10	−6.66	−0.98	5.85	22.67
	排名	30	22	20	20	21	19	18	18	23	22	20	10
B6 单位农业增加值能源消耗量	得分	6.39	6.87	8.19	13.32	14.78	18.74	16.77	19.56	23.68	24.83	26.64	20.25
	排名	5	6	9	8	10	10	10	10	15	17	15	−10
B7 农村生活废弃物无害化处理水平	得分	10.75	10.75	12.35	19.55	20.40	29.40	30.98	35.39	39.93	44.50	47.62	36.87
	排名	13	18	18	13	17	16	17	18	15	14	14	−1
B8 农村卫生厕所普及率	得分	64.10	38.20	64.20	66.90	68.40	72.80	76.90	79.20	80.00	81.00	87.64	23.54
	排名	15	30	19	18	20	19	18	16	16	16	16	−1
B9 农村学校本科以上学历专任教师占比	得分	38.90	41.02	44.23	47.76	52.23	56.63	60.28	63.94	67.39	70.23	71.48	32.58
	排名	16	18	18	18	17	16	16	14	14	13	15	1
B10 乡镇文化站覆盖率	得分	63.73	63.73	63.43	62.79	62.42	62.18	62.18	62.18	63.73	63.73	68.49	4.76
	排名	27	27	27	28	28	28	28	28	27	27	25	2
B11 农村集体经济发展水平	得分	26.05	27.80	26.15	22.15	22.23	21.52	19.46	20.69	27.19	27.19	21.43	−4.62
	排名	19	17	20	22	22	24	26	25	25	25	26	−7
B12 村庄规划管理覆盖率	得分	42.76	43.93	47.70	52.10	50.45	51.08	53.15	55.12	57.89	60.00	42.77	0.01
	排名	17	21	22	22	22	23	23	23	23	22	17	0

表 10-2 辽宁省农民现代化水平二级指标评价结果（3）

指标	项目	2010 年	2011 年	2012 年	2013 年	2014 年	2015 年	2016 年	2017 年	2018 年	2019 年	2020 年	变化
C1 农民收入水平	得分	36.79	38.72	38.89	41.32	38.80	38.65	38.32	37.77	37.34	38.03	39.81	3.02
	排名	9	9	9	9	9	9	9	10	10	10	9	0
C2 农民消费水平	得分	26.25	27.15	27.44	30.32	30.68	32.61	33.98	34.76	34.42	33.77	36.17	9.92
	排名	9	10	11	11	19	15	14	14	14	20	20	−11
C3 农村恩格尔系数	得分	93.50	92.73	94.41	99.47	100	100	100	100	100	100	98.21	4.71
	排名	13	17	17	13	1	1	1	1	1	1	8	5
C4 农村自来水普及率	得分	46.40	47.40	50.30	61.70	59.80	61.70	63.59	62.21	61.50	62.20	64.49	18.09
	排名	18	19	20	17	18	21	21	24	26	29	29	−11
C5 农民家庭汽车拥有水平	得分	27.78	40.36	25.15	43.69	48.61	54.98	59.50	59.93	58.10	63.75	65.17	37.39
	排名	15	7	22	16	13	9	11	12	14	14	13	2
C6 农村居民受教育水平	得分	75.25	74.48	73.01	74.63	74.72	74.21	74.37	74.58	76.61	75.61	81.10	5.85
	排名	11	10	16	11	10	9	10	8	6	11	8	3
C7 农民教育文化支出水平	得分	33.44	34.06	30.18	28.02	44.58	46.39	42.21	40.93	38.86	38.56	46.77	13.33
	排名	5	3	8	8	12	12	22	24	26	27	23	−18

（二）分段比较分析

将省域农村现代化水平评价指标得分从高到低分段，按照5个位次为一段，将全国31个省（自治区、直辖市）分成6段，最后一段为6个省份。通过分段对比分析，可以看出辽宁省农村现代化水平在全国所处的相对位置。

2020年，辽宁省农村现代化总体水平得分49.01，在全国31个省份中排名第18位，处于第4段位。横向比较，比全国31个省份得分均值（51.73）低2.72点，比最高得分的江苏省低18.02点，比最低得分的西藏自治区高出6.90点。这反映出，辽宁省农村现代化总体水平偏低，与先进水平相比差距较大。

从一级指标评价结果看，辽宁省农业现代化水平（A）、狭义农村现代化水平（B）和农民现代化水平（C）得分在全国31个省份中排名分别为第21位、第17位和第20位，分别处于第5段位、第4段位和第4段位。在3个一级指标中，狭义农村现代化水平相对较高，农业现代化水平相对较低，农民现代化水平居于中间。具体比较，辽宁省农业现代化水平评价得分10.65，略高于本段内各省份得分均值，比上一个段位各省份得分均值低0.53点，比最高得分的江苏省低4.96点，比下一个段位各省份得分均值高1.62点，比全国31个省份得分均值高0.27点，比最低得分的西藏自治区高2.67点；狭义农村现代化水平评价得分22.40，略高于本段内各省份得分均值，比上一个段位各省份得分均值低1.89点，比最高得分的江苏省低10.78点，比全国31个省份得分均值高0.62点，比最低得分的广西壮族自治区高4.84点；农民现代化水平评价得分15.96，略低于本段内各省份得分均值，比上一个段位各省份得分均值低0.68点，比最高得分的北京市低4.86点，比下一个段位各省份得分均值高0.51点，比全国31个省份得分均值低0.49点，比最低得分的西藏自治区高3.39点。

从26个二级指标评价结果看，辽宁省有6个二级指标处于第2段位，占比23.08%；6个二级指标在第3段位，占比23.08%；7个二级指标在第4段位，占比26.92%；4个二级指标在第5段位，占比15.38%；3个二级指标处于第6段位，占比11.54%（表10-3）。

表10-3　2020年辽宁省农村现代化水平各级指标位次分段

分段	位次	一级指标	二级指标
1	1～5位		
2	6～10位		农业科技化水平（A1）、农业规模化水平（A4）、农业增加值增长水平（B1）、农民收入水平（C1）、农村恩格尔系数（C3）、农村居民受教育水平（C6）
3	11～15位		农业机械化水平（A2）、农产品加工业产值发展水平（B2）、单位农业增加值能源消耗量（B6）、农村生活废弃物无害化处理水平（B7）、农村卫生厕所普及率（B9）、农民家庭汽车拥有水平（C5）
4	16～20位	狭义农村现代化水平（B）、农民现代化水平（C）	农业劳动生产率（A7）、农村非农产业就业人员占比（B3）、农林牧渔服务业发展水平（B4）、单位农业增加值能源消耗量（B5）、农村卫生厕所普及率（B8）、村庄规划管理覆盖率（B12）、农民消费水平（C2）

（续）

分段	位次	一级指标	二级指标
5	21～25位	农业现代化水平（A）	农民组织化水平（A5）、土地生产率（A6）、乡镇文化站覆盖率（B10）、农民教育文化支出水平（C7）
6	26～31位		农田水利化水平（A3）、农村集体经济发展水平（B11）、农村自来水普及率（C4）

（三）指标均衡性与优劣势分析

从指标“离散系数”即各级指标评价得分标准差与其平均值的比值来看（表10-4），辽宁省农村现代化水平一级指标评价分值的标准差接近于5，离散系数较小，为0.294 0，低于全国平均离散系数，说明辽宁省农村现代化一级指标之间发展较均衡，且均衡程度高于全国平均水平；辽宁省农村现代化水平二级指标评价分值的离散系数较小，为0.499 2，低于全国平均离散系数，说明辽宁省农业科技创新能力二级指标之间发展比较均衡，且均衡程度高于全国平均水平。

表10-4 辽宁省农村现代化水平各级指标均衡性对比

项目	一级指标			二级指标		
	标准差	平均值	离散系数	标准差	平均值	离散系数
辽宁省	4.803 5	16.335 9	0.294 0	24.331 4	48.743 4	0.499 2
全国平均	6.435 2	17.243 3	0.384 5	27.504 7	51.388 9	0.546 6

从一级、二级指标评价结果可以看出，不同指标之间发展不均衡，表现出不同的优劣势，对各自隶属的上一级指标以及农村现代化整体水平具有不同方向、不同程度的影响。为了直观地展示各项指标的优劣势及其发展的均衡程度，将各级指标评价值得分绘制折线图，图中横线为农村现代化水平省域排名，相当于基准线，详见图10-2。各项指标评价值与基准线的位置关系及其距离基准线的远近反映了不同指标对农村现代化水平的作用方向、程度以及指标间发展的均衡性。

从指标优劣势来看，狭义农村现代化水平（B）一级指标和农业科技化水平（A1）、农业机械化水平（A2）、农业规模化水平（A4）、农业劳动生产率（A7）、农业增加值增长水平（B1）、农产品加工业产值发展水平（B2）、农林牧渔服务业发展水平（B4）、单位农业增加值能源消耗量（B6）、农村生活废弃物无害化处理水平（B7）、农村卫生厕所普及率（B8）、农村学校本科以上学历专任教师（B9）、村庄规划管理覆盖率（B12）、农民收入水平（C1）、农村恩格尔系数（C3）、农民家庭汽车拥有水平（C5）、农村居民受教育水平（C6）等16个二级指标评价值位于基准线上方，属于农村现代化推进过程中的优势指标，对提升农村现代化水平起到正向带动作用，特别是农业规模化水平（A4）、农业增加值增长水平（B1）、农村恩格尔系数（C3）指标评价值与基准线距离较远，意味着这些指标对于农村现代化发展的正向拉动作用显著；农业现代化水平（A）、农民现代化水平（C）2个一级指标和农田水利化水平（A3）、农民组织化

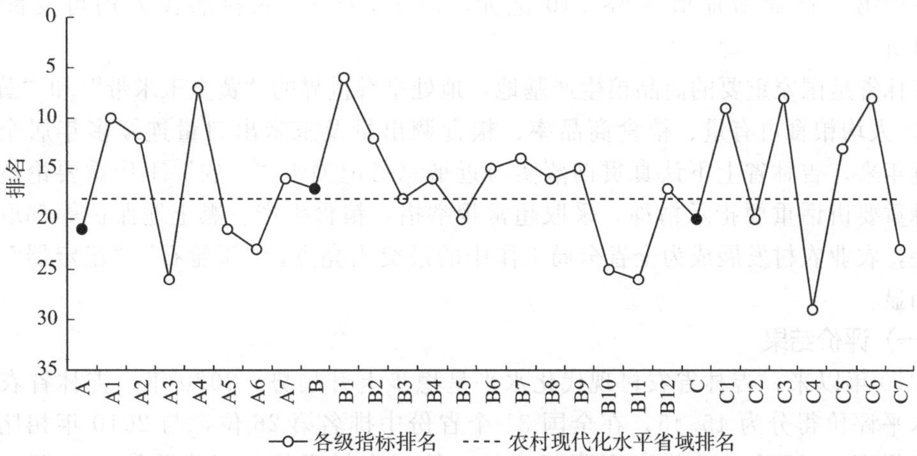

图 10-2 2020 年辽宁省农村现代化水平及各项指标得分排名位次

水平（A5）、土地生产率（A6）、化学投入品使用合理化程度（B5）、乡镇文化站覆盖率（B10）、农村集体经济发展水平（B11）、农民消费水平（C2）、农村自来水普及率（C4）、农民教育文化支出水平（C7）等 9 个二级指标评价值位于基准线下方，属于农村现代化推进过程中的劣势指标，对提升农村现代化水平产生了逆向的制约影响，尤其是农田水利化水平（A3）、农村集体经济发展水平（B11）和农村自来水普及率（C4）等指标评价值与基准线的距离较远，意味着这些指标对于推进农村现代化的逆向制约影响很大。

（四）对策建议

根据评价和分析结果，辽宁省推进乡村全面振兴、加快农业农村现代化，应坚持扬长补短原则，采取更有针对性的对策措施。对于提升农村现代化水平起着正向拉动作用的优势指标，要进一步做大做强；对于产生逆向制约影响的劣势指标，要尽力缩小差距，弥补短板。今后的重点：一是要全面加强农村生产力建设，推进农田水利化，提高农民组织化水平，加强粮食综合生产能力建设，加快农业科技进步，降低能源消耗，减少环境污染；二是转变农业增长方式，推进农业产业化经营，挖掘农业内部增收潜力，拓宽农村富余劳动力转移就业的途径，形成农民增收的长效机制，提高土地利用效率，推动农业适度规模经营和农村集体经济的发展；三是加强农村基础设施建设，加大对农村道路、供水、电力、通信等基础设施的投资，提高农村地区生产生活条件，加强农村社会服务体系建设，提高农民的教育、医疗、文化等服务水平，提高农民的生活质量，推动农村社会和谐发展。

二、吉林省农村现代化水平评价

吉林省位于中国东北地区中部，面积 18.74 万平方千米，辖 8 个市、1 个自治州、21 个市辖区、36 个县（市）、3 个自治县，961 个乡镇，9 338 个行政村。2022 年末常住总人口 2 347.69 万人，其中乡村人口 851.51 万人，占 36.27%。乡村户数 421.78 万户（2021 年），乡村就业人员 504 万人。2022 年，全省地区生产总值 13 070.24 亿元，其中第一产业增加值 1 689.10 亿元，占 12.92%。农村居民人均可支配收入 18 134 元。

吉林省是国家重要的商品粮生产基地，地处享誉世界的“黄金玉米带”和“黄金水稻带”，人均粮食占有量、粮食商品率、粮食调出量及玉米出口量连续多年居全国首位。近年来，吉林省上下认真贯彻落实习近平总书记关于“三农”工作重要论述和视察吉林重要讲话重要指示精神，采取超常规举措，粮食生产、黑土地保护等都取得重大进展，农业农村发展成为全省全局工作中的最突出亮点，“压舱石”“稳定器”作用更加凸显。

（一）评价结果

2010 年以来，吉林省农村现代化水平呈稳步上升趋势。2020 年，吉林省农村现代化水平评价得分为 45.45，在全国 31 个省份中排名第 26 位，与 2010 年相比，评价得分提高 6.65 个点，排名下降了 7 位，处于农村现代化起步阶段的初期，详见图 10－3。

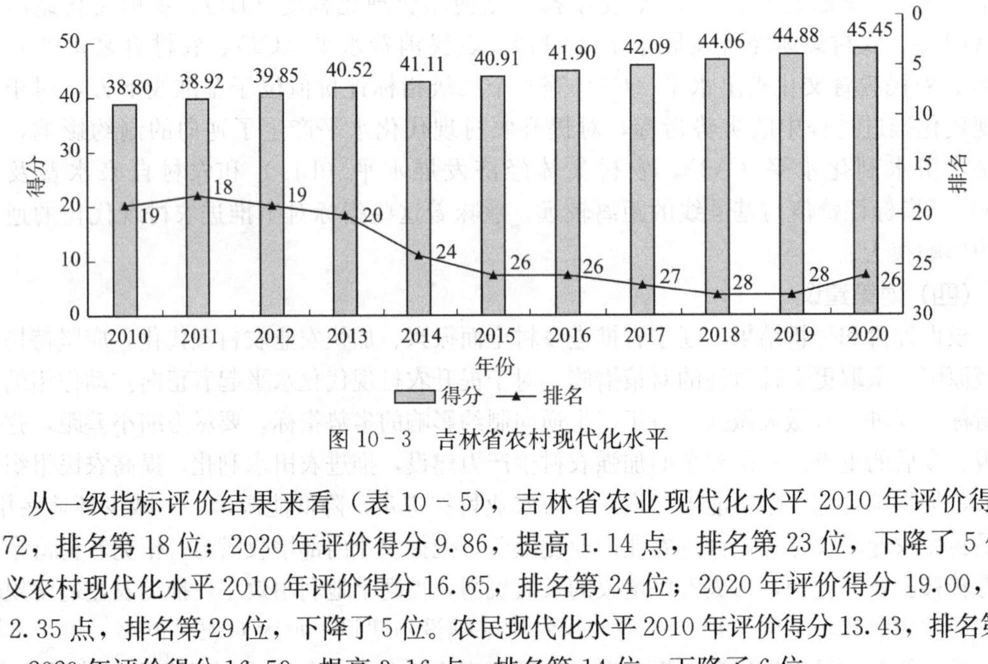

图 10－3 吉林省农村现代化水平

从一级指标评价结果来看（表 10－5），吉林省农业现代化水平 2010 年评价得分 8.72，排名第 18 位；2020 年评价得分 9.86，提高 1.14 点，排名第 23 位，下降了 5 位。狭义农村现代化水平 2010 年评价得分 16.65，排名第 24 位；2020 年评价得分 19.00，提高 2.35 点，排名第 29 位，下降了 5 位。农民现代化水平 2010 年评价得分 13.43，排名第 8 位；2020 年评价得分 16.59，提高 3.16 点，排名第 14 位，下降了 6 位。

表 10－5 吉林省农村现代化水平一级指标评价结果

年份	项目	农村现代化总体水平	农业现代化水平（A）	狭义农村现代化水平（B）	农民现代化水平（C）
2010	得分	38.80	8.72	16.65	13.43
	排名	19	18	24	8
2011	得分	38.92	9.09	16.74	13.09
	排名	18	19	24	12

（续）

年份	项目	农村现代化总体水平	农业现代化水平（A）	狭义农村现代化水平（B）	农民现代化水平（C）
2012	得分	39.85	9.45	16.68	13.72
	排名	19	20	25	10
2013	得分	40.52	9.50	16.04	14.98
	排名	20	21	27	8
2014	得分	41.11	9.58	15.88	15.65
	排名	24	21	28	9
2015	得分	40.91	9.75	15.35	15.81
	排名	26	21	31	8
2016	得分	41.90	9.61	16.35	15.94
	排名	26	22	30	10
2017	得分	42.09	9.26	16.90	15.92
	排名	27	24	29	10
2018	得分	44.06	9.29	19.38	15.40
	排名	28	23	29	14
2019	得分	44.88	9.47	19.85	15.55
	排名	28	23	29	16
2020	得分	45.45	9.86	19.00	16.59
	排名	26	23	29	14
变化	得分	6.65	1.14	2.35	3.16
	排名	−7	−5	−5	−6

从二级指标评价结果来看，吉林省的农业机械化水平、农业规模化水平等指标评价得分排在全国前列，分别排名全国第 4 位和第 2 位。纵向比较，绝大多数二级指标评价得分呈不断提高趋势，其中提高幅度最大的前 3 个指标是农村自来水普及率、农村学校本科以上学历专任教师占比、农业机械化水平，2010—2020 年分别提高了 37.25 点、27.78 点和 23.93 点；二级指标得分在全国的排名有升有降，上升幅度最大的前 3 个指标是农村非农产业就业人员占比、农村集体经济发展水平、农业机械化水平，分别上升了 11 位、10 位和 6 位，详见表 10 - 6。

（二）分段比较分析

将省域农村现代化水平评价指标得分从高到低分段，按照 5 个位次为一段，将全国 31 个省（自治区、直辖市）分成 6 段，最后一段为 6 个省份。通过分段对比分析，可以看出吉林省农村现代化水平在全国所处的相对位置。

2020 年，吉林省农村现代化总体水平得分 45.45，在全国 31 个省份中排名第 26 位，处于第 5 段位。横向比较，比全国 31 个省份得分均值（51.73）低 6.28 点，比最高得分

表 10-6　吉林省农业现代化水平二级指标评价结果（1）

指标	项目	2010年	2011年	2012年	2013年	2014年	2015年	2016年	2017年	2018年	2019年	2020年	变化
A1 农业科技化水平	得分	64.12	64.71	65.29	65.88	66.47	67.06	68.24	69.41	70.59	64.12	69.88	5.76
	排名	14	14	14	14	15	16	16	16	14	14	22	−8
A2 农业机械化水平	得分	67.07	73.50	73.60	76.00	80.00	84.50	86.00	87.50	89.20	67.07	91.00	23.93
	排名	10	6	9	9	8	5	5	4	4	10	4	6
A3 农田水利化水平	得分	25.74	20.70	21.55	23.26	25.59	26.20	27.10	27.10	27.33	25.74	27.27	1.53
	排名	30	30	30	30	29	29	29	29	29	30	29	1
A4 农业规模化水平	得分	36.20	38.32	40.97	43.35	44.09	47.21	49.31	47.90	47.90	36.20	53.42	17.22
	排名	3	3	3	3	3	3	3	3	3	3	2	1
A5 农民组织化水平	得分	15.11	17.85	18.88	21.57	21.48	18.91	23.24	22.99	22.99	15.11	24.82	9.71
	排名	6	5	5	7	9	15	10	11	11	6	12	−6
A6 土地生产率	得分	16.51	17.62	17.52	16.75	16.52	13.21	11.23	11.49	10.69	16.51	12.16	−4.35
	排名	27	28	28	28	28	29	31	31	31	27	31	−4
A7 农业劳动生产率	得分	34.86	36.11	35.53	34.41	34.32	30.93	21.09	18.96	21.59	34.86	26.64	−8.22
	排名	11	11	11	12	8	9	19	20	17	11	13	−2

表 10-6 吉林省狭义农村现代化水平二级指标评价结果（2）

指标	项目	2010 年	2011 年	2012 年	2013 年	2014 年	2015 年	2016 年	2017 年	2018 年	2019 年	2020 年	变化
B1 农业增加值增长水平	得分	61.59	63.08	62.39	62.35	62.09	62.17	60.61	56.44	55.37	56.53	57.83	−3.76
	排名	7	6	8	9	9	8	8	24	22	20	18	−11
B2 农产品加工业产值发展水平	得分	23.86	17.12	20.04	18.87	22.22	16.45	17.75	24.66	22.29	22.29	17.48	−6.38
	排名	12	17	14	16	16	15	14	10	11	11	11	1
B3 农村非农产业就业人员占比	得分	39.37	40.85	43.91	44.48	46.89	47.91	49.07	50.40	50.96	51.05	59.38	20.01
	排名	28	27	27	25	25	23	20	17	19	19	17	11
B4 农林牧渔服务业发展水平	得分	23.07	23.07	23.07	23.07	23.07	23.14	25.79	29.31	28.79	27.22	23.39	0.32
	排名	14	14	14	14	14	17	15	16	16	18	21	−7
B5 化学投入品使用合理化程度	得分	−3.14	−9.97	−20.08	−22.84	−35.86	−40.48	−36.82	−33.55	−26.48	−23.37	−20.79	−17.65
	排名	18	23	26	25	29	29	27	28	29	29	30	−12
B6 单位农业增加值能源消耗量	得分	−2.95	0.87	−0.11	−21.39	−30.63	−44.20	−32.05	−47.06	10.49	11.27	−19.97	−17.02
	排名	17	10	15	27	29	29	27	29	20	21	27	−10
B7 农村生活废弃物无害化处理水平	得分	6.40	6.95	8.90	12.35	13.10	13.15	14.80	26.35	26.81	28.50	30.15	23.75
	排名	22	21	22	22	23	30	31	24	26	26	26	−4
B8 农村卫生厕所普及率	得分	73.20	74.90	75.50	76.10	76.60	76.50	80.60	81.50	82.00	83.00	84.03	10.83
	排名	11	11	11	12	13	14	13	15	15	15	17	−6
B9 农村学校本科以上学历专任教师占比	得分	48.47	51.58	53.51	56.33	60.10	63.15	64.83	67.25	69.74	72.43	76.25	27.78
	排名	4	5	6	6	6	7	8	9	9	9	8	−4
B10 乡镇文化站覆盖率	得分	70.04	70.04	69.94	69.56	69.56	68.79	68.79	68.79	70.04	70.04	65.51	−4.53
	排名	25	25	26	26	25	26	26	26	25	25	28	−3
B11 农村集体经济发展水平	得分	18.75	19.50	20.54	20.52	23.92	25.66	25.95	28.83	30.55	30.55	33.01	14.26
	排名	26	26	23	24	18	18	18	17	23	23	16	10
B12 村庄规划管理覆盖率	得分	29.30	29.78	28.79	27.79	29.69	30.30	31.47	32.84	34.12	37.00	29.13	−0.17
	排名	24	28	29	31	31	31	30	31	31	31	24	0

表 10-6　吉林省农民现代化水平二级指标评价结果（3）

指标	项目	2010年	2011年	2012年	2013年	2014年	2015年	2016年	2017年	2018年	2019年	2020年	变化
C1 农民收入水平	得分	33.21	35.05	35.64	37.78	37.37	36.31	36.06	35.58	35.03	35.26	36.65	3.44
	排名	10	11	11	11	11	11	12	12	20	20	20	−10
C2 农民消费水平	得分	24.25	26.65	28.30	31.26	32.02	32.28	32.50	33.13	32.53	32.16	34.86	10.61
	排名	13	12	10	9	14	16	16	18	20	23	23	−10
C3 农村恩格尔系数	得分	97.20	100	98.70	100	100	100	100	100	99.62	98.06	92.86	−4.34
	排名	6	1	12	1	1	1	1	1	11	13	15	−9
C4 农村自来水普及率	得分	44.90	49.10	50.40	53.60	56.90	59.20	60.13	60.19	63.15	67.04	82.15	37.25
	排名	20	18	19	21	21	22	24	25	25	25	16	4
C5 农民家庭汽车拥有水平	得分	53.45	34.70	44.51	74.43	75.49	80.86	83.04	84.27	68.73	70.22	73.63	20.18
	排名	5	8	7	4	6	3	3	3	11	10	8	−3
C6 农村居民受教育水平	得分	75.30	74.48	75.06	73.36	72.66	72.65	73.46	70.56	72.14	73.81	81.48	6.18
	排名	10	11	8	15	17	14	11	19	19	17	7	3
C7 农民教育文化支出水平	得分	36.48	31.11	36.91	35.73	52.62	51.70	52.03	53.26	49.84	49.30	53.82	17.34
	排名	3	6	3	3	4	6	4	5	9	13	10	−7

的江苏省低 21.58 点，比最低得分的西藏自治区高出点 3.34。这反映出，吉林省农村现代化总体水平偏低，与先进水平相比差距较大。

从一级指标评价结果看，吉林省农业现代化水平（A）、狭义农村现代化水平（B）和农民现代化水平（C）得分在全国 31 个省份中排名分别为第 23 位、第 29 位和第 14 位，分别处于第 5 段位、第 6 段位和第 3 段位。在 3 个一级指标中，农民现代化水平相对较高，狭义农村现代化水平相对较低，农业现代化水平居于中间。具体比较，吉林省农业现代化水平评价得分 9.86，略低于本段内各省份得分均值，比上一个段位各省份得分均值低 0.18 点，比最高得分的江苏省低 5.75，比下一个段位各省份得分均值高 1 点，比全国 31 个省份得分均值低 0.52 点，比最低得分的西藏自治区高 1.88 点；狭义农村现代化水平评价得分 19，略低于本段内各省份得分均值，比上一个段位各省份得分均值低 1.85 点，比最高得分的江苏省低 14.18 点，比全国 31 个省份得分均值低 2.78 点，比最低得分的广西壮族自治区高 1.44 点；农民现代化水平评价得分 16.59，略低于本段内各省份得分均值，比上一个段位各省份得分均值低 0.43 点，比最高得分的北京市低 4.23 点，比下一个段位各省份得分均值高 0.47 点，比全国 31 个省份得分均值高 1.27 点，比最低得分的西藏自治区高 4.02 点。

从 26 个二级指标评价结果看，吉林省有 2 个二级指标处在第 1 段位，占比 7.69%；4 个二级指标处于第 2 段位，占比 15.38%；4 个二级指标在第 3 段位，占比 15.38%；6 个二级指标在第 4 段位，占比 23.08%；4 个二级指标在第 5 段位，占比 15.38%；6 个二级指标处于第 6 段位，占比 23.08%（表 10 - 7）。

表 10 - 7　2020 年吉林省农村现代化水平各级指标位次分段

分段	位次	一级指标	二级指标
1	1～5 位		农业机械化水平（A2）、农业规模化水平（A4）
2	6～10 位		农村学校本科以上学历专任教师占比（B9）、农民家庭汽车拥有水平（C5）、农村居民受教育水平（C6）、农民教育文化支出水平（C7）
3	11～15 位	农民现代化水平（C）	农民组织化水平（A5）、农业劳动生产率（A7）、农产品加工业产值发展水平（B2）、农村恩格尔系数（C3）
4	16～20 位		农业增加值增长水平（B1）、农村非农产业就业人员占比（B3）、农村卫生厕所普及率（B8）、农村集体经济发展水平（B11）、农民收入水平（C1）、农村自来水普及率（C4）
5	21～25 位	农业现代化水平（A）	农业科技化水平（A1）、农林牧渔服务业发展水平（B4）、村庄规划管理覆盖率（B12）、农民消费水平（C2）
6	26～31 位	狭义农村现代化水平（B）	农田水利化水平（A3）、土地生产率（A6）、化学投入品使用合理化程度（B5）、单位农业增加值能源消耗量（B6）、农村生活废弃物无害化处理水平（B7）、乡镇文化站覆盖率（B10）

（三）指标均衡性与优劣势分析

从指标“离散系数”即各级指标评价得分标准差与其平均值的比值来看（表10-8），吉林省农村现代化水平一级指标评价分值的标准差接近于4，离散系数较小，为0.255 3，低于全国平均离散系数，说明吉林省农村现代化一级指标之间发展较均衡，且均衡程度高于全国平均水平；吉林省农村现代化水平二级指标评价分值的离散系数较大，为0.669 6，高于全国平均离散系数，说明吉林省农业科技创新能力二级指标之间发展不够均衡，且均衡程度低于全国平均水平。

表10-8　吉林省农村现代化水平各级指标均衡性对比

项目	一级指标			二级指标		
	标准差	平均值	离散系数	标准差	平均值	离散系数
吉林省	3.868 2	15.153 8	0.255 3	30.803 8	46.001 4	0.669 6
全国平均	6.435 2	17.243 3	0.384 5	27.504 7	51.388 9	0.546 6

从一级、二级指标评价结果可以看出，不同指标之间发展不均衡，表现出不同的优劣势，对各自隶属的上一级指标以及农村现代化整体水平具有不同方向、不同程度的影响。为了直观地展示各项指标的优劣势及其发展的均衡程度，将各级指标评价值得分绘制折线图，图中横线为农村现代化水平省域排名，相当于基准线，详见图10-4。各项指标评价值与基准线的位置关系及其距离基准线的远近反映了不同指标对农村现代化水平的作用方向、程度以及指标间发展的均衡性。

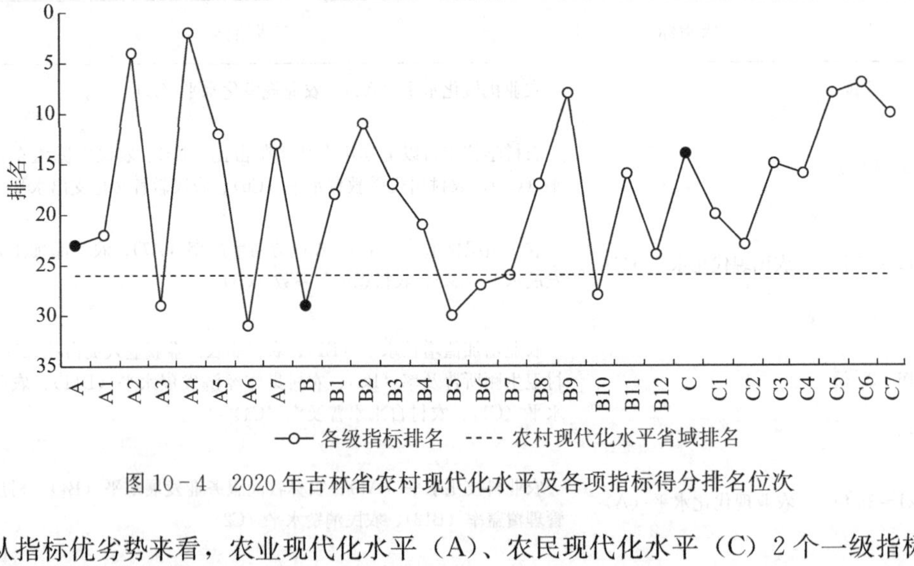

图10-4　2020年吉林省农村现代化水平及各项指标得分排名位次

从指标优劣势来看，农业现代化水平（A）、农民现代化水平（C）2个一级指标和农业科技化水平（A1）、农业机械化水平（A2）、农业规模化水平（A4）、农民组织化水平（A5）、农业劳动生产率（A7）、农业增加值增长水平（B1）、农产品加工业产值发展水平（B2）、农村非农产业就业人员占比（B3）、农林牧渔服务业发展水平（B4）、农村卫生厕所普及率（B8）、农村学校本科以上学历专任教师占比（B9）、农村集体经济发展水平

(B11)、村庄规划管理覆盖率（B12)、农民收入水平（C1)、农民消费水平（C2)、农村恩格尔系数（C3)、农村自来水普及率（C4)、农民家庭汽车拥有水平（C5)、农村居民受教育水平（C6)、农民教育文化支出水平（C7）等20个二级指标评价值位于基准线上方，属于农村现代化推进过程中的优势指标，对提升农村现代化水平起到正向带动作用，特别是农业科技化水平（A1)、农业规模化水平（A4)、农产品加工业产值发展水平（B2)、农村学校本科以上学历专任教师占比（B9）等指标评价值与基准线距离较远，意味着这些指标对于农村现代化发展的正向拉动作用显著；狭义农村现代化水平（B）一级指标和农田水利化水平（A3)、土地生产率（A6)、化学投入品使用合理化程度（B5)、单位农业增加值能源消耗量（B6)、乡镇文化站覆盖率（B10）5个二级指标评价值位于基准线下方，属于农村现代化推进过程中的劣势指标，对提升农村现代化水平产生了逆向的制约影响，尤其是土地生产率（A6)、化学投入品使用合理化程度（B5）等指标评价值与基准线的距离较远，意味着这些指标对于推进农村现代化的逆向制约影响很大。

（四）对策建议

根据评价和分析结果，吉林省推进乡村全面振兴、加快农业农村现代化，应坚持扬长补短原则，采取更有针对性的对策措施。对于提升农村现代化水平起着正向拉动作用的优势指标，要进一步做大做强；对于产生逆向制约影响的劣势指标，要尽力缩小差距，弥补短板。今后的重点：一是推进农业科技化、数字化进程，应用先进生产技术，降低能源消耗，减少有害物质排放，提高土地生产率，提高农民组织化水平；二是提高农产品加工业产值发展水平，守牢耕地保护红线的同时，合理开发、规划、利用土地，发展农村集体经济，创造新的就业机会，形成新的农村经济增长点；三是完善基础设施和农村教育、医疗体系建设，建立连贯、优质的教育体系与配套设施，做到幼有所育、学有所教、老有所得，提高乡镇医院的医疗服务水平，完善农民社会保障体系，在不断发展中保障和改善民生，促进社会公平正义。

三、黑龙江省农村现代化水平评价

黑龙江省位于中国东北地区北部，面积47.3万平方千米，辖13个市（地），58个市（地）辖区、67个县（市），902个乡镇，9 026个行政村。2022年末常住总人口3 099万人，其中乡村人口1 047万人，占33.8%。乡村户数453.8万户，乡村就业人员550.0万人。2022年，全省地区生产总值15 901亿元，其中第一产业增加值3 609.9亿元，占22.7%。农村居民人均可支配收入18 577元。

黑龙江是中国农业大省，是全国最重要的商品粮基地和粮食战略后备基地，农业特别是粮食生产在全国占有重要的战略地位，肩负着保障国家粮食安全、生态安全的重任。黑龙江省现有耕地2.574 9亿亩，约占全国1/9，位居全国之首。习近平总书记给予黑龙江省“中华大粮仓”、维护国家粮食安全“压舱石”的高度评价。黑龙江省粮食综合产能、农机化建设、规模化生产、绿色食品产业等领域全国领先。

（一）评价结果

2010年以来，黑龙江省农村现代化水平呈稳步上升趋势。2020年，黑龙江省农村现代化水平评价得分为47.18，在全国31个省份中排名第22位，与2010年相比，评价得分提高 5.06 个点，排名下降了 13 位，处于农村现代化起步阶段的初期，详见图 10-5。

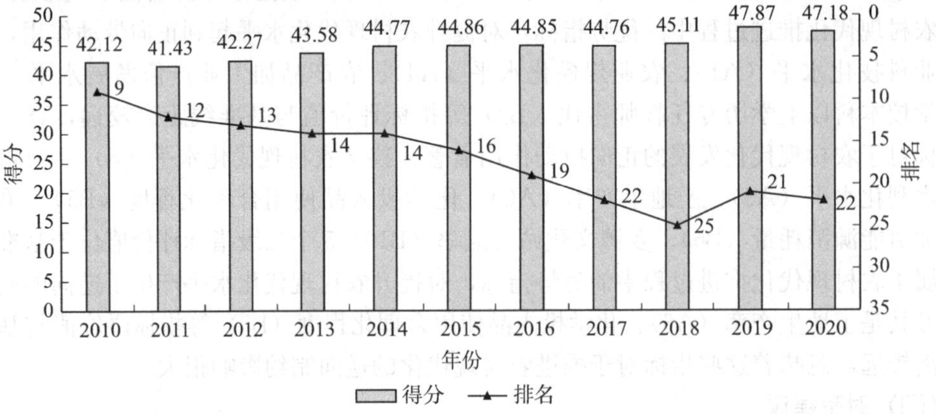

图 10-5 黑龙江省农村现代化水平

从一级指标评价结果来看（表 10-9），黑龙江省农业现代化水平 2010 年评价得分 9.88，排名第 15 位；2020 年评价得分 11.87，提高 1.99 点，排名第 11 位，上升了 4 位。狭义农村现代化水平 2010 年评价得分 17.02，排名第 22 位；2020 年评价得分 18.06，提高 1.04 点，排名第 30 位，下降了 8 位。农民现代化水平 2010 年评价得分 15.22，排名第 6 位；2020 年评价得分 17.25，提高 2.03 点，排名第 6 位，排名没有变化。

表 10-9 黑龙江省农村现代化水平一级指标评价结果

年份	项目	农村现代化总体水平	农业现代化水平（A）	狭义农村现代化水平（B）	农民现代化水平（C）
2010	得分	42.12	9.88	17.02	15.22
	排名	9	15	22	6
2011	得分	41.43	10.28	16.94	14.21
	排名	12	14	23	6
2012	得分	42.27	10.79	16.35	15.12
	排名	13	14	26	6
2013	得分	43.58	11.37	16.46	15.75
	排名	14	10	25	6
2014	得分	44.77	11.61	16.87	16.29
	排名	14	9	25	6
2015	得分	44.86	11.4	17.22	16.24
	排名	16	10	25	6
2016	得分	44.85	11.41	17.22	16.22
	排名	19	18	27	6

（续）

年份	项目	农村现代化总体水平	农业现代化水平（A）	狭义农村现代化水平（B）	农民现代化水平（C）
2017	得分	44.76	11.69	16.34	16.73
	排名	22	9	31	6
2018	得分	45.11	11.3	17.08	16.74
	排名	25	11	31	6
2019	得分	47.87	11.86	19	17.01
	排名	21	9	30	6
2020	得分	47.18	11.87	18.06	17.25
	排名	22	11	30	6
变化	得分	5.06	1.99	1.04	2.03
	排名	−13	4	−8	0

从二级指标评价结果来看，黑龙江省的农业规模化水平、农业机械化水平、农业增加值增长水平等指标评价得分排在全国前列，其中农业规模化水平、农业机械化水平和农业增加值增长水平等3个指标排在全国首位。纵向比较，绝大多数二级指标评价得分呈不断提高趋势，其中提高幅度最大的前3个指标是农村学校本科以上学历专任教师占比、农村自来水普及率和农民家庭汽车拥有水平，2010—2020年分别提高了24.54点、24.06点和17.93点；二级指标得分在全国的排名有升有降，上升幅度最大的前3个指标是农田水利化水平、农业劳动生产率、农村居民受教育水平，分别上升了9位、7位和7位，详见表10-10。

（二）分段比较分析

将省域农村现代化水平评价指标得分从高到低分段，按照5个位次为一段，将全国31个省（自治区、直辖市）分成6段，最后一段为6个省份。通过分段对比分析，可以看出黑龙江省农村现代化水平在全国所处的相对位置。

2020年，黑龙江省农村现代化总体水平得分47.18，在全国31个省份中排名第22位，处于第5段位。横向比较，比全国31个省份得分均值（51.73）低4.55点，比最高得分的江苏省低19.85点，比最低得分的西藏自治区高出5.07点。这反映出，黑龙江省农村现代化总体水平偏低，与先进水平相比差距较大。

从一级指标评价结果看，黑龙江省农业现代化水平（A）、狭义农村现代化水平（B）和农民现代化水平（C）得分在全国31个省份中排名分别为第11位、第30位和第6位，分别处于第3段位、第6段位和第2段位。在3个一级指标中，农民现代化水平相对较高，狭义农村现代化水平相对较低，农业现代化水平居于中间。具体比较，黑龙江省农业现代化水平评价得分11.87，略高于本段内各省份得分均值，比上一个段位各省份得分均值低0.52点，比最高得分的江苏省低3.74点，比下一个段位各省份得分均值高0.69点，比全国31个省份得分均值高0.53点，比最低得分的西藏自治区高3.89点；狭义农村现代化水平评价得分18.06，略低于本段内各省份得分均值，比上一个段位各省份得分均值

表 10-10 黑龙江省农业现代化水平二级指标评价结果（1）

指标	项目	2010年	2011年	2012年	2013年	2014年	2015年	2016年	2017年	2018年	2019年	2020年	变化
A1 农业科技化水平	得分	68.82	70.00	71.18	72.35	73.53	74.71	77.06	78.24	79.41	80.59	80.35	11.53
	排名	6	5	5	4	4	4	4	5	5	5	5	1
A2 农业机械化水平	得分	89.47	89.23	88.99	90.65	92.30	92.90	95.30	96.50	97.00	98.80	98.00	8.53
	排名	1	1	1	1	1	1	1	1	1	1	1	0
A3 农田水利化水平	得分	24.44	27.34	32.00	33.67	33.45	34.89	37.43	38.06	38.62	38.99	38.95	14.51
	排名	30	27	22	22	22	22	21	20	21	21	21	9
A4 农业规模化水平	得分	53.98	52.64	55.87	60.25	62.73	64.11	61.64	61.82	54.79	54.79	63.38	9.40
	排名	1	1	1	1	1	1	1	1	1	1	1	0
A5 农民组织化水平	得分	9.38	11.92	12.41	22.78	25.88	27.03	24.94	18.93	17.83	17.83	26.98	17.60
	排名	10	10	15	3	4	4	8	15	16	16	11	—1
A6 土地生产率	得分	10.46	12.92	15.48	17.51	16.61	15.16	13.60	19.18	18.55	17.54	17.60	7.14
	排名	31	30	29	29	29	29	28	26	26	27	28	3
A7 农业劳动生产率	得分	35.51	39.32	44.44	49.01	52.13	46.28	44.27	40.54	31.86	44.11	41.22	5.71
	排名	11	6	4	2	1	2	2	3	4	2	4	7

表 10-10 黑龙江省狭义农村现代化水平二级指标评价结果（2）

指标	项目	2010 年	2011 年	2012 年	2013 年	2014 年	2015 年	2016 年	2017 年	2018 年	2019 年	2020 年	变化
B1 农业增加值增长水平	得分	61.99	63.91	65.08	66.79	66.79	66.15	65.72	65.86	63.61	63.69	70.58	8.59
	排名	5	4	4	4	2	2	2	2	2	2	1	4
B2 农产品加工业产值发展水平	得分	14.88	13.15	10.88	10.10	11.46	8.80	7.80	7.81	7.35	7.35	6.68	−8.20
	排名	20	21	22	22	23	23	25	25	25	25	25	−5
B3 农村非农产业就业人员占比	得分	48.55	48.50	47.88	48.56	54.37	50.18	49.10	39.15	29.80	49.66	41.61	−6.94
	排名	23	23	24	23	21	19	19	25	26	20	22	1
B4 农林牧渔服务业发展水平	得分	14.28	14.28	14.28	14.28	14.28	15.91	17.64	18.57	20.18	20.48	19.69	5.41
	排名	24	24	24	24	24	24	23	24	23	25	25	−1
B5 化学投入品使用合理化程度	得分	−9.25	−15.86	−20.78	−24.44	−28.76	−26.32	−25.35	−25.56	−17.38	−4.34	−1.93	7.32
	排名	29	29	27	27	26	25	24	27	27	26	26	3
B6 单位农业增加值能源消耗量	得分	3.14	−0.53	−18.95	−21.05	−21.51	−24.51	−32.34	−41.48	−30.27	−23.43	−40.15	−43.29
	排名	8	13	26	26	27	27	28	28	29	29	29	−21
B7 农村生活废弃物无害化处理水平	得分	3.22	3.25	3.25	3.75	3.80	13.50	16.20	13.76	15.71	20.00	20.91	17.69
	排名	30	30	30	30	31	29	29	31	31	31	31	−1
B8 农村卫生厕所普及率	得分	66.80	70.00	70.70	72.70	74.40	75.90	80.40	72.30	73.00	74.00	76.97	10.17
	排名	14	13	14	15	15	16	14	24	24	24	24	−10
B9 农村学校本科以上学历专任教师占比	得分	39.12	39.85	42.15	44.86	48.10	51.06	54.38	58.77	60.92	62.42	63.66	24.54
	排名	14	19	20	20	21	21	22	23	24	24	24	−10
B10 乡镇文化站覆盖率	得分	70.42	70.42	70.42	70.37	73.11	75.19	75.19	75.19	70.42	70.42	69.35	−1.07
	排名	24	24	25	24	23	22	22	22	24	24	23	1
B11 农村集体经济发展水平	得分	30.33	30.63	31.73	30.01	29.59	30.36	28.12	27.69	34.26	34.26	30.34	0.01
	排名	15	14	13	15	13	15	17	20	20	20	19	−4
B12 村庄规划管理覆盖率	得分	44.98	47.36	49.15	52.93	54.28	52.38	52.86	53.48	54.95	56.00	44.99	0.01
	排名	16	18	21	21	20	22	24	25	25	25	16	0

表 10-10　黑龙江省农民现代化水平二级指标评价结果（3）

指标	项目	2010 年	2011 年	2012 年	2013 年	2014 年	2015 年	2016 年	2017 年	2018 年	2019 年	2020 年	变化
C1 农民收入水平	得分	33.07	35.43	35.66	37.83	36.24	35.57	35.20	34.80	35.17	35.37	36.89	3.82
	排名	11	10	10	10	12	13	16	18	17	19	18	−7
C2 农民消费水平	得分	25.67	26.79	26.16	28.86	30.80	30.84	32.17	33.91	34.30	35.07	36.32	10.65
	排名	11	11	14	12	18	21	18	16	15	15	19	−8
C3 农村恩格尔系数	得分	100.0	93.42	95.61	99.46	100.0	100.0	100.0	100.0	100.0	100.0	85.05	−14.95
	排名	1	15	16	14	1	1	1	1	1	1	23	−22
C4 农村自来水普及率	得分	66.60	66.60	68.40	72.20	75.10	73.30	74.19	80.25	86.09	89.35	90.66	24.06
	排名	10	11	11	12	10	13	15	11	9	9	9	1
C5 农民家庭汽车拥有水平	得分	63.89	51.04	74.71	75.69	75.69	76.27	71.88	82.74	75.54	74.39	81.82	17.93
	排名	2	3	2	3	5	4	6	4	4	6	4	−2
C6 农村居民受教育水平	得分	74.68	73.88	72.17	74.13	73.48	72.03	70.97	71.19	73.20	74.62	81.66	6.98
	排名	13	15	19	12	15	16	20	17	17	14	6	7
C7 农民教育文化支出水平	得分	55.99	39.02	42.58	43.07	57.11	59.45	62.11	59.49	57.40	60.80	63.33	7.34
	排名	1	1	1	1	2	1	1	2	3	3	7	−6

低 2.79 点，比最高得分的江苏省低 15.12 点，比全国 31 个省份得分均值低 5.88 点，比最低得分的广西壮族自治区高 0.5 点；农民现代化水平评价得分 17.25，略高于本段内各省份得分均值，比上一个段位各省份得分均值低 2.17 点，比最高得分的北京市低 3.57 点，比下一个段位各省份得分均值高 0.61 点，比全国 31 个省份得分均值高 0.81 点，比最低得分的西藏自治区高 4.68 点。

从 26 个二级指标评价结果看，黑龙江省有 6 个二级指标处在第 1 段位，占比 23.08%；3 个二级指标处于第 2 段位，占比 11.54%；1 个二级指标在第 3 段位，占比 3.85%；4 个二级指标在第 4 段位，占比 15.38%；8 个二级指标在第 5 段位，占比 30.77%；4 个二级指标处于第 6 段位，占比 15.38%（表 10-11）。

表 10-11　2020 年黑龙江省农村现代化水平各级指标位次分段

分段	位次	一级指标	二级指标
1	1～5 位		农业科技化水平（A1）、农业机械化水平（A2）、农业规模化水平（A4）、农业劳动生产率（A7）、农业增加值增长水平（B1）、农民家庭汽车拥有水平（C5）
2	6～10 位	农民现代化水平（C）	农村自来水普及率（C4）、农村居民受教育水平（C6）、农民教育文化支出水平（C7）
3	11～15 位	农业现代化水平（A）	农民组织化水平（A5）
4	16～20 位		农村集体经济发展水平（B11）、村庄规划管理覆盖率（B12）、农民收入水平（C1）、农民消费水平（C2）
5	21～25 位		农田水利化水平（A3）、农产品加工业产值发展水平（B2）、农村非农产业就业人员占比（B3）、农林牧渔服务业发展水平（B4）、农村卫生厕所普及率（B8）、农村学校本科以上学历专任教师占比（B9）、乡镇文化站覆盖率（B10）、农村恩格尔系数（C3）
6	26～31 位	狭义农村现代化水平（B）	土地生产率（A6）、化学投入品使用合理化程度（B5）、单位农业增加值能源消耗量（B6）、农村生活废弃物无害化处理水平（B7）

（三）指标均衡性与优劣势分析

从指标“离散系数”即各级指标评价得分标准差与其平均值的比值来看（表 10-12），黑龙江省农村现代化水平一级指标评价分值的标准差接近于 4，离散系数较小，为 0.213 9，低于全国平均离散系数，说明黑龙江省农村现代化一级指标之间发展较均衡，且均衡程度高于全国平均水平；黑龙江省农村现代化水平二级指标评价分值的离散系数较大，为 0.688 4，高于全国平均离散系数，说明黑龙江省农业科技创新能力二级指标之间发展不够均衡，且均衡程度低于全国平均水平。

表 10-12　黑龙江省农村现代化水平各级指标均衡性对比

项目	一级指标			二级指标		
	标准差	平均值	离散系数	标准差	平均值	离散系数
黑龙江省	3.364 4	15.726 7	0.213 9	32.960 6	47.88	0.688 4
全国平均	6.435 2	17.243 3	0.384 5	27.504 7	51.388 9	0.546 6

从一级、二级指标评价结果可以看出，不同指标之间发展不均衡，表现出不同的优劣势，对各自隶属的上一级指标以及农村现代化整体水平具有不同方向、不同程度的影响。为了直观地展示各项指标的优劣势及其发展的均衡程度，将各级指标评价值得分绘制折线图，图中横线为农村现代化水平省域排名，相当于基准线，详见图 10-6。各项指标评价值与基准线的位置关系及其距离基准线的远近反映了不同指标对农村现代化水平的作用方向、程度以及指标间发展的均衡性。

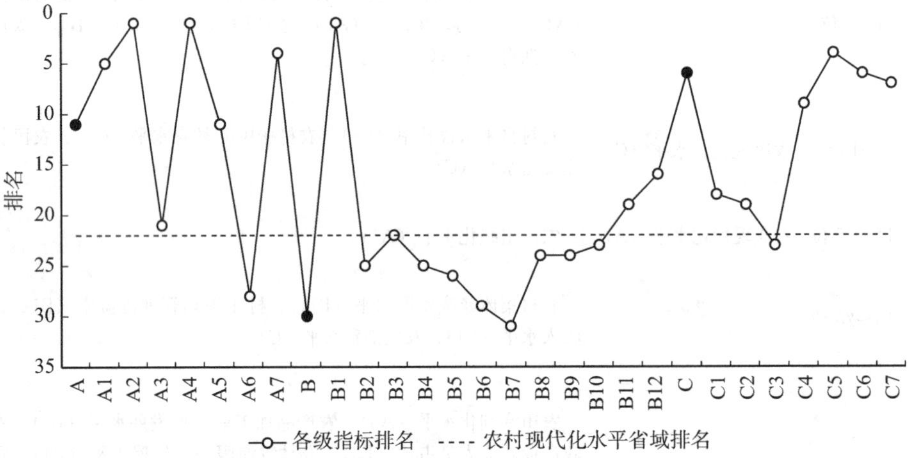

图 10-6　2020 年黑龙江省农村现代化水平及各项指标得分排名位次

从指标优劣势来看，农业现代化水平（A）、农民现代化水平（C）2 个一级指标和农业科技化水平（A1）、农业机械化水平（A2）、农田水利化水平（A3）、农业规模化水平（A4）、农民组织化水平（A5）、农业劳动生产率（A7）、农业增加值增长水平（B1）、农村集体经济发展水平（B11）、村庄规划管理覆盖率（B12）、农民收入水平（C1）、农民消费水平（C2）、农村自来水普及率（C4）、农民家庭汽车拥有水平（C5）、农村居民受教育水平（C6）、农民教育文化支出水平（C7）等 15 个二级指标评价值位于基准线上方，属于农村现代化推进过程中的优势指标，对提升农村现代化水平起到正向带动作用，特别是农业机械化水平（A2）、农业规模化水平（A4）、农业劳动生产率（A7）、农业增加值增长水平（B1）、农民家庭汽车拥有水平（C5）等指标评价值与基准线距离较远，意味着这些指标对于农村现代化发展的正向拉动作用显著；狭义农村现代化水平（B）一级指标和土地生产率（A6）、农产品加工业产值发展水平（B2）、农林牧渔服务业发展水平（B4）、化学投入品使用合理化程度（B5）、单位农业增加值能源消耗量（B6）、农村生活废弃物无害化处理水平（B7）、农村卫生厕所普及率（B8）、农村学校本科以上学历专任教师（B9）、乡镇文化站覆盖率（B10）、农村恩格尔系数（C3）等10个二级指标评价值位于基准线下方，属于农村现代化推进过程中的劣势指标，对提升农村现代化水平产生了逆向的制约影响，尤其是狭义农村现代化水平（B）、农村生活废弃物无害化处理水平（B7）等指标评价值与基准线的距离较远，意味着这些指标对于推进农村现代化的逆向制约影响很大。

（四）对策建议

根据评价和分析结果，黑龙江省推进乡村全面振兴、加快农业农村现代化，应坚持扬长补短原则，采取更有针对性的对策措施。对于提升农村现代化水平起着正向拉动作用的优势指标，要进一步做大做强；对于产生逆向制约影响的劣势指标，要尽力缩小差距，弥补短板。今后的重点：一是努力提高土地生产率，通过推广现代农业技术和加快农业机械化进程，如引进智能化设备等，提高土地的生产力和农业生产的自动化水平，提高土地的利用效率和生产效益；二是加强农村基础设施建设和公共服务设施建设，改善农村的交通、水利、电力及通信条件，推动优质的教育、医疗和社会保障资源向农村地区倾斜；三是努力缩小城乡收入差距，通过发展农村产业，提供更多的就业机会和平台，加强对农民的教育和培训以及完善社会保障机制等，提高农村居民的收入水平和生活品质，实现城乡融合发展。

第十一章

华东地区农村现代化水平评价分析

一、上海市农村现代化水平评价

上海市位于中国东部地区南部，面积 6 340.5 万平方千米，辖 16 个市辖区，215 个乡镇，1 556 个行政村。2022 年末常住总人口 2 475.89 万人，其中乡村人口 266.15 万人，占 10.75%。乡村户数 130 万户（2020 年），乡村就业人员 168 万人。2022 年，上海市地区生产总值 44 652.8 亿元，其中第一产业增加值 96.95 亿元，占 0.22%。农村居民人均可支配收入39 729 元。上海市农产品供给基本稳定，绿色农业发展总体向好；美丽乡村建设稳步推进，人居环境改善有序开展；农村居民收入水平稳步提高。

（一）评价结果

2010 年以来，上海市农村现代化水平呈稳步发展趋势。2020 年，上海市农村现代化水平评价得分为 65.16，在全国 31 个省份中排名第 3 位，与 2010 年相比，评价得分提高 3.02 个点，排名下降了 2 位，处于农村现代化起步阶段的后期，详见图 11－1。

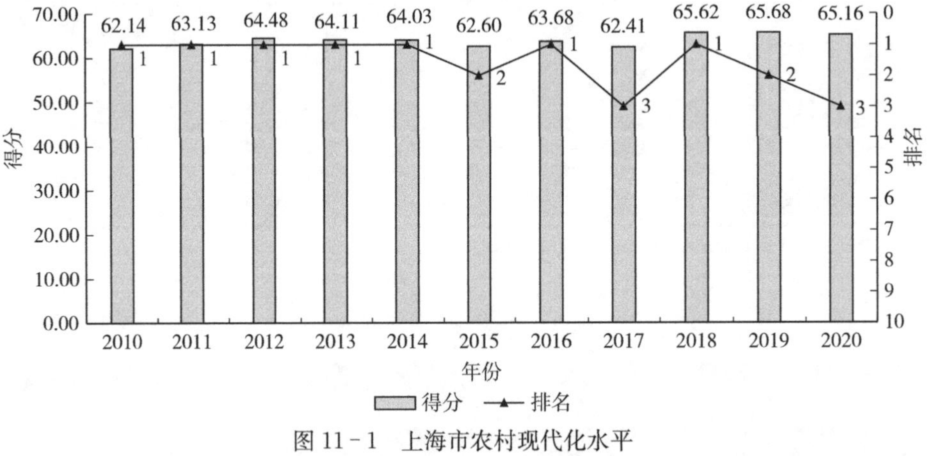

图 11－1　上海市农村现代化水平

从一级指标评价结果来看（表 11－1），上海市农业现代化水平 2010 年评价得分 16.27，排名第 1 位；2020 年评价得分 13.68，下降 2.59 点，排名第 4 位，下降了 3 位。狭义农村现代化水平 2010 年评价得分 28.37，排名第 1 位；2020 年评价得分 31.41，提高 3.04 点，排名第 3 位，下降了 2 位。农民现代化水平 2010 年评价得分 17.50，排名第 1 位；2020 年评价得分 20.07，提高 2.57 点，排名第 2 位，下降了 1 位。

表 11-1 上海市农村现代化水平一级指标评价结果

年份	项目	农村现代化总体水平	农业现代化水平（A）	狭义农村现代化水平（B）	农民现代化水平（C）
2010	得分	62.14	16.27	28.37	17.50
	排名	1	1	1	1
2011	得分	63.13	16.50	29.65	16.98
	排名	1	1	1	2
2012	得分	64.48	15.87	29.45	19.16
	排名	1	1	1	1
2013	得分	64.11	15.53	29.66	18.92
	排名	1	1	2	2
2014	得分	64.03	15.26	30.26	18.51
	排名	1	1	2	3
2015	得分	62.60	14.61	29.48	18.51
	排名	2	2	2	4
2016	得分	63.68	13.97	30.37	19.34
	排名	1	3	2	3
2017	得分	62.41	14.77	28.26	19.38
	排名	3	2	4	2
2018	得分	65.62	14.42	32.39	18.80
	排名	1	3	1	2
2019	得分	65.68	14.00	32.29	19.40
	排名	2	4	2	2
2020	得分	65.16	13.68	31.41	20.07
	排名	3	4	3	2
变化	得分	3.02	−2.59	3.04	2.57
	排名	−2	−3	−2	−1

从二级指标评价结果来看，上海市的农业科技化水平、农业机械化水平、农田水利化水平、农产品加工业产值发展水平、农林牧渔服务业发展水平、化学投入品使用合理化程度、农村生活废弃物无害化处理水平、农村学校本科以上学历专任教师占比、农村集体经济发展水平、农民收入水平、农民消费水平、农民家庭汽车拥有水平、农村居民受教育水平等指标评价得分排在全国前列，其中农业科技化水平、农产品加工业产值发展水平、化学投入品使用合理化程度、农村生活废弃物无害化处理水平、农村集体经济发展水平、农民收入水平、农民消费水平等指标排在全国首位。纵向比较，绝大多数二级指标评价得分呈不断提高趋势，其中提高幅度最大的前 3 个指标是农民家庭汽车拥有水平、化学投入品使用合理化程度、农村学校本科以上学历专任教师占比，2010—2020 年分别提高了 87.28 点、50.84 点和 44.48 点；二级指标得分在全国的排名有升有降，上升幅度最大的前 3 个指标是农民家庭汽车拥有水平、农业机械化水平、农林牧渔服务业发展水平，分别上升了 28 位、10 位和 8 位，详见表 11-2。

表 11-2　上海市农业现代化水平二级指标评价结果（1）

指标	项目	2010 年	2011 年	2012 年	2013 年	2014 年	2015 年	2016 年	2017 年	2018 年	2019 年	2020 年	变化
A1 农业科技化水平	得分	70.59	72.94	75.29	77.65	81.18	82.35	83.29	86.59	88.83	91.08	94.12	23.53
	排名	3	2	2	2	2	1	2	1	1	1	1	2
A2 农业机械化水平	得分	60.95	67.48	74.00	76.00	80.00	83.00	87.00	89.30	93.00	96.15	95.00	34.05
	排名	12	9	5	5	4	5	3	2	2	2	2	10
A3 农田水利化水平	得分	100	100	100	97.93	97.82	99.16	99.53	99.58	99.58	99.58	86.12	−13.88
	排名	1	1	1	1	1	1	1	1	1	1	3	−2
A4 农业规模化水平	得分	30.31	29.45	30.55	33.32	36.22	37.38	37.98	38.20	27.39	27.39	36.77	6.46
	排名	5	6	6	4	4	4	4	4	13	13	8	−3
A5 农民组织化水平	得分	6.78	9.95	5.44	5.65	5.86	5.07	5.35	5.20	5.18	5.18	3.83	−2.95
	排名	22	16	27	27	28	28	29	29	29	29	31	−9
A6 土地生产率	得分	100	100	96.51	89.15	78.69	70.47	58.39	66.90	63.34	56.04	49.68	−50.32
	排名	1	1	2	3	3	3	6	5	5	6	9	−8
A7 农业劳动生产率	得分	61.89	58.62	40.56	38.64	39.56	32.11	30.61	30.27	24.43	19.91	19.19	−42.70
	排名	1	1	6	7	6	11	10	6	7	21	25	−24

表 11-2　上海市狭义农村现代化水平二级指标评价结果（2）

指标	项目	2010 年	2011 年	2012 年	2013 年	2014 年	2015 年	2016 年	2017 年	2018 年	2019 年	2020 年	变化
B1 农业增加值增长水平	得分	51.37	53.48	52.56	51.31	52.20	44.23	47.54	49.81	46.29	47.48	45.49	−5.88
	排名	31	29	30	31	31	31	30	30	31	31	31	0
B2 农产品加工业产值发展水平	得分	100	100	97.63	100	99.67	100	100	100	100	100	100	0.00
	排名	1	1	2	1	2	1	1	1	1	1	1	0
B3 农村非农产业就业人员占比	得分	84.56	84.84	79.25	79.05	79.75	78.09	78.46	0.80	79.24	73.71	69.12	−15.44
	排名	4	4	8	7	7	7	7	31	7	9	10	−6
B4 农林牧渔服务业发展水平	得分	26.69	26.69	26.69	26.69	26.69	28.80	27.76	29.55	48.36	44.48	47.10	20.41
	排名	11	11	11	11	11	12	12	15	2	5	3	8
B5 化学投入品使用合理化程度	得分	4.07	8.17	15.72	21.97	26.87	30.39	36.97	41.10	45.39	51.69	54.91	50.84
	排名	3	3	1	1	1	1	1	1	1	1	1	2
B6 单位农业增加值能源消耗量	得分	−4.02	−7.34	−11.92	−22.72	−17.49	−34.36	−39.04	−27.22	−35.26	−39.29	−57.22	−53.20
	排名	18	20	21	28	26	28	29	27	30	30	30	−12
B7 农村生活废弃物无害化处理水平	得分	89.55	89.85	93.85	93.90	94.35	99.00	98.00	98.50	99.00	100	100	10.45
	排名	1	1	1	1	1	1	1	1	1	1	1	0
B8 农村卫生厕所普及率	得分	97.60	98.00	98.00	98.80	96.50	98.60	99.10	99.20	99.50	100	99.90	2.30
	排名	1	1	1	1	2	1	2	1	1	1	6	−5
B9 农村学校本科以上学历专任教师占比	得分	47.14	69.56	72.25	76.23	79.56	81.19	84.61	88.31	90.67	90.72	91.62	44.48
	排名	6	2	2	2	2	2	2	2	2	2	3	3
B10 乡镇文化站覆盖率	得分	54.07	54.07	53.37	52.40	52.15	50.47	50.47	50.47	54.07	54.07	49.77	−4.30
	排名	30	30	30	31	31	31	31	31	30	30	31	−1
B11 农村集体经济发展水平	得分	75.45	76.51	74.38	75.78	77.64	75.98	82.29	85.18	85.73	85.73	87.08	11.63
	排名	1	2	2	2	2	2	1	2	1	1	1	0
B12 村庄规划管理覆盖率	得分	48.77	49.70	47.66	50.03	48.39	48.60	49.74	50.79	51.86	53.00	48.78	0.01
	排名	14	15	23	24	23	24	25	26	26	26	15	−1

表 11-2 上海市农民现代化水平二级指标评价结果（3）

指标	项目	2010 年	2011 年	2012 年	2013 年	2014 年	2015 年	2016 年	2017 年	2018 年	2019 年	2020 年	变化
C1 农民收入水平	得分	74.43	74.92	73.79	76.94	73.47	74.39	75.92	76.45	77.39	78.37	79.64	5.21
	排名	1	1	1	1	1	1	1	1	1	1	1	0
C2 农民消费水平	得分	59.70	55.49	54.76	60.29	58.29	59.36	58.27	58.29	59.99	63.01	64.92	5.22
	排名	1	2	1	1	1	1	3	3	2	1	1	0
C3 农村恩格尔系数	得分	95.75	88.79	89.40	93.39	83.37	84.76	87.26	84.62	74.43	75.79	74.61	−21.14
	排名	8	18	20	19	22	21	21	25	30	29	29	−21
C4 农村自来水普及率	得分	98.50	98.00	98.20	99.90	99.90	100	100	98.70	91.78	92.12	91.94	−6.56
	排名	1	1	1	2	1	1	1	1	5	4	7	−6
C5 农民家庭汽车拥有水平	得分	1.19	2.75	69.02	60.56	60.56	53.91	69.54	77.78	74.14	81.98	88.47	87.28
	排名	31	31	3	6	9	11	8	6	6	3	3	28
C6 农村居民受教育水平	得分	77.60	78.44	82.36	66.63	75.23	76.20	79.97	77.14	78.82	79.47	87.74	10.14
	排名	3	2	2	25	8	4	2	5	5	4	2	1
C7 农民教育文化支出水平	得分	29.66	24.45	25.57	23.38	21.71	22.08	24.77	23.98	21.37	23.50	25.31	−4.35
	排名	10	15	15	16	30	31	30	30	31	31	31	−21

（二）分段比较分析

将省域农村现代化水平评价指标得分从高到低分段，按照5个位次为一段，将全国31个省（自治区、直辖市）分成6段，最后一段为6个省份。通过分段对比分析，可以看出上海市农村现代化水平在全国所处的相对位置。

2020年，上海市农村现代化总体水平得分65.16，在全国31个省份中排名第3位，处于第1段位。横向比较，比全国31个省份得分均值（51.73）高13.43点，比最高得分的江苏省低1.87点，比最低得分的西藏自治区高出23.05点。这反映出，上海市农村现代化总体水平较高，处于先进水平。

从一级指标评价结果看，上海市农业现代化水平（A）、狭义农村现代化水平（B）和农民现代化水平（C）得分在全国31个省份中排名分别为第4位、第3位和第2位，均处于第1段位。在3个一级指标中，农民现代化水平相对较高，农业现代化水平相对较低，狭义农村现代化水平居于中间。具体比较，上海市农业现代化水平评价得分13.68，略低于本段内各省份得分均值，比最高得分的江苏省低1.93点，比下一个段位各省份得分均值高1.29点，比全国31个省份得分均值高2.33点，比最低得分的西藏自治区高5.70点；狭义农村现代化水平评价得分31.41，略高于本段内各省份得分均值，比最高得分的江苏省低1.77点，比全国31个省份得分均值高7.47点，比最低得分的广西壮族自治区高13.85点；农民现代化水平评价得分20.07，略高于本段内各省份得分均值，比最高得分的北京市低0.75点，比下一个段位各省份得分均值高3.05点，比全国31个省份得分均值高3.63点，比最低得分的西藏自治区高7.5点。

从26个二级指标评价结果看，上海市有13个二级指标处在第1段位，占比50.00%；5个二级指标处于第2段位，占比19.23%；1个二级指标在第3段位，占比3.85%；1个二级指标在第5段位，占比3.85%；6个二级指标处于第6段位，占比23.08%（表11-3）。

表11-3　2020年上海市农村现代化水平各级指标位次分段

分段	位次	一级指标	二级指标
1	1～5位	农业现代化水平（A）、狭义农村现代化水平（B）、农民现代化水平（C）	农业科技化水平（A1）、农业机械化水平（A2）、农田水利化水平（A3）、农产品加工业产值发展水平（B2）、农林牧渔服务业发展水平（B4）、化学投入品使用合理化程度（B5）、农村生活废弃物无害化处理水平（B7）、农村学校本科以上学历专任教师占比（B9）、农村集体经济发展水平（B11）、农民收入水平（C1）、农民消费水平（C2）、农民家庭汽车拥有水平（C5）、农村居民受教育水平（C6）
2	6～10位		农业规模化水平（A4）、土地生产率（A6）、农村非农产业就业人员占比（B3）、农村卫生厕所普及率（B8）、农村自来水普及率（C4）
3	11～15位		村庄规划管理覆盖率（B12）
4	16～20位		
5	21～25位		农业劳动生产率（A7）
6	26～31位		农民组织化水平（A5）、农业增加值增长水平（B1）、单位农业增加值能源消耗量（B6）、乡镇文化站覆盖率（B10）、农村恩格尔系数（C3）、农民教育文化支出水平（C7）

（三）指标均衡性与优劣势分析

从指标“离散系数”即各级指标评价得分标准差与其平均值的比值来看（表 11－4），上海市农村现代化水平一级指标评价分值的标准差接近于 7，离散系数较小，为 0.337 6，低于全国平均离散系数，说明上海市农村现代化一级指标之间发展较均衡，且均衡程度高于全国平均水平；上海市农村现代化水平二级指标评价分值的离散系数较大，为 0.573 2，高于全国平均离散系数，说明上海市农业科技创新能力二级指标之间发展不够均衡，且均衡程度低于全国平均水平。

表 11－4　上海市农村现代化水平各级指标均衡性对比

项目	一级指标			二级指标		
	标准差	平均值	离散系数	标准差	平均值	离散系数
上海市	7.333 3	21.719 8	0.337 6	36.021 6	62.842 3	0.573 2
全国平均	6.435 2	17.243 3	0.384 5	27.504 7	51.388 9	0.546 6

从一级、二级指标评价结果可以看出，不同指标之间发展不均衡，表现出不同的优劣势，对各自隶属的上一级指标以及农村现代化整体水平具有不同方向、不同程度的影响。为了直观地展示各项指标的优劣势及其发展的均衡程度，将各级指标评价值得分绘制折线图，图中横线为农村现代化水平省域排名，相当于基准线，详见图 11－2。各项指标评价值与基准线的位置关系及其距离基准线的远近反映了不同指标对农村现代化水平的作用方向、程度以及指标间发展的均衡性。

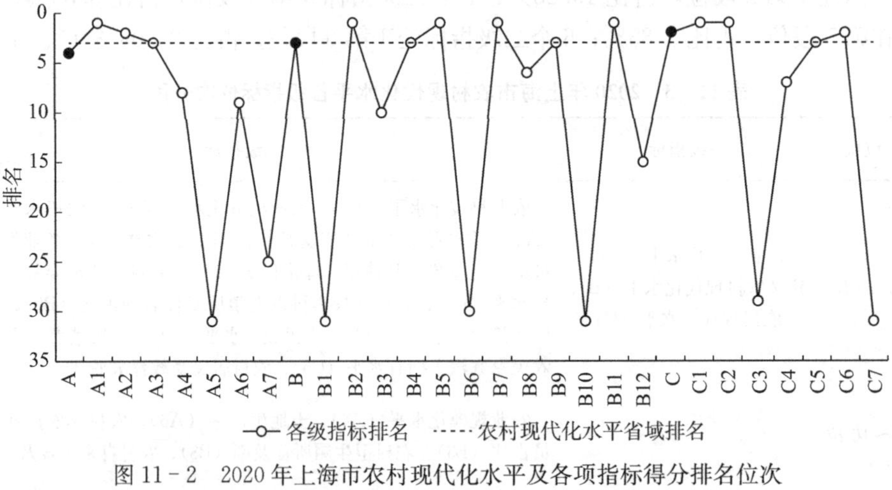

图 11－2　2020 年上海市农村现代化水平及各项指标得分排名位次

从指标优劣势来看，农业科技化水平（A1）、农业机械化水平（A2）、农产品加工业产值发展水平（B2）、化学投入品使用合理化程度（B5）、农村生活废弃物无害化处理水平（B7）、农村集体经济发展水平（B11）、农民收入水平（C1）、农民消费水平（C2）、农村居民受教育水平（C6）等 9 个二级指标评价值位于基准线上方，属于农村现代化推进过程中的优势指标，对提升农村现代化水平起到正向带动作用，特别是农业科技化水平

(A1)、化学投入品使用合理化程度（B5)、农村生活废弃物无害化处理水平（B7）等指标评价值与基准线距离较远，意味着这些指标对于农村现代化发展的正向拉动作用显著；农业规模化水平（A4)、农民组织化水平（A5)、土地生产率（A6)、农业劳动生产率(A7)、农业增加值增长水平（B1)、农村非农产业就业人员占比（B3)、单位农业增加值能源消耗量（B6)、农村卫生厕所普及率（B8)、乡镇文化站覆盖率（B10)、村庄规划管理覆盖率（B12)、农村恩格尔系数（C3)、农村自来水普及率（C4)、农民教育文化支出水平（C7）等13个二级指标评价值位于基准线下方，属于农村现代化推进过程中的劣势指标，对提升农村现代化水平产生了逆向的制约影响，尤其是农民组织化水平（A5)、农业增加值增长水平（B1)、单位农业增加值能源消耗量（B6)、乡镇文化站覆盖率（B10)、农村恩格尔系数（C3)、农民教育文化支出水平（C7）等指标评价值与基准线的距离较远，意味着这些指标对于推进农村现代化的逆向制约影响很大。

(四）对策建议

根据评价和分析结果，上海市推进乡村全面振兴、加快农业农村现代化，应坚持扬长补短原则，采取更有针对性的对策措施。对于提升农村现代化水平起着正向拉动作用的优势指标，要进一步做大做强；对于产生逆向制约影响的劣势指标，要尽力缩小差距，弥补短板。今后的重点：一是努力提高农民组织化水平，进一步推进农业科技化、机械化，引进先进技术设备，降低能源消耗，减少环境破坏，提高农业劳动生产率；二是完善农村基础设施建设，统筹规划乡村发展，提高文化建设投入，加大环境保护力度，积极开展组织活动，提升乡镇医疗体系服务水平；三是努力缩小城乡收入差距，提供就业平台，创造就业机会，全面促进农村非农产业人员就业，完善农村社会保障机制，提高农民收入，丰富农民精神生活，全面建设新时代中国特色社会主义农村新面貌。

二、江苏省农村现代化水平评价

江苏省位于中国东部地区南部，面积10.72万平方千米，辖13个市（地)，55个市(地）辖区、40个县（市)，1 237个乡镇，13 715个行政村。2022年末常住总人口8 515万人，其中乡村人口2 179.84万人，占25.6%。乡村户数1 384.06万户（2021年)，乡村就业人员1 296万人。2022年，江苏省地区生产总值122 875.6亿元，其中第一产业增加值4 959.4亿元，占4.04%。农村居民人均可支配收入28 486元。

江苏省生态类型多样，农业生产条件得天独厚，素有“鱼米之乡”的美誉。江苏省是我国南方最大的粳稻生产省份，也是全国优质弱筋小麦生产优势区。玉米、花生、油菜及多种杂粮、杂豆等特色粮经作物遍布全省，野生中草药材超千种。园艺蔬菜是江苏省第一大经济作物。地方畜禽种质资源丰富，列入省级畜禽遗传资源保护名录品种31个，其中15个被列入国家级畜禽遗传资源保护名录，国家级保种单位数量全国第一。全年粮食总产达376.9亿千克，居全国第8位；粮食单产461.5千克/亩，列全国第5位。

(一）评价结果

2010年以来，江苏省农村现代化水平呈稳步发展趋势。2020年，江苏省农村现代化水平评价得分为67.03，在全国31个省份中排名第1位，与2010年相比，评价得分提高 11.97 个点，排名上升了 2 位，处于农村现代化起步阶段的后期，详见图 11-3。

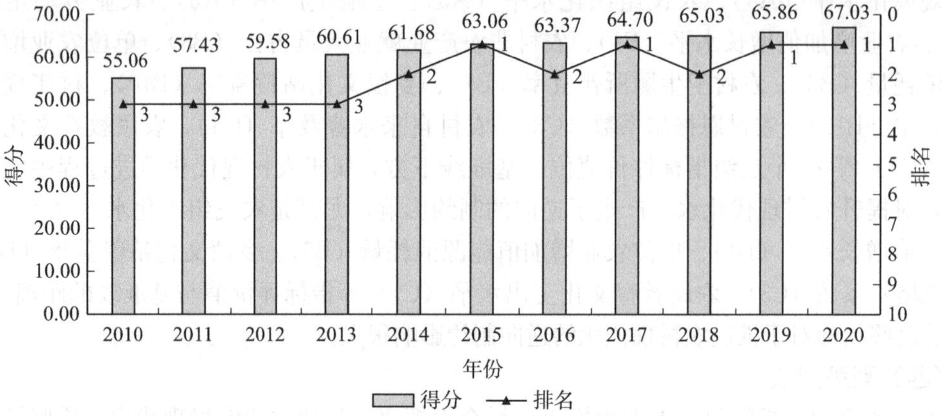

图 11-3　江苏省农村现代化水平

从一级指标评价结果来看（表 11-5），江苏省农业现代化水平 2010 年评价得分 13.06，排名第 3 位；2020 年评价得分 15.61，提高 2.55 点，排名第 1 位，上升了 2 位。狭义农村现代化水平 2010 年评价得分 26.70，排名第 2 位；2020 年评价得分 33.18，提高 6.48 点，排名第 1 位，上升了 1 位。农民现代化水平 2010 年评价得分 15.30，排名第 5 位；2020 年评价得分 18.24，提高 2.94 点，排名第 5 位，保持不变。

表 11-5　江苏省农村现代化水平一级指标评价结果

年份	项目	农村现代化总体水平	农业现代化水平（A）	狭义农村现代化水平（B）	农民现代化水平（C）
2010	得分	55.06	13.06	26.70	15.30
	排名	3	3	2	5
2011	得分	57.43	13.86	27.95	15.62
	排名	3	3	2	4
2012	得分	59.58	14.44	28.66	16.48
	排名	3	3	2	5
2013	得分	60.61	14.60	29.95	16.07
	排名	3	2	1	5
2014	得分	61.68	14.56	30.62	16.51
	排名	2	2	1	5
2015	得分	63.06	15.13	30.79	17.14
	排名	1	1	1	5
2016	得分	63.37	14.79	30.95	17.63
	排名	2	1	1	5

（续）

年份	项目	农村现代化 总体水平	农业 现代化水平（A）	狭义农村 现代化水平（B）	农民 现代化水平（C）
2017	得分	64.70	15.47	31.48	17.75
	排名	1	1	1	5
2018	得分	65.03	14.98	32.13	17.91
	排名	2	1	2	5
2019	得分	65.86	15.07	32.89	17.90
	排名	1	1	1	5
2020	得分	67.03	15.61	33.18	18.24
	排名	1	1	1	5
变化	得分	11.97	2.55	6.48	2.94
	排名	2	2	1	0

从二级指标评价结果来看，江苏省的农田水利化水平、农民组织化水平、农业劳动生产率、农村非农产业就业人员占比、农林牧渔服务业发展水平、农村生活废弃物无害化处理水平、农村卫生厕所普及率、农村学校本科以上学历专任教师、农村集体经济发展水平占比、村庄规划管理覆盖率、农村自来水普及率等指标评价得分排在全国前列，其中农民组织化水平、农业劳动生产率、农林牧渔服务业发展水平、农村卫生厕所普及率、村庄规划管理覆盖率等指标排在全国首位。纵向比较，绝大多数二级指标评价得分呈不断提高趋势，其中提高幅度最大的前 3 个指标是农民组织化水平、农村学校本科以上学历专任教师、农村生活废弃物无害化处理水平，2010—2020 年分别提高了 49.79 点、45.62 点和 41.92 点；二级指标得分在全国的排名有升有降，上升幅度最大的前 3 个指标是农产品加工业产值发展水平、农村卫生厕所普及率、农村非农产业就业人员占比，分别上升了 7 位、6 位和 5 位，详见表 11-6。

（二）分段比较分析

将省域农村现代化水平评价指标得分从高到低分段，按照 5 个位次为一段，将全国 31 个省（自治区、直辖市）分成 6 段，最后一段为 6 个省份。通过分段对比分析，可以看出江苏省农村现代化水平在全国所处的相对位置。

2020 年，江苏省农村现代化总体水平得分 67.03，在全国 31 个省份中排名第 1 位，处于第 1 段位。横向比较，比全国 31 个省份得分均值（51.73）高 15.3 点，比最低得分的西藏自治区高出 24.92 点。这反映出，江苏省农村现代化总体水平较高，处于先进水平。

从一级指标评价结果看，江苏省农业现代化水平（A）、狭义农村现代化水平（B）和农民现代化水平（C）得分在全国 31 个省份中排名分别为第 1 位、第 1 位和第 5 位，均处于第 1 段位。在 3 个一级指标中，农业现代化水平、狭义农村现代化水平相对较高，农民现代化水平相对较低。具体比较，江苏省农业现代化水平评价得分 15.61，略

表 11-6 江苏省农业现代化水平二级指标评价结果（1）

指标	项目	2010 年	2011 年	2012 年	2013 年	2014 年	2015 年	2016 年	2017 年	2018 年	2019 年	2020 年	变化
A1 农业科技化水平	得分	70.59	72.00	73.29	74.59	75.88	77.88	77.88	78.82	80.59	82.35	82.35	11.76
	排名	3	3	3	3	3	3	3	3	3	3	4	−1
A2 农业机械化水平	得分	66.19	69.61	72.14	75.30	77.20	79.73	82.52	83.00	84.80	88.59	88.59	22.40
	排名	8	7	9	7	7	9	7	8	7	5	6	2
A3 农田水利化水平	得分	83.12	83.22	80.79	82.62	85.05	86.40	88.69	90.35	91.40	91.96	92.38	9.26
	排名	3	3	4	4	3	3	3	3	3	3	2	1
A4 农业规模化水平	得分	21.00	24.21	27.50	31.94	32.87	33.98	33.98	34.64	31.41	31.41	38.96	17.96
	排名	8	8	7	7	6	8	8	6	7	7	6	2
A5 农民组织化水平	得分	33.43	48.46	65.05	63.47	71.62	72.83	69.33	67.72	67.62	67.62	83.22	49.79
	排名	1	1	1	1	1	1	1	1	1	1	1	0
A6 土地生产率	得分	59.85	65.41	68.53	67.25	64.23	67.17	60.94	72.07	66.04	61.65	61.87	2.02
	排名	7	7	5	5	5	5	4	4	4	4	4	3
A7 农业劳动生产率	得分	44.24	46.92	49.18	49.47	47.65	51.40	50.79	47.87	42.34	45.73	53.80	9.56
	排名	4	2	1	1	2	1	1	1	1	1	1	3

表 11-6　江苏省狭义农村现代化水平二级指标评价结果（2）

指标	项目	2010 年	2011 年	2012 年	2013 年	2014 年	2015 年	2016 年	2017 年	2018 年	2019 年	2020 年	变化
B1 农业增加值增长水平	得分	61.64	62.85	62.79	62.87	62.27	63.42	62.21	60.85	60.44	60.65	62.67	1.03
	排名	6	7	5	7	7	6	7	6	5	5	5	1
B2 农产品加工业产值发展水平	得分	23.42	22.18	31.38	29.59	33.38	24.34	24.33	22.48	24.00	24.00	22.19	−1.23
	排名	14	13	6	6	6	7	7	11	8	8	7	7
B3 农村非农产业就业人员占比	得分	77.59	78.26	78.57	79.35	80.21	81.29	82.09	83.09	83.90	84.44	81.86	4.27
	排名	8	8	9	6	5	5	5	5	5	4	3	5
B4 农林牧渔服务业发展水平	得分	41.23	41.23	41.23	41.23	41.23	41.80	44.87	49.16	51.14	53.72	53.52	12.29
	排名	2	2	2	2	2	2	2	1	1	1	1	1
B5 化学投入品使用合理化程度	得分	11.42	14.80	8.69	8.91	9.12	9.45	12.52	15.47	19.09	21.22	22.93	11.51
	排名	1	1	2	2	3	5	5	5	6	10	12	−11
B6 单位农业增加值能源消耗量	得分	−5.67	−15.62	−25.86	6.23	3.77	−4.12	−1.11	−1.22	−2.52	5.64	2.41	8.08
	排名	22	27	29	13	18	21	21	20	27	26	23	−1
B7 农村生活废弃物无害化处理水平	得分	42.00	44.40	48.85	52.55	64.60	70.05	76.13	76.60	77.20	80.00	83.92	41.92
	排名	4	4	4	4	3	3	3	3	3	3	3	1
B8 农村卫生厕所普及率	得分	83.00	87.40	90.90	93.10	96.10	96.90	97.40	97.90	98.00	99.00	100	17.00
	排名	7	5	5	5	3	3	4	4	4	4	1	6
B9 农村学校本科以上学历专任教师占比	得分	47.67	51.41	58.05	62.61	66.90	70.72	76.15	80.11	82.75	84.42	93.29	45.62
	排名	5	6	5	5	5	5	5	5	5	5	2	3
B10 乡镇文化站覆盖率	得分	76.31	76.31	75.64	72.73	72.14	70.63	70.63	70.63	76.31	76.31	66.85	−9.46
	排名	21	21	21	23	24	24	24	24	21	21	26	−5
B11 农村集体经济发展水平	得分	67.29	78.99	88.89	87.17	86.66	89.81	80.35	81.61	82.01	82.01	86.50	19.21
	排名	2	1	1	1	1	1	2	3	3	3	2	0
B12 村庄规划管理覆盖率	得分	87.75	93.26	88.04	88.18	87.33	87.62	88.15	89.48	90.78	92.00	87.76	0.01
	排名	1	1	1	2	3	4	3	2	4	4	1	0

表 11-6　江苏省农民现代化水平二级指标评价结果（3）

指标	项目	2010 年	2011 年	2012 年	2013 年	2014 年	2015 年	2016 年	2017 年	2018 年	2019 年	2020 年	变化
C1 农民收入水平	得分	48.56	50.43	50.57	53.39	51.86	52.11	52.37	52.64	53.11	53.53	55.21	6.65
	排名	5	5	5	5	5	5	5	5	5	5	5	0
C2 农民消费水平	得分	38.25	40.65	41.80	41.97	46.49	47.34	49.25	50.31	49.78	49.73	50.02	11.77
	排名	4	4	4	5	5	5	5	5	5	5	5	−1
C3 农村恩格尔系数	得分	93.75	100	100	100	95.53	93.82	99.36	98.98	100	100	95.28	1.53
	排名	12	1	1	1	13	16	12	13	1	1	12	0
C4 农村自来水普及率	得分	90.50	92.10	93.20	95.30	94.80	96.30	96.90	96.99	97.17	97.91	98.93	8.43
	排名	2	2	2	3	2	2	2	2	1	2	2	0
C5 农民家庭汽车拥有水平	得分	13.02	12.54	37.82	22.06	27.88	46.04	51.75	56.00	50.65	49.07	49.80	36.78
	排名	24	26	12	29	25	17	16	14	22	25	26	−2
C6 农村居民受教育水平	得分	75.40	74.44	73.89	75.91	73.90	74.11	74.45	73.00	74.32	77.01	80.25	4.85
	排名	9	12	13	8	13	10	9	10	10	7	11	−2
C7 农民教育文化支出水平	得分	42.57	38.75	38.48	31.07	42.82	43.16	42.74	42.04	49.45	46.27	53.09	10.52
	排名	2	2	2	6	19	18	18	22	11	16	12	−10

高于本段内各省份得分均值，比下一个段位各省份得分均值高 3.22 点，比全国 31 个省份得分均值高 4.26 点，比最低得分的西藏自治区高 7.63 点；狭义农村现代化水平评价得分 33.18，略高于本段内各省份得分均值，比全国 31 个省份得分均值低 9.24 点，比最低得分的广西壮族自治区高 15.62 点；农民现代化水平评价得分 18.24，略低于本段内各省份得分均值，比最高得分的北京市低 2.58 点，比下一个段位各省份得分均值高 1.23 点，比全国 31 个省份得分均值高 1.80 点，比最低得分的西藏自治区高 5.67 点。

从 26 个二级指标评价结果看，江苏省有 16 个二级指标处在第 1 段位，占比 61.54%；3 个二级指标处于第 2 段位，占比 11.54%；4 个二级指标在第 3 段位，占比 15.38%；1 个二级指标在第 5 段位，占比 3.85%；2 个二级指标处于第 6 段位，占比 7.69%（表 11-7）。

表 11-7　2020 年江苏省农村现代化水平各级指标位次分段

分段	位次	一级指标	二级指标
1	1～5 位	农业现代化水平（A）、狭义农村现代化水平（B）、农民现代化水平（C）	农业科技化水平（A1）、农田水利化水平（A3）、农民组织化水平（A5）、土地生产率（A6）、农业劳动生产率（A7）、农业增加值增长水平（B1）、农村非农产业就业人员占比（B3）、农林牧渔服务业发展水平（B4）、农村生活废弃物无害化处理水平（B7）、农村卫生厕所普及率（B8）、农村学校本科以上学历专任教师占比（B9）、农村集体经济发展水平（B11）、村庄规划管理覆盖率（B12）、农民收入水平（C1）、农民消费水平（C2）、农村自来水普及率（C4）
2	6～10 位		农业机械化水平（A2）、农业规模化水平（A4）、农产品加工业产值发展水平（B2）
3	11～15 位		化学投入品使用合理化程度（B5）、农村恩格尔系数（C3）、农村居民受教育水平（C6）、农民教育文化支出水平（C7）
4	16～20 位		
5	21～25 位		单位农业增加值能源消耗量（B6）
6	26～31 位		乡镇文化站覆盖率（B10）、农民家庭汽车拥有水平（C5）

（三）指标均衡性与优劣势分析

从指标“离散系数”即各级指标评价得分标准差与其平均值的比值来看（表 11-8），江苏省农村现代化水平一级指标评价分值的标准差接近于 8，离散系数较小，为 0.346 3，低于全国平均离散系数，说明江苏省农村现代化一级指标之间发展较均衡，且均衡程度高于全国平均水平；江苏省农村现代化水平二级指标评价分值的离散系数较大，为 0.379 6，低于全国平均离散系数，说明江苏省农业科技创新能力二级指标之间发展比较均衡，且均衡程度高于全国平均水平。

表 11-8 江苏省农村现代化水平各级指标均衡性对比

项目	一级指标			二级指标		
	标准差	平均值	离散系数	标准差	平均值	离散系数
江苏省	7.738 2	22.344 5	0.346 3	25.515 3	67.216 9	0.379 6
全国平均	6.435 2	17.243 3	0.384 5	27.504 7	51.388 9	0.546 6

从一级、二级指标评价结果可以看出，不同指标之间发展不均衡，表现出不同的优劣势，对各自隶属的上一级指标以及农村现代化整体水平具有不同方向、不同程度的影响。为了直观地展示各项指标的优劣势及其发展的均衡程度，将各级指标评价值得分绘制折线图，图中横线为农村现代化水平省域排名，相当于基准线，详见图 11-4。各项指标评价值与基准线的位置关系及其距离基准线的远近反映了不同指标对农村现代化水平的作用方向、程度以及指标间发展的均衡性。

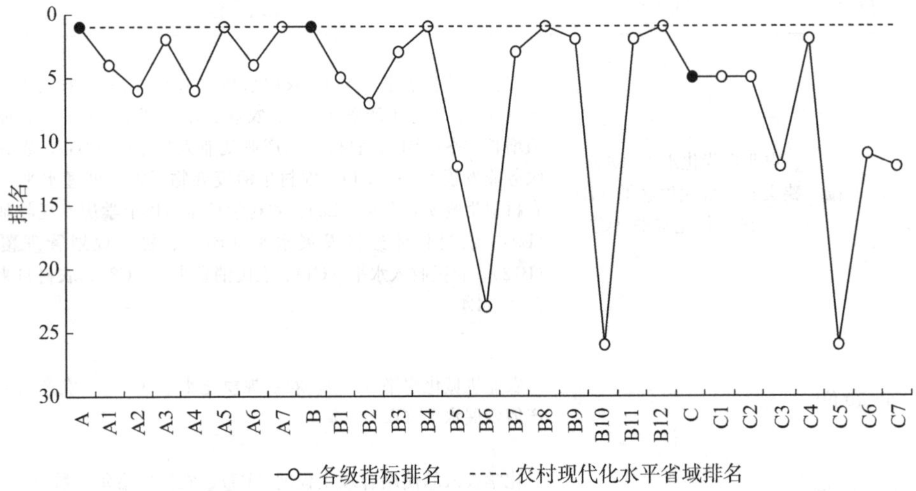

图 11-4 2020 年江苏省农村现代化水平及各项指标得分排名位次

从指标优劣势来看，农业现代化水平（A）和狭义农村现代化（B）2 个一级指标和农民组织化水平（A5）、农业劳动生产率（A7）、农林牧渔服务业发展水平（B4）、农村卫生厕所普及率（B8）和村庄规划管理覆盖率（B12）5 个二级指标均位于全国首位，农民现代化水平（C）一级指标和农业科技化水平（A1）、农业机械化水平（A2）农田水利化水平（A3）、农业规模化水平（A4）、土地生产率（A6）、农业增加值增长水平（B1）、农产品加工业产值发展水平（B2）、农村非农产业就业人员占比（B3）、化学投入品使用合理化程度（B5）、单位农业增加值能源消耗量（B6）、农村生活废弃物无害化处理水平（B7）、农村学校本科以上学历专任教师占比（B9）、乡镇文化站覆盖率（B10）、农村集体经济发展水平（B11）、农民收入水平（C1）、农民消费水平（C2）、农村恩格尔系数（C3）、农村自来水普及率（C4）、农民家庭汽车拥有水平（C5）、农村居民受教育水平（C6）和农民教育文化支出水平（C7）等 21 个二级指标评价值位于基准线下方，属于农村现代化推进过程中的劣势指标，对提升农村现代化水平产生了逆向的制约影响，尤其是单位农业增加值能源消耗量（B6）、乡镇文化站覆盖率（B10）、农民家庭汽车拥有水平（C5）等指标评价值与基准线的距离较远，意味着这些指标对于推进农村现代化的逆向制约影响很大。

（四）对策建议

根据评价和分析结果，江苏省推进乡村全面振兴、加快农业农村现代化，应坚持扬长补短原则，采取更有针对性的对策措施。对于提升农村现代化水平起着正向拉动作用的优势指标，要进一步做大做强；对于产生逆向制约影响的劣势指标，要尽力缩小差距，弥补短板。今后的重点：一是进一步提高农业劳动生产率，在保持原有的生产率优势上，继续推进江苏省农业数字化、科技化、机械化、规模化全面发展，加大科研投入与产出，寻找新的突破与增长；二是完善乡村基础设施建设，尤其是提高农村教育教学质量，提高政府对于乡村教育的财政投入与政策保护，并建立以乡村文化基站为核心的文化服务网点，以点带面设立文化活动中心，充分满足不同居民的精神文化需求，提高资源使用效率，降低农业增加值能源消耗，提高农村生活废弃物无害化处理水平，降低化学品使用不合理程度，建设良好生态循环新农村；三是提高农产品加工业产值发展水平，加大对于第三产业的扶持与保护，不断创造新的就业机会，提高非农产业就业人员占比，提高农民的收入水平与生活品质，完善农民的社会保障机制，让农民切实享受共同富裕的成果。

三、浙江省农村现代化水平评价

浙江省位于中国东部地区南部，面积 10.55 万平方千米，辖 11 个市（地）、37 个市（地）辖区、53 个县（市），1 364 个乡镇，19 771 个行政村。2022 年末常住总人口 6 577 万人，其中乡村人口 1 751 万人，占 26.62%。乡村户数 751.59 万户（2020 年），乡村就业人员 1 066 万人。2022 年，浙江省地区生产总值 77 715 亿元，其中第一产业增加值 2 325 亿元，占 3.0%。农村居民人均可支配收入 37 565 元，连续 38 年居各省份第一。

浙江省是我国农、林、牧、渔全面发展的综合性农区，历史上孕育了以河姆渡文化、良渚文化为代表的农业文化。全省农业农村系统深入实施新时代浙江“三农”工作“369”行动，以“三农”的稳和进为全省大局提供坚实支撑。

（一）评价结果

2010 年以来，浙江省农村现代化水平呈稳步发展趋势。2020 年，浙江省农村现代化水平评价得分为 62.65，在全国 31 个省份中排名第 4 位，与 2010 年相比，评价得分提高 9.18 个点，排名保持不变，处于农村现代化起步阶段的后期，详见图 11-5。

从一级指标评价结果来看（表 11-9），浙江省农业现代化水平 2010 年评价得分 12.10，排名第 7 位；2020 年评价得分 12.91，提高 0.81 点，排名第 6 位，上升了 1 位。狭义农村现代化水平 2010 年评价得分 25.76，排名第 4 位；2020 年评价得分 30.27，提高 4.51 点，排名第 4 位，保持不变。农民现代化水平 2010 年评价得分 15.61，排名第 4 位；2020 年评价得分 19.47，提高 3.86 点，排名第 3 位，上升了 1 位。

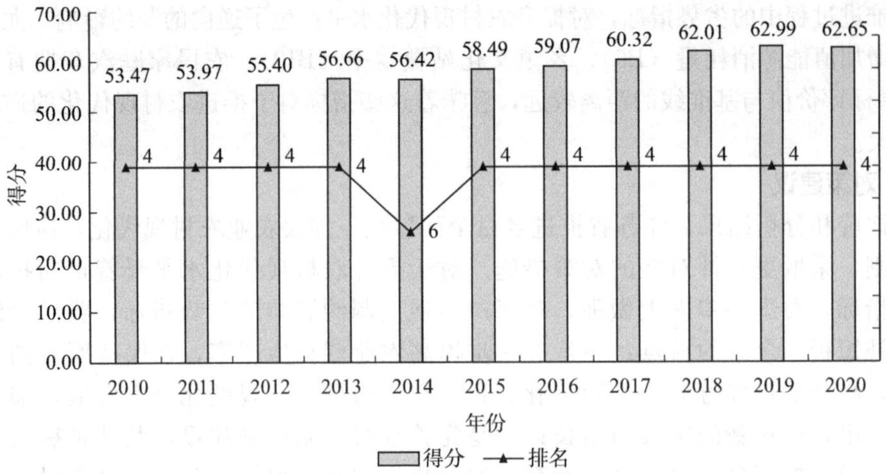

图 11-5 浙江省农村现代化水平

表 11-9 浙江省农村现代化水平一级指标评价结果

年份	项目	农村现代化总体水平	农业现代化水平（A）	狭义农村现代化水平（B）	农民现代化水平（C）
2010	得分	53.47	12.10	25.76	15.61
	排名	4	7	4	4
2011	得分	53.97	12.50	26.01	15.46
	排名	4	6	4	5
2012	得分	55.40	12.48	26.41	16.52
	排名	4	6	4	4
2013	得分	56.66	12.59	26.85	17.22
	排名	4	6	4	4
2014	得分	56.42	12.26	27.38	16.78
	排名	6	8	4	4
2015	得分	58.49	12.22	27.75	18.52
	排名	4	8	4	3
2016	得分	59.07	12.28	28.29	18.50
	排名	4	7	4	4
2017	得分	60.32	12.78	29.16	18.38
	排名	4	7	3	4
2018	得分	62.01	12.55	30.86	18.60
	排名	4	7	4	3
2019	得分	62.99	12.84	31.39	18.77
	排名	4	6	4	3
2020	得分	62.65	12.91	30.27	19.47
	排名	4	6	4	3

（续）

年份	项目	农村现代化总体水平	农业现代化水平（A）	狭义农村现代化水平（B）	农民现代化水平（C）
变化	得分	9.18	0.81	4.51	3.86
	排名	0	1	0	1

从二级指标评价结果来看，浙江省的农业劳动生产率、农村非农产业就业人员占比、农村生活废弃物无害化处理水平、农村卫生厕所普及率、农民收入水平、农民消费水平等指标评价得分排在全国前列，其中农村卫生厕所普及率排在全国首位。纵向比较，绝大多数二级指标评价得分呈不断提高趋势，其中提高幅度最大的前3个指标是农民家庭汽车拥有水平、化学投入品使用合理化程度和农村学校本科以上学历专任教师占比，2010—2020年分别提高了50.25点、33.69点和32.35点；二级指标得分在全国的排名有升有降，上升幅度最大的前3个指标是农民家庭汽车拥有水平、农村居民受教育水平、农村卫生厕所普及率，分别上升了12位、7位和3位，详见表11-10。

（二）分段比较分析

将省域农村现代化水平评价指标得分从高到低分段，按照5个位次为一段，将全国31个省（自治区、直辖市）分成6段，最后一段为6个省份。通过分段对比分析，可以看出浙江省农村现代化水平在全国所处的相对位置。

2020年，浙江省农村现代化总体水平得分62.65，在全国31个省份中排名第4位，处于第1段位。横向比较，比全国31个省份得分均值（51.73）高10.92点，比最高得分的江苏省低4.38点，比最低得分的西藏自治区高出20.54点。这反映出，浙江省农村现代化总体水平偏低，与先进水平相比差距较大。

从一级指标评价结果看，浙江省农业现代化水平（A）、狭义农村现代化水平（B）和农民现代化水平（C）得分在全国31个省份中排名分别为第6位、第4位和第3位，分别处于第2段位、第1段位和第1段位。在3个一级指标中，农民现代化水平相对较高，农业现代化水平相对较低，狭义农村现代化水平居于中间。具体比较，浙江省农业现代化水平评价得分12.91，略高于本段内各省份得分均值，比上一个段位各省份得分均值低1.54点，比最高得分的江苏省低2.70点，比下一个段位各省份得分均值高1.27点，比全国31个省份得分均值高1.57点，比最低得分的西藏自治区高4.93点；狭义农村现代化水平评价得分30.27，略高于本段内各省份得分均值，比最高得分的江苏省低2.91点，比全国31个省份得分均值高6.32点，比最低得分的广西壮族自治区高12.71点；农民现代化水平评价得分19.47，略高于本段内各省份得分均值，比最高得分的北京市低1.35点，比下一个段位各省份得分均值高2.45点，比全国31个省份得分均值高3.03点，比最低得分的西藏自治区高6.90点。

从26个二级指标评价结果看，浙江省有10个二级指标处在第1段位，占比38.46%；4个二级指标处于第2段位，占比15.38%；3个二级指标在第3段位，占比11.54%；4个二级指标在第4段位，占比15.38%；3个二级指标在第5段位，占比11.54%；2个二级指标处于第6段位，占比7.69%（表11-11）。

表 11-10 浙江省农业现代化水平二级指标评价结果（1）

指标	项目	2010 年	2011 年	2012 年	2013 年	2014 年	2015 年	2016 年	2017 年	2018 年	2019 年	2020 年	变化
A1 农业科技化水平	得分	71.18	71.47	71.76	72.06	72.35	72.65	72.94	74.12	75.29	76.47	75.29	4.11
	排名	2	4	4	6	6	8	8	8	7	7	9	−7
A2 农业机械化水平	得分	38.05	40.01	41.47	43.28	44.37	45.83	47.43	48.01	54.63	60.70	67.81	29.76
	排名	19	21	21	23	24	25	26	25	25	23	20	−1
A3 农田水利化水平	得分	73.15	73.52	70.23	71.24	72.11	72.38	73.24	73.08	72.88	71.09	71.61	−1.54
	排名	5	6	7	7	7	7	7	7	7	7	7	−2
A4 农业规模化水平	得分	20.08	20.79	22.08	23.36	24.71	25.94	27.61	29.10	27.52	27.52	31.41	11.33
	排名	10	11	11	11	13	13	12	12	11	11	13	−3
A5 农民组织化水平	得分	7.65	10.50	8.34	9.16	9.76	9.73	10.11	9.63	9.69	9.69	10.32	2.67
	排名	17	14	23	23	25	25	25	25	26	26	27	−10
A6 土地生产率	得分	63.61	66.06	65.78	65.72	61.26	59.86	57.77	66.18	62.08	59.41	55.61	−8.00
	排名	5	5	8	6	7	7	7	6	6	5	6	−1
A7 农业劳动生产率	得分	43.18	46.32	45.50	45.70	42.67	42.00	44.20	40.84	35.12	40.31	42.87	−0.31
	排名	5	3	3	4	3	3	3	2	2	3	2	3

表 11-10　浙江省狭义农村现代化水平二级指标评价结果（2）

指标	项目	2010 年	2011 年	2012 年	2013 年	2014 年	2015 年	2016 年	2017 年	2018 年	2019 年	2020 年	变化
B1 农业增加值增长水平	得分	58.46	59.22	57.34	57.28	57.33	57.32	58.36	57.33	56.01	56.63	55.65	−2.81
	排名	14	14	17	19	19	20	16	17	20	19	24	−10
B2 农产品加工业产值发展水平	得分	49.89	37.83	34.56	32.33	39.09	30.28	28.97	29.09	28.71	28.71	25.46	−24.43
	排名	3	5	4	4	4	4	5	5	5	5	5	−2
B3 农村非农产业就业人员占比	得分	89.36	90.62	90.93	91.96	91.89	91.70	91.60	91.61	91.28	95.73	90.56	1.20
	排名	2	1	1	1	1	1	1	1	1	1	2	0
B4 农林牧渔服务业发展水平	得分	12.82	12.82	12.82	12.82	12.82	13.68	13.80	15.53	19.86	17.92	19.58	6.76
	排名	26	26	26	26	26	26	27	27	24	26	26	0
B5 化学投入品使用合理化程度	得分	0.88	1.80	2.39	2.72	6.77	9.75	16.57	20.10	24.67	31.47	34.57	33.69
	排名	7	6	5	6	4	3	3	4	4	4	5	2
B6 单位农业增加值能源消耗量	得分	−4.11	−2.95	−2.76	−5.03	−4.31	−4.75	−2.88	−4.15	2.88	6.79	2.58	6.68
	排名	19	17	18	25	24	23	23	23	24	25	22	−3
B7 农村生活废弃物无害化处理水平	得分	78.15	79.50	81.10	86.05	85.75	91.20	92.93	95.73	96.74	97.50	97.29	19.14
	排名	2	2	2	2	2	2	2	2	2	2	2	0
B8 农村卫生厕所普及率	得分	88.93	90.11	91.45	93.17	94.78	96.54	98.34	98.64	99.00	100	100	11.07
	排名	4	4	4	4	4	4	3	2	2	1	1	3
B9 农村学校本科以上学历专任教师占比	得分	57.42	62.77	68.38	73.66	76.05	77.88	80.41	83.34	85.46	87.48	89.77	32.35
	排名	3	4	4	3	3	3	3	4	3	3	4	−1
B10 乡镇文化站覆盖率	得分	72.81	72.81	71.44	70.32	69.49	69.52	69.52	69.52	72.81	72.81	68.94	−3.87
	排名	23	23	23	25	26	25	25	25	23	23	24	−1
B11 农村集体经济发展水平	得分	43.35	44.28	47.25	46.24	47.51	49.23	46.63	53.29	65.93	65.93	60.66	17.31
	排名	6	6	6	5	5	5	5	5	4	4	4	2
B12 村庄规划管理覆盖率	得分	69.13	70.40	72.63	77.78	75.94	77.27	80.29	82.45	85.13	80.00	69.14	0.01
	排名	8	6	8	9	10	11	10	9	9	13	9	−1

表 11-10 浙江省农民现代化水平二级指标评价结果（3）

指标	项目	2010年	2011年	2012年	2013年	2014年	2015年	2016年	2017年	2018年	2019年	2020年	变化
C1 农民收入水平	得分	60.19	61.00	60.31	63.24	67.17	67.72	68.02	68.57	69.56	70.53	72.84	12.65
	排名	3	3	3	3	2	2	2	2	2	2	2	1
C2 农民消费水平	得分	52.20	50.05	48.73	49.81	57.02	59.20	59.26	58.31	59.21	59.93	63.34	11.14
	排名	3	3	3	3	3	2	1	2	3	3	2	1
C3 农村恩格尔系数	得分	100	97.38	97.69	98.21	94.17	95.52	92.14	92.27	91.50	90.27	90.54	−9.46
	排名	1	10	13	16	15	15	20	20	22	20	18	−17
C4 农村自来水普及率	得分	70.80	71.20	72.50	79.20	77.80	79.90	82.73	75.51	80.37	81.53	83.10	12.30
	排名	8	8	8	6	9	9	6	13	13	14	15	−7
C5 农民家庭汽车拥有水平	得分	9.10	11.82	44.10	44.68	4.55	53.03	56.66	60.00	54.96	54.73	59.35	50.25
	排名	29	27	8	14	31	12	13	11	16	19	17	12
C6 农村居民受教育水平	得分	70.27	69.41	71.91	72.03	70.89	70.99	70.70	72.24	73.39	73.36	78.86	8.59
	排名	22	23	21	19	21	19	21	13	14	18	15	7
C7 农民教育文化支出水平	得分	32.45	30.04	30.11	36.79	51.28	50.17	46.66	45.18	48.53	51.26	51.49	19.04
	排名	7	8	9	2	6	7	11	13	13	10	17	−10

表 11-11　2020 年浙江省农村现代化水平各级指标位次分段

分段	位次	一级指标	二级指标
1	1～5 位	狭义农村现代化水平（B）、农民现代化水平（C）	农业劳动生产率（A7）、农产品加工业产值发展水平（B2）、农村非农产业就业人员占比（B3）、化学投入品使用合理化程度（B5）、农村生活废弃物无害化处理水平（B7）、农村卫生厕所普及率（B8）、农村学校本科以上学历专任教师占比（B9）、农村集体经济发展水平（B11）、农民收入水平（C1）、农民消费水平（C2）
2	6～10 位	农业现代化水平（A）	农业科技化水平（A1）、农田水利化水平（A3）、土地生产率（A6）、村庄规划管理覆盖率（B12）
3	11～15 位		农业规模化水平（A4）、农村自来水普及率（C4）、农村居民受教育水平（C6）
4	16～20 位		农业机械化水平（A2）、农村恩格尔系数（C3）、农民家庭汽车拥有水平（C5）、农民教育文化支出水平（C7）
5	21～25 位		农业增加值增长水平（B1）、单位农业增加值能源消耗量（B6）、乡镇文化站覆盖率（B10）
6	26～31 位		农民组织化水平（A5）、农林牧渔服务业发展水平（B4）

（三）指标均衡性与优劣势分析

从指标“离散系数”即各级指标评价得分标准差与其平均值的比值来看（表 11-12），浙江省农村现代化水平一级指标评价分值的标准差在7 左右，离散系数较小，为 0.342 6，低于全国平均离散系数，说明浙江省农村现代化一级指标之间发展较均衡，且均衡程度高于全国平均水平；浙江省农村现代化水平二级指标评价分值的离散系数较大，为 0.434 4，低于全国平均离散系数，说明浙江省农业科技创新能力二级指标之间发展比较均衡，且均衡程度高于全国平均水平。

表 11-12　浙江省农村现代化水平各级指标均衡性对比

项目	一级指标			二级指标		
	标准差	平均值	离散系数	标准差	平均值	离散系数
浙江省	7.155 1	29.883 7	0.342 6	26.209 0	60.331 8	0.434 4
全国平均	6.435 2	17.243 3	0.384 5	27.504 7	51.388 9	0.546 6

从一级、二级指标评价结果可以看出，不同指标之间发展不均衡，表现出不同的优劣势，对各自隶属的上一级指标以及农村现代化整体水平具有不同方向、不同程度的影响。为了直观地展示各项指标的优劣势及其发展的均衡程度，将各级指标评价值得分绘制折线图，图中横线为农村现代化水平省域排名，相当于基准线，详见图 11-6。各项指标评价值与基准线的位置关系及其距离基准线的远近反映了不同指标对农村现代化水平的作用方向、程度以及指标间发展的均衡性。

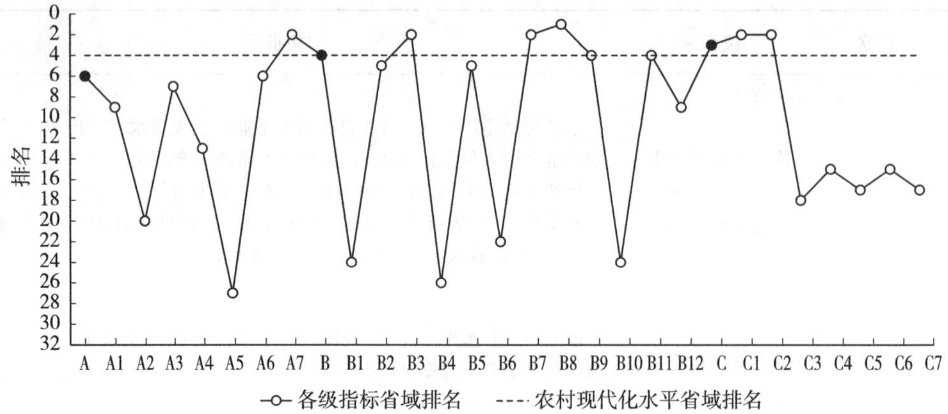

图 11-6　2020 年浙江省农村现代化水平及各项指标得分排名位次

从指标优劣势来看，农民现代化水平（C）一级指标和农业劳动生产率（A7）、农村非农产业就业人员占比（B3）、农村生活废弃物无害化处理水平（B7）、农村卫生厕所普及率（B8）、农民收入水平（C1）、农民消费水平（C2）6 个二级指标评价值位于基准线上方，属于农村现代化推进过程中的优势指标，对提升农村现代化水平起到正向带动作用，特别是农村卫生厕所普及率（B8）居于全国首位，指标评价值与基准线距离较远，意味着这些指标对于农村现代化发展的正向拉动作用显著；农业现代化水平（A）一级指标和农业科技化水平（A1）、农业机械化水平（A2）、农田水利化水平（A3）、农业规模化水平（A4）、农民组织化水平（A5）、土地生产率（A6）、农业增加值增长水平（B1）、农产品加工业产值发展水平（B2）、农林牧渔服务业发展水平（B4）、化学投入品使用合理化程度（B5）、单位农业增加值能源消耗量（B6）、乡镇文化站覆盖率（B10）、村庄规划管理覆盖率（B12）、农村恩格尔系数（C3）、农村自来水普及率（C4）、农民家庭汽车拥有水平（C5）、农村居民受教育水平（C6）、农民教育文化支出水平（C7）等 18 个二级指标评价值位于基准线下方，属于农村现代化推进过程中的劣势指标，对提升农村现代化水平产生了逆向的制约影响，尤其是农民组织化水平（A5）、农业增加值增长水平（B1）、农林牧渔服务业发展水平（B4）、乡镇文化站覆盖率（B10）等指标评价值与基准线的距离较远，意味着这些指标对于推进农村现代化的逆向制约影响很大。

（四）对策建议

根据评价和分析结果，浙江省推进乡村全面振兴、加快农业农村现代化，应坚持扬长补短原则，采取更有针对性的对策措施。对于提升农村现代化水平起着正向拉动作用的优势指标，要进一步做大做强；对于产生逆向制约影响的劣势指标，要尽力缩小差距，弥补短板。今后的重点：一是努力提高土地生产率，引进先进技术设备，提高农业科技化、机械化水平，发展集体经济，充分发挥规模经济的优势；二是进一步完善基础设施与医疗、教育体系建设，改善农村道路交通状况，推进水利光电现代化落实到户，建设乡镇文化基地，建造图书馆、活动室以丰富农民的文体活动，设立家庭医生签约服务，提高乡村医疗水平；三是努力提高农业增加值增长水平，利用浙江省的区位优势，提高农民参与生产活动的效率与参与度，实现农产品加工业产值的不断增长与全新突破，缩小城乡收入差距，促进构建和谐社会。

四、安徽省农村现代化水平评价

安徽省位于中国中部地区东部，面积 14.01 万平方千米，辖 16 个市（地），45 个市（地）辖区、59 个县（市），1 236 个乡镇，14 281 个行政村。2022 年末常住总人口 6 127 万人，其中乡村人口 2 441 万人，占 39.8%。乡村户数 977.47 万户（2020 年），乡村就业人员 1 386 万人。2022 年，安徽省地区生产总值 45 045 亿元，其中第一产业增加值 3 513.7 亿元，占 7.8%。农村居民人均可支配收入 19 575 元。

安徽省地处中国华东腹地，近海邻江，区位优势明显，农业资源丰富，农产品比重大，是典型的农业大省。安徽省是全国粮食主产省、畜牧业大省、中国淡水水产品的主产省。常年农作物种植面积超过 1.3 亿亩，其中粮食作物面积占 75%以上，面积居全国第 4 位，总产量居全国第 6～8 位，肉蛋奶总产量和家禽、生猪出栏量常年分别位居全国第 11 位和第6 位、第 11 位。

（一）评价结果

2010 年以来，安徽省农村现代化水平呈稳步上升趋势。2020 年，安徽省农村现代化水平评价得分为 54.94，在全国 31 个省份中排名第 9 位，与 2010 年相比，评价得分提高 14.60 个点，排名上升了 4 位，处于农村现代化起步阶段的中期，详见图 11 - 7。

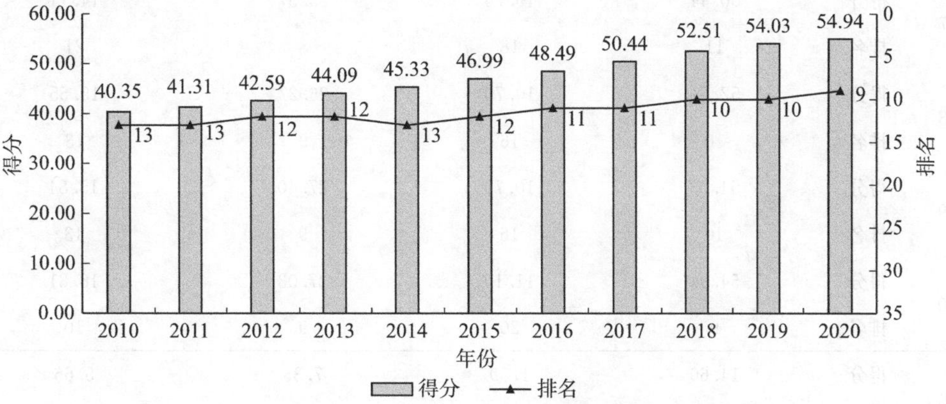

图 11 - 7　安徽省农村现代化水平

从一级指标评价结果来看（表 11 - 13），安徽省农业现代化水平 2010 年评价得分 9.51，排名第 16 位；2020 年评价得分 11.10，提高 1.59 点，排名第 20 位，下降了 4 位。狭义农村现代化水平 2010 年评价得分 19.68，排名第 10 位；2020 年评价得分 27.03，提高 7.35 点，排名第 9 位，上升了 1 位。农民现代化水平 2010 年评价得分 11.15，排名第 21 位；2020 年评价得分 16.81，提高 5.66 点，排名第 10 位，上升了 11 位。

表 11-13　安徽省农村现代化水平一级指标评价结果

年份	项目	农村现代化总体水平	农业现代化水平（A）	狭义农村现代化水平（B）	农民现代化水平（C）
2010	得分	40.34	9.51	19.68	11.15
	排名	13	16	10	21
2011	得分	41.31	9.77	20.27	11.27
	排名	13	17	10	22
2012	得分	42.59	10.05	21.33	11.21
	排名	12	17	10	24
2013	得分	44.09	10.15	21.67	12.26
	排名	12	17	11	22
2014	得分	45.33	10.19	21.81	13.33
	排名	13	17	13	22
2015	得分	46.99	10.28	23.33	13.38
	排名	12	17	10	23
2016	得分	48.49	10.29	24.47	13.72
	排名	11	18	7	23
2017	得分	50.44	10.76	25.57	14.11
	排名	11	18	8	21
2018	得分	52.51	10.70	26.27	15.55
	排名	10	16	9	13
2019	得分	54.03	10.79	27.40	15.84
	排名	10	16	9	13
2020	得分	54.94	11.10	27.03	16.81
	排名	9	20	9	10
变化	得分	14.60	1.59	7.35	5.66
	排名	4	−4	1	11

从二级指标评价结果来看，安徽省的农田水利化水平、农业规模化水平、农村非农产业就业人员占比等指标评价得分排在全国前列。纵向比较，绝大多数二级指标评价得分呈不断提高趋势，其中提高幅度最大的前 3 个指标是农村生活废弃物无害化处理水平、农村自来水普及率、农民教育文化支出水平，2010—2020 年分别提高了 49.39 点、48.36 点和 37.69 点；二级指标得分在全国的排名有升有降，上升幅度最大的前 3 个指标是农业规模化水平、农村自来水普及率、农村生活废弃物无害化处理水平，分别上升了 11 位、11 位和 10 位，详见表 11-14。

表 11-14　安徽省农业现代化水平二级指标评价结果（1）

指标	项目	2010 年	2011 年	2012 年	2013 年	2014 年	2015 年	2016 年	2017 年	2018 年	2019 年	2020 年	变化
A1 农业科技化水平	得分	66.47	67.06	67.65	68.24	68.82	69.41	70.59	72.94	74.12	75.29	75.49	9.02
	排名	8	8	8	9	9	9	9	9	9	9	8	0
A2 农业机械化水平	得分	63.73	65.47	66.33	67.20	69.00	71.50	73.50	75.30	79.00	80.01	81.00	17.27
	排名	10	13	13	13	13	13	13	13	11	11	13	−3
A3 农田水利化水平	得分	59.71	60.27	72.51	73.18	73.77	74.93	75.63	76.77	77.36	78.08	78.56	18.85
	排名	14	14	6	6	6	6	5	5	5	5	5	9
A4 农业规模化水平	得分	15.72	18.00	22.17	26.19	30.37	34.00	34.20	33.66	34.40	34.40	42.93	27.21
	排名	16	13	10	8	8	7	7	8	5	5	5	11
A5 农民组织化水平	得分	8.07	9.46	13.51	14.02	18.48	20.66	23.46	25.43	26.75	26.75	32.22	24.15
	排名	15	18	11	12	13	11	9	8	8	8	7	8
A6 土地生产率	得分	31.75	33.10	33.63	33.12	31.53	30.57	28.55	33.45	31.06	29.69	29.69	−2.06
	排名	18	19	20	20	20	22	21	21	21	22	22	−4
A7 农业劳动生产率	得分	20.16	21.14	21.17	21.56	20.66	19.95	19.55	17.98	15.13	16.93	20.11	−0.05
	排名	23	22	23	23	23	24	24	24	25	25	23	0

表 11-14　安徽省狭义农村现代化水平二级指标评价结果（2）

指标	项目	2010 年	2011 年	2012 年	2013 年	2014 年	2015 年	2016 年	2017 年	2018 年	2019 年	2020 年	变化
B1 农业增加值增长水平	得分	56.90	57.25	57.10	56.96	57.29	56.99	56.49	56.46	55.24	56.08	56.07	−0.83
	排名	22	20	19	24	20	23	25	23	25	21	23	−1
B2 农产品加工业产值发展水平	得分	22.09	23.44	23.43	22.53	26.98	20.23	19.78	20.00	18.17	18.17	16.54	−5.55
	排名	17	11	12	13	12	12	12	14	14	14	14	3
B3 农村非农产业就业人员占比	得分	78.81	80.86	80.10	80.14	79.85	80.05	79.81	79.31	79.17	78.84	76.09	−2.72
	排名	7	6	6	5	6	6	6	7	8	5	4	3
B4 农林牧渔服务业发展水平	得分	28.39	28.39	28.39	28.39	28.39	28.90	36.68	36.21	38.98	39.31	39.61	11.22
	排名	10	10	10	10	10	11	7	11	12	12	10	0
B5 化学投入品使用合理化程度	得分	−4.15	−6.27	−6.63	−7.86	−6.81	−5.03	−0.81	3.40	6.88	11.80	15.37	19.52
	排名	20	19	17	16	15	15	14	15	15	15	15	5
B6 单位农业增加值能源消耗量	得分	−2.57	−2.39	2.10	−1.66	2.44	11.72	9.09	13.46	18.31	26.23	21.65	24.22
	排名	16	16	12	23	20	15	16	15	16	16	16	0
B7 农村生活废弃物无害化处理水平	得分	8.80	13.20	16.10	20.80	24.45	35.35	41.31	45.41	50.46	54.00	58.19	49.39
	排名	19	12	12	12	13	13	12	11	10	10	9	10
B8 农村卫生厕所普及率	得分	57.50	58.00	59.20	62.60	65.20	67.10	68.90	73.80	75.00	77.00	79.37	21.87
	排名	21	21	23	23	21	23	23	21	20	20	22	−1
B9 农村学校本科以上学历专任教师占比	得分	34.23	39.06	42.66	47.22	51.44	55.26	58.23	61.79	63.80	66.12	69.07	34.84
	排名	20	20	19	19	19	18	18	19	19	20	19	1
B10 乡镇文化站覆盖率	得分	83.51	83.51	84.89	85.41	85.58	86.69	86.69	86.69	83.51	83.51	85.14	1.63
	排名	17	17	15	15	16	16	16	16	17	17	16	1
B11 农村集体经济发展水平	得分	31.27	30.14	31.72	30.54	29.26	37.84	43.67	48.31	50.76	50.76	53.52	22.25
	排名	13	15	14	13	14	10	8	6	6	6	6	7
B12 村庄规划管理覆盖率	得分	64.19	70.11	84.18	88.06	73.75	75.94	75.93	76.84	78.09	87.00	64.20	0.01
	排名	10	7	3	3	12	12	12	11	13	9	11	−1

表 11-14　安徽省农民现代化水平二级指标评价结果（3）

指标	项目	2010 年	2011 年	2012 年	2013 年	2014 年	2015 年	2016 年	2017 年	2018 年	2019 年	2020 年	变化
C1 农民收入水平	得分	28.14	29.09	29.68	31.80	34.38	34.69	34.87	35.05	35.66	36.39	37.92	9.78
	排名	18	20	20	20	18	18	17	16	14	12	11	7
C2 农民消费水平	得分	23.46	24.90	25.42	24.25	31.39	32.98	35.12	35.79	38.30	40.83	44.14	20.68
	排名	15	15	16	22	16	13	11	12	9	9	8	7
C3 农村恩格尔系数	得分	87.74	87.56	92.23	88.27	84.24	82.99	85.56	85.25	83.91	84.42	85.25	−2.49
	排名	17	19	18	21	21	23	22	23	24	24	21	−4
C4 农村自来水普及率	得分	33.70	40.20	43.40	49.30	51.60	55.40	58.80	59.51	71.59	76.04	82.06	48.36
	排名	28	26	26	24	24	25	25	26	19	18	17	11
C5 农民家庭汽车拥有水平	得分	34.34	28.26	20.23	48.32	41.41	38.81	42.11	51.05	71.25	70.77	71.31	36.97
	排名	11	14	24	9	19	23	23	18	8	9	9	2
C6 农村居民受教育水平	得分	67.88	68.80	67.91	69.25	70.84	70.38	69.60	68.36	69.60	70.16	74.77	6.89
	排名	25	25	25	22	22	21	22	23	22	23	24	1
C7 农民教育文化支出水平	得分	24.59	23.06	19.97	19.78	44.53	43.61	42.50	45.32	53.58	52.48	62.28	37.69
	排名	14	16	26	24	13	15	20	12	4	8	8	6

（二）分段比较分析

将省域农村现代化水平评价指标得分从高到低分段，按照5个位次为一段，将全国31个省（自治区、直辖市）分成6段，最后一段为6个省份。通过分段对比分析，可以看出安徽省农村现代化水平在全国所处的相对位置。

2020年，安徽省农村现代化总体水平得分54.94，在全国31个省份中排名第9位，处于第2段位。横向比较，比全国31个省份得分均值（51.73）高3.21点，比最高得分的江苏省低12.09点，比最低得分的西藏自治区高出12.83点。这反映出，安徽省农村现代化总体水平较高，与先进水平相比有一定差距。

从一级指标评价结果看，安徽省农业现代化水平（A）、狭义农村现代化水平（B）和农民现代化水平（C）得分在全国31个省份中排名分别为第20位、第9位和第10位，分别处于第4段位、第2段位和第2段位。在3个一级指标中，狭义农村现代化水平相对较高，农业现代化水平相对较低，农民现代化水平居于中间。具体比较，安徽省农业现代化水平评价得分11.10，略低于本段内各省份得分均值，比上一个段位各省份得分均值低0.53点，比最高得分的江苏省低4.51点，比下一个段位各省份得分均值高1.07点，比全国31个省份得分均值低0.24点，比最低得分的西藏自治区高3.12点；狭义农村现代化水平评价得分27.03，略低于本段内各省份得分均值，比上一个段位各省份得分均值低4.09点，比最高得分的江苏省低6.15点，比全国31个省份得分均值低3.09点，比最低得分的广西壮族自治区高9.47点；农民现代化水平评价得分16.81，略低于本段内各省份得分均值，比上一个段位各省份得分均值低2.61点，比最高得分的北京市低4.01点，比下一个段位各省份得分均值高0.16点，比全国31个省份得分均值高0.36点，比最低得分的西藏自治区高4.24点。

从26个二级指标评价结果看，安徽省有3个二级指标处在第1段位，占比11.54%；8个二级指标处于第2段位，占比30.77%；5个二级指标在第3段位，占比19.23%；4个二级指标在第4段位，占比15.38%；6个二级指标在第5段位，占比23.08%（表11-15）。

表11-15　2020年安徽省农村现代化水平各级指标位次分段

分段	位次	一级指标	二级指标
1	1～5位		农田水利化水平（A3）、农业规模化水平（A4）、农村非农产业就业人员占比（B3）
2	6～10位	狭义农村现代化水平（B）、农民现代化水平（C）	农业科技化水平（A1）、农民组织化水平（A5）、农林牧渔服务业发展水平（B4）、农村生活废弃物无害化处理水平（B7）、农村集体经济发展水平（B11）、农民消费水平（C2）、农民家庭汽车拥有水平（C5）、农民教育文化支出水平（C7）
3	11～15位		农业机械化水平（A2）、农产品加工业产值发展水平（B2）、化学投入品使用合理化程度（B5）、村庄规划管理覆盖率（B12）、农民收入水平（C1）
4	16～20位	农业现代化水平（A）	单位农业增加值能源消耗量（B6）、农村学校本科以上学历专任教师（B9）、乡镇文化站覆盖率（B10）、农村自来水普及率（C4）

（续）

分段	位次	一级指标	二级指标
5	21～25 位		土地生产率（A6）、农业劳动生产率（A7）、农业增加值增长水平（B1）、农村卫生厕所普及率（B8）、农村恩格尔系数（C3）、农村居民受教育水平（C6）
6	26～31 位		

（三）指标均衡性与优劣势分析

从指标“离散系数”即各级指标评价得分标准差与其平均值的比值来看（表 11－16），安徽省农村现代化水平一级指标评价分值的标准差在6 左右，离散系数较小，为 0.359 7，低于全国平均离散系数，说明安徽省农村现代化一级指标之间发展较均衡，且均衡程度高于全国平均水平；安徽省农村现代化水平二级指标评价分值的离散系数较大，为 0.408 8，低于全国平均离散系数，说明安徽省农业科技创新能力二级指标之间发展比较均衡，且均衡程度高于全国平均水平。

表 11－16　安徽省农村现代化水平各级指标均衡性对比

项目	一级指标			二级指标		
	标准差	平均值	离散系数	标准差	平均值	离散系数
安徽省	6.587 8	18.312 9	0.359 7	22.839 3	55.867 4	0.408 8
全国平均	6.435 2	17.243 3	0.384 5	27.504 7	51.388 9	0.546 6

从一级、二级指标评价结果可以看出，不同指标之间发展不均衡，表现出不同的优劣势，对各自隶属的上一级指标以及农村现代化整体水平具有不同方向、不同程度的影响。为了直观地展示各项指标的优劣势及其发展的均衡程度，将各级指标评价值得分绘制折线图，图中横线为农村现代化水平省域排名，相当于基准线，详见图 11－8。各项指标评价值与基准线的位置关系及其距离基准线的远近反映了不同指标对农村现代化水平的作用方向、程度以及指标间发展的均衡性。

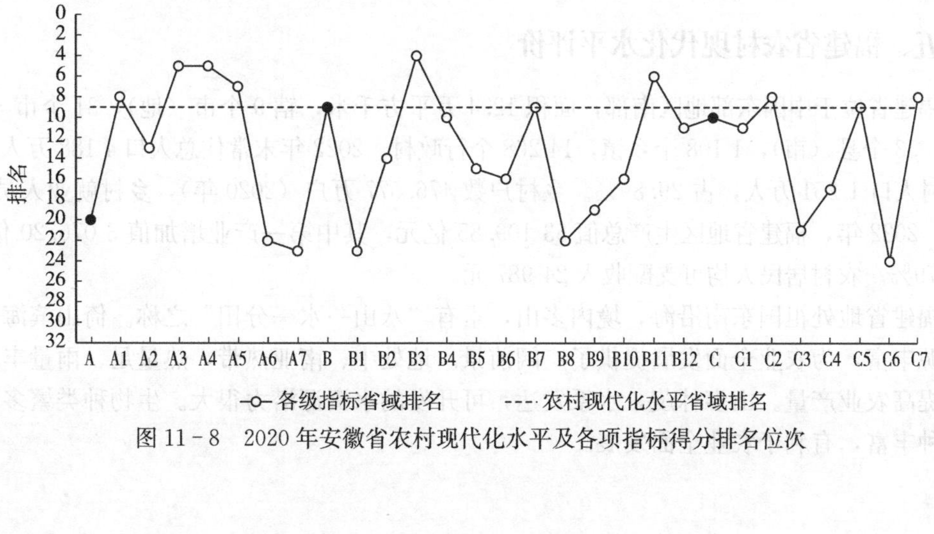

图 11－8　2020 年安徽省农村现代化水平及各项指标得分排名位次

从指标优劣势来看，农业科技化水平（A1）、农田水利化水平（A3）、农业规模化水平（A4）、农民组织化水平（A5）、农村非农产业就业人员占比（B3）、农村集体经济发展水平（B11）、农民消费水平（C2）和农民教育文化支出水平（C7）等8个二级指标评价值位于基准线上方，属于农村现代化推进过程中的优势指标，对提升农村现代化水平起到正向带动作用，特别是农田水利化水平（A3）、农业规模化水平（A4）、农村非农产业就业人员占比（B3）等指标评价值与基准线距离较远，意味着这些指标对于农村现代化发展的正向拉动作用显著；农业现代化水平（A）一级指标和农业机械化水平（A2）、土地生产率（A6）、农业劳动生产率（A7）、农业增加值增长水平（B1）、农产品加工业产值发展水平（B2）、农林牧渔服务业发展水平（B4）、化学投入品使用合理化程度（B5）、单位农业增加值能源消耗量（B6）、农村卫生厕所普及率（B8）、农村学校本科以上学历专任教师（B9）、乡镇文化站覆盖率（B10）、村庄规划管理覆盖率（B12）、农民收入水平（C1）、农村恩格尔系数（C3）、农村自来水普及率（C4）、农村居民受教育水平（C6）等16个二级指标评价值位于基准线下方，属于农村现代化推进过程中的劣势指标，对提升农村现代化水平产生了逆向的制约影响，尤其是土地生产率（A6）、农业劳动生产率（A7）等指标评价值与基准线的距离较远，意味着这些指标对于推进农村现代化的逆向制约影响很大。

（四）对策建议

根据评价和分析结果，安徽省推进乡村全面振兴、加快农业农村现代化，应坚持扬长补短原则，采取更有针对性的对策措施。对于提升农村现代化水平起着正向拉动作用的优势指标，要进一步做大做强；对于产生逆向制约影响的劣势指标，要尽力缩小差距，弥补短板。今后的重点：一是引进智能设备，提高农业科技化、机械化水平，使用先进技术，提高农业劳动生产率，降低化学用品投入不合理程度，提高农产品加工业发展水平和农业增加值，减少农村生活废物有害化处理。二是加强农村基础设施建设，建立健全农村社会保障体系，打破城乡二元结构的桎梏，使得农村人民老有所养、老有所依。促进农村教育质量提升，通过政策扶持，加强政府投入，引进优秀教师驻足农村、建设农村、扎根农村。提升农村医疗水平，通过改善乡镇医院环境，提高乡镇医院从业人员质量，增加乡镇医院经费投入，满足农村人民的医疗需求。三是提升农民收入水平，通过提高农村集体经济发展水平，提升非农产业就业人员占比，营造良好的营商环境，带动广大农民群众增收致富。

五、福建省农村现代化水平评价

福建省位于中国东部地区南部，面积12.4万平方千米，辖9个市（地），31个市（地）辖区、53个县（市），1 108个乡镇，14 268个行政村。2022年末常住总人口4 188万人，其中乡村人口1 251万人，占29.89%。乡村户数476.577万户（2020年），乡村就业人员667万人。2022年，福建省地区生产总值53 109.85亿元，其中第一产业增加值3 076.20亿元，占5.79%。农村居民人均可支配收入24 987元。

福建省地处祖国东南沿海，境内多山，素有“八山一水一分田”之称。倚山滨海，山海资源丰富，为农业全面发展提供了广阔前景。地处中、南亚热带，热量足、雨量丰，有利于提高农业产量。山多林茂，水系发达，可开发的水资源潜力很大。生物种类繁多，地方品种丰富，有利于农业全面发展。

（一）评价结果

2010 年以来，福建省农村现代化水平呈稳步发展趋势。2020 年，福建省农村现代化水平评价得分为 60.22，在全国 31 个省份中排名第 5 位，与 2010 年相比，评价得分提高 11.65 个点，排名上升了 1 位，处于农村现代化起步阶段的后期，详见图 11－9。

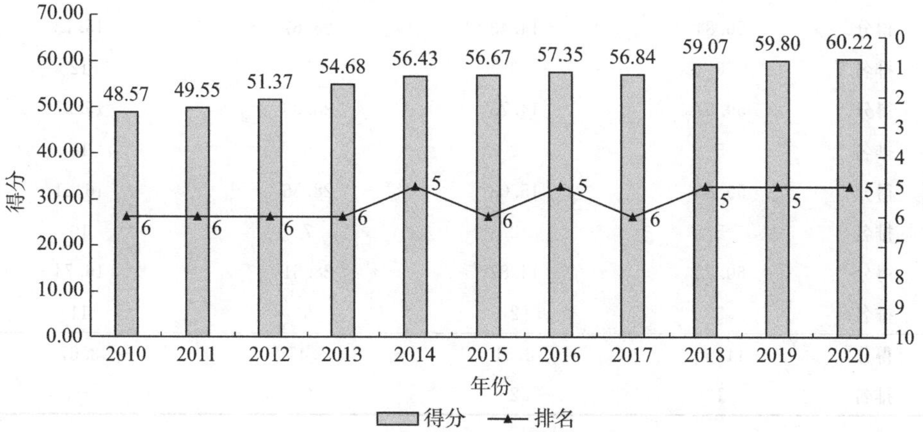

图 11－9　福建省农村现代化水平

从一级指标评价结果来看（表 11－17），福建省农业现代化水平 2010 年评价得分 12.36，排名第 4 位；2020 年评价得分 14.87，提高 2.51 点，排名第 2 位，上升了 2 位。狭义农村现代化水平 2010 年评价得分 23.14，排名第 5 位。2020 年评价得分 28.61，提高 5.47 点，排名第5 位，保持不变。农民现代化水平 2010 年评价得分 13.07，排名第 10 位；2020 年评价得分 16.74，提高 3.67 点，排名第 11 位，下降了1 位。

表 11－17　福建省农村现代化水平一级指标评价结果

年份	项目	农村现代化 总体水平	农业 现代化水平（A）	狭义农村 现代化水平（B）	农民 现代化水平（C）
2010	得分	48.57	12.36	23.14	13.07
	排名	6	4	5	10
2011	得分	49.55	13.13	23.25	13.16
	排名	6	4	6	10
2012	得分	51.37	13.77	23.94	13.67
	排名	6	4	6	11
2013	得分	54.68	14.03	26.80	13.85
	排名	6	4	5	11
2014	得分	56.43	14.10	27.13	15.20
	排名	5	3	5	12
2015	得分	56.67	14.18	27.06	15.43
	排名	6	3	5	11

（续）

年份	项目	农村现代化总体水平	农业现代化水平（A）	狭义农村现代化水平（B）	农民现代化水平（C）
2016	得分	57.35	14.45	27.40	15.51
	排名	5	2	5	11
2017	得分	56.84	14.43	26.67	15.73
	排名	6	3	7	12
2018	得分	59.07	14.75	28.36	15.97
	排名	5	2	5	10
2019	得分	59.80	15.03	28.56	16.21
	排名	5	2	7	10
2020	得分	60.22	14.87	28.61	16.74
	排名	5	2	5	11
变化	得分	11.65	2.51	5.47	3.67
	排名	1	2	0	−1

从二级指标评价结果来看，福建省的土地生产率、单位农业增加值能源消耗量、农村卫生厕所普及率等指标评价得分排在全国前列，其中农村卫生厕所普及率排在全国首位。纵向比较，绝大多数二级指标评价得分呈不断提高趋势，其中提高幅度最大的前3个指标是单位农业增加值能源消耗量、农业机械化水平和农村学校本科以上学历专任教师占比，2010—2020年分别提高了77.69点、50.65点和28.79点；二级指标得分在全国的排名有升有降，上升幅度最大的前3个指标是单位农业增加值能源消耗量、农业机械化水平和农村卫生厕所普及率，分别上升了11位、9位和7位，详见表11-18。

（二）分段比较分析

将省域农村现代化水平评价指标得分从高到低分段，按照5个位次为一段，将全国31个省（自治区、直辖市）分成6段，最后一段为6个省份。通过分段对比分析，可以看出福建省农村现代化水平在全国所处的相对位置。

2020年，福建省农村现代化总体水平得分60.22，在全国31个省份中排名第5位，处于第1段位。横向比较，比全国31个省份得分均值（51.73）高8.49点，比最高得分的江苏省低6.81点，比最低得分的西藏自治区高出18.11点。这反映出，福建省农村现代化总体水平偏高，与先进水平相比差距较大。

从一级指标评价结果看，福建省农业现代化水平（A）、狭义农村现代化水平（B）和农民现代化水平（C）得分在全国31个省份中排名分别为第2位、第5位和第11位，分别处于第1段位、第1段位和第3段位。在3个一级指标中，农业现代化水平相对较高，农民现代化水平相对较低，狭义农村现代化水平居于中间。具体比较，福建省农业现代化水平评价得分14.87，略高于本段内各省份得分均值，比最高得分的江苏省低0.74点，比下一个段位各省份得分均值高2.48点，比全国31个省份得分均值高3.53点，比最低得分的西藏自治区高6.89点；狭义农村现代化水平评价得分28.61，略低于本段内各省份得分均值，比最高得分的江苏省低4.57点，比全国31个省份得分均值低4.67点，比

表 11-18　福建省农业现代化水平二级指标评价结果（1）

指标	项目	2010 年	2011 年	2012 年	2013 年	2014 年	2015 年	2016 年	2017 年	2018 年	2019 年	2020 年	变化
A1 农业科技化水平	得分	63.53	64.12	64.71	65.29	65.88	66.47	66.71	67.88	69.06	70.24	68.24	4.71
	排名	13	14	14	14	14	15	21	21	21	18	26	−13
A2 农业机械化水平	得分	19.35	26.41	33.46	37.00	40.00	43.00	48.00	52.20	63.10	67.70	70.00	50.65
	排名	28	29	29	29	28	28	24	24	19	19	19	9
A3 农田水利化水平	得分	72.29	72.31	83.76	83.84	83.52	79.45	78.98	79.65	81.17	80.54	83.06	10.77
	排名	8	7	3	3	4	4	4	4	4	4	4	4
A4 农业规模化水平	得分	10.40	11.18	12.57	17.19	15.65	16.75	18.81	19.50	18.20	18.20	22.40	12.00
	排名	26	26	25	19	26	26	24	25	27	27	25	1
A5 农民组织化水平	得分	3.27	4.33	5.66	5.40	8.63	8.60	9.18	10.25	10.53	10.53	12.70	9.43
	排名	27	28	26	28	27	27	26	24	24	24	24	3
A6 土地生产率	得分	88.43	96.50	100	100	100	100	100	100	100	97.76	93.80	5.37
	排名	2	2	1	1	1	1	1	1	1	2	2	0
A7 农业劳动生产率	得分	39.56	39.00	39.40	40.81	39.42	38.70	40.26	34.40	31.81	36.98	38.32	−1.24
	排名	7	7	7	6	7	6	5	5	5	5	6	1

表 11-18　福建省狭义农村现代化水平二级指标评价结果（2）

指标	项目	2010 年	2011 年	2012 年	2013 年	2014 年	2015 年	2016 年	2017 年	2018 年	2019 年	2020 年	变化
B1 农业增加值增长水平	得分	61.42	63.26	62.69	63.80	63.71	63.43	64.48	62.36	61.79	62.67	62.97	1.56
	排名	8	5	6	5	5	5	3	4	4	3	4	4
B2 农产品加工业产值发展水平	得分	57.11	41.42	30.56	29.30	31.22	23.15	22.11	25.06	24.03	24.03	19.82	−37.29
	排名	2	4	7	7	9	10	8	8	7	7	9	−7
B3 农村非农产业就业人员占比	得分	73.39	73.73	73.18	74.84	74.23	73.45	73.28	73.53	74.57	76.19	70.86	−2.52
	排名	11	12	12	11	11	11	11	10	11	8	7	4
B4 农林牧渔服务业发展水平	得分	26.53	26.53	26.53	26.53	26.53	27.26	26.28	27.21	26.81	27.69	28.07	1.54
	排名	12	12	12	12	12	13	14	17	19	16	18	−6
B5 化学投入品使用合理化程度	得分	−0.74	−0.77	−0.33	−0.14	0.06	0.09	0.41	6.38	11.34	16.35	20.64	21.38
	排名	11	10	9	12	11	12	11	9	11	13	13	−2
B6 单位农业增加值能源消耗量	得分	−0.89	−0.72	0.48	70.53	73.16	74.27	76.22	51.63	54.08	56.01	76.80	77.69
	排名	14	14	14	1	2	2	2	3	5	5	3	11
B7 农村生活废弃物无害化处理水平	得分	38.85	43.50	46.40	48.90	55.15	57.85	62.40	66.49	69.53	73.00	76.22	37.37
	排名	5	5	5	5	6	7	7	6	5	5	5	0
B8 农村卫生厕所普及率	得分	79.70	85.50	88.50	90.70	91.80	94.00	93.90	95.00	96.00	97.00	100	20.30
	排名	8	8	7	6	6	5	6	6	6	6	1	7
B9 农村学校本科以上学历专任教师占比	得分	39.21	43.56	46.74	49.78	52.32	55.15	58.05	60.62	63.65	65.70	68.00	28.79
	排名	13	12	13	13	16	19	19	20	21	21	22	−9
B10 乡镇文化站覆盖率	得分	86.03	86.03	85.69	88.50	87.05	87.06	87.06	87.06	86.03	86.03	86.27	0.24
	排名	14	14	13	12	14	15	15	15	14	14	13	1
B11 农村集体经济发展水平	得分	31.95	31.09	31.38	30.42	27.53	24.80	24.95	26.63	35.01	35.01	27.64	−4.31
	排名	12	13	15	14	16	19	20	22	18	18	21	−9
B12 村庄规划管理覆盖率	得分	65.27	63.82	82.38	82.88	85.05	86.17	85.59	70.59	88.35	75.00	65.28	0.01
	排名	9	10	5	8	5	5	5	14	6	15	10	−1

表 11-18　福建省农民现代化水平二级指标评价结果（3）

指标	项目	2010年	2011年	2012年	2013年	2014年	2015年	2016年	2017年	2018年	2019年	2020年	变化
C1 农民收入水平	得分	39.55	40.97	41.31	43.92	43.86	44.21	44.62	44.88	45.40	46.20	47.64	8.09
	排名	7	7	7	7	6	6	6	6	6	6	6	1
C2 农民消费水平	得分	32.15	32.85	33.86	34.53	43.49	43.96	44.07	45.13	44.90	45.70	48.01	15.86
	排名	6	7	7	7	6	6	6	6	7	7	7	−1
C3 农村恩格尔系数	得分	77.37	78.30	78.73	79.23	78.55	79.05	78.51	77.58	77.52	77.69	76.04	−1.33
	排名	21	25	27	27	26	26	26	27	26	27	28	−7
C4 农村自来水普及率	得分	71.50	74.80	76.00	78.50	81.60	83.90	85.00	85.67	89.14	90.12	92.59	21.09
	排名	7	6	6	7	6	6	5	6	7	7	5	2
C5 农民家庭汽车拥有水平	得分	24.61	20.19	32.78	34.01	42.42	45.58	48.80	49.04	48.87	49.26	51.25	26.64
	排名	17	22	15	20	17	18	17	19	24	24	23	−6
C6 农村居民受教育水平	得分	74.18	72.34	72.18	70.57	69.65	69.54	67.43	68.57	69.36	69.97	76.28	2.10
	排名	17	18	18	21	23	23	25	22	23	24	21	−4
C7 农民教育文化支出水平	得分	25.88	26.97	26.88	24.21	43.35	43.38	43.52	47.30	49.84	52.67	53.54	27.66
	排名	12	11	11	13	17	17	16	8	10	7	11	1

最低得分的广西壮族自治区高 11.05 点；农民现代化水平评价得分 16.74，略高于本段内各省份得分均值，比上一个段位各省份得分均值低 0.27 点，比最高得分的北京市低 4.08 点，比下一个段位各省份得分均值高 0.62 点，比全国 31 个省份得分均值高 0.30 点，比最低得分的西藏自治区高 4.17 点。

从 26 个二级指标评价结果看，福建省有 7 个二级指标处在第 1 段位，占比 26.92%；6 个二级指标处于第 2 段位，占比 23.08%；3 个二级指标在第 3 段位，占比 11.54%；2 个二级指标在第 4 段位，占比 7.69%；6 个二级指标在第 5 段位，占比 23.08%；2 个二级指标处于第 6 段位，占比 7.69%（表 11－19）。

表 11－19　2020 年福建省农村现代化水平各级指标位次分段

分段	位次	一级指标	二级指标
1	1～5 位	农业现代化水平（A）、狭义农村现代化水平（B）	农田水利化水平（A3）、土地生产率（A6）、农业增加值增长水平（B1）、单位农业增加值能源消耗量（B6）、农村生活废弃物无害化处理水平（B7）、农村卫生厕所普及率（B8）、农村自来水普及率（C4）
2	6～10 位		农业劳动生产率（A7）、农产品加工业产值发展水平（B2）、农村非农产业就业人员占比（B3）、村庄规划管理覆盖率（B12）、农民收入水平（C1）、农民消费水平（C2）
3	11～15 位	农民现代化水平（C）	化学投入品使用合理化程度（B5）、乡镇文化站覆盖率（B10）、农民教育文化支出水平（C7）
4	16～20 位		农业机械化水平（A2）、农林牧渔服务业发展水平（B4）
5	21～25 位		农业规模化水平（A4）、农民组织化水平（A5）、农村学校本科以上学历专任教师占比（B9）、农村集体经济发展水平（B11）、农民家庭汽车拥有水平（C5）、农村居民受教育水平（C6）
6	26～31 位		农业科技化水平（A1）、农村恩格尔系数（C3）

（三）指标均衡性与优劣势分析

从指标“离散系数”即各级指标评价得分标准差与其平均值的比值来看（表 11－20），福建省农村现代化水平一级指标评价分值的标准差在6 左右，离散系数较小，为 0.303 0，低于全国平均离散系数，说明福建省农村现代化一级指标之间发展较均衡，且均衡程度高于全国平均水平；福建省农村现代化水平二级指标评价分值的离散系数较大，为 0.422 7，高于全国平均离散系数，说明福建省农业科技创新能力二级指标之间发展比较均衡，且均衡程度高于全国平均水平。

表 11－20　福建省农村现代化水平各级指标均衡性对比

项目	一级指标			二级指标		
	标准差	平均值	离散系数	标准差	平均值	离散系数
福建省	6.083 6	20.075 6	0.303 0	24.981 2	59.093 6	0.422 7
全国平均	6.435 2	17.243 3	0.384 5	27.504 7	51.388 9	0.546 6

从一级、二级指标评价结果可以看出，不同指标之间发展不均衡，表现出不同的优劣势，对各自隶属的上一级指标以及农村现代化整体水平具有不同方向、不同程度的影响。为了直观地展示各项指标的优劣势及其发展的均衡程度，将各级指标评价值得分绘制折线图，图中横线为农村现代化水平省域排名，相当于基准线，详见图 11－10。各项指标评价值与基准线的位置关系及其距离基准线的远近反映了不同指标对农村现代化水平的作用方向、程度以及指标间发展的均衡性。

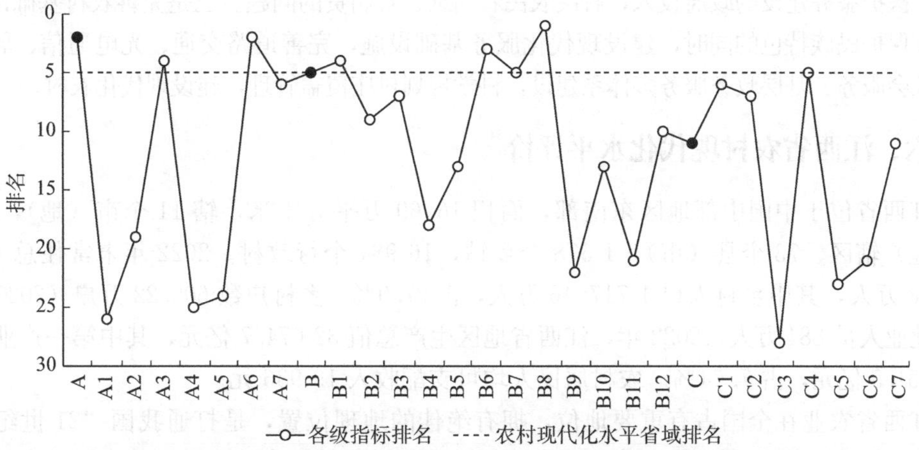

图 11－10　2020 年福建省农村现代化水平及各项指标得分排名位次

从指标优劣势来看，农业现代化水平（A）一级指标和农田水利化水平（A3）、土地生产率（A6）、农业增加值增长水平（B1）、单位农业增加值能源消耗量（B6）、农村卫生厕所普及率（B8）等 5 个二级指标评价值位于基准线上方，属于农村现代化推进过程中的优势指标，对提升农村现代化水平起到正向带动作用，特别是土地生产率（A6）、农村卫生厕所普及率（B8）等指标评价值与基准线距离较远，意味着这些指标对于农村现代化发展的正向拉动作用显著；农民现代化水平（C）一级指标和农业科技化水平（A1）、农业机械化水平（A2）、农业规模化水平（A4）、农民组织化水平（A5）、农业劳动生产率（A7）、农产品加工业产值发展水平（B2）、农村非农产业就业人员占比（B3）、农林牧渔服务业发展水平（B4）、化学投入品使用合理化程度（B5）、农村学校本科以上学历专任教师（B9）、乡镇文化站覆盖率（B10）、农村集体经济发展水平（B11）、村庄规划管理覆盖率（B12）、农民收入水平（C1）、农民消费水平（C2）、农村恩格尔系数（C3）、农民家庭汽车拥有水平（C5）、农村居民受教育水平（C6）、农民教育文化支出水平（C7）等 19 个二级指标评价值位于基准线下方，属于农村现代化推进过程中的劣势指标，对提升农村现代化水平产生了逆向的制约影响，尤其是农业科技化水平（A1）、农业规模化水平（A4）、农村恩格尔系数（C3）等指标评价值与基准线的距离较远，意味着这些指标对于推进农村现代化的逆向制约影响很大。

（四）对策建议

根据评价和分析结果，福建省推进乡村全面振兴、加快农业农村现代化，应坚持扬长补短原则，采取更有针对性的对策措施。对于提升农村现代化水平起着正向拉动作用的优势指标，要进一步做大做强；对于产生逆向制约影响的劣势指标，要尽力缩小差距，弥补短板。今后的重点：一是全面提高农林牧渔行业发展水平，依托背山靠海独特的地理优势，继续推进农业规模化、数字化、机械化进程，引进先进技术设备，提高农产品加工业产值发展水平，提高农业劳动生产率，促进第三产业发展，带动人员就业。二是提高教育医疗服务水平，形成地方特色帮扶机制，加大政府支出，完善基础设施建设，引进优秀教师资源驻扎乡村，切实提高农村教育质量，提升农村居民受教育水平；建立健全完善的医疗保障体系，加强对于医疗设施、医疗队伍、医护服务建设的政府投入，解决农民看病难、看病贵的问题。三是完善农村基础设施建设，在保护民族特色的同时，建设现代化服务基础设施，完善道路交通、光电通信、居民用水、社会服务、基层政务服务多体系建设，科学规划村庄覆盖管理，建设现代化农村。

六、江西省农村现代化水平评价

江西省位于中国中部地区东南部，面积 16.69 万平方千米，辖 11 个市（地），27 个市（地）辖区、73 个县（市），1 578 个乡镇，16 984 个行政村。2022 年末常住总人口 4 527.98 万人，其中乡村人口 1 717.46 万人，占 37.9%。乡村户数 609.22 万户（2020 年），乡村就业人员 884 万人。2022 年，江西省地区生产总值 32 074.7 亿元，其中第一产业增加值 2 451.5 亿元，占 7.64%。农村居民人均可支配收入 19 936 元。

江西省农业在全国占有重要地位，拥有绝佳的地理位置，是打通我国“21 世纪海上丝绸之路”和西北部“丝绸之路经济带”的重要通道，是新中国成立以来全国 2 个从未间断向国家贡献粮食的省份之一。生态农业前景可喜，有机食品、绿色食品、无公害食品均位居全国前列。

（一）评价结果

2010 年以来，江西省农村现代化水平呈稳步发展趋势。2020 年，江西省农村现代化水平评价得分为 53.68，在全国 31 个省份中排名第 11 位，与 2010 年相比，评价得分提高 12.96 个点，排名上升了 1 位，处于农村现代化起步阶段的中期，详见图 11 - 11。

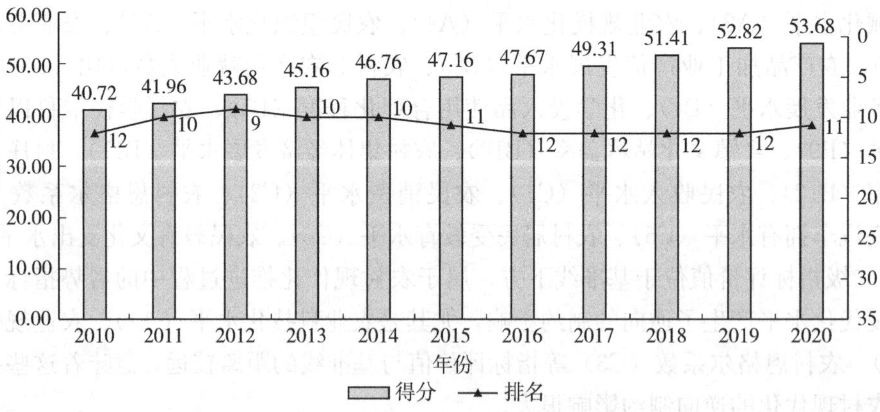

图 11 - 11　江西省农村现代化水平

从一级指标评价结果来看（表 11 - 21），江西省农业现代化水平 2010 年评价得分 8.20，排名第 21 位；2020 年评价得分 11.19，提高 2.99 点，排名第 17 位，上升了 4 位。

狭义农村现代化水平 2010 年评价得分 21.26，排名第 9 位；2020 年评价得分 26.42，提高 5.16 点，排名第 10 位，下降了 1 位。农民现代化水平 2010 年评价得分 11.26，排名第 20 位；2020 年评价得分 16.07，提高 4.81 点，排名 19 位，上升了 1 位。

表 11 - 21　江西省农村现代化水平一级指标评价结果

年份	项目	农村现代化总体水平	农业现代化水平（A）	狭义农村现代化水平（B）	农民现代化水平（C）
2010	得分	40.72	8.20	21.26	11.26
	排名	12	21	9	20
2011	得分	41.96	8.71	21.88	11.37
	排名	10	22	9	21
2012	得分	43.68	9.18	22.68	11.83
	排名	9	21	9	21
2013	得分	45.16	9.68	22.94	12.54
	排名	10	19	9	20
2014	得分	46.76	9.76	23.33	13.67
	排名	10	19	9	20
2015	得分	47.16	10.13	23.53	13.49
	排名	11	18	9	22
2016	得分	47.67	10.36	23.67	13.64
	排名	12	17	9	25
2017	得分	49.31	10.94	24.56	13.81
	排名	12	14	10	24
2018	得分	51.41	10.80	26.15	14.46
	排名	12	14	10	23
2019	得分	52.82	10.92	26.74	15.16
	排名	12	15	10	21
2020	得分	53.68	11.19	26.42	16.07
	排名	11	17	10	19
变化	得分	12.96	2.99	5.16	4.81
	排名	1	4	−1	1

从二级指标评价结果来看，江西省的乡镇文化站覆盖率、村庄规划管理覆盖率、农民教育文化支出水平等指标评价得分排在全国前列，其中乡镇文化站覆盖率排在全国首位。纵向比较，绝大多数二级指标评价得分呈不断提高趋势，其中提高幅度最大的前 3 个指标是农业机械化水平、农民教育文化支出水平、化学投入品使用合理化程度，2010—2020 年分别提高了 42.53 点、41.14 点和 38.25 点；二级指标得分在全国的排名有升有降，上升幅度最大的前 3 个指标是化学投入品使用合理化程度、农业科技化水平和农民组织化水平，分别上升了 17 位、12 位和 12 位，详见表 11 - 22。

表 11-22　江西省农业现代化水平二级指标评价结果（1）

指标	项目	2010 年	2011 年	2012 年	2013 年	2014 年	2015 年	2016 年	2017 年	2018 年	2019 年	2020 年	变化
A1 农业科技化水平	得分	58.82	60.59	61.76	63.09	64.41	65.74	67.06	69.18	69.53	69.88	72.09	13.27
	排名	25	22	22	21	21	22	16	14	14	21	13	12
A2 农业机械化水平	得分	33.46	41.28	49.10	61.59	63.30	65.00	69.23	71.20	72.80	75.90	75.99	42.53
	排名	23	20	18	15	15	15	15	15	15	15	15	8
A3 农田水利化水平	得分	60.05	60.54	65.15	64.64	64.87	65.78	66.08	66.09	65.85	65.98	66.06	6.01
	排名	13	13	11	12	12	11	12	12	12	12	13	0
A4 农业规模化水平	得分	11.75	11.45	13.99	15.50	19.82	20.33	21.40	24.06	26.56	26.56	29.96	18.21
	排名	22	25	21	21	17	19	20	20	14	14	15	7
A5 农民组织化水平	得分	4.67	5.30	5.87	12.76	14.27	16.36	17.97	19.99	17.93	17.93	24.74	20.07
	排名	25	26	25	15	20	18	18	13	15	15	13	12
A6 土地生产率	得分	31.48	33.80	34.46	33.80	32.40	35.54	35.20	42.25	40.59	38.76	37.77	6.29
	排名	19	18	19	19	19	17	18	16	17	16	17	2
A7 农业劳动生产率	得分	25.08	25.03	25.74	25.88	25.31	25.47	25.82	23.05	20.24	22.96	26.02	0.94
	排名	17	17	16	16	17	17	18	16	16	14	15	2

表 11-22　江西省狭义农村现代化水平二级指标评价结果（2）

指标	项目	2010年	2011年	2012年	2013年	2014年	2015年	2016年	2017年	2018年	2019年	2020年	变化
B1 农业增加值增长水平	得分	56.32	56.78	56.22	57.03	57.03	56.80	57.39	56.49	55.32	55.98	56.12	−0.20
	排名	23	23	23	22	23	24	21	21	24	22	22	1
B2 农产品加工业产值发展水平	得分	13.16	13.90	13.67	14.10	15.56	11.28	12.37	17.71	15.64	15.64	13.70	0.54
	排名	22	20	20	19	20	21	19	17	18	18	16	6
B3 农村非农产业就业人员占比	得分	73.37	73.75	73.99	73.75	72.91	72.07	71.32	70.64	69.92	69.24	64.77	−8.60
	排名	12	11	11	12	12	12	12	12	14	13	13	−1
B4 农林牧渔服务业发展水平	得分	23.40	23.40	23.40	23.40	23.40	23.60	23.20	26.22	28.37	28.81	29.14	5.74
	排名	13	13	13	13	13	16	18	18	17	15	14	−1
B5 化学投入品使用合理化程度	得分	−5.38	−2.97	−3.66	−3.39	−1.28	−1.17	0.26	5.25	15.01	25.24	32.87	38.25
	排名	23	14	16	14	12	13	12	12	9	7	6	17
B6 单位农业增加值能源消耗量	得分	−5.10	−0.11	11.48	11.18	11.84	13.24	13.19	13.79	13.21	15.70	16.74	21.84
	排名	21	12	6	11	11	14	13	14	19	20	17	4
B7 农村生活废弃物无害化处理水平	得分	18.00	20.65	23.70	26.00	28.50	32.40	35.15	35.75	37.64	39.00	42.99	24.99
	排名	9	9	9	9	11	14	15	17	17	17	17	−8
B8 农村卫生厕所普及率	得分	77.70	81.20	84.40	86.90	88.90	89.40	89.10	93.90	95.00	96.00	98.78	21.08
	排名	9	9	9	9	9	9	9	7	7	7	8	1
B9 农村学校本科以上学历专任教师占比	得分	29.97	32.66	35.91	39.12	42.42	46.10	50.55	54.17	56.14	56.91	58.19	28.22
	排名	25	25	26	27	28	28	26	26	26	28	29	−4
B10 乡镇文化站覆盖率	得分	100	100	100	100	100	100	100	100	100	100	100	0.00
	排名	1	1	1	1	1	1	1	1	1	1	1	0
B11 农村集体经济发展水平	得分	34.42	34.72	35.71	33.34	31.86	31.52	28.80	32.26	46.09	46.09	36.69	2.27
	排名	9	10	10	11	11	12	15	14	9	9	13	−4
B12 村庄规划管理覆盖率	得分	87.14	85.29	86.33	87.96	90.02	90.90	89.81	86.89	91.45	90.00	87.15	0.01
	排名	2	2	2	4	2	3	2	4	3	5	2	0

表 11-22 江西省农民现代化水平二级指标评价结果（3）

指标	项目	2010 年	2011 年	2012 年	2013 年	2014 年	2015 年	2016 年	2017 年	2018 年	2019 年	2020 年	变化
C1 农民收入水平	得分	30.82	32.16	32.45	34.48	35.07	35.71	36.11	36.38	36.84	37.29	38.74	7.92
	排名	14	14	14	14	14	12	11	11	11	11	10	4
C2 农民消费水平	得分	22.87	23.40	23.46	23.95	29.69	31.19	31.16	31.81	32.71	35.08	39.90	17.03
	排名	17	19	22	24	21	19	21	21	19	14	14	3
C3 农村恩格尔系数	得分	77.04	80.31	83.16	82.82	82.19	82.04	83.02	85.17	88.60	90.74	87.01	9.97
	排名	23	22	22	24	23	24	25	24	23	19	20	3
C4 农村自来水普及率	得分	35.50	39.50	43.10	46.20	48.70	51.00	52.72	53.97	61.21	66.07	71.07	35.57
	排名	26	27	27	27	27	27	27	29	27	27	27	−1
C5 农民家庭汽车拥有水平	得分	37.66	30.41	37.17	52.10	56.11	43.29	44.75	46.99	51.94	57.00	55.01	17.35
	排名	9	12	14	8	11	19	21	21	20	17	21	−12
C6 农村居民受教育水平	得分	73.27	74.82	74.41	76.28	74.39	72.04	71.83	72.03	73.19	74.16	78.15	4.88
	排名	19	9	11	6	11	15	18	15	18	16	17	2
C7 农民教育文化支出水平	得分	24.17	22.35	23.04	21.33	43.05	47.10	46.96	44.92	45.92	50.14	65.31	41.14
	排名	16	21	19	18	18	9	10	15	16	12	5	11

（二）分段比较分析

将省域农村现代化水平评价指标得分从高到低分段，按照 5 个位次为一段，将全国 31 个省（自治区、直辖市）分成 6 段，最后一段为 6 个省份。通过分段对比分析，可以看出江西省农村现代化水平在全国所处的相对位置。

2020 年，江西省农村现代化总体水平得分 53.68，在全国 31 个省份中排名第 11 位，处于第 3 段位。横向比较，比全国 31 个省份得分均值（51.73）高 1.95 点，比最高得分的江苏省低 13.35 点，比最低得分的西藏自治区高出 11.57 点。这反映出，江西省农村现代化总体水平偏低，与先进水平相比差距较大。

从一级指标评价结果看，江西省农业现代化水平（A）、狭义农村现代化水平（B）和农民现代化水平（C）得分在全国 31 个省份中排名分别为第 17 位、第 10 位和第 19 位，分别处于第 4 段位、第 2 段位和第 4 段位。在 3 个一级指标中，狭义农村现代化水平相对较高，农民现代化水平相对较低，农业现代化水平居于中间。具体比较，江西省农业现代化水平评价得分 11.19，略低于本段内各省份得分均值，比上一个段位各省份得分均值低 0.45 点，比最高得分的江苏省低 4.42 点，比下一个段位各省份得分均值高 1.16 点，比全国 31 个省份得分均值低 0.15 点，比最低得分的西藏自治区高 3.21 点；狭义农村现代化水平评价得分 26.42，略低于本段内各省份得分均值，比上一个段位各省份得分均值低 4.70 点，比最高得分的江苏省低 6.76 点，比全国 31 个省份得分均值高 2.48 点，比最低得分的广西壮族自治区高 8.86 点；农民现代化水平评价得分 16.07，略低于本段内各省份得分均值，比上一个段位各省份得分均值低 0.57 点，比最高得分的北京市低 4.75 点，比下一个段位各省份得分均值高 0.62 点，比全国 31 个省份得分均值低 0.37 点，比最低得分的西藏自治区高 3.50 点。

从 26 个二级指标评价结果看，江西省有 3 个二级指标处在第 1 段位，占比 11.54%；3 个二级指标处于第 2 段位，占比 11.54%；10 个二级指标在第 3 段位，占比 38.46%；6 个二级指标在第 4 段位，占比 23.08%；2 个二级指标在第 5 段位，占比 7.69%；2 个二级指标处于第 6 段位，占比 7.69%（表 11－23）。

表 11－23　2020 年江西省农村现代化水平各级指标位次分段

分段	位次	一级指标	二级指标
1	1～5 位		乡镇文化站覆盖率（B10）、村庄规划管理覆盖率（B12）、农民教育文化支出水平（C7）
2	6～10 位		化学投入品使用合理化程度（B5）、农村卫生厕所普及率（B8）、农民收入水平（C1）
3	11～15 位	狭义农村现代化水平（B）	农业科技化水平（A1）、农业机械化水平（A2）、农田水利化水平（A3）、农业规模化水平（A4）、农民组织化水平（A5）、农业劳动生产率（A7）、农村非农产业就业人员占比（B3）、农林牧渔服务业发展水平（B4）、农村集体经济发展水平（B11）、农民消费水平（C2）
4	16～20 位	农业现代化水平（A）、农民现代化水平（C）	土地生产率（A6）、农产品加工业产值发展水平（B2）、单位农业增加值能源消耗量（B6）、农村生活废弃物无害化处理水平（B7）、农村恩格尔系数（C3）、农村居民受教育水平（C6）

（续）

分段	位次	一级指标	二级指标
5	21～25 位		农业增加值增长水平（B1）、农民家庭汽车拥有水平（C5）
6	26～31 位		农村学校本科以上学历专任教师（B9）、农村自来水普及率（C4）

（三）指标均衡性与优劣势分析

从指标“离散系数”即各级指标评价得分标准差与其平均值的比值来看（表 11－24），江西省农村现代化水平一级指标评价分值的标准差在6 左右，离散系数较小，为 0.354 8，低于全国平均离散系数，说明江西省农村现代化一级指标之间发展较均衡，且均衡程度高于全国平均水平；江西省农村现代化水平二级指标评价分值的离散系数较大，为 0.456 4，低于全国平均离散系数，说明江西省农业科技创新能力二级指标之间发展比较均衡，且均衡程度高于全国平均水平。

表 11－24　江西省农村现代化水平各级指标均衡性对比

项目	一级指标			二级指标		
	标准差	平均值	离散系数	标准差	平均值	离散系数
江西省	6.349 4	17.895 0	0.354 8	24.664 7	54.036 9	0.456 4
全国平均	6.435 2	17.243 3	0.384 5	27.504 7	51.388 9	0.546 6

从一级、二级指标评价结果可以看出，不同指标之间发展不均衡，表现出不同的优劣势，对各自隶属的上一级指标以及农村现代化整体水平具有不同方向、不同程度的影响。为了直观地展示各项指标的优劣势及其发展的均衡程度，将各级指标评价值得分绘制折线图，图中横线为农村现代化水平省域排名，相当于基准线，详见图 11－12。各项指标评价值与基准线的位置关系及其距离基准线的远近反映了不同指标对农村现代化水平的作用方向、程度以及指标间发展的均衡性。

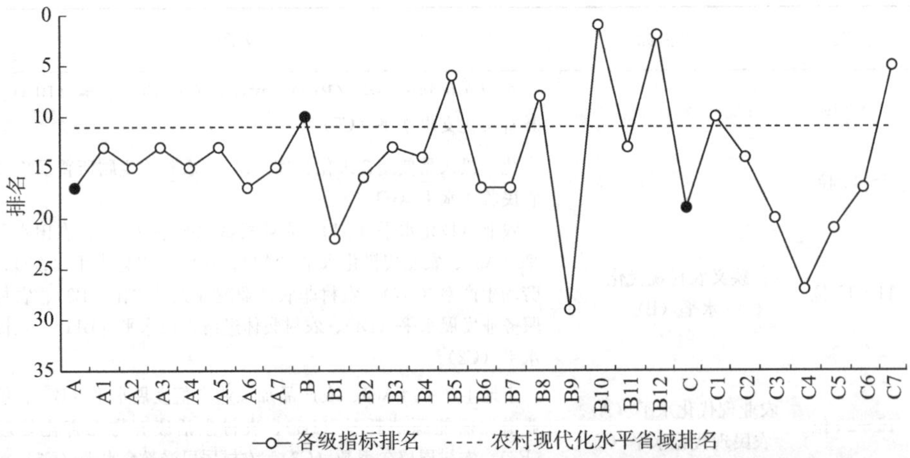

图 11－12　2020 年江西省农村现代化水平及各项指标得分排名位次

从指标优劣势来看，狭义农村现代化水平（B）一级指标和化学投入品使用合理化程度（B5）、农村卫生厕所普及率（B8）、乡镇文化站覆盖率（B10）、村庄规划管理覆盖率（B12）、农民收入水平（C1）、农民教育文化支出水平（C7）等6个二级指标评价值位于基准线上方，属于农村现代化推进过程中的优势指标，对提升农村现代化水平起到正向带动作用，特别是乡镇文化站覆盖率（B10）、村庄规划管理覆盖率（B12）和农民教育文化支出水平（C7）等指标评价值与基准线距离较远，意味着这些指标对于农村现代化发展的正向拉动作用显著；农业现代化水平（A）、农民现代化水平（C）2个一级指标和农业科技化水平（A1）、农业机械化水平（A2）、农田水利化水平（A3）、农业规模化水平（A4）、农民组织化水平（A5）、土地生产率（A6）、农业劳动生产率（A7）、农业增加值增长水平（B1）、农产品加工业产值发展水平（B2）、农村非农产业就业人员占比（B3）、农林牧渔服务业发展水平（B4）、单位农业增加值能源消耗量（B6）、农村生活废弃物无害化处理水平（B7）、农村学校本科以上学历专任教师（B9）、农村集体经济发展水平（B11）、农民消费水平（C2）、农村恩格尔系数（C3）、农村自来水普及率（C4）、农民家庭汽车拥有水平（C5）、农村居民受教育水平（C6）等20个二级指标评价值位于基准线下方，属于农村现代化推进过程中的劣势指标，对提升农村现代化水平产生了逆向的制约影响，尤其是农村学校本科以上学历专任教师（B9）、农村自来水普及率（C4）等指标评价值与基准线的距离较远，意味着这些指标对于推进农村现代化的逆向制约影响很大。

（四）对策建议

根据评价和分析结果，江西省推进乡村全面振兴、加快农业农村现代化，应坚持扬长补短原则，采取更有针对性的对策措施。对于提升农村现代化水平起着正向拉动作用的优势指标，要进一步做大做强；对于产生逆向制约影响的劣势指标，要尽力缩小差距，弥补短板。今后的重点：一是提高土地生产率，全面推进农业机械化进程，提高农业科技化、规模化水平；攻坚农机装备核心技术，打造农机大数据平台，提升农机社会化服务能力，打通短板，解决产业化堵点。二是统筹推进农村人居环境整治提升、农村基础设施建设，全方位提升乡村治理水平，严格控制农村生活废弃物处理及化学品使用程度，提高农村集体经济发展水平，围绕生产急需、农民急用加快形成研产推用一体化攻关机制，调优生产扶持政策，加快补齐加工、流通、销售短板。三是建立健全农村社会保障体系和农村教育体系，加强对农村社会保障体系的改革力度，切实为农村地区人民谋福利、强保障，建立成套教育体系，加强教育资源引进和定向教育帮扶，缩小城乡教育差距，促进共同富裕，推动全面和谐发展。

七、山东省农村现代化水平评价

山东省位于中国东部地区东北部，面积15.58万平方千米，辖16个市（地），58个市（地）辖区、78个县（市），1 825个乡镇，54 484个行政村。2022年末常住总人口10 162.79万人，其中乡村人口360 372.53万人，占35.46%。乡村户数1 426.8万户（2020年），乡村就业人员2 041万人。2022年，山东省地区生产总值87 435.1亿元，其中第一产业增加值6 298.6亿元，占7.2%。农村居民人均可支配收入22 110元。

山东省四季分明，气候温和，光照充足，热量丰富，雨热同季，适宜多种农作物生长发育，是我国种植业的发源地之一，是全国粮食、棉花、花生、蔬菜、水果的主要产区。蔬菜生产自然条件优越、品种资源丰富，素有“世界三大菜园”之称。山东省作为北方果树最适栽培区域之一，被誉为“北方落叶果树的王国”。

（一）评价结果

2010年以来，山东省农村现代化水平呈稳步发展趋势。2020年，山东省农村现代化水平评价得分为57.36，在全国31个省份中排名第8位，与2010年相比，评价得分提高9.83个点，排名下降了1位，处于农村现代化起步阶段的中期，详见图11-13。

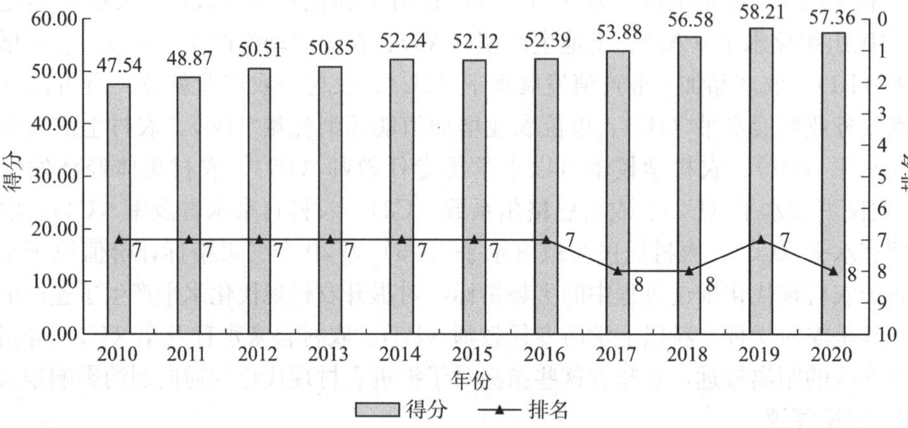

图11-13　山东省农村现代化水平

从一级指标评价结果来看（表11-25），山东省农业现代化水平2010年评价得分12.16，排名第5位；2020年评价得分12.52，提高0.36点，排名第7位；下降了2位。狭义农村现代化水平2010年评价得分21.71，排名第8位；2020年评价得分27.94，提高6.23点，排名第7位，上升了1位。农民现代化水平2010年评价得分13.66，排名第7位；2020年评价得分16.90，提高3.24点，排名第8位，下降了1位。

表11-25　山东省农村现代化水平一级指标评价结果

年份	项目	农村现代化总体水平	农业现代化水平（A）	狭义农村现代化水平（B）	农民现代化水平（C）
2010	得分	47.53	12.16	21.71	13.66
	排名	7	5	8	7
2011	得分	48.87	12.12	22.73	14.02
	排名	7	7	7	7
2012	得分	50.51	12.03	23.65	14.82
	排名	7	7	7	7
2013	得分	50.85	12.36	23.16	15.33
	排名	7	7	8	7
2014	得分	52.24	12.33	24.09	15.83
	排名	7	6	7	7

（续）

年份	项目	农村现代化总体水平	农业现代化水平（A）	狭义农村现代化水平（B）	农民现代化水平（C）
2015	得分	52.12	12.37	23.97	15.79
	排名	7	6	8	10
2016	得分	52.39	11.92	24.40	16.06
	排名	7	9	8	9
2017	得分	53.88	12.28	25.42	16.18
	排名	8	8	9	8
2018	得分	56.58	12.29	28.12	16.18
	排名	8	8	6	9
2019	得分	58.21	12.30	29.24	16.66
	排名	7	7	5	7
2020	得分	57.36	12.52	27.94	16.90
	排名	8	7	7	8
变化	得分	9.83	0.36	6.23	3.24
	排名	−1	−2	1	−1

从二级指标评价结果来看，山东省的农产品加工业产值发展水平、农林牧渔服务业发展水平、农村自来水普及率等指标评价得分排在全国前列。纵向比较，绝大多数二级指标评价得分呈不断提高趋势，其中提高幅度最大的前3个指标是农民家庭汽车拥有水平、农村生活废弃物无害化处理水平、农村学校本科以上学历专任教师占比，2010—2020年分别提高了46.69点、40.82点和31.25点；二级指标得分在全国的排名有升有降，上升幅度最大的前3个指标是农业规模化水平、农民家庭汽车拥有水平、农村非农产业就业人员占比，分别上升了11位、8位和7位，详见表11-26。

（二）分段比较分析

将省域农村现代化水平评价指标得分从高到低分段，按照5个位次为一段，将全国31个省（自治区、直辖市）分成6段，最后一段为6个省份。通过分段对比分析，可以看出山东省农村现代化水平在全国所处的相对位置。

2020年，山东省农村现代化总体水平得分57.36，在全国31个省份中排名第22位，处于第5段位。横向比较，比全国31个省份得分均值（51.73）高5.63点，比最高得分的江苏省低9.69点，比最低得分的西藏自治区高出15.25点。这反映出，山东省农村现代化总体水平偏低，与先进水平相比差距较大。

从一级指标评价结果看，山东省农业现代化水平（A）、狭义农村现代化水平（B）和农民现代化水平（C）得分在全国31个省份中排名分别为第7位、第7位和第8位，均处于第2段位。在3个一级指标中，农业现代化水平、狭义农村现代化水平相对较高，农民现代化水平相对较低。具体比较，山东省农业现代化水平评价得分12.52，略高于本段内各省份得分均值，比上一个段位各省份得分均值低1.93点，比最高得分的江苏省低3.09

表 11-26 山东省农业现代化水平二级指标评价结果（1）

指标	项目	2010 年	2011 年	2012 年	2013 年	2014 年	2015 年	2016 年	2017 年	2018 年	2019 年	2020 年	变化
A1 农业科技化水平	得分	69.18	69.88	70.59	71.35	72.12	72.88	73.65	74.44	75.22	76.01	76.47	7.29
	排名	5	6	7	7	7	7	7	7	8	8	7	−2
A2 农业机械化水平	得分	76.90	77.60	78.30	79.00	80.00	81.00	82.00	83.00	86.00	87.25	87.85	10.95
	排名	4	4	4	4	4	6	9	8	6	7	8	−4
A3 农田水利化水平	得分	64.71	65.21	61.00	61.95	64.32	65.23	67.85	68.40	68.99	69.45	69.75	5.04
	排名	11	11	13	13	13	12	11	10	9	9	8	3
A4 农业规模化水平	得分	7.74	8.85	9.97	12.66	15.63	17.31	19.67	21.80	22.23	22.23	27.17	19.43
	排名	30	30	30	28	27	22	22	22	20	20	19	11
A5 农民组织化水平	得分	16.76	13.02	14.86	15.15	23.81	24.90	26.20	26.83	27.01	27.01	32.07	15.31
	排名	4	7	7	11	6	5	5	6	7	7	8	−4
A6 土地生产率	得分	58.08	57.11	54.94	57.47	54.64	53.48	45.75	50.79	49.84	47.68	46.97	−11.11
	排名	8	9	9	9	9	9	9	10	10	11	12	−4
A7 农业劳动生产率	得分	29.15	28.14	28.13	29.51	28.57	28.63	26.71	24.62	22.53	24.21	27.24	−1.91
	排名	15	15	15	14	14	13	17	14	13	13	12	3

表 11-26　山东省狭义农村现代化水平二级指标评价结果（2）

指标	项目	2010 年	2011 年	2012 年	2013 年	2014 年	2015 年	2016 年	2017 年	2018 年	2019 年	2020 年	变化
B1 农业增加值增长水平	得分	60.34	60.41	59.86	60.61	60.28	60.68	60.27	59.08	57.60	57.09	58.49	−1.85
	排名	10	10	10	10	10	10	9	9	12	18	13	−3
B2 农产品加工业产值发展水平	得分	43.30	53.49	56.63	46.53	51.13	37.52	37.08	33.82	33.78	33.78	31.43	−11.87
	排名	5	3	3	3	3	3	3	4	4	4	4	1
B3 农村非农产业就业人员占比	得分	53.24	55.06	56.07	57.30	58.51	59.46	60.09	61.69	62.62	58.48	62.56	9.32
	排名	21	20	21	18	18	18	17	15	15	16	14	7
B4 农林牧渔服务业发展水平	得分	30.68	30.68	30.68	30.68	30.68	30.96	36.85	43.41	48.08	51.76	52.82	22.14
	排名	7	7	7	7	7	8	6	4	3	2	2	5
B5 化学投入品使用合理化程度	得分	0.83	0.90	1.32	2.73	3.66	5.63	7.02	10.96	16.29	21.81	25.15	24.32
	排名	8	7	6	5	7	8	8	7	8	9	9	−1
B6 单位农业增加值能源消耗量	得分	2.04	3.05	20.35	1.68	3.96	0.21	2.76	6.48	40.87	42.13	28.18	26.13
	排名	10	8	3	16	17	20	19	16	9	9	14	−4
B7 农村生活废弃物无害化处理水平	得分	26.40	31.35	34.90	40.55	55.80	58.30	62.89	64.00	64.50	66.50	67.22	40.82
	排名	7	7	7	7	5	6	6	7	7	7	7	0
B8 农村卫生厕所普及率	得分	84.10	85.70	88.30	90.10	91.60	92.20	92.10	92.30	94.00	95.00	96.63	12.53
	排名	6	7	8	7	7	8	8	9	8	8	9	−3
B9 农村学校本科以上学历专任教师占比	得分	42.85	47.03	49.62	53.20	56.26	59.49	62.30	66.84	69.29	71.84	74.10	31.25
	排名	8	7	7	8	10	10	11	10	11	10	11	−3
B10 乡镇文化站覆盖率	得分	69.95	69.95	70.78	67.91	67.80	67.42	67.42	67.42	69.95	69.95	66.25	−3.71
	排名	26	26	24	27	27	27	27	27	26	26	27	−1
B11 农村集体经济发展水平	得分	33.54	34.47	34.56	33.64	32.69	32.63	32.44	34.00	45.68	45.68	39.26	5.72
	排名	10	11	11	10	10	11	13	13	10	10	12	−2
B12 村庄规划管理覆盖率	得分	70.42	73.61	69.39	70.40	69.75	70.67	64.62	70.59	73.48	93.00	70.43	0.01
	排名	7	5	12	14	13	13	15	14	15	3	8	−1

表 11-26　山东省农民现代化水平二级指标评价结果（3）

指标	项目	2010年	2011年	2012年	2013年	2014年	2015年	2016年	2017年	2018年	2019年	2020年	变化
C1 农民收入水平	得分	37.22	38.93	39.15	41.70	41.20	41.45	41.51	41.54	41.52	41.96	42.78	5.56
	排名	8	8	8	8	8	8	8	8	8	8	8	0
C2 农民消费水平	得分	28.11	29.63	31.00	31.31	31.32	32.15	32.49	33.33	33.86	34.55	37.20	9.09
	排名	8	8	8	8	17	17	17	17	17	18	16	−8
C3 农村恩格尔系数	得分	95.11	100	100	100	96.92	97.61	98.46	99.91	98.73	99.25	99.33	4.22
	排名	10	1	1	1	11	14	13	11	12	12	6	4
C4 农村自来水普及率	得分	84.40	87.40	89.00	90.70	93.00	95.00	95.80	95.30	96.24	96.30	97.02	12.62
	排名	4	3	3	4	3	3	3	3	2	3	3	1
C5 农民家庭汽车拥有水平	得分	18.67	15.65	37.51	47.32	47.89	47.77	52.88	54.73	54.12	64.91	65.36	46.69
	排名	20	25	13	11	14	15	15	15	17	11	12	8
C6 农村居民受教育水平	得分	72.72	71.90	72.60	72.22	73.50	70.79	72.32	70.73	70.62	71.25	76.32	3.60
	排名	20	21	17	18	14	20	14	18	21	21	20	0
C7 农民教育文化支出水平	得分	30.10	31.37	30.25	29.93	45.28	42.60	42.22	43.50	43.60	45.05	40.28	10.18
	排名	9	5	7	7	11	20	21	18	20	18	27	−18

点，比下一个段位各省份得分均值高 0.88 点，比全国 31 个省份得分均值高 1.88 点，比最低得分的西藏自治区高 4.54 点；狭义农村现代化水平评价得分 27.94，略高于本段内各省份得分均值，比上一个段位各省份得分均值低 3.18 点，比最高得分的江苏省低 5.24 点，比全国 31 个省份得分均值高 4.00 点，比最低得分的广西壮族自治区高 10.38 点；农民现代化水平评价得分 16.90，略低于本段内各省份得分均值，比上一个段位各省份得分均值低 2.52 点，比最高得分的北京市低 3.92 点，比下一个段位各省份得分均值高 0.26 点，比全国 31 个省份得分均值高 0.46 点，比最低得分的西藏自治区高 4.33 点。

从 26 个二级指标评价结果看，山东省有 3 个二级指标处在第 1 段位，占比 11.54%；10 个二级指标处于第 2 段位，占比 38.46%；8 个二级指标在第 3 段位，占比 30.77%；3 个二级指标在第 4 段位，占比 11.54%；2 个二级指标处于第 6 段位，占比 7.69%（表 11－27）。

表 11－27　2020 山东省农村现代化水平各级指标位次分段

分段	位次	一级指标	二级指标
1	1～5 位		农产品加工业产值发展水平（B2）、农林牧渔服务业发展水平（B4）、农村自来水普及率（C4）
2	6～10 位	农业现代化水平（A）、狭义农村现代化水平（B）、农民现代化水平（C）	农业科技化水平（A1）、农业机械化水平（A2）、农田水利化水平（A3）、农民组织化水平（A5）、化学投入品使用合理化程度（B5）、农村生活废弃物无害化处理水平（B7）、农村卫生厕所普及率（B8）、村庄规划管理覆盖率（B12）、农民收入水平（C1）、农村恩格尔系数（C3）
3	11～15 位		土地生产率（A6）、农业劳动生产率（A7）、农业增加值增长水平（B1）、农村非农产业就业人员占比（B3）、单位农业增加值能源消耗量（B6）、农村学校本科以上学历专任教师占比（B9）、农村集体经济发展水平（B11）、农民家庭汽车拥有水平（C5）
4	16～20 位		农业规模化水平（A4）、农民消费水平（C2）、农村居民受教育水平（C6）
5	21～25 位		
6	26～31 位		乡镇文化站覆盖率（B10）、农民教育文化支出水平（C7）

（三）指标均衡性与优劣势分析

从指标“离散系数”即各级指标评价得分标准差与其平均值的比值来看（表 11－28），山东省农村现代化水平一级指标评价分值的标准差在6 左右，离散系数较小，为 0.339 3，低于全国平均离散系数，说明山东省农村现代化一级指标之间发展较均衡，且均衡程度高于全国平均水平；山东省农村现代化水平二级指标评价分值的离散系数较大，为 0.339 6，低于全国平均离散系数，说明山东省农业科技创新能力二级指标之间发展比较均衡，且均衡程度高于全国平均水平。

表 11-28 山东省农村现代化水平各级指标均衡性对比

项目	一级指标			二级指标		
	标准差	平均值	离散系数	标准差	平均值	离散系数
山东省	6.487 9	19.120 7	0.339 3	23.029 2	57.627 8	0.339 6
全国平均	6.435 2	17.243 3	0.384 5	27.504 7	51.388 9	0.546 6

从一级、二级指标评价结果可以看出，不同指标之间发展不均衡，表现出不同的优劣势，对各自隶属的上一级指标以及农村现代化整体水平具有不同方向、不同程度的影响。为了直观地展示各项指标的优劣势及其发展的均衡程度，将各级指标评价值得分绘制折线图，图中横线为农村现代化水平省域排名，相当于基准线，详见图 11-14。各项指标评价值与基准线的位置关系及其距离基准线的远近反映了不同指标对农村现代化水平的作用方向、程度以及指标间发展的均衡性。

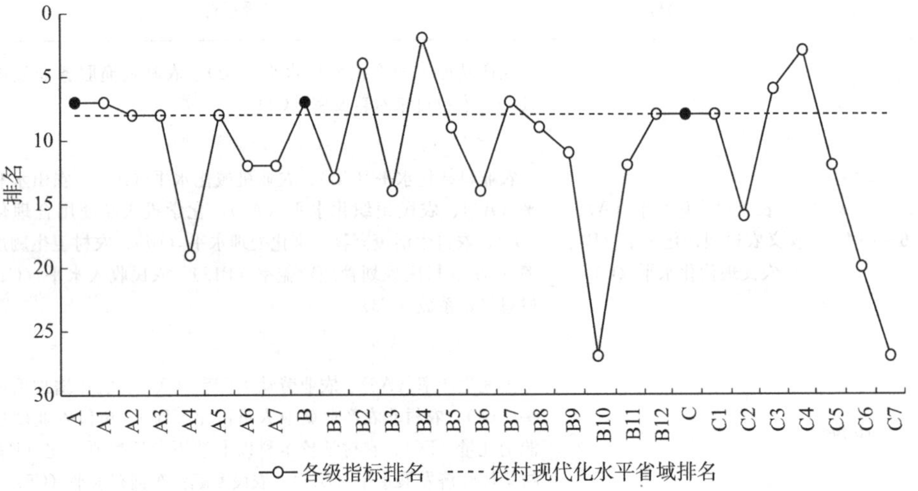

图 11-14 2020 年山东省农村现代化水平及各项指标得分排名位次

从指标优劣势来看，农业现代化（A）、狭义农村现代化（B）2 个一级指标和农业科技化水平（A1）、农产品加工业产值发展水平（B2）、农林牧渔服务业发展水平（B4）、农村生活废弃物无害化处理水平（B7）、农村恩格尔系数（C3）、农村自来水普及率（C4）等 6 个二级指标评价值位于基准线上方，属于农村现代化推进过程中的优势指标，对提升农村现代化水平起到正向带动作用，特别是农产品加工业产值发展水平（B2）、农林牧渔服务业发展水平（B4）、农村自来水普及率（C4）等指标评价值与基准线距离较远，意味着这些指标对于农村现代化发展的正向拉动作用显著；农业规模化水平（A4）、土地生产率（A6）、农业劳动生产率（A7）、农业增加值增长水平（B1）、农村非农产业就业人员占比（B3）、化学投入品使用合理化程度（B5）、单位农业增加值能源消耗量（B6）、农村卫生厕所普及率（B8）、农村学校本科以上学历专任教师（B9）、乡镇文化站覆盖率（B10）、农村集体经济发展水平（B11）、农民消费水平（C2）、农民家庭汽车拥有水平

(C5)、农村居民受教育水平（C6)、农民教育文化支出水平（C7）等 15 个二级指标评价值位于基准线下方，属于农村现代化推进过程中的劣势指标，对提升农村现代化水平产生了逆向的制约影响，尤其是乡镇文化站覆盖率（B10)、农民教育文化支出水平（C7）等指标评价值与基准线的距离较远，意味着这些指标对于推进农村现代化的逆向制约影响很大。

(四) 对策建议

根据评价和分析结果，山东省推进乡村全面振兴、加快农业农村现代化，应坚持扬长补短原则，采取更有针对性的对策措施。对于提升农村现代化水平起着正向拉动作用的优势指标，要进一步做大做强；对于产生逆向制约影响的劣势指标，要尽力缩小差距，弥补短板。今后的重点：一是推进农业规模化、数字化、机械化运作，加强农业技术提升投入，以集体经济为依托开展农业活动，形成规模优势，提高农业劳动生产率。二是加强农村基础设施建设，建立乡镇文化站、图书馆、少年宫，为丰富农民的文化生活提供保障，推进卫生厕所建设，推进乡村道路交通、公共设施、便民服务、乡镇医院完善发展，建设多元发展的新农村。三是全面落实九年义务教育，定期开展农村居民文化教育活动，加强农村幼儿园、小学、中学三段教育接续发展，改善教学环境，提升教学质量，切实提升农村居民教育服务质量水平。

第十二章

中南地区农村现代化水平评价分析

一、河南省农村现代化水平评价

河南省位于中国中部地区东部，面积16.7万平方千米，辖17个市（地），1个省直辖县级行政单位、54个市（地）辖区、103个县（市），2 458个乡镇，44 615个行政村。2022年末常住总人口9 872万人，其中乡村人口4 239万人，占42.9%。乡村户数近1 542.77万户（2020年），乡村就业人员2 209万人。2022年，河南省地区生产总值61 345.05亿元，其中第一产业增加值5 817.78亿元，占9.48%。农村居民人均可支配收入18 697元。河南省素有“中原粮仓”的美誉，是农业大省和国家重要的粮食生产核心区，具有保障国家粮食安全的“压舱石”作用。河南省传统农业作物种植历史悠久，其耕作制度以精耕细作为主要特征。

（一）评价结果

2010年以来，河南省农村现代化水平呈稳步上升趋势。2020年，河南省农村现代化水平评价得分为50.21，在全国31个省份中排名第16位，与2010年相比，评价得分提高9.90个点，排名下降2位，处于农村现代化起步阶段的中期，详见图12-1。

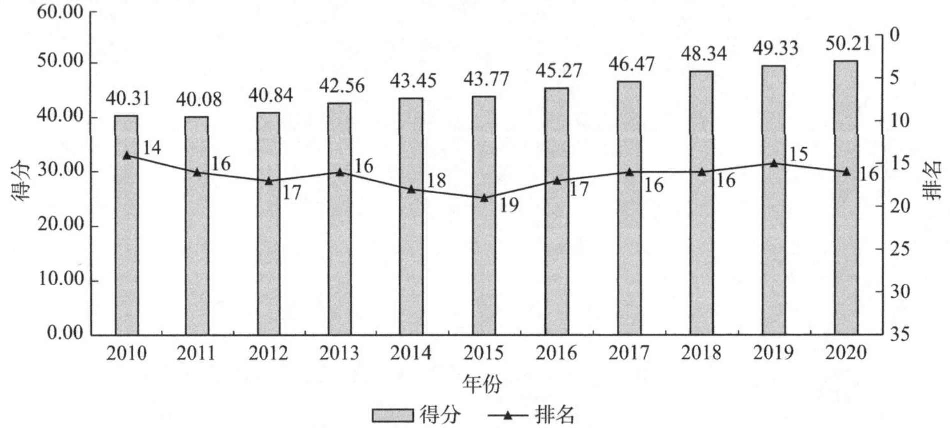

图12-1 河南省农村现代化水平

从一级指标评价结果来看（表12-1），河南省农业现代化水平2010年评价得分10.95，排名第11位；2020年评价得分12.15，提高1.20点，排名第9位，上升了2位。狭义农村现代化水平2010年评价得分17.71，排名第17位；2020年评价得分21.38，提高3.67点，排名第22位，下降了5位。农民现代化水平2010年评价得分11.65，排名第17位；2020年评价得分16.68，提高5.03点，排名第13位，上升了4位。

表 12-1　河南省农村现代化水平一级指标评价结果

年份	项目	农村现代化总体水平	农业现代化水平（A）	狭义农村现代化水平（B）	农民现代化水平（C）
2010	得分	40.31	10.95	17.71	11.65
	排名	14	11	17	17
2011	得分	40.08	10.88	17.45	11.75
	排名	16	11	19	20
2012	得分	40.84	11.05	17.60	12.19
	排名	17	12	22	19
2013	得分	42.56	11.14	18.60	12.82
	排名	16	12	19	18
2014	得分	43.45	11.09	18.29	14.07
	排名	18	12	21	18
2015	得分	43.77	11.10	18.62	14.06
	排名	19	13	23	19
2016	得分	45.27	10.85	19.84	14.57
	排名	17	14	21	16
2017	得分	46.47	11.36	20.11	15.00
	排名	16	12	22	15
2018	得分	48.34	11.51	21.51	15.31
	排名	16	10	22	16
2019	得分	49.33	11.68	21.81	15.84
	排名	15	10	25	14
2020	得分	50.21	12.15	21.38	16.68
	排名	16	9	22	13
变化	得分	9.90	1.20	3.67	5.03
	排名	−2	2	−5	4

从二级指标评价结果来看，河南省的农村恩格尔系数指标评价得分排在全国前列，其他指标相对落后。纵向比较，绝大多数二级指标评价得分呈不断提高趋势，其中提高幅度最大的前 3 个指标是农村自来水普及率、农村学校本科以上学历专任教师占比、农民教育文化支出水平，2010—2020 年分别提高了 40.09 点、38.35 点和 37.99 点；二级指标得分在全国的排名有升有降，上升幅度最大的前 3 个指标是农产品加工业产值发展水平、农民教育文化支出水平、化学投入品使用合理化程度，分别上升了 15 位、11 位和 10 位，详见表 12-2。

（二）分段比较分析

将省域农村现代化水平评价指标得分从高到低分段，按照 5 个位次为一段，将全国

表 12-2　河南省农业现代化水平二级指标评价结果（1）

指标	项目	2010年	2011年	2012年	2013年	2014年	2015年	2016年	2017年	2018年	2019年	2020年	变化
A1 农业科技化水平	得分	63.53	64.12	64.71	65.29	65.88	66.59	68.00	69.53	71.41	72.88	72.94	9.41
	排名	13	14	14	14	14	14	15	11	11	11	11	2
A2 农业机械化水平	得分	70.03	71.52	73.00	75.00	76.30	77.50	79.10	80.00	82.60	83.85	83.85	13.82
	排名	6	6	7	8	8	10	10	10	10	10	10	−4
A3 农田水利化水平	得分	62.13	63.10	60.35	61.04	62.84	64.28	64.64	65.01	65.19	65.69	67.34	5.21
	排名	12	12	14	14	14	13	13	13	13	13	12	0
A4 农业规模化水平	得分	13.06	16.48	19.54	23.03	25.13	26.54	25.39	25.74	24.87	24.87	31.21	18.15
	排名	19	17	14	12	12	12	16	16	16	16	14	5
A5 农民组织化水平	得分	7.32	9.33	9.64	12.41	15.26	16.14	12.24	14.07	14.40	14.40	17.34	10.02
	排名	21	19	21	16	18	19	23	23	22	22	23	−2
A6 土地生产率	得分	52.47	50.12	51.40	50.21	48.35	46.96	42.32	49.13	49.57	49.10	53.09	0.62
	排名	10	10	10	11	10	10	10	13	11	9	7	3
A7 农业劳动生产率	得分	22.19	20.60	20.43	20.56	18.90	18.37	17.40	15.70	14.17	15.92	18.44	−3.75
	排名	19	23	25	25	25	25	25	26	27	27	27	−8

表 12-2　河南省狭义农村现代化水平二级指标评价结果（2）

指标	项目	2010年	2011年	2012年	2013年	2014年	2015年	2016年	2017年	2018年	2019年	2020年	变化
B1 农业增加值增长水平	得分	57.85	57.36	56.84	57.57	57.34	57.36	57.28	56.40	55.32	55.59	55.25	−2.60
	排名	17	19	20	18	18	19	22	25	23	25	26	−9
B2 农产品加工业产值发展水平	得分	14.50	12.22	18.09	28.67	32.02	26.38	27.78	28.37	25.01	25.01	23.13	8.63
	排名	21	22	16	8	7	6	6	6	6	6	6	15
B3 农村非农产业就业人员占比	得分	79.69	80.17	79.75	78.78	75.57	75.52	75.04	76.20	76.40	73.44	65.31	−14.38
	排名	6	7	7	8	10	10	10	8	9	10	12	−6
B4 农林牧渔服务业发展水平	得分	18.76	18.76	18.76	18.76	18.76	25.14	27.27	31.28	36.94	36.45	34.65	15.89
	排名	20	20	20	20	20	14	13	14	13	13	13	7
B5 化学投入品使用合理化程度	得分	−17.36	−21.27	−22.31	−24.60	−26.00	−26.64	−25.46	−22.14	−2.88	1.86	5.37	22.73
	排名	31	30	29	28	25	26	25	26	20	20	21	10
B6 单位农业增加值能源消耗量	得分	0.99	−7.20	−13.28	1.26	−3.21	−10.56	9.22	6.15	0.68	−1.93	0.69	−0.30
	排名	12	19	22	17	23	25	15	17	25	27	24	−12
B7 农村生活废弃物无害化处理水平	得分	5.75	6.80	7.20	8.25	9.60	19.45	25.27	24.64	27.62	31.50	34.13	28.38
	排名	23	22	26	28	29	25	23	26	25	24	24	−1
B8 农村卫生厕所普及率	得分	69.80	71.10	72.90	74.40	75.30	75.60	79.60	75.00	78.00	80.00	80.72	10.92
	排名	12	12	12	13	14	17	16	19	19	18	20	−8
B9 农村学校本科以上学历专任教师占比	得分	27.89	31.52	35.79	40.91	45.00	49.22	52.94	57.75	61.13	63.30	66.24	38.35
	排名	30	28	27	25	24	23	24	24	23	23	23	7
B10 乡镇文化站覆盖率	得分	80.26	80.26	79.45	79.26	78.68	77.95	77.95	77.95	80.26	80.26	77.21	−3.05
	排名	20	20	20	20	21	21	21	21	20	20	21	−1
B11 农村集体经济发展水平	得分	19.85	19.22	19.53	17.39	16.39	16.41	14.89	15.47	19.11	19.11	15.18	−4.67
	排名	24	27	24	28	29	27	28	28	31	31	31	−7
B12 村庄规划管理覆盖率	得分	59.09	60.83	61.47	64.68	58.71	58.48	58.18	58.02	59.45	60.00	59.10	0.01
	排名	11	11	14	15	18	20	20	22	22	22	12	−1

表 12-2 河南省农民现代化水平二级指标评价结果（3）

指标	项目	2010 年	2011 年	2012 年	2013 年	2014 年	2015 年	2016 年	2017 年	2018 年	2019 年	2020 年	变化
C1 农民收入水平	得分	29.41	30.82	31.19	33.28	34.55	34.79	34.80	34.95	35.24	35.80	36.75	7.34
	排名	17	16	16	16	17	17	18	17	16	16	19	−2
C2 农民消费水平	得分	21.53	21.70	23.02	23.84	28.62	28.99	29.31	29.68	31.22	32.41	35.85	14.32
	排名	22	25	24	25	23	24	23	25	23	21	21	1
C3 农村恩格尔系数	得分	95.87	100.0	100.0	100.0	100.0	100.0	100.0	100.0	100.0	100.0	100.0	4.13
	排名	7	1	1	1	1	1	1	1	1	1	1	6
C4 农村自来水普及率	得分	40.60	44.00	45.30	48.60	48.90	51.60	55.19	65.04	68.25	72.12	80.69	40.09
	排名	24	24	25	26	26	26	26	21	20	21	22	2
C5 农民家庭汽车拥有水平	得分	29.63	24.18	32.69	45.28	50.88	49.79	59.74	61.08	58.84	64.12	66.33	36.70
	排名	14	18	16	13	12	13	10	10	13	12	11	3
C6 农村居民受教育水平	得分	74.67	74.23	73.45	73.55	74.30	72.67	72.09	72.70	74.27	74.60	77.49	2.82
	排名	14	13	14	14	12	13	17	11	11	15	19	−5
C7 农民教育文化支出水平	得分	22.03	20.25	22.54	21.35	44.01	42.74	45.64	46.27	50.49	54.58	60.02	37.99
	排名	20	24	21	17	15	19	13	10	8	5	9	11

31 个省（自治区、直辖市）分成 6 段，最后一段为 6 个省份。通过分段对比分析，可以看出河南省农村现代化水平在全国所处的相对位置。

2020 年，河南省农村现代化总体水平得分 50.21，在全国 31 个省份中排名第 16 位，处于第 4 段位。横向比较，比全国 31 个省份得分均值（51.73）低 1.52 点，比最高得分的江苏省低 16.82 点，比最低得分的西藏自治区高出 8.10 点。这反映出，河南省农村现代化总体水平偏低，与先进水平相比差距较大。

从一级指标评价结果看，河南省农业现代化水平（A）、狭义农村现代化水平（B）和农民现代化水平（C）得分在全国 31 个省份中排名分别为第 9 位、第 22 位和第 13 位，分别处于第 2 段位、第 5 段位和第 3 段位。在 3 个一级指标中，农业现代化水平相对较高，狭义农村现代化水平相对较低，农民现代化水平居于中间。具体比较，河南省农业现代化水平评价得分 12.15，略低于本段内各省份得分均值，比上一个段位各省份得分均值低 2.31 点，比最高得分的江苏省低 3.46 点，比下一个段位各省份得分均值高 0.69 点，比全国 31 个省份得分均值高 1.77 点，比最低得分的西藏自治区高 4.17 点；狭义农村现代化水平评价得分 21.38，略低于本段内各省份得分均值，比上一个段位各省份得分均值低 0.65 点，比最高得分的江苏省低 11.80 点，比全国 31 个省份得分均值高 0.04 点，比最低得分的广西壮族自治区高 3.82 点；农民现代化水平评价得分 16.68，略高于本段内各省份得分均值，比上一个段位各省份得分均值低 0.34 点，比最高得分的北京市低 4.14 点，比下一个段位各省份得分均值高 0.56 点，比全国 31 个省份得分均值高 1.36 点，比最低得分的西藏自治区高 4.11 点。

从 26 个二级指标评价结果看，河南省有 1 个二级指标处在第 1 段位，占比 3.85%；4 个二级指标处于第 2 段位，占比 15.38%；7 个二级指标在第 3 段位，占比 26.92%；3 个二级指标在第 4 段位，占比 11.54%；8 个二级指标在第 5 段位，占比 30.77%；3 个二级指标处于第 6 段位，占比 11.54%（表 12-3）。

表 12-3　2020 年河南省农村现代化水平各级指标位次分段

分段	位次	一级指标	二级指标
1	1～5 位		农村恩格尔系数（C3）
2	6～10 位	农业现代化水平（A）	农业机械化水平（A2）、土地生产率（A6）、农产品加工业产值发展水平（B2）、农民教育文化支出水平（C7）
3	11～15 位	农民现代化水平（C）	农业科技化水平（A1）、农田水利化水平（A3）、农业规模化水平（A4）、农村非农产业就业人员占比（B3）、农林牧渔服务业发展水平（B4）、村庄规划管理覆盖率（B12）、农民家庭汽车拥有水平（C5）
4	16～20 位		农村卫生厕所普及率（B8）、农民收入水平（C1）、农村居民受教育水平（C6）
5	21～25 位	狭义农村现代化水平（B）	农民组织化水平（A5）、化学投入品使用合理化程度（B5）、单位农业增加值能源消耗量（B6）、农村生活废弃物无害化处理水平（B7）、农村学校本科以上学历专任教师占比（B9）、乡镇文化站覆盖率（B10）、农民消费水平（C2）、农村自来水普及率（C4）

（续）

分段	位次	一级指标	二级指标
6	26～31 位		农业劳动生产率（A7）、农业增加值增长水平（B1）、农村集体经济发展水平（B11）

（三）指标均衡性与优劣势分析

从指标“离散系数”即各级指标评价得分标准差与其平均值的比值来看（表 12－4），河南省农村现代化水平一级指标评价分值的标准差接近于 5，离散系数较小，为 0.275 6，低于全国平均离散系数，说明河南省农村现代化一级指标之间发展均衡，且均衡程度高于全国平均水平；河南省农村现代化水平二级指标评价分值的离散系数较小，为 0.535 60，低于全国平均离散系数，说明河南省农业科技创新能力二级指标之间发展较均衡，且均衡性程度高于全国平均水平。

表 12－4　河南省农村现代化水平各级指标均衡性对比

项目	一级指标			二级指标		
	标准差	平均值	离散系数	标准差	平均值	离散系数
河南省	4.612 766	16.74	0.275 6	27.176 01	50.70	0.535 60
全国平均	6.435 2	17.243 3	0.384 5	27.504 7	51.388 9	0.546 6

从一级、二级指标评价结果可以看出，不同指标之间发展不均衡，表现出不同的优劣势，对各自隶属的上一级指标以及农村现代化整体水平具有不同方向、不同程度的影响。为了直观地展示各项指标的优劣势及其发展的均衡程度，将各级指标评价值得分绘制折线图，图中横线为农村现代化水平省域排名，相当于基准线，详见图 12－2。各项指标评价值与基准线的位置关系及其距离基准线的远近反映了不同指标对农村现代化水平的作用方向、程度以及指标间发展的均衡性。

从指标优劣势来看，农业现代化水平（A）、农民现代化（C）2 个一级指标农业科技化水平（A1）、农业机械化水平（A2）、农田水利化水平（A3）、农业规模化水平（A4）、土地生产率（A6）、农产品加工业产值发展水平（B2）、农村非农产业就业人员占比（B3）、农林牧渔服务业发展水平（B4）、村庄规划管理覆盖率（B12）、农村恩格尔系数（C3）、农民家庭汽车拥有水平（C5）、农民教育文化支出水平（C7）等 12 个二级指标评价值位于基准线上方，属于农村现代化推进过程中的优势指标，对提升农村现代化水平起到正向带动作用，特别是土地生产率（A6）、农产品加工业产值发展水平（B2）、农村恩格尔系数（C3）、农民家庭汽车拥有水平（C5）、农民教育文化支出水平（C7）等指标评价值与基准线距离较远，意味着这些指标对于农村现代化发展的正向拉动作用显著；狭义农村现代化水平（B）一级指标和农民组织化水平（A5）、农业劳动生产率（A7）、农业增加值增长水平（B1）、化学投入品使用合理化程度（B5）、单位农业增加值能源消耗量（B6）、农村生活废弃物无害化处理水平（B7）、农村卫生厕所普及率（B8）、农村学校本科以上学历专任教师占比（B9）、乡镇文化站覆盖率（B10）、农村集体经济发展水平

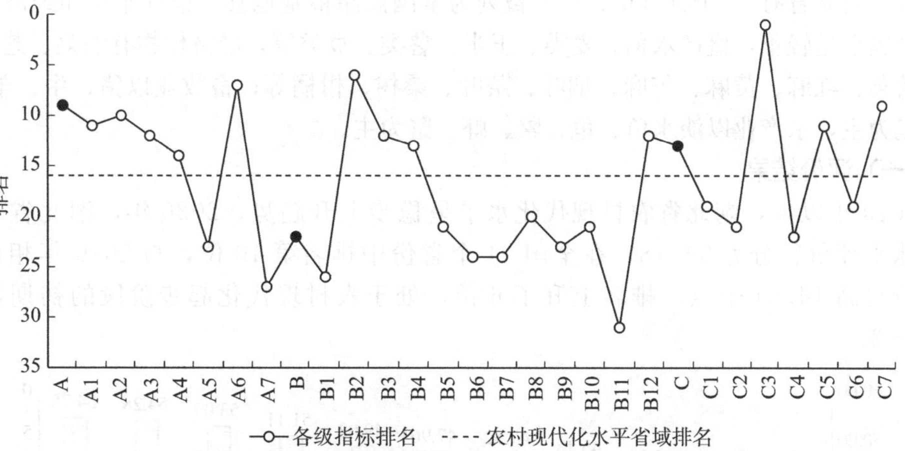

图 12-2　2020 年河南省农村现代化水平及各项指标得分排名位次

(B11) 农民收入水平 (C1)、农民消费水平 (C2)、农村自来水普及率 (C4)、农村居民受教育水平 (C6) 等 14 个二级指标评价值位于基准线下方，属于农村现代化推进过程中的劣势指标，对提升农村现代化水平产生了逆向的制约影响，尤其是农村集体经济发展水平 (B11) 等指标评价值与基准线的距离较远，意味着这些指标对于推进农村现代化的逆向制约影响很大。

(四) 对策建议

根据评价和分析结果，河南省推进乡村全面振兴、加快农业农村现代化，应坚持扬长补短原则，采取更有针对性的对策措施。对于提升农村现代化水平起着正向拉动作用的优势指标，要进一步做大做强；对于产生逆向制约影响的劣势指标，要尽力缩小差距，弥补短板。今后的重点：一是提高农业劳动生产率，加强农业技术创新和设施投入。通过推广先进的农业生产技术和设备，培训农民使用现代化工具，提高农业生产效率和质量。此外，建议加强对农民的培训和教育，使其掌握更多的农业生产技能，从而提升整体劳动生产率。二是提升农业增加值增长水平。加大对农业科研的投入，培育新型农业经营主体，推广高效农业生产模式，并加强农业产业结构调整，提高农产品附加值，推动农业增加值的持续增长。三是提升农村集体经济发展水平，加强农村基础设施建设，如改善农村道路、水利、电力等基础设施，提升农村生产生活条件。同时加强对农村集体经济组织的扶持和引导，推动农村经济的多元化发展，从而提高农村集体经济的整体发展水平。

二、湖北省农村现代化水平评价

湖北省位于中国中部地区，面积 18.59 万平方千米，辖 13 个市（地），39 个市（地）辖区、63 个县（市），1 257 个乡镇，21 401 个行政村。2022 年末常住总人口 5 844 万人，其中乡村人口 2 065 万人，占 35.33%。乡村户数 789.2 万户（2020 年），乡村就业人员 1 346 万人。2022 年，湖北省地区生产总值 53 734.92 亿元，其中第一产业增加值 4 986.72 亿元，占 9.28%。农村居民人均可支配收入 19 709 元。

湖北省农业资源丰富，长江、汉江横贯全省，大小湖泊星罗棋布，素有“千湖之省”

之美誉。湖北省有19个县（市、区）被列为全国商品粮基地县。粮食作物和经济作物产量在全国举足轻重，盛产水稻、麦类、玉米、薯类、豆类等，经济作物有油菜、芝麻、花生、蔬菜、红麻、黄麻、苎麻、烟叶、茶叶、桑树、柑橘等；畜牧业以猪、牛、羊、鸡、鸭、鹅为主，水产业以淡水鱼、龟、鳖、虾、蟹为主。

（一）评价结果

2010年以来，湖北省农村现代化水平呈稳步上升趋势。2020年，湖北省农村现代化水平评价得分为54.78，在全国31个省份中排名第10位，与2010年相比，评价得分提高14.91个点，排名上升了6位，处于农村现代化起步阶段的初期，详见图12-3。

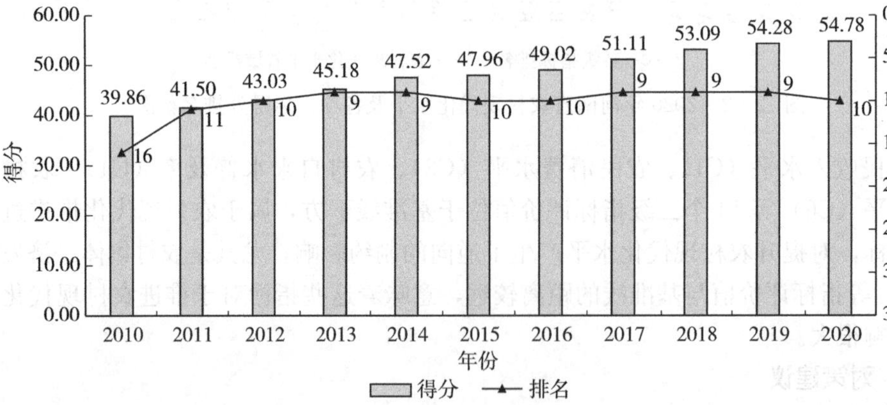

图12-3　湖北省农村现代化水平

从一级指标评价结果来看（表12-5），湖北省农业现代化水平2010年评价得分9.20，排名第17位；2020年评价得分11.82，提高2.62点，排名第12位，上升了5位。狭义农村现代化水平2010年评价得分19.56，排名第11位；2020年评价得分25.71，提高6.15点，排名第11位，排名没有变化。农民现代化水平2010年评价得分11.11，排名第22位；2020年评价得分17.25，提高6.14点，排名第7位，上升了15位。

表12-5　湖北省农村现代化水平一级指标评价结果

年份	项目	农村现代化总体水平	农业现代化水平（A）	狭义农村现代化水平（B）	农民现代化水平（C）
2010	得分	39.87	9.20	19.56	11.11
	排名	16	17	11	22
2011	得分	41.50	9.81	19.80	11.88
	排名	11	16	11	19
2012	得分	43.03	10.17	20.84	12.02
	排名	10	16	11	20
2013	得分	45.18	10.73	22.06	12.39
	排名	9	16	10	21

（续）

年份	项目	农村现代化总体水平	农业现代化水平（A）	狭义农村现代化水平（B）	农民现代化水平（C）
2014	得分	47.52	10.70	22.56	14.26
	排名	9	16	11	17
2015	得分	47.96	10.75	22.38	14.82
	排名	10	16	13	14
2016	得分	49.02	10.86	23.28	14.88
	排名	10	13	13	15
2017	得分	51.11	11.40	24.52	15.19
	排名	9	11	11	13
2018	得分	53.09	11.21	25.59	16.29
	排名	9	13	11	8
2019	得分	54.28	11.32	26.30	16.66
	排名	9	13	12	8
2020	得分	54.78	11.82	25.71	17.25
	排名	10	12	11	7
变化	得分	14.91	2.62	6.15	6.14
	排名	6	5	0	15

从二级指标评价结果来看，湖北省的农民组织化水平、村庄规划管理覆盖率、农民教育文化支出水平等指标评价得分排在全国前列。纵向比较，绝大多数二级指标评价得分呈不断提高趋势，其中提高幅度最大的前3个指标是农村生活废弃物无害化处理水平、农民家庭汽车拥有水平、农民教育文化支出水平，2010—2020年分别提高了46.16点、45.28点和44.92点；二级指标得分在全国的排名有升有降，上升幅度最大的前3个指标是农业规模化水平、农民教育文化支出水平、农民组织化水平和农林牧渔服务业发展水平，分别上升了15位、13位、12位和12位，详见表12-6。

（二）分段比较分析

将省域农村现代化水平评价指标得分从高到低分段，按照5个位次为一段，将全国31个省（自治区、直辖市）分成6段，最后一段为6个省份。通过分段对比分析，可以看出湖北省农村现代化水平在全国所处的相对位置。

2020年，湖北省农村现代化总体水平得分54.78，在全国31个省份中排名第10位，处于第2段位。横向比较，比全国31个省份得分均值（51.73）高3.05点，比最高得分的江苏省低12.25点，比最低得分的西藏自治区高出12.67点。这反映出，湖北省农村现代化总体水平较高，但与先进水平相比还有一定差距。

从一级指标评价结果看，湖北省农业现代化水平（A）、狭义农村现代化水平（B）和农民现代化水平（C）得分在全国31个省份中排名分别为第12位、第11位和第7位，分别处于第3段位、第3段位和第2段位。在3个一级指标中，农民现代化水平相

表 12-6 湖北省农业现代化水平二级指标评价结果（1）

指标	项目	2010 年	2011 年	2012 年	2013 年	2014 年	2015 年	2016 年	2017 年	2018 年	2019 年	2020 年	变化
A1 农业科技化水平	得分	63.53	64.12	64.71	65.29	65.88	66.47	67.06	68.24	69.41	70.00	71.76	8.23
	排名	13	14	14	14	14	15	16	16	16	20	14	−1
A2 农业机械化水平	得分	36.96	41.39	45.81	61.00	63.00	65.00	67.18	68.00	69.28	70.00	71.20	34.24
	排名	20	19	20	16	17	15	16	17	17	17	17	3
A3 农田水利化水平	得分	44.80	46.32	54.44	52.85	54.27	55.17	55.39	55.75	56.00	56.70	58.94	14.14
	排名	16	16	15	16	16	16	16	15	15	15	15	1
A4 农业规模化水平	得分	11.73	14.01	14.83	18.78	22.00	24.43	26.40	28.92	27.52	27.52	34.63	22.90
	排名	23	19	19	16	16	15	13	13	12	11	11	12
A5 农民组织化水平	得分	7.53	11.01	16.13	16.29	21.28	24.27	26.53	29.06	32.08	32.08	38.36	30.83
	排名	19	12	6	9	8	6	4	4	3	3	4	15
A6 土地生产率	得分	43.84	49.28	49.81	49.32	45.86	43.68	41.76	49.54	46.85	45.82	46.01	2.17
	排名	13	11	12	12	13	12	12	12	12	12	14	−1
A7 农业劳动生产率	得分	23.45	23.98	24.76	25.42	25.74	26.62	28.68	26.12	22.81	25.59	30.54	7.09
	排名	18	18	18	18	16	16	12	10	12	10	7	11

表 12-6　湖北省狭义农村现代化水平二级指标评价结果（2）

指标	项目	2010 年	2011 年	2012 年	2013 年	2014 年	2015 年	2016 年	2017 年	2018 年	2019 年	2020 年	变化
B1 农业增加值增长水平	得分	60.58	61.77	61.50	62.41	62.26	62.16	62.83	61.19	59.57	60.39	60.35	−0.24
	排名	9	9	9	8	8	9	5	5	6	6	8	1
B2 农产品加工业产值发展水平	得分	25.02	27.91	28.26	27.02	32.01	24.12	20.29	24.72	23.32	23.32	20.81	−4.21
	排名	11	10	9	10	8	8	11	9	9	9	8	3
B3 农村非农产业就业人员占比	得分	46.81	47.36	49.27	52.17	56.82	30.05	22.44	24.99	28.01	29.88	19.47	−27.34
	排名	25	24	23	20	19	28	28	27	27	26	28	−3
B4 农林牧渔服务业发展水平	得分	19.12	19.12	19.12	19.12	19.12	24.76	25.30	34.43	39.25	40.20	40.97	21.85
	排名	19	19	19	19	19	15	16	12	10	10	7	12
B5 化学投入品使用合理化程度	得分	−2.14	−2.77	−2.10	1.74	2.31	6.30	8.21	12.40	18.01	23.58	25.99	28.13
	排名	16	13	13	8	9	7	6	6	7	8	8	8
B6 单位农业增加值能源消耗量	得分	10.37	0.51	0.88	3.41	4.28	8.93	33.35	35.82	37.52	37.68	37.92	27.55
	排名	3	11	13	14	16	17	6	7	10	11	8	−5
B7 农村生活废弃物无害化处理水平	得分	8.80	11.25	14.55	18.20	22.80	36.15	39.86	43.21	48.41	51.00	54.96	46.16
	排名	19	16	14	15	15	12	13	13	12	12	13	6
B8 农村卫生厕所普及率	得分	73.60	75.20	76.70	82.40	82.50	83.00	83.00	83.30	85.00	87.00	88.65	15.05
	排名	10	10	10	10	11	11	11	13	12	12	15	−5
B9 农村学校本科以上学历专任教师占比	得分	28.97	31.03	36.89	41.60	44.72	47.00	49.36	53.12	55.42	58.17	59.91	30.94
	排名	26	29	25	24	25	27	28	27	27	26	26	0
B10 乡镇文化站覆盖率	得分	83.45	83.45	83.44	83.44	83.37	83.47	83.47	83.47	83.45	83.45	82.33	−1.12
	排名	18	18	17	18	19	19	19	19	18	18	19	−1
B11 农村集体经济发展水平	得分	32.94	35.36	39.51	41.10	38.98	40.48	41.09	43.34	46.66	46.66	47.73	14.79
	排名	11	9	9	8	9	9	9	8	8	8	8	3
B12 村庄规划管理覆盖率	得分	73.67	74.54	80.68	86.28	84.81	83.37	85.67	86.49	87.12	88.00	73.68	0.01
	排名	4	4	6	5	6	8	4	6	8	8	5	−1

表 12-6　湖北省农民现代化水平二级指标评价结果（3）

指标	项目	2010年	2011年	2012年	2013年	2014年	2015年	2016年	2017年	2018年	2019年	2020年	变化
C1 农民收入水平	得分	31.06	32.19	32.54	34.82	37.61	37.97	37.85	37.95	38.16	38.70	37.20	6.14
	排名	13	13	13	13	10	10	10	9	9	9	16	−3
C2 农民消费水平	得分	23.92	25.16	26.20	26.60	34.14	36.03	37.34	37.49	41.90	43.03	42.52	18.60
	排名	14	14	13	16	10	9	9	9	8	8	11	3
C3 农村恩格尔系数	得分	82.83	93.06	96.24	95.21	95.60	98.61	97.26	99.83	98.34	100	98.18	15.35
	排名	19	16	15	17	12	13	14	12	13	1	9	10
C4 农村自来水普及率	得分	40.20	45.40	48.80	54.00	55.90	56.70	60.19	63.90	72.69	74.80	81.41	41.21
	排名	25	22	23	20	22	24	23	23	18	20	19	6
C5 农民家庭汽车拥有水平	得分	19.89	24.77	19.23	24.72	33.53	40.68	43.22	44.84	59.50	62.20	65.17	45.28
	排名	19	16	27	27	23	21	22	22	12	15	13	6
C6 农村居民受教育水平	得分	74.43	73.43	73.33	73.13	71.91	71.53	71.80	70.06	73.22	72.33	79.06	4.63
	排名	16	17	15	17	18	17	19	21	16	20	14	2
C7 农民教育文化支出水平	得分	22.81	22.95	23.89	21.19	53.31	56.69	51.90	54.97	57.57	60.92	67.73	44.92
	排名	17	17	17	20	3	3	5	3	2	2	4	13

对较高，农业现代化水平相对较低，狭义农村现代化水平居于中间。具体比较，湖北省农业现代化水平评价得分 11.82，略高于本段内各省份得分均值，比上一个段位各省份得分均值低 0.57 点，比最高得分的江苏省低 3.79 点，比下一个段位各省份得分均值高 0.64 点，比全国 31 个省份得分均值高 1.44 点，比最低得分的西藏自治区高 3.84 点；狭义农村现代化水平评价得分 25.71，略高于本段内各省份得分均值，比上一个段位各省份得分均值低 1.69 点，比最高得分的江苏省低 7.47 点，比全国 31 个省份得分均值高 3.94 点，比最低得分的广西壮族自治区高 8.15 点；农民现代化水平评价得分 17.25，略高于本段内各省份得分均值，比上一个段位各省份得分均值低 2.17 点，比最高得分的北京市低 3.57 点，比下一个段位各省份得分均值高 0.23 点，比全国 31 个省份得分均值高 1.93 点，比最低得分的西藏自治区高 4.68 点。

从 26 个二级指标评价结果看，湖北省有 3 个二级指标处在第 1 段位，占比 11.54%；8 个二级指标处于第 2 段位，占比 30.77%；9 个二级指标在第 3 段位，占比 34.62%；4 个二级指标在第 4 段位，占比 15.38%；0 个二级指标在第 5 段位；2 个二级指标处于第 6 段位，占比 7.69%（表 12-7）。

表 12-7　2020 年湖北省农村现代化水平各级指标位次分段

分段	位次	一级指标	二级指标
1	1～5 位		农民组织化水平（A5）、村庄规划管理覆盖率（B12）、农民教育文化支出水平（C7）
2	6～10 位	农民现代化水平（C）	农业劳动生产率（A7）、农业增加值增长水平（B1）、农产品加工业产值发展水平（B2）、农林牧渔服务业发展水平（B4）、化学投入品使用合理化程度（B5）、单位农业增加值能源消耗量（B6）、农村集体经济发展水平（B11）、农村恩格尔系数（C3）
3	11～15 位	农业现代化水平（A） 狭义农村现代化水平（B）	农业科技化水平（A1）、农田水利化水平（A3）、农业规模化水平（A4）、土地生产率（A6）、农村生活废弃物无害化处理水平（B7）、农村卫生厕所普及率（B8）、农民消费水平（C2）、农民家庭汽车拥有水平（C5）、农村居民受教育水平（C6）
4	16～20 位		农业机械化水平（A2）、乡镇文化站覆盖率（B10）、农民收入水平（C1）、农村自来水普及率（C4）
5	21～25 位		
6	26～31 位		农村非农产业就业人员占比（B3）、农村学校本科以上学历专任教师占比（B9）

（三）指标均衡性与优劣势分析

从指标“离散系数”，即各级指标评价得分标准差与其平均值的比值来看（表 12-8），湖北省农村现代化水平一级指标评价分值的标准差在 7 左右，离散系数较小，为 0.383 5，低于全国平均离散系数，说明湖北省农村现代化一级指标之间发展较均衡，且均衡程度高于全国平均水平；湖北省农村现代化水平二级指标评价分值的离散系数较小，为0.395 2，低于全国平均离散系数，说明湖北省农业科技创新能力二级指标之间发展比较均衡，且均衡程度高于全国平均水平。

表 12-8 湖北省农村现代化水平各级指标均衡性对比

项目	一级指标			二级指标		
	标准差	平均值	离散系数	标准差	平均值	离散系数
黑龙江省	7.002 6	18.26	0.383 5	21.820 4	55.21	0.395 2
全国平均	6.435 2	17.243 3	0.384 5	27.504 7	51.388 9	0.546 6

从一级、二级指标评价结果可以看出，不同指标之间发展不均衡，表现出不同的优劣势，对各自隶属的上一级指标以及农村现代化整体水平具有不同方向、不同程度的影响。为了直观地展示各项指标的优劣势及其发展的均衡程度，将各级指标评价值得分绘制折线图，图中横线为农村现代化水平省域排名，相当于基准线，详见图 12-4。各项指标评价值与基准线的位置关系及其距离基准线的远近反映了不同指标对农村现代化水平的作用方向、程度以及指标间发展的均衡性。

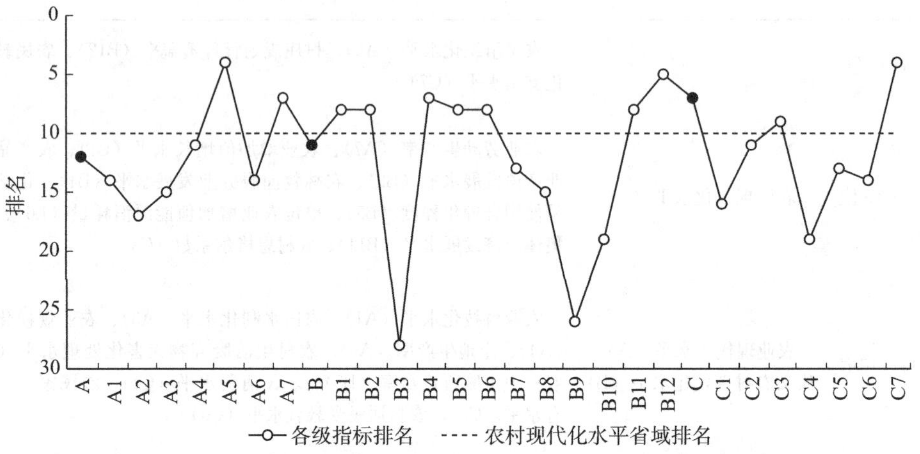

图 12-4 2020 年湖北省农村现代化水平及各项指标得分排名位次

从指标优劣势来看，农民现代化水平（C）一级指标和农民组织化水平（A5）、农业劳动生产率（A7）、农业增加值增长水平（B1）、农产品加工业产值发展水平（B2）、农林牧渔服务业发展水平（B4）、化学投入品使用合理化程度（B5）、单位农业增加值能源消耗量（B6）、农村集体经济发展水平（B11）、村庄规划管理覆盖率（B12）、农村恩格尔系数（C3）、农民教育文化支出水平（C7）等 11 个二级指标评价值位于基准线上方，属于农村现代化推进过程中的优势指标，对提升农村现代化水平起到正向带动作用，特别是农民组织化水平（A5）、村庄规划管理覆盖率（B12）、农民教育文化支出水平（C7）等指标评价值与基准线距离较远，意味着这些指标对于农村现代化发展的正向拉动作用显著；农业现代化水平（A）、狭义农村现代化水平（B）2 个一级指标和农业科技化水平

(A1)、农业机械化水平（A2)、农田水利化水平（A3)、农业规模化水平（A4)、土地生产率（A6)、农村非农产业就业人员占比（B3)、农村生活废弃物无害化处理水平（B7)、农村卫生厕所普及率（B8)、农村学校本科以上学历专任教师占比（B9)、乡镇文化站覆盖率（B10)、农民收入水平（C1)、农民消费水平（C2)、农村自来水普及率（C4)、农民家庭汽车拥有水平（C5)、农村居民受教育水平（C6）等 15 个二级指标评价值位于基准线下方，属于农村现代化推进过程中的劣势指标，对提升农村现代化水平产生了逆向的制约影响，尤其是农村非农产业就业人员占比（B3）等指标评价值与基准线的距离较远，意味着这些指标对于推进农村现代化的逆向制约影响很大。

（四）对策建议

根据评价和分析结果，湖北省推进乡村全面振兴、加快农业农村现代化，应坚持扬长补短原则，采取更有针对性的对策措施。对于提升农村现代化水平起着正向拉动作用的优势指标，要进一步做大做强；对于产生逆向制约影响的劣势指标，要尽力缩小差距，弥补短板。今后的重点：一是推动农村技术教育和职业培训，促进农村富余劳动力转移就业，推动农村非农产业发展，从而实现农业农村的全面发展；二是加强农村教育与产业发展的结合，如加大对农村教育资源的投入等，提高农村学校教师队伍的整体学历水平。

三、湖南省农村现代化水平评价

湖南省位于中国中部地区南部，面积 21.18 万平方千米，辖 14 个市（地），36 个市（地）辖区、86 个县（市），1 944 个乡镇，23 634 个行政村。2022 年末常住总人口 6 604.0 万人，其中乡村人口 2 621.0 万人，占 39.69%。乡村户数 1 012.5 万户（2020 年），乡村就业人员 1 338 万人。2022 年，湖南省地区生产总值 48 670.37 亿元，其中第一产业增加值 4 602.73 亿元，占 9.46%。农村居民人均可支配收入 19 546 元。

湖南省属中亚热带季风湿润气候区，适宜各类农作物生长，有“鱼米之乡”的美誉。湖南省农业品种资源丰富，现有种子植物 5 000 多种，约占全国 1/7。畜禽品种和经济鱼类繁多，家畜、家禽约 270 多种，经济鱼类 160 余种。湖南省油料总产量 215.3 万吨，居全国第 6 位；油菜收获面积 1 750.8 万亩，跃居全国第 1 位；蔬菜总产量 3 337.4 万吨，居全国第7 位；柑橘产量 458.9 万吨，居全国第 1 位。

（一）评价结果

2010 年以来，湖南省农村现代化水平呈稳步上升趋势。2020 年，湖南省农村现代化水平评价得分为 48.12，在全国 31 个省份中排名第 19 位，与 2010 年相比，评价得分提高 9.74 个点，排名上升了 2 位，处于农村现代化起步阶段的初期，详见图 12－5。

从一级指标评价结果来看（表 12－9），湖南省农业现代化水平 2010 年评价得分 10.49，排名第 12 位；2020 年评价得分 11.55，提高 1.06 点，排名第 14 位，下降了 2 位。狭义农村现代化水平 2010 年评价得分 17.64，排名第 18 位；2020 年评价得分 20.95，提高 3.31 点，排名第 23 位，下降了 5 位。农民现代化水平 2010 年评价得分 10.25，排名第 25 位；2020 年评价得分 15.62，提高 5.37 点，排名第 21 位，上升了 4 位。

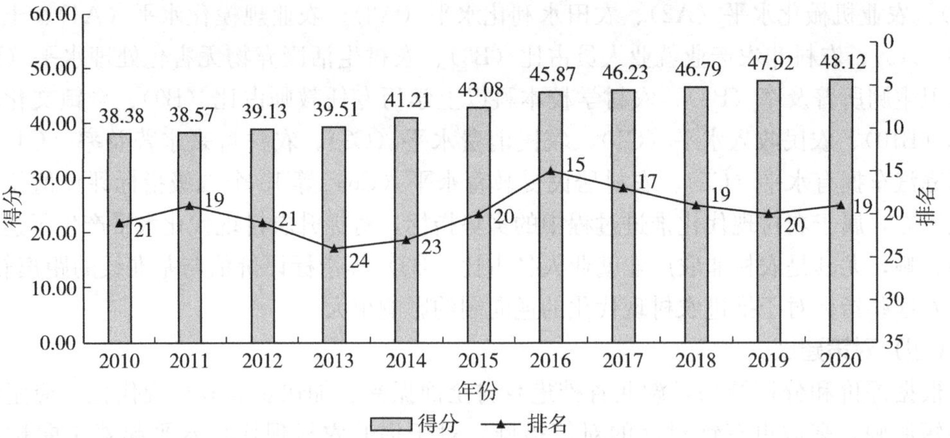

图 12-5　湖南省农村现代化水平

表 12-9　湖南省农村现代化水平一级指标评价结果

年份	项目	农村现代化 总体水平	农业 现代化水平（A）	狭义农村 现代化水平（B）	农民 现代化水平（C）
2010	得分	38.38	10.49	17.64	10.25
	排名	21	12	18	25
2011	得分	38.57	10.97	17.07	10.52
	排名	19	10	22	26
2012	得分	39.13	11.26	17.30	10.57
	排名	21	10	24	27
2013	得分	39.51	11.06	16.97	11.48
	排名	24	13	24	26
2014	得分	41.21	10.96	17.59	12.65
	排名	23	14	23	25
2015	得分	43.08	11.11	18.91	13.06
	排名	20	12	22	25
2016	得分	45.87	11.08	21.15	13.65
	排名	15	11	15	24
2017	得分	46.23	10.85	21.43	13.95
	排名	17	15	16	23
2018	得分	46.79	10.67	21.92	14.20
	排名	19	18	19	25
2019	得分	47.92	11.11	22.29	14.53
	排名	20	14	23	25

（续）

年份	项目	农村现代化总体水平	农业现代化水平（A）	狭义农村现代化水平（B）	农民现代化水平（C）
2020	得分	48.12	11.55	20.95	15.62
	排名	19	14	23	21
变化	得分	9.74	1.06	3.31	5.37
	排名	2	−2	−5	4

从二级指标评价结果来看，湖南省的农田水利化水平、土地生产率、乡镇文化站覆盖率等指标评价得分排在全国前列。纵向比较，绝大多数二级指标评价得分呈不断提高趋势，其中提高幅度最大的前3个指标是农村生活废弃物无害化处理水平、农民教育文化支出水平和农村学校本科以上学历专任教师占比，2010—2020年分别提高了36.76点、30.81点和30.59点；二级指标得分在全国的排名有升有降，上升幅度最大的前3个指标是农村恩格尔系数、农产品加工业产值发展水平和农村集体经济发展水平，分别上升了14位、9位和9位，详见表12-10。

（二）分段比较分析

将省域农村现代化水平评价指标得分从高到低分段，按照5个位次为一段，将全国31个省（自治区、直辖市）分成6段，最后一段为6个省份。通过分段对比分析，可以看出湖南省农村现代化水平在全国所处的相对位置。

2020年，湖南省农村现代化总体水平得分48.12，在全国31个省份中排名第19位，处于第4段位。横向比较，比全国31个省份得分均值（51.73）低3.61点，比最高得分的江苏省低18.91点，比最低得分的西藏自治区高出6.01点。这反映出，湖南省农村现代化总体水平偏低，与先进水平相比差距较大。

从一级指标评价结果看，湖南省农业现代化水平（A）、狭义农村现代化水平（B）和农民现代化水平（C）得分在全国31个省份中排名分别为第14位、第23位和第21位，分别处于第3段位、第5段位和第5段位。在3个一级指标中，农业现代化水平居于中间，狭义农村现代化水平和农民现代化水平相对较低。具体比较，湖南省农业现代化水平评价得分11.55，略低于本段内各省份得分均值，比上一个段位各省份得分均值低0.84点，比最高得分的江苏省低4.06点，比下一个段位各省份得分均值高0.37点，比全国31个省份得分均值高1.17点，比最低得分的西藏自治区高3.57点；狭义农村现代化水平评价得分20.95，略高于本段内各省份得分均值，比上一个段位各省份得分均值低1.08点，比最高得分的江苏省低12.23点，比全国31个省份得分均值低0.82点，比最低得分的广西壮族自治区高3.39点；农民现代化水平评价得分15.62，略高于本段内各省份得分均值，比上一个段位各省份得分均值低0.50点，比最高得分的北京市低5.20点，比下一个段位各省份得分均值高0.83点，比全国31个省份得分均值高0.30点，比最低得分的西藏自治区高3.05点。

从26个二级指标评价结果看，湖南省有2个二级指标处在第1段位，占比7.69%；

表 12-10 湖南省农业现代化水平二级指标评价结果（1）

指标	项目	2010 年	2011 年	2012 年	2013 年	2014 年	2015 年	2016 年	2017 年	2018 年	2019 年	2020 年	变化
A1 农业科技化水平	得分	63.53	64.12	64.71	65.29	65.88	66.47	67.06	68.24	69.41	70.59	70.67	7.14
	排名	13	14	14	14	14	15	16	16	16	14	20	−7
A2 农业机械化水平	得分	34.16	35.99	37.81	39.80	41.90	44.00	45.00	48.00	51.00	53.00	55.67	21.51
	排名	22	24	26	27	27	27	28	26	26	26	26	−4
A3 农田水利化水平	得分	66.20	66.76	74.07	74.33	74.76	75.02	75.50	75.79	76.22	76.51	76.92	10.72
	排名	10	10	5	5	5	5	6	6	6	6	6	4
A4 农业规模化水平	得分	16.04	16.98	16.44	17.95	18.94	22.34	23.67	25.41	22.55	22.55	27.10	11.06
	排名	14	16	18	17	19	17	18	17	19	19	20	−6
A5 农民组织化水平	得分	7.53	9.17	10.68	7.46	14.49	14.52	11.37	18.65	13.07	13.07	17.55	10.02
	排名	20	21	18	25	19	23	24	17	23	23	22	−2
A6 土地生产率	得分	60.32	65.68	67.74	63.92	60.75	60.54	58.84	54.79	51.90	54.15	55.91	−4.41
	排名	6	6	6	8	8	6	5	7	7	7	5	1
A7 农业劳动生产率	得分	25.41	25.81	25.64	24.30	22.97	23.24	23.64	18.72	16.49	20.23	24.01	−1.40
	排名	16	16	17	19	20	19	19	23	23	19	18	−2

表 12-10　湖南省狭义农村现代化水平二级指标评价结果（2）

指标	项目	2010 年	2011 年	2012 年	2013 年	2014 年	2015 年	2016 年	2017 年	2018 年	2019 年	2020 年	变化
B1 农业增加值增长水平	得分	58.95	59.45	58.06	58.27	58.82	58.63	59.07	56.86	56.11	57.46	57.93	−1.02
	排名	12	12	14	15	11	13	13	18	19	15	16	−4
B2 农产品加工业产值发展水平	得分	16.22	14.65	19.35	20.09	25.09	20.68	20.56	26.17	22.89	22.89	19.27	3.05
	排名	19	18	15	14	14	11	10	7	10	10	10	9
B3 农村非农产业就业人员占比	得分	66.81	60.79	58.83	55.60	51.61	49.35	46.07	41.69	36.13	29.42	20.99	−45.82
	排名	14	17	18	19	23	21	23	22	25	28	27	−13
B4 农林牧渔服务业发展水平	得分	28.47	28.47	28.47	28.47	28.47	29.65	31.18	41.51	43.95	41.56	39.04	10.57
	排名	8	8	8	8	8	10	11	6	5	9	11	−3
B5 化学投入品使用合理化程度	得分	−2.49	−4.48	−6.80	−7.08	−7.01	−5.87	−4.29	−2.84	−1.46	5.18	8.09	10.58
	排名	17	16	18	15	16	16	16	17	19	19	19	−2
B6 单位农业增加值能源消耗量	得分	−2.20	−12.87	−17.42	−28.50	−22.55	−22.91	12.24	−20.86	−20.60	−18.53	−16.71	−14.51
	排名	15	25	25	29	28	26	14	25	28	28	26	−11
B7 农村生活废弃物无害化处理水平	得分	4.75	6.50	9.30	14.95	17.75	25.36	25.11	30.47	34.31	37.00	41.51	36.76
	排名	28	25	21	18	18	20	24	20	19	19	20	8
B8 农村卫生厕所普及率	得分	63.10	63.20	64.80	65.70	68.50	74.40	79.50	82.60	84.00	85.50	89.25	26.15
	排名	16	18	18	20	19	18	17	14	14	14	13	3
B9 农村学校本科以上学历专任教师占比	得分	31.71	33.72	37.38	40.72	44.33	47.73	50.89	54.95	57.64	59.68	62.30	30.59
	排名	24	23	24	26	26	26	25	25	25	25	25	−1
B10 乡镇文化站覆盖率	得分	92.25	92.25	91.67	92.98	92.71	100.0	100.0	100.0	92.25	92.25	97.73	5.48
	排名	6	6	7	6	9	1	1	1	6	6	4	2
B11 农村集体经济发展水平	得分	26.06	25.96	28.16	22.42	22.07	28.41	34.48	38.71	44.10	44.10	42.88	16.82
	排名	18	20	17	21	23	16	11	10	11	11	9	9
B12 村庄规划管理覆盖率	得分	23.07	23.19	25.20	28.68	31.10	35.59	44.48	53.49	62.41	65.00	23.31	0.24
	排名	29	31	31	30	30	29	28	24	21	19	29	0

表 12-10　湖南省农民现代化水平二级指标评价结果（3）

指标	项目	2010 年	2011 年	2012 年	2013 年	2014 年	2015 年	2016 年	2017 年	2018 年	2019 年	2020 年	变化
C1 农民收入水平	得分	29.94	30.65	30.84	32.87	34.88	35.24	35.49	35.54	35.90	36.34	37.84	7.90
	排名	15	17	17	17	15	15	13	13	12	13	12	3
C2 农民消费水平	得分	25.20	26.01	26.85	28.00	35.50	35.61	36.29	37.17	38.22	39.21	44.00	18.80
	排名	12	13	12	13	9	10	10	10	11	11	9	3
C3 农村恩格尔系数	得分	73.70	80.24	82.53	91.18	87.47	90.25	92.40	93.68	94.88	95.79	94.32	20.62
	排名	28	23	23	20	17	18	19	18	15	15	14	14
C4 农村自来水普及率	得分	19.70	21.20	23.30	28.00	29.60	34.40	44.67	50.77	54.44	56.63	61.26	41.56
	排名	30	31	31	31	31	29	29	30	30	30	30	0
C5 农民家庭汽车拥有水平	得分	22.11	20.28	16.67	26.10	26.10	31.89	35.00	36.44	37.76	40.22	48.61	26.50
	排名	18	21	30	25	26	28	28	28	30	30	28	−10
C6 农村居民受教育水平	得分	76.40	75.24	73.92	76.01	76.57	75.47	76.52	76.23	75.73	76.60	80.24	3.84
	排名	6	8	12	7	4	7	5	6	9	8	12	−6
C7 农民教育文化支出水平	得分	22.27	22.71	23.03	20.49	43.83	43.50	43.37	43.05	42.77	44.37	53.08	30.81
	排名	19	18	20	23	16	16	17	20	23	19	13	6

4个二级指标处于第2段位，占比15.38%；6个二级指标在第3段位，占比23.08%；6个二级指标在第4段位，占比23.08%；2个二级指标在第5段位，占比7.69%；6个二级指标处于第6段位，占比23.08%（表2-11）。

表12-11 2020年湖南省农村现代化水平各级指标位次分段

分段	位次	一级指标	二级指标
1	1～5位		土地生产率（A6）、乡镇文化站覆盖率（B10）
2	6～10位		农田水利化水平（A3）、农产品加工业产值发展水平（B2）、农村集体经济发展水平（B11）、农民消费水平（C2）
3	11～15位	农业现代化水平（A）	农林牧渔服务业发展水平（B4）、农村卫生厕所普及率（B8）、农民收入水平（C1）、农村恩格尔系数（C3）、农村居民受教育水平（C6）、农民教育文化支出水平（C7）
4	16～20位		农业科技化水平（A1）、农业规模化水平（A4）、农业劳动生产率（A7）、农业增加值增长水平（B1）、化学投入品使用合理化程度（B5）、农村生活废弃物无害化处理水平（B7）
5	21～25位	狭义农村现代化水平（B） 农民现代化水平（C）	农民组织化水平（A5）、农村学校本科以上学历专任教师占比（B9）
6	26～31位		农业机械化水平（A2）、农村非农产业就业人员占比（B3）、单位农业增加值能源消耗量（B6）、村庄规划管理覆盖率（B12）、农村自来水普及率（C4）、农民家庭汽车拥有水平（C5）

（三）指标均衡性与优劣势分析

从指标"离散系数"，即各级指标评价得分标准差与其平均值的比值来看（表12-12），湖南省农村现代化水平一级指标评价分值的标准差接近于5，离散系数较小，为0.2939，低于全国平均离散系数，说明湖南省农村现代化一级指标之间发展较均衡，且均衡程度高于全国平均水平；湖南省农村现代化水平二级指标评价分值的离散系数较大，为0.5887，高于全国平均离散系数，说明湖南省农业科技创新能力二级指标之间发展不够均衡，且均衡程度低于全国平均水平。

表12-12 湖南省农村现代化水平各级指标均衡性对比

项目	一级指标			二级指标		
	标准差	平均值	离散系数	标准差	平均值	离散系数
湖南省	4.7149	16.04	0.2939	27.9139	47.41	0.5887
全国平均	6.4352	17.2433	0.3845	27.5047	51.3889	0.5466

从一级、二级指标评价结果可以看出，不同指标之间发展不均衡，表现出不同的优劣势，对各自隶属的上一级指标以及农村现代化整体水平具有不同方向、不同程度的影响。为了直观地展示各项指标的优劣势及其发展的均衡程度，将各级指标评价值得分绘制折线图，图中横线为农村现代化水平省域排名，相当于基准线，详见图12-6。各项指标评价

值与基准线的位置关系及其距离基准线的远近反映了不同指标对农村现代化水平的作用方向、程度以及指标间发展的均衡性。

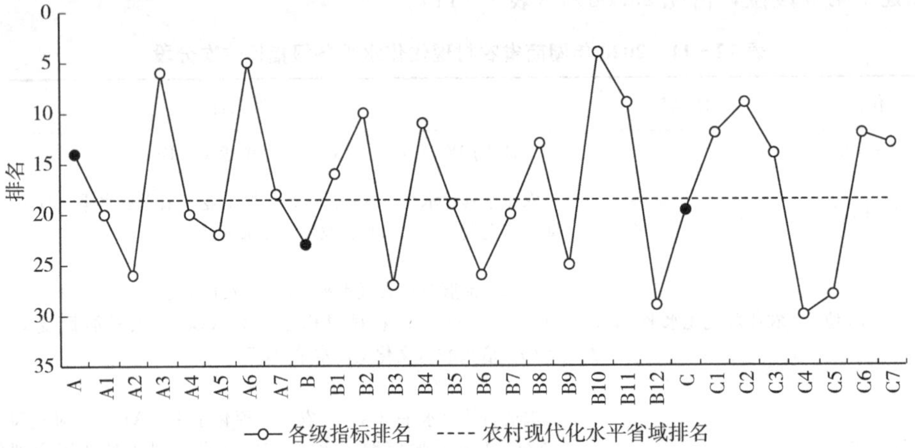

图 12-6　2020 年湖南省农村现代化水平及各项指标得分排名位次

从指标优劣势来看，农业现代化水平（A）一级指标和农田水利化水平（A3）、土地生产率（A6）、农业劳动生产率（A7）、农业增加值增长水平（B1）、农产品加工业产值发展水平（B2）、农林牧渔服务业发展水平（B4）、农村卫生厕所普及率（B8）、乡镇文化站覆盖率（B10）、农村集体经济发展水平（B11）、农民收入水平（C1）、农民消费水平（C2）、农村恩格尔系数（C3）、农村居民受教育水平（C6）、农民教育文化支出水平（C7）等 14 个二级指标评价值位于基准线上方，属于农村现代化推进过程中的优势指标，对提升农村现代化水平起到正向带动作用，特别是农田水利化水平（A3）、土地生产率（A6）、乡镇文化站覆盖率（B10）、农村集体经济发展水平（B11）、农民消费水平（C2）等指标评价值与基准线距离较远，意味着这些指标对于农村现代化发展的正向拉动作用显著；狭义农村现代化水平（B）、农民现代化水平（C）2 个一级指标和农业科技化水平（A1）、农业机械化水平（A2）、农业规模化水平（A4）、农民组织化水平（A5）、农村非农产业就业人员占比（B3）、单位农业增加值能源消耗量（B6）、农村生活废弃物无害化处理水平（B7）、农村学校本科以上学历专任教师占比（B9）、村庄规划管理覆盖率（B12）、农村自来水普及率（C4）、农民家庭汽车拥有水平（C5）等 11 个二级指标评价值位于基准线下方，属于农村现代化推进过程中的劣势指标，对提升农村现代化水平产生了逆向的制约影响，尤其是村庄规划管理覆盖率（B12）、农村自来水普及率（C4）等指标评价值与基准线的距离较远，意味着这些指标对于推进农村现代化的逆向制约影响很大。

（四）对策建议

根据评价和分析结果，湖南省推进乡村全面振兴、加快农业农村现代化，应坚持扬长补短原则，采取更有针对性的对策措施。对于提升农村现代化水平起着正向拉动作用的优势指标，要进一步做大做强；对于产生逆向制约影响的劣势指标，要尽力缩小差距，弥补短板。今后的重点：一是加强村庄规划管理覆盖率，包括完善农村规划体系，加强对村庄规划的指导和管理，促进合理用地和资源合理配置，提升农村基础设施建设水平，推动农村现代化进程。二是推动提高农村自来水普及率，加大对农村饮水工程建设的投入，加强农村供水设施建设，改善水质监测体系，同时加强对农村居民的健康饮水知识宣传，保障农村居民的饮水安全。三是推进农村交通基础设施建设，完善农村道路网络，提高交通便利性，同时推动新能源汽车在农村地区的推广应用，推动农村交通现代化，促进农村经济发展。

四、广东省农村现代化水平评价

广东省位于中国东部地区南部，面积 17.98 万平方千米，辖 21 个市（地），65 个市（地）辖区、57 个县（市），1 612 个乡镇，19 431 个行政村。2022 年末常住总人口 12 656.80 万人，其中乡村人口 3 191.40 万人，占 25.21%。乡村户数 1 835.46 万户（2021 年），乡村就业人员 1 515 万人。2022 年，广东省地区生产总值 129 118.58 亿元，其中第一产业增加值5 340.36 亿元，占 4.13%。农村居民人均可支配收入 23 598 元。

广东省属于亚热带季风气候，一年四季均可种植，特色农业资源丰富，是名副其实的农业大省，以全国约 1.9%的面积，生产着约占全国 4.9%的蔬菜、6.6%的水果、5.2%的肉类和 13.4%的水产品。广东省常住人口多，农产品消费市场广阔；GDP、财政收入全国第一，是农业农村发展的强大支撑力和推动力。

（一）评价结果

2010 年以来，广东省农村现代化水平呈稳步发展趋势。2020 年，广东农村现代化水平评价得分为 58.27，在全国 31 个省份中排名第 7 位，与 2010 年相比，评价得分提高 12.59 个点，排名上升了 1 位，处于农村现代化起步阶段的中期，详见图 12 - 7。

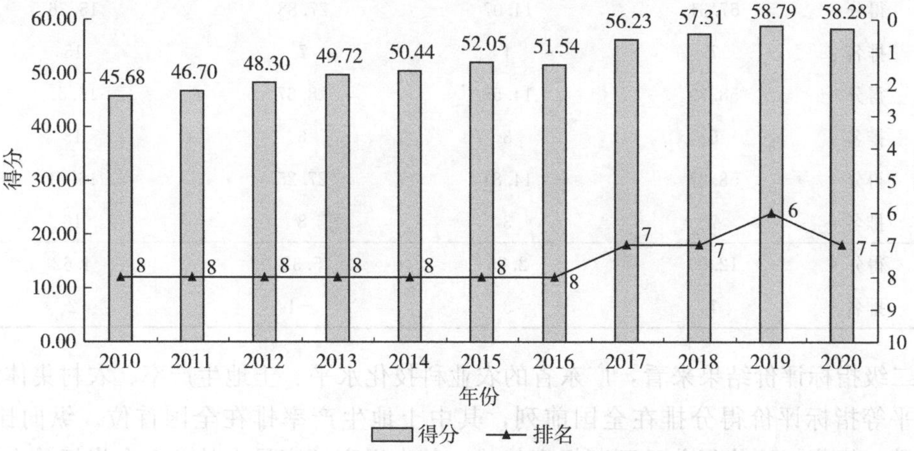

图 12 - 7　广东省农村现代化水平

从一级指标评价结果来看（表 12 - 13），广东省农业现代化水平 2010 年评价得分 12.16，排名第 6 位；2020 年评价得分 14.81，提高 2.65 点，排名第 3 位，上升了 3 位。狭义农村现代化水平 2010 年评价得分 21.93，排名第 7 位；2020 年评价得分 27.25，提高 5.32 点，排名第 8 位，下降了 1 位。农民现代化水平 2010 年评价得分 11.59，排名第

18位；2020年评价得分16.21，提高4.62点，排名第16位，上升了2位。

表 12-13　广东省农村现代化水平一级指标评价结果

年份	项目	农村现代化总体水平	农业现代化水平（A）	狭义农村现代化水平（B）	农民现代化水平（C）
2010	得分	45.68	12.16	21.93	11.59
	排名	8	6	7	18
2011	得分	46.70	12.71	22.06	11.93
	排名	8	5	8	18
2012	得分	48.30	12.96	23.03	12.31
	排名	8	5	8	18
2013	得分	49.72	13.13	23.44	13.15
	排名	8	5	7	15
2014	得分	50.44	13.08	23.76	13.60
	排名	8	5	8	21
2015	得分	52.05	13.34	24.61	14.09
	排名	8	5	7	18
2016	得分	51.54	13.67	23.56	14.30
	排名	8	4	12	19
2017	得分	56.23	14.22	27.50	14.51
	排名	7	4	5	18
2018	得分	57.31	14.07	27.88	15.36
	排名	7	4	7	15
2019	得分	58.79	14.55	28.67	15.57
	排名	6	3	6	15
2020	得分	58.27	14.81	27.25	16.21
	排名	7	3	8	16
变化	得分	12.59	2.65	5.32	4.62
	排名	1	3	−1	2

从二级指标评价结果来看，广东省的农业科技化水平、土地生产率、农村集体经济发展水平等指标评价得分排在全国前列，其中土地生产率排在全国首位。纵向比较，绝大多数二级指标评价得分呈不断提高趋势，其中提高幅度最大的前3个指标是农民家庭汽车拥有水平、农村学校本科以上学历专任教师占比、农村生活废弃物无害化处理水平，2010—2020年分别提高了49.50点、47.04点和44.64点；二级指标得分在全国的排名有升有降，上升幅度最大的前3个指标是农村学校本科以上学历专任教师占比、农民家庭汽车拥有水平和农业科技化水平，分别上升了19位、12位和10位，详见表12-14。

表 12-14　广东省农业现代化水平二级指标评价结果（1）

指标	项目	2010 年	2011 年	2012 年	2013 年	2014 年	2015 年	2016 年	2017 年	2018 年	2019 年	2020 年	变化
A1 农业科技化水平	得分	63.53	64.92	67.06	69.41	71.76	74.12	76.47	78.82	80.00	81.18	82.59	19.06
	排名	13	12	10	8	8	6	5	3	4	4	3	10
A2 农业机械化水平	得分	35.53	37.81	40.09	41.30	43.30	45.00	45.91	46.36	46.80	46.82	47.12	11.59
	排名	21	22	24	26	26	26	27	29	30	30	30	−9
A3 农田水利化水平	得分	72.88	72.01	67.71	67.54	67.51	67.71	67.94	68.26	68.28	68.22	68.33	−4.55
	排名	6	8	9	10	9	10	10	11	11	11	11	−5
A4 农业规模化水平	得分	13.66	14.93	18.23	17.16	17.43	17.28	17.75	23.14	20.11	20.11	22.66	9.00
	排名	17	18	15	20	22	23	28	21	23	23	24	−7
A5 农民组织化水平	得分	1.80	1.99	2.46	3.58	4.06	4.52	4.33	4.44	4.62	4.62	5.73	3.93
	排名	31	31	31	30	31	30	31	31	30	30	30	1
A6 土地生产率	得分	83.02	89.21	90.31	90.70	87.03	88.17	90.14	97.33	96.09	100	100	16.98
	排名	4	3	3	2	2	2	2	2	2	1	1	3
A7 农业劳动生产率	得分	29.43	29.24	28.59	28.16	27.60	27.47	28.37	25.14	22.21	26.16	29.35	−0.08
	排名	14	14	14	15	15	15	13	13	14	9	9	5

表 12-14　广东省狭义农村现代化水平二级指标评价结果（2）

指标	项目	2010年	2011年	2012年	2013年	2014年	2015年	2016年	2017年	2018年	2019年	2020年	变化
B1 农业增加值增长水平	得分	59.18	59.35	58.13	58.11	58.22	58.35	58.79	57.79	57.47	58.51	57.83	−1.35
	排名	11	13	13	16	16	15	14	14	13	12	17	−6
B2 农产品加工业产值发展水平	得分	30.93	29.17	27.51	26.08	30.89	24.03	21.03	21.31	19.26	19.26	16.93	−14.00
	排名	9	9	10	11	10	9	9	12	12	12	13	−4
B3 农村非农产业就业人员占比	得分	76.11	77.45	77.27	77.85	77.45	76.52	75.84	75.74	75.53	76.80	71.00	−5.11
	排名	9	9	10	9	8	9	9	9	10	7	6	3
B4 农林牧渔服务业发展水平	得分	18.39	18.39	18.39	18.39	18.39	18.52	18.21	21.48	22.96	22.37	23.39	5.00
	排名	21	21	21	21	21	22	22	22	21	22	21	0
B5 化学投入品使用合理化程度	得分	6.63	−4.71	−2.06	−1.77	−4.08	7.50	−7.55	5.89	7.70	11.76	15.02	8.39
	排名	2	18	12	13	14	6	17	11	13	16	16	−14
B6 单位农业增加值能源消耗量	得分	0.27	1.03	2.34	2.18	2.35	1.80	−4.42	2.52	5.07	11.16	8.03	7.76
	排名	13	9	11	15	21	19	24	18	22	22	21	−8
B7 农村生活废弃物无害化处理水平	得分	20.90	24.60	31.55	38.00	42.60	52.15	52.22	60.13	62.05	64.00	65.54	44.64
	排名	8	8	8	8	10	8	8	8	8	8	8	0
B8 农村卫生厕所普及率	得分	85.80	86.70	88.60	90.00	91.10	92.30	93.70	95.40	97.00	98.00	99.47	13.67
	排名	5	6	6	8	8	7	7	5	5	5	7	−2
B9 农村学校本科以上学历专任教师占比	得分	28.07	29.97	32.91	37.71	43.55	47.89	52.99	63.16	68.67	71.63	75.11	47.04
	排名	28	30	30	28	27	25	23	17	12	11	9	19
B10 乡镇文化站覆盖率	得分	74.57	74.57	74.27	74.01	73.91	73.44	73.44	73.44	74.57	74.57	72.56	−2.01
	排名	22	22	22	22	22	23	23	23	22	22	22	0
B11 农村集体经济发展水平	得分	59.58	61.28	65.05	62.17	58.34	58.51	53.00	86.42	82.90	82.90	77.38	17.80
	排名	4	3	3	3	4	4	4	1	2	2	3	1
B12 村庄规划管理覆盖率	得分	38.81	43.92	51.45	55.30	57.74	59.56	59.03	60.15	62.48	65.00	38.82	0.01
	排名	19	22	19	19	19	19	19	19	20	19	19	0

表 12-14　广东省农民现代化水平二级指标评价结果（3）

指标	项目	2010 年	2011 年	2012 年	2013 年	2014 年	2015 年	2016 年	2017 年	2018 年	2019 年	2020 年	变化
C1 农民收入水平	得分	42.02	43.74	43.70	45.82	42.45	42.83	43.17	43.36	43.74	44.43	45.95	3.93
	排名	6	6	6	6	7	7	7	7	7	7	7	−1
C2 农民消费水平	得分	32.25	33.78	34.12	35.34	39.50	40.80	42.38	42.54	46.31	47.58	50.34	18.09
	排名	5	5	6	6	7	7	7	7	6	6	4	1
C3 农村恩格尔系数	得分	74.87	73.96	73.80	78.15	75.91	73.10	72.60	71.18	75.67	74.38	71.55	−3.32
	排名	25	29	29	29	27	29	29	29	29	30	30	−5
C4 农村自来水普及率	得分	50.80	54.20	56.20	60.80	61.40	66.20	67.13	65.91	67.87	75.04	81.41	30.61
	排名	17	16	17	18	17	17	17	20	21	19	19	−2
C5 农民家庭汽车拥有水平	得分	7.15	7.82	18.02	24.49	25.94	36.03	42.07	47.96	52.91	54.62	56.65	49.50
	排名	30	30	29	28	27	26	24	20	18	20	18	12
C6 农村居民受教育水平	得分	75.79	76.29	75.47	74.64	73.48	75.95	74.94	75.56	76.13	76.08	80.55	4.76
	排名	7	6	7	10	16	5	7	7	7	10	9	−2
C7 农民教育文化支出水平	得分	13.74	15.26	15.80	21.27	37.20	35.65	34.09	36.11	44.16	40.22	43.11	29.37
	排名	30	28	30	19	23	27	27	26	19	25	26	4

（二）分段比较分析

将省域农村现代化水平评价指标得分从高到低分段，按照 5 个位次为一段，将全国 31 个省（自治区、直辖市）分成 6 段，最后一段为 6 个省份。通过分段对比分析，可以看出广东省农村现代化水平在全国所处的相对位置。

2020 年，广东省农村现代化总体水平得分 58.27，在全国 31 个省份中排名第 7 位，处于第 2 段位。横向比较，比全国 31 个省份得分均值（51.73）高 6.54 点，比最高得分的江苏省低 8.76 点，比最低得分的西藏自治区高出 16.16 点。这反映出，广东省农村现代化总体水平较高，处于先进水平。

从一级指标评价结果看，广东省农业现代化水平（A）、狭义农村现代化水平（B）和农民现代化水平（C）得分在全国 31 个省份中排名分别为第 3 位、第 8 位和第 16 位，分别处于第 1 段位、第 2 段位和第 4 段位。在 3 个一级指标中，农业现代化水平相对较高，农民现代化水平相对较低，狭义农村现代化水平居于中间。具体比较，广东省农业现代化水平评价得分 14.81，略高于本段内各省份得分均值，比最高得分的江苏省低 0.80 点，比下一个段位各省份得分均值高 2.42 点，比全国 31 个省份得分均值高 2.47 点，比最低得分的西藏自治区高 6.83 点；狭义农村现代化水平评价得分 27.25，略低于本段内各省份得分均值，比上一个段位各省份得分均值低 3.87 点，比最高得分的江苏省低 5.93 点，比全国 31 个省份得分均值高 3.31 点，比最低得分的广西壮族自治区高 9.69 点；农民现代化水平评价得分 16.21，略高于本段内各省份得分均值，比上一个段位各省份得分均值低 0.43 点，比最高得分的北京市低 4.61 点，比下一个段位各省份得分均值高 0.76 点，比全国 31 个省份得分均值低 0.23 点，比最低得分的西藏自治区高 3.64 点。

从 26 个二级指标评价结果看，广东省有 4 个二级指标处在第 1 段位，占比 15.38%；7 个二级指标处于第 2 段位，占比 26.92%；2 个二级指标在第 3 段位，占比 7.69%；5 个二级指标在第 4 段位，占比 19.23%；4 个二级指标在第 5 段位，占比 15.38%；4 个二级指标处于第 6 段位，占比 15.38%（表 12 - 15）。

表 12 - 15　2020 年广东省农村现代化水平各级指标位次分段

分段	位次	一级指标	二级指标
1	1～5 位	农业现代化水平（A）	农业科技化水平（A1）、土地生产率（A6）、农村集体经济发展水平（B11）、农民消费水平（C2）
2	6～10 位	狭义农村现代化水平（B）	农业劳动生产率（A7）、农村非农产业就业人员占比（B3）、农村生活废弃物无害化处理水平（B7）、农村卫生厕所普及率（B8）、农村学校本科以上学历专任教师占比（B9）、农民收入水平（C1）、农村居民受教育水平（C6）
3	11～15 位		农田水利化水平（A3）、农产品加工业产值发展水平（B2）
4	16～20 位	农民现代化水平（C）	农业增加值增长水平（B1）、化学投入品使用合理化程度（B5）、村庄规划管理覆盖率（B12）、农村自来水普及率（C4）、农民家庭汽车拥有水平（C5）
5	21～25 位		农业规模化水平（A4）、农林牧渔服务业发展水平（B4）、单位农业增加值能源消耗量（B6）、乡镇文化站覆盖率（B10）

（续）

分段	位次	一级指标	二级指标
6	26～31位		农业机械化水平（A2）、农民组织化水平（A5）、农村恩格尔系数（C3）、农民教育文化支出水平（C7）

（三）指标均衡性与优劣势分析

从指标“离散系数”即各级指标评价得分标准差与其平均值的比值来看（表12-16），广东省农村现代化水平一级指标评价分值的标准差在5左右，离散系数较小，为0.275 2，低于全国平均离散系数，说明广东省农村现代化一级指标之间发展较均衡，且均衡程度高于全国平均水平；广东省农村现代化水平二级指标评价分值的离散系数较大，为0.500 9，低于全国平均离散系数，说明广东省农业科技创新能力二级指标之间发展比较均衡，且均衡程度高于全国平均水平。

表12-16　广东省农村现代化水平各级指标均衡性对比

项目	一级指标			二级指标		
	标准差	平均值	离散系数	标准差	平均值	离散系数
广东省	5.346 1	19.425 8	0.275 2	27.096 3	54.093 2	0.500 9
全国平均	6.435 2	17.243 3	0.384 5	27.504 7	51.388 9	0.546 6

从一级、二级指标评价结果可以看出，不同指标之间发展不均衡，表现出不同的优劣势，对各自隶属的上一级指标以及农村现代化整体水平具有不同方向、不同程度的影响。为了直观地展示各项指标的优劣势及其发展的均衡程度，将各级指标评价值得分绘制折线图，图中横线为农村现代化水平省域排名，相当于基准线，详见图12-8。各项指标评价值与基准线的位置关系及其距离基准线的远近反映了不同指标对农村现代化水平的作用方向、程度以及指标间发展的均衡性。

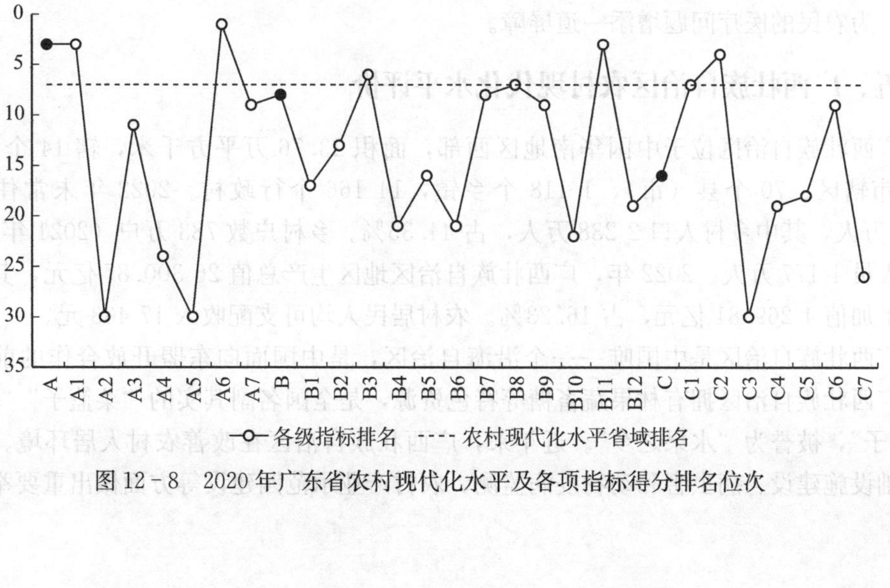

图12-8　2020年广东省农村现代化水平及各项指标得分排名位次

从指标优劣势来看，农业现代化水平（A）一级指标和农业科技化水平（A1）、土地生产率（A6）、农村非农产业就业人员占比（B3）、农村集体经济发展水平（B11）、农民消费水平（C2）等5个二级指标评价值位于基准线上方，属于农村现代化推进过程中的优势指标，对提升农村现代化水平起到正向带动作用，特别是土地生产率（A6）指标评价值与基准线距离较远，意味着这些指标对于农村现代化发展的正向拉动作用显著；狭义农村现代化水平（B）、农民现代化水平（C）2个一级指标和农业机械化水平（A2）、农田水利化水平（A3）、农业规模化水平（A4）、农民组织化水平（A5）、农业劳动生产率（A7）、农业增加值增长水平（B1）、农产品加工业产值发展水平（B2）、农林牧渔服务业发展水平（B4）、化学投入品使用合理化程度（B5）、单位农业增加值能源消耗量（B6）、农村生活废弃物无害化处理水平（B7）、农村学校本科以上学历专任教师（B9）、乡镇文化站覆盖率（B10）、村庄规划管理覆盖率（B12）、农村恩格尔系数（C3）、农村自来水普及率（C4）、农民家庭汽车拥有水平（C5）、农村居民受教育水平（C6）、农民教育文化支出水平（C7）等19个二级指标评价值位于基准线下方，属于农村现代化推进过程中的劣势指标，对提升农村现代化水平产生了逆向的制约影响，尤其是农业机械化水平（A2）、农民组织化水平（A5）、农村恩格尔系数（C3）等指标评价值与基准线的距离较远，意味着这些指标对于推进农村现代化的逆向制约影响很大。

（四）对策建议

根据评价和分析结果，广东省推进乡村全面振兴、加快农业农村现代化，应坚持扬长补短原则，采取更有针对性的对策措施。对于提升农村现代化水平起着正向拉动作用的优势指标，要进一步做大做强；对于产生逆向制约影响的劣势指标，要尽力缩小差距，弥补短板。今后的重点：一是提高农民组织化水平，推进农业机械化全面发展，通过因地制宜推进农业规模化、集约化、数字化，提高农业增加值水平。二是提升绿色发展理念，推进农村低碳环保建设进程，降低化学品使用程度，减少单位农业增加值消耗，严格约束农村生活废弃物无害化、标准化处理，科学制定村庄规划。三是加强农村基础设施建设，提高农村医疗、教育水平，通过引进青年教师、给予政策扶持等鼓励政策，为乡村的教育发展注入年轻活力，完善乡村教育体系，缩小城乡之间教育资源差距。通过加强农村社会保障体系，为农民的医疗问题增添一道屏障。

五、广西壮族自治区农村现代化水平评价

广西壮族自治区位于中国华南地区西部，面积23.76万平方千米，辖14个设区市，41个市辖区、70个县（市），1 118个乡镇，14 166个行政村。2022年末常住总人口5 047万人，其中乡村人口2 238万人，占44.35%。乡村户数783万户（2021年），乡村就业人员1 177万人。2022年，广西壮族自治区地区生产总值26 300.87亿元，其中第一产业增加值4 269.81亿元，占16.23%。农村居民人均可支配收入17 433元。

广西壮族自治区是中国唯一一个沿海自治区，是中国面向东盟开放合作的前沿和窗口。广西壮族自治区拥有林果蔬畜糖等特色资源，是全国名副其实的“菜篮子”“糖罐子”“果园子”，被誉为“水果之乡”。近年来，广西壮族自治区在改善农村人居环境、改善农田基础设施建设、病虫害和动物疫病监测、农村产业示范园建设等方面做出重要举措，积

极从农业大区向农业强区转变。

（一）评价结果

2010年以来，广西壮族自治区农村现代化水平呈稳步上升趋势。2020年，广西壮族自治区农村现代化水平评价得分为42.78，在全国31个省份中排名第30位，与2010年相比，评价得分提高9.66个点，排名下降了3位，处于农村现代化起步阶段的初期，详见图12-9。

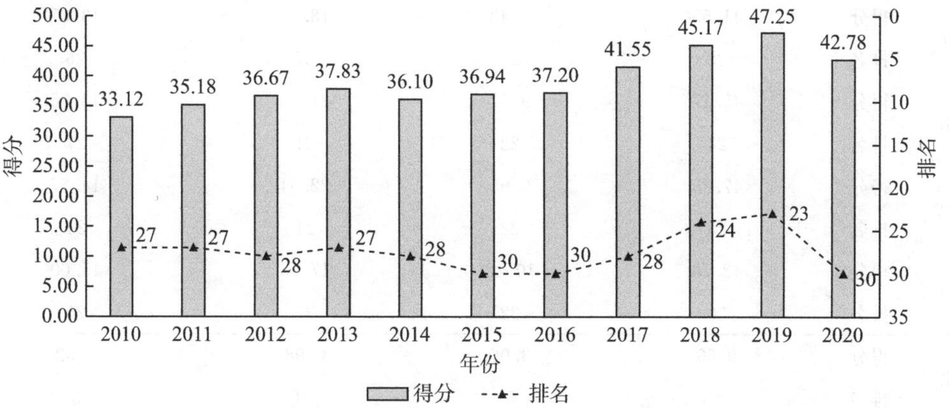

图12-9　广西壮族自治区农村现代化水平

从一级指标评价结果来看（表12-17），广西壮族自治区农业现代化水平2010年评价得分7.16，排名第27位；2020年评价得分10.22，提高3.06点，排名第22位，上升了5位。狭义农村现代化水平2010年评价得分16.58，排名第25位；2020年评价得分17.56，提高0.98点，排名第31位，下降了6位。农民现代化水平2010年评价得分9.38，排名第29位；2020年评价得分15.00，提高5.62点，排名第26位，上升了3位。

表12-17　广西壮族自治区农村现代化水平一级指标评价结果

年份	项目	农村现代化总体水平	农业现代化水平（A）	狭义农村现代化水平（B）	农民现代化水平（C）
2010	得分	33.12	7.16	16.58	9.38
	排名	27	27	25	29
2011	得分	35.18	7.73	17.58	9.87
	排名	27	27	18	29
2012	得分	36.67	8.02	18.43	10.22
	排名	28	27	17	29
2013	得分	37.83	8.18	19.09	10.55
	排名	27	27	18	29
2014	得分	36.10	8.25	16.10	11.74
	排名	28	27	27	28
2015	得分	36.94	8.49	16.17	12.28
	排名	30	25	28	27

（续）

年份	项目	农村现代化总体水平	农业现代化水平（A）	狭义农村现代化水平（B）	农民现代化水平（C）
2016	得分	37.20	8.65	15.73	12.83
	排名	30	25	31	27
2017	得分	41.55	9.48	18.70	13.37
	排名	28	22	27	26
2018	得分	45.17	9.52	21.70	13.95
	排名	24	22	21	27
2019	得分	47.25	9.94	22.64	14.67
	排名	23	22	21	24
2020	得分	42.78	10.22	17.56	15.00
	排名	30	22	31	26
变化	得分	9.66	3.06	0.98	5.62
	排名	−3	5	−6	3

从二级指标评价结果来看，广西壮族自治区的农村卫生厕所普及率指标评价得分排在全国前列。纵向比较，绝大多数二级指标评价得分呈不断提高趋势，其中提高幅度最大的前3个指标是农民教育文化支出水平、农村卫生厕所普及率、农业机械化水平，2010—2020年分别提高了49.88点、40.00点和39.86点；二级指标得分在全国的排名有升有降，上升幅度最大的前3个指标是农民教育文化支出水平、农村卫生厕所普及率、农村生活废弃物无害化处理水平，分别上升了23位、18位和13位，详见表12-18。

（二）分段比较分析

将省域农村现代化水平评价指标得分从高到低分段，按照5个位次为一段，将全国31个省（自治区、直辖市）分成6段，最后一段为6个省份。通过分段对比分析，可以看出广西壮族自治区农村现代化水平在全国所处的相对位置。

2020年，广西壮族自治区农村现代化总体水平得分42.78，在全国31个省份中排名第30位，处于第6段位。横向比较，比全国31个省份得分均值（51.73）低8.95点，比最高得分的江苏省（67.03）低24.25点，比最低得分的西藏自治区（42.11）高出0.67点。这反映出，广西壮族自治区农村现代化总体水平偏低，与先进水平相比，差距较大。

从一级指标评价结果看，广西壮族自治区农业现代化水平（A）、狭义农村现代化水平（B）和农民现代化水平（C）得分在全国31个省份中排名分别为第22位、第31位和第26位，分别处于第5段位、第6段位和第6段位。在3个一级指标中，农业现代化水平相对较高，狭义农村现代化水平相对较低，农民现代化水平居于中间。具体比较，广西壮族自治区农业现代化水平评价得分10.22，略高于本段内各省份得分均值，比上一个段位各省份得分均值低2.17点，比最高得分的江苏省低5.39点，比下

表 12-18 广西壮族自治区农业现代化水平二级指标评价结果（1）

指标	项目	2010 年	2011 年	2012 年	2013 年	2014 年	2015 年	2016 年	2017 年	2018 年	2019 年	2020 年	变化
A1 农业科技化水平	得分	48.24	48.82	49.41	50.00	50.59	51.18	51.76	52.94	54.71	56.47	58.24	10.00
	排名	31	31	31	31	31	31	31	30	31	31	31	0
A2 农业机械化水平	得分	25.14	31.19	37.23	41.70	46.00	50.00	53.00	56.00	59.00	62.00	65.00	39.86
	排名	26	25	27	25	22	22	22	22	21	21	21	5
A3 农田水利化水平	得分	34.42	34.59	35.87	35.90	36.28	36.77	37.45	38.06	38.90	39.05	39.45	5.03
	排名	20	20	20	20	19	19	20	21	20	20	20	0
A4 农业规模化水平	得分	8.38	9.11	10.45	11.24	12.91	13.85	14.87	16.33	14.32	14.32	18.23	9.85
	排名	29	29	29	30	30	29	29	28	29	29	29	0
A5 农民组织化水平	得分	2.69	3.08	4.56	4.47	4.26	4.11	4.85	7.27	6.28	6.28	7.95	5.26
	排名	29	30	30	29	30	31	30	27	28	28	29	0
A6 土地生产率	得分	36.69	41.18	41.36	41.12	39.50	40.25	40.06	50.66	50.08	52.07	51.38	14.69
	排名	15	15	15	16	16	15	14	11	8	8	8	7
A7 农业劳动生产率	得分	19.69	20.49	20.89	20.58	20.05	20.30	20.61	19.24	16.81	19.08	20.81	1.12
	排名	24	24	24	24	24	23	22	22	22	23	21	3

表 12-18　广西壮族自治区狭义农村现代化水平二级指标评价结果（2）

指标	项目	2010 年	2011 年	2012 年	2013 年	2014 年	2015 年	2016 年	2017 年	2018 年	2019 年	2020 年	变化
B1 农业增加值增长水平	得分	58.31	59.63	58.92	59.09	58.73	58.88	59.14	58.81	58.72	59.75	59.53	1.22
	排名	15	11	11	11	12	12	12	11	9	9	11	4
B2 农产品加工业产值发展水平	得分	22.66	18.46	16.35	14.82	16.76	12.40	11.75	11.80	10.36	10.36	9.09	−13.57
	排名	15	15	18	18	19	19	20	21	22	22	21	−6
B3 农村非农产业就业人员占比	得分	73.54	74.89	83.84	83.90	85.76	86.42	85.78	86.24	86.27	86.24	67.54	−6.00
	排名	10	10	4	4	4	4	4	4	4	3	11	−1
B4 农林牧渔服务业发展水平	得分	19.26	19.26	19.26	19.26	19.26	20.19	21.01	22.93	24.52	23.52	23.40	4.14
	排名	18	18	18	18	18	20	19	20	20	21	20	−2
B5 化学投入品使用合理化程度	得分	−3.69	−6.39	−9.20	−11.55	−14.82	−17.66	−27.07	−16.95	−12.75	−10.82	−8.20	−4.51
	排名	19	20	19	19	22	22	26	24	26	27	27	−8
B6 单位农业增加值能源消耗量	得分	−31.27	−40.68	−44.46	−51.07	−175.28	−167.37	−179.3	−124.65	−65.57	−48.40	−109.53	−78.26
	排名	30	29	30	30	31	31	31	31	31	31	31	−1
B7 农村生活废弃物无害化处理水平	得分	4.20	5.00	6.70	21.35	46.85	38.30	39.43	40.65	41.20	43.00	43.90	39.70
	排名	29	29	27	11	7	11	14	15	14	15	16	13
B8 农村卫生厕所普及率	得分	60.00	64.10	64.10	72.80	83.30	85.70	85.60	91.60	93.00	95.00	100.0	40.00
	排名	19	16	20	14	10	10	10	10	10	8	1	18
B9 农村学校本科以上学历专任教师占比	得分	33.42	38.28	41.38	43.56	45.89	48.50	50.01	52.52	54.28	55.73	58.56	25.14
	排名	21	21	21	21	23	24	27	28	29	29	28	−7
B10 乡镇文化站覆盖率	得分	91.17	91.17	90.75	90.38	90.59	90.45	90.45	90.45	91.17	91.17	90.09	−1.08
	排名	8	8	10	11	11	11	11	11	8	8	9	−1
B11 农村集体经济发展水平	得分	25.43	26.48	26.24	26.20	22.76	22.52	25.44	28.69	37.26	37.26	31.65	6.22
	排名	20	19	19	18	19	23	19	18	17	17	17	3
B12 村庄规划管理覆盖率	得分	24.96	52.05	70.44	73.76	77.53	80.62	81.69	82.61	83.48	85.00	24.97	0.01
	排名	27	14	10	11	9	9	9	8	10	10	27	0

表 12－18　广西壮族自治区农民现代化水平二级指标评价结果（3）

指标	项目	2010 年	2011 年	2012 年	2013 年	2014 年	2015 年	2016 年	2017 年	2018 年	2019 年	2020 年	变化
C1 农民收入水平	得分	24.19	24.41	24.90	26.67	30.10	30.35	30.82	31.12	31.68	32.29	33.80	9.61
	排名	25	25	25	25	24	22	22	22	22	22	22	3
C2 农民消费水平	得分	20.20	21.15	22.57	22.05	26.26	27.86	28.51	30.41	31.90	33.81	36.53	16.33
	排名	26	26	26	27	27	26	25	23	22	19	18	8
C3 农村恩格尔系数	得分	73.63	82.85	85.63	87.40	81.31	84.01	84.95	88.70	92.05	89.28	84.48	10.85
	排名	29	21	21	22	24	22	23	21	21	22	24	5
C4 农村自来水普及率	得分	35.30	38.10	43.00	45.30	48.10	50.60	52.48	55.79	60.26	66.38	68.90	33.60
	排名	27	28	28	28	28	28	28	27	28	26	28	−1
C5 农民家庭汽车拥有水平	得分	9.80	10.44	10.34	17.07	17.07	22.01	27.70	31.69	38.46	45.73	44.05	34.25
	排名	28	28	31	31	30	31	30	30	29	28	29	−1
C6 农村居民受教育水平	得分	72.08	72.28	70.63	70.87	71.50	70.07	72.33	72.23	74.01	75.17	75.54	3.46
	排名	21	19	22	20	19	22	13	14	13	12	23	−2
C7 农民教育文化支出水平	得分	14.68	14.56	16.62	13.25	40.41	45.62	49.97	52.42	50.55	57.42	64.56	49.88
	排名	29	29	28	29	21	14	6	6	7	4	6	23

一个段位各省份得分均值高 0.69 点，比全国 31 个省份得分均值低 1.12 点，比最低得分的西藏自治区高 2.24 点；狭义农村现代化水平评价得分 17.56，略低于本段内各省份得分均值，比上一个段位各省份得分均值低 2.79 点，比最高得分的江苏省低 15.62 点，比全国 31 个省份得分均值低 6.38 点；农民现代化水平评价得分 15.00，略高于本段内各省份得分均值，比上一个段位各省份得分均值低 2.17 点，比最高得分的北京市低 5.82 点，比下一个段位各省份得分均值高 0.61 点，比全国 31 个省份得分均值低 1.44 点，比最低得分的西藏自治区高 2.43 点。

从 26 个二级指标评价结果看，广西壮族自治区有 1 个二级指标处在第 1 段位，占比 3.85%；3 个二级指标处于第 2 段位，占比 11.54%；2 个二级指标在第 3 段位，占比 7.69%；5 个二级指标在第 4 段位，占比 19.23%；6 个二级指标在第 5 段位，占比 23.08%；9 个二级指标处于第 6 段位，占比 34.62%（表 12 - 19）。

表 12 - 19　2020 年广西壮族自治区农村现代化水平各级指标位次分段

分段	位次	一级指标	二级指标
1	1～5 位		农村卫生厕所普及率（B8）
2	6～10 位		土地生产率（A6）、乡镇文化站覆盖率（B10）、农民教育文化支出水平（C7）
3	11～15 位		农业增加值增长水平（B1）、农村非农产业就业人员占比（B3）
4	16～20 位		农田水利化水平（A3）、农林牧渔服务业发展水平（B4）、农村生活废弃物无害化处理水平（B7）、农村集体经济发展水平（B11）、农民消费水平（C2）
5	21～25 位	农业现代化水平（A）	农业机械化水平（A2）、农业劳动生产率（A7）、农产品加工业产值发展水平（B2）、农民收入水平（C1）、农村恩格尔系数（C3）、农村居民受教育水平（C6）
6	26～31 位	狭义农村现代化水平（B）、农民现代化水平（C）	农业科技化水平（A1）、农业规模化水平（A4）、农民组织化水平（A5）、化学投入品使用合理化程度（B5）、单位农业增加值能源消耗量（B6）、农村学校本科以上学历专任教师占比（B9）、村庄规划管理覆盖率（B12）、农村自来水普及率（C4）、农民家庭汽车拥有水平（C5）

（三）指标均衡性与优劣势分析

从指标“离散系数”即各级指标评价得分标准差与其平均值的比值来看（表 12 - 20），广西壮族自治区农村现代化水平一级指标评价分值的标准差接近于 4，离散系数较小，为 0.261 1，低于全国平均离散系数，说明广西壮族自治区农村现代化一级指标之间发展较均衡，且均衡程度高于全国平均水平；广西壮族自治区农村现代化水平二级指标评价分值的离散系数较大，为 0.999 4，高于全国平均离散系数，说明广西壮族自治区农业科技创新能力二级指标之间发展不够均衡，且均衡程度低于全国平均水平。

表 12-20　广西壮族自治区农村现代化水平各级指标均衡性对比

项目	一级指标			二级指标		
	标准差	平均值	离散系数	标准差	平均值	离散系数
广西壮族自治区	3.723 8	14.26	0.261 1	40.745 5	40.77	0.999 4
全国平均	6.435 2	17.243 3	0.384 5	27.504 7	51.388 9	0.546 6

从一级、二级指标评价结果可以看出，不同指标之间发展不均衡，表现出不同的优劣势，对各自隶属的上一级指标以及农村现代化整体水平具有不同方向、不同程度的影响。为了直观地展示各项指标的优劣势及其发展的均衡程度，将各级指标评价值得分绘制折线图，图中横线为农村现代化水平省域排名，相当于基准线，详见图 12-10。各项指标评价值与基准线的位置关系及其距离基准线的远近反映了不同指标对农村现代化水平的作用方向、程度以及指标间发展的均衡性。

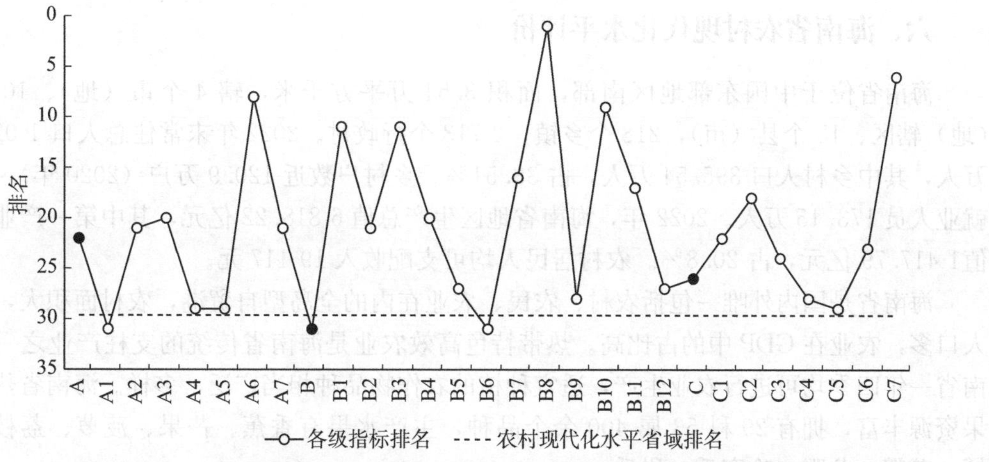

图 12-10　2020 年广西壮族自治区农村现代化水平及各项指标得分排名位次

从指标优劣势来看，农业现代化水平（A）、农民现代化水平（B）2 个一级指标和农业机械化水平（A2）、农田水利化水平（A3）、农业规模化水平（A4）、农民组织化水平（A5）、土地生产率（A6）、农业劳动生产率（A7）、农业增加值增长水平（B1）、农产品加工业产值发展水平（B2）、农村非农产业就业人员占比（B3）、农林牧渔服务业发展水平（B4）、化学投入品使用合理化程度（B5）、农村生活废弃物无害化处理水平（B7）、农村卫生厕所普及率（B8）、农村学校本科以上学历专任教师占比（B9）、乡镇文化站覆盖率（B10）、农村集体经济发展水平（B11）、农民消费水平（C2）、农民教育文化支出水平（C7）、村庄规划管理覆盖率（B12）、农民收入水平（C1）、农村恩格尔系数（C3）、农村自来水普及率（C4）、农民家庭汽车拥有水平（C5）、农村居民受教育水平（C6）等 24 个二级指标评价值位于基准线上方，属于农村现代化推进过程中的优势指标，对提升农村现代化水平起到正向带动作用，特别是土地生产率（A6）、农村卫生厕所普及率（B8）、农民教育文化支出水平（C7）等指标评价值与基准线距离较远，意味着这些指标对于农村现代化发展的正向拉动作用显著；狭义农村现代化水平（B）和农业科技化水平（A1）、单位农业增加值能源消耗量（B6）等2个二级指标评价值位于基准线下方，属于农村现代化推进过程中的劣势指标，对提升农村现代化水平产生了逆向的制约影响。

（四）对策建议

根据评价和分析结果，广西壮族自治区推进乡村全面振兴、加快农业农村现代化，应坚持扬长补短原则，采取更有针对性的对策措施。对于提升农村现代化水平起着正向拉动作用的优势指标，要进一步做大做强；对于产生逆向制约影响的劣势指标，要尽力缩小差距，弥补短板。今后的重点：一是需要通过技术升级和资源利用的优化，减少农业生产过程中的能源消耗，并鼓励可再生能源在农业生产中的应用。二是提供更多的农业科技培训，加大对农业科研的投入，培育适应当地环境和气候条件的新品种和新技术。三是鼓励绿色出行，推广节能环保型汽车，同时提倡公共交通，改善农村地区的交通基础设施。

六、海南省农村现代化水平评价

海南省位于中国东部地区南部，面积3.54万平方千米，辖4个市（地）、10个市（地）辖区、15个县（市），218个乡镇，2 713个行政村。2022年末常住总人口1 027.02万人，其中乡村人口395.54万人，占38.51%。乡村户数近120.9万户（2020年），乡村就业人员173.15万人。2022年，海南省地区生产总值6 818.22亿元，其中第一产业增加值1 417.79亿元，占20.8%。农村居民人均可支配收入19 117元。

海南省是国内外唯一包括农村、农民、农业在内的全岛型自贸港，农村面积大，农业人口多，农业在GDP中的占比高。热带特色高效农业是海南省传统的支柱产业之一。海南省一年四季均可进行农业生产，适宜种植的农作物品种相当广泛、多样。海南省热带水果资源丰富，拥有29科53属400余个品种，主产水果有香蕉、芒果、菠萝、荔枝、柑橘、莲雾、龙眼、哈密瓜、甜瓜。

（一）评价结果

2010年以来，海南省农村现代化水平呈稳步上升趋势。2020年，海南省农村现代化水平评价得分为52.53，在全国31个省份中排名第12位，与2010年相比，评价得分提高14.10个点，排名上升了8位，处于农村现代化起步阶段的中期，详见图12-11。

从一级指标评价结果来看（表12-21），海南省农业现代化水平2010年评价得分10.17，排名第13位；2020年评价得分13.31，提高3.14点，排名第5位，上升了8位。狭义农村现代化水平2010年评价得分17.27，排名第20位；2020年评价得分24.44，提高7.17点，排名第12位，上升了8位。农民现代化水平2010年评价得分10.99，排名第23位；2020年评价得分14.78，提高3.79点，排名第28位，下降了5位。

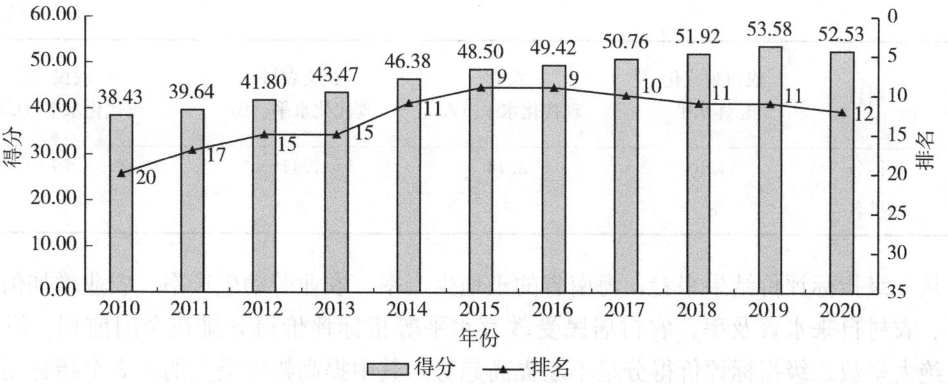

图 12-11　海南省农村现代化水平

表 12-21　海南省农村现代化水平一级指标评价结果

年份	项目	农村现代化总体水平	农业现代化水平（A）	狭义农村现代化水平（B）	农民现代化水平（C）
2010	得分	38.43	10.17	17.27	10.99
	排名	20	13	20	23
2011	得分	39.64	10.75	18.27	10.63
	排名	17	12	15	25
2012	得分	41.80	11.21	19.30	11.29
	排名	15	11	13	23
2013	得分	43.47	11.27	20.58	11.62
	排名	15	11	13	24
2014	得分	46.38	11.52	22.04	12.82
	排名	11	10	12	24
2015	得分	48.50	11.70	23.01	13.80
	排名	9	9	11	20
2016	得分	49.42	11.99	23.60	13.82
	排名	9	8	11	21
2017	得分	50.76	13.00	24.10	13.66
	排名	10	6	12	25
2018	得分	51.92	12.65	25.21	14.05
	排名	11	5	12	26
2019	得分	53.58	13.06	26.46	14.07
	排名	11	5	11	29
2020	得分	52.53	13.31	24.44	14.78
	排名	12	5	12	28

（续）

年份	项目	农村现代化总体水平	农业现代化水平（A）	狭义农村现代化水平（B）	农民现代化水平（C）
变化	得分	14.10	3.14	7.17	3.79
	排名	8	8	8	−5

从二级指标评价结果来看，海南省的土地生产率、农业劳动生产率、农业增加值增长水平、农村自来水普及率、农村居民受教育水平等指标评价得分排在全国前列。纵向比较，绝大多数二级指标评价得分呈不断提高趋势，其中提高幅度最大的前3个指标是单位农业增加值能源消耗量、农村生活废弃物无害化处理水平、农村自来水普及率，2010—2020年分别提高了71.20点、42.01点和36.86点；二级指标得分在全国的排名有升有降，上升幅度最大的前3个指标是单位农业增加值能源消耗量、农民消费水平和农村自来水普及率，分别上升了23位、12位和10位，详见表12-22。

（二）分段比较分析

将省域农村现代化水平评价指标得分从高到低分段，按照5个位次为一段，将全国31个省（自治区、直辖市）分成6段，最后一段为6个省份。通过分段对比分析，可以看出海南省农村现代化水平在全国所处的相对位置。

2020年，海南省农村现代化总体水平得分52.53，在全国31个省份中排名第12位，处于第3段位。横向比较，比全国31个省份得分均值高0.80点，比最高得分的江苏省低14.50点，比最低得分的西藏自治区高出10.42点。这反映出，海南省农村现代化总体水平居中，与先进水平相比有一定的距离。

从一级指标评价结果看，海南省农业现代化水平（A）、狭义农村现代化水平（B）和农民现代化水平（C）得分在全国31个省份中排名分别为第5位、第12位和第28位，分别处于第1段位、第3段位和第6段位。在3个一级指标中，农业现代化水平相对较高，农民现代化水平相对较低，狭义农村现代化水平居于中间。具体比较，海南省农业现代化水平评价得分13.31，略低于本段内各省份得分均值，比最高得分的江苏省低2.30点，比下一个段位各省份得分均值高0.92点，比全国31个省份得分均值高1.97点，比最低得分的西藏自治区高5.33点；狭义农村现代化水平评价得分24.44，略高于本段内各省份得分均值，比上一个段位各省份得分均值低2.96点，比最高得分的江苏省低8.74点，比全国31个省份得分均值高0.49点，比最低得分的广西壮族自治区高6.88点；农民现代化水平评价得分14.78，略低于本段内各省份得分均值，比上一个段位各省份得分均值低0.70点，比最高得分的北京市低6.04点，比全国31个省份得分均值低1.66点，比最低得分的西藏自治区高2.21点。

从26个二级指标评价结果看，海南省有5个二级指标处在第1段位，占比19.23%；3个二级指标处于第2段位，占比11.54%；5个二级指标在第3段位，占比19.23%；4个二级指标在第4段位，占比15.38%；2个二级指标在第5段位，占比7.69%；7个二级指标处于第6段位，占比26.92%（表12-23）。

表 12-22　海南省农业现代化水平二级指标评价结果（1）

指标	项目	2010 年	2011 年	2012 年	2013 年	2014 年	2015 年	2016 年	2017 年	2018 年	2019 年	2020 年	变化
A1 农业科技化水平	得分	60.00	60.59	61.18	61.65	62.12	62.59	63.06	68.24	69.41	70.59	71.76	11.76
	排名	22	22	24	24	25	26	27	16	16	14	14	8
A2 农业机械化水平	得分	27.50	30.58	33.66	37.70	40.00	42.00	43.90	45.40	47.20	48.90	50.67	23.17
	排名	25	26	28	28	28	29	30	30	29	29	28	−3
A3 农田水利化水平	得分	33.40	34.06	43.55	35.90	35.81	36.37	40.13	40.05	40.21	40.23	40.45	7.05
	排名	21	21	17	19	20	20	18	18	19	19	19	2
A4 农业规模化水平	得分	3.81	4.42	7.50	7.78	8.27	7.18	8.12	11.02	9.93	9.93	12.08	8.27
	排名	31	31	31	31	31	31	31	31	31	31	31	0
A5 农民组织化水平	得分	2.50	4.05	4.68	17.93	17.97	20.27	13.43	4.52	4.23	4.23	12.14	9.64
	排名	30	29	29	7	14	12	22	30	31	31	25	5
A6 土地生产率	得分	56.73	62.71	67.14	64.97	68.41	69.82	72.18	85.73	81.65	83.55	83.52	26.79
	排名	9	8	7	7	4	4	3	3	3	3	3	6
A7 农业劳动生产率	得分	45.02	45.89	43.91	44.15	42.19	41.98	43.34	38.70	34.00	37.85	39.13	−5.89
	排名	3	4	5	5	4	4	4	4	3	4	5	−2

表 12-22　海南省狭义农村现代化水平二级指标评价结果（2）

指标	项目	2010 年	2011 年	2012 年	2013 年	2014 年	2015 年	2016 年	2017 年	2018 年	2019 年	2020 年	变化
B1 农业增加值增长水平	得分	69.55	70.78	69.74	70.19	69.76	70.37	71.36	69.63	68.43	68.23	67.75	−1.80
	排名	1	1	1	1	1	1	1	1	1	1	2	−1
B2 农产品加工业产值发展水平	得分	0.87	4.88	4.34	4.11	3.94	3.73	3.79	4.54	4.36	4.36	3.88	3.01
	排名	31	29	28	28	28	28	28	28	28	28	28	3
B3 农村非农产业就业人员占比	得分	42.84	45.07	44.44	46.19	43.38	44.82	47.16	46.98	47.16	49.57	45.32	2.48
	排名	27	26	25	24	27	25	22	19	20	21	21	6
B4 农林牧渔服务业发展水平	得分	21.86	21.86	21.86	21.86	21.86	23.07	23.58	24.11	15.51	27.24	28.34	6.48
	排名	15	15	15	15	15	18	17	19	27	17	17	−2
B5 化学投入品使用合理化程度	得分	1.31	9.32	8.18	1.72	3.38	1.78	8.15	7.88	22.11	26.44	32.22	30.91
	排名	5	2	3	9	8	10	7	8	5	6	7	−2
B6 单位农业增加值能源消耗量	得分	−19.73	−25.30	−23.69	−1.24	22.41	22.66	24.04	25.03	46.97	50.06	51.47	71.20
	排名	29	28	28	22	7	7	9	9	6	6	6	23
B7 农村生活废弃物无害化处理水平	得分	13.15	16.25	20.40	25.50	26.95	45.05	49.55	52.88	53.65	56.00	55.16	42.01
	排名	10	10	10	10	12	10	9	9	9	9	12	−2
B8 农村卫生厕所普及率	得分	67.30	67.50	70.00	78.80	79.30	82.40	79.80	86.30	87.00	89.00	92.72	25.42
	排名	13	15	15	11	12	12	15	11	11	11	11	2
B9 农村学校本科以上学历专任教师占比	得分	24.70	27.74	32.59	34.11	37.51	40.92	43.51	48.00	47.00	50.72	53.79	29.09
	排名	31	31	31	31	31	31	31	31	31	31	31	0
B10 乡镇文化站覆盖率	得分	91.89	91.89	90.99	90.63	93.58	91.28	91.28	91.28	91.89	91.89	90.83	−1.06
	排名	7	7	9	10	6	9	9	9	7	7	6	1
B11 农村集体经济发展水平	得分	42.42	43.82	46.36	40.40	43.61	41.36	38.09	36.69	37.81	37.81	35.36	−7.06
	排名	7	7	7	9	6	8	10	12	16	16	15	−8
B12 村庄规划管理覆盖率	得分	20.71	27.15	42.65	57.84	63.28	69.01	72.89	75.84	78.92	81.00	20.72	0.01
	排名	30	29	24	18	15	14	13	12	12	12	30	0

表 12-22　海南省农民现代化水平二级指标评价结果（3）

指标	项目	2010 年	2011 年	2012 年	2013 年	2014 年	2015 年	2016 年	2017 年	2018 年	2019 年	2020 年	变化
C1 农民收入水平	得分	28.09	30.08	30.70	32.76	34.37	34.81	35.23	35.45	35.64	35.68	37.14	9.05
	排名	20	19	18	18	19	16	15	14	15	18	17	3
C2 农民消费水平	得分	20.15	20.92	21.85	23.15	27.65	30.17	30.45	30.93	32.92	34.86	38.70	18.55
	排名	27	27	27	26	25	22	22	22	18	16	15	12
C3 农村恩格尔系数	得分	71.34	70.74	71.74	72.87	69.43	69.55	67.82	68.27	66.25	66.17	66.69	−4.65
	排名	31	31	30	30	30	30	30	30	31	31	31	0
C4 农村自来水普及率	得分	57.90	59.30	64.10	69.30	74.20	79.90	81.16	80.79	89.51	92.10	94.76	36.86
	排名	14	15	13	13	11	9	9	10	6	5	4	10
C5 农民家庭汽车拥有水平	得分	11.90	8.22	19.45	17.51	23.69	27.07	26.30	20.93	24.75	23.68	24.53	12.63
	排名	26	29	26	30	29	30	31	31	31	31	31	−5
C6 农村居民受教育水平	得分	75.11	74.09	75.55	76.46	75.40	75.88	75.33	78.06	81.76	77.93	83.24	8.13
	排名	12	14	6	5	7	6	6	3	2	6	5	7
C7 农民教育文化支出水平	得分	31.66	19.70	19.25	18.43	39.75	55.88	57.40	53.53	48.18	48.45	52.24	20.58
	排名	8	26	27	25	22	4	3	4	14	15	16	−8

表 12-23　2020 年海南省农村现代化水平各级指标位次分段

分段	位次	一级指标	二级指标
1	1～5 位	农业现代化水平（A）	土地生产率（A6）、农业劳动生产率（A7）、农业增加值增长水平（B1）、农村自来水普及率（C4）、农村居民受教育水平（C6）
2	6～10 位		化学投入品使用合理化程度（B5）、单位农业增加值能源消耗量（B6）、乡镇文化站覆盖率（B10）
3	11～15 位	狭义农村现代化水平（B）	农业科技化水平（A1）、农村生活废弃物无害化处理水平（B7）、农村卫生厕所普及率（B8）、农村集体经济发展水平（B11）、农民消费水平（C2）
4	16～20 位		农田水利化水平（A3）、农林牧渔服务业发展水平（B4）、农民收入水平（C1）、农民教育文化支出水平（C7）
5	21～25 位		农民组织化水平（A5）、农村非农产业就业人员占比（B3）
6	26～31 位	农民现代化水平（C）	农业机械化水平（A2）、农业规模化水平（A4）、农产品加工业产值发展水平（B2）、农村学校本科以上学历专任教师占比（B9）、村庄规划管理覆盖率（B12）、农村恩格尔系数（C3）、农民家庭汽车拥有水平（C5）

（三）指标均衡性与优劣势分析

从指标“离散系数”即各级指标评价得分标准差与其平均值的比值来看（表 12-24），海南省农村现代化水平一级指标评价分值的标准差在5左右，离散系数较小，为 0.305 3，低于全国平均离散系数，说明海南省农村现代化一级指标之间发展较均衡，且均衡程度高于全国平均水平；海南省农村现代化水平二级指标评价分值的离散系数较大，为 0.505 1，均低于全国平均离散系数，说明海南省农业科技创新能力二级指标之间发展比较均衡，且均衡程度高于全国平均水平。

表 12-24　海南省农村现代化水平各级指标均衡性对比

项目	一级指标			二级指标		
	标准差	平均值	离散系数	标准差	平均值	离散系数
海南省	5.346 1	17.508 1	0.305 3	25.464 1	49.407 8	0.505 1
全国平均	6.435 2	17.243 3	0.384 5	27.504 7	51.388 9	0.546 6

从一级、二级指标评价结果可以看出，不同指标之间发展不均衡，表现出不同的优劣势，对各自隶属的上一级指标以及农村现代化整体水平具有不同方向、不同程度的影响。为了直观地展示各项指标的优劣势及其发展的均衡程度，将各级指标评价值得分绘制折线图，图中横线为农村现代化水平省域排名，相当于基准线，详见图 12-12。各项指标评价值与基准线的位置关系及其距离基准线的远近反映了不同指标对农村现代化水平的作用

方向、程度以及指标间发展的均衡性。

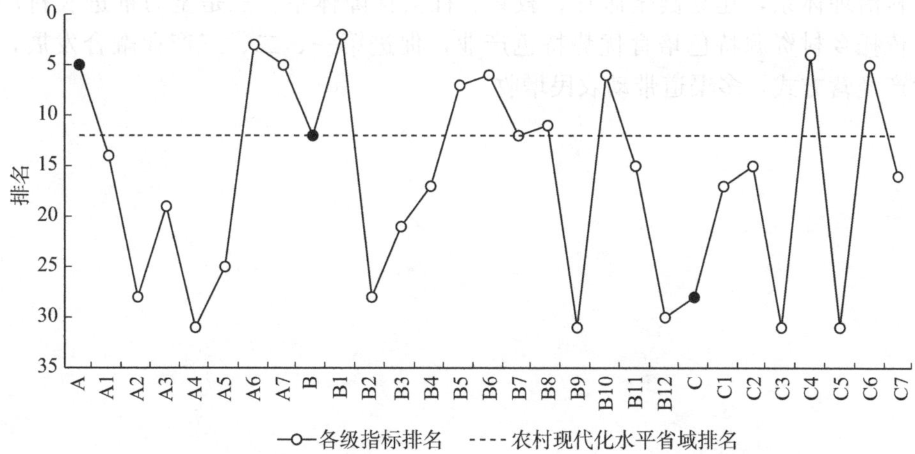

图 12-12　2020 年海南省农村现代化水平及各项指标得分排名位次

从指标优劣势来看，农业现代化水平（A）一级指标和土地生产率（A6）、农业劳动生产率（A7）、农业增加值增长水平（B1）、化学投入品使用合理化程度（B5）、单位农业增加值能源消耗量（B6）、农村卫生厕所普及率（B8）、乡镇文化站覆盖率（B10）、农村自来水普及率（C4）、农村居民受教育水平（C6）等 9 个二级指标评价值位于基准线上方，属于农村现代化推进过程中的优势指标，对提升农村现代化水平起到正向带动作用，特别是土地生产率（A6）、农业增加值增长水平（B1）、农村自来水普及率（C4）等指标评价值与基准线距离较远，意味着这些指标对于农村现代化发展的正向拉动作用显著；农民现代化水平（C）一级指标和农业科技化水平（A1）、农业机械化水平（A2）、农田水利化水平（A3）、农业规模化水平（A4）、农民组织化水平（A5）、农产品加工业产值发展水平（B2）、农村非农产业就业人员占比（B3）、农林牧渔服务业发展水平（B4）、农村学校本科以上学历专任教师占比（B9）、农村集体经济发展水平（B11）、村庄规划管理覆盖率（B12）、农民收入水平（C1）、农民消费水平（C2）、农村恩格尔系数（C3）、农民家庭汽车拥有水平（C5）、农民教育文化支出水平（C7）等 16 个二级指标评价值位于基准线下方，属于农村现代化推进过程中的劣势指标，对提升农村现代化水平产生了逆向的制约影响，尤其是农业规模化水平（A4）、农村学校本科以上学历专任教师占比（B9）、农村恩格尔系数（C3）、农民家庭汽车拥有水平（C5）等指标评价值与基准线的距离较远，意味着这些指标对于推进农村现代化的逆向制约影响很大。

（四）对策建议

根据评价和分析结果，海南省推进乡村全面振兴、加快农业农村现代化，应坚持扬长补短原则，采取更有针对性的对策措施。对于提升农村现代化水平起着正向拉动作用的优势指标，要进一步做大做强；对于产生逆向制约影响的劣势指标，要尽力缩小差距，弥补短板。今后的重点：一是提高农业劳动生产率，推广农业机械化、数字化进程，加强高标准农田建设和管理，引进先进技术设备，培育农业新模式、新技术、新业态。二是持续推进乡村建设行动，整治提升居住环境，加强公共服务设施建设，完善乡村治理体系，建立健全医疗、教育、社会保障体系。三是全力推进农村产业化发展，依托乡村资源特色培育优势特色产业，促进第一、二、三产业融合发展，创新农业生产经营方式，多渠道带动农民增收。

第十三章

西南地区农村现代化水平评价分析

一、重庆市农村现代化水平评价

重庆市位于中国内陆西南部、长江上游，面积 8.24 万平方千米，辖 38 个区县（26 个区、8 个县、4 个自治县），818 个乡镇（含 14 个民族乡），7 947 个行政村。2022 年末常住总人口 3 213.34 万人，其中乡村人口 933.02 万人，占 29.04%。乡村户数 682.84 万户（2021 年），乡村就业人员 557 万人。2022 年，重庆市地区生产总值 29 129.03 亿元，其中第一产业增加值 2 012.05 亿元，占 6.91%；农村居民人均可支配收入 19 313 元。

重庆市以山地丘陵为主体，耕地地块小、分散、零碎且坡度大，农业生产以种植业和畜牧业为主、渔业为辅。重庆市的农业和农村经济在全市经济中占有举足轻重的地位，重庆市已成为中国重要的商品粮基地和著名的肉猪生产基地。近年来，重庆市用力抓好粮油生产，推动主要作物大面积单产提升，建设发展乡村特色产业，扎实开展乡村建设行动。

（一）评价结果

2010 年以来，重庆市农村现代化水平呈稳步上升趋势。2020 年，重庆市农村现代化水平评价得分为 50.90，在全国 31 个省份中排名第 13 位，与 2010 年相比，评价得分提高 14.83 个点，排名上升了 11 位，处于农村现代化起步阶段的中期，详见图 13 - 1。

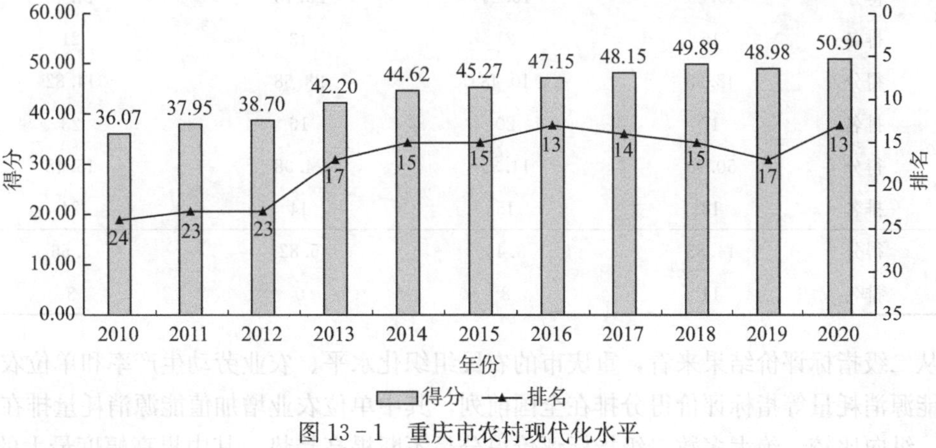

图 13 - 1　重庆市农村现代化水平

从一级指标评价结果来看（表 13 - 1），重庆市农业现代化水平 2010 年评价得分 7.89，排名第 23 位；2020 年评价得分 11.34，提高 3.45 点，排名第 15 位，上升了 8 位。狭义农村现代化水平 2010 年评价得分 18.26，排名第 14 位；2020 年评价得分 24.08，提高 5.82 点，排名第 14 位，排名没有发生变化。农民现代化水平 2010 年评价得分 9.92，排名第 27 位；2020 年评价得分 15.48，提高 5.56 点，排名第 24 位，上升了 3 位。

表 13-1 重庆市农村现代化水平一级指标评价结果

年份	项目	农村现代化总体水平	农业现代化水平（A）	狭义农村现代化水平（B）	农民现代化水平（C）
2010	得分	36.07	7.89	18.26	9.92
	排名	24	23	14	27
2011	得分	37.95	8.47	18.61	10.87
	排名	23	23	13	24
2012	得分	38.70	8.84	18.41	11.45
	排名	23	23	18	22
2013	得分	42.20	9.00	21.36	11.84
	排名	17	23	12	23
2014	得分	44.62	9.06	22.67	12.89
	排名	15	23	10	23
2015	得分	45.27	9.32	22.71	13.25
	排名	15	22	12	24
2016	得分	47.15	9.69	23.64	13.82
	排名	13	21	10	22
2017	得分	48.15	10.17	23.92	14.06
	排名	14	21	13	22
2018	得分	49.89	10.24	25.16	14.48
	排名	15	21	13	21
2019	得分	48.98	10.48	23.68	14.82
	排名	17	20	16	23
2020	得分	50.90	11.34	24.08	15.48
	排名	13	15	14	24
变化	得分	14.83	3.45	5.82	5.56
	排名	11	8	0	3

从二级指标评价结果来看，重庆市的农民组织化水平、农业劳动生产率和单位农业增加值能源消耗量等指标评价得分排在全国前列，其中单位农业增加值能源消耗量排在全国首位。纵向比较，绝大多数二级指标评价得分呈不断提高趋势，其中提高幅度最大的前 3 个指标是单位农业增加值能源消耗量、农村生活废弃物无害化处理水平和农村自来水普及率，2010—2020 年分别提高了 108.39 点、46.80 点和 42.89 点；二级指标得分在全国的排名有升有降，上升幅度最大的前 3 个指标是农业增加值能源消耗量、农业劳动生产率和农民消费水平，分别上升了 24 位、19 位和 12 位，详见表 13-2。

表 13-2　重庆市农业现代化水平二级指标评价结果（1）

指标	项目	2010 年	2011 年	2012 年	2013 年	2014 年	2015 年	2016 年	2017 年	2018 年	2019 年	2020 年	变化
A1 农业科技化水平	得分	64.71	65.29	65.88	66.47	67.06	67.65	68.24	68.88	69.53	70.18	68.94	4.23
	排名	12	11	12	12	12	12	12	15	14	19	25	−13
A2 农业机械化水平	得分	21.80	27.43	33.05	36.00	38.50	41.00	45.00	47.00	48.50	51.50	52.00	30.20
	排名	27	27	30	30	30	30	28	28	28	27	27	0
A3 农田水利化水平	得分	28.05	28.29	26.95	27.49	27.59	28.27	28.99	29.30	29.41	29.44	29.47	1.42
	排名	26	26	26	27	27	28	28	28	28	28	28	−2
A4 农业规模化水平	得分	19.96	21.56	20.56	21.88	22.53	23.48	24.02	24.51	25.01	25.01	26.37	6.41
	排名	11	10	13	14	15	16	17	18	15	15	21	−10
A5 农民组织化水平	得分	25.80	30.48	37.32	40.83	45.39	47.58	48.36	50.02	51.06	51.06	60.74	34.94
	排名	2	2	2	2	2	2	2	2	2	2	2	0
A6 土地生产率	得分	30.92	34.84	36.37	36.01	34.45	35.11	36.25	43.07	44.11	43.43	46.45	15.53
	排名	20	17	17	17	17	18	17	15	14	14	13	7
A7 农业劳动生产率	得分	20.37	21.88	22.59	22.72	23.01	24.67	27.55	25.42	23.18	26.89	42.47	22.10
	排名	22	21	21	22	19	18	14	12	10	7	3	19

表 13-2　重庆市狭义农村现代化水平二级指标评价结果（2）

指标	项目	2010 年	2011 年	2012 年	2013 年	2014 年	2015 年	2016 年	2017 年	2018 年	2019 年	2020 年	变化
B1 农业增加值增长水平	得分	57.64	58.20	57.78	58.38	58.30	58.91	59.99	58.67	58.59	59.51	60.15	2.51
	排名	18	17	16	14	15	11	10	12	11	10	9	9
B2 农产品加工业产值发展水平	得分	41.17	32.56	26.99	24.12	26.99	19.34	17.25	19.10	16.84	16.84	13.13	−28.04
	排名	6	7	11	12	11	14	15	15	16	16	17	−11
B3 农村非农产业就业人员占比	得分	90.38	90.32	88.83	85.94	85.76	86.44	87.06	87.06	86.61	39.50	59.63	−30.75
	排名	1	2	2	3	3	3	3	3	3	24	16	−15
B4 农林牧渔服务业发展水平	得分	11.47	11.47	11.47	11.47	11.47	12.48	12.73	14.68	14.98	14.81	14.34	2.87
	排名	27	27	27	27	27	28	28	29	28	29	28	−1
B5 化学投入品使用合理化程度	得分	2.35	1.93	3.56	5.88	5.49	4.76	5.14	5.23	7.23	9.93	11.45	9.10
	排名	4	5	4	3	5	9	9	13	14	17	18	−14
B6 单位农业增加值能源消耗量	得分	−8.39	−7.76	−16.22	64.74	77.91	77.67	77.86	78.61	77.72	77.74	100.0	108.39
	排名	25	21	24	2	1	1	1	1	1	2	1	24
B7 农村生活废弃物无害化处理水平	得分	10.05	11.20	12.90	14.50	24.20	31.11	42.69	43.05	46.32	50.00	56.85	46.80
	排名	14	17	17	20	14	15	11	14	13	13	10	4
B8 农村卫生厕所普及率	得分	54.10	58.70	60.80	63.00	64.50	66.20	67.90	66.20	68.00	69.50	72.13	18.03
	排名	24	19	22	22	23	25	25	26	26	26	28	−4
B9 农村学校本科以上学历专任教师占比	得分	36.56	42.41	45.86	49.84	53.31	57.33	61.42	64.66	67.09	69.21	71.23	34.67
	排名	17	13	14	12	15	15	13	12	15	15	16	1
B10 乡镇文化站覆盖率	得分	83.20	83.20	81.72	81.50	80.65	79.67	79.67	79.67	83.20	83.20	78.86	−4.34
	排名	19	19	19	19	20	20	20	20	19	19	20	−1
B11 农村集体经济发展水平	得分	17.16	17.62	16.90	15.22	18.52	14.82	12.41	12.46	23.56	23.56	16.61	−0.55
	排名	27	29	30	31	25	30	31	31	27	27	30	−3
B12 村庄规划管理覆盖率	得分	37.11	39.82	42.62	44.38	45.89	45.91	56.63	59.46	62.49	65.00	37.12	0.01
	排名	21	24	25	25	24	27	22	20	19	19	21	0

表 13-2　重庆市农民现代化水平二级指标评价结果（3）

指标	项目	2010年	2011年	2012年	2013年	2014年	2015年	2016年	2017年	2018年	2019年	2020年	变化
C1 农民收入水平	得分	28.10	30.24	30.60	32.72	32.90	33.67	34.36	34.72	35.11	35.73	37.33	9.23
	排名	19	18	19	19	20	20	20	19	19	17	15	4
C2 农民消费水平	得分	21.19	22.61	22.96	24.55	31.40	32.85	33.98	35.24	35.99	36.81	41.55	20.36
	排名	24	22	25	21	15	14	13	13	13	13	12	12
C3 农村恩格尔系数	得分	73.94	77.50	81.98	79.90	74.16	74.33	75.74	78.33	79.37	79.11	79.66	5.72
	排名	27	26	24	26	29	28	28	26	25	26	26	1
C4 农村自来水普及率	得分	42.90	47.00	50.90	55.30	59.00	62.70	65.44	72.18	78.60	83.01	85.79	42.89
	排名	21	20	18	19	19	19	19	15	14	13	12	9
C5 农民家庭汽车拥有水平	得分	12.12	22.99	28.14	32.59	36.06	38.28	46.46	42.70	42.58	47.09	48.76	36.64
	排名	25	19	20	21	22	24	19	25	28	27	27	−2
C6 农村居民受教育水平	得分	67.98	66.95	66.07	66.50	66.36	67.45	69.21	68.02	68.36	70.56	76.09	8.11
	排名	24	26	27	26	26	24	23	24	24	22	22	2
C7 农民教育文化支出水平	得分	16.98	22.70	26.81	25.73	46.98	47.33	48.04	48.50	51.96	49.17	48.72	31.74
	排名	26	19	12	10	8	8	8	7	5	14	20	6

（二）分段比较分析

将省域农村现代化水平评价指标得分从高到低分段，按照 5 个位次为一段，将全国 31 个省（自治区、直辖市）分成 6 段，最后一段为 6 个省份。通过分段对比分析，可以看出重庆市农村现代化水平在全国所处的相对位置。

2020 年，重庆市农村现代化总体水平得分 50.90，在全国 31 个省份中排名第 13 位，处于第 3 段位。横向比较，比全国 31 个省份得分均值（51.73）低 0.83 点，比最高得分的江苏省（67.03）低 16.13 点，比最低得分的西藏自治区（42.11）高出 8.79 点。这反映出，重庆市农村现代化总体水平较高，接近于全国先进水平。

从一级指标评价结果看，重庆市农业现代化水平（A）、狭义农村现代化水平（B）和农民现代化水平（C）得分在全国 31 个省份中排名分别为第 15 位、第 14 位和第 24 位，分别处于第 3 段位、第 3 段位和第 5 段位。在 3 个一级指标中，农业现代化水平和狭义农村现代化水平居于中间，农民现代化水平相对较低。具体比较，重庆市农业现代化水平评价得分 11.34，略低于本段内各省份得分均值，比上一个段位各省份得分均值低 1.05 点，比最高得分的江苏省低 4.27 点，比下一个段位各省份得分均值高 0.16 点，比全国 31 个省份得分均值高 0.96 点，比最低得分的西藏自治区高 3.36 点；狭义农村现代化水平评价得分 24.08，略低于本段内各省份得分均值，比上一个段位各省份得分均值低 3.32 点，比最高得分的江苏省低 9.10 点，比全国 31 个省份得分均值高 2.31 点，比最低得分的广西壮族自治区高 6.52 点；农民现代化水平评价得分 15.48，略高于本段内各省份得分均值，比上一个段位各省份得分均值低 0.64 点，比最高得分的北京市低 5.34 点，比下一个段位各省份得分均值高 0.69 点，比全国 31 个省份得分均值高 0.16 点，比最低得分的西藏自治区高 2.91 点。

从 26 个二级指标评价结果看，重庆市有 3 个二级指标处在第 1 段位，占比 11.54%；2 个二级指标处于第 2 段位，占比 7.69%；4 个二级指标处在第 3 段位，占比 15.38%；6 个二级指标处在第 4 段位，占比 23.08%；4 个二级指标处在第 5 段位，占比 15.38%；7 个二级指标处于第 6 段位，占比 26.92%（表 13 - 3）。

表 13 - 3　2020 年重庆市农村现代化水平各级指标位次分段

分段	位次	一级指标	二级指标
1	1～5 位		农民组织化水平（A5）、农业劳动生产率（A7）、单位农业增加值能源消耗量（B6）
2	6～10 位		农业增加值增长水平（B1）、农村生活废弃物无害化处理水平（B7）
3	11～15 位	农业现代化水平（A）、狭义农村现代化水平（B）	土地生产率（A6）、农民收入水平（C1）、农民消费水平（C2）、农村自来水普及率（C4）
4	16～20 位		农产品加工业产值发展水平（B2）、农村非农产业就业人员占比（B3）、化学投入品使用合理化程度（B5）、农村学校本科以上学历专任教师占比（B9）、乡镇文化站覆盖率（B10）、农民教育文化支出水平（C7）

（续）

分段	位次	一级指标	二级指标
5	21～25位	农民现代化水平（C）	农业科技化水平（A1）、农业规模化水平（A4）、村庄规划管理覆盖率（B12）、农村居民受教育水平（C6）
6	26～31位		农业机械化水平（A2）、农田水利化水平（A3）、农林牧渔服务业发展水平（B4）、农村卫生厕所普及率（B8）、农村集体经济发展水平（B11）、农村恩格尔系数（C3）、农民家庭汽车拥有水平（C5）

（三）指标均衡性与优劣势分析

从指标“离散系数”即各级指标评价得分标准差与其平均值的比值来看（表13-4），重庆市农村现代化水平一级指标评价分值的标准差在6左右，离散系数较大，为0.383 1，高于全国平均离散系数，说明重庆市农村现代化一级指标之间发展不均衡，且均衡程度低于全国平均水平；重庆市农村现代化水平二级指标评价分值的离散系数较小，为0.468 2，低于全国平均离散系数，说明重庆市农业科技创新能力二级指标之间发展均衡，且均衡程度高于全国平均水平。

表13-4　重庆市农村现代化水平各级指标均衡性对比

项目	一级指标			二级指标		
	标准差	平均值	离散系数	标准差	平均值	离散系数
重庆市	6.499 6	16.96	0.383 1	24.056 8	51.38	0.468 2
全国平均	6.435 2	17.243 3	0.384 5	27.504 7	51.388 9	0.546 6

从一级、二级指标评价结果可以看出，不同指标之间发展不均衡，表现出不同的优劣势，对各自所属的上一级指标以及农村现代化整体水平具有不同方向、不同程度的影响。为了直观地展示各项指标的优劣势及其发展的均衡程度，将各级指标评价值得分绘制成折线图，图中横线为农村现代化水平省域排名，相当于基准线，详见图13-2。各项指标评价值与基准线的位置关系及其距离基准线的远近反映了不同指标对农村现代化水平的作用方向、程度以及指标间发展的均衡性。

从指标优劣势来看，农民组织化水平（A5）、农业劳动生产率（A7）、农业增加值增长水平（B1）、单位农业增加值能源消耗量（B6）、农村生活废弃物无害化处理水平（B7）、农民消费水平（C2）、农村自来水普及率（C4）等7个二级指标评价值位于基准线上方，属于农村现代化推进过程中的优势指标，对提升农村现代化水平起到正向带动作用，特别是农民组织化水平（A5）、农业劳动生产率（A7）、单位农业增加值能源消耗量（B6）等指标评价值与基准线距离较远，意味着这些指标对于农村现代化发展的正向拉动作用显著；农业现代化水平（A）、狭义农村现代化水平（B）、农民现代化水平（C）3个一级指标和农业科技化水平（A1）、农业机械化水平（A2）、农田水利化水平（A3）、农业规模化水平（A4）、农产品加工业产值发展水平（B2）、农村非农产业就业人员占比（B3）、化学投入品使用合理化程度（B5）、农村学校本科以上学历专任教师占比（B9）、乡镇文化站覆盖率（B10）、农林

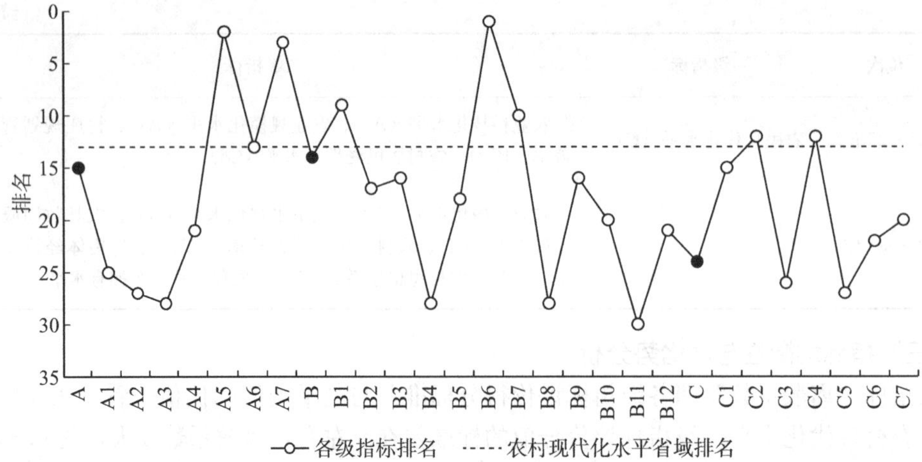

图 13-2　2020 年重庆市农村现代化水平及各项指标得分排名位次

牧渔服务业发展水平（B4）、农村卫生厕所普及率（B8）、农村集体经济发展水平（B11）、村庄规划合理覆盖率（B12）、农民收入水平（C1）、农村恩格尔系数（C3）、农村居民受教育水平（C6）、农民教育文化支出水平（C7）、农民家庭汽车拥有水平（C5）等 18 个二级指标评价值位于基准线下方，属于农村现代化推进过程中的劣势指标，对提升农村现代化水平产生了逆向的制约影响，尤其是农田水利化水平（A3）、农林牧渔服务业发展水平（B4）、农村集体经济发展水平（B11）等指标评价值与基准线的距离较远，意味着这些指标对于推进农村现代化的逆向制约影响很大。

（四）对策建议

根据评价和分析结果，重庆市推进乡村全面振兴、加快农业农村现代化，应坚持扬长补短原则，采取更有针对性的对策措施。对于提升农村现代化水平起着正向拉动作用的优势指标，要进一步做大做强；对于产生逆向制约影响的劣势指标，要尽力缩小差距，弥补短板。今后的重点：一是加强农田水利设施建设和维护，优化灌溉系统，提高水资源利用效率和确保农田灌溉的持续性。二是促进农业科技创新，创新现代农业生产方式，同时加强农产品加工和营销体系建设，提高农林牧渔服务业的整体发展水平。三是支持农村合作社发展，提升农村金融服务水平，同时鼓励农村企业和农民就近就业创业，推动农村集体经济的健康发展。

二、四川省农村现代化水平评价

四川省位于中国大陆西南腹地，面积 48.6 万平方千米，辖 21 个市（州），183 个县（市、区），3 101 个乡镇，26 083 个行政村。2022 年末常住总人口 8 374 万人，其中乡村人口 3 487.8 万人，占 41，65%。乡村户数 142.41 万户（2020 年），乡村就业人员 2 198 万人。2022 年，四川省地区生产总值 56 749.8 亿元，其中第一产业增加值 5 964.3 亿元，占 10.51%；农村居民人均可支配收入 18 672 元。

四川省是中国重要的农业大省，自古就有“天府之国”之美誉，在全国农业生产版图中占有重要位置。2022 年，四川省第一产业增加值在全国排名第二位，彰显了其在粮食、油料、烟叶、天然橡胶等农产品方面的丰富资源和产业优势。四川省以其独特的地理环境和气候条件，培育了诸多特色农产品，如名贵的竹笋、优质的茶叶（如峨眉山茶、川端红茶）以及丰富的水果（如蜀桃、蜀梨、蜀柿等），为中国农业发展增添了独特的色彩和魅力。

（一）评价结果

2010 年以来，四川省农村现代化水平呈稳步上升趋势。2020 年，四川省农村现代化水平评价得分为 49.51，在全国 31 个省份中排名第 17 位，与 2010 年相比，评价得分提高 15.15 个点，排名上升了 9 位，处于农村现代化起步阶段的初期，详见图 13-3。

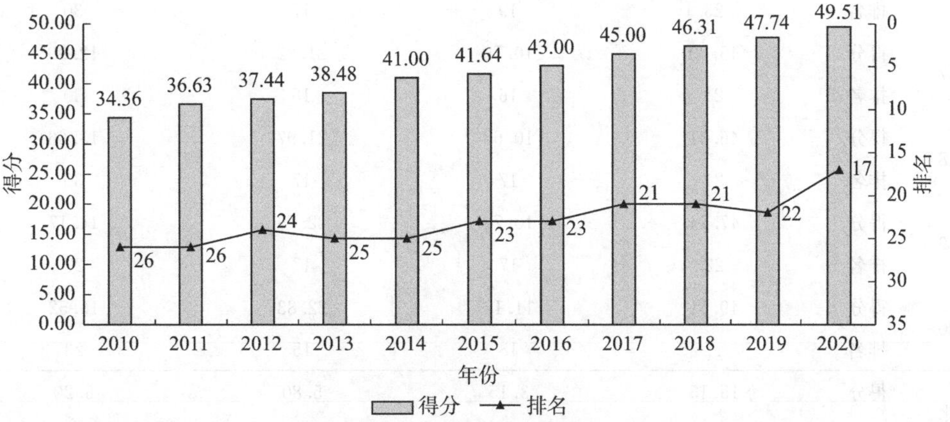

图 13-3　四川省农村现代化水平

从一级指标评价结果来看（表 13-5），四川省农业现代化水平 2010 年评价得分 8.01，排名第 22 位；2020 年评价得分 11.16，提高 3.15 点，排名第 18 位，上升了 4 位。狭义农村现代化水平 2010 年评价得分 17.03，排名第 21 位；2020 年评价得分 22.83，提高 5.80 点，排名第 15 位，上升了 6 位。农民现代化水平 2010 年评价得分 9.32，排名第 30 位；2020 年评价得分 15.52，提高 6.20 点，排名第 23 位，上升了 7 位。

表 13-5　四川省农村现代化水平一级指标评价结果

年份	项目	农村现代化总体水平	农业现代化水平（A）	狭义农村现代化水平（B）	农民现代化水平（C）
2010	得分	34.36	8.01	17.03	9.32
	排名	26	22	21	30
2011	得分	36.63	8.82	17.80	10.01
	排名	26	21	17	28
2012	得分	37.44	9.50	17.61	10.33
	排名	24	19	21	28
2013	得分	38.48	9.56	18.09	10.83
	排名	25	20	22	27

（续）

年份	项目	农村现代化总体水平	农业现代化水平（A）	狭义农村现代化水平（B）	农民现代化水平（C）
2014	得分	41.00	9.63	19.63	11.74
	排名	25	20	17	29
2015	得分	41.64	9.86	19.87	11.91
	排名	23	19	18	30
2016	得分	43.00	10.06	20.77	12.17
	排名	23	19	17	30
2017	得分	45.00	10.79	21.22	12.99
	排名	21	16	18	30
2018	得分	46.31	10.68	21.97	13.66
	排名	21	17	17	30
2019	得分	47.74	10.78	22.79	14.17
	排名	22	17	17	27
2020	得分	49.51	11.16	22.83	15.52
	排名	17	18	15	23
变化	得分	15.15	3.15	5.80	6.20
	排名	9	4	6	7

从二级指标评价结果来看，四川省的乡镇文化站覆盖率指标评价得分排在全国前列。纵向比较，绝大多数二级指标评价得分呈不断提高趋势，其中提高幅度最大的前3个指标是农村自来水普及率、农业机械化水平和农村生活废弃物无害化处理水平，2010—2020年分别提高了58.49点、50.23点和45.36点；二级指标得分在全国的排名有升有降，上升幅度最大的前3个指标是农业增加值增长水平、农民消费水平、农村自来水普及率，分别上升了9位、8位和7位，详见表13-6。

（二）分段比较分析

将省域农村现代化水平评价指标得分从高到低分段，按照5个位次为一段，将全国31个省（自治区、直辖市）分成6段，最后一段为6个省份。通过分段对比分析，可以看出四川省农村现代化水平在全国所处的相对位置。

2020年，四川省农村现代化总体水平得分49.51，在全国31个省份中排名第17位，处于第4段位。横向比较，比全国31个省份得分均值（51.73）低2.22点，比最高得分的江苏省（67.03）低17.52点，比最低得分的西藏自治区（42.11）高出7.40点。这反映出，四川省农村现代化总体水平居于中间，与先进水平相比还有一定差距。

从一级指标评价结果看，四川省农业现代化水平（A）、狭义农村现代化水平（B）和农民现代化水平（C）得分在全国31个省份中排名分别为第18位、第15位和第23位，分别处于第4段位、第3段位和第5段位。在3个一级指标中，农民现代化水平相对较低，狭义农村现代化水平和农业现代化水平居于中间。具体比较，四川省农业现代化水平

表 13-6　四川省农业现代化水平二级指标评价结果（1）

指标	项目	2010 年	2011 年	2012 年	2013 年	2014 年	2015 年	2016 年	2017 年	2018 年	2019 年	2020 年	变化
A1 农业科技化水平	得分	65.88	66.47	67.06	67.65	68.24	68.82	69.41	68.24	69.41	70.59	71.76	5.88
	排名	10	10	10	11	11	11	11	16	16	14	14	－4
A2 农业机械化水平	得分	12.77	26.87	40.96	45.00	50.00	53.00	55.00	57.00	59.00	61.00	63.00	50.23
	排名	29	28	23	21	21	21	21	20	21	22	23	6
A3 农田水利化水平	得分	37.99	38.61	39.14	38.85	39.59	40.63	41.79	42.72	43.60	43.93	44.49	6.50
	排名	18	18	18	18	17	17	17	17	17	17	17	1
A4 农业规模化水平	得分	11.52	12.29	12.91	14.56	15.43	16.60	19.79	21.40	20.98	20.98	24.27	12.75
	排名	24	23	24	25	28	27	21	23	22	22	22	2
A5 农民组织化水平	得分	7.62	8.49	10.69	12.12	13.32	15.44	17.68	18.84	19.17	19.17	23.05	15.43
	排名	18	24	17	17	22	21	19	16	13	13	16	2
A6 土地生产率	得分	37.32	41.40	43.50	41.93	39.94	40.91	41.33	52.13	49.94	48.13	48.22	10.90
	排名	14	14	14	14	15	14	13	9	9	10	11	3
A7 农业劳动生产率	得分	22.01	22.87	23.58	22.74	22.28	22.19	22.55	22.49	19.75	21.90	26.20	4.19
	排名	20	20	20	21	22	21	20	17	17	16	14	6

表 13-6 四川省狭义农村现代化水平二级指标评价结果（2）

指标	项目	2010 年	2011 年	2012 年	2013 年	2014 年	2015 年	2016 年	2017 年	2018 年	2019 年	2020 年	变化
B1 农业增加值增长水平	得分	56.91	57.84	57.18	57.23	57.28	57.25	57.68	57.64	56.88	57.34	58.58	1.67
	排名	21	18	18	20	21	21	19	15	15	16	12	9
B2 农产品加工业产值发展水平	得分	23.52	22.20	21.23	20.05	22.60	16.31	15.38	16.34	14.65	14.65	12.05	−11.47
	排名	13	12	13	15	15	16	16	18	19	19	19	−6
B3 农村非农产业就业人员占比	得分	68.29	68.64	69.13	69.30	69.73	69.99	70.34	70.40	70.61	70.81	69.84	1.55
	排名	13	13	13	13	13	13	13	13	13	12	9	4
B4 农林牧渔服务业发展水平	得分	13.83	13.83	13.83	13.83	13.83	14.30	14.96	18.54	20.27	20.80	19.94	6.11
	排名	25	25	25	25	25	25	25	25	22	24	24	1
B5 化学投入品使用合理化程度	得分	−0.23	−0.43	0.48	1.16	1.40	1.75	3.10	6.24	11.22	17.75	23.52	23.75
	排名	10	9	8	10	10	11	10	10	12	12	10	0
B6 单位农业增加值能源消耗量	得分	5.17	9.35	−1.07	−0.74	3.61	5.08	16.38	2.51	4.35	8.25	8.93	3.76
	排名	7	5	16	20	19	18	11	19	23	24	19	−12
B7 农村生活废弃物无害化处理水平	得分	9.85	11.75	15.00	17.35	45.20	48.45	46.03	48.15	49.75	53.50	55.21	45.36
	排名	15	13	13	16	9	9	10	10	11	11	11	4
B8 农村卫生厕所普及率	得分	62.20	64.10	67.40	71.00	74.30	77.70	80.90	83.40	85.00	87.00	91.39	29.19
	排名	17	16	16	16	16	13	12	12	12	12	12	5
B9 农村学校本科以上学历专任教师占比	得分	28.78	32.25	34.79	37.27	40.88	44.20	47.79	51.69	53.30	55.62	57.70	28.92
	排名	27	26	29	30	29	29	29	29	30	30	30	−3
B10 乡镇文化站覆盖率	得分	93.34	93.34	93.88	93.39	93.57	92.94	92.94	92.94	93.34	93.34	100	6.66
	排名	5	5	5	5	7	8	8	8	5	5	1	4
B11 农村集体经济发展水平	得分	16.10	15.74	15.31	15.32	15.02	14.70	17.74	21.83	25.84	25.84	23.73	7.63
	排名	30	31	31	30	31	31	27	24	26	26	25	5
B12 村庄规划管理覆盖率	得分	26.13	35.65	31.56	36.23	36.84	36.90	37.80	38.46	39.48	41.00	26.14	0.01
	排名	26	26	28	29	29	28	29	29	30	30	26	0

表 13-6　四川省农民现代化水平二级指标评价结果（3）

指标	项目	2010 年	2011 年	2012 年	2013 年	2014 年	2015 年	2016 年	2017 年	2018 年	2019 年	2020 年	变化
C1 农民收入水平	得分	27.09	28.60	29.02	31.00	32.41	32.85	33.33	33.59	33.96	34.63	36.34	9.25
	排名	21	21	21	21	21	21	21	21	21	21	21	0
C2 农民消费水平	得分	22.79	23.48	24.55	26.72	32.65	34.00	34.79	36.73	38.23	39.45	43.94	21.15
	排名	18	18	17	15	11	11	12	11	10	10	10	8
C3 农村恩格尔系数	得分	73.96	78.51	77.27	82.85	75.48	75.93	76.83	76.96	77.43	79.52	79.70	5.74
	排名	26	24	28	23	28	27	27	28	27	25	25	1
C4 农村自来水普及率	得分	17.80	22.00	24.20	29.20	29.70	32.80	35.33	54.98	59.88	64.93	76.29	58.49
	排名	31	30	30	30	30	30	30	28	29	28	24	7
C5 农民家庭汽车拥有水平	得分	17.44	22.04	30.01	30.99	39.48	36.13	41.53	39.88	52.66	55.98	60.93	43.49
	排名	21	20	18	24	20	25	25	26	19	18	15	6
C6 农村居民受教育水平	得分	67.72	69.30	67.94	65.02	65.46	65.93	65.77	66.58	65.83	67.09	73.15	5.43
	排名	26	24	24	27	27	26	27	25	28	27	25	1
C7 农民教育文化支出水平	得分	17.85	20.20	20.74	20.55	35.86	37.54	35.21	38.15	39.19	39.93	49.11	31.26
	排名	25	25	23	22	26	26	26	25	25	26	19	6

评价得分 11.16，略低于本段内各省份得分均值，比上一个段位各省份得分均值低 0.48 点，比最高得分的江苏省低 4.45 点，比下一个段位各省份得分均值高 1.12 点，比全国 31 个省份得分均值低 0.78 点，比最低得分的西藏自治区高 3.18 点；狭义农村现代化水平评价得分 22.83，略低于本段内各省份得分均值，比上一个段位各省份得分均值低 4.57 点，比最高得分的江苏省低 10.35 点，比全国 31 个省份得分均值高 1.06 点，比最低得分的广西壮族自治区高 5.27 点；农民现代化水平评价得分 15.52，略高于本段内各省份得分均值，比上一个段位各省份得分均值低 0.60 点，比最高得分的北京市低 5.30 点，比下一个段位各省份得分均值高 0.73 点，比全国 31 个省份得分均值高 0.20 点，比最低得分的西藏自治区高 2.95 点。

从 26 个二级指标评价结果看，四川省有 1 个二级指标处在第 1 段位，占比 3.85%；3 个二级指标处于第 2 段位，占比 11.54%；7 个二级指标在第 3 段位，占比 26.92%；6 个二级指标在第 4 段位，占比 23.08%；7 个二级指标在第 5 段位，占比 26.92%；2 个二级指标处于第 6 段位，占比 7.69%（表 13-7）。

表 13-7　2020 年四川省农村现代化水平各级指标位次分段

分段	位次	一级指标	二级指标
1	1～5 位		乡镇文化站覆盖率（B10）
2	6～10 位		农村非农产业就业人员占比（B3）、化学投入品使用合理化程度（B5）、农民消费水平（C2）
3	11～15 位	狭义农村现代化水平（B）	农业科技化水平（A1）、土地生产率（A6）、农业劳动生产率（A7）、农业增加值增长水平（B1）、农村生活废弃物无害化处理水平（B7）、农村卫生厕所普及率（B8）、农民家庭汽车拥有水平（C5）
4	16～20 位	农业现代化水平（A）	农田水利化水平（A3）、农民组织化水平（A5）、农产品加工业产值发展水平（B2）、单位农业增加值能源消耗量（B6）、农村自来水普及率（C4）、农民教育文化支出水平（C7）
5	21～25 位	农民现代化水平（C）	农业机械化水平（A2）、农业规模化水平（A4）、农林牧渔服务业发展水平（B4）、农村集体经济发展水平（B11）、农民收入水平（C1）、农村恩格尔系数（C3）、农村居民受教育水平（C6）
6	26～31 位		农村学校本科以上学历专任教师占比（B9）、村庄规划管理覆盖率（B12）

（三）指标均衡性与优劣势分析

从指标“离散系数”即各级指标评价得分标准差与其平均值的比值（表 13-8）来看，四川省农村现代化水平一级指标评价分值的标准差接近于 6，离散系数较小，为 0.357 4，低于全国平均离散系数，说明四川省农村现代化一级指标之间发展较均衡，且均衡程度高于全国平均水平；四川省农村现代化水平二级指标评价分值的离散系数较大，为 0.515 7，但低于全国平均离散系数，说明四川省农业科技创新能力二级指标之间发展不够均衡，但均衡程度高于全国平均水平。

表 13-8　四川省农村现代化水平各级指标均衡性对比

项目	一级指标			二级指标		
	标准差	平均值	离散系数	标准差	平均值	离散系数
四川省	5.898 0	16.50	0.357 4	25.140 5	48.75	0.515 7
全国平均	6.435 2	17.243 3	0.384 5	27.504 7	51.388 9	0.546 6

从一级、二级指标评价结果可以看出，不同指标之间发展不均衡，表现出不同的优劣势，对各自所属的上一级指标以及农村现代化整体水平具有不同方向、不同程度的影响。为了直观地展示各项指标的优劣势及其发展的均衡程度，将各级指标评价值得分绘制折线图，图中横线为农村现代化水平省域排名，相当于基准线，详见图 13-4。各项指标评价值与基准线的位置关系及其距离基准线的远近反映了不同指标对农村现代化水平的作用方向、程度以及指标间发展的均衡性。

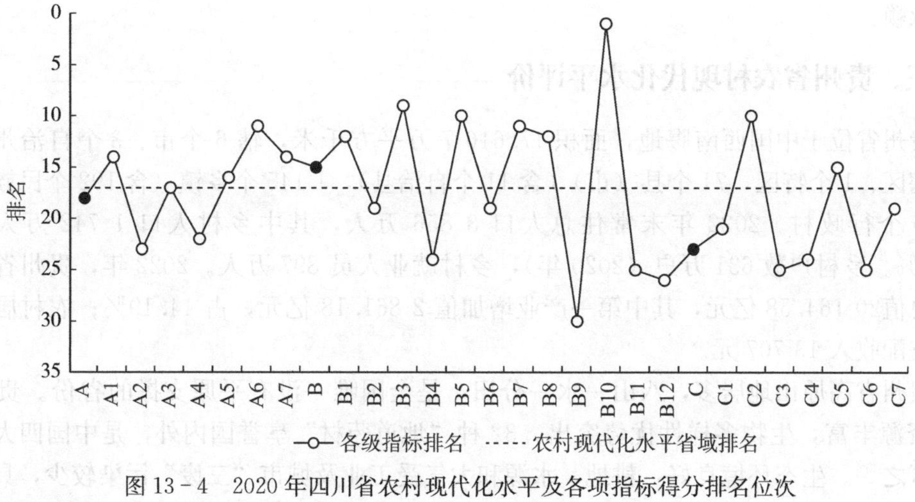

图 13-4　2020 年四川省农村现代化水平及各项指标得分排名位次

从指标优劣势来看，狭义农村现代化水平（B）、一级指标和农业科技化水平（A1）、农民组织化水平（A5）、土地生产率（A6）、农业劳动生产率（A7）、农业增加值增长水平（B1）、农村非农产业就业人员占比（B3）、化学投入品使用合理化程度（B5）、农村生活废弃物无害化处理水平（B7）、农村卫生厕所普及率（B8）、乡镇文化站覆盖率（B10）、农民消费水平（C2）、农民家庭汽车拥有水平（C5）等 12 个二级指标评价值位于基准线上方，属于农村现代化推进过程中的优势指标，对提升农村现代化水平起到正向带动作用，特别是乡镇文化站覆盖率（B10）等指标评价值与基准线距离较远，意味着这些指标对于农村现代化发展的正向拉动作用显著；农业机械化水平（A2）、农业规模化水平（A4）、农产品加工业产值发展水平（B2）、农林牧渔服务业发展水平（B4）、单位农业增加值能源消耗量（B6）、农村学校本科以上学历专任教师占比（B9）、农村集体经济发展水平（B11）、村庄规划管理覆盖率（B12）、农民收入水平（C1）、农村恩格尔系数（C3）、农村自来水普及率（C4）、农村居民受教育水平（C6）、农民教育文化支出水平（C7）等13个二级指标评价值位于基准线下方，属于农村现代化推进过程中的劣势指标，对提升农村现代化水平产生了逆向的制约影响，尤其是农村学校本科以上学历专任教师占比（B9）等指标评价值与基准线的距离较远，意味着这些指标对于推进农村现代化的逆向制约影响很大。

（四）对策建议

根据评价和分析结果，四川省推进乡村全面振兴、加快农业农村现代化，应坚持扬长补短原则，采取更有针对性的对策措施。对于提升农村现代化水平起着正向拉动作用的优势指标，要进一步做大做强；对于产生逆向制约影响的劣势指标，要尽力缩小差距，弥补短板。今后的重点：一是科技创新和现代农业技术的推广，提高土地的种植效率和产量，同时推动可持续土地利用和保护，避免过度开发和环境破坏。二是建立健全农村生活废弃物处理系统，包括分类收集、资源化利用和无害化处理，并强化环保意识，鼓励居民参与废弃物处理和资源回收，减少对环境的负面影响。三是通过技术升级和资源利用的优化，减少农业生产过程中的能源消耗，并鼓励可再生能源在农业生产中的应用，降低对传统能源的依赖。

三、贵州省农村现代化水平评价

贵州省位于中国西南腹地，面积17.616 7万平方千米，辖6个市、3个自治州，16个市辖区、1个特区，71个县（市）（含11个自治县），1 145个乡镇（含192个民族乡），13 675个行政村。2022年末常住总人口3 856万人，其中乡村人口1 742万人，占45.19%。乡村户数631万户（2020年），乡村就业人员897万人。2022年，贵州省地区生产总值20 164.58亿元，其中第一产业增加值2 861.18亿元，占14.19%；农村居民人均可支配收入13 707元。

贵州省高原山地居多，八山一水一分田，是全国唯一没有平原支撑的省份。贵州省生物资源丰富，生物多样性优势突出，32种“地道药材”享誉国内外，是中国四大中药材产区之一。生态环境良好，耕地、水源和大气受工业及城市“三废”污染较少，具有发展畜、蔬、茶、薯、果、药等特色产业的优势和潜力，贵州省正在逐步形成全国重要的“菜篮子”生产基地。

（一）评价结果

2010年以来，贵州省农村现代化水平呈稳步上升趋势。2020年，贵州省农村现代化水平评价得分为44.27，在全国31个省份中排名第28位，与2010年相比，评价得分提高16.65个点，排名上升了3位，处于农村现代化起步阶段的初期，详见图13-5。

从一级指标评价结果来看（表13-9），贵州省农业现代化水平2010年评价得分4.71，排名第31位；2020年评价得分9.49，提高4.78点，排名第26位，上升了5位。狭义农村现代化水平2010年评价得分13.14，排名第30位；2020年评价得分19.72，提高6.58点，排名第27位，上升了3位。农民现代化水平2010年评价得分9.77，排名第28位；2020年评价得分15.06，提高5.29点，排名第25位，上升了3位。

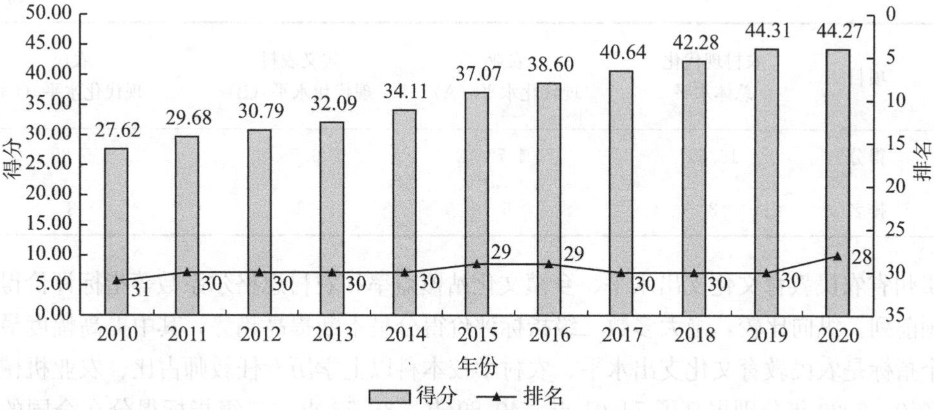

图 13－5　贵州省农村现代化水平

表 13－9　贵州省农村现代化水平一级指标评价结果

年份	项目	农村现代化总体水平	农业现代化水平（A）	狭义农村现代化水平（B）	农民现代化水平（C）
2010	得分	27.62	4.71	13.14	9.77
	排名	31	31	30	28
2011	得分	29.68	5.21	14.74	9.73
	排名	30	31	29	30
2012	得分	30.79	5.85	15.25	9.69
	排名	30	31	28	30
2013	得分	32.09	6.15	15.46	10.48
	排名	30	31	29	30
2014	得分	34.11	6.87	15.74	11.50
	排名	30	31	29	30
2015	得分	37.07	7.74	17.15	12.18
	排名	29	29	26	29
2016	得分	38.60	7.97	17.90	12.73
	排名	29	29	24	28
2017	得分	40.64	8.73	18.82	13.09
	排名	30	27	25	29
2018	得分	42.28	8.94	19.67	13.67
	排名	30	26	28	29
2019	得分	44.31	9.19	20.99	14.13
	排名	30	26	28	28
2020	得分	44.27	9.49	19.72	15.06
	排名	28	26	27	25

（续）

年份	项目	农村现代化总体水平	农业现代化水平（A）	狭义农村现代化水平（B）	农民现代化水平（C）
变化	得分	16.65	4.78	6.58	5.29
	排名	3	5	3	3

贵州省农民教育文化支出水平、乡镇文化站覆盖率和农村恩格尔系数等指标评价得分排在全国前列。纵向比较，绝大多数二级指标评价得分呈不断提高趋势，其中提高幅度最大的前3个指标是农民教育文化支出水平、农村学校本科以上学历专任教师占比、农业机械化水平，2010—2020年分别提高了54.01点、40.89点、35.53点；二级指标得分在全国的排名有升有降，上升幅度最大的前3个指标是农民教育文化支出水平、农业增加值增长水平、农业科技化水平，分别上升了26位、20位、19位，详见表13-10。

（二）分段比较分析

将省域农村现代化水平评价指标得分从高到低分段，按照5个位次为一段，将全国31个省（自治区、直辖市）分成6段，最后一段为6个省份。通过分段对比分析，可以看出贵州省农村现代化水平在全国所处的相对位置。

2020年，贵州省农村现代化总体水平得分44.27，在全国31个省份中排名第28位，处于第6段位。横向比较，比全国31个省份得分均值（51.73）低7.46点，比最高得分的江苏省低22.76点，比最低得分的西藏自治区高出2.16点。这反映出，贵州省农村现代化总体水平偏低，与先进水平相比差距较大。

从一级指标评价结果看，贵州省农业现代化水平（A）、狭义农村现代化水平（B）和农民现代化水平（C）得分在全国31个省份中排名分别为第26位、第27位和第25位，分别处于第6段位、第6段位和第5段位。3个一级指标水平差距不大，均处于中间偏下的位置。具体比较，贵州省农业现代化水平评价得分9.49，略高于本段内各省份得分均值，比上一个段位各省份得分均值低0.55点，比最高得分的江苏省低6.12点，比全国31个省份得分均值低0.89点，比最低得分的西藏自治区高1.55点；狭义农村现代化水平评价得分19.72，略高于本段内各省份得分均值，比上一个段位各省份得分均值低1.13点，比最高得分的江苏省低13.46点，比全国31个省份得分均值低2.05点，比最低得分的广西壮族自治区高2.16点；农民现代化水平评价得分15.06，略低于本段内各省份得分均值，比上一个段位各省份得分均值低1.06点，比最高得分的北京市低5.76点，比下一个段位各省份得分均值高0.27点，比全国31个省份得分均值低0.26点，比最低得分的西藏自治区高2.49点。

从26个二级指标评价结果看，贵州省有1个二级指标处在第1段位，占比3.85%；5个二级指标处于第2段位，占比19.23%；3个二级指标在第3段位，占比11.54%；2个二级指标在第4段位，占比7.69%；3个二级指标在第5段位，占比11.54%；12个二级指标处于第6段位，占比46.15%（表13-11）。

表 13-10　贵州省农业现代化水平二级指标评价结果（1）

指标	项目	2010 年	2011 年	2012 年	2013 年	2014 年	2015 年	2016 年	2017 年	2018 年	2019 年	2020 年	变化
A1 农业科技化水平	得分	49.41	52.94	56.47	58.82	62.35	65.88	68.24	69.41	70.59	71.76	72.94	23.53
	排名	30	29	29	26	24	20	12	12	12	12	11	19
A2 农业机械化水平	得分	4.47	10.61	16.74	18.00	22.00	25.00	27.50	31.50	36.32	39.57	40.00	35.53
	排名	31	31	31	31	31	31	31	31	31	31	31	0
A3 农田水利化水平	得分	24.78	26.34	19.87	20.38	21.63	23.48	24.02	24.65	25.06	25.54	25.79	1.01
	排名	28	28	31	31	31	31	31	31	30	30	30	—2
A4 农业规模化水平	得分	9.13	10.66	11.24	13.58	16.39	15.91	18.29	15.80	13.82	13.82	18.90	9.77
	排名	28	27	27	27	23	28	26	29	30	30	28	0
A5 农民组织化水平	得分	2.91	5.32	5.29	3.48	4.62	4.80	5.46	5.89	10.35	10.35	8.44	5.53
	排名	28	25	28	31	29	29	28	28	25	25	28	0
A6 土地生产率	得分	15.59	16.33	20.12	21.32	25.44	32.25	31.26	40.24	40.95	41.32	42.46	26.87
	排名	27	28	25	25	22	20	19	17	16	15	15	12
A7 农业劳动生产率	得分	9.54	9.52	10.68	11.32	13.17	15.95	17.03	17.11	15.39	16.59	19.08	9.54
	排名	31	31	31	31	29	27	26	25	24	26	26	5

表 13-10　贵州省狭义农村现代化水平二级指标评价结果（2）

指标	项目	2010 年	2011 年	2012 年	2013 年	2014 年	2015 年	2016 年	2017 年	2018 年	2019 年	2020 年	变化
B1 农业增加值增长水平	得分	52.87	51.95	55.05	54.90	56.47	58.01	58.66	58.88	58.66	58.66	59.78	6.91
	排名	30	31	27	27	25	16	15	10	10	11	10	20
B2 农产品加工业产值发展水平	得分	7.70	7.43	6.36	6.12	7.17	4.87	8.85	8.12	8.08	8.08	7.03	−0.67
	排名	26	27	27	27	27	27	24	24	24	24	24	2
B3 农村非农产业就业人员占比	得分	8.79	10.71	9.49	9.96	10.26	9.39	10.56	8.69	3.09	3.10	2.26	−6.53
	排名	31	31	31	30	31	31	31	30	31	31	31	0
B4 农林牧渔服务业发展水平	得分	21.32	21.32	21.32	21.32	21.32	33.12	39.74	39.63	39.21	41.68	39.94	18.62
	排名	16	16	16	16	16	6	5	8	11	8	9	7
B5 化学投入品使用合理化程度	得分	−1.83	−12.48	−14.99	−10.73	−12.98	−15.62	−15.64	−10.09	2.72	14.14	19.89	21.72
	排名	14	27	22	18	20	21	21	19	17	14	14	0
B6 单位农业增加值能源消耗量	得分	17.86	29.03	30.83	22.24	20.25	20.64	−2.05	−2.77	6.46	17.73	8.37	−9.49
	排名	1	1	1	5	8	9	22	22	21	19	20	−19
B7 农村生活废弃物无害化处理水平	得分	4.80	5.55	6.25	7.35	12.05	17.00	19.38	20.28	22.67	26.50	28.39	23.59
	排名	27	27	29	29	26	27	27	28	28	28	28	−1
B8 农村卫生厕所普及率	得分	38.50	40.90	43.90	47.70	48.90	54.80	58.00	64.50	66.00	67.50	72.29	33.79
	排名	29	29	30	30	30	30	29	28	28	28	27	2
B9 农村学校本科以上学历专任教师占比	得分	27.91	32.70	37.78	41.79	46.06	50.58	55.25	59.53	63.66	66.73	68.80	40.89
	排名	29	24	23	23	22	22	20	22	20	19	20	9
B10 乡镇文化站覆盖率	得分	90.12	90.12	94.07	95.22	100.0	100.0	100.0	100.0	90.12	90.12	90.72	0.60
	排名	12	12	4	4	1	1	1	1	12	12	7	5
B11 农村集体经济发展水平	得分	21.65	22.46	18.43	17.04	18.26	22.61	32.59	37.98	41.81	41.81	41.20	19.55
	排名	22	22	28	29	27	22	12	11	12	12	10	12
B12 村庄规划管理覆盖率	得分	11.23	46.67	52.97	54.13	44.16	48.46	47.78	48.16	49.67	51.00	11.24	0.01
	排名	31	19	17	20	25	25	27	28	28	28	31	0

表 13-10　贵州省农民现代化水平二级指标评价结果（3）

指标	项目	2010 年	2011 年	2012 年	2013 年	2014 年	2015 年	2016 年	2017 年	2018 年	2019 年	2020 年	变化
C1 农民收入水平	得分	18.49	19.35	19.70	21.34	23.13	23.68	24.07	24.37	24.75	25.39	26.56	8.07
	排名	30	30	30	30	30	30	30	30	30	30	30	0
C2 农民消费水平	得分	16.68	17.36	17.85	20.08	23.48	24.42	25.72	26.74	27.55	28.69	31.79	15.11
	排名	30	30	30	30	30	30	28	28	28	28	27	3
C3 农村恩格尔系数	得分	77.18	76.19	81.15	81.48	80.55	86.93	95.28	94.74	97.95	100.0	98.27	21.09
	排名	22	28	25	25	25	20	15	16	14	1	7	15
C4 农村自来水普及率	得分	45.30	46.80	49.70	53.60	57.80	61.80	64.10	64.32	67.30	71.48	72.87	27.57
	排名	19	21	21	21	20	20	20	22	23	22	25	－6
C5 农民家庭汽车拥有水平	得分	35.23	33.40	18.98	31.74	31.74	38.82	36.90	43.43	49.12	52.78	52.00	16.77
	排名	10	10	28	22	24	22	27	23	23	22	22	－12
C6 农村居民受教育水平	得分	62.18	60.96	61.49	63.79	63.04	62.39	62.78	64.81	64.32	63.34	67.91	5.73
	排名	29	29	29	29	29	29	29	29	29	29	29	0
C7 农民教育文化支出水平	得分	14.84	13.75	16.22	15.45	36.04	37.74	42.65	43.32	48.11	50.69	68.85	54.01
	排名	28	30	29	28	25	24	19	19	15	11	2	26

表 13-11　2020 年贵州省农村现代化水平各级指标位次分段

分段	位次	一级指标	二级指标
1	1～5 位		农民教育文化支出水平（C7）
2	6～10 位		农业增加值增长水平（B1）、农林牧渔服务业发展水平（B4）、乡镇文化站覆盖率（B10）、农村集体经济发展水平（B11）、农村恩格尔系数（C3）
3	11～15 位		农业科技化水平（A1）、土地生产率（A6）、化学投入品使用合理化程度（B5）
4	16～20 位		单位农业增加值能源消耗量（B6）、农村学校本科以上学历专任教师占比（B9）
5	21～25 位	农民现代化水平（C）	农产品加工业产值发展水平（B2）、农村自来水普及率（C4）、农民家庭汽车拥有水平（C5）
6	26～31 位	农业现代化水平（A）、狭义农村现代化水平（B）	农业机械化水平（A2）、农田水利化水平（A3）、农业规模化水平（A4）、农民组织化水平（A5）、农业劳动生产率（A7）、农村非农产业就业人员占比（B3）、农村生活废弃物无害化处理水平（B7）、农村卫生厕所普及率（B8）、村庄规划管理覆盖率（B12）、农民收入水平（C1）、农民消费水平（C2）、农村居民受教育水平（C6）

（三）指标均衡性与优劣势分析

从指标“离散系数”即各级指标评价得分标准差与其平均值的比值（表 13-12）来看，贵州省农村现代化水平一级指标评价分值的标准差在 5 左右，离散系数较小，为 0.346 8，低于全国平均离散系数，说明贵州省农村现代化一级指标之间发展较均衡，且均衡程度高于全国平均水平；贵州省农村现代化水平二级指标评价分值的离散系数较大，为 0.658 4，高于全国平均离散系数，说明贵州省农业科技创新能力二级指标之间发展不够均衡，且均衡程度低于全国平均水平。

表 13-12　贵州省农村现代化水平各级指标均衡性对比

项目	一级指标			二级指标		
	标准差	平均值	离散系数	标准差	平均值	离散系数
贵州省	5.118 1	14.760 0	0.346 8	27.746 8	42.15	0.658 4
全国平均	6.435 2	17.243 3	0.384 5	27.504 7	51.388 9	0.546 6

从一级、二级指标评价结果可以看出，不同指标之间发展不均衡，表现出不同的优劣势，对各自隶属的上一级指标以及农村现代化整体水平具有不同方向、不同程度的影响。为了直观地展示各项指标的优劣势及其发展的均衡程度，将各级指标评价值得分绘制折线图，图中横线为农村现代化水平省域排名，相当于基准线，详见图 13-6。各项指标评价值与基准线的位置关系及其距离基准线的远近反映了不同指标对农村现代化水平的作用方

向、程度以及指标间发展的均衡性。

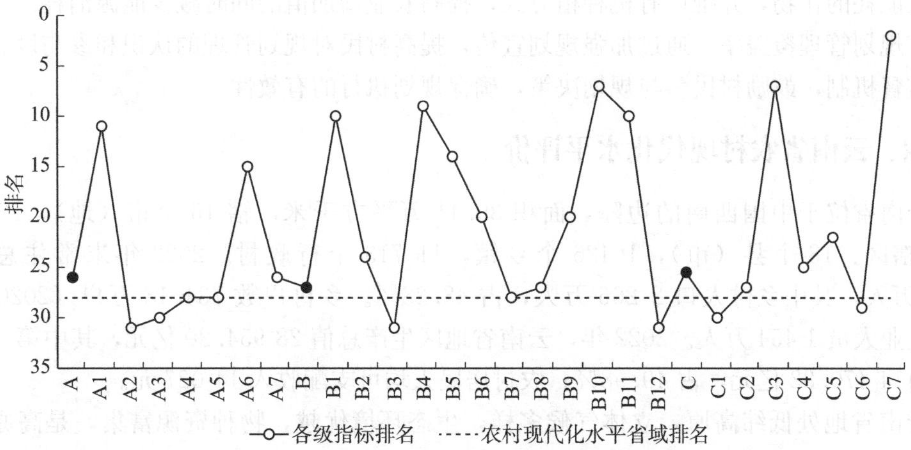

图 13-6　2020 年贵州省农村现代化水平及各项指标得分排名位次

从指标优劣势来看，农业现代化水平（A）、狭义农村现代化水平（B）、农民现代化水平（C）3 个一级指标和农业科技化水平（A1）、土地生产率（A6）、农业劳动生产率（A7）、农业增加值增长水平（B1）、农产品加工业产值发展水平（B2）、农林牧渔服务业发展水平（B4）、化学投入品使用合理化程度（B5）、单位农业增加值能源消耗量（B6）、农村卫生厕所普及率（B8）、农村学校本科以上学历专任教师占比（B9）、乡镇文化站覆盖率（B10）、农村集体经济发展水平（B11）、农村恩格尔系数（C3）、农民教育文化支出水平（C7）、农民消费水平（C2）、农村自来水普及率（C4）、农民家庭汽车拥有水平（C5）等 17 个二级指标评价值位于基准线上方，属于农村现代化推进过程中的优势指标，对提升农村现代化水平起到正向带动作用，特别是农村恩格尔系数（C3）、农民教育文化支出水平（C7）等指标评价值与基准线距离较远，意味着这些指标对于农村现代化发展的正向拉动作用显著；农业机械化水平（A2）、农田水利化水平（A3）、农村非农产业就业人员占比（B3）、村庄规划管理覆盖率（B12）、农民收入水平（C1）、农村居民受教育水平（C6）等 6 个二级指标评价值位于基准线下方，属于农村现代化推进过程中的劣势指标，对提升农村现代化水平产生了逆向的制约影响，尤其是农业机械化水平（A2）、农村非农产业就业人员占比（B3）、村庄规划管理覆盖率（B12）等指标评价值与基准线的距离较远，意味着这些指标对于推进农村现代化的逆向制约影响很大。

（四）对策建议

根据评价和分析结果，贵州省推进乡村全面振兴、加快农业农村现代化，应坚持扬长补短原则，采取更有针对性的对策措施。对于提升农村现代化水平起着正向拉动作用的优势指标，要进一步做大做强；对于产生逆向制约影响的劣势指标，要尽力缩小差距，弥补短板。今后的重点：一是提高农村非农产业就业人员占比，通过培训与技能提升，提供针对非农产业的技能培训，增强农村居民的就业竞争力。同时，加强引导产业发展，针对当地资源和市场需求，引导发展适合农村的非农产业，如乡村旅游、手工艺品制作等，吸引更多农村居民参与非农就业。二是增加单位农业增加值能源消耗量。通过推广节能技术，例如高效灌溉系统、太阳能设备等，降低能源消耗。同时优化种植结构，鼓励种植高效益、低能耗的作物，并推广有机种植方式，提高农业增加值的同时减少能源消耗。三是提升村庄规划管理覆盖率。通过加强规划宣传，提高村民对规划管理的认识和参与度。同时建立监督机制，鼓励村民参与规划决策，确保规划执行的有效性。

四、云南省农村现代化水平评价

云南省位于中国西南的边陲，面积 39.41 万平方千米，辖 16 个市（地），17 个市（地）辖区、18 个县（市），1 426 个乡镇，11 713 个行政村。2022 年末常住总人口 4 693 万人，其中乡村人口 2 266 万人，占 48.28%。乡村户数 734.18 万户（2020 年），乡村就业人员 1 454 万人。2022 年，云南省地区生产总值 28 954.20 亿元，其中第一产业增加值14 470.82 亿元，占 49.98%；农村居民人均可支配收入 14 027 元。

云南省地处低纬高原，立体气候多样，生态环境优越，物种资源富集，是高原特色农产品之乡，粮食、蔬菜、水果、茶叶、中药材、坚果、鲜切花生产规模呈不断增长态势。近年来，云南省立足资源禀赋，因地制宜积极发展多样性农业，在"特"字上做文章、下功夫，加快特色农业强省建设，设施农业、数字农业、绿色有机农业发展加快，农业现代化水平不断提高，高原特色农业资源优势充分发挥，农林牧渔业综合生产能力显著提升。

（一）评价结果

2010 年以来，云南省农村现代化水平呈稳步上升趋势。2020 年，云南省农村现代化水平评价得分为 45.62，在全国 31 个省份中排名第 25 位，与 2010 年相比，评价得分提高 13.43 个点，排名上升了 4 位，处于农村现代化起步阶段的初期，详见图 13 - 7。

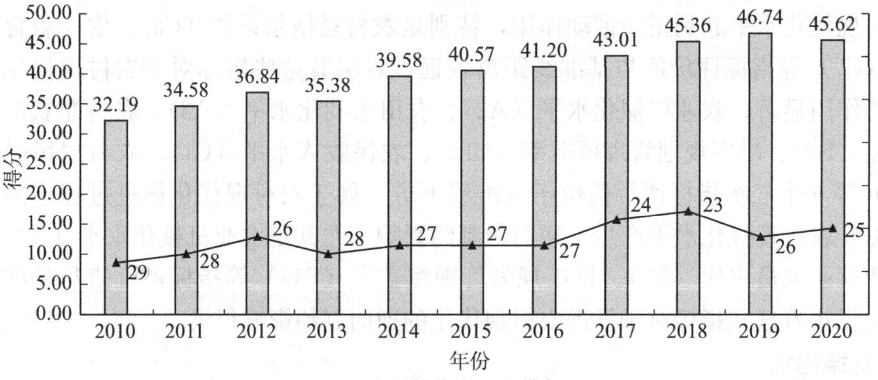

图 13 - 7　云南省农村现代化水平

从一级指标评价结果来看（表 13 - 13），云南省农业现代化水平 2010 年评价得分 5.65，排名第 30 位；2020 年评价得分 9.23，提高 3.58 点，排名第 28 位，上升了 2 位。狭义农村现代化水平 2010 年评价得分 16.47，排名第 26 位；2020 年评价得分 21.78，提高 5.31 点，排名第 18 位，上升了 8 位。农民现代化水平 2010 年评价得分 10.07，排名第 26 位；2020 年评价得分 14.61，提高 4.54 点，排名第 30 位，下降了 4 位。

表 13-13　云南省农村现代化水平一级指标评价结果

年份	项目	农村现代化总体水平	农业现代化水平（A）	狭义农村现代化水平（B）	农民现代化水平（C）
2010	得分	32.19	5.65	16.47	10.07
	排名	29	30	26	26
2011	得分	34.58	6.39	17.95	10.24
	排名	28	30	16	27
2012	得分	36.84	7.22	19.05	10.57
	排名	26	29	14	26
2013	得分	35.38	7.53	17.16	10.69
	排名	28	28	23	28
2014	得分	39.58	7.73	19.84	12.01
	排名	27	28	16	27
2015	得分	40.57	7.85	20.44	12.28
	排名	27	28	17	28
2016	得分	41.20	7.98	20.51	12.71
	排名	27	28	19	29
2017	得分	43.01	8.39	21.52	13.10
	排名	24	28	15	28
2018	得分	45.36	8.55	22.98	13.83
	排名	23	28	16	28
2019	得分	46.74	8.96	23.93	13.85
	排名	26	28	15	30
2020	得分	45.62	9.23	21.78	14.61
	排名	25	28	18	30
变化	得分	13.43	3.58	5.31	4.54
	排名	4	2	8	−4

从二级指标评价结果来看，云南省的单位农业增加值能源消耗量、乡镇文化站覆盖率等指标评价得分排在全国前列。纵向比较，绝大多数二级指标评价得分呈不断提高趋势，其中提高幅度最大的前 3 个指标是农业机械化水平、农民家庭汽车拥有水平和单位农业增加值能源消耗量，2010—2020 年分别提高了 40.28 点、36.06 点和 35.96 点；二级指标得分在全国的排名有升有降，上升幅度最大的前 3 个指标是农业增加值增长水平、农民教育文化支出水平和农村集体经济发展水平，分别上升了 11 位、8 位和 7 位，详见表 13-14。

（二）分段比较分析

将省域农村现代化水平评价指标得分从高到低分段，按照 5 个位次为一段，将全国 31 个省（自治区、直辖市）分成 6 段，最后一段为 6 个省份。通过分段对比分析，可以

表 13-14　云南省农业现代化水平二级指标评价结果（1）

指标	项目	2010 年	2011 年	2012 年	2013 年	2014 年	2015 年	2016 年	2017 年	2018 年	2019 年	2020 年	变化
A1 农业科技化水平	得分	57.06	57.65	58.24	58.82	61.18	63.53	65.88	67.06	68.24	69.41	70.59	13.53
	排名	26	26	26	26	27	25	22	22	22	22	21	5
A2 农业机械化水平	得分	9.72	25.55	41.38	44.50	46.00	47.00	47.60	48.00	48.60	49.10	50.00	40.28
	排名	30	30	22	22	22	24	25	26	27	28	29	1
A3 农田水利化水平	得分	25.45	26.22	25.93	26.69	27.53	28.31	29.15	29.80	30.55	30.94	31.84	6.39
	排名	27	29	27	28	28	27	27	27	27	27	27	0
A4 农业规模化水平	得分	9.55	10.21	10.90	12.42	13.40	13.79	14.83	15.41	14.84	14.84	17.41	7.86
	排名	27	28	28	29	29	30	30	30	28	28	30	−3
A5 农民组织化水平	得分	11.52	8.59	9.85	10.09	12.27	13.94	19.07	22.69	29.78	29.78	28.51	16.99
	排名	8	23	20	21	24	24	14	11	4	4	10	−2
A6 土地生产率	得分	17.98	20.50	23.79	25.64	25.42	24.49	23.48	27.94	29.08	31.77	32.22	14.24
	排名	25	23	22	22	23	23	23	23	22	21	21	4
A7 农业劳动生产率	得分	12.25	13.02	14.40	15.23	15.07	14.72	14.50	14.56	13.48	17.03	19.92	7.67
	排名	29	28	28	28	27	28	28	28	28	24	24	5

表 13-14 云南省狭义农村现代化水平二级指标评价结果（2）

指标	项目	2010 年	2011 年	2012 年	2013 年	2014 年	2015 年	2016 年	2017 年	2018 年	2019 年	2020 年	变化
B1 农业增加值增长水平	得分	54.56	56.40	56.46	57.73	57.52	57.36	57.61	57.62	57.23	58.49	58.11	3.55
	排名	26	24	22	17	17	18	20	16	14	13	15	11
B2 农产品加工业产值发展水平	得分	9.28	8.39	7.44	6.84	8.14	6.38	6.22	6.47	6.06	6.06	4.65	−4.63
	排名	25	25	26	26	25	25	26	26	26	26	27	−2
B3 农村非农产业就业人员占比	得分	55.09	55.50	58.27	1.99	59.00	60.47	59.35	60.84	61.94	62.88	60.31	5.22
	排名	20	19	19	31	17	17	18	16	17	14	15	5
B4 农林牧渔服务业发展水平	得分	14.70	14.70	14.70	14.70	14.70	15.94	16.54	16.54	16.58	14.87	13.82	−0.88
	排名	23	23	23	23	23	23	24	26	25	28	29	−6
B5 化学投入品使用合理化程度	得分	−8.17	−15.29	−26.66	−28.76	−34.19	−37.09	−38.35	−36.10	−25.81	−15.80	−10.60	−2.43
	排名	27	28	30	29	28	27	28	29	28	28	28	−1
B6 单位农业增加值能源消耗量	得分	11.85	23.00	27.29	32.74	31.55	27.49	37.38	39.32	43.28	47.29	47.81	35.96
	排名	2	2	2	3	4	6	5	5	8	8	7	−5
B7 农村生活废弃物无害化处理水平	得分	5.15	6.80	8.00	9.85	13.05	18.05	19.86	21.94	24.52	27.00	29.60	24.45
	排名	26	22	24	25	24	26	26	27	27	27	27	−1
B8 农村卫生厕所普及率	得分	56.40	55.70	58.70	60.80	62.80	64.60	64.80	73.50	75.00	76.00	78.14	21.74
	排名	22	24	25	25	25	26	26	22	20	22	23	−1
B9 农村学校本科以上学历专任教师占比	得分	35.93	41.54	44.35	48.39	52.15	55.26	58.72	62.05	64.88	67.49	71.84	35.91
	排名	18	16	17	17	18	17	17	18	18	18	14	4
B10 乡镇文化站覆盖率	得分	93.69	93.69	93.63	92.80	93.23	93.74	93.74	93.74	93.69	93.69	91.99	−1.70
	排名	4	4	6	7	8	7	7	7	4	4	5	−1
B11 农村集体经济发展水平	得分	24.77	27.18	28.80	26.95	27.89	31.21	28.61	31.06	38.02	38.02	36.50	11.73
	排名	21	18	16	17	15	13	16	16	15	15	14	7
B12 村庄规划管理覆盖率	得分	28.89	52.54	79.00	84.30	85.96	91.41	84.30	86.92	91.62	95.00	28.90	0.01
	排名	25	13	7	6	4	2	7	3	2	1	25	0

表 13-14　云南省农民现代化水平二级指标评价结果（3）

指标	项目	2010年	2011年	2012年	2013年	2014年	2015年	2016年	2017年	2018年	2019年	2020年	变化
C1 农民收入水平	得分	21.04	22.04	22.45	24.11	25.85	26.42	26.83	27.10	27.43	28.10	29.30	8.26
	排名	28	28	28	29	27	28	28	28	28	28	28	0
C2 农民消费水平	得分	19.87	20.09	20.87	20.09	23.72	25.10	25.02	25.87	27.41	28.80	32.53	12.66
	排名	28	28	28	29	29	28	30	30	29	27	26	2
C3 农村恩格尔系数	得分	75.61	77.07	79.36	79.15	84.30	81.58	83.06	87.87	93.98	86.74	85.13	9.52
	排名	24	27	26	28	20	25	24	22	16	23	22	2
C4 农村自来水普及率	得分	59.30	61.10	63.50	66.70	69.00	72.60	75.00	71.93	75.04	80.09	82.06	22.76
	排名	12	13	15	14	14	14	14	16	17	16	17	−5
C5 农民家庭汽车拥有水平	得分	14.79	18.01	19.63	25.36	25.36	29.50	33.92	38.38	48.01	48.02	50.85	36.06
	排名	23	23	25	26	28	29	29	27	25	26	24	−1
C6 农村居民受教育水平	得分	63.99	63.04	62.82	64.09	63.79	63.41	64.02	65.07	66.74	66.85	70.20	6.21
	排名	28	28	28	28	28	28	28	27	25	28	27	1
C7 农民教育文化支出水平	得分	20.35	17.85	20.16	11.79	36.60	37.63	41.50	44.18	43.28	42.98	52.32	31.97
	排名	23	27	25	30	24	25	24	16	22	21	15	8

看出云南省农村现代化水平在全国所处的相对位置。

2020年，云南省农村现代化总体水平得分45.62，在全国31个省份中排名第25位，处于第5段位。横向比较，比全国31个省份得分均值（51.73）低6.11点，比最高得分的江苏省低21.42点，比最低得分的西藏自治区高出3.51点。这反映出，云南省农村现代化总体水平偏低，与先进水平相比差距较大。

从一级指标评价结果看，云南省农业现代化水平（A）、狭义农村现代化水平（B）和农民现代化水平（C）得分在全国31个省份中排名分别为第28位、第18位和第30位，分别处于第6段位、第4段位和第6段位。3个指标排名均相对靠后。具体比较，云南省农业现代化水平评价得分9.23，略高于本段内各省份得分均值，比上一个段位各省份得分均值低0.81点，比最高得分的江苏省低6.38点，比下一个段位各省份得分均值高0.19点，比全国31个省份得分均值低1.11点，比最低得分的西藏自治区高1.25点；狭义农村现代化水平评价得分21.78，略低于本段内各省份得分均值，比上一个段位各省份得分均值低2.51点，比最高得分的江苏省低11.40点，比全国31个省份得分均值低0.01点，比最低得分的广西壮族自治区高4.22点；农民现代化水平评价得分14.61，略低于本段内各省份得分均值，比上一个段位各省份得分均值低0.84点，比最高得分的北京市低6.21点，比全国31个省份得分均值低0.71点，比最低得分的西藏自治区高2.04点。

从26个二级指标评价结果看，云南省有1个二级指标处在第1段位，占比3.85%；2个二级指标处于第2段位，占比7.69%；5个二级指标在第3段位，占比19.23%；1个二级指标在第4段位，占比3.85%；7个二级指标在第5段位，占比26.92%；10个二级指标处于第6段位，占比38.46%（表13-15）。

表13-15　2020年云南省农村现代化水平各级指标位次分段

分段	位次	一级指标	二级指标
1	1～5位		乡镇文化站覆盖率（B10）
2	6～10位		农民组织化水平（A5）、单位农业增加值能源消耗量（B6）
3	11～15位		农业增加值增长水平（B1）、农村非农产业就业人员占比（B3）、农村学校本科以上学历专任教师占比（B9）、农村集体经济发展水平（B11）、农民教育文化支出水平（C7）
4	16～20位	狭义农村现代化水平（B）	农村自来水普及率（C4）
5	21～25位		农业科技化水平（A1）、土地生产率（A6）、农业劳动生产率（A7）、农村卫生厕所普及率（B8）、村庄规划管理覆盖率（B12）、农村恩格尔系数（C3）、农民家庭汽车拥有水平（C5）
6	26～31位	农民现代化水平（C）、农业现代化水平（A）	农业机械化水平（A2）、农田水利化水平（A3）、农业规模化水平（A4）、农产品加工业产值发展水平（B2）、农林牧渔服务业发展水平（B4）、化学投入品使用合理化程度（B5）、农村生活废弃物无害化处理水平（B7）、农民收入水平（C1）、农民消费水平（C2）、农村居民受教育水平（C6）

（三）指标均衡性与优劣势分析

从指标“离散系数”即各级指标评价得分标准差与其平均值的比值（表 13－16）来看，云南省农村现代化水平一级指标评价分值的标准差在 6 左右，离散系数较大，为 0.414 0，高于全国平均离散系数，说明云南省农村现代化一级指标之间发展不够均衡，且均衡程度低于全国平均水平；云南省农村现代化水平二级指标评价分值的离散系数较大，为 0.590 7，也高于全国平均离散系数，说明云南省农业科技创新能力二级指标之间发展不够均衡，且均衡程度低于全国平均水平。

表 13－16　云南省农村现代化水平各级指标均衡性对比

项目	一级指标			二级指标		
	标准差	平均值	离散系数	标准差	平均值	离散系数
云南省	6.294 9	15.21	0.414 0	26.447 4	44.77	0.590 7
全国平均	6.435 2	17.243 3	0.384 5	27.504 7	51.388 9	0.546 6

从一级、二级指标评价结果可以看出，不同指标之间发展不均衡，表现出不同的优劣势，对各自所属的上一级指标以及农村现代化整体水平具有不同方向、不同程度的影响。为了直观地展示各项指标的优劣势及其发展的均衡程度，将各级指标评价值得分绘制折线图，图中横线为农村现代化水平省域排名，相当于基准线，详见图 13－8。各项指标评价值与基准线的位置关系及其距离基准线的远近反映了不同指标对农村现代化水平的作用方向、程度以及指标间发展的均衡性。

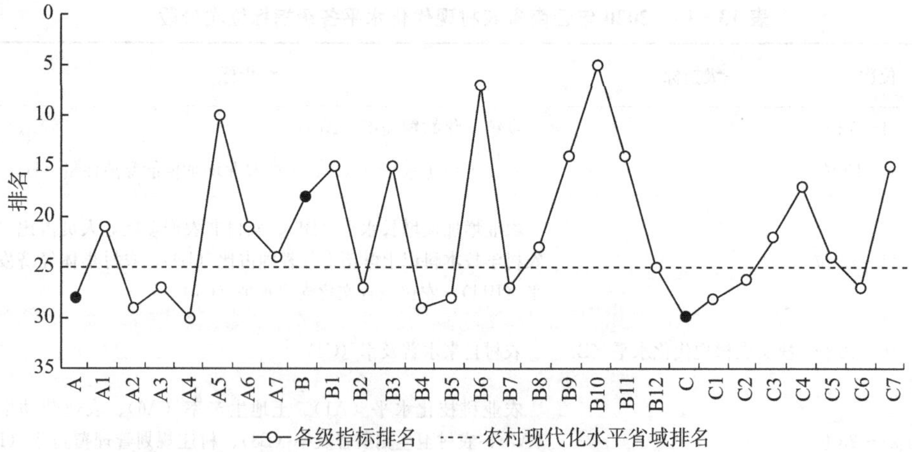

图 13－8　2020 年云南省农村现代化水平及各项指标得分排名位次

从指标优劣势来看，狭义农村现代化（B）一级指标和农业科技化水平（A1）、农民组织化水平（A5）、土地生产率（A6）、农业劳动生产率（A7）、农业增加值增长水平（B1）、农村非农产业就业人员占比（B3）、单位农业增加值能源消耗量（B6）、农村卫生厕所普及率（B8）、农村学校本科以上学历专任教师占比（B9）、乡镇文化站覆盖率

(B10)、农村集体经济发展水平（B11)、农村恩格尔系数（C3)、农村自来水普及率(C4)、农民家庭汽车拥有水平（C5)、农民教育文化支出水平（C7）等15个二级指标评价值位于基准线上方，属于农村现代化推进过程中的优势指标，对提升农村现代化水平起到正向带动作用，特别是单位农业增加值能源消耗量（B6)、乡镇文化站覆盖率（B10）等指标评价值与基准线距离较远，意味着这些指标对于农村现代化发展的正向拉动作用显著；农业现代化水平（A)、农民现代化水平（C）2个一级指标和农业机械化水平（A2)、农田水利化水平（A3)、农业规模化水平（A4)、农产品加工业产值发展水平（B2)、农林牧渔服务业发展水平（B4)、化学投入品使用合理化程度（B5)、农村生活废弃物无害化处理水平（B7)、农民收入水平（C1)、农民消费水平（C2)、农村居民受教育水平(C6）等10个二级指标评价值位于基准线下方，属于农村现代化推进过程中的劣势指标，对提升农村现代化水平产生了逆向的制约影响，尤其是农业规模化水平（A4)、农林牧渔服务业发展水平（B4）等指标评价值与基准线的距离较远，意味着这些指标对于推进农村现代化的逆向制约影响很大。

（四）对策建议

根据评价和分析结果，云南省推进乡村全面振兴、加快农业农村现代化，应坚持扬长补短原则，采取更有针对性的对策措施。对于提升农村现代化水平起着正向拉动作用的优势指标，要进一步做大做强；对于产生逆向制约影响的劣势指标，要尽力缩小差距，弥补短板。今后的重点：一是提升农业规模化水平。鼓励农民组建合作社，共同投入生产资金，实现规模化生产，减少生产成本。同时提供现代农业技术培训，推广高效的农业生产方式和管理模式，提高农业生产效率。二是提高农林牧渔服务业发展水平，鼓励农业科技创新，推动农林牧渔服务业的现代化发展，例如智慧农业、精准农业等。同时发展农业旅游、农产品加工等服务业，提升农产品附加值，拓宽农民增收渠道。

五、西藏自治区农村现代化水平评价

西藏自治区位于中国青藏高原西南部，面积120.28万平方千米，辖7个市（地)，74个县（区)，699个乡镇，5 303个行政村。2022年末常住总人口364万人，其中乡村人口228万人，占62.64%。乡村户数57.48万户（2020年)，乡村就业人员117万人。2022年，西藏自治区地区生产总值2 132.64亿元，其中第一产业增加值180.16亿元，占8.45%；农村居民人均可支配收入18 209元。

西藏自治区具有源远流长、独具特色的农耕文化、游牧文化，农牧业具有支撑收入与就业、社会稳定、生态保护等方面的基本功能。畜牧业是西藏自治区农业发展的支柱性产业，在农牧区主要种植粮食作物。近年来，西藏自治区通过开发特色农牧业，积极推进农业农村现代化发展。

（一）评价结果

2010年以来，西藏自治区农村现代化水平呈稳步上升趋势。2020年，西藏自治区农村现代化水平评价得分为42.11，在全国31个省份中排名第31位，与2010年相比，评价得分提高13.61个点，排名下降了1位，处于农村现代化起步阶段的初期，详见图13-9。

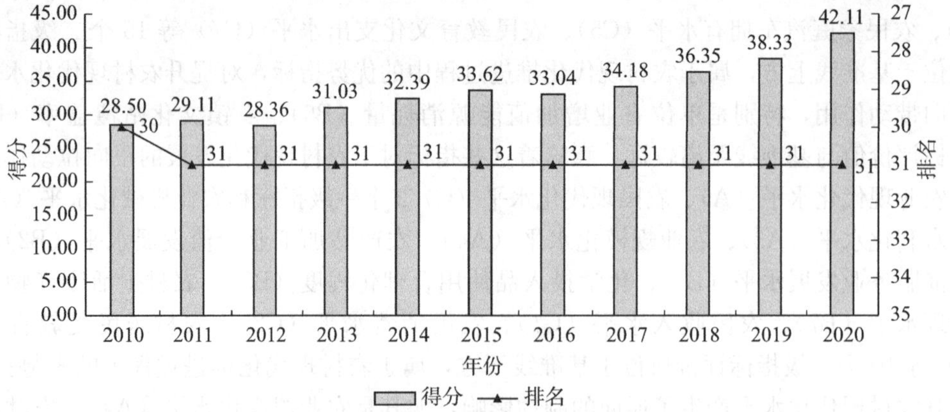

图 13-9 西藏自治区农村现代化水平

从一级指标评价结果来看（表 13-17），西藏自治区农业现代化水平 2010 年评价得分 6.78，排名第 28 位；2020 年评价得分 7.98，提高 1.19 点，排名第 31 位，下降了 3 位。狭义农村现代化水平 2010 年评价得分 12.88，排名第 31 位；2020 年评价得分 21.56，提高 8.68 点，排名第 20 位，上升了 11 位。农民现代化水平 2010 年评价得分 8.84，排名第 31 位；2020 年评价得分 12.57，提高 3.73 点，排名第 31 位，排名没有发生变化。

表 13-17 西藏自治区农村现代化水平一级指标评价结果

年份	项目	农村现代化总体水平	农业现代化水平（A）	狭义农村现代化水平（B）	农民现代化水平（C）
2010	得分	28.50	6.78	12.88	8.84
	排名	30	28	31	31
2011	得分	29.11	6.79	13.62	8.70
	排名	31	29	31	31
2012	得分	28.36	6.73	13.84	7.79
	排名	31	30	30	31
2013	得分	31.03	6.83	16.09	8.11
	排名	31	30	26	31
2014	得分	32.39	6.93	17.09	8.37
	排名	31	30	24	31
2015	得分	33.63	6.98	17.38	9.27
	排名	31	31	24	31
2016	得分	33.04	6.83	17.09	9.12
	排名	31	31	28	31
2017	得分	34.18	7.26	17.61	9.31
	排名	31	31	28	31

（续）

年份	项目	农村现代化总体水平	农业现代化水平（A）	狭义农村现代化水平（B）	农民现代化水平（C）
2018	得分	36.35	7.50	17.34	11.51
	排名	31	31	30	31
2019	得分	38.33	7.70	18.87	11.76
	排名	31	31	31	31
2020	得分	42.11	7.98	21.56	12.57
	排名	31	31	20	31
变化	得分	13.61	1.19	8.68	3.74
	排名	−1	−3	11	0

从二级指标评价结果来看，西藏自治区乡镇文化站覆盖率、村庄规划管理覆盖率等指标评价得分排在全国前列。纵向比较，绝大多数二级指标评价得分呈不断提高趋势，其中提高幅度最大的前3个指标是乡镇文化站覆盖率、单位农业增加值能源消耗量、农村学校本科以上学历专任教师占比，2010—2020年分别提高了64.46点、37.34点、30.98点；二级指标得分在全国的排名有升有降，上升幅度最大的前3个指标是乡镇文化站覆盖率、单位农业增加值能源消耗量、村庄规划管理覆盖率，分别上升了28位、14位、11位，详见表13-18。

（二）分段比较分析

将省域农村现代化水平评价指标得分从高到低分段，按照5个位次为一段，将全国31个省（自治区、直辖市）分成6段，最后一段为6个省份。通过分段对比分析，可以看出西藏自治区农村现代化水平在全国所处的相对位置。

2020年，西藏自治区农村现代化总体水平得分42.11，在全国31个省份中排名第31位，处于第5段位。横向比较，比全国31个省份得分均值（51.73）低9.62点，比最高得分的江苏省低24.92点。这反映出，西藏自治区农村现代化总体水平偏低，与先进水平相比差距较大。

从一级指标评价结果看，西藏自治区农业现代化水平（A）、狭义农村现代化水平（B）和农民现代化水平（C）得分在全国31个省份中排名分别为第31位、第20位和第31位，分别处于第6段位、第4段位和第6段位。3个一级指标现代化水平得分均比较低。具体比较，西藏自治区农业现代化水平评价得分7.98，比上一个段位各省份得分均值低1.06点，比最高得分的江苏省低7.63点，比全国31个省份得分均值低2.40点；狭义农村现代化水平评价得分21.56，略低于本段内各省份得分均值，比上一个段位各省份得分均值低2.73点，比最高得分的江苏省低11.62点，比全国31个省份得分均值低0.21点，比最低得分的广西壮族自治区高4.0点；农民现代化水平评价得分12.57，比上一个段位各省份得分均值低2.22点，比最高得分的北京市低8.25点，比全国31个省份得分均值高2.75点。

从26个二级指标评价结果看，西藏自治区有2个二级指标处在第1段位，占比

表 13-18　西藏自治区农业现代化水平二级指标评价结果（1）

指标	项目	2010年	2011年	2012年	2013年	2014年	2015年	2016年	2017年	2018年	2019年	2020年	变化
A1 农业科技化水平	得分	50.59	51.18	51.76	52.35	52.94	53.53	54.00	52.94	55.29	57.65	60.00	9.41
	排名	29	30	30	30	30	30	30	30	30	30	30	−1
A2 农业机械化水平	得分	57.28	56.74	56.20	56.00	57.50	57.80	58.00	60.20	63.10	64.30	65.00	7.72
	排名	14	15	17	19	19	19	19	19	19	20	21	−7
A3 农田水利化水平	得分	53.57	55.45	45.66	54.16	55.14	55.94	56.57	58.83	59.57	62.14	63.69	10.12
	排名	15	15	16	15	15	15	15	14	14	14	14	1
A4 农业规模化水平	得分	13.07	13.63	14.42	15.37	16.34	17.12	17.78	18.46	18.66	18.66	21.54	8.47
	排名	18	21	20	23	24	24	27	27	26	26	26	−8
A5 农民组织化水平	得分	4.37	5.21	6.41	6.57	9.27	8.88	9.02	9.57	9.69	9.69	11.86	7.49
	排名	26	27	24	26	26	26	27	26	27	26	26	0
A6 土地生产率	得分	12.63	12.74	12.79	12.75	12.50	12.67	8.80	15.46	16.04	15.74	16.16	3.53
	排名	29	31	31	31	31	31	31	29	29	29	29	0
A7 农业劳动生产率	得分	13.65	12.49	12.23	12.14	11.82	11.45	12.65	11.71	10.72	11.25	12.10	−1.55
	排名	28	29	30	30	31	31	29	29	29	29	29	−1

表 13-18　西藏自治区狭义农村现代化水平二级指标评价结果（2）

指标	项目	2010年	2011年	2012年	2013年	2014年	2015年	2016年	2017年	2018年	2019年	2020年	变化
B1 农业增加值增长水平	得分	52.95	52.93	51.84	52.73	53.00	52.87	53.92	53.41	52.53	53.49	54.42	1.47
	排名	29	30	31	30	29	28	28	28	27	27	27	2
B2 农产品加工业产值发展水平	得分	3.05	2.79	2.16	2.05	2.28	1.65	1.70	1.87	2.60	2.60	1.80	−1.25
	排名	30	31	31	31	31	31	31	31	31	31	31	−1
B3 农村非农产业就业人员占比	得分	47.63	52.18	49.98	52.13	53.63	49.40	48.89	47.56	52.00	51.76	51.66	4.03
	排名	24	22	22	21	22	20	21	18	18	18	19	5
B4 农林牧渔服务业发展水平	得分	19.28	19.28	19.28	19.28	19.28	21.26	19.76	19.89	11.61	21.50	21.21	1.93
	排名	17	17	17	17	17	19	21	23	29	23	23	−6
B5 化学投入品使用合理化程度	得分	−6.98	−3.24	−3.20	−16.74	−16.89	−22.24	−21.60	−17.37	−8.39	5.61	14.62	21.60
	排名	25	15	15	22	23	24	23	25	24	18	17	8
B6 单位农业增加值能源消耗量	得分	−8.40	−12.33	−5.44	0.02	4.81	13.87	4.03	19.26	25.09	28.66	28.95	37.34
	排名	26	23	19	18	14	12	17	11	13	13	12	14
B7 农村生活废弃物无害化处理水平	得分	8.92	6.65	7.82	9.49	12.07	15.16	15.90	16.57	20.39	23.00	25.51	16.59
	排名	18	24	25	26	25	28	30	30	29	29	29	−11
B8 农村卫生厕所普及率	得分	28.31	29.06	30.11	31.12	31.96	32.93	33.73	34.31	54.00	56.00	51.27	22.96
	排名	31	31	31	31	31	31	31	31	30	30	31	0
B9 农村学校本科以上学历专任教师占比	得分	41.64	46.69	48.67	55.59	56.87	58.91	60.76	63.86	68.34	70.13	72.62	30.98
	排名	10	8	10	7	8	11	14	15	13	14	13	−3
B10 乡镇文化站覆盖率	得分	34.39	34.39	34.05	76.51	98.41	98.13	98.13	98.13	34.39	34.39	98.85	64.46
	排名	31	31	31	21	4	5	5	5	31	31	3	28
B11 农村集体经济发展水平	得分	17.05	20.08	18.72	25.17	22.52	23.11	21.30	15.34	21.69	21.69	21.18	4.13
	排名	28	24	26	19	20	20	22	29	29	29	27	1
B12 村庄规划管理覆盖率	得分	47.88	52.73	55.81	59.58	58.97	60.54	61.46	65.00	70.00	74.00	74.23	26.35
	排名	15	12	16	16	17	18	18	17	16	16	4	11

表 13-18 西藏自治区农民现代化水平二级指标评价结果（3）

指标	项目	2010 年	2011 年	2012 年	2013 年	2014 年	2015 年	2016 年	2017 年	2018 年	2019 年	2020 年	变化
C1 农民收入水平	得分	22.04	22.89	23.71	25.83	25.51	26.43	27.05	28.38	29.17	30.57	33.30	11.26
	排名	26	27	27	26	28	27	27	26	26	24	23	3
C2 农民消费水平	得分	15.59	13.77	13.57	15.14	18.97	20.51	20.72	21.56	22.39	23.63	26.20	10.61
	排名	31	31	31	31	31	31	31	31	31	31	31	0
C3 农村恩格尔系数	得分	71.82	71.87	67.48	64.52	57.07	56.91	55.87	58.28	76.77	77.34	77.29	5.47
	排名	30	30	31	31	31	31	31	31	28	28	27	3
C4 农村自来水普及率	得分	31.13	31.13	31.13	31.13	31.13	31.13	31.13	31.13	34.40	39.64	47.15	16.02
	排名	29	29	29	29	29	31	31	31	31	31	31	−2
C5 农民家庭汽车拥有水平	得分	48.00	43.08	21.80	36.60	36.60	48.92	46.39	42.75	70.24	63.96	68.48	20.48
	排名	6	6	23	19	21	14	20	24	9	13	10	−4
C6 农村居民受教育水平	得分	41.33	45.34	42.07	38.16	35.66	41.21	41.41	42.58	46.11	46.44	51.03	9.70
	排名	31	31	31	31	31	31	31	31	31	31	31	0
C7 农民教育文化支出水平	得分	10.68	7.95	7.42	4.10	17.75	23.66	20.91	22.85	34.78	37.90	37.44	26.76
	排名	31	31	31	31	31	30	31	31	28	28	29	2

7.69%；0 个二级指标处于第 2 段位；4 二级指标在第 3 段位，占比 15.38%；2 个二级指标在第 4 段位，占比 7.69%；3 个二级指标在第 5 段位，占比 11.54%；15 个二级指标处于第 6 段位，占比 57.69%（表 13-19）。

表 13-19　2020 年西藏自治区农村现代化水平各级指标位次分段

分段	位次	一级指标	二级指标
1	1～5 位		乡镇文化站覆盖率（B10）、村庄规划管理覆盖率（B12）
2	6～10 位		
3	11～15 位		农田水利化水平（A3）、单位农业增加值能源消耗量（B6）、农村学校本科以上学历专任教师占比（B9）、农民家庭汽车拥有水平（C5）
4	16～20 位	狭义农村现代化水平（B）	农村非农产业就业人员占比（B3）、化学投入品使用合理化程度（B5）
5	21～25 位		农业机械化水平（A2）、农林牧渔服务业发展水平（B4）、农民收入水平（C1）
6	26～31 位	农业现代化水平（A）、农民现代化水平（C）	农业科技化水平（A1）、农业规模化水平（A4）、农民组织化水平（A5）、土地生产率（A6）、农业劳动生产率（A7）、农业增加值增长水平（B1）、农产品加工业产值发展水平（B2）、农村生活废弃物无害化处理水平（B7）、农村卫生厕所普及率（B8）、农村集体经济发展水平（B11）、农民消费水平（C2）、农村恩格尔系数（C3）、农村自来水普及率（C4）、农村居民受教育水平（C6）、农民教育文化支出水平（C7）

（三）指标均衡性与优劣势分析

从指标"离散系数"即各级指标评价得分标准差与其平均值的比值来看（表 13-20），西藏自治区农村现代化水平一级指标评价分值的标准差接近于 7，离散系数较大，为 0.492 2，高于全国平均离散系数，说明西藏自治区农村现代化一级指标之间发展较不均衡，且均衡程度低于全国平均水平；西藏自治区农村现代化水平二级指标评价分值的离散系数较大，为 0.590 5，高于全国平均离散系数，说明西藏自治区农业科技创新能力二级指标之间发展不够均衡，且均衡程度低于全国平均水平。

表 13-20　西藏自治区农村现代化水平各级指标均衡性对比

项目	一级指标			二级指标		
	标准差	平均值	离散系数	标准差	平均值	离散系数
西藏自治区	6.908 7	14.04	0.492 2	25.155 3	42.60	0.590 5
全国平均	6.435 2	17.243 3	0.384 5	27.504 7	51.388 9	0.546 6

从一级、二级指标评价结果可以看出，不同指标之间发展不均衡，表现出不同的优劣

势，对各自所属的上一级指标以及农村现代化整体水平具有不同方向、不同程度的影响。为了直观地展示各项指标的优劣势及其发展的均衡程度，将各级指标评价值得分绘制折线图，图中横线为农村现代化水平省域排名，相当于基准线，详见图 13－10。各项指标评价值与基准线的位置关系及其距离基准线的远近反映了不同指标对农村现代化水平的作用方向、程度以及指标间发展的均衡性。

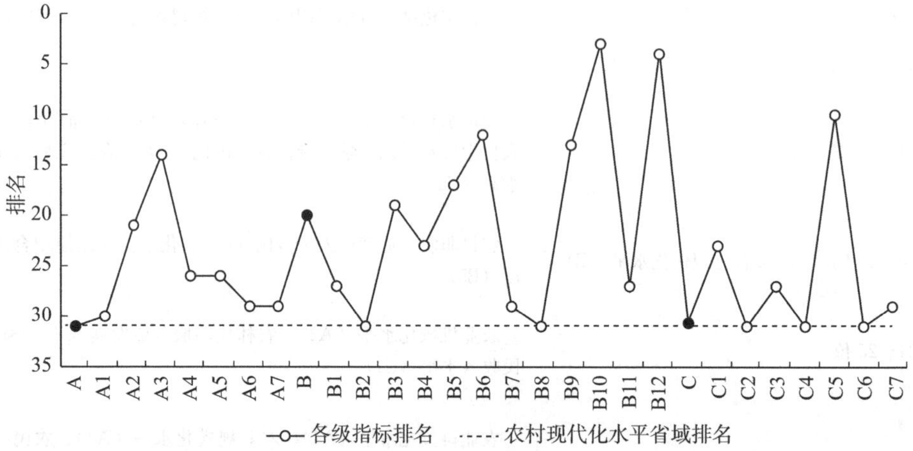

图 13－10　2020 年西藏自治区农村现代化水平及各项指标得分排名位次

从指标优劣势来看，狭义农村现代化水平（B）、农民现代化水平（C）2 个一级指标和农业科技化水平（A1）、农业机械化水平（A2）、农田水利化水平（A3）、农业规模化水平（A4）、农民组织化水平（A5）、土地生产率（A6）、农业劳动生产率（A7）、农业增加值增长水平（B1）、农村非农产业就业人员占比（B3）、农林牧渔服务业发展水平（B4）、化学投入品使用合理化程度（B5）、单位农业增加值能源消耗量（B6）、农村学校本科以上学历专任教师占比（B9）、乡镇文化站覆盖率（B10）、村庄规划管理覆盖率（B12）、农民家庭汽车拥有水平（C5）、农村生活废弃物无害化处理水平（B7）、农村集体经济发展水平（B11）、农民收入水平（C1）、农村恩格尔系数（C3）、农民教育文化支出水平（C7）等 21 个二级指标评价值位于基准线上方，属于农村现代化推进过程中的优势指标，对提升农村现代化水平起到正向带动作用，特别是乡镇文化站覆盖率（B10）、村庄规划管理覆盖率（B12）等指标评价值与基准线距离较远，意味着这些指标对于农村现代化发展的正向拉动作用显著。

（四）对策建议

根据评价和分析结果，西藏自治区推进乡村全面振兴、加快农业农村现代化，应坚持扬长补短原则，采取更有针对性的对策措施。对于提升农村现代化水平起着正向拉动作用的优势指标，要进一步做大做强；对于产生逆向制约影响的劣势指标，要尽力缩小差距，弥补短板。今后的重点：一是提高农产品加工业产值发展水平，推动农产品加工业技术升级，引进先进的加工设备和生产工艺，提供产值和产品质量。同时开拓多元化的销售渠道，加强农产品加工品牌建设，拓展国内外市场，提高附加值。二是农民消费水平。通过发展农村产业、提供就业机会等方式，增加农民收入，提升其消费能力。同时加强农民消费理财教育，引导合理消费。三是提升农村恩格尔系数。通过产业结构调整，提高农民收入水平，降低农村恩格尔系数，改善农民生活质量。同时完善农村社会保障体系，包括医疗、养老等，减轻农民生活负担。

第十四章 西北地区农村现代化水平评价分析

一、陕西省农村现代化水平评价

陕西省位于中国西北内陆腹地，面积20.58万平方千米，全省设10个省辖市和杨凌农业高新技术产业示范区，26个市辖区、78个县（市），下辖1 214个乡镇，16 850个行政村。2022年末常住总人口3 956万人，其中乡村人口1 424万人，占35.98%。乡村户数547.43万户（2020年），乡村就业人员830万人。2022年，陕西省地区生产总值32 772.68亿元，其中第一产业增加值2 575.34亿元，占7.86%。农村居民人均可支配收入15 704元。

陕西省是华夏农耕文化的重要发祥地之一，气候条件得天独厚，地形多样，有着“北国江南”的美誉。陕西省是中国马铃薯优势产区之一，也是设施农业、小杂粮、羊子生产基地，是全球最大的优质苹果集中连片基地，全国唯一的奶牛、奶山羊“双奶源”基地，我国第二大富硒区、世界纬度最高的茶叶产地、传统生态养殖基地。陕西省培育出一批在国内有影响力、在国际有竞争力的特色农产品，特别是苹果、猕猴桃、奶山羊产业“三个全国第一”。

（一）评价结果

2010年以来，陕西省农村现代化水平呈稳步上升趋势。2020年，陕西省农村现代化水平评价得分为47.46，在全国31个省份中排名第21位，与2010年相比，评价得分提高7.35个点，排名下降了6位，处于农村现代化起步阶段的初期，详见图14-1。

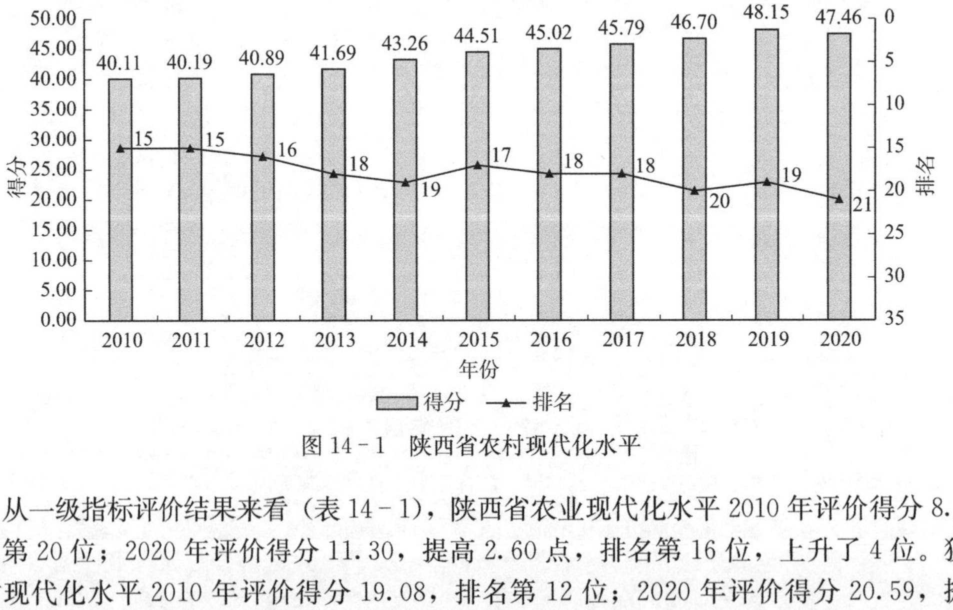

图14-1 陕西省农村现代化水平

从一级指标评价结果来看（表14-1），陕西省农业现代化水平2010年评价得分8.70，排名第20位；2020年评价得分11.30，提高2.60点，排名第16位，上升了4位。狭义农村现代化水平2010年评价得分19.08，排名第12位；2020年评价得分20.59，提高

1.51 点，排名第 24 位，下降了 12 位。农民现代化水平 2010 年评价得分 12.33，排名第 14 位；2020 年评价得分 15.57，提高 3.24 点，排名第 22 位，下降了 8 位。

表 14-1　陕西省农村现代化水平一级指标评价结果

年份	项目	农村现代化总体水平	农业现代化水平（A）	狭义农村现代化水平（B）	农民现代化水平（C）
2010	得分	40.11	8.70	19.08	12.33
	排名	15	20	12	14
2011	得分	40.19	9.25	18.90	12.04
	排名	15	18	12	17
2012	得分	40.89	9.55	18.87	12.47
	排名	16	18	15	16
2013	得分	41.69	9.79	19.12	12.78
	排名	18	18	17	19
2014	得分	43.26	9.82	19.45	13.99
	排名	19	18	18	19
2015	得分	44.51	9.76	20.50	14.25
	排名	17	20	16	16
2016	得分	45.02	9.80	20.67	14.55
	排名	18	20	18	17
2017	得分	45.79	10.34	20.72	14.73
	排名	18	20	19	17
2018	得分	46.70	10.38	21.34	14.98
	排名	20	19	23	18
2019	得分	48.15	10.63	22.21	15.31
	排名	19	19	24	17
2020	得分	47.46	11.30	20.59	15.57
	排名	21	16	24	22
变化	得分	7.35	2.60	1.51	3.24
	排名	−6	4	−12	−8

从二级指标评价结果来看，陕西省的农民组织化水平、农村学校本科以上学历专任教师占比和农村恩格尔系数等指标评价得分排在全国前列，其中农村恩格尔系数指标排在全国首位。纵向比较，绝大多数二级指标评价得分呈不断提高趋势，其中提高幅度最大的前 3 个指标是农村学校本科以上学历专任教师占比、农村自来水普及率和单位农业增加值能源消耗量，2010—2020 年分别提高了 39.05 点、37.47 点和 32.72 点；二级指标得分在全国的排名有升有降，上升幅度最大的前 3 个指标是农业科技化水平、农民组织化水平和土地生产率，分别上升了 7 位、7 位和 6 位，详见表 14-2。

表 14-2 陕西省农业现代化水平二级指标评价结果（1）

指标	项目	2010 年	2011 年	2012 年	2013 年	2014 年	2015 年	2016 年	2017 年	2018 年	2019 年	2020 年	变化
A1 农业科技化水平	得分	61.18	61.76	62.35	62.94	63.53	64.12	64.47	64.71	67.06	69.41	71.76	10.58
	排名	21	21	21	22	23	24	26	27	25	22	14	7
A2 农业机械化水平	得分	51.63	54.31	57.00	58.50	60.00	61.00	64.05	65.00	65.95	67.95	70.31	18.68
	排名	16	17	16	18	18	18	18	18	18	18	18	−2
A3 农田水利化水平	得分	32.19	31.94	29.83	30.31	30.70	30.96	31.37	31.71	32.01	32.27	33.56	1.37
	排名	23	24	25	25	25	25	26	26	26	26	25	−2
A4 农业规模化水平	得分	12.07	13.12	13.55	14.72	15.78	17.06	19.43	20.89	21.98	21.98	24.23	12.16
	排名	20	22	22	24	25	25	23	24	21	21	23	−3
A5 农民组织化水平	得分	8.82	11.14	14.70	17.13	23.96	23.93	22.74	26.98	27.09	27.09	33.35	24.53
	排名	12	11	8	8	5	7	10	5	6	6	5	7
A6 土地生产率	得分	33.61	38.75	40.56	41.78	40.92	39.48	38.11	46.06	45.58	45.22	48.61	15.00
	排名	16	16	16	15	14	16	16	14	13	13	10	6
A7 农业劳动生产率	得分	21.32	23.21	24.48	25.43	24.11	22.86	22.45	20.85	18.16	19.78	23.74	2.42
	排名	21	19	19	17	18	20	21	20	21	22	20	1

表 14-2　陕西省狭义农村现代化水平二级指标评价结果（2）

指标	项目	2010 年	2011 年	2012 年	2013 年	2014 年	2015 年	2016 年	2017 年	2018 年	2019 年	2020 年	变化
B1 农业增加值增长水平	得分	57.07	58.24	57.96	58.50	58.59	58.48	58.32	58.08	56.84	58.08	58.33	1.26
	排名	19	16	15	13	13	14	17	13	16	14	14	5
B2 农产品加工业产值发展水平	得分	22.52	18.30	14.71	13.52	14.89	11.33	11.49	15.95	15.99	15.99	12.18	−10.34
	排名	16	16	19	20	21	20	21	19	17	17	18	−2
B3 农村非农产业就业人员占比	得分	64.68	61.61	62.94	61.11	55.68	46.82	41.94	35.33	25.09	24.80	14.76	−49.92
	排名	17	16	17	17	20	24	26	26	28	29	29	−12
B4 农林牧渔服务业发展水平	得分	34.13	34.13	34.13	34.13	34.13	35.57	36.54	38.35	39.67	40.19	37.72	3.59
	排名	5	5	5	5	5	5	8	10	9	11	12	−7
B5 化学投入品使用合理化程度	得分	−1.61	−4.56	−15.73	−17.71	−11.97	−13.80	−14.67	−15.16	−11.45	−2.77	−1.50	0.11
	排名	13	17	24	23	19	20	20	22	25	25	25	−12
B6 单位农业增加值能源消耗量	得分	1.46	−1.39	3.32	6.57	10.55	22.53	24.13	25.41	30.84	31.78	34.18	32.72
	排名	11	15	10	12	13	8	8	8	12	12	10	1
B7 农村生活废弃物无害化处理水平	得分	5.55	5.25	6.55	8.75	10.25	24.25	25.49	26.89	30.52	33.50	37.51	31.96
	排名	24	28	28	27	28	22	22	23	21	22	21	3
B8 农村卫生厕所普及率	得分	45.30	49.40	51.50	50.80	50.80	55.40	57.60	47.20	49.00	52.00	52.93	7.63
	排名	28	27	28	28	29	29	30	30	31	31	30	−2
B9 农村学校本科以上学历专任教师占比	得分	39.30	41.77	45.65	49.34	54.17	58.85	64.17	69.59	72.46	74.77	78.35	39.05
	排名	12	15	15	15	13	13	9	6	7	7	7	5
B10 乡镇文化站覆盖率	得分	100.0	100.0	100.0	100.0	100.0	100.0	100.0	100.0	100.0	100.0	88.96	−11.04
	排名	1	1	1	1	1	1	1	1	1	1	11	−10
B11 农村集体经济发展水平	得分	27.58	28.23	27.80	27.95	26.01	25.82	24.13	25.32	29.90	29.90	26.07	−1.51
	排名	16	16	18	16	17	17	21	23	24	24	24	−8
B12 村庄规划管理覆盖率	得分	49.47	47.87	49.85	52.09	52.49	60.66	63.39	66.12	69.57	72.00	49.48	0.01
	排名	12	17	20	23	21	17	16	16	18	18	13	−1

表 14-2 陕西省农民现代化水平二级指标评价结果（3）

指标	项目	2010 年	2011 年	2012 年	2013 年	2014 年	2015 年	2016 年	2017 年	2018 年	2019 年	2020 年	变化
C1 农民收入水平	得分	21.86	23.47	23.88	25.53	27.50	27.85	27.95	28.20	28.57	29.10	30.38	8.52
	排名	27	26	26	27	26	26	26	27	27	27	27	0
C2 农民消费水平	得分	22.18	22.56	23.40	24.25	28.53	29.04	29.25	29.99	30.26	30.69	33.43	11.25
	排名	20	23	23	23	24	23	24	24	25	25	25	−5
C3 农村恩格尔系数	得分	100.0	100.0	100.0	100.0	100.0	100.0	100.0	100.0	100.0	100.0	100.0	0.00
	排名	1	1	1	1	1	1	1	1	1	1	1	0
C4 农村自来水普及率	得分	52.90	53.60	58.50	63.20	64.80	71.80	77.36	84.60	85.99	90.09	90.37	37.47
	排名	15	17	16	16	16	15	12	8	10	8	10	5
C5 农民家庭汽车拥有水平	得分	43.85	33.55	41.26	40.52	46.39	41.94	47.91	51.67	47.54	49.47	50.12	6.27
	排名	7	9	9	17	15	20	18	17	26	23	25	−18
C6 农村居民受教育水平	得分	75.64	75.62	74.84	76.60	75.80	74.79	74.82	71.55	75.89	78.33	80.34	4.70
	排名	8	7	9	4	6	8	8	16	8	5	10	−2
C7 农民教育文化支出水平	得分	24.92	21.83	21.43	21.00	41.94	47.09	44.58	41.36	45.90	45.67	44.29	19.37
	排名	13	22	22	21	20	10	15	23	17	17	25	−12

（二）分段比较分析

将省域农村现代化水平评价指标得分从高到低分段，按照 5 个位次为一段，将全国 31 个省（自治区、直辖市）分成 6 段，最后一段为 6 个省份。通过分段对比分析，可以看出陕西省农村现代化水平在全国所处的相对位置。

2020 年，陕西省农村现代化总体水平得分 47.46，在全国 31 个省份中排名第 21 位，处于第 5 段位。横向比较，比全国 31 个省份得分均值（51.73）低 4.27 点，比最高得分的江苏省低 19.57 点，比最低得分的西藏自治区高出 5.35 点。这反映出，陕西省农村现代化总体水平偏低，与先进水平相比差距较大。

从一级指标评价结果看，陕西省农业现代化水平（A）、狭义农村现代化水平（B）和农民现代化水平（C）得分在全国 31 个省份中排名分别为第 16 位、第 24 位和第 22 位，分别处于第 4 段位、第 5 段位和第 5 段位。在 3 个一级指标中，农民现代化水平、狭义农村现代化水平和农业现代化水平均相对较低。具体比较，陕西省农业现代化水平评价得分 11.30，略高于本段内各省份得分均值，比上一个段位各省份得分均值低 0.34 点，比最高得分的江苏省低 4.31 点，比下一个段位各省份得分均值高 1.26 点，比全国 31 个省份得分均值高 0.92 点，比最低得分的西藏自治区高 3.32 点；狭义农村现代化水平评价得分 20.59，略高于本段内各省份得分均值，比上一个段位各省份得分均值低 1.44 点，比最高得分的江苏省低 12.59 点，比全国 31 个省份得分均值低 1.18 点，比最低得分的广西壮族自治区高 3.03 点；农民现代化水平评价得分 15.57，略高于本段内各省份得分均值，比上一个段位各省份得分均值低 0.55 点，比最高得分的北京市低 5.31 点，比下一个段位各省份得分均值高 0.78 点，比全国 31 个省份得分均值高 0.24 点，比最低得分的西藏自治区高 3.00 点。

从 26 个二级指标评价结果看，陕西省有 2 个二级指标处在第 1 段位，占比 7.69%；5 个二级指标处于第 2 段位，占比 19.23%；5 个二级指标在第 3 段位，占比 19.23%；3 个二级指标在第 4 段位，占比 11.54%；8 个二级指标在第 5 段位，占比 30.77%；3 个二级指标处于第 6 段位，占比 11.54%（表 14-3）。

表 14-3　2020 年陕西省农村现代化水平各级指标位次分段

分段	位次	一级指标	二级指标
1	1～5 位		农民组织化水平（A5）、农村恩格尔系数（C3）
2	6～10 位		土地生产率（A6）、单位农业增加值能源消耗量（B6）、农村学校本科以上学历专任教师占比（B9）、农村自来水普及率（C4）、农村居民受教育水平（C6）
3	11～15 位		农业科技化水平（A1）、农业增加值增长水平（B1）、农林牧渔服务业发展水平（B4）、乡镇文化站覆盖率（B10）、村庄规划管理覆盖率（B12）
4	16～20 位	农业现代化水平（A）	农业机械化水平（A2）、农业劳动生产率（A7）、农产品加工业产值发展水平（B2）
5	21～25 位	狭义农村现代化水平（B）、农民现代化水平（C）	农田水利化水平（A3）、农业规模化水平（A4）、化学投入品使用合理化程度（B5）、农村生活废弃物无害化处理水平（B7）、农村集体经济发展水平（B11）、农民消费水平（C2）、农民家庭汽车拥有水平（C5）、农民教育文化支出水平（C7）

（续）

分段	位次	一级指标	二级指标
6	26～31位		农村非农产业就业人员占比（B3）、农村卫生厕所普及率（B8）、农民收入水平（C1）

（三）指标均衡性与优劣势分析

从指标“离散系数”即各级指标评价得分标准差与其平均值的比值（表14-4）来看，陕西省农村现代化水平一级指标评价分值的标准差接近于5，离散系数较小，为0.293 9，低于全国平均离散系数，说明陕西省农村现代化一级指标之间发展较均衡，且均衡程度高于全国平均水平；陕西省农村现代化水平二级指标评价分值的离散系数较大，为0.556 8，高于全国平均离散系数，说明陕西省农业科技创新能力二级指标之间发展不够均衡，且均衡程度低于全国平均水平。

表14-4　陕西省农村现代化水平各级指标均衡性对比

项目	一级指标			二级指标		
	标准差	平均值	离散系数	标准差	平均值	离散系数
陕西省	4.650 8	15.82	0.293 9	26.199 4	47.06	0.556 8
全国平均	6.435 2	17.243 3	0.384 5	27.504 7	51.388 9	0.546 6

从一级、二级指标评价结果可以看出，不同指标之间发展不均衡，表现出不同的优劣势，对各自所属的上一级指标以及农村现代化整体水平具有不同方向、不同程度的影响。为了直观地展示各项指标的优劣势及其发展的均衡程度，将各级指标评价值得分绘制折线图，图中横线为农村现代化水平省域排名，相当于基准线，详见图14-2。各项指标评价值与基准线的位置关系及其距离基准线的远近反映了不同指标对农村现代化水平的作用方向、程度以及指标间发展的均衡性。

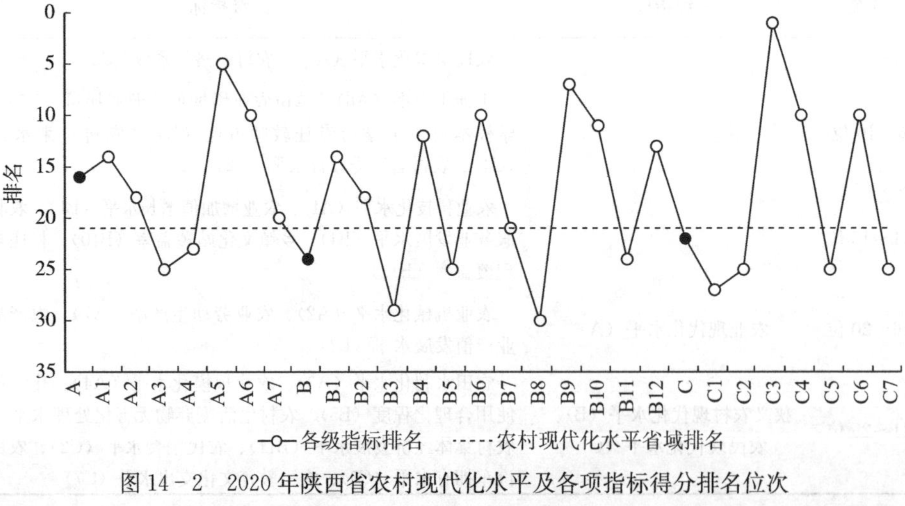

图14-2　2020年陕西省农村现代化水平及各项指标得分排名位次

从指标优劣势来看，农业现代化水平（A）一级指标和农业科技化水平（A1）、农业机械化水平（A2）、农民组织化水平（A5）、土地生产率（A6）、农业劳动生产率（A7）、农业增加值增长水平（B1）、农产品加工业产值发展水平（B2）、农林牧渔服务业发展水平（B4）、单位农业增加值能源消耗量（B6）、农村学校本科以上学历专任教师占比（B9）、乡镇文化站覆盖率（B10）、村庄规划管理覆盖率（B12）、农村恩格尔系数（C3）、农村自来水普及率（C4）、农村居民受教育水平（C6）等15个二级指标评价值位于基准线上方，属于农村现代化推进过程中的优势指标，对提升农村现代化水平起到正向带动作用，特别是农村恩格尔系数（C3）等指标评价值与基准线距离较远，意味着这些指标对于农村现代化发展的正向拉动作用显著；狭义农村现代化水平（B）、农民现代化水平（C）2个一级指标和农田水利化水平（A3）、农业规模化水平（A4）、农村非农产业就业人员占比（B3）、化学投入品使用合理化程度（B5）、农村卫生厕所普及率（B8）、农村集体经济发展水平（B11）、农民收入水平（C1）、农民消费水平（C2）、农民家庭汽车拥有水平（C5）、农民教育文化支出水平（C7）等10个二级指标评价值位于基准线下方，属于农村现代化推进过程中的劣势指标，对提升农村现代化水平产生了逆向的制约影响，尤其是农村非农产业就业人员占比（B3）、农村卫生厕所普及率（B8）等指标评价值与基准线的距离较远，意味着这些指标对于推进农村现代化的逆向制约影响很大。

（四）对策建议

根据评价和分析结果，陕西省推进乡村全面振兴、加快农业农村现代化，应坚持扬长补短原则，采取更有针对性的对策措施。对于提升农村现代化水平起着正向拉动作用的优势指标，要进一步做大做强；对于产生逆向制约影响的劣势指标，要尽力缩小差距，弥补短板。今后的重点：一是推广现代农业技术，加强土壤保护和改良，以提高土地生产率和保障粮食生产稳定。二是发展乡村旅游、手工艺品制作等非农产业，同时提供技能培训和创业扶持，以增加农村非农产业就业人员占比，促进农村经济多元化发展。三是加大卫生厕所建设力度，加强卫生健康知识宣传，提升农民卫生意识和卫生习惯，以提高农村卫生厕所普及率，改善农村生活环境。

二、甘肃省农村现代化水平评价

甘肃省是我国“西菜东调”“北菜南运”的五大商品蔬菜基地之一，是农业农村部规划的西北内陆出口蔬菜重点生产区域、西北温带干旱及青藏高寒区设施蔬菜重点区域。甘肃省中药材资源丰富，是我国中药材主要产地之一，被称为“天然药库”。目前，基本形成了草畜、马铃薯、水果、蔬菜等战略性主导产业，制种、中药材、啤酒原料等区域性优势产业，以及食用百合、球根花卉、黄花菜、花椒、油橄榄等一批地方性特色产业和产品。

（一）评价结果

2010年以来，甘肃省农村现代化水平呈稳步上升趋势。2020年，甘肃省农村现代化水平评价得分为42.78，在全国31个省份中排名第29位，与2010年相比，评价得分提高10.26个点，排名下降了1位，处于农村现代化起步阶段的初期，详见图14-3。

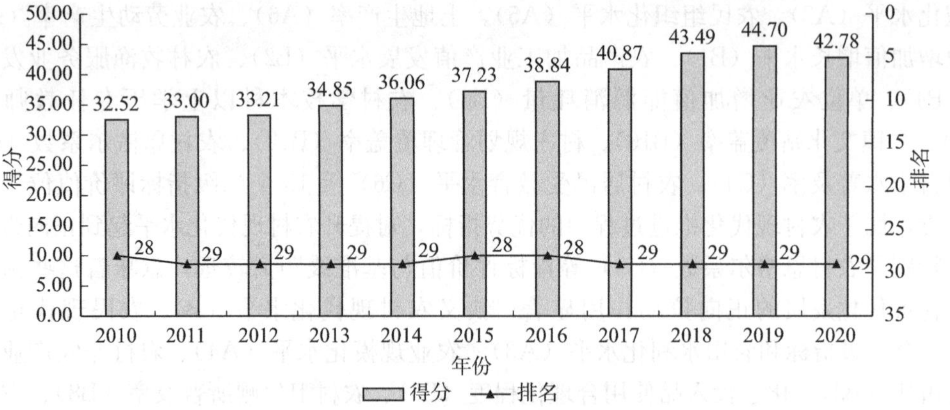

图 14-3　甘肃省农村现代化水平

从一级指标评价结果来看（表 14-5），甘肃省农业现代化水平 2010 年评价得分 6.70，排名第 29 位；2020 年评价得分 8.35，提高 1.65 点，排名第 30 位，下降了 1 位。狭义农村现代化水平 2010 年评价得分 15.55，排名第 28 位；2020 年评价得分 19.76，提高 4.21 点，排名第 26 位，上升了 2 位。农民现代化水平 2010 年评价得分 10.27，排名第 24 位；2020 年评价得分 14.67，提高 4.40 点，排名第 29 位，下降了 5 位。

表 14-5　甘肃省农村现代化水平一级指标评价结果

年份	项目	农村现代化总体水平	农业现代化水平（A）	狭义农村现代化水平（B）	农民现代化水平（C）
2010	得分	32.52	6.70	15.55	10.27
	排名	28	29	28	24
2011	得分	33.00	6.92	15.16	10.92
	排名	29	28	28	23
2012	得分	33.21	7.24	15.28	10.69
	排名	29	28	27	25
2013	得分	34.85	7.41	15.91	11.53
	排名	29	29	28	25
2014	得分	36.06	7.49	16.27	12.30
	排名	29	29	26	26
2015	得分	37.23	7.71	16.72	12.80
	排名	28	30	27	26
2016	得分	38.84	7.79	17.86	13.19
	排名	28	30	25	26
2017	得分	40.87	7.79	19.76	13.32
	排名	29	30	23	27

（续）

年份	项目	农村现代化总体水平	农业现代化水平（A）	狭义农村现代化水平（B）	农民现代化水平（C）
2018	得分	43.49	7.83	21.29	14.37
	排名	29	30	25	24
2019	得分	44.70	8.05	21.72	14.93
	排名	29	30	26	22
2020	得分	42.78	8.35	19.76	14.67
	排名	29	30	26	29
变化	得分	10.26	1.65	4.21	4.40
	排名	−1	−1	2	−5

从二级指标评价结果来看，甘肃省的农民组织化水平、单位农业增加值能源消耗量和乡镇文化站覆盖率等指标评价得分排在全国前列。纵向比较，绝大多数二级指标评价得分呈不断提高趋势，其中提高幅度最大的前3个指标是单位农业增加值能源消耗量、农村自来水普及率和农村学校本科以上学历专任教师占比，2010—2020年分别提高了44.45点、42.25点和38.03点；二级指标得分在全国的排名有升有降，上升幅度最大的前3个指标是单位农业增加值能源消耗量、农民组织化水平和农村自来水普及率，分别上升了15位、8位和8位，详见表14-6。

（二）分段比较分析

将省域农村现代化水平评价指标得分从高到低分段，按照5个位次为一段，将全国31个省（自治区、直辖市）分成6段，最后一段为6个省份。通过分段对比分析，可以看出甘肃省农村现代化水平在全国所处的相对位置。

2020年，甘肃省农村现代化总体水平得分42.78，在全国31个省份中排名第29位，处于第6段位。横向比较，比全国31个省份得分均值（51.73）低8.95点，比最高得分的江苏省低24.25点，比最低得分的西藏自治区高出0.67点。这反映出，甘肃省农村现代化总体水平偏低，与先进水平相比差距较大。

从一级指标评价结果看，甘肃省农业现代化水平（A）、狭义农村现代化水平（B）和农民现代化水平（C）得分在全国31个省份中排名分别为第30位、第26位和第29位，均处于第6段位。3个一级指标排名均比较低。具体比较，甘肃省农业现代化水平评价得分8.35，略低于本段内各省份得分均值，比上一个段位各省份得分均值低1.69点，比最高得分的江苏省低7.26点，比全国31个省份得分均值低2.03点，比最低得分的西藏自治区高0.37点；狭义农村现代化水平评价得分19.76，略高于本段内各省份得分均值，比上一个段位各省份得分均值低1.09点，比最高得分的江苏省低13.42点，比全国31个省份得分均值低2.01点，比最低得分的广西壮族自治区高2.2点；农民现代化水平评价得分14.67，略低于本段内各省份得分均值，比上一个段位各省份得分均值低0.78点，比最高得分的北京市低6.15点，比全国31个省份得分均值低0.65点，比最低得分的西藏自治区高2.10点。

表 14-6　甘肃省农业现代化水平二级指标评价结果（1）

指标	项目	2010 年	2011 年	2012 年	2013 年	2014 年	2015 年	2016 年	2017 年	2018 年	2019 年	2020 年	变化
A1 农业科技化水平	得分	62.35	62.94	63.53	64.12	64.71	65.29	65.88	65.88	66.47	67.06	67.65	5.30
	排名	20	20	20	20	20	23	22	25	27	27	27	−7
A2 农业机械化水平	得分	32.82	36.42	40.02	42.00	44.00	47.60	51.18	53.89	55.90	59.05	61.27	28.45
	排名	24	23	25	24	25	23	23	23	24	25	25	−1
A3 农田水利化水平	得分	23.69	23.98	23.89	23.87	24.12	24.31	24.52	24.76	24.87	24.71	24.89	1.20
	排名	31	31	29	29	29	30	30	30	31	31	31	0
A4 农业规模化水平	得分	18.42	19.97	21.73	24.19	26.55	28.09	28.97	30.37	27.66	27.66	33.74	15.32
	排名	12	12	12	10	10	11	11	11	10	10	12	0
A5 农民组织化水平	得分	8.45	9.92	12.88	11.37	15.61	20.94	25.36	26.36	27.36	27.36	32.91	24.46
	排名	14	17	13	19	17	10	7	7	5	5	6	8
A6 土地生产率	得分	17.01	17.89	19.36	19.97	19.09	19.24	17.79	17.40	17.54	17.89	18.26	1.25
	排名	26	26	27	27	26	27	26	28	28	26	27	−1
A7 农业劳动生产率	得分	11.98	11.57	12.33	12.80	12.30	12.29	11.90	9.54	8.59	10.01	11.62	−0.36
	排名	30	30	29	29	30	30	31	31	31	30	30	0

表 14-6　甘肃省狭义农村现代化水平二级指标评价结果（2）

指标	项目	2010 年	2011 年	2012 年	2013 年	2014 年	2015 年	2016 年	2017 年	2018 年	2019 年	2020 年	变化
B1 农业增加值增长水平	得分	54.86	55.52	55.37	55.90	55.83	55.94	56.11	54.73	54.17	55.44	55.52	0.66
	排名	25	26	26	26	27	26	27	26	26	26	25	0
B2 农产品加工业产值发展水平	得分	5.68	4.95	3.97	3.42	3.78	2.76	2.72	3.26	2.88	2.88	2.35	−3.33
	排名	28	28	29	29	29	29	29	29	30	30	30	−2
B3 农村非农产业就业人员占比	得分	34.69	31.76	24.61	24.43	24.02	22.12	21.59	19.88	18.78	17.07	12.93	−21.76
	排名	29	29	29	28	29	29	29	28	29	30	30	−1
B4 农林牧渔服务业发展水平	得分	32.20	32.20	32.20	32.20	32.20	32.77	33.97	31.86	33.39	26.88	24.95	−7.25
	排名	6	6	6	6	6	7	9	13	15	19	19	−13
B5 化学投入品使用合理化程度	得分	−7.56	−38.88	−48.67	−55.45	−57.32	−58.88	−44.95	−16.82	−4.53	−1.97	0.39	7.95
	排名	26	31	31	31	30	31	30	23	21	23	23	3
B6 单位农业增加值能源消耗量	得分	−8.08	−5.76	−1.24	12.02	14.93	17.96	13.95	17.34	31.32	38.47	36.37	44.45
	排名	24	18	17	10	9	11	12	13	11	10	9	15
B7 农村生活废弃物无害化处理水平	得分	9.18	9.93	13.93	14.78	16.18	22.63	23.93	25.93	28.79	32.00	34.10	24.92
	排名	17	19	16	19	19	24	25	25	24	23	25	−8
B8 农村卫生厕所普及率	得分	61.30	68.00	66.50	66.90	68.90	71.80	75.80	77.40	79.00	81.00	82.94	21.64
	排名	18	14	17	18	18	20	19	18	17	16	18	0
B9 农村学校本科以上学历专任教师占比	得分	35.30	41.24	46.78	52.07	56.07	60.12	63.33	66.71	69.69	71.34	73.33	38.03
	排名	19	17	12	11	11	8	10	11	10	12	12	7
B10 乡镇文化站覆盖率	得分	90.69	90.69	91.23	91.17	90.90	90.90	90.90	90.90	90.69	90.69	90.49	−0.20
	排名	9	9	8	8	10	10	10	10	9	9	8	1
B11 农村集体经济发展水平	得分	21.39	21.04	20.72	19.28	18.51	16.68	20.07	27.72	30.79	30.79	27.17	5.78
	排名	23	23	22	26	26	26	25	19	22	22	23	0
B12 村庄规划管理覆盖率	得分	29.37	41.20	51.80	59.31	62.70	65.67	69.33	71.61	74.44	77.00	29.38	0.01
	排名	23	23	18	17	16	15	14	13	14	14	23	0

表 14-6　甘肃省农民现代化水平二级指标评价结果（3）

指标	项目	2010 年	2011 年	2012 年	2013 年	2014 年	2015 年	2016 年	2017 年	2018 年	2019 年	2020 年	变化
C1 农民收入水平	得分	18.24	18.25	18.68	20.06	21.76	22.23	22.18	22.19	22.43	22.73	23.60	5.36
	排名	31	31	31	31	31	31	31	31	31	31	31	0
C2 农民消费水平	得分	17.20	18.41	18.97	20.54	24.18	25.10	25.56	25.88	27.24	27.21	29.16	11.96
	排名	29	29	29	28	28	29	29	29	30	30	30	−1
C3 农村恩格尔系数	得分	79.85	85.93	91.04	94.38	85.96	90.39	93.64	94.19	93.19	94.64	94.52	14.67
	排名	20	20	19	18	19	17	16	17	19	17	13	7
C4 农村自来水普及率	得分	41.60	43.20	46.20	49.00	51.50	57.20	61.05	69.90	76.03	80.74	83.85	42.25
	排名	22	25	24	25	25	23	22	17	15	15	14	8
C5 农民家庭汽车拥有水平	得分	42.49	46.38	28.72	45.78	45.78	54.95	57.20	52.04	69.67	76.06	60.00	17.51
	排名	8	4	19	12	16	10	12	16	10	5	16	−8
C6 农村居民受教育水平	得分	64.90	66.81	68.56	66.76	66.39	64.37	66.66	64.87	66.09	67.26	69.64	4.74
	排名	27	27	23	24	25	27	26	28	26	26	28	−1
C7 农民教育文化支出水平	得分	20.94	25.27	23.58	23.68	45.82	41.75	41.58	42.43	49.25	52.08	49.92	28.98
	排名	22	14	18	14	9	21	23	21	12	9	18	4

从 26 个二级指标评价结果看，甘肃省有 0 个二级指标处在第 1 段位；3 个二级指标处于第 2 段位，占比 11.54%；4 个二级指标在第 3 段位，占比 15.38%；4 个二级指标在第 4 段位，占比 15.38%；6 个二级指标在第 5 段位，占比 23.08%；9 个二级指标处于第 6 段位，占比 34.62%（表 14-7）。

表 14-7　2020 年甘肃省农村现代化水平各级指标位次分段

分段	位次	一级指标	二级指标
1	1～5 位		
2	6～10 位		农民组织化水平（A5）、单位农业增加值能源消耗量（B6）、乡镇文化站覆盖率（B10）
3	11～15 位		农业规模化水平（A4）、农村学校本科以上学历专任教师占比（B9）、农村恩格尔系数（C3）、农村自来水普及率（C4）
4	16～20 位		农林牧渔服务业发展水平（B4）、农村卫生厕所普及率（B8）、农民家庭汽车拥有水平（C5）、农民教育文化支出水平（C7）
5	21～25 位		农业机械化水平（A2）、农业增加值增长水平（B1）、化学投入品使用合理化程度（B5）、农村生活废弃物无害化处理水平（B7）、农村集体经济发展水平（B11）、村庄规划管理覆盖率（B12）
6	26～31 位	农业现代化水平（A）、狭义农村现代化水平（B）、农民现代化水平（C）	农业科技化水平（A1）、农田水利化水平（A3）、土地生产率（A6）、农业劳动生产率（A7）、农产品加工业产值发展水平（B2）、农村非农产业就业人员占比（B3）、农民收入水平（C1）、农民消费水平（C2）、农村居民受教育水平（C6）

（三）指标均衡性与优劣势分析

从指标“离散系数”即各级指标评价得分标准差与其平均值的比值（表 14-8）来看，甘肃省农村现代化水平一级指标评价分值的标准差接近于 6，离散系数较大，为 0.400 7，高于全国平均离散系数，说明甘肃省农村现代化一级指标之间发展不均衡，且均衡程度低于全国平均水平；甘肃省农村现代化水平二级指标评价分值的离散系数较大，为 0.636 6，高于全国平均离散系数，说明甘肃省农业科技创新能力二级指标之间发展不够均衡，且均衡程度低于全国平均水平。

表 14-8　甘肃省农村现代化水平各级指标均衡性对比

项目	一级指标			二级指标		
	标准差	平均值	离散系数	标准差	平均值	离散系数
甘肃省	5.714 5	14.26	0.400 7	27.690 3	43.50	0.636 6
全国平均	6.435 2	17.243 3	0.384 5	27.504 7	51.388 9	0.546 6

从一级、二级指标评价结果可以看出，不同指标之间发展不均衡，表现出不同的优劣势，对各自所属的上一级指标以及农村现代化整体水平具有不同方向、不同程度的影响。

为了直观地展示各项指标的优劣势及其发展的均衡程度，将各级指标评价值得分绘制折线图，图中横线为农村现代化水平省域排名，相当于基准线，详见图 14－4。各项指标评价值与基准线的位置关系及其距离基准线的远近反映了不同指标对农村现代化水平的作用方向、程度以及指标间发展的均衡性。

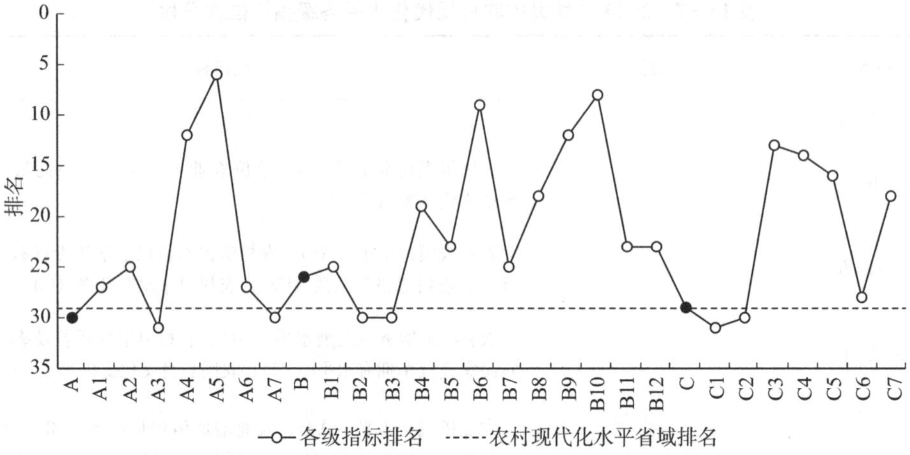

图 14－4　2020 年甘肃省农村现代化水平及各项指标得分排名位次

从指标优劣势来看，狭义农村现代化水平（B）一级指标和农业科技化水平（A1）、农业机械化水平（A2）、农业规模化水平（A4）、农民组织化水平（A5）、土地生产率（A6）、农业增加值增长水平（B1）、农林牧渔服务业发展水平（B4）、单位农业增加值能源消耗量（B6）、农村卫生厕所普及率（B8）、化学投入品使用合理化程度（B5）、农村生活废弃物无害化处理水平（B7）、农村集体经济发展水平（B11）、村庄规划管理覆盖率（B12）、农村学校本科以上学历专任教师占比（B9）、乡镇文化站覆盖率（B10）、农村恩格尔系数（C3）、农村自来水普及率（C4）、农民家庭汽车拥有水平（C5）、农村居民受教育水平（C6）、农民教育文化支出水平（C7）等 20 个二级指标评价值位于基准线上方，属于农村现代化推进过程中的优势指标，对提升农村现代化水平起到正向带动作用，特别是农民组织化水平（A5）、单位农业增加值能源消耗量（B6）、乡镇文化站覆盖率（B10）等指标评价值与基准线距离较远，意味着这些指标对于农村现代化发展的正向拉动作用显著；农业现代化水平（A）一级指标和农田水利化水平（A3）、农业劳动生产率（A7）、农产品加工业产值发展水平（B2）、农村非农产业就业人员占比（B3）、农民收入水平（C1）、农民消费水平（C2）等 6 个二级指标评价值位于基准线下方，属于农村现代化推进过程中的劣势指标，对提升农村现代化水平产生了逆向的制约影响。

（四）对策建议

根据评价和分析结果，甘肃省推进乡村全面振兴、加快农业农村现代化，应坚持扬长补短原则，采取更有针对性的对策措施。对于提升农村现代化水平起着正向拉动作用的优势指标，要进一步做大做强；对于产生逆向制约影响的劣势指标，要尽力缩小差距，弥补短板。今后的重点：一是加大对农田水利基础设施的投资，推广现代农业技术以提高水资源利用效率，并制定政策激励农民参与水利工程。二是支持农产品加工业技术创新，拓展产品销售渠道，同时发展农产品深加工以增加产值。三是提供职业培训与教育，鼓励农民组建合作社，同时提供金融支持，帮助农民提高收入水平。

三、青海省农村现代化水平评价

青海省位于中国西部、雄踞青藏高原的东北部，面积 72.23 万平方千米，辖 2 个地级市、6 个自治州，7 个市辖区、38 个县（市）（含 7 个自治县、1 个县级行委），404 个乡镇，4 149 个行政村。2022 年末常住总人口 595 万人，其中乡村人口 229 万人，占 38.57%。乡村户数 101.6 万户（2021 年），乡村就业人员 99 万人。2022 年，青海省地区生产总值 3 610.07 亿元，其中第一产业增加值 380.18 亿元，占 10.53%；农村居民人均可支配收入 14 456 元。

青海省农牧业注重发展油菜、马铃薯、青稞、牦牛、藏羊、冷水鱼等特色产品，农牧区生产能力显著增强。青海省牦牛存栏总数占中国的 1/3 以上，被称为“中国牦牛之都”；藏羊存栏占全国的 2/5 以上，被称为“中国藏羊之府”；冷水鱼产量占到全国总产量的 1/3。近年来，青海省积极打造高原特色种业基地，提高农畜产品供给能力，下功夫补链强链，推动规模化集约化发展，借力发力打造品牌，不断塑造发展新动能新优势。

（一）评价结果

2010 年以来，青海省农村现代化水平呈稳步上升趋势。2020 年，青海省农村现代化水平评价得分为 46.86，在全国 31 个省份中排名第 23 位，与 2010 年相比，评价得分提高 10.76 个点，排名没有发生变化，处于农村现代化起步阶段的初期，详见图 14－5。

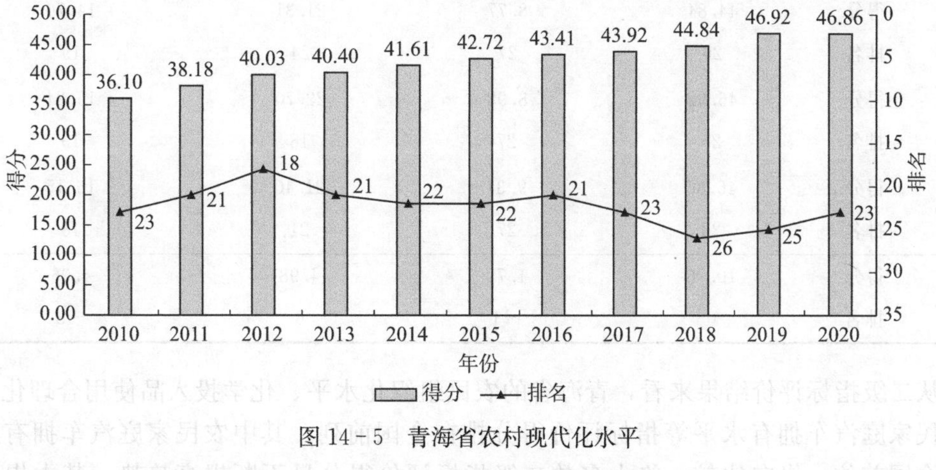

图 14－5　青海省农村现代化水平

从一级指标评价结果来看（表 14－9），青海省农业现代化水平 2010 年评价得分 7.59，排名第 26 位；2020 年评价得分 9.31，提高 1.72 点，排名第 27 位，下降了 1 位。狭义农村现代化水平 2010 年评价得分 16.42，排名第 27 位；2020 年评价得分 21.40，提高 4.98 点，排名第 21 位，上升了 6 位。农民现代化水平 2010 年评价得分 12.09，排名第 15 位；2020 年评价得分 16.15，提高 4.06 点，排名第 18 位，下降了 3 位。

表 14-9　青海省农村现代化水平一级指标评价结果

年份	得分和排名	农村现代化总体水平	农业现代化水平（A）	狭义农村现代化水平（B）	农民现代化水平（C）
2010	得分	36.10	7.59	16.42	12.09
	排名	23	26	27	15
2011	得分	38.18	7.86	16.66	13.66
	排名	21	26	25	8
2012	得分	40.03	8.09	18.01	13.93
	排名	18	26	20	9
2013	得分	40.40	8.26	18.37	13.77
	排名	21	26	21	12
2014	得分	41.61	8.29	18.80	14.52
	排名	22	26	20	14
2015	得分	42.72	8.28	19.71	14.73
	排名	22	27	19	15
2016	得分	43.41	8.51	19.87	15.03
	排名	21	26	20	14
2017	得分	43.92	8.82	20.14	14.96
	排名	23	26	21	16
2018	得分	44.84	8.77	21.31	14.76
	排名	26	27	24	19
2019	得分	46.92	8.98	22.70	15.24
	排名	25	27	18	19
2020	得分	46.86	9.31	21.40	16.15
	排名	23	27	21	18
变化	得分	10.76	1.72	4.98	4.06
	排名	0	−1	6	−3

从二级指标评价结果来看，青海省的农民组织化水平、化学投入品使用合理化程度和农民家庭汽车拥有水平等指标评价得分排在全国前列，其中农民家庭汽车拥有水平排在全国首位。纵向比较，绝大多数二级指标评价得分呈不断提高趋势，其中提高幅度最大的前 3 个指标是化学投入品使用合理化程度、单位农业增加值能源消耗量和农民家庭汽车拥有水平，2010—2020 年分别提高了 37.40 点、37.35 点和 36.25 点；二级指标得分在全国的排名有升有降，上升幅度最大的前 4 个指标是单位农业增加值能源消耗量、化学投入品使用合理化程度、农民组织化水平和农业劳动生产率，分别上升了 14 位、11 位、8 位和 8 位，详见表 14-10。

表 14-10　青海省农业现代化水平二级指标评价结果（1）

指标	项目	2010 年	2011 年	2012 年	2013 年	2014 年	2015 年	2016 年	2017 年	2018 年	2019 年	2020 年	变化
A1 农业科技化水平	得分	59.41	60.00	60.59	61.18	61.76	62.35	64.71	65.88	67.06	68.24	69.41	10.00
	排名	23	25	25	25	26	27	25	25	25	26	24	－1
A2 农业机械化水平	得分	46.01	47.50	49.00	51.00	52.00	54.00	56.00	57.00	58.44	59.94	62.00	15.99
	排名	18	18	19	20	20	20	20	20	23	24	24	－6
A3 农田水利化水平	得分	42.81	42.78	30.99	31.77	31.16	33.48	34.34	35.01	36.27	36.15	37.15	－5.66
	排名	17	17	24	24	24	23	23	23	23	23	23	－6
A4 农业规模化水平	得分	20.43	22.09	23.68	23.02	23.67	24.49	25.61	26.97	23.93	23.93	27.29	6.86
	排名	9	9	9	13	14	14	15	15	18	18	18	－9
A5 农民组织化水平	得分	9.17	22.83	34.06	20.06	31.40	34.09	42.98	32.22	23.51	23.51	38.40	29.23
	排名	11	3	3	4	3	3	3	3	9	9	3	8
A6 土地生产率	得分	18.98	19.87	21.07	22.87	21.51	20.35	19.78	24.09	23.18	22.63	22.04	3.06
	排名	23	24	24	23	24	24	24	24	24	24	24	－1
A7 农业劳动生产率	得分	19.56	19.94	21.89	23.11	22.39	20.50	20.14	19.65	19.03	22.39	24.46	4.90
	排名	25	25	22	20	21	22	23	21	19	15	17	8

表 14-10 青海省狭义农村现代化水平二级指标评价结果（2）

指标	项目	2010 年	2011 年	2012 年	2013 年	2014 年	2015 年	2016 年	2017 年	2018 年	2019 年	2020 年	变化
B1 农业增加值增长水平	得分	56.27	56.21	55.80	57.22	57.18	56.49	56.90	56.51	56.26	57.29	57.52	1.25
	排名	24	25	24	21	22	25	24	20	17	17	19	5
B2 农产品加工业产值发展水平	得分	3.29	2.96	2.57	2.24	2.85	2.41	2.40	2.61	3.87	3.87	2.60	−0.69
	排名	29	30	30	30	30	30	30	30	29	29	29	0
B3 农村非农产业就业人员占比	得分	55.15	54.50	56.12	51.65	49.36	48.36	45.78	44.43	45.38	46.35	38.87	−16.28
	排名	19	21	20	22	24	22	24	21	21	22	23	−4
B4 农林牧渔服务业发展水平	得分	11.14	11.14	11.14	11.14	11.14	12.21	12.27	11.81	11.29	10.63	10.30	−0.84
	排名	30	30	30	30	30	29	30	31	31	31	31	−1
B5 化学投入品使用合理化程度	得分	−1.97	−0.82	−2.59	−10.49	−7.85	−11.51	−2.37	−0.10	4.44	27.01	35.43	37.40
	排名	15	11	14	17	17	18	15	16	16	5	4	11
B6 单位农业增加值能源消耗量	得分	−8.40	−12.33	−5.44	0.02	4.81	13.87	4.03	19.26	25.09	28.66	28.95	37.35
	排名	26	23	19	18	14	12	17	11	13	13	12	14
B7 农村生活废弃物无害化处理水平	得分	11.15	11.65	11.65	11.85	11.60	25.00	27.18	27.71	30.43	34.00	35.88	24.73
	排名	12	15	19	24	27	21	19	22	22	21	22	−10
B8 农村卫生厕所普及率	得分	58.30	57.90	72.90	64.90	65.20	66.60	69.20	69.20	70.00	72.00	73.41	15.11
	排名	20	22	12	21	21	24	22	25	25	25	26	−6
B9 农村学校本科以上学历专任教师占比	得分	41.55	45.32	49.09	52.27	56.32	59.77	61.99	64.41	66.91	67.91	69.26	27.71
	排名	11	10	8	10	9	9	12	13	16	17	18	−7
B10 乡镇文化站覆盖率	得分	90.40	90.40	90.40	90.63	89.72	89.97	89.97	89.97	90.40	90.40	89.58	−0.82
	排名	11	11	11	9	12	12	12	12	11	11	10	1
B11 农村集体经济发展水平	得分	17.05	20.08	18.72	25.17	22.52	23.11	21.30	15.34	21.69	21.69	21.18	4.13
	排名	28	24	26	19	20	20	22	29	29	29	27	1
B12 村庄规划管理覆盖率	得分	49.27	49.29	65.26	73.43	81.25	83.39	85.15	86.19	87.94	89.00	49.31	0.04
	排名	13	16	13	12	8	7	6	7	7	7	14	−1

表 14-10 青海省农民现代化水平二级指标评价结果（3）

指标	项目	2010 年	2011 年	2012 年	2013 年	2014 年	2015 年	2016 年	2017 年	2018 年	2019 年	2020 年	变化
C1 农民收入水平	得分	20.57	21.51	22.23	24.33	25.25	25.43	25.77	26.00	26.48	27.15	28.16	7.59
	排名	29	29	29	28	29	29	29	29	29	29	29	0
C2 农民消费水平	得分	22.07	22.78	24.42	25.67	32.39	31.48	31.48	31.91	31.11	31.84	35.65	13.58
	排名	21	21	20	19	13	18	19	20	24	24	22	−1
C3 农村恩格尔系数	得分	93.39	95.95	100.0	100.0	94.08	99.22	99.51	96.18	93.92	92.83	96.68	3.29
	排名	14	14	1	1	16	12	11	15	17	18	10	4
C4 农村自来水普及率	得分	58.20	59.80	63.70	65.80	65.20	67.20	68.01	66.71	67.19	71.23	78.38	20.18
	排名	13	14	14	15	15	16	16	19	24	23	23	−10
C5 农民家庭汽车拥有水平	得分	63.75	100.0	100.0	92.46	100.0	94.00	100.0	100.0	91.34	100.0	100.0	36.25
	排名	3	1	1	1	1	2	1	1	2	1	1	2
C6 农村居民受教育水平	得分	57.87	58.43	56.64	58.34	58.49	54.21	59.24	61.38	61.76	60.35	63.66	5.79
	排名	30	30	30	30	30	30	30	30	30	30	30	0
C7 农民教育文化支出水平	得分	21.86	27.42	25.82	18.35	29.69	39.88	36.19	35.48	39.46	42.41	48.42	26.56
	排名	21	10	14	26	29	23	25	27	24	22	21	0

（二）分段比较分析

将省域农村现代化水平评价指标得分从高到低分段，按照5个位次为一段，将全国31个省（自治区、直辖市）分成6段，最后一段为6个省份。通过分段对比分析，可以看出青海省农村现代化水平在全国所处的相对位置。

2020年，青海省农村现代化总体水平得分46.86，在全国31个省份中排名第23位，处于第5段位。横向比较，比全国31个省份得分均值（51.73）低4.87点，比最高得分的江苏省低20.17点，比最低得分的西藏自治区高出4.75点。这反映出，青海省农村现代化总体水平偏低，与先进水平相比差距较大。

从一级指标评价结果看，青海省农业现代化水平（A）、狭义农村现代化水平（B）和农民现代化水平（C）得分在全国31个省份中排名分别为第27位、第21位和第18位，分别处于第6段位、第5段位和第4段位。在3个一级指标中，农业现代化水平和狭义农村现代化水平相对较低，农民现代化水平居于中间。具体比较，青海省农业现代化水平评价得分9.31，略高于本段内各省份得分均值，比上一个段位各省份得分均值低0.73点，比最高得分的江苏省低6.30点，比全国31个省份得分均值高1.07点，比最低得分的西藏自治区高1.33点；狭义农村现代化水平评价得分21.40，略高于本段内各省份得分均值，比上一个段位各省份得分均值低0.63点，比最高得分的江苏省低12.14点，比全国31个省份得分均值低0.37点，比最低得分的广西壮族自治区高3.84点；农民现代化水平评价得分16.15，略高于本段内各省份得分均值，比上一个段位各省份得分均值低0.49点，比最高得分的北京市低4.67点，比下一个段位各省份得分均值高0.70点，比全国31个省份得分均值高0.83点，比最低得分的西藏自治区高3.58点。

从26个二级指标评价结果看，青海省有3个二级指标处在第1段位，占比11.54%；2个二级指标处于第2段位，占比7.69%；2个二级指标在第3段位，占比7.69%；4个二级指标在第4段位，占比15.38%；9个二级指标在第5段位，占比34.62%；6个二级指标处于第6段位，占比23.08%（表14-11）。

表14-11　2020年青海省农村现代化水平各级指标位次分段

分段	位次	一级指标	二级指标
1	1～5位		农民组织化水平（A5）、化学投入品使用合理化程度（B5）、农民家庭汽车拥有水平（C5）
2	6～10位		乡镇文化站覆盖率（B10）、农村恩格尔系数（C3）
3	11～15位		单位农业增加值能源消耗量（B6）、村庄规划管理覆盖率（B12）
4	16～20位	农民现代化水平（C）	农业规模化水平（A4）、农业劳动生产率（A7）、农业增加值增长水平（B1）、农村学校本科以上学历专任教师占比（B9）
5	21～25位	狭义农村现代化水平（B）	农业科技化水平（A1）、农业机械化水平（A2）、农田水利化水平（A3）、土地生产率（A6）、农村非农产业就业人员占比（B3）、农村生活废弃物无害化处理水平（B7）、农民消费水平（C2）、农村自来水普及率（C4）、农民教育文化支出水平（C7）

（续）

分段	位次	一级指标	二级指标
6	26～31位	农业现代化水平（A）	农产品加工业产值发展水平（B2）、农林牧渔服务业发展水平（B4）、农村卫生厕所普及率（B8）、农村集体经济发展水平（B11）、农民收入水平（C1）、农村居民受教育水平（C6）

（三）指标均衡性与优劣势分析

从指标“离散系数”即各级指标评价得分标准差与其平均值的比值来看（表14-12），青海省农村现代化水平一级指标评价分值的标准差接近于0，离散系数较大，为0.387 9，略高于全国平均离散系数，说明青海省农村现代化一级指标之间发展不均衡，且均衡程度低于全国平均水平；青海省农村现代化水平二级指标评价分值的离散系数较大，为0.549 7，也略高于全国平均离散系数，说明青海省农业科技创新能力二级指标之间发展不够均衡，且均衡程度低于全国平均水平。

表14-12　青海省农村现代化水平各级指标均衡性对比

项目	一级指标			二级指标		
	标准差	平均值	离散系数	标准差	平均值	离散系数
青海省	0.060 4	15.62	0.387 9	26.214 8	47.85	0.549 7
全国平均	6.435 2	17.243 3	0.384 5	27.504 7	51.388 9	0.546 6

从一级、二级指标评价结果可以看出，不同指标之间发展不均衡，表现出不同的优劣势，对各自所属的上一级指标以及农村现代化整体水平具有不同方向、不同程度的影响。为了直观地展示各项指标的优劣势及其发展的均衡程度，将各级指标评价值得分绘制折线图，图中横线为农村现代化水平省域排名，相当于基准线，详见图14-6。各项指标评价值与基准线的位置关系及其距离基准线的远近反映了不同指标对农村现代化水平的作用方向、程度以及指标间发展的均衡性。

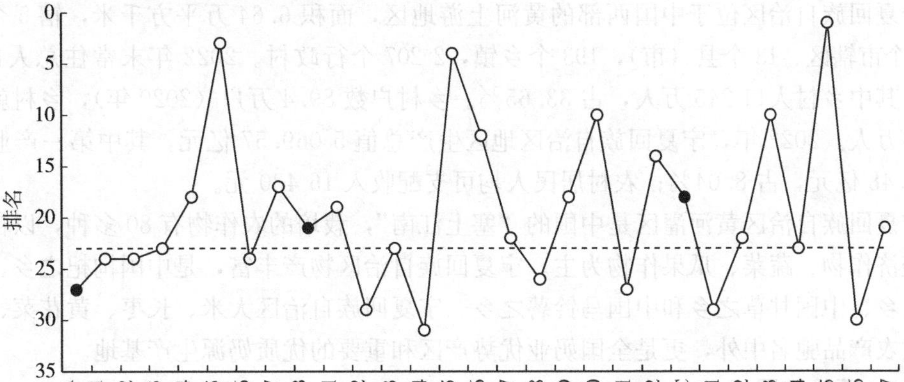

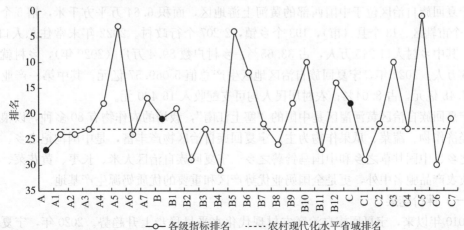

图14-6　2020年青海省农村现代化水平及各项指标得分排名位次

从指标优劣势来看，狭义农村现代化（B）、农民现代化水平（C）2个一级指标和农业规模化水平（A4）、农民组织化水平（A5）、农业劳动生产率（A7）、农业增加值增长水平（B1）、化学投入品使用合理化程度（B5）、单位农业增加值能源消耗量（B6）、农村生活废弃物无害化处理水平（B7）、农村学校本科以上学历专任教师占比（B9）、乡镇文化站覆盖率（B10）、村庄规划管理覆盖率（B12）、农民消费水平（C2）、农村恩格尔系数（C3）、农民家庭汽车拥有水平（C5）、农民教育文化支出水平（C7）等14个二级指标评价值位于基准线上方，属于农村现代化推进过程中的优势指标，对提升农村现代化水平起到正向带动作用，特别是化学投入品使用合理化程度（B5）、农民家庭汽车拥有水平（C5）等指标评价值与基准线距离较远，意味着这些指标对于农村现代化发展的正向拉动作用显著；农业现代化水平（A）一级指标和农业科技化水平（A1）、农业机械化水平（A2）、土地生产率（A6）、农产品加工业产值发展水平（B2）、农林牧渔服务业发展水平（B4）、农村卫生厕所普及率（B8）、农村集体经济发展水平（B11）、农民收入水平（C1）、农村居民受教育水平（C6）等9个二级指标评价值位于基准线下方，属于农村现代化推进过程中的劣势指标，对提升农村现代化水平产生了逆向的制约影响，尤其是农林牧渔服务业发展水平（B4）、农民收入水平（C1）、农村居民受教育水平（C6）等指标评价值与基准线的距离较远，意味着这些指标对于推进农村现代化的逆向制约影响很大。

（四）对策建议

根据评价和分析结果，青海省推进乡村全面振兴、加快农业农村现代化，应坚持扬长补短原则，采取更有针对性的对策措施。对于提升农村现代化水平起着正向拉动作用的优势指标，要进一步做大做强；对于产生逆向制约影响的劣势指标，要尽力缩小差距，弥补短板。今后的重点：一是加大对农林牧渔服务业的技术培训和市场拓展支持，鼓励可持续农业发展。二是通过多样化收入来源、金融支持和建设合作组织，提高农民收入水平。三是加大对农村学校建设和教育资源投入，同时提供成人教育和职业培训机会，提升农村居民的受教育水平。

四、宁夏回族自治区农村现代化水平评价

宁夏回族自治区位于中国西部的黄河上游地区，面积6.64万平方千米，辖5个地级市，9个市辖区、13个县（市），193个乡镇，2 207个行政村。2022年末常住总人口728万人，其中乡村人口245万人，占33.65%。乡村户数89.4万户（2020年），乡村就业人员125万人。2022年，宁夏回族自治区地区生产总值5 069.57亿元，其中第一产业增加值407.48亿元，占8.04%；农村居民人均可支配收入16 430元。

宁夏回族自治区黄河灌区是中国的“塞上江南”，栽培的农作物有80多种，以粮食作物、经济作物、蔬菜、瓜果作物为主。宁夏回族自治区物产丰富，是中国枸杞之乡、中国滩羊之乡、中国甘草之乡和中国马铃薯之乡。宁夏回族自治区大米、长枣、黄花菜、菜心等优质农产品驰名中外，更是全国奶业优势产区和重要的优质奶源生产基地。

（一）评价结果

2010年以来，宁夏回族自治区农村现代化水平呈稳步上升趋势。2020年，宁夏回族自治区农村现代化水平评价得分为50.89，在全国31个省份中排名第14位，与2010年相

比，评价得分提高 11.94 个点，排名上升了 4 位，处于农村现代化起步阶段的中期，详见图 14－7。

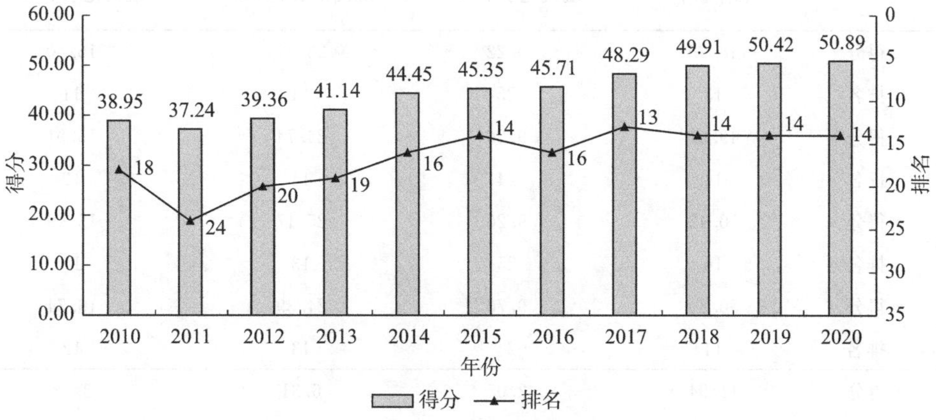

图 14－7　宁夏回族自治区农村现代化水平

从一级指标评价结果来看（表 14－13），宁夏回族自治区农业现代化水平 2010 年评价得分 7.71，排名第 25 位；2020 年评价得分 9.76，提高 2.05 点，排名第 24 位，上升了 1 位。狭义农村现代化水平 2010 年评价得分 18.08，排名第 15 位；2020 年评价得分 24.39，提高 6.31 点，排名第 13 位，上升了 2 位。农民现代化水平 2010 年评价得分 13.16，排名第9位；2020 年评价得分 16.74，提高 3.58 点，排名第 12 位，下降了 3 位。

表 14－13　宁夏回族自治区农村现代化水平一级指标评价结果

年份	项目	农村现代化总体水平	农业现代化水平（A）	狭义农村现代化水平（B）	农民现代化水平（C）
2010	得分	38.95	7.71	18.08	13.16
	排名	18	25	15	9
2011	得分	37.24	8.00	16.29	12.95
	排名	24	25	26	13
2012	得分	39.36	8.25	18.70	12.41
	排名	20	24	16	17
2013	得分	41.14	8.55	19.49	13.10
	排名	19	24	15	17
2014	得分	44.45	8.59	20.43	15.43
	排名	16	24	14	11
2015	得分	45.35	8.94	21.56	14.85
	排名	14	24	14	13
2016	得分	45.71	8.94	21.68	15.09
	排名	16	24	14	13

（续）

年份	项目	农村现代化总体水平	农业现代化水平（A）	狭义农村现代化水平（B）	农民现代化水平（C）
2017	得分	48.29	9.22	23.27	15.80
	排名	13	25	14	11
2018	得分	49.91	9.26	24.74	15.91
	排名	14	24	14	12
2019	得分	50.42	9.26	25.17	15.99
	排名	14	25	13	11
2020	得分	50.89	9.76	24.39	16.74
	排名	14	24	13	12
变化	得分	11.94	2.05	6.31	3.58
	排名	4	1	2	−3

从二级指标评价结果来看，宁夏回族自治区的单位农业增加值能源消耗量、农村恩格尔系数和农村自来水普及率等指标评价得分排在全国前列，其中农村恩格尔系数和农村自来水普及率排在全国首位。纵向比较，绝大多数二级指标评价得分呈不断提高趋势，其中提高幅度最大的前3个指标是单位农业增加值能源消耗量、农村自来水普及率、农民教育文化支出水平，2010—2020年分别提高了72.69点、47.59点和33.68点；二级指标得分在全国的排名有升有降，上升幅度最大的前3个指标是单位农业增加值能源消耗量、农村自来水普及率、农村恩格尔系数，分别上升了16位、15位和14位，详见表14-14。

（二）分段比较分析

将省域农村现代化水平评价指标得分从高到低分段，按照5个位次为一段，将全国31个省（自治区、直辖市）分成6段，最后一段为6个省份。通过分段对比分析，可以看出宁夏回族自治区农村现代化水平在全国所处的相对位置。

2020年，宁夏回族自治区农村现代化总体水平得分50.89，在全国31个省份中排名第14位，处于第3段位。横向比较，比全国31个省份得分均值（51.73）低0.84点，比最高得分的江苏省低16.14点，比最低得分的西藏自治区高出8.78点。这反映出，宁夏回族自治区农村现代化总体水平较高，与先进水平相比差距不大。

从一级指标评价结果看，宁夏回族自治区农业现代化水平（A）、狭义农村现代化水平（B）和农民现代化水平（C）得分在全国31个省份中排名分别为第24位、第13位和第12位，分别处于第5段位、第3段位和第3段位。在3个一级指标中，农业现代化水平相对较低，狭义农村现代化水平和农民现代化水平居于中间。具体比较，宁夏回族自治区农业现代化水平评价得分9.76，略低于本段内各省份得分均值，比上一个段位各省份得分均值低1.42点，比最高得分的江苏省低5.85点，比下一个段位各省份得分均值高0.72点，比全国31个省份得分均值低0.62点，比最低得分的西藏自治区高1.78点；狭义农村现代化水平评价得分24.39，略高于本段内各省份得分均值，比上一个段位各省份得分均值低3.01点，比

表 14-14　宁夏回族自治区农业现代化水平二级指标评价结果（1）

指标	项目	2010年	2011年	2012年	2013年	2014年	2015年	2016年	2017年	2018年	2019年	2020年	变化
A1 农业科技化水平	得分	58.85	60.20	61.55	62.91	64.26	67.06	68.24	69.41	69.65	70.82	71.37	12.52
	排名	24	24	23	23	22	13	12	12	13	13	19	5
A2 农业机械化水平	得分	51.09	54.31	59.16	64.00	67.00	69.00	71.00	73.00	74.50	77.25	80.00	28.91
	排名	17	16	14	14	14	14	14	14	14	14	14	3
A3 农田水利化水平	得分	36.11	37.17	38.83	38.92	38.80	39.26	39.98	39.65	40.58	41.73	42.83	6.72
	排名	19	19	19	17	18	18	19	19	18	18	18	1
A4 农业规模化水平	得分	28.93	30.63	30.64	32.17	32.81	34.21	34.50	34.06	30.87	30.87	35.18	6.25
	排名	6	5	5	6	7	5	6	7	8	8	9	−3
A5 农民组织化水平	得分	14.62	17.28	18.87	18.49	21.21	21.51	21.90	21.66	21.57	21.57	24.11	9.49
	排名	6	4	4	6	9	8	12	12	12	12	14	−8
A6 土地生产率	得分	18.38	19.77	19.86	20.42	18.62	19.90	18.15	20.97	21.60	18.89	21.28	2.90
	排名	24	25	26	26	27	25	25	25	25	25	25	−1
A7 农业劳动生产率	得分	18.16	17.35	16.99	17.32	16.16	16.79	15.89	15.44	14.58	14.78	18.39	0.23
	排名	26	26	26	26	26	26	27	27	26	28	28	−2

表 14-14　宁夏回族自治区狭义农村现代化水平二级指标评价结果（2）

指标	项目	2010年	2011年	2012年	2013年	2014年	2015年	2016年	2017年	2018年	2019年	2020年	变化
B1 农业增加值增长水平	得分	57.86	57.24	56.55	57.01	57.00	57.06	56.92	56.48	56.13	55.85	56.75	−1.11
	排名	16	21	21	23	24	22	23	22	18	23	21	−5
B2 农产品加工业产值发展水平	得分	16.71	14.32	11.90	11.23	13.84	10.63	10.89	11.35	11.46	11.46	8.75	−7.96
	排名	18	19	21	21	22	22	22	22	21	21	22	−4
B3 农村非农产业就业人员占比	得分	49.12	39.81	39.89	39.82	44.01	43.17	45.33	45.88	45.07	44.19	36.79	−12.33
	排名	22	28	28	27	26	26	25	20	22	23	24	−2
B4 农林牧渔服务业发展水平	得分	43.37	43.37	43.37	43.37	43.37	43.55	45.07	46.28	43.21	46.90	40.17	−3.20
	排名	1	1	1	1	1	1	1	2	7	3	8	−7
B5 化学投入品使用合理化程度	得分	−8.75	−10.37	−13.31	−13.82	−10.31	−10.51	−11.47	−10.47	−1.37	−0.93	0.98	9.73
	排名	28	24	21	21	18	17	19	20	18	21	22	6
B6 单位农业增加值能源消耗量	得分	−4.80	−50.18	10.67	21.63	28.89	44.47	44.78	45.02	54.65	57.01	67.89	72.69
	排名	20	30	7	6	6	3	3	4	4	3	4	16
B7 农村生活废弃物无害化处理水平	得分	9.50	11.70	16.20	18.55	20.95	25.45	26.51	44.74	33.10	35.00	42.52	33.02
	排名	16	14	11	14	16	17	21	12	20	20	18	−2
B8 农村卫生厕所普及率	得分	54.30	56.60	59.20	61.70	63.20	70.30	68.50	74.30	75.00	76.00	80.15	25.85
	排名	23	23	23	24	24	21	24	20	20	22	21	2
B9 农村学校本科以上学历专任教师占比	得分	43.74	45.75	48.81	52.78	58.92	63.65	67.50	69.24	70.98	72.78	74.40	30.66
	排名	7	9	9	9	7	6	6	8	8	8	10	−3
B10 乡镇文化站覆盖率	得分	83.54	83.54	83.54	83.97	83.97	84.39	84.39	84.39	83.54	83.54	82.99	−0.55
	排名	16	16	16	17	18	18	18	18	16	16	18	−2
B11 农村集体经济发展水平	得分	13.69	16.24	17.91	18.05	16.08	15.25	12.94	20.23	39.16	39.16	28.70	15.01
	排名	31	30	29	27	30	29	30	26	14	14	20	11
B12 村庄规划管理覆盖率	得分	71.69	69.52	71.36	73.04	73.76	78.04	78.40	79.86	80.64	82.00	71.70	0.01
	排名	6	9	9	13	11	10	11	10	11	11	7	−1

表 14-14 宁夏回族自治区农民现代化水平二级指标评价结果（3）

指标	项目	2010 年	2011 年	2012 年	2013 年	2014 年	2015 年	2016 年	2017 年	2018 年	2019 年	2020 年	变化
C1 农民收入水平	得分	24.89	25.25	25.62	27.22	29.16	29.23	29.31	29.50	29.83	30.36	31.69	6.80
	排名	23	24	24	24	25	25	25	25	25	26	25	−2
C2 农民消费水平	得分	23.46	23.74	24.48	27.49	30.19	30.93	31.19	32.17	32.42	32.18	34.45	10.99
	排名	16	16	19	14	20	20	20	19	21	22	24	−8
C3 农村恩格尔系数	得分	92.92	97.35	100.0	100.0	100.0	100.0	100.0	100.0	100.0	100.0	100.0	7.08
	排名	15	11	1	1	1	1	1	1	1	1	1	14
C4 农村自来水普及率	得分	52.00	67.10	70.80	75.60	78.80	81.00	80.88	91.34	94.45	98.89	99.59	47.59
	排名	16	10	10	9	7	7	11	4	3	1	1	15
C5 农民家庭汽车拥有水平	得分	85.71	52.42	26.39	37.66	79.00	61.33	62.75	73.94	74.77	71.56	73.95	−11.76
	排名	1	2	21	18	3	8	9	7	5	8	7	−6
C6 农村居民受教育水平	得分	68.24	69.47	67.77	67.36	67.44	66.10	68.69	66.23	65.91	67.91	72.91	4.67
	排名	23	22	26	23	24	25	24	26	27	25	26	−3
C7 农民教育文化支出水平	得分	18.74	22.51	24.63	23.53	44.27	41.65	44.60	46.10	44.86	43.25	52.42	33.68
	排名	24	20	16	15	14	22	14	11	18	20	14	10

最高得分的江苏省低 8.79 点，比全国 31 个省份得分均值高 2.62 点，比最低得分的广西壮族自治区高 6.83 点；农民现代化水平评价得分 16.74，略高于本段内各省份得分均值，比上一个段位各省份得分均值低 0.28 点，比最高得分的北京市低 4.08 点，比下一个段位各省份得分均值高 0.62 点，比全国 31 个省份得分均值高 1.42 点，比最低得分的西藏自治区高 4.68 点。

从 26 个二级指标评价结果看，宁夏回族自治区有 3 个二级指标处在第 1 段位，占比 11.54%；5 个二级指标处于第 2 段位，占比 19.23%；3 个二级指标在第 3 段位，占比 11.54%；5 个二级指标在第 4 段位，占比 19.23%；8 个二级指标在第 5 段位，占比 30.77%；2 个二级指标处于第 6 段位，占比 7.69%（表 14－15）。

表 14－15　2020 年宁夏回族自治区农村现代化水平各级指标位次分段

分段	位次	一级指标	二级指标
1	1～5 位		单位农业增加值能源消耗量（B6）、农村恩格尔系数（C3）、农村自来水普及率（C4）
2	6～10 位		农业规模化水平（A4）、农林牧渔服务业发展水平（B4）、农村学校本科以上学历专任教师占比（B9）、村庄规划管理覆盖率（B12）、农民家庭汽车拥有水平（C5）
3	11～15 位	狭义农村现代化水平（B）、农民现代化水平（C）	农业机械化水平（A2）、农民组织化水平（A5）、农民教育文化支出水平（C7）
4	16～20 位		农业科技化水平（A1）、农田水利化水平（A3）、农村生活废弃物无害化处理水平（B7）、乡镇文化站覆盖率（B10）、农村集体经济发展水平（B11）
5	21～25 位	农业现代化水平（A）	土地生产率（A6）、农业增加值增长水平（B1）、农产品加工业产值发展水平（B2）、农村非农产业就业人员占比（B3）、化学投入品使用合理化程度（B5）、农村卫生厕所普及率（B8）、农民收入水平（C1）、农民消费水平（C2）
6	26～31 位		农业劳动生产率（A7）、农村居民受教育水平（C6）

（三）指标均衡性与优劣势分析

从指标“离散系数”即各级指标评价得分标准差与其平均值的比值来看（表 14－16），宁夏回族自治区农村现代化水平一级指标评价分值的标准差在 7 左右，离散系数较大，为 0.431 3，高于全国平均离散系数，说明宁夏回族自治区农村现代化一级指标之间发展不均衡，且均衡程度低于全国平均水平；宁夏回族自治区农村现代化水平二级指标评价分值的离散系数较小，为 0.530 7，低于全国平均离散系数，说明宁夏回族自治区农业科技创新能力二级指标之间发展比较均衡，且均衡程度高于全国平均水平。

表 14－16　宁夏回族自治区农村现代化水平各级指标均衡性对比

项目	一级指标			二级指标		
	标准差	平均值	离散系数	标准差	平均值	离散系数
宁夏回族自治区	7.316 2	16.96	0.431 3	27.554 4	51.92	0.530 7
全国平均	6.435 2	17.243 3	0.384 5	27.504 7	51.388 9	0.546 6

从一级、二级指标评价结果可以看出，不同指标之间发展不均衡，表现出不同的优劣势，对各自所属的上一级指标以及农村现代化整体水平具有不同方向、不同程度的影响。为了直观地展示各项指标的优劣势及其发展的均衡程度，将各级指标评价值得分绘制折线图，图中横线为农村现代化水平省域排名，相当于基准线，详见图 14-8。各项指标评价值与基准线的位置关系及其距离基准线的远近反映了不同指标对农村现代化水平的作用方向、程度以及指标间发展的均衡性。

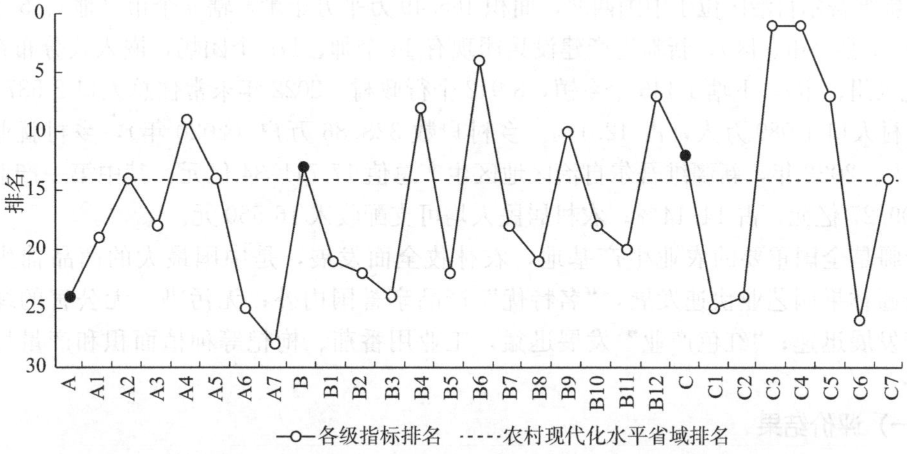

图 14-8　2020 年宁夏回族自治区农村现代化水平及各项指标得分排名位次

从指标优劣势来看，狭义农村现代化水平（B）、农民现代化水平（C）2 个一级指标和农业规模化水平（A4）、农林牧渔服务业发展水平（B4）、单位农业增加值能源消耗量（B6）、农村学校本科以上学历专任教师占比（B9）、村庄规划管理覆盖率（B12）、农村恩格尔系数（C3）、农村自来水普及率（C4）、农民家庭汽车拥有水平（C5）等 8 个二级指标评价值位于基准线上方，属于农村现代化推进过程中的优势指标，对提升农村现代化水平起到正向带动作用，特别是单位农业增加值能源消耗量（B6）、农村恩格尔系数（C3）、农村自来水普及率（C4）等指标评价值与基准线距离较远，意味着这些指标对于农村现代化发展的正向拉动作用显著；农业现代化水平（A）一级指标和农业科技化水平（A1）、农田水利化水平（A3）、土地生产率（A6）、农业劳动生产率（A7）、农业增加值增长水平（B1）、农产品加工业产值发展水平（B2）、农村非农产业就业人员占比（B3）、化学投入品使用合理化程度（B5）、农村生活废弃物无害化处理水平（B7）、农村卫生厕所普及率（B8）、乡镇文化站覆盖率（B10）、农村集体经济发展水平（B11）、农民收入水平（C1）、农民消费水平（C2）、农村居民受教育水平（C6）等 15 个二级指标评价值位于基准线下方，属于农村现代化推进过程中的劣势指标，对提升农村现代化水平产生了逆向的制约影响，尤其是农业劳动生产率（A7）、农村居民受教育水平（C6）等指标评价值与基准线的距离较远，意味着这些指标对于推进农村现代化的逆向制约影响很大。

（四）对策建议

根据评价和分析结果，宁夏回族自治区推进乡村全面振兴、加快农业农村现代化，应坚持扬长补短原则，采取更有针对性的对策措施。对于提升农村现代化水平起着正向拉动作用的优势指标，要进一步做大做强；对于产生逆向制约影响的劣势指标，要尽力缩小差距，弥补短板。今后的重点：一是通过多样化收入来源和金融支持，提高农民收入水平；二是推广现代农业技术，加强培训和技术支持，提高农业劳动生产率；三是加大对农村学校建设和教育资源投入，同时提供成人教育和职业培训机会，提升农村居民的受教育水平。

五、新疆维吾尔自治区农村现代化水平评价

新疆维吾尔自治区位于中国西北，面积 166.49 万平方千米，辖 9 个市（地）、5 个自治州，108 个县（市、区）。新疆生产建设兵团现有 14 个师、179 个团场，嵌入式分布在新疆 14 个地（州、市），下辖 1 146 个乡镇，8 942 个行政村。2022 年末常住总人口 2 587 万人，其中乡村人口 1 089 万人，占 42.1%。乡村户数 328.86 万户（2020 年），乡村就业人员 581 万人。2022 年，新疆维吾尔自治区地区生产总值 17 741.34 亿元，其中第一产业增加值 2 509.27 亿元，占 14.14%；农村居民人均可支配收入 16 550 元。

新疆是全国重要的农业生产基地，农林牧全面发展，是中国最大的商品棉生产基地。新疆林果园艺业快速发展，“名特优”产品享誉国内外；无污染、无公害的绿色食品生产发展迅速；“红色产业”发展迅猛，工业用番茄、枸杞等种植面积和产量均居全国第一。

（一）评价结果

2010 年以来，新疆维吾尔自治区农村现代化水平呈稳步上升趋势。2020 年，新疆维吾尔自治区农村现代化水平评价得分为 47.73，在全国 31 个省份中排名第 20 位，与 2010 年相比，评价得分提高 8.09 个点，排名下降了 3 位，处于农村现代化起步阶段的初期，详见图 14－9。

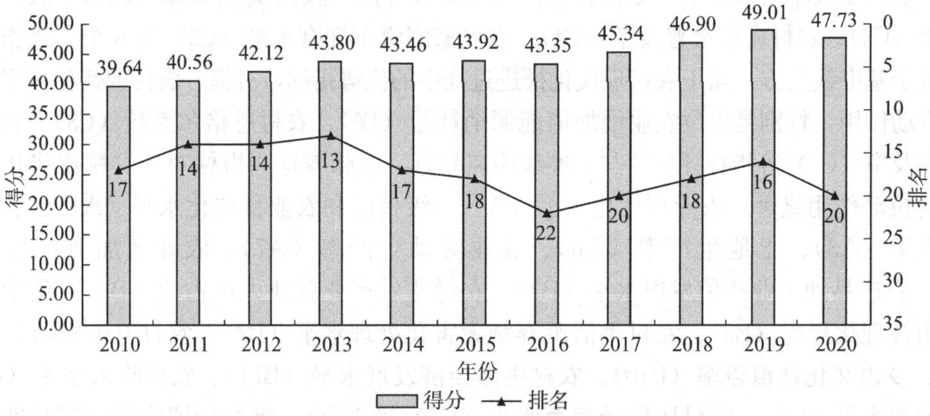

图 14－9　新疆维吾尔自治区农村现代化水平

从一级指标评价结果来看（表 14－17），新疆维吾尔自治区农业现代化水平 2010 年评价得分 11.01，排名第 10 位；2020 年评价得分 11.61，提高 0.60 点，排名第 13 位，下降了 3 位。狭义农村现代化水平 2010 年评价得分 16.67，排名第 23 位；2020 年评价得分 19.91，提高 3.24 点，排名第 25 位，下降了 2 位。农民现代化水平 2010 年评价得分 11.96，排名第 16 位；2020 年评价得分 16.21，提高 4.25 点，排名第 17 位，下降了 1 位。

表 14-17　新疆维吾尔自治区农村现代化水平一级指标评价结果

年份	项目	农村现代化总体水平	农业现代化水平（A）	狭义农村现代化水平（B）	农民现代化水平（C）
2010	得分	39.64	11.01	16.67	11.96
	排名	17	10	23	16
2011	得分	40.56	10.69	17.29	12.58
	排名	14	13	21	15
2012	得分	42.12	11.01	18.11	13.00
	排名	14	13	19	13
2013	得分	43.80	10.99	19.41	13.40
	排名	13	14	16	14
2014	得分	43.46	11.02	18.14	14.30
	排名	17	13	22	16
2015	得分	43.92	10.91	19.27	13.74
	排名	18	15	20	21
2016	得分	43.35	10.83	18.31	14.21
	排名	22	15	23	20
2017	得分	45.34	11.27	19.72	14.35
	排名	20	13	24	19
2018	得分	46.90	11.25	21.19	14.46
	排名	18	12	26	22
2019	得分	49.01	11.33	22.43	15.25
	排名	16	12	22	18
2020	得分	47.73	11.61	19.91	16.21
	排名	20	13	25	17
变化	得分	8.09	0.60	3.24	4.25
	排名	−3	−3	−2	−1

从二级指标评价结果来看，新疆维吾尔自治区的农田水利化水平、农民教育文化支出水平等指标评价得分排在全国前列。纵向比较，绝大多数二级指标评价得分呈不断提高趋势，其中提高幅度最大的前 3 个指标是农民教育文化支出水平、农村卫生厕所普及率和农村学校本科以上学历专任教师占比，2010—2020 年分别提高了 52.38 点、26.59 点和 26.59 点；二级指标得分在全国的排名有升有降，上升幅度最大的前 3 个指标是农民教育文化支出水平、农林牧渔服务业发展水平和农田水利化水平，分别上升了 26 位、17 位和 6 位，详见表 14-18。

（二）分段比较分析

将省域农村现代化水平评价指标得分从高到低分段，按照 5 个位次为一段，将全国

表 14－18　新疆维吾尔自治区农业现代化水平二级指标评价结果（1）

指标	项目	2010 年	2011 年	2012 年	2013 年	2014 年	2015 年	2016 年	2017 年	2018 年	2019 年	2020 年	变化
A1 农业科技化水平	得分	56.47	57.06	57.65	58.24	58.82	59.41	59.76	62.35	63.53	64.71	65.88	9.41
	排名	27	28	28	29	29	29	29	29	29	29	29	−2
A2 农业机械化水平	得分	84.98	82.99	81.00	81.50	83.50	84.00	84.20	84.40	84.60	84.80	85.00	0.02
	排名	2	2	3	3	3	4	6	6	8	9	9	−7
A3 农田水利化水平	得分	72.67	75.64	92.38	92.44	93.47	95.30	95.50	94.52	93.20	94.66	93.39	20.72
	排名	7	5	2	2	2	2	2	2	2	2	1	6
A4 农业规模化水平	得分	31.26	31.89	33.22	32.30	33.75	34.03	34.93	34.85	32.33	32.33	35.15	3.89
	排名	4	4	4	5	5	6	5	5	6	6	10	−6
A5 农民组织化水平	得分	8.80	10.50	14.26	13.12	18.74	17.87	19.26	15.44	17.43	17.43	20.61	11.81
	排名	13	13	10	14	11	16	13	22	17	17	18	−5
A6 土地生产率	得分	32.58	31.82	34.46	34.04	33.04	31.91	31.10	38.65	39.22	36.77	38.65	6.07
	排名	17	20	18	18	18	21	20	19	18	17	16	1
A7 农业劳动生产率	得分	45.46	38.45	38.20	37.64	35.98	33.41	31.49	27.46	25.02	28.75	29.54	−15.92
	排名	2	8	8	10	9	9	8	8	6	6	8	−6

表 14-18 新疆维吾尔自治区狭义农村现代化水平二级指标评价结果（2）

指标	项目	2010年	2011年	2012年	2013年	2014年	2015年	2016年	2017年	2018年	2019年	2020年	变化
B1 农业增加值增长水平	得分	62.40	62.58	62.50	63.37	62.87	62.23	62.30	59.88	59.47	60.12	60.72	−1.68
	排名	4	8	7	6	6	7	6	8	7	7	7	−3
B2 农产品加工业产值发展水平	得分	7.63	8.01	7.55	6.93	8.10	6.07	5.93	5.68	5.76	5.76	4.74	−2.89
	排名	27	26	25	25	26	26	27	27	27	27	26	1
B3 农村非农产业就业人员占比	得分	10.71	14.93	16.98	17.78	17.37	17.38	17.12	17.40	18.44	29.72	29.33	18.61
	排名	30	30	30	29	30	30	30	29	30	27	26	4
B4 农林牧渔服务业发展水平	得分	18.00	18.00	18.00	18.00	18.00	19.49	19.93	42.48	43.49	44.47	43.88	25.88
	排名	22	22	22	22	22	21	20	5	6	6	5	17
B5 化学投入品使用合理化程度	得分	−4.23	−12.29	−16.30	−23.33	−58.91	−49.33	−53.94	−50.96	−44.38	−43.15	−37.09	−32.86
	排名	21	26	25	26	31	30	31	31	31	31	31	−10
B6 单位农业增加值能源消耗量	得分	9.03	12.27	12.19	12.12	11.26	10.80	−8.57	−4.54	15.20	26.54	11.55	2.52
	排名	4	3	5	9	12	16	26	24	18	15	18	−14
B7 农村生活废弃物无害化处理水平	得分	12.55	13.35	14.50	15.05	15.70	23.65	28.50	29.00	29.63	31.50	34.85	22.30
	排名	11	11	15	17	20	23	18	21	23	24	23	−12
B8 农村卫生厕所普及率	得分	47.10	58.30	64.00	69.90	73.50	76.50	64.60	66.00	67.00	68.00	73.69	26.59
	排名	27	20	21	17	17	14	27	27	27	27	25	2
B9 农村学校本科以上学历专任教师占比	得分	32.31	31.93	34.96	37.41	40.23	43.31	46.22	50.86	55.13	57.82	58.90	26.59
	排名	22	27	28	29	30	30	30	30	28	27	27	−5
B10 乡镇文化站覆盖率	得分	99.80	99.80	99.81	98.65	98.36	96.50	96.50	96.50	99.80	99.80	83.60	−16.20
	排名	3	3	3	3	5	6	6	6	3	3	17	−14
B11 农村集体经济发展水平	得分	41.07	43.81	42.40	43.52	42.38	46.44	46.13	47.14	48.73	48.73	48.90	7.83
	排名	8	8	8	7	7	6	6	7	7	7	7	1
B12 村庄规划管理覆盖率	得分	38.07	39.71	57.76	90.27	91.38	93.25	93.58	94.34	94.34	95.00	38.08	0.01
	排名	20	25	15	1	1	1	1	1	1	1	20	0

表 14-18 新疆维吾尔自治区农民现代化水平二级指标评价结果（3）

指标	项目	2010年	2011年	2012年	2013年	2014年	2015年	2016年	2017年	2018年	2019年	2020年	变化
C1 农民收入水平	得分	24.72	25.40	26.50	28.65	30.24	30.21	30.29	30.35	30.51	30.98	32.07	7.35
	排名	24	23	22	22	23	24	23	23	23	23	24	0
C2 农民消费水平	得分	20.22	22.09	24.25	25.92	28.97	28.29	28.25	28.08	28.31	28.96	31.67	11.45
	排名	25	24	21	18	22	25	26	26	26	26	28	−3
C3 农村恩格尔系数	得分	88.53	100.0	100.0	100.0	86.98	87.18	92.42	93.42	92.41	95.29	90.61	2.08
	排名	16	1	1	1	18	19	18	19	20	16	17	−1
C4 农村自来水普及率	得分	71.70	73.50	74.50	76.30	78.00	80.00	81.15	85.91	84.63	89.34	92.53	20.83
	排名	6	7	7	8	8	8	10	5	11	10	6	0
C5 农民家庭汽车拥有水平	得分	32.44	32.47	39.79	44.68	59.84	47.55	56.65	56.30	50.65	60.32	55.23	22.79
	排名	12	11	10	15	10	16	14	13	21	16	20	−8
C6 农村居民受教育水平	得分	74.60	72.19	72.03	73.82	74.73	72.94	72.22	72.40	73.33	74.75	77.60	3.00
	排名	15	20	20	13	9	12	16	12	15	13	18	−3
C7 农民教育文化支出水平	得分	16.81	20.47	20.44	17.95	34.50	30.02	29.79	28.43	38.12	41.99	69.19	52.38
	排名	27	23	24	27	27	28	29	29	27	23	1	26

31 个省（自治区、直辖市）分成 6 段，最后一段为 6 个省份。通过分段对比分析，可以看出新疆维吾尔自治区农村现代化水平在全国所处的相对位置。

2020 年，新疆维吾尔自治区农村现代化总体水平得分 47.73，在全国 31 个省份中排名第 20 位，处于第 4 段位。横向比较，新疆比全国 31 个省份得分均值（51.73）低 4.00 点，比最高得分的江苏省低 19.30 点，比最低得分的西藏自治区高出 5.62 点。这反映出，新疆维吾尔自治区农村现代化总体水平偏低，与先进水平相比差距较大。

从一级指标评价结果看，新疆维吾尔自治区农业现代化水平（A）、狭义农村现代化水平（B）和农民现代化水平（C）得分在全国 31 个省份中排名分别为第 13 位、第 25 位和第 17 位，分别处于第 3 段位、第 5 段位和第 4 段位。在 3 个一级指标中，农民现代化水平和狭义农村现代化水平相对较低，农业现代化水平居于中间。具体比较，新疆维吾尔自治区农业现代化水平评价得分 11.61，略低于本段内各省份得分均值，比上一个段位各省份得分均值低 0.78 点，比最高得分的江苏省低 4.00 点，比下一个段位各省份得分均值高 0.43 点，比全国 31 个省份得分均值高 1.23 点，比最低得分的西藏自治区高 3.63 点；狭义农村现代化水平评价得分 19.91，略低于本段内各省份得分均值，比上一个段位各省份得分均值低 2.12 点，比最高得分的江苏省低 13.27 点，比全国 31 个省份得分均值低 1.86 点，比最低得分的广西壮族自治区高 2.35 点；农民现代化水平评价得分 16.21，略高于本段内各省份得分均值，比上一个段位各省份得分均值低 0.43 点，比最高得分的北京市低 4.61 点，比下一个段位各省份得分均值高 0.76 点，比全国 31 个省份得分均值高 0.89 点，比最低得分的西藏自治区高 3.64 点。

从 26 个二级指标评价结果看，新疆维吾尔自治区有 3 个二级指标处在第 1 段位，占比 11.54%；6 个二级指标处于第 2 段位，占比 23.08%；8 个二级指标在第 4 段位，占比 30.77%；3 个二级指标在第 5 段位，占比 11.54%；6 个二级指标处于第 6 段位，占比 23.08%（表 14－19）。

表 14－19　2020 年新疆维吾尔自治区农村现代化水平各级指标位次分段

分段	位次	一级指标	二级指标
1	1～5 位		农田水利化水平（A3）、农林牧渔服务业发展水平（B4）、农民教育文化支出水平（C7）
2	6～10 位		农业机械化水平（A2）、农业规模化水平（A4）、农业劳动生产率（A7）、农业增加值增长水平（B1）、农村集体经济发展水平（B11）、农村自来水普及率（C4）
3	11～15 位	农业现代化水平（A）	
4	16～20 位	农民现代化水平（C）	农民组织化水平（A5）、土地生产率（A6）、单位农业增加值能源消耗量（B6）、乡镇文化站覆盖率（B10）、村庄规划管理覆盖率（B12）、农村恩格尔系数（C3）、农民家庭汽车拥有水平（C5）、农村居民受教育水平（C6）
5	21～25 位	狭义农村现代化水平（B）	农村生活废弃物无害化处理水平（B7）、农村卫生厕所普及率（B8）、农民收入水平（C1）
6	26～31 位		农业科技化水平（A1）、农产品加工业产值发展水平（B2）、农村非农产业就业人员占比（B3）、化学投入品使用合理化程度（B5）、农村学校本科以上学历专任教师占比（B9）、农民消费水平（C2）

（三）指标均衡性与优劣势分析

从指标“离散系数”即各级指标评价得分标准差与其平均值的比值来看（表 14-20），新疆维吾尔自治区农村现代化水平一级指标评价分值的标准差在 4 左右，离散系数较小，为 0.261 4，低于全国平均离散系数，说明新疆维吾尔自治区农村现代化一级指标之间发展较均衡，且均衡程度高于全国平均水平；新疆维吾尔自治区农村现代化水平二级指标评价分值的离散系数较大，为 0.635 9，高于全国平均离散系数，说明新疆维吾尔自治区农业科技创新能力二级指标之间发展不够均衡，且均衡程度低于全国平均水平。

表 14-20　新疆维吾尔自治区农村现代化水平各级指标均衡性对比

项目	一级指标			二级指标		
	标准差	平均值	离散系数	标准差	平均值	离散系数
新疆维吾尔自治区	4.158 1	15.91	0.261 4	31.022 2	48.78	0.635 9
全国平均	6.435 2	17.243 3	0.384 5	27.504 7	51.388 9	0.546 6

从一级、二级指标评价结果可以看出，不同指标之间发展不均衡，表现出不同的优劣势，对各自所属的上一级指标以及农村现代化整体水平具有不同方向、不同程度的影响。为了直观地展示各项指标的优劣势及其发展的均衡程度，将各级指标评价值得分绘制折线图，图中横线为农村现代化水平省域排名，相当于基准线，详见图 14-10。各项指标评价值与基准线的位置关系及其距离基准线的远近反映了不同指标对农村现代化水平的作用方向、程度以及指标间发展的均衡性。

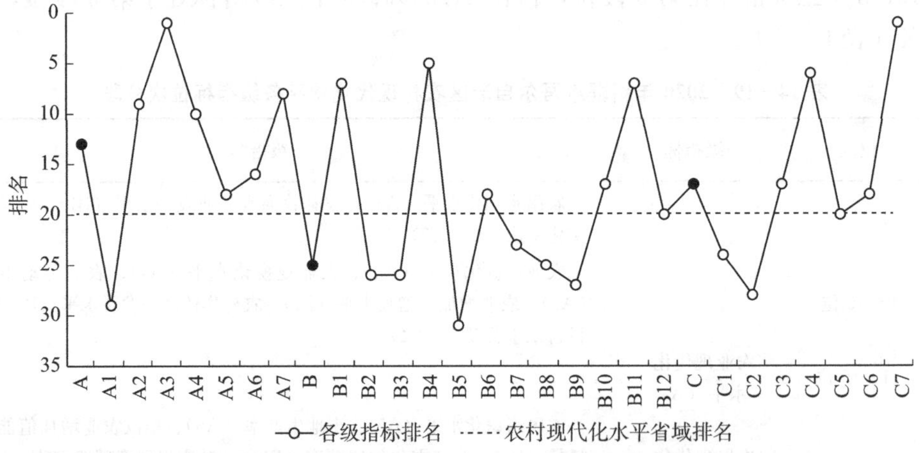

图 14-10　2020 年新疆维吾尔自治区农村现代化水平及各项指标得分排名位次

从指标优劣势来看，农业现代化水平（A）、农民现代化水平（C）2 个一级指标和农业机械化水平（A2）、农田水利化水平（A3）、农业规模化水平（A4）、农民组织化水平（A5）、土地生产率（A6）、农业劳动生产率（A7）、农业增加值增长水平（B1）、农林牧渔服务业发展水平（B4）、单位农业增加值能源消耗量（B6）、乡镇文化站覆盖率（B10）、农村集体经济发展水平（B11）、农村恩格尔系数（C3）、农村自来水普及率（C4）、农村居民受教育水平（C6）、农民教育文化支出水平（C7）等 15 个二级指标评价值位于基准线上方，属于农村现代化推进过程中的优势指标，对提升农村现代化水平起到正向带动作用，特别是农田水利化水平（A3）、农林牧渔服务业发展水平（B4）、农民教育文化支出水平（C7）等指标评价值与基准线距离较远，意味着这些指标对于农村现代化发展的正向拉动作用显著；狭义农村现代化水平（B）一级指标和农业科技化水平（A1）、农产品加工业产值发展水平（B2）、农村非农产业就业人员占比（B3）、化学投入品使用合理化程度（B5）、农村生活废弃物无害化处理水平（B7）、农村卫生厕所普及率（B8）、农村学校本科以上学历专任教师占比（B9）、农民收入水平（C1）、农民消费水平（C2）等 9 个二级指标评价值位于基准线下方，属于农村现代化推进过程中的劣势指标，对提升农村现代化水平产生了逆向的制约影响，尤其是农业科技化水平（A1）、化学投入品使用合理化程度（B5）、农民消费水平（C2）等指标评价值与基准线的距离较远，意味着这些指标对于推进农村现代化的逆向制约影响很大。

（四）对策建议

根据评价和分析结果，新疆维吾尔自治区推进乡村全面振兴、加快农业农村现代化，应坚持扬长补短原则，采取更有针对性的对策措施。对于提升农村现代化水平起着正向拉动作用的优势指标，要进一步做大做强；对于产生逆向制约影响的劣势指标，要尽力缩小差距，弥补短板。今后的重点：一是加强农民的现代农业技术培训与推广，同时增加对农业科研的投入，以推动农业科技创新。二是加强对农民的化学投入品使用技术指导，推广绿色、有机的农业生产方式，并加强市场监管，确保产品质量和安全。三是通过产业结构调整提高农民收入，完善社会保障体系，以及加强教育和培训，提升农民的消费水平和生活质量。

下篇

专题研究

- 第十五章　以创新理念推进农业农村现代化
- 第十六章　以大农业为主攻方向率先实现农业农村现代化

第十五章

以创新理念推进农业农村现代化

推进农业农村现代化，必须坚持创新发展理念，充分发挥创新引领农业农村发展的第一动力作用。习近平总书记强调，农业现代化，关键是农业科技现代化。要大力推进农业科技现代化，加大力度推进农业科技现代化，加快提升农业科技创新能力和创新效率。

一、实施乡村振兴战略，加快推进农业农村现代化

党的十九大报告指出，决胜全面建成小康社会，开启全面建设社会主义现代化国家新征程。坚定实施科教兴国战略、人才强国战略、创新驱动发展战略、乡村振兴战略、区域协调发展战略、可持续发展战略、军民融合发展战略。其中，实施乡村振兴战略是党的十九大提出的一个新战略，是从根本上解决“三农”问题的重大举措。

长期以来，党中央高度重视“三农”问题。党的十九大报告强调，农业农村农民问题是关系国计民生的根本性问题，必须始终将解决好“三农”问题作为全党工作重中之重。要坚持农业农村优先发展，按照产业兴旺、生态宜居、乡风文明、治理有效、生活富裕的总要求，建立健全城乡融合发展体制机制和政策体系，加快推进农业农村现代化。

（一）实施乡村振兴战略，加快推进农业农村现代化，要深化农村改革

一方面，在巩固和完善农村基本经营制度基础上，深化农村土地制度改革。当前，深化农村土地制度改革的重点是完善承包地“三权”分置制度，在坚持农村土地集体所有权前提下，使承包权和经营权分离，形成所有权、承包权、经营权“三权”分置，经营权流转的格局。“三权”分置的关键，是在稳定承包权基础上放活经营权。党的十九大报告强调，保持土地承包关系稳定并长久不变，第二轮土地承包到期后再延长三十年。同时，深化农村土地制度改革，要改革农村集体经营性建设用地制度，完善土地增值收益的合理分配机制；改革农村宅基地制度，完善农民住房保障机制，探索宅基地有偿使用与自愿退出机制和农民住房财产权抵押、担保、转让的有效途径。另一方面，要深化农村集体产权制度改革，保障农民财产权益，壮大集体经济。推进农村集体产权制度改革与创新，核心是探索农村集体所有制经济的有效组织形式和实现方式，明晰集体产权，盘活集体资产，有效增加农民财产性收入，增强农村基层党组织的凝聚力和向心力。

（二）实施乡村振兴战略，加快推进农业农村现代化，要确保国家粮食安全

粮食安全是国家安全的基础。确保国家粮食安全，保障重要农产品有效供给，始终是发展现代农业的首要任务。解决好全国13亿多人口的吃饭问题，始终是治国安邦的头等大事。在发展现代农业过程中，要不断增强农业综合生产能力，确保谷物基本自给、口粮绝对安全，将13亿中国人的饭碗牢牢端在自己手中，自己的饭碗主要装自己生产的粮食。黑龙江省作为第一粮食生产大省，是国家重要的商品粮基地，今后要进一步发挥农业生产优势，按国务院《关于建立粮食生产功能区和重要农产品生产保护区的指导意见》，积极

创建国家水稻、玉米生产功能区和大豆生产保护区，稳定发展水稻生产，叫响龙江大米品牌，使中国人的饭碗装更多的龙江米。同时，要积极发展绿色食品产业，培育壮大绿色生态农产品知名品牌和龙头企业，扩大中高端绿色有机农产品供给，推动黑龙江省成为全国的绿色粮仓。

（三）实施乡村振兴战略，加快推进农业农村现代化，要实现小农户和现代农业发展有机衔接

当前，加快推进农业农村现代化最大的瓶颈性制约因素是小农户分散经营严重阻碍现代化先进农业技术和大型农机装备的应用，影响其与国内外开放的大市场对接。因此，必须采取有效措施，将小农户与现代农业发展有机衔接。一方面，要构建现代农业产业体系、生产体系、经营体系。现代农业是包含产业体系、生产体系、经营体系在内的有机整体。现代农业产业体系是由农业内部不同层次产业部门和环节构成的产业系统，要完备农业产业体系，提高农业产业化程度，丰富农业功能，使农业产业横向拓展、纵向延伸；现代农业生产体系是由各种农业生产要素有机集合形成的生产系统，要用现代科学技术提升农业，用现代物质装备武装农业，进一步提高农业科技化水平和农业机械化水平；现代农业经营体系是由各种农业经营主体和经营方式构成的经营系统，要在适度规模经营基础上，培育新型规模化经营主体，发展多元化农业经营方式，提高现代农业组织化程度。另一方面，要健全农业社会化服务体系。现代农业发展要以完善的社会化服务为保障，要健全农业社会化服务体系，创新农业社会化服务机制，大力培育多种形式的农业经营性服务组织，实现服务主体多元化，服务内容全面化，服务环节全程化。

（四）实施乡村振兴战略，加快推进农业农村现代化，要深化农业供给侧结构性改革

党的十九大报告在阐述经济建设部署时提出，贯彻新发展理念，建设现代化经济体系。其中，第一个任务是要深化供给侧结构性改革。在农业农村发展过程中，也要深化供给侧结构性改革。特别是在近年粮食“三量齐增”情况下，推进农业供给侧结构性改革，是当前现代农业发展的迫切需要，是提高农业发展质量效益和竞争力的必然选择。推进农业供给侧结构性改革，应以三个关键词作为切入点：一要以供给侧为切入点，减少低效和无效供给，扩大有效供给，提高农业供给质量和效率，更好地满足消费者多样化需求。二要以农业结构为切入点，调整农产品品种和品质结构，提高农产品优质化率；调整农业生产结构，推进农林牧渔结合；调整农村产业结构，大力发展农村新产业新业态。三要以改革为切入点，推进科技创新、理论创新、制度创新和管理创新，探索产出高效、产品安全、资源节约、环境友好的农业现代化发展道路。

（五）实施乡村振兴战略，加快推进农业农村现代化，要促进农村一二三产业融合发展

推进农村一二三产业融合发展，是拓宽农民增收渠道、构建现代农业产业体系的重要举措，是加快转变农业发展方式、探索中国特色农业现代化道路的必然要求。推进农村三产融合发展，关键要准确把握其内涵实质。农村三产融合，不是一般意义的农村一二三产业简单相加，实质是在农产品生产即农村第一产业发展基础上，进一步发展以农产品加工为主的第二产业和以农产品及其加工品销售为主的第三产业，使农村一二三产业在同一农业经营主体下交叉融合，或在具有紧密利益联结机制的不同市场主体间融合，实现农产品产加销、农工贸一体化，推进农业延长产业链，融入供应链，提升价值链，最终让农民更多地分享第二、三产业创造的价值增值和收益分配。从农村实际情况看，应重点支持以农民合作社为主体的三产融合发展模式。对于以农业企业为主体的三产融合发展，应鼓励和引导其与农户和农民合作社建立紧密型利益联结机制，保证农民能够获得更多第二、三产业增值收益。

（六）实施乡村振兴战略，加快推进农业农村现代化，要培养造就一支有力的“三农”工作队伍

党的十九大报告在阐述实施乡村振兴战略时特别指出，加强农村基层基础工作，健全自治、法治、德治相结合的乡村治理体系。培养造就一支懂农业、爱农村、爱农民的“三农”工作队伍。在全面建成小康社会决胜阶段，在中国特色社会主义进入新时代的关键时期，加快推进农业农村现代化，实现乡村振兴发展，要有一支强有力的“三农”工作队伍。这支队伍要懂农业，了解、熟悉现代农业特点和发展规律；要爱农村，能够将致力于改变农村面貌作为事业追求；要爱农民，在工作中对农民充满深厚感情。首先，要努力培养造就一支优秀的农村干部队伍，组织和带领广大农民发展农业和农村经济，增加农民收入；其次，要努力培养造就一支高水平的农业科技人才队伍，研发更多的实用农业技术，指导农户和新型农业经营主体不断提高农业经营管理水平；最后，要培养造就一支有能力的企业经营管理和服务队伍，能够依托并通过农业企业、农民合作社和市场中介组织将分散经营的小农户联合起来，有效对接竞争激烈的大市场，成功开展农产品市场营销。

（本部分内容发表于《农业经济与管理》2017年第5期，作者：郭翔宇。）

二、推进农业高质量发展，建设农业强省

党的二十大报告指出，高质量发展是全面建设社会主义现代化国家的首要任务。实现高质量发展，是中国式现代化的本质要求。在“三农”工作方面，党的二十大报告总结了新时代10年的成就，分析了面临的形势，对今后一个时期“三农”工作作出了重要部署，第一次提出了加快建设农业强国的目标任务。全面建设社会主义现代化国家、高质量发展与农业强国建设之间存在着内在的逻辑关系。

（一）全面建成社会主义现代化强国，必须加快建设农业强国

党的十九大报告首次提出了“社会主义现代化强国”的概念，对新时代中国特色社会主义发展，作出从全面建成小康社会到基本实现现代化、再从基本实现现代化到全面建成社会主义现代化强国分两个阶段的战略安排。在此基础上，党的二十大报告进一步对2035年和本世纪中叶的发展目标作出宏观展望，强调到本世纪中叶建成的社会主义现代化强国要在综合国力和国际影响力上处于领先地位，并细化了实现这一奋斗目标的步骤和路径，重点部署了今后5年的战略任务和重大举措。

为了支撑和加快建成社会主义现代化强国，党的二十大报告在“到2035年我国发展的总体目标”中提出要建成5个强国，即教育强国、科技强国、人才强国、文化强国和体育强国；在未来五年经济建设的战略部署中提出要加快建设8个强国，即在建设现代化产业体系方面要加快建设制造强国、质量强国、航天强国、交通强国、网络强国，在全面推

进乡村振兴方面要加快建设农业强国，在促进区域协调发展方面要加快建设海洋强国，在推进高水平对外开放方面要加快建设贸易强国。

以上这 13 个强国建设，都是全面建设社会主义现代化强国的有机组成部分和重要支撑，构成了我国社会主义现代化强国建设的完整战略体系。从时间表来看，全面建成社会主义现代化强国的时间是 21 世纪中叶，其中，教育、科技、人才、文化和体育等 5 个强国的建成时间是 2035 年，其他 8 个强国没有明确具体的建成时间，但都强调要“加快建设”。“加快建设”这 8 个强国意味着，中央是希望并争取在 2050 年之前能够分批地建成，加上要在 2035 年建成的 5 个强国，这表明，我国现在进入了全面加快社会主义现代化强国建设的新征程和新阶段。

党的二十大报告把农业强国建设正式纳入社会主义现代化强国建设战略体系，首次明确提出“加快建设农业强国”。中国要强，农业必须强。纵观世界强国发展史，一个国家要真正强大，必须有强大的农业作支撑。2013 年 12 月，习近平总书记在中央农村工作会议上指出，世界上真正强大的国家、没有软肋的国家，都有能力解决自己的吃饭问题。美国是世界第一粮食出口国、农业最强国，俄罗斯、加拿大和欧盟的大国也是粮食强国。这些国家之所以强，是同粮食生产能力强联系在一起的。因此，全面建设社会主义现代化强国，必须加快建设农业强国，这既是不可或缺的重要组成部分，也是必由之路。农业强国建设在社会主义现代化强国建设战略体系中起着基础性的支撑作用，地位重要，意义重大。

加快建设农业强国，首先要准确把握其内涵特征和基本要求。中国社会科学院农村发展研究所所长魏后凯认为，农业强国应具有“四强一高”的基本特征，即农业供给保障能力强、农业竞争力强、农业科技创新能力强、农业可持续发展能力强和农业发展水平高。国务院发展研究中心农村经济研究部部长叶兴庆提出农业强国具有“五强”特征，即供给保障能力强、农民收入支撑作用强、物质技术装备强、产业韧性强、支持政策体系强。清华大学中国农村研究院副院长张红宇提出了建设农业强国的基本要求，即体现我国经济体量和发展要求，满足大国人民重要农产品的基础需求，体现“四化同步”发展的内在要求，资源要素得到保护并永续利用，提升我国在全球农业中的地位。把握好这些内涵特征和基本要求，可以更有针对性地确定加快建设农业强国的重点任务和政策举措。

（二）加快建设农业强国，必须以农业强省建设为支撑

加快建设农业强国，必须以农业大省作为载体和主要抓手，加快推进更多的农业大省向农业强省转变。2019 年 9 月，习近平总书记在河南考察时发表重要讲话强调，要在乡村振兴中实现农业强省目标。这不仅仅是对河南农业发展提出的目标，更是给所有农业大省提出来的任务要求。中国多数省份都是农业大省，但还不是农业强省，其中，黑龙江、山东、河南、江苏、湖北等农业大省纷纷确定了建设农业强省的战略目标。

1. 准确把握农业强省的内涵与基本特征

把握农业强省的内涵，首先应明确什么是农业大省。所谓农业大省，是指农业生产规模较大的省份，即农业资源、生产投入与产出在数量上达到较大规模的省份。农业资源数量和生产投入规模大，是指农用地、耕地面积大和农村人口、农业劳动力数量多；农业产出数量和规模大，是指农业综合生产能力大和农产品产量、农业产值高。农业大省是一个

可以通过省际比较进行判断的相对概念，强调的是农业生产的“量”，是一种追求数量增长和规模扩大的“数量型、外延式”发展状态。

农业强省，是指在生产经营规模较大和综合产能较高的基础上，农业发展质量和水平达到更高程度的省份，包括农业现代化、农业生产效率、农业产业化程度、农业市场竞争力以及农民收入等方面达到更高水平。农业强省既是一个可以通过省际比较进行判断的相对概念，又是一个应该通过自身动态比较进行衡量的“绝对”概念，强调的是农业发展的“质”，是一种更注重质量效益和竞争力的“质量型、内涵式”建设过程。

具体分析，农业强省应具备以下三个条件和基本特征：

（1）农业生产规模较大。农业强省首先应该是农业大省，必须具有较大的农业生产投入规模和产出数量。农业大省是农业强省的前提和基础，不是农业大省不可能建设成农业强省。

（2）农业发展质量更高。农业强省必须是农业大省，但农业大省不一定是农业强省。在一定时期内，农业大省要建设成农业强省，必须同时具备更高的农业发展质量和水平。农业发展质量高，第一表现为农业现代化水平高，包括农业机械化、科技化、组织化、信息化、水利化等；第二表现为农业生产效率高，主要包括农业劳动生产率、土地产出率等；第三表现为农业产业化程度高，重点是农产品加工业、休闲旅游农业的发展水平高；第四表现为农业质量效益和市场竞争力高，包括农业品牌竞争力、农产品出口创汇水平高等。

（3）农民收入水平更高。农民是农业生产经营主体，实现农业农村现代化的重要标志就是在农业强的基础上实现农民富。因此，建设农业强省，必须使农民收入达到更高水平，实现城乡居民收入均衡化。

2. 科学评价农业强省建设程度

基于农业强省的内涵与基本特征，可以首先分别评价省域农业生产规模和省域农业发展水平，然后将二者加权汇总得到农业强省建设程度指数。评价省域农业生产规模，可以从农业投入规模和农业产出规模两个方面选择农用地和耕地规模、乡村人口和农业就业人员、农业增加值、农产品产量等具体指标；评价省域农业发展水平，可以从农业现代化水平、农业生产效率、农产品加工业发展水平、农产品国际市场竞争力和农民收入水平等方面选择农业机械化、农业科技化、农田水利化、农业规模化、农业劳动生产率、土地产出率、农产品加工业主营业务收入、农产品出口额等具体指标。

运用所构建的评价指标体系进行测算，结果显示，2020 年，在农业生产规模方面，黑龙江是全国第一农业大省，省域农业生产规模指数为 70.3%，排在第二至第十位的分别是山东、河南、四川、内蒙古、云南、河北、广西、吉林和湖南；在农业发展质量和水平方面，上海排在全国第一位，省域农业发展水平指数为 66.9%，排在第二至第十位的分别是江苏、山东、福建、浙江、广东、北京、天津、河南和湖北。将这两个指数加权汇总后得到省域农业强省建设程度指数，其中，山东排在第一位，农业强省建设程度为 63.6%，江苏（57.4%）、黑龙江（56.6%）、河南（55.3%）、广东（52.8%）、福建（51.5%）、四川（50.4%）、湖北（49.7%）、内蒙古（48.7%）和河北（47.8%）分别排在第二至第十位。

根据乡村振兴和农业农村现代化的目标任务，参考农业强国的发展过程与趋势，我们认为，农业强省建设程度达到60%可以确定为建成了农业强省。当然，此时的农业强省还属于初级阶段，在国内处于领先水平；当农业强省建设程度达到70%以上时，则进入农业强省的中高级阶段，农业发展质量和综合水平将接近或达到国际先进水平。从评价结果来看，山东农业强省建设程度指数超过了60%，已经进入农业强省的初级阶段，其他农业大省还没有达到农业强省的标准，但黑龙江与河南比较接近了。这意味着，在实现农业强省目标过程中，各省份的建设进程是不平衡的。随着更多的农业大省建成农业强省，将会逐渐加快农业强国的建设步伐。

（三）加快农业强省建设，必须推动农业高质量发展

实现高质量发展，是中国式现代化的本质要求，是全面建设社会主义现代化国家的首要任务。在此宏观背景下，加快农业强省建设，必须坚持以推动高质量发展为主题，在基本思路上，要针对许多省份农业"大而不强"的现状，通过指标均衡性和优劣势分析，找出各自的短板与弱项，坚持扬长补短的原则，在发挥农业生产规模优势的基础上，重点推动农业高质量发展，促进各省农业加快由"大而不强"向"既大又强"转变。

习近平总书记2017年12月18日在中央经济工作会议上指出："高质量发展，就是能够很好满足人民日益增长的美好生活需要的发展，是体现新发展理念的发展"。推动农业高质量发展，就是要在农业强省建设过程中坚持以高质量发展为主题，着力提高农业发展的质量和水平。

在推进路径上，第一，要加快提升农业综合生产能力，高质量保障粮食等重要农产品有效供给。更高层次地满足人民群众日益多元化的食物消费需求，更好地满足人民日益增长的美好生活需要，是推动农业高质量发展、加快建设农业强省的基本要求。各农业大省要重点提高粮食生产能力，全方位夯实粮食安全根基，为确保全国谷物基本自给、口粮绝对安全做出更大贡献，把中国人的饭碗牢牢端在自己手中；同时，要坚持大食物观，积极构建多元化食物供给体系，为保障肉类、蔬菜、水果、水产品等各类食物有效供给做出更大贡献。

第二，要加快提高农业现代化水平，增强农业科技和装备支撑能力。农业高质量发展是创新成为第一动力的发展，农业强省需要以强大的农业科技创新能力和现代物质装备为支撑。各农业大省，要大力发展科技农业，加快提高农业科技化水平，缩小与发达国家在农业科技进步贡献率上的差距；要加快实现主要农作物全程全面机械化，大力提高农机装备质量；要加快发展新型农业经营主体和农业适度规模经营，进一步提高农业组织化、规模化水平；要大力发展数字农业、智慧农业，提高农业信息化水平；要深入推进化肥农药投入减量化，加快提高农业绿色发展水平和可持续发展能力。

第三，要大力提高农业生产效率，增强农业国际竞争优势。农业生产效率的高低、农产品在国内外市场上是否具有竞争优势，是一个国家或地区农业发展质量和综合实力的直接表现。要大幅度提高农业劳动生产率、土地产出率和资源利用率，提高农业全要素生产率。

第四，要大力发展农产品加工业，增强农业产业韧性。我国许多省份农业"大而不强"，主要表现是农产品产量较大，但农产品加工业规模和水平偏低。各农业大省要以

“粮头食尾”“农头工尾”为抓手，延长产业链，提升价值链，把食品和农副产品精深加工业打造成当地重要的支柱产业，提高农产品加工转化率，尽快使农产品加工业产值与农业产值之比接近和达到发达国家水平。同时，要大力推进农业与第二、三产业实质性融合发展，提高融合深度和融合质量，拓展农业增值增效空间。

第五，要大力促进农民增收，加快城乡居民收入均衡化进程。农民收入水平低、城乡居民收入差距偏大，是影响农业高质量发展和农业强省建设的重要因素。习近平总书记非常关心农民增收问题，多次强调要让农民种粮有钱挣，让农民能获利、多得利，特别是在党的二十大报告中首次提出，要健全种粮农民收益保障机制。各农业大省，特别是粮食主产区省份，要在大力拓宽农民增收致富渠道、不断优化农民收入结构的基础上，积极探索健全种粮农民收益保障机制，为促进农民持续快速增收提供有力的制度支撑。同时，要进一步缩小城乡居民人均可支配收入的相对数差距，并在此基础上努力降低城乡居民收入绝对数差距继续扩大的趋势，逐步实现城乡居民收入均衡化，为实现全体人民共同富裕补齐短板。

（本部分内容发表于《农业经济与管理》2022年第6期，作者：郭翔宇。）

三、以创新理念推进农业现代化

“十三五”时期是全面建成小康社会决胜阶段，农业是全面建成小康社会、实现现代化的基础。“十三五”时期农业发展的主要目标和任务是大力推进农业现代化。推进农业现代化，必须坚持创新发展理念，充分发挥创新引领农业发展的第一动力作用。

（一）以科技创新提供动力支撑

从内容到形式，创新都是一个多元化体系，其中科技创新具有引领作用。早在1998年，党的十五届三中全会就提出，农业的根本出路在科技。2008年，党的十七届三中全会进一步提出，农业发展的根本出路在科技进步。2012年中央1号文件更具体地提出，农业科技是确保国家粮食安全的基础支撑，是突破资源环境约束的必然选择，是加快现代农业发展的决定性力量。因此，要依靠科技创新驱动，引领支撑现代农业建设。

与传统农业相比，现代农业是依靠先进的科学技术进步拉动、具有更高技术密集度的农业。世界农业发展的历史就是农业科学技术不断进步的历史。第二次世界大战后，世界农业增长和发展的主要源泉是依靠农业科技创新和科技进步。各国农业现代化过程，在本质上就是现代科学技术在农业中应用的过程。战后初期，发达国家农业科技进步贡献率为20%～30%，到20世纪70年代以后达到60%～80%，目前美国等农业最发达国家更是高达90%以上。从我国实际情况来看，农业科技创新能力还不强，农业科技发展水平还不高，农业科技进步贡献率不到60%，远低于发达国家水平。

因此，大力推进农业现代化，必须坚持科技创新，把农业发展的根本途径彻底转到充分依靠科技进步和提高劳动者素质的轨道上来。一方面要加快农业科技创新步伐，提高农业科技进步贡献率；另一方面要大力发展农业与农村教育和农民培训，提高农民素质，培育高素质农民。在具体对策上：一要加大农业科技体制改革力度，健全激励机制，突破农业科技创新的制度障碍；二要加大政府农业科技投入力度，真正把农业科研投入放在公共财政支持的优先位置，提高农业科技投入的比重和强度；三要加强农业技术推广，建立多元化的农业推广组织体系；四要大力发展农村教育和农民专业技能培训，提高农民科技文化素质和经营管理水平；五要充分发挥农业大专院校和科研院所的作用。

（二）以制度创新创造体制机制保障

实现农业现代化，在发展农业生产力层面主要依靠科技创新来驱动；在完善农业生产关系层面主要依靠改革和制度创新来推动。实际上，改革的本质就是创新，农业与农村改革的过程，就是通过制度创新来推动现代农业建设与农村发展的过程。实现创新，是农业与农村深化改革的基本要求，是改革要实现的过程性目标和阶段性结果，最终目的是要促进和加快现代农业的发展；同时，创新也是判断、评价农业与农村改革进展程度与成效的重要标准。因此，大力推进农业现代化，必须全面深化农业与农村改革，加大制度创新力度，破解制约现代农业发展的体制机制障碍和深层次矛盾。

针对我国现代农业建设中存在的主要问题和矛盾，应从改革体制、完善机制、调整政策、健全体系、理顺关系、优化模式、修改法律等方面进行深化改革和制度创新。一要推进农村集体产权制度创新，核心是探索农村集体所有制经济的有效组织形式和实现方式，重点是进行土地制度改革。要改革农村土地征收和集体经营性建设用地制度，完善土地增值收益的合理分配机制；改革农村宅基地制度，完善农民住房保障机制，探索宅基地有偿使用与自愿退出机制以及农民住房财产权抵押、担保、转让的有效途径；改革耕地保护制度，完善基本农田保护补偿机制；探索实行耕地轮作休耕制度；改革创新农村集体资产和水利、林业等管理体制。二要推进农业经营制度创新。一方面，改革农业生产经营组织形式，加快培育新型农业经营主体，构建新型农业经营体系；另一方面，创新农业社会化服务机制，大力培育多种形式的农业经营性服务组织，健全新型农业社会化服务体系。三要推进农业支持保护制度创新，加大农业支持保护力度，完善农业生产激励机制。要完善财政支农政策，建立农业投入稳定增长机制；改革主要农产品收购收储政策，完善农产品价格形成机制；改进农产品市场调控制度，创新农产品流通方式；改革农业补贴制度，提高农业补贴政策效能；完善粮食主产区利益补偿机制，调动主产区政府抓粮积极性；创新农村金融制度，建立现代农村金融体系，提升农村金融服务水平；创新农业保险品种，完善农业保险制度，提高保障水平。

（三）以管理创新更好地发挥政府的主导作用

大力推进农业现代化，要使市场在农业资源配置中起决定性作用，要使农民在农业生产与经营者中发挥主体作用；同时，要更好地发挥政府的主导作用，政府要科学地对农业运行与发展进行宏观管理与调控。受自然和市场双重风险影响，由于农业的基础产业地位和弱质产业特性，政府对农业的管理与调控，尤其是政府支持与保护是必需的，这对加快推进农业现代化至关重要。科学而有效的政府管理与宏观调控，一方面是促进农业生产力各要素高效有机结合的重要因素，另一方面是推动农业科技创新的关键因素和农业制度创新的决定性因素。在既定农业科技水平和制度安排下，政府管理行为与活动的创新，能提高现有技术和制度的绩效水平。

适应市场经济和新常态下现代农业运行与发展变化，为更好地发挥政府的作用，要在完善的基础上进行管理创新。在管理目标上，在保障主要农产品有效供给的同时，要更加注重增加农民收入、促进农民充分就业、优化农业结构、提高农业生产效率、促进农业可持续发展。在管理职能上，主要是科学制定农业发展战略和中长期农业发展规划，调整、优化农业结构与布局，建立现代农业产业体系；完善农产品市场体系，规范市场行为与秩序；强化监管，完善农产品质量和食品安全体系；强化农业公益性服务机构作用，建立政府购买公益性农业服务机制；统筹协调与农业发展有关的不同地区、部门、行业及经济主体之间的责权利及相互关系，调动各方面的积极性。在管理方式上，应以宏观间接调控为主，创新调控思路与政策工具，采取相机调控、精准调控措施，加大定向调控力度，适时预调微调。在管理手段上，应以经济手段和法律手段为主，一方面注重宏观经济政策之间的协调配合，增强宏观调控的针对性和协调性；另一方面及时修改不适应现代农业发展的法律法规，研究制定新的法律法规。

（四）以理论创新进行科学指导

在大力推进农业现代化和深化农村改革过程中，迫切需要加强理论研究，进行理论创新。理论来源于实践，科学的理论又能指导实践，通过理论研究与思考形成的先进发展理念是发展行动与实践的先导和引领。特别是在推进科技创新、制度创新和管理创新方面，更内在地需要超前的理论研究和理论创新，既要敢于突破某些原有理论体系、框架和方法，又要勇于探索理论禁区和未知领域。

坚持理论创新，就是要对在推进农业现代化过程中出现的新情况、新问题做出新的理性分析和理性解答，对农业现代化的本质、规律和发展变化的趋势要做出新的揭示和预见。党的十八大、十九大和二十大提出了一系列现代农业发展与农村改革的重大任务与举措，需要国家有关部门和地方政府制定具体实施方案。为稳妥推进现代农业与农村改革，党中央和国务院统一部署了包括农村土地制度、农业支持保护制度、农村集体产权制度、农村金融、农业水价等11项改革试点任务。以黑龙江“两大平原”现代农业综合配套改革试验为例，这是全新的、具有先行先试性质的探索性实践任务，没有现成的路可走。整体改革试验，要把握正确的方向，要有明确的目标定位；要把握改革的重点内容，要有合理的任务安排；要把握当前改革的背景变化，要有鲜明的时代特征；要把握国家的战略方针，要有基本的原则要求。改革试点中的每一项具体任务都是一个大课题，进行其中任何一个方面的改革试验，都需要全面把握该项改革试验任务的历史演进过程与现状，客观了解主要问题及其不利影响，深入分析成因与制约因素，比较借鉴国内外发达地区的成功做法和先进经验，科学制定完成改革试验任务的思路途径和政策措施等并付诸实施。所有这些都需要进行深入系统的理论研究和综合设计。同时，在改革实践过程中，还要进行跟踪研究和深化研究，及时考察、评估改革试验进程与绩效，总结分析成功经验或失败教训，进一步修订、完善改革思路和方案。对于改革试验过程中出现的新情况、新问题，要及时分析研究，妥善提出对策建议。在进行理论创新过程中，一方面应加强中央和地方重点智库建设，开展重大现实问题的应用对策研究；另一方面应通过国家科学基金项目引导广大专家学者进行基础理论研究，为改革试验提供理论依据和决策参考。

（本部分内容发表于《光明日报》2016年7月10日，第一作者：郭翔宇。）

四、加大科技创新力度引领农业现代化

在推进农业现代化和乡村振兴过程中，坚持创新发展理念，充分发挥创新引领农业发展的第一动力作用。2018 年 9 月，习近平总书记在黑龙江考察时指出，中国现代化离不开农业现代化，农业现代化关键在科技、在人才，要把发展农业科技放在更加突出的位置，给农业现代化插上科技的翅膀。2020 年 7 月，习近平总书记在吉林考察时强调，农业现代化，关键是农业科技现代化，要加强农业与科技融合，加强农业科技创新。

（一）加大农业科技创新投入，加强农业科技创新支撑作用

科学技术是第一生产力，要坚持走科技化、精准化、信息化、智能化的农业发展道路，一方面要不断提高农业科技创新研发经费投入强度，另一方面要切实优化农业科技财政支出结构。首先，要提高农业科技财政支出规模，加大农业科技创新研发经费投入，重视农业科技的基础性研究，在数字农业、智慧农业、互联网+、大数据技术支农等关键领域实现重大突破，形成具有竞争力的强大科技研发能力，突破现有环境资源约束，支撑引领现代农业发展；其次，要创新农业科技财政资金支持模式，转变农业科技财政投入方式，可设立“农业产业技术创新与科技金融”相关专项资金，有重点、有步骤地支持农业科技创新，提升农业科技型企业的成长能力，提高农业科技竞争能力，形成推动农业科技创新的长效机制。

（二）培养农业科技创新人才，壮大科技创新人才队伍

无论是原始创新还是集成创新，创新的主体都是人才，都需要人才的支持和保障。一方面，要创新农业科技创新人才培养方式，既重视人才数量的增加，通过招聘等方式招录高校优秀人才，又注重提升其整体素质，完善培养机制，通过培训学习、实践锻炼等方式，助力人才能力的提升；另一方面，要完善人才激励机制，通过物质奖励、改善职业发展通道等方式，充分调动科技创新人才的工作积极性，激发科技创新的活力。农业科技人才是整个人才队伍中最重要的组成部分，发挥农业科技人才作用，应坚持思想政治教育和管理服务并重，实行更加积极开放有效的人才政策，把肯下基层作为评价农业科技人才重要因素，真正让农业科技创新人才在农业现代化发展建设中想下去、下得去、留得住、用得好；加大对高等院校、科研院所，特别是涉农高校和科研院所的支持力度，为其发挥人才培养、教育培训、科技创新、社会服务优势提供支持；构筑“内外”结合、多层次的人才梯队，激发农业龙头企业、新型农业经营主体科技创新活力，加强基层农业科技人才、高素质农民的培训，建立政府主导、部门协作、统筹安排、产业带动的培训机制，造就更多乡土科技人才。

（三）健全农业科技创新推广体系，促进产学研深度融合

科技创新推广是实现农业现代化的重要环节，建立健全的农业推广体系可促进科研成果转换。着力支持、引导、实施一批农业科学技术项目、创新团队计划项目，不断增强农业科技创新供给能力；积极对接农民需求，服务农业技术创新，联合企业解决好制约农业发展的关键技术问题；大力加强智能化、环保型、复合型农业机械化的推广应用，提高补贴标准，进而提升耕种收加效率。同时，可与内外部环境、人力资源配置和推广模式相匹配，大力提升农业科技创新供给能力和对接服务的能力。针对推广人才不足、素质水平不

高、推广模式不适应等情况，提高推广人员招聘平台，稳步提升推广队伍服务能力，同时创新现代化科技推广模式，加快建设基于移动互联网共享技术的农业科技资源共享平台，通过应用现代推广工具提升推广能力。产学研深度融合是促进农业科技创新成果转化的关键手段之一，应大力发展面向市场的新型农业技术研发、成果转化和产业孵化机构。建立总体布局合理、功能定位清晰、产学研有机融合的农业科技成果转化体系，形成多元参与、协同高效的创新治理格局，打通技术突破、产品制造加工、市场模式和产业发展"一条龙"转化瓶颈。建立一批公益性、专业化的技术转移机构和面向市场的服务网络，打通创新链和产业链的精准对接，加快科技创新成果落地。

（四）完善提升农业科技创新政策，加强农业科技制度供给

推动农业科技现代化，必须切实完善对农业科技的各项支持政策。一要强化农业科技知识产权保护，完善农业科技知识产权保护政策和法律法规，依法打击侵犯农业科技知识产权等违法行为，建立健全农业科技知识产权保护的监督机制。二要加强规范和引导，有效维护农业科技市场秩序，进一步完善农业科技创新评价机制，采取物质奖励、精神鼓励、职务职称晋升、利润分享、提供学习培训机会等多种形式，激励优秀农业科技创新人才到乡村创业。三要制定以科研质量、创新能力和成果应用为导向的评价标准，从农业科技创新成果及其转化率、项目管理水平、服务农业的实际成效、农民满意程度等方面，多角度全方位评价农业科技创新人才，形成完善的创新激励机制。

（本部分内容发表于《黑龙江日报》2021年12月31日，第一作者：杜旭。）

五、加大力度推进农业科技现代化

随着中国特色社会主义进入新时代、中国经济发展进入新常态，高质量发展成为各行业、各领域必须遵循的根本要求。农业是国民经济的基础，是建设现代化经济体系的关键。推动农业高质量发展，是未来我国农业发展的方向和主题，是实现国家经济社会高质量发展的必由之路。农业现代化的关键在于农业科技现代化，推动农业高质量发展，必然要求高质量推进农业科技现代化，要深刻认识和准确把握农业科技现代化多主体相互协作、多要素相互作用、多环节相互衔接的动态发展特征，全面提升农业科技现代化质量水平。

（一）加强中国特色农业科技现代化理论研究，以理论创新驱动实践创新

高质量推动农业科技理论创新。一要基于理论研究与实践探索良性互动的视角，进一步树立科学导向，始终坚持理论研究在农业科技现代化过程中不可或缺的地位。二要基于农业现代化与科技现代化交叉融合的视角，深入挖掘农业科技现代化的内涵、外延和本质特征，深刻阐释农业科技现代化的实践方向、推进路径，回答好农业科技现代化"是什么""怎么做"等问题。三要基于学理性与应用性有效衔接的视角，充分发挥相关智库平台作用，促进理论创新向制度创新、政策创新和举措创新的转化，增强农业科技现代化实践创新的理论驱动。

（二）提升农业基础设施建设水平，为农业科技现代化提供重要支撑

农业基础设施是促进农业科技成果转化和应用的重要支撑，高水平的农业基础设施是

高质量推进农业科技现代化的重要保障。当前，基础设施建设仍是农业现代化建设中需要加强的领域，加强农业科技成果的转化与应用，不断构建现代农业产业体系、生产体系和经营体系。推进农业科技现代化，要深入实施强基工程，加大农业基础设施建设力度，坚持不懈做好“打基础、增功能、利长远”工作，提升建设质量水平和覆盖率，为高质量推进农业科技成果的转化与应用提供有力支撑。

（三）深化农业科技基础研究，增强农业科技原始创新能力

科技创新的源头在于基础研究，没有基础研究的高质量发展，农业科技现代化将成为无源之水、无本之木。高质量推进农业科技现代化，要切实尊重科技发展规律，不断提升农业基础研究水平，从源头上奠定农业科技自立自强的基础。要从资金投入、政策支持以及科学的评价与激励机制构建等方面，努力形成系统化、长期稳定的基础研究支持体系，强化基础研究保障力度。要着力构建政产学研协同创新机制，推动各类创新主体联合与合作，充分发挥各自优势与特长，打造集成创新链，增强农业科技创新合力。要推动基础研究与应用研究紧密结合，形成以应用研究带动基础研究导向，促进基础研究向应用研究的高效转化。

（四）聚焦关键核心技术，突破农业科技现代化瓶颈制约

从我国农业现代化发展现状和目标看，现代种业的创新发展、先进适用机械装备研发、数字信息技术与农业的进一步融合，以及农业绿色发展模式、技术的推广应用和生产要素支撑，是当前我国农业科技现代化的重点任务。推动农业科技现代化，要着力加强现代种业攻关，统筹种质资源保护和品种创新，全面构建以市场为主导、以企业为重要主体、产学研协同的种业创新体系。要积极推进现代信息技术在农业生产、农产品精深加工和市场营销等环节的广泛应用，提升现代农业“三大体系”数字化、信息化和智能化水平。要深入贯彻落实农业绿色发展理念，不断加强节水灌溉技术、耕地保护、生物有机肥料等农业绿色发展技术和投入品的研发与应用，提高农业可持续发展能力。

（五）促进体制机制创新，强化农业科技现代化的制度驱动

科学高效的体制机制是高质量推进农业科技现代化的关键，要突出有效市场和有为政府相结合，不断加强体制机制创新，激发农业科技创新活力。一要保障更多农业科技创新主体平等进入市场、公平参与竞争并获取合理收益。二要实施更具系统性和导向性的农村产业政策，提升农业科技创新效率、转化效率。三要实施更具稳定性和精准性的调控政策，科学运用财政政策、税收政策、金融政策以及产业政策等手段，全力打造健康、高效的市场运行机制。四要进一步深化“放管服”改革，对简政放权不到位、事中事后监管不尽责、服务功能不充分等问题持续加大治理力度，努力优化市场环境、降低制度性交易成本，激发农业科技创新主体活力。

（六）强化多元主体培育，提高农业科技现代化主体能力

农业科技现代化是集创新、转化、推广、应用等多个环节于一体的全链条式现代化，只有全面提升各环节主体建设质量，才能切实提高农业科技现代化的效率和水平。一要突出企业创新主体地位，加快推动龙头型农业科技企业做大做强，采取综合性、稳定性支持政策，推动形成大中小型农业科技企业协同发展格局。二要加强基层农技推广队伍建设，

通过制定并实施更加明确的建设目标、举措和步骤，建立刚性的资金投入机制、人才队伍建设机制和考核评价机制，努力形成数量充足、结构优化、素质过硬的基层农技推广队伍。三要综合运用资金支持、科技培训等举措，持续加大新型农业经营主体和服务主体建设力度，使新型农业经营主体和服务主体成为农业科技成果应用、推广的重要力量，并辐射带动小农户与现代农业有机衔接。

（本部分内容发表于《中国社会科学报》2022年11月9日，通讯作者：郭翔宇。）

六、持续提升农业科技创新能力

党的十八大以来，“创新驱动发展”成为国家战略，科技创新被摆在国家发展全局的核心位置。党中央、国务院高度重视农业农村科技创新工作。经过多年努力，我国农业农村科技创新取得重大成就，农业农村科技创新发展的基础也更加坚实①。但是，在日益激烈的农业国际竞争中，我国农业科技发展仍面临严峻挑战，农业科技创新能力的提升任重而道远。

采取何种政策措施以有效、持续提升农业科技创新能力是当前农业科技管理中亟待解决的重要问题。正确认识和有针对性地开展农业科技创新能力评价则是提高农业科技创新能力的重要一环②。现有关于中国农业科技创新能力评价研究对象主要集中在中国与国际比较、各省（自治区、直辖市）、科技园区、龙头企业、农业科研机构，评价方法主要采用层次分析法、熵权法、因子分析法、灰色关联法、模糊综合法和密切值法。省域农业科技创新能力建设是国家农业科技创新能力建设的基础，对于加快推进国家农业科技创新发展具有重要的支撑作用。近年来，很多学者对省域农业科技创新能力评价开展了研究，但仍存在以下不足：一是缺少同时从农业科技创新理论和中国农业科技创新体系建设的实际出发，提炼省域农业科技创新能力构成要素，构建能够充分体现省域农业科技创新能力发展水平的评价指标体系；二是大多数研究针对单个省（自治区、直辖市）进行评价③④⑤⑥⑦，缺乏省域间的比较分析，仅有的省域间研究或者采用1年数据做横向静态分析⑧，或者指标数据只取自农业科研机构等单一创新主体，缺乏多年数据的纵向动态对比分析，缺乏充分体现省域农业科技创新系统中多元创新主体的指标数据⑨。鉴于此，本部分在充分调研省域农业科技创新体系建设情况及国家农业未来科

① 韩长赋．新中国农业发展70年（科学技术卷）[M]．北京：中国农业出版社，2019.

② 陈耀，赵芝俊，高芸．中国区域农业科技创新能力排名与评价[J]．技术经济，2018，37（12）：53-60.

③ 王志瑛，顾幼瑾，李爽．农业创新能力的模糊综合评价：以云南省为例[J]．安徽农业科学，2012，40（4）：2424-2426.

④ 李洪文．基于TOPSIS法的湖北省农业科技创新能力评价[J]．湖北农业科学，2014，53（3）：704-708.

⑤ 张小彦，曹方，叶得明，等．基于灰色综合评价法的甘肃农业科技创新能力分析[J]．广东农业科学，2014（22）：191-195.

⑥ 杨贵梅，张克荣．基于层次分析法的安徽省农业科技创新能力评价[J]．成都师范学院学报，2017，33（8）：119-124.

⑦ 杜文忠，耿鹏鹏，胡燕萍．创新驱动视角下广西农业科技创新能力评价：基于熵值和TOPSIS法物元评价模型[J]．科技管理研究，2019（9）：82-89.

⑧ 李杨，杨锦秀，傅新红．我国区域农业技术创新能力评价[J]．中国软科学，2009（1）：84-89.

⑨ 陈耀，赵芝俊，高芸．中国区域农业科技创新能力排名与评价[J]．技术经济，2018，37（12）：53-60.

技创新政策导向的基础上，详细分析省域农业科技创新特征与内涵，遵循“主体结构—资源要素—创新绩效”的思路推导省域农业科技创新能力形成路径，进而构建省域农业科技创新能力评价体系。以中国31个省（自治区、直辖市）为实证研究对象，深入分析2008—2017年各省份的农业科技创新能力发展变化情况。研究成果将有助于丰富和发展区域农业创新理论，明确中国省域农业科技创新体系组成架构，掌握各省份近10年的农业科技创新能力发展变化情况，定位其竞争优势和薄弱环节，挖掘农业科技创新能力发展的制约和促进因素，进而为促进省域之间资源共享、优势互补和协同创新，推进国家农业科技创新能力的整体提升提供依据。

（一）省域农业科技创新的特征与内涵

1. 省域农业科技创新特征

与工业部门不同，农业生产对象是有生命的植物和动物，农业再生产是经济再生产与自然再生产的统一，农业科技创新是以生物资源的利用、控制和改造为中心的，因此农业科技创新与其他行业的科技创新相比具有公共产品特性、过程复杂且周期长、不确定性和风险性等特殊性①②。省域农业科技创新除具备上述特征外，还具有典型的区域性特征。不同地区的农业生产条件及其形成的社会经济背景均存在一定的差异。随着地区经济发展水平的变化，以及农业生产条件的改变，农业生产活动亦会产生变化，呈现出不同的时序演进特征。因此，无论从农业科技创新的需求产生背景、研究开发条件来看，还是从其成果应用与推广的过程来看，农业科技创新必须基于当地的气候、地形、土壤和水文等自然地理条件，同时考虑当地的科技创新体制、市场发育和产业政策等社会经济状况。

2. 省域农业科技创新内涵

鉴于省域农业科技创新多方面的特征，本部分将省域农业科技创新定义为参与农业科技创新过程的一系列创新主体（政府、涉农企业、农业科研院所、涉农高等院校、农业科技中介机构、新型农业经营主体与普通农户等），以国家农业科技创新体系为背景，汇聚省域内外的农业科技创新要素，通过协同互动创造新知识，发明新品种、新技术，并将其转化推广应用到农业生产实践，从而实现经济效益、社会效益与生态效益协调统一的全过程。省域农业科技创新概念包括6层含义：

（1）省域农业科技创新主体包括政府、涉农企业、农业科研院所、涉农高等院校、农业科技中介机构、新型农业经营主体与普通农户等。政府不仅通过制定、实施科技创新政策来营造良好的科技创新环境和培育农业科技创新主体，而且是基础知识、产业共性技术和技术创新基础设施的提供者；涉农企业，尤其从事创新研发的农业龙头企业是农业科技创新的重要骨干力量；涉农高等院校是知识、技术和人才的主要供给者，同时也肩负技术培训与推广工作；与涉农高等院校类似，农业科研院所同时还担负着国家农业重大基础与应用基础研究、应用研究和高新技术研究的任务，在推动农业科技创新、服务地方经济、培养高层次科研人才等方面发挥重要作用；新型农业经

① 郭翔宇，曾福生，王新利，等．农业经济管理前沿问题研究［M］．北京：中国财政经济出版社，2012.

② 周曙东．农业技术经济学［M］．北京：中国农业出版社，2012.

营主体和普通农户主要是农业科技创新成果的应用主体，但实力强的农民合作社等新型经营主体也是科技研发主体；农业科技中介机构是创新主体之间信息沟通的桥梁和纽带。

（2）省域农业科技创新需要汇聚省域内外各类创新要素，并确保创新要素在创新体系内的无障碍流转。省域农业科技创新要素包含农业科技创新支撑要素、农业科技创新投入要素和农业科技创新产出要素。农业科技创新支撑要素是省域农业科技创新活动的支撑平台，具有基础性、连续性和公共性等特点。农业科技创新投入要素主要包括农业资金投入和农业人力投入，资金是农业科技创新活动的重要物质基础，人力资源是科技创新活动的源动力。农业科技创新产出要素涵盖从农业科技创新成果产出、转化到价值实现全过程，即包括反映农业科技原始创新能力的科技创新成果数量、农业科技成果提高现实生产力的水平，以及农业科技产生的经济、社会和生态综合效益。

（3）省域农业科技创新是各类创新主体调动各类创新要素为进行农业科技创新活动而形成的协同创新网络。省域农业科技创新作为多个创新主体参与、多种创新要素汇聚、多重创新环节构成的复杂系统过程，以及相比其他行业科技创新的特殊性，已打破以往投入—产出或上游—中游—下游的单一线性创新模式，转向一种链环互动的创新整体系统模式。创新主体之间、创新要素之间、创新主体与创新要素之间逐渐形成相互作用的网络体系。

（4）省域农业科技创新以国家农业科技创新体系为背景。全面提升国家农业科技创新能力不是各自为战，而要从全局谋划一域、以一域服务全局，在更长时期、更大范围和更高层次上进行全国“一盘棋”的整体统筹，实现国家农业科技创新“大协同”发展。因此，各省（自治区、直辖市）在实现区域内部农业科技创新协同发展的基础上，要积极寻求省域间协同发展，突破部门、层级、区域、单位、学科专业等界限，实现具体的、实质性的、可操作的联合与协作，各省域实现资源共享、优势互补、合作共赢[①]。

（5）省域农业科技创新过程包括研发、转化、推广、应用以及效益实现5个主要环节。农业科学研究与技术开发环节产出科技创新成果，这是科技创新的源泉；农业科技创新成果只有走出实验室，经过转化和推广应用到田间地头，真正转化为成熟的产品与先进的模式，才能真正提高农业发展质量和农业综合效益。因此，要将农业科技创新成果转化推广放在与成果研发同等重要的位置，解决好科研和应用“两张皮”现象，不断提高科技成果的供给质量和转化效率。

（6）省域农业科技创新的最终目标是实现经济效益、社会效益与生态效益的协调统一。要坚持“绿水青山就是金山银山”理念，牢固树立可持续发展观念。农业科技是农业发展的强大支撑和驱动力，农业科技创新不能仅着眼于经济效益而忽视社会效益和生态效益，农业科技的创新不能以牺牲环境、消费能源为代价，要体现“生态、低碳、循环经济”等理念，要用长远的战略眼光来进行科技创新。

① 窦鹏辉．基于提高创新效率：农业科技组织管理的制度选择［J］．科技管理研究，2011（21）：5-7.

（二）省域农业科技创新能力及其评价方法

1. 省域农业科技创新能力定义

基于省域农业科技创新的特征与内涵，从创新能力是“对科技创新要素创造性集成的能力”这一本质特性来界定省域农业科技创新能力①，即省域农业科技创新能力是指某个省（自治区、直辖市）的创新主体有效利用和优化配置各种农业科技创新要素，通过科学技术研发、科技成果转化推广和应用等一系列科技创新活动，产出高水平农业科技创新成果，提高农业生产能力和获取最大经济效益、社会效益与生态效益的综合能力。

省域农业科技创新能力是各类创新主体协同及多种创新要素彼此匹配、相互作用的结果，其强弱是衡量一个省域农业科技创新体系结构优化与功能发挥程度的重要尺度。由此可见，省域农业科技创新能力形成遵循了“主体结构—资源要素—创新绩效”的形成路径（图 15-1）。

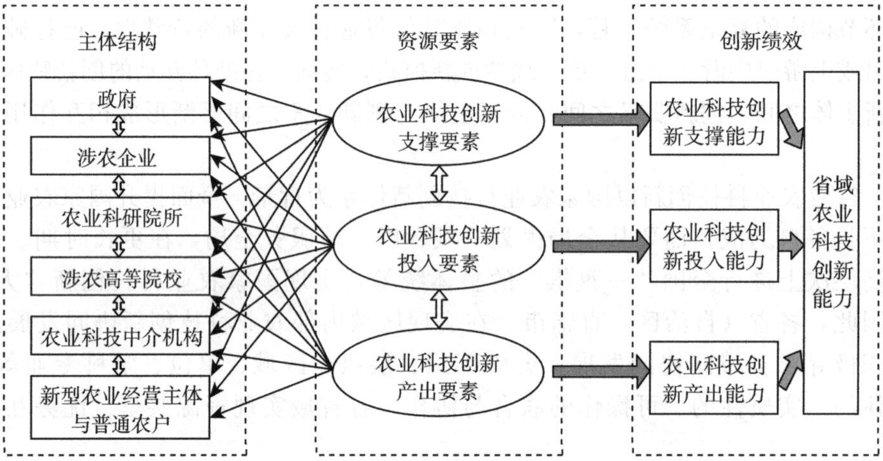

图 15-1　省域农业科技创新能力的形成路径

省域农业科技创新能力是将省域农业科技创新的诸多方面进行系统集成的、内涵丰富的综合性概念。依据以上对省域农业创新能力形成路径的分析，可以认为，省域农业科技创新能力是由农业科技创新支撑能力、农业科技创新投入能力和农业科技创新产出能力 3 个方面共同构成。①省域农业科技创新支撑能力既反映了各省份经济与社会发展水平，又体现了其农业科技创新发展基础，为各省份农业科技创新发展提供有力保障。②省域农业科技创新投入能力体现了各省份对农业科技创新发展的重视程度，投入的规模、质量和结构优化程度决定着创新产出的多少和创新效率的高低。③省域农业科技创新产出能力是各省份农业科技创新活动的成果和价值实现，是科技创新绩效的重要体现，科技创新产出的数量和质量也体现了科技创新活动开展的顺利

① 张梅申，岳增良，郑小六．农业科研单位科技创新能力要素分析及提升模式研究［J］．农业科技管理，2015，34（2）：23-26.

程度。

2. 省域农业科技创新能力评价指标体系

本研究基于省域农业科技创新特征、内涵分析及省域农业科技创新能力概念界定，并基于对我国农业科技创新体系建设的全面调研分析，从三大创新要素（农业科技创新支撑要素、农业科技创新投入要素和农业科技创新产出要素）筛选出有代表性、有针对性的评价指标，并与农业农村部负责农业科技创新体系建设的管理部门和相关专家进行多轮讨论，最后构建了包括3项一级指标、9项二级指标、27项三级指标和70多项解释指标的省域农业科技创新能力评价指标体系（表15-1）。

表15-1 省域农业科技创新能力评价指标体系

一级指标	二级指标	三级指标	指标解释
A农业科技创新支撑能力	A1经济条件	A11地区生产总值	地区生产总值、人均地区生产总值
		A12财政收入水平	地区财政收入总额、人均地区财政收入
	A2农业基础条件	A21农业物质生产条件	单位耕地面积农机动力、农田有效灌溉面积比例
		A22农业信息化水平	农村互联网普及率、农产品网上零售额占农业总产值比例
	A3农业科研与推广条件	A31农业科研组织	涉农高等院校数量、农业科研院所数量、涉农学位点（硕、博）数量、涉农学科博士后流动站数量
		A32农业科技创新平台	农业重点实验室（国家、教育部、农业农村部）数量、国家农业工程（技术）研究中心数量、国家农作物改良中心数量
		A33农业技术推广条件	农业从业人员人均农业技术推广机构数量
	A4协同创新与产业化条件	A41协同创新条件	现代农业产业技术体系参与情况、国家农业科技创新联盟参与情况、国家现代农业产业科技创新中心建设情况
		A42高新技术产业化条件	国家农业科技园区和农业高新技术产业示范区数量、农业产业化国家重点龙头企业数量
B农业科技创新投入能力	B1农业资金投入	B11政府农业科技研发投入	地区财政农业支出水平、地区R&D投入水平
		B12农业科技研发主体投入	高等农业院校研发经费支出水平、农业科研院所研发经费支出水平
	B2农业人力投入	B21农业高端人才数量	院士、杰出青年、长江学者、“高层次人才计划”学者、全国农业科研杰出人才数量
		B22农业研发人员数量	高等农业院校研发人员数量、农业科研院所研发人员数量
		B23农业技术推广人员数量	农业从业人员人均农业技术推广人员数量
		B24农民素质	高中及以上农业劳动力比例
C农业科技创新产出能力	C1农业科研成果产出	C11农业科技论文水平	农业论文（SCI、SSCI、CSCD和CSSCI检索）发表数量及被引频次
		C12农业专利水平	农业发明专利授权数量
		C13农业新品种水平	农业新品种授权数量

（续）

一级指标	二级指标	三级指标	指标解释
C 农业科技创新产出能力	C1 农业科研成果产出	C14 农业科技奖励数量	国家涉农科技奖励（技术发明奖、自然科学奖、科技进步奖）数量、神农中华农业科技奖数量、高等学校涉农科学研究优秀成果奖数量
		C15 国家级农业科研项目数量	国家农业重点研发计划项目数量、国家农业重大科技专项课题数量、农业类国家自然科学基金项目（重大、重点、面上）数量、农业经济管理类国家社科基金项目（重大、重点、一般）数量
	C2 农业科研成果转化推广	C21 农业科研成果转化应用水平	高等农业院校科研成果转化应用水平、农业科研院所科研成果转化应用水平
		C22 农业新品种推广水平	农业新品种推广数量
	C3 农业综合效益	C31 农业土地生产率	单位播种面积种植业产值
		C32 农业劳动生产率	农业从业人员人均农业增加值
		C33 农业增加值年增长率	农业增加值年均增长率
		C34 农村居民收入水平	农村居民人均可支配收入
		C35 农业绿色发展水平	单位面积化肥使用量、单位面积农药使用量

注：数据主要来源于《中国统计年鉴》《中国科技统计年鉴》《中国农业年鉴》《中国农村统计年鉴》《中国农业统计资料》《中国农村住户调查年鉴》等统计年鉴，《中国农业产业技术发展报告》《中国农业科技发展报告》《全国农业科技统计资料汇编》等报告，以及 Web of service 数据库、全国高校信息查询系统、国家自然科学基金和国家社科基金数据库等数据库系统。

3. 省域农业科技创新能力评价方法

（1）指标数据标准化处理。为了消除指标间量纲的影响，需要进行数据标准化处理，以保证数据指标间的可比性。本研究采用极值法对原始数据进行无量纲化处理，无量纲化后的每个指标的数值都在 0～100，并且极性一致。

（2）指标权重确定。本研究采用层次分析法（Analytic Hierarchy Process，AHP）确定各级指标权重。调查问卷对象涵盖农业农村和科学技术等政府部门、涉农企业、农业科研院所（部属、省属、地市属）和涉农高等院校等各主要创新主体的相关人员，以确保权重的合理性。经过层次结构模型建立、比较判定矩阵构造、权重向量计算和一致性检验等一系列步骤，最终计算获得各级指标权重值，如表 15－2 所示。

表 15-2　层次分析法指标权重

一级指标	权重	二级指标	权重	三级指标	权重
A	0.250 0	A1	0.103 0	A11	0.500 0
				A12	0.500 0
		A2	0.161 2	A21	0.666 7
				A22	0.333 3
		A3	0.483 6	A31	0.460 0
				A32	0.318 9
				A33	0.221 1
		A4	0.252 3	A41	0.666 7
				A42	0.333 3
B	0.250 0	B1	0.500 0	B11	0.500 0
				B12	0.500 0
		B2	0.500 0	B21	0.368 3
				B22	0.260 4
				B23	0.235 3
				B24	0.135 9
C	0.500 0	C1	0.593 6	C11	0.200 0
				C12	0.200 0
				C13	0.200 0
				C14	0.200 0
				C15	0.200 0
		C2	0.157 1	C21	0.666 7
				C22	0.333 3
		C3	0.249 3	C31	0.331 9
				C32	0.130 1
				C33	0.120 0
				C34	0.231 9
				C35	0.186 2

（3）评价模型构建。本研究采用线性加权和法计算省域农业科技创新能力的评价分值，评价分值越高说明某省份的整体农业科技创新能力越强；反之，说明该省份的整体农业科技创新能力较弱。具体计算模型为：

$$Y = \sum Y_i w_i \tag{15-1}$$

$$Y_i = \sum Y_j w_j \tag{15-2}$$

$$Y_j = \sum x_{jk} w_{jk} \tag{15-3}$$

其中，Y 为各省农业科技创新能力的综合评价分值，Y_i 为第 i 个一级指标的评价分值，w_i 为第 i 个一级指标的权重；Y_j 为第 j 个二级指标的评价分值，w_j 为第 j 个二级指标的权重；x_{jk} 为第 j 项二级指标下第 k 项三级指标标准化后的数据值，w_{jk} 为第 j 项二级指标下第 k 项三级指标的权重。

（三）省域农业科技创新能力评价结果与分析

1. 总体评价结果

2017 年，省域农业科技创新能力评价结果如图 15－2 所示，排名前 10 位的地区依次是北京、江苏、山东、广东、浙江、上海、四川、湖北、黑龙江和湖南。

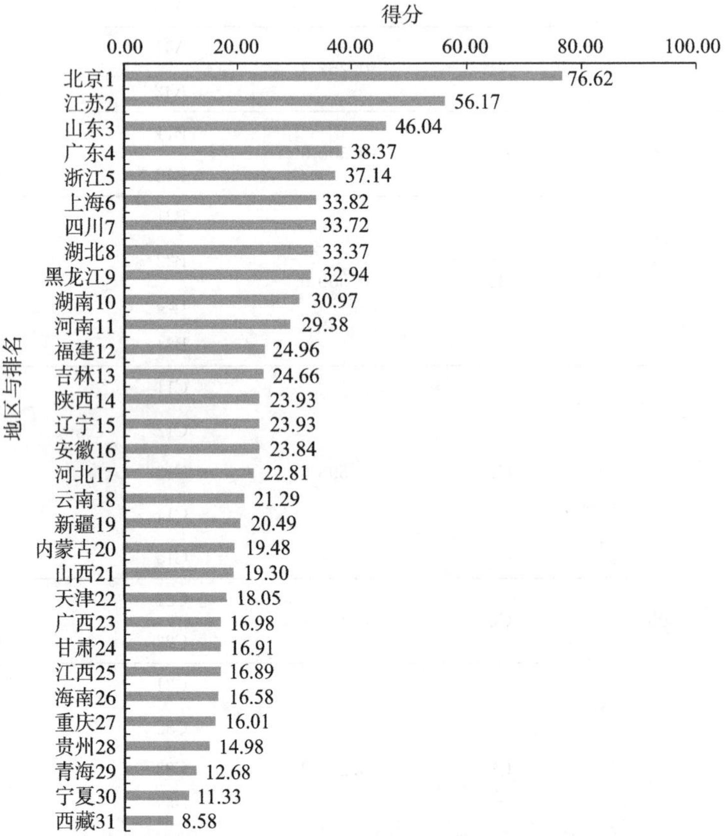

图 15－2　2017 年省域农业科技创新能力评价结果

从排名变化情况看（表 15－3），与 2008 年相比，排名上升的地区有 10 个，分别是上海、湖北、福建、陕西、安徽、云南、广西、甘肃、海南和贵州，其中上升幅度最大的是云南省，上升了 4 位；排名下降的地区有 12 个，分别是四川、黑龙江、湖南、河南、辽宁、河北、新疆、内蒙古、天津、江西、重庆和青海，其中下降幅度最大的是辽宁，下降了 3 位；北京、江苏、山东、广东、浙江、吉林、山西、宁夏和西藏 9 个地区排名没有变化。

表 15-3　2008 年和 2017 年省域农业科技创新能力排名与变化

地区	2017 年	2008 年	排名变化	地区	2017 年	2008 年	排名变化
北京	1	1	0	河北	17	16	−1
江苏	2	2	0	云南	18	22	4
山东	3	3	0	新疆	19	18	−1
广东	4	4	0	内蒙古	20	19	−1
浙江	5	5	0	山西	21	21	0
上海	6	8	2	天津	22	20	−2
四川	7	6	−1	广西	23	24	1
湖北	8	11	3	甘肃	24	25	1
黑龙江	9	7	−2	江西	25	23	−2
湖南	10	9	−1	海南	26	27	1
河南	11	10	−1	重庆	27	26	−1
福建	12	14	2	贵州	28	29	1
吉林	13	13	0	青海	29	28	−1
陕西	14	15	1	宁夏	30	30	0
辽宁	15	12	−3	西藏	31	31	0
安徽	16	17	1				

2. 一级指标评价结果

省域农业科技创新支撑能力、投入能力和产出能力 3 项一级指标评价结果详见表 15-4。在 3 项一级指标排名中，北京、江苏和山东实力显著，位列前 3 名。农业科技创新支撑能力低于其综合能力排名的省份按名次差距（>3）依次为云南（25/18）、上海（12/6）、河北（22/17）、辽宁（19/15）、广西（27/23）、海南（30/26）。农业科技创新投入能力低于其综合能力排名的省份按名次差距（>3）依次为福建（20/12）、四川（11/7）。农业科技创新产出能力低于其综合能力排名的省份按名次差距（>3）依次为山西（26/21）、内蒙古（25/20）、陕西（19/14）、甘肃（28/24）。各省份与其综合能力排名差距较大的一级指标为其农业科技创新能力的薄弱之处，需要予以关注。

表 15-4　2017 年各区域农业科技创新能力及一级指标评价结果

区域		创新综合能力		创新支撑能力		创新投入能力		创新产出能力	
		得分	排名	得分	排名	得分	排名	得分	排名
华北区	北京	76.62	1	62.85	1	80.79	1	81.42	1
	天津	18.05	22	23.01	20	15.56	25	16.82	22
	河北	22.81	17	22.08	22	20.65	19	24.25	14
	山西	19.30	21	30.46	11	17.80	22	14.47	26
	内蒙古	19.48	20	24.58	18	23.81	16	14.75	25
	均值	31.25	2	32.60	2	31.72	2	30.34	2

（续）

区域		创新综合能力		创新支撑能力		创新投入能力		创新产出能力	
		得分	排名	得分	排名	得分	排名	得分	排名
东北区	辽宁	23.93	15	23.65	19	21.04	18	25.51	13
	吉林	24.66	13	28.71	13	25.02	13	22.45	16
	黑龙江	32.94	9	32.12	9	31.77	9	33.95	9
	均值	27.18	4	28.16	3	25.94	4	27.30	4
华东区	上海	33.82	6	30.02	12	36.30	5	34.48	7
	江苏	56.17	2	54.08	2	52.93	2	58.83	2
	浙江	37.14	5	40.56	5	33.24	6	37.37	4
	安徽	23.84	16	27.51	16	22.54	17	22.67	15
	福建	24.96	12	28.43	15	19.89	20	25.75	12
	江西	16.89	25	23.00	21	16.75	23	13.91	27
	山东	46.04	3	45.02	3	49.87	3	44.64	3
	均值	34.12	1	35.52	1	33.07	1	33.95	1
中南区	河南	29.38	11	32.91	8	26.05	12	29.28	11
	湖北	33.37	8	32.06	10	33.14	7	34.13	8
	湖南	30.97	10	33.23	7	31.99	8	29.33	10
	广东	38.37	4	41.99	4	41.44	4	35.02	6
	广西	16.98	23	16.62	27	15.85	24	17.72	20
	海南	16.58	26	10.29	30	13.80	26	21.12	18
	均值	27.61	3	27.85	4	27.05	3	27.77	3
西南区	重庆	16.01	27	18.38	24	13.69	27	15.99	24
	四川	33.72	7	34.13	6	26.28	11	37.24	5
	贵州	14.98	28	13.28	28	13.53	28	16.56	23
	云南	21.29	18	18.32	25	23.87	15	21.48	17
	西藏	8.58	31	7.59	31	6.83	31	9.95	29
	均值	18.92	5	18.34	6	16.84	6	20.24	5
西北区	陕西	23.93	14	24.72	17	30.47	10	20.27	19
	甘肃	16.91	24	21.06	23	23.93	14	11.32	28
	青海	12.68	29	17.49	26	13.40	29	9.92	30
	宁夏	11.33	30	12.34	29	13.23	30	9.88	31
	新疆	20.49	19	28.65	14	18.63	21	17.33	21
	均值	17.07	6	20.85	5	19.93	5	13.74	6
标准差		13.78	—	12.00	—	14.50	—	15.00	—

从区域评价结果来看，华东区创新综合能力及3项一级指标均全国领先，华北区位列

第 2，东北区和中南区处于中游，西南区和西北区排名靠后。

3. 二级指标评价结果

3 项一级指标下的 9 项二级指标评价结果详见表 15 - 5，进一步分析可以呈现出各省（自治区、直辖市）农业科技创新能力发展的制约和促进因素。以上述一级指标低于其综合能力排名的省份为例：

（1）在农业科技创新支撑能力方面，云南（18 名）的制约因素为经济条件（26 名）和农业基础条件（30 名），其 GDP 水平（28 名）、财政收入水平（23 名）和农业物质生产条件（30 名）落后明显；上海（6 名）的制约因素为农业科研与推广条件（22 名）和协同创新与产业化条件（29 名），明显落后的指标为农业科研组织（28 名）、农业科技创新平台（18 名）、协同创新条件（13 名）、高新技术产业化条件（28 名）；河北（17 名）的制约因素为农业科研与推广条件（28 名），其农业科研组织（23 名）、农业科技创新平台（24 名）、农业技术推广条件（29 名）落后明显；辽宁（15 名）的制约因素为农业基础条件（20 名）和协同创新与产业化条件（20 名），明显落后的指标为农业物质生产条件（16 名）、高新技术产业化条件（18 名）；广西（23 名）的制约因素为农业科研与推广条件（25 名）和协同创新与产业化条件（25 名），其农业科技创新平台（28 名）落后明显；海南（26 名）的制约因素为农业科研与推广条件（31 名），其农业技术推广条件（31 名）尤其落后。

（2）在农业科技创新投入能力方面，福建（12 名）的制约因素为农业资金投入（20 名）和农业人力投入（17 名），明显落后的指标为政府农业科技研发投入（23 名）、农业科技研发主体投入（18 名）、农业研发人员数量（16 名）、农民素质（16 名）；四川（7 名）的制约因素为农业人力投入（21 名），其农业高端人才数量（16 名）农业研发人员数量（17 名）、农业技术推广人员数量（17 名）、农民素质（24 名）落后明显。

（3）在农业科技创新产出能力方面，山西（21 名）的制约因素为农业综合效益（29 名），明显落后的指标为农业土地生产率（28 名）、农业劳动生产率（30 名）、农业增加值年增长率（25 名）；内蒙古（20 名）的制约因素为农业科研成果转化推广（28 名），其农业科研成果转化应用水平落后明显；陕西（14 名）的制约因素为农业科研成果转化推广（23 名），农业科研成果转化应用水平（24 名）、农业新品种推广水平（21 名）两项指标均落后明显；甘肃（24 名）的制约因素为农业综合效益（30 名），其农业劳动生产率（31 名）、农村居民收入水平（31 名）尤其落后。

（四）结论与政策建议

本小节首先分析了省域农业科技创新特征与内涵，界定了省域农业科技创新能力概念，推导出省域农业科技创新能力形成路径，进而从农业科技创新支撑要素、投入要素和产出要素 3 个方面构建了省域农业科技创新能力评价指标体系。然后，运用层次分析法和线性加权和法对 2008—2017 年中国 31 个省（自治区、直辖市）的农业科技创新能力进行评价和分析。主要结论如下：

（1）省域农业科技创新能力稳步提升。随着经济水平的提升，各省份不断优化农业基础条件，加强农业科研与推广，注重协同创新与产业化，科技创新支撑能力稳步提升；加大农业科技创新资金和能力投入，科技创新投入能力稳步提升；从而产出更多的科研成

表 15－5　2017 年各省域农业科技创新能力二级指标评价结果

区域		A 创新支撑能力								B 创新投入能力				C 创新产出能力					
		A1 经济条件		A2 农业基础条件		A3 农业科研与推广条件		A4 协同创新与产业化条件		B1 农业资金投入		B2 农业人力投入		C1 农业科研成果产出		C2 农业科研成果转化推广		C3 农业综合效益	
		得分	排名	得分	排名	得分	排名	得分	排名	得分	排名	得分	排名	得分	排名	得分	排名	得分	排名
华北区	北京	66.81	4	29.25	16	77.10	1	55.38	2	78.80	1	82.78	1	89.26	1	72.95	1	68.10	2
	天津	44.18	7	38.01	11	24.70	20	1.52	31	11.36	30	19.76	13	7.05	22	8.34	27	45.44	10
	河北	21.52	13	50.29	8	13.64	28	20.45	14	28.30	16	13.00	24	15.33	15	42.32	9	34.10	25
	山西	13.16	21	28.57	18	34.19	13	31.58	6	19.58	23	16.03	20	6.39	24	23.80	18	27.84	29
	内蒙古	20.08	15	29.03	17	26.53	17	19.85	15	29.38	14	18.25	16	7.89	21	5.85	28	36.71	20
东北区	辽宁	19.86	16	27.70	20	26.58	16	16.97	20	25.15	19	16.93	19	19.97	10	27.68	14	37.34	19
	吉林	14.10	20	29.83	15	37.48	7	17.15	19	25.52	17	24.53	10	19.49	12	34.77	11	21.76	31
	黑龙江	10.02	27	47.70	9	40.61	3	14.90	23	39.41	7	24.12	11	24.23	9	48.87	6	47.69	8
华东区	上海	72.20	1	70.18	2	22.07	22	2.38	29	30.61	13	42.00	3	16.95	13	48.78	7	67.21	3
	江苏	68.67	3	71.82	1	43.33	2	57.40	1	59.11	3	46.75	2	56.48	2	69.01	2	58.00	5
	浙江	50.04	5	55.52	6	40.18	4	27.86	8	39.83	6	26.64	8	25.47	7	26.22	15	72.72	1
	安徽	18.30	18	58.61	4	19.43	24	26.88	9	30.87	11	14.20	23	16.82	14	25.71	17	34.66	24
	福建	32.28	8	21.58	24	36.65	9	15.48	22	22.31	20	17.47	17	13.31	18	16.11	20	61.45	4
	江西	15.43	19	42.12	10	21.16	23	17.39	18	20.67	22	12.84	25	6.17	26	8.95	26	35.48	23
	山东	47.54	6	56.66	5	39.94	5	46.27	4	63.64	2	36.11	4	41.07	3	63.37	3	41.34	12

（续）

区域		A 创新支撑能力								B 创新投入能力				C 创新产出能力					
		A1 经济条件		A2 农业基础条件		A3 农业科研与推广条件		A4 协同创新与产业化条件		B1 农业资金投入		B2 农业人力投入		C1 农业科研成果产出		C2 农业科研成果转化推广		C3 农业综合效益	
		得分	排名	得分	排名	得分	排名	得分	排名	得分	排名	得分	排名	得分	排名	得分	排名	得分	排名
中南区	河南	24.45	10	64.46	3	26.19	18	29.10	7	32.99	10	19.12	14	26.11	6	35.36	10	32.98	27
	湖北	26.89	9	31.25	14	38.05	6	23.22	11	40.27	5	26.02	9	25.15	8	56.71	5	41.30	13
	湖南	21.17	14	52.45	7	35.12	11	22.24	13	33.38	9	30.60	6	19.72	11	60.93	4	32.29	28
	广东	70.26	2	32.30	12	37.46	8	45.31	5	51.61	4	31.27	5	29.20	5	33.57	12	49.81	7
	广西	10.67	24	23.38	22	18.29	25	11.52	25	21.36	21	10.33	29	9.74	19	14.37	22	38.85	17
	海南	11.23	23	15.77	25	9.03	31	8.83	26	15.74	26	11.86	26	3.07	28	31.53	13	57.52	6
西南区	重庆	22.78	12	12.80	26	15.30	26	26.06	10	16.93	25	10.44	28	8.30	20	8.96	25	38.72	18
	四川	22.96	11	12.05	29	36.29	10	48.67	3	37.42	8	15.14	21	30.81	4	48.48	8	45.46	9
	贵州	10.46	25	3.51	31	14.42	27	18.49	16	18.17	24	8.88	30	6.39	25	14.89	21	41.82	11
	云南	10.35	26	5.85	30	25.16	19	16.43	21	29.18	15	18.57	15	15.13	16	25.80	16	33.91	26
	西藏	5.15	30	12.67	27	9.41	30	1.85	30	12.25	28	1.40	31	0.00	31	5.14	29	36.66	21
西北区	陕西	19.25	17	27.72	19	28.36	15	18.08	17	30.71	12	30.22	7	14.60	17	10.11	23	40.18	15
	甘肃	3.15	31	12.47	28	32.02	14	12.86	24	25.46	18	22.40	12	6.15	27	10.03	24	24.43	30
	青海	5.41	29	23.19	23	23.36	21	7.50	27	12.23	29	14.58	22	0.30	30	0.36	31	38.87	16
	宁夏	9.76	28	25.49	21	11.99	29	5.65	28	15.48	27	10.98	27	0.79	29	3.46	30	35.59	22
	新疆	12.64	22	32.11	13	34.21	12	22.31	12	20.25	31	17.01	18	7.01	23	19.79	19	40.36	14

果，带来更大的经济、社会与生态效益，科技创新产出能力稳步提升。

（2）省域农业科技创新能力整体偏低。2017 年最高分仅为 76.62，平均分仅为 26.52；仅北京、江苏和山东 3 个省（市）得分高于 40，21 个省（自治区、直辖市）的得分低于 30，占 67.7%。

（3）地区差异较大，发展不均衡。采用标准差来衡量省域农业科技创新能力的绝对差异，标准差的数值越大，表明各省份之间的绝对差异越明显。2017 年各省份农业科技创新支撑能力、投入能力和产出能力的标准差分别为 12.00、14.50 和 15.00，进而导致各省份农业科技创新能力的标准差为 13.78。结果表明各省份之间的农业科技创新能力绝对差异较大，两极分化比较严重。

（4）省域创新能力排名呈现"区域锁定"现象。2008—2017 年，北京、江苏、山东、广东和浙江稳居前 5 名；在前 10 名省份中，除湖北从第 11 名跻身为第 8 名、河南由第 10 名降为第 11 名，其他领先省份仍保持其明显的创新优势。

（5）3 项一级指标得分同高同低。创新能力领先省份同时具备较强的农业科技创新支撑能力、投入能力和产出能力，而落后省份 3 个方面能力均较差。

基于以上结论，为提升农业科技创新能力，提出如下政策建议：①各省级政府积极响应国家创新驱动发展战略和国家乡村振兴战略，高度重视农业科技创新对现代农业的引领作用。②各省份综合考虑国家农业科技创新政策导向和本省份农业科技创新发展现状，从农业科技创新支撑、投入和产出 3 个方面入手配置农业科技创新要素，"三管齐下"，不断提升农业科技创新能力。③引入先进的创新生态系统管理理念，促使省域农业科技创新系统内部各类创新主体协同互动，各类创新要素顺畅流动、高效配置。④各省份明确各自内部竞争优势和薄弱环节的同时，了解其他相关省份的创新发展情况，突破区域界限，有针对性地开展省域间协同合作，充分释放彼此知识、技术、人才、资金、信息等创新要素活力，实现优势互补、合作共赢。

（本部分内容发表于《科学管理研究》2021 年第 1 期，原文标题为"省域农业科技创新能力评价与分析"，通信作者：杜旭。）

七、有效提高农业科技创新效率

科技创新在多元化创新体系中具有引领作用，农业发展的根本出路在于科技进步。党的十八大、十九大、二十大均明确提出创新驱动发展战略，科技创新是提高社会生产力和综合国力的战略支撑，提升创新能力和创新效率必须摆在全国发展全局的核心位置。近年来，我国不断加大对农业科技创新的资金投入，培育农业科技创新型人才，不断推进农业科技创新平台建设，加强农业科技创新多元主体间的交流。新中国成立 70 多年来，经过不断努力，我国农业科技创新水平进入世界第二方阵，2020 年农业科技进步贡献率达到 58.3%，成为推动我国农业发展的主要动力①。科学合理地测算农业科技创新效率可以检验农业科技创新这一经济活动是否真正达到了"经济性"②。作为农业大国，我国研究农

① 韩长赋：新中国农业发展 70 年［M］. 北京：中国农业出版社，2019.

② 张静．我国农业科技创新能力与效率研究：基于区域比较视角的研究［D］. 杨凌：西北农林科技大学，2011.

业科技创新效率的学者较少，目前，相关研究主要围绕以下几个方面。研究对象上，对省域农业科技创新效率的研究主要围绕农业科研机构、涉农高等院校、农业龙头企业等主体。许郎（2009）基于2003—2006年我国31个省份涉农科研机构的基本数据，测算了农业科研机构的科技创新效率①；邱泠坪等（2017）利用综合DEA模型对我国32所高等农业院校科研效率进行评价并提出了行之有效的对策②；付野等（2017）对2009年辽宁24家农业科技龙头企业的技术创新效率进行评价分析③；陈学云等（2019）基于2006—2015年数据，以数据包络模型为测度工具，对安徽省农业科技创新效率进行测度④。研究方法上，主要运用数据包络模型（DEA）和随机前沿生产函数法（SFA）对农业科技创新效率进行测算。研究内容上，主要是对农业科技创新效率与能力、研究成果转化等进行多角度、多层面的分析。何云峰等采用DEA模型对山西农企科技创新效率和创新能力提升策略进行了研究⑤；肖娴等（2015）以2009—2013年农业科技成果转化资金项目作为研究样本，运用主成分分析法和DEA方法测度了我国现阶段农业科技成果的转化效率⑥。综观已有文献，多数学者是从某个创新主体或某一省域或行业等微观角度对农业科技创新效率进行研究，我国地域辽阔，各省域无论经济发展还是农业发展都存在差异，但仅有较少的学者以省域为研究对象进行农业科技创新效率的研究。

鉴于此，本小节根据农业科技创新理论，在系统梳理和分析省域农业科技创新活动特点与规律的基础上，分别从农业科技创新投入要素和产出要素中筛选出有代表性、针对性的评价指标，并根据数据包络模型的基本原则进行删减，对2008—2017年省域农业科技创新效率进行全面、深入、科学的分析，进而揭示我国农业科技创新效率的发展水平和变化规律，为有效提升省域农业科技创新水平提供参考。

（一）研究方法、变量选择与数据来源

1. 研究方法

本小节主要运用DEA的超效率模型（Super-SBM）和Malmquist全要素生产率指数进行分析。DEA最早由Charnes和Cooper提出，该方法是一种非参数效率评价方法。传统的DEA模型仅可以对DMU进行“有效”与“无效”的二维区分，却无法对有效决策单元的效率高低进行排序（有效决策单元效率值均等于1）。Anderson和Peterson为弥补这一点，提出了超效率DEA模型，其原理是评价某决策单元时，先将其排除在整体集合之外。随后Tone Kaoru提出了SBM（Slack Based Measure）模型，这是一种基于松弛变

---

① 许朗．中国农业科研机构科技创新研究：能力、效率与模式［D］．南京：南京农业大学，2009.

② 邱泠坪，郭明顺，张艳，等．基于DEA和Malmquist的高等农业院校科研效率评价［J］．现代教育与管理，2017（2）：50-55.

③ 付野，张广胜，田慧勇．基于DEA的农业科技龙头企业技术创新效率评价：以辽宁省为例［J］．社会科学辑刊，2011（1）：133-137.

④ 陈学云，程长明，张敏．安徽农业科技创新效率测度与创新能力提升对策［J］．科技与经济，2019，32（4）：41-45.

⑤ 何云峰，王卓．基于DEA方法的山西省农企科技创新效率分析及创新能力提升策略研究［J］．山西农业大学学报（社会科学版），2019，18（5）：59-67.

⑥ 肖娴，毛世平，孙传范，等．农业科技成果转化效率测度及分析［J］．中国科技论坛，2015（8）：139-144，149.

量测度的非径向、非角度的DEA模型。该模型的优点在于其效率值不受投入与产出指数的影响，并随着投入和产出松弛程度的变化而单调递减。但当评测的效率值出现多个决策单元同时为完全效率值时，则无法对其进行有效的评价和排序。基于此，Tone 教授进一步研究解决该弊端，提出了 Super-SBM 模型，相对于原始 SBM 模型，该模型较好地解决了 DMU 排序问题，允许效率值大于 1，这样就鉴别了具有充分效率的 Super-SBM 模型的排序及差别程度[①]。Super-SBM 模型的主要改进在于评价决策单元 j 时，把该评价单元与其他所有的评价单元的线性组合做比较，使决策单元 j 的投入和产出被其他所有的决策单元投入产出的线性组合替代，而将第 j 个决策单元排除在外。假设有 n 个决策单元（DMU_j，$j=1, 2, \cdots, n$），每一个 DMU 都使用 m 种投入（$i=1, 2, \cdots, m$），生产 s 种产出 r（$r=1, 2, \cdots, s$），将待评估的 DMU 记为 DMU_j（$j=1, 2, \cdots, n$），设 X_{ij} 为第 j 个 DMU 的第 i 种投入，yr_j 为第 j 个 DMU 的第 r 种产出。基于规模收益可变的 Super-SBM 的形式可表示为以下方程式：

$$\min\sigma\left(\frac{1}{N}\sum_{n=1}^{N}\overline{X}/X_{n0}\right)/\left(\frac{1}{M}\sum_{m=1}^{M}\bar{y}/\bar{y}_{m0}\right) \tag{15-4}$$

$$\text{s. t. } (\overline{X} \geqslant \sum_{k=1,\neq 0}^{k} X_k, \lambda_k) \tag{15-5}$$

$$y \leqslant \sum_{k=1,\neq 0}^{k} y_k, \lambda_k \tag{15-6}$$

$$\bar{x} \geqslant x_0, y \leqslant y_0 \tag{15-7}$$

$$\text{s.} \sum_{k=1,\neq 0}^{k} = 1 \tag{15-8}$$

$$y \geqslant x_0, \lambda \geqslant 1 \tag{15-9}$$

Super-SBM 模型仅能从静态视角反映决策单元某一时间的效率值，但省域农业科技创新是一个连续的动态变化过程，因此从动态视角评价 2008—2017 年省域农业科技创新效率的变化情况，需要借助 Malmquist 全要素生产率指数进行分析。Malmquist 指数可分为两个时期内技术效率变化（EC）和技术进步变化（TC），技术效率可分解为技术效率和规模效率，具体模型如下：

$$\begin{aligned} & M(x^{t+1}, y^{t+1}, x^t, y^{t\sqrt{b^2-4ac}}) \\ &= \sqrt{\frac{E^t(x^{t+1}, y^{t+1})E^{t+1}(x^{t+1}, y^{t+1})}{E^t(x^t, y^t)E^{t+1}(x^t, y^t)}} \\ &= \frac{E^{t+1}(x^{t+1}, y^{t-1})}{E^t(x^t, y^t)}\sqrt{\frac{E^t(x^t, y^t)E^t(x^{t+1}, y^{t+1})}{E^{t+1}(x^t, y^t)E^{t+1}(x^{t+1}, y^{t+1})}} \end{aligned} \tag{15-10}$$

$$EC = \frac{E^{t+1}(x^{t+1}, y^{t-1})}{E^t(x^t, y^t)} \tag{15-11}$$

$$TC = \sqrt{\frac{E^t(x^t, y^t)E^t(x^{t+1}, y^{t+1})}{E^{t+1}(x^t, y^t)E^{t+1}(x^{t+1}, y^{t+1})}} \tag{15-12}$$

---

① 郭翔宇，赵新力，王丹 . G20 国家农业科技创新能力发展报告（2001—2016）[M]. 北京：科学出版社，2018.

其中，x^t，y^t，x^{t+1}，y^{t+1}分别为 t 期和 $t+1$ 期的投入、产出向量；E^t（x^t，y^t），E^{t+1}（x^t，y^t）分别是以第 t 期技术表示的第 t 期和 $t+1$ 期的技术效率水平；E^t（x^{t+1}，y^{t+1}），E^{t+1}（x^{t+1}，y^{t+1}）分别是以第 $t+1$ 时期表示的第 t 期和 $t+1$ 期的技术效率水平。

2. 投入—产出变量选择及数据来源

柯布—道格拉斯生产函数提出，总产出由劳动投入、资金投入和技术水平共同决定。效率反映投入与产出之间的关系，农业科技创新效率就是农业科技创新投入与农业科技创新产出的关系。基于此，本研究以省域农业科技创新效率评价指标体系为基础，遵循DEA 模型满足“被评价单元数目必须不少于投入与产出指标数量之和的两倍”的基本原则，选取以下投入—产出变量。

（1）投入变量。农业科技创新投入包括资金投入和人力投入，这两项投入是核心要素。任何一种科技创新都需要大量资金和劳动力的有力支持。资金投入包括政府研发主体投入和非政府研发主体投入，这里选取政府农业科技研发投入和农业科技研发主体投入为代表。人力投入选取农业科研人员数量为代表，在整个农业科技创新的过程中，农业科研人员作为科技成果的创造者，负责创造新的科技成果和新的技术并发展传播出去，扮演着不可或缺的角色。

（2）产出变量。农业科技创新产出包括科技产出和经济产出，其中，科技产出变量选取农业专利水平和农业新品种水平为代表，经济产出变量选取农业增加值年增长率为代表。科技产出变量中农业专利水平包含着丰富的知识、技术和发明信息，能真实地反映农业创新能力，全面地测度科技创新效率；农业新品种作为知识创新的重要产出形式，反映了一种基础的、原始的、理性的自主知识创新能力。在农业生产过程中，农业科技创新不仅有利于知识产出，同时能够提高农产品质量和数量，实现节本增产，促进农业增加值增长，因此选取农业增加值年增长率作为经济产出的代表。

投入—产出数据来源于 2008—2017 年《中国统计年鉴》《中国科技统计年鉴》《全国农业科技统计资料汇编》《中国农村统计年鉴》。

（二）测算结果分析

1. 省域农业科技创新综合效率评价结果及分析

采用 DEAP2.1 软件，运用 Super-SBM 模型对我国省域 2008—2017 年农业科技创新综合效率进行测算，结果详见表 15－6。将我国 31 个省域按照六大行政区域进行详细分析，可以全面清晰地展示各省域农业科技创新综合效率的变化情况。

从整体变化来看，我国 31 个省份 2008—2017 年的农业科技创新综合效率值呈波动上升趋势，全国农业科技创新综合效率平均值为 0.754，四川、海南、浙江、上海等 15 个省份超过全国综合效率平均值。在全国 31 个省份中，四川农业科技创新综合效率值最高（1.220），甘肃农业科技创新综合效率值最低（0.327），说明省域之间效率差别较大。其中，15 个省份的效率值达到了平均有效值，占比为 48%。从不同年份来看，2008—2017 年我国 31 个省份超过当年全国平均值的省份个数占比分别为 29%、32%、35%、27%、42%、42%、39%、42%、51%、52%，这说明随着我国不断加大对农业科技创新的资金投入，培育农业科技创新型人才，不断推进农业科技创新平台的建设，成果显著，我国农业科技创新效率正在不断提升。

从六大行政区域分析，农业科技创新综合效率值从高到低排序依次为：西南区、中南区、华东区、中南区、华北区、西北区。东北区、华东区、中南区和西南区均高于我国省域农业科技创新平均指数，华北区和西北区低于全国省域农业科技创新平均指数。其中华北地区北京农业科技创新综合效率值为 0.994，而内蒙古农业科技创新综合效率值仅为 0.373，说明华北区整体农业科技创新投入与产出结构不合理，农业科技成果转换率较低。西北区整体农业科技创新效率各年度低于全国农业科技创新效率值，这是由于我国西北地区常年自然条件恶劣，产业结构不合理，农业产权创造指数较低，而且农业科研主体以及资金配置投入相对较少，政府政策支持力度不够，制约了这些区域农业科技创新活动的开展和发展。东北、华东、中南和西南四大行政区整体平稳上升，省际差距相对较小。

表 15-6　我国 31 个省域农业科技创新综合效率

区域	省份	2008年	2009年	2010年	2011年	2012年	2013年	2014年	2015年	2016年	2017年	均值
华北区	北京	0.571	0.578	0.678	1.088	1.130	1.071	1.063	1.088	1.106	1.068	0.944
	天津	0.713	0.870	0.838	0.700	0.421	1.103	1.004	1.200	1.123	1.076	0.905
	河北	0.770	1.004	0.770	0.669	0.724	0.607	0.646	0.675	0.673	0.699	0.724
	山西	0.557	1.131	0.514	0.423	0.521	0.508	0.423	0.468	0.432	0.447	0.542
	内蒙古	0.401	0.488	0.441	0.342	0.359	0.360	0.318	0.316	0.304	0.402	0.373
	平均值	0.602	0.814	0.648	0.645	0.631	0.730	0.691	0.749	0.728	0.738	0.698
东北区	辽宁	1.086	1.135	1.061	1.045	1.079	0.744	0.908	1.048	0.697	1.021	0.983
	吉林	1.024	0.683	0.716	1.120	1.096	0.620	1.176	1.120	0.866	1.011	0.943
	黑龙江	0.632	0.641	0.472	0.601	1.048	0.508	0.591	0.558	0.534	0.583	0.617
	平均值	0.914	0.820	0.750	0.922	1.074	0.624	0.892	0.909	0.699	0.871	0.848
华东区	浙江	1.194	1.324	1.234	0.778	0.844	0.861	0.768	0.882	1.105	1.099	1.009
	上海	0.465	0.465	0.396	1.564	1.303	1.267	1.377	1.198	0.927	1.020	0.998
	山东	1.062	1.051	1.064	0.566	0.614	0.600	0.684	0.719	0.821	0.789	0.797
	江苏	0.566	0.576	0.589	0.615	0.707	0.676	0.802	0.908	1.035	1.052	0.753
	福建	0.635	0.603	0.597	0.606	0.829	0.758	0.671	0.677	1.021	0.787	0.718
	安徽	0.633	0.554	0.635	0.490	0.548	0.593	0.681	0.667	1.077	0.849	0.673
	江西	0.284	0.334	0.345	0.341	0.334	0.296	0.323	0.364	0.442	0.421	0.348
	平均值	0.691	0.701	0.694	0.708	0.740	0.722	0.758	0.774	0.918	0.860	0.757
中南区	海南	1.414	2.925	2.842	0.691	0.293	0.313	0.488	0.518	1.020	0.693	1.120
	河南	1.302	1.314	1.316	0.718	0.796	0.672	1.004	0.876	1.049	1.000	1.005
	湖北	0.595	0.443	0.562	0.462	0.690	1.954	0.483	0.571	0.573	0.655	0.699
	广东	0.709	0.648	0.730	0.552	0.631	0.703	0.679	0.713	0.780	0.749	0.689
	广西	0.423	0.402	0.387	0.502	0.405	0.523	0.700	0.757	1.043	0.981	0.612
	湖南	0.556	0.449	0.463	0.539	0.496	0.389	0.514	0.520	0.542	0.508	0.498
	平均值	0.833	1.030	1.050	0.577	0.552	0.759	0.644	0.659	0.834	0.764	0.770

（续）

区域	省份	2008 年	2009 年	2010 年	2011 年	2012 年	2013 年	2014 年	2015 年	2016 年	2017 年	均值
西南区	四川	1.117	1.217	1.112	1.544	1.334	1.124	1.132	1.168	1.197	1.258	1.220
	重庆	0.769	1.010	0.634	1.298	0.722	0.823	1.112	1.022	1.027	1.001	0.942
	贵州	0.604	0.552	0.405	0.539	1.052	0.718	1.849	1.389	1.225	1.077	0.941
	西藏	0.149	0.554	0.112	2.154	0.173	0.178	2.259	1.131	1.279	1.049	0.904
	云南	0.350	0.375	0.268	0.589	0.612	0.542	0.533	0.609	0.603	1.031	0.551
	平均值	0.598	0.742	0.506	1.225	0.779	0.677	1.377	1.064	1.066	1.083	0.912
西北区	青海	1.513	0.210	0.345	0.608	1.521	0.195	0.690	0.450	1.026	2.228	0.879
	宁夏	0.344	0.621	0.241	0.576	0.505	0.652	0.330	1.087	0.481	0.379	0.522
	新疆	0.434	0.581	1.011	0.228	0.448	0.345	0.303	0.327	0.399	0.484	0.456
	陕西	0.450	0.332	0.495	0.397	0.392	0.378	0.337	0.379	0.347	0.492	0.400
	甘肃	0.449	0.517	0.346	0.296	0.403	0.207	0.250	0.255	0.298	0.248	0.327
	平均值	0.638	0.452	0.488	0.421	0.654	0.355	0.382	0.500	0.510	0.766	0.517
全国平均值		0.770	0.787	0.697	0.730	0.711	0.654	0.774	0.760	0.808	0.844	0.754

2. 省域农业科技创新全要素生产率评价结果及分析

以上是从静态角度对省域农业科技创新效率进行测算。为了进行动态分析，本小节以Malmquist 指数为测算工具，利用 DEAP2.1 软件对 2008—2017 年我国省域农业科技创新的全要素生产率进行测算和分解，通过动态的分析能直观地看到动态变化情况（表 15-7）。

表 15-7　2008—2017 年农业科技创新全要素生产率指数及其分解

年份	技术效率变化指数 EFFCH	技术进步变化指数 TECCH	纯技术效率变化指数 PECH	规模效率变化指数 SECH	全要素生产率 TEPCH
2008—2009	1.074	0.844	1.016	1.057	0.906
2009—2010	0.911	1.312	0.988	0.922	1.195
2010—2011	1.124	0.919	1.108	1.014	1.033
2011—2012	0.997	0.888	0.961	1.037	0.885
2012—2013	0.985	0.945	1.004	0.981	0.930
2013—2014	0.981	1.090	0.935	1.049	1.070
2014—2015	1.059	1.060	1.065	0.995	1.123
2015—2016	1.057	1.110	1.068	1.990	1.174
2016—2017	1.063	0.933	1.038	1.023	0.991
平均值	1.026	1.003	1.019	1.007	1.029

从表 15-7 可以看出，2008—2017 年我国省域农业科技创新全要素生产率在整体上得到了改善，10 年间省域农业科技创新全要素生产率年平均增长率为 2.9%，其改善的原

因主要是技术效率的提升，而技术进步的影响相对较小。这说明技术效率是我国农业科技创新效率提高的主要推动力，也是我国农业生产发展的主要动力，而技术进步的作用相对较小，考察期年均增长率仅为0.3%。

2008—2017年，省域农业科技创新全要素生产率指数呈波动性变化趋势，按特征将其划分为5个阶段。第一阶段（2008—2009年）为下降阶段，这一阶段技术效率上升7.4%，技术进步下降15.6%，省域农业科技创新全要素生产率下降是由技术进步大幅度下降所致。第二阶段（2009—2011年）为上升阶段。2009—2010年省域农业科技创新技术进步增长31.2%，技术效率下降8.9%，省域农业科技创新全要素生产率受技术进步单轮驱动增长19.5%；2010—2011年技术效率上升12.4%，技术进步下降8.1%，省域农业科技创新全要素生产率受技术效率驱动增长3.3%。第三阶段（2011—2013年）为下降阶段。2011—2012年技术效率下降0.3%，技术进步下降11.2%，省域农业科技创新全要素生产率下降11.5%；2012—2013年技术效率下降1.5%，技术进步下降5.5%，省域农业科技创新全要素生产率下降7%。2011—2013年省域农业科技创新全要素生产率下降主要由技术效率和技术进步同时下降所致。第四阶段（2013—2016年）为上升阶段。2013—2014年技术效率下降1.9%，技术进步上升9%，省域农业科技创新全要素生产率受技术进步单轮驱动增长7%；2014—2015年技术效率上升5.9%，技术进步上升6%，省域农业科技创新全要素生产率上升12.3%；2015—2016年技术效率上升5.7%，技术进步上升11%，省域农业科技创新全要素生产率上升17.4%。2014—2016年由于技术进步和技术效率同时驱动使省域农业科技创新全要素生产率上升。第五阶段（2016—2017年）为下降阶段，这一阶段省域农业科技创新全要素生产率下降了0.9%。从整体看，2008—2017年省域农业科技创新全要素生产率年均增长2.9%。由表15-8可见，在我国31个省域中，2008—2017年农业科技创新全要素生产率整体增长或持平的省份有19个，分别为北京、天津、河北、内蒙古、上海、江苏、安徽、江西、河南、广东、广西、重庆、贵州、云南、西藏、陕西、青海、宁夏、新疆，占全国61%；下降省份有12个，下降幅度在0～5%的有山西、辽宁、黑龙江、浙江、福建、山东、湖北、湖南、四川和甘肃，下降幅度在5%～10%的省份是吉林，大于10%的省份是海南。

表15-8　2008—2017年我国省域农业科技创新全要素生产率指数及其分解

区域	省份	技术效率变化指数 EFFCH	技术进步变化指数 TECCH	纯技术效率变化指数 PECH	规模效率变化指数 SECH	全要素生产率 TEPCH
华北区	北京	1.048	1.006	1.036	1.012	1.054
	天津	1.036	1.029	1.000	1.036	1.066
	河北	0.992	1.017	0.975	1.017	1.008
	山西	0.973	0.988	0.968	1.006	0.962
	内蒙古	0.999	1.030	1.039	0.962	1.029
	平均值	1.010	1.014	1.004	1.007	1.024

（续）

区域	省份	技术效率变化指数 EFFCH	技术进步变化指数 TECCH	纯技术效率变化指数 PECH	规模效率变化指数 SECH	全要素生产率 TEPCH
东北区	辽宁	1.000	0.981	1.000	1.000	0.981
	吉林	1.000	0.932	1.000	1.000	0.932
	黑龙江	0.994	0.969	1.001	0.992	0.962
	平均值	0.998	0.961	1.000	0.997	0.958
华东区	上海	1.046	1.006	1.044	1.002	1.052
	江苏	1.046	0.988	1.014	1.032	1.034
	浙江	1.000	0.996	1.000	1.000	0.996
华东区	安徽	1.039	0.963	1.038	1.001	1.000
	福建	1.016	0.972	0.991	1.025	0.987
	江西	1.058	0.985	1.037	1.020	1.042
	山东	0.994	0.988	1.000	0.994	0.982
	平均值	1.028	0.985	1.018	1.011	1.013
中南区	河南	1.000	1.001	1.000	1.000	1.001
	湖北	1.007	0.987	0.980	1.028	0.994
	湖南	0.975	0.984	0.959	1.017	0.959
	广东	1.011	1.004	1.015	0.997	1.015
	广西	1.066	0.970	1.065	1.001	1.034
	海南	0.999	0.896	1.000	0.999	0.896
	平均值	1.010	0.974	1.003	1.007	0.983
西南区	重庆	1.024	0.982	1.000	1.024	1.005
	四川	1.000	0.993	1.000	1.000	0.993
	贵州	1.032	0.993	1.029	1.003	1.025
	云南	1.096	0.975	1.090	1.005	1.069
	西藏	1.369	1.120	1.350	1.014	1.534
	平均值	1.104	1.013	1.094	1.009	1.125
西北区	陕西	1.020	0.990	0.997	1.023	1.010
	甘肃	0.950	1.002	0.954	0.995	0.952
	青海	1.000	1.434	1.000	1.000	1.434
	宁夏	1.047	0.980	1.033	1.013	1.025
	新疆	1.031	1.011	1.032	0.999	1.043
	平均值	1.010	1.083	1.003	1.006	1.093
全国平均值		1.026	1.003	1.019	1.007	1.029

六大行政区农业科技创新全要素生产率平均值从高到低排序依次为：西南区、西北

区、华北区、华东区、中南区和东北区。2008—2017 年省域农业科技创新全要素生产率增长的区域包括西南区、西北区、华北区和华东区，下降的区域包括中南区和东北区。10 年间，西南区、西北区、华北区和华东区农业科技创新全要素生产率年平均增长率分别为 12.5%、9.3%、2.4%和 1.3%，其中西南区、西北区和华北区的增长是由于技术效率和技术进步同时增长驱动，华东区的增长是技术效率单轮驱动。中南区和东北区农业科技创新全要素生产率年均下降 1.7%和 4.2%，中南区下降是因为技术进步下降，东北区下降是由于技术效率和技术进步双下降所致。

理论上，农业科技创新全要素生产效率的提高是技术效率提升与技术进步共同作用的结果。为了更科学客观地呈现影响省域农业科技创新全要素生产率变化的因素，接下来将从全要素生产率改善与未改善两方面对其进行分析。TFPCH>1 的省份总计 19 个，占全国 61%。其中，11%的省份是技术进步提升起到的促进作用，47%的省份是技术效率起到的促进作用，42%的省份是由技术进步和技术效率同步改善起到的作用。19 个省份中，有 11 个省份的全要素生产率是由技术进步变化或技术效率变化单轮驱动影响的，8 个省份是由技术进步和技术效率变化双轮驱动影响的。

TFPCH<1 的省份有 12 个，占比 39%。其中，由于技术效率和技术进步同时下降所导致的全要素生产率下降的省份有 5 个，占比 42%；甘肃受技术效率的单轮驱动影响导致全要素生产率下降；受技术进步变化单轮驱动影响导致全要素生产率下降的有 6 个省份，占比 50%。

（三）结论与政策启示

本小节选取 2008—2017 年面板数据，运用超效率模型和 Malmqist-DEA 模型分别从静态视角和动态视角对全国省域农业科技创新效率进行测算和分析，得到以下两点结论。

第一，从静态视角看，全国省域农业科技创新综合效率水平整体呈波动上升趋势，但增长缓慢。这是由于我国有些省份农业发展水平相对缓慢，基础设施配备不完善，科技成果转换率较低，技术进步没有得到有效应用，对我国农业科技创新效率的持续提升形成了阻碍。相对发展缓慢的省域，应以“集约化资源利用”为核心，优化科技创新投入资源的合理配置，提高科研人员职业技能，合理分配科研经费和科研设备，充分发挥政府协调和监督的作用，营造有利于农业科技创新活动的区域环境。

第二，从动态视角看，2008—2017 年全国省域农业科技创新全要素生产率从整体上得到了改善，10 年间增加了 2.9%，技术效率增长了 2.6%，技术进步增长了 0.3%，主要是依靠技术效率的提升，而技术进步的影响相对较小。这说明技术效率变化是我国农业科技创新效率提高的主要推动力，也是我国农业生产发展的主要动力。因此，在农业生产过程中，不仅需要优化农业科技创新要素的投入，还需提高涉农人员的专业素质和技术水平，充分发挥技术对农业全要素生产率的推动作用。

（本部分内容发表于《学习与探索》2020 年第 5 期，原文标题为“省域农业科技创新效率评价与比较分析”，作者：郭翔宇、杜旭。）

第十六章

以大农业为主攻方向率先实现农业农村现代化

黑龙江是农业大省和全国重要的老工业基地，在实现全面振兴过程中要坚持把发展现代农业作为重要内容，以现代化大农业为主攻方向，争当农业现代化建设排头兵。

一、实现黑龙江全面振兴要坚持把发展现代农业作为重要内容

黑龙江省第十二次党代会全面贯彻落实习近平总书记系列重要讲话精神和治国理政新理念新思想新战略，全面贯彻落实习近平总书记对黑龙江省两次重要讲话精神，提出了2017—2022年要“决胜全面建成小康社会，奋力走出黑龙江全面振兴发展新路子”的总体要求，确立了“争取到2030年，实现黑龙江全面振兴”的奋斗目标，从开辟新境界、担负崇高使命、筑牢坚实基础、激发动力活力、强化重要保障、营造政治生态等六个方面进行了重点部署。

在实现黑龙江全面振兴发展路径上，省第十二次党代会牢牢把握习近平总书记提出的“四个坚持”的发展思路，明确把坚持发展现代农业作为振兴发展的重要内容。

（一）重大任务：争当农业现代化建设排头兵

2016年5月23—25日，习近平总书记在黑龙江考察调研。在努力走出一条新形势下老工业基地振兴发展新路子的过程中，黑龙江要坚持把发展现代农业作为振兴发展的重要内容，要坚持发展现代农业方向，争当农业现代化建设排头兵。

什么叫排头兵？排头兵就是站在队伍最前面的战士，而且这些战士一定是综合素质最优秀的，能起到带头和示范作用。那么，农业现代化建设排头兵，应该是在农业现代化建设过程中走在最前列，农业现代化程度和水平最高、对全国各地现代农业发展能起到示范和引领作用。具体地说，农业现代化建设排头兵应该具备两个基本特征：

一方面，成为农业现代化建设排头兵，要求黑龙江农业现代化水平排在全国最前列。目前，黑龙江农业现代化水平已经处于全国前列，尤其是黑龙江垦区农业现代化水平更高。2016年黑龙江农业综合机械化率为96%，高于全国平均水平31个百分点；黑龙江农业科技进步贡献率60%多，垦区超过70%，比全国平均水平高15个百分点；最主要的是黑龙江农业产出水平高，粮食总产量、商品量、调出量已连续6年保持全国第一，人均粮食占有量超过1 600千克，约为全国平均数的4倍，劳均粮食生产量超过5 000千克，是全国平均数的4倍多，其中，垦区劳均生产粮食38吨，是全国平均数的33倍，高于世界发达国家平均水平。

另一方面，成为农业现代化建设排头兵，要求黑龙江在推进农业现代化建设、深化现

代农业改革和制度创新上走在全国最前列。尤其是正在深化推进的黑龙江“两大平原”现代农业综合配套改革试验，是国家目前开展的唯一涉及农业生产关系的重大调整和变革，要为全国推进农业现代化趟出新路子，起到示范引领作用。

争当农业现代化建设排头兵，是习近平总书记寄予黑龙江的重要嘱托和殷切期望，是党中央赋予黑龙江的重大任务和历史使命。首先，保障国家粮食安全，迫切地需要黑龙江成为全国农业现代化建设排头兵。粮食安全是国家安全的重要基础，黑龙江作为粮食主产区，长期以来为国家粮食安全做出了突出贡献，是维护国家粮食安全的一块“压舱石”。维护国家粮食安全是黑龙江不可推卸、义不容辞的政治责任。其次，实现全面振兴发展，内在地需要黑龙江争当农业现代化建设排头兵。黑龙江作为老工业基地，要实现全面振兴，要坚持把发展现代农业作为重要内容。因为，振兴老工业基地不是一个产业振兴概念，要振兴的不仅仅是工业；它应该是一个区域振兴概念，要振兴的是老工业基地区域内整体经济和社会发展事业，其中理应包含现代农业的发展。最后，黑龙江的农业地位、贡献、基础和资源、环境优势，决定了黑龙江最有条件成为农业现代化建设的排头兵，既可能、更应该起到排头兵的作用。

这里值得一提的是，虽然黑龙江农业发展对国家贡献突出、功不可没，但近年来全省的 GDP 和财政收入增长速度、城镇居民收入水平排在全国倒数前几位，形成巨大反差。黑龙江农业越发展，粮食生产越多，经济上越落后，财政上越吃亏，城镇居民收入水平越低，黑龙江为此付出了巨大的机会成本。因此，建议国家进一步完善粮食主产区利益补偿机制，加大利益补偿力度。

（二）基本目标：保障国家粮食安全，促进农民持续增收

坚持把发展现代农业作为振兴发展的重要内容，要以保障国家粮食安全、促进农民持续增收为目标。

1. 发展现代农业要以保障国家粮食安全为首要任务，提高农业综合生产能力

农业是安天下稳民心的产业，粮食是关系国计民生的特殊商品。解决好全国 13 亿多人口的吃饭问题，始终是治国安邦的头等大事。在发展现代农业过程中，要不断增强农业综合生产能力，确保谷物基本自给、口粮绝对安全，把 13 亿多中国人的饭碗牢牢端在自己手中，自己的饭碗主要装自己生产的粮食。因此，确保国家粮食安全，保障重要农产品有效供给，始终是发展现代农业的首要任务。黑龙江作为农业大和国家重要商品粮基地，是我国 21 世纪粮食增产和粮食供给能力潜力最大的地区，维护国家粮食安全是黑龙江义不容辞的责任。今后，要进一步发挥黑龙江农业生产优势，按照国务院《关于建立粮食生产功能区和重要农产品生产保护区的指导意见》，积极创建国家水稻、玉米生产功能区和大豆生产保护区。一要进一步发挥黑龙江农业生产优势，要稳定发展水稻生产，叫响龙江大米品牌，使中国人的饭碗装更多的龙江米；二要扩大大豆种植面积，提高大豆市场竞争力和占有率；三要积极发展绿色食品产业，培育壮大绿色生态农产品知名品牌和龙头企业，推行绿色生产方式，深入实施“三减”行动，扩大中高端绿色有机农产品供给，推动黑龙江成为全国的绿色粮仓。

2. 发展现代农业要以促进农民持续增收为目标，缩小城乡居民收入差距

增加农民收入是“三农”工作的中心任务。党的十八大提出，全面建成小康社会的一

个重要数量指标是，到 2020 年城乡居民人均收入要比 2010 年翻一番；同时，进一步缩小城乡居民收入差距。实现农民收入十年翻一番的目标，年均增长速度需在 7.2%以上。在过去的 2011—2015 年，黑龙江农民人均纯收入年均增长了 9.6%，比 7.2%高出 2.4 个百分点，因此，在“十三五”期间达到年均增长 4.8%即可实现翻番目标。从“十二五”时期的实际增长情况来看，这应该是容易达到的。但是，按照农民收入与经济增长同步的要求，要进一步缩小城乡居民收入差距，难度就大了。特别是在目前国际大宗农产品价格低迷、国内库存积压严重的情况下，持续较快增加农民收入难度更大。

全面建成小康社会，重点和难点在于持续较快地增加农民收入，缩小城乡居民收入差距。从当前实际情况和今后一个时期的发展趋势来看，有两个问题值得特别关注：一是农民收入没有城镇居民工资性收入那样的正常刚性增长机制，不会是一直增加的。受农产品价格下跌、自然灾害等因素影响，农民收入会出现下降。2015 年，因国家临时玉米收储价格下调 0.22 元/千克，黑龙江玉米种植户户均减收 3 300 元左右。2017 年，国家已经发布，水稻收购保护价每千克降低 6 分钱。因此，如何完善农民收入增长的支持政策体系，建立农民持续较快增收的长效机制，是解决这一问题的关键。特别是对于农产品主产区，更应高度关注农民经营性收入增长问题。二是近年来城乡居民收入相对数差距在逐渐缩小的同时，绝对数差距还在不断扩大。从 2010 年开始，农民收入增长速度超过城镇居民，城乡居民收入相对数差距逐年缩小，特别是 2014 年首次降至 3 倍以下，而此前已连续 12 年在 3：1 以上，2016 年进一步降至 2.72：1。但是，与发达国家 1.5：1 的水平相比，我国现在的城乡居民收入相对数差距还是很大的。更主要的问题是城乡居民收入的绝对数差距一直在不断扩大。2010 年城乡居民收入相对数差距为 3.23：1 时，绝对数差距为 13 190 元，这个差距是当年农民人均纯收入的 2.23 倍；2016 年相对数差距缩小到 2.7：1 时，绝对数差距扩大到 21 253 元，比 2010 年又增加了 8 063 元，增长 61.1%。到 2020 年，如果城乡居民收入同时翻一番的话，二者相对数差距还是 3.3：1，但绝对数差距将再扩大 1 倍。按 2010 年价格计算，将由 13 190 元增加到 26 380 元。即便“十三五”时期继续保持近年来城乡居民收入相对数差距不断缩小的趋势，二者的绝对数差距也会继续扩大。只有城乡居民收入相对数差距缩小到 2：1 以下时，绝对数差距才会减小。

基于以上分析，“十三五”时期在促进城乡居民收入翻番过程中，要加快农民收入增长速度；在加快农民收入增长的基础上，要积极缩小城乡居民收入差距；在缩小城乡居民收入相对数差距的同时，要努力降低城乡居民收入绝对数差距扩大的程度。

在具体政策建议上：一要扩大农业合作化、组织化、规模化经营程度，通过降本增效、优质优价等方式增加农民经营性收入。二要促进农民充分就业，增加农民工资性收入。一方面，进一步推进农村富余劳动力转移就业，加快农村转移人口市民化进程；另一方面，对于农村务农人员，帮助其充分利用剩余劳动时间，特别是在北方农产品主产区较长农闲时期，创造更多的就地或就近就业机会。三要推进农村土地制度、宅基地制度、集体产权制度改革，增加农民财产性收入。四要加大农业补贴力度，完善农村社会保障制度，增加农民转移性收入。五要加快发展政策性农业保险，积极探索实施农产品目标价格补贴，防范、减轻农民因自然灾害和市场风险而对收入的不利影响。

(三) 主要抓手：构建现代农业产业体系、生产体系、经营体系

现代农业是包含产业体系、生产体系、经营体系在内的有机整体，发展现代农业，要以构建三个体系为抓手加快推进农业现代化。对于黑龙江来说，加快构建现代农业三大体系，要坚持现代化大农业发展方向，使农业成为体现龙江优势与特色的现代产业。现代化大农业，首先是现代农业，其次是具有“大”字特征的现代农业。

1. 以大产业、大服务为主要内容加快构建现代农业产业体系

现代农业产业体系是由农业内部不同层次产业部门和环节构成的产业系统，是农业整体素质和竞争力的标志。现代化大农业是产业体系更加完备、产业化程度更高、功能更多元化的现代农业。加快构建现代农业产业体系，就是要完备农业产业体系，提高农业产业化程度，丰富农业功能，使农业产业向横向拓展，向纵向延伸。一要突破集中于产中环节、产业体系单一、产业化程度低、产业链条短的传统农业的局限性，努力向农业产前、产后环节延伸，在发展现代种植业和养殖业的同时，积极发展农业生产资料工业、食品加工业，农产品收购、储藏、零售等物流业，农业技术、信息服务业，农产品观赏、采摘以及垂钓、娱乐、度假、民俗等观光旅游产业，不断拓宽农业产业体系。二要进一步调整优化农业生产结构和农村产业结构，深入推进农业产业化经营，促进粮经饲统筹、农牧渔结合，真正实现种养加、产供销、贸工农一体化，促进一二三产业融合发展和农业产业转型升级。三要在充分发挥种植业和养殖业供给人类食物和工业原料的食品保障功能、原料供给功能的基础上，积极开发农业的生态保护、观光休闲、文化传承等多种功能，使农业在为国民经济发展提供产品贡献的基础上提供更多的要素贡献和市场贡献。

同时，现代化大农业是以更完善的社会化服务为保障的现代农业，而且农业现代化水平越高，对农业社会化服务的需求和依赖越大。因此，加快构建现代农业产业体系，必须同时发展更加健全完善、及时高效的“大服务”：在服务主体上，应该是多元化的，要建立以公共服务机构为依托、合作经济组织为基础、龙头企业为骨干、其他社会力量为补充的农业服务体系；在服务内容上，应该是全方面的，包括农业生产资料供应服务、农产品加工销售服务、农业科技服务、农村金融服务、农业保险服务、农业信息服务等；在服务环节上，应该是全程的，包括农业产前、产中、产后各个环节；在服务性质上，应该是公益性服务和经营性服务相结合；在服务形式上，应该是专项服务和综合服务相协调。当前，在建立健全新型农业社会化服务体系过程中，应重点加强基层公共服务机构为农民提供的公益性服务和农村合作经济组织为社员提供的自我服务。

2. 以大农机、大科技为主要手段加快构建现代农业生产体系

现代农业生产体系是由各种农业生产要素有机集合而形成的生产系统，是农业生产力发展水平的标志。现代化大农业是以更高水平物质装备为生产工具、具有更高综合生产能力的现代农业。加快构建现代农业生产体系，就是要用现代物质装备武装农业，进一步提高农业机械化水平。针对传统农业基础设施薄弱、物质装备水平低下、综合生产能力不强的现状，必须大力加强农业的物质装备建设，使农业基础设施、农田水利建设与排灌条件、农业机械化与电气化程度、耕地质量、农业投入数量与投入品质量以及农村道路、电力、能源和环境卫生等基础设施均达到较高水平，充分改善农业生产条件和环境。特别是针对农村广泛使用“小四轮”拖拉机造成土壤板结、犁底层上移、土壤蓄水透气等理化性

质差的局限，应重点加强农机装备建设，扩大使用“大农机”。黑龙江农业机械化发展起步较早，目前农业机械化程度远高于全国平均水平。今后应进一步提高农机装备水平，加大农机化工程实施力度，装备更多的具有世界一流水平的大马力拖拉机、整地机、播种机、收获机和水稻插秧机等现代化大型农业机械，用先进大机械替代“小四轮”，实现主要粮食作物种管收全程机械化。

同时，现代化大农业是以更加先进的科学技术为生产手段、具有更高技术密集度的现代农业。加快构建现代农业生产体系，就是要用现代科学技术提升农业，进一步提高农业科技化水平。实现农业现代化，在发展农业生产力层面主要依靠科技创新来驱动。因此，大力推进农业现代化，必须坚持科技创新，充分发挥科技创新引领农业发展的第一动力作用，把农业发展的根本途径彻底转到充分依靠科技进步和提高劳动者素质的轨道上来。一方面要加快农业科技创新步伐，提高农业科技进步贡献率；另一方面要大力发展农业与农村教育和农民培训，提高农民素质，培育高素质农民。在具体对策上，一要加大农业科技体制改革力度，健全激励机制，突破农业科技创新的制度障碍；二要加大政府农业科技投入力度，真正把农业科研投入放在公共财政支持的优先位置，提高农业科技投入的比重和强度；三要加强农业技术推广，建立多元化的农业推广组织体系；四要大力发展农村教育和农民专业技能培训，提高农民科技文化素质和经营管理水平；五要充分发挥东北农业大学、黑龙江省农业科学院等农业院校和科研院所的作用。

3. 以大组织、大规模为主要途径加快构建现代农业经营体系

现代农业经营体系是由各种农业经营主体和经营方式构成的经营系统，是农业组织化程度的标志。现代化大农业是以更大规模土地经营为基础、以组织化程度更高的生产单位为经营主体、具有更高市场竞争力的现代农业。加快构建现代农业经营体系，就是要在适度规模经营的基础上，培育新型的规模化经营主体，发展多元化的农业经营方式，提高现代农业组织化程度。

农户经营规模小而分散、组织化程度低的农业生产经营方式和组织形式是发展黑龙江现代化大农业的瓶颈性制约因素。因此，必须进行农业生产经营方式改革和农业生产经营组织形式创新，培育组织化程度更高的新型农业生产经营主体。在坚持农村土地集体所有制、坚持农村基本经营制度长久不变的前提下，改革和创新农业生产经营方式和组织形式的最佳途径是发展各种类型的农民合作社。针对黑龙江农民专业合作社还普遍存在规模较小、实力较弱、服务能力偏低以及运行不规范等问题，今后必须正确认识和处理好数量扩张与规范运营的关系，在继续扩大农民合作社数量的基础上，应注重提高农民合作社的质量和效率，通过规范运行，不断扩大农民合作社的规模和实力，提高合作社服务社员、带动农民的能力。同时，还要积极发展家庭农场、农业企业等规模经营主体，并推动不同经营主体进行联合经营，使各种经营方式共同发展。

新型经营主体进行规模经营的前提和物质基础是土地经营规模要大。与全国平均水平相比，黑龙江耕地总面积和单位经营规模较大，地势平坦且集中连片，具有推进土地“大规模”经营的良好基础和优势。进行大规模土地经营，增加耕地总面积是最直接的途径。但是，由于工业化和城镇化加快发展对土地的占用，耕地总面积有所减少。在这种背景下，现实的选择是扩大农户和新型经营主体的单位耕地经营面积。为此，一要在加快转移农村富余劳动力的基础上，进一步完善政策，创造良好环境和条件，加快推进土地经营权流转；二要推进农户之间的联合与合作经营，通过农民之间的联合推进耕地连片经营，通过农民的合作扩大土地的实际经营规模。

（四）根本途径：推进农业供给侧结构性改革

在我国粮食产量连续十多年增长的同时，国产粮食入库，进口粮食入市，近年来出现了粮食生产量、进口量、库存量“三量齐增”的困境。在这种情况下，必须推进农业供给侧结构性改革，这是当前现代农业发展的迫切需要，是提高农业发展质量效益和竞争力的必然选择。

推进黑龙江农业供给侧结构性改革，应坚持四项基本原则。一是坚持市场导向原则。农产品只有符合市场需求，才能由种得好转向卖得好，实现其价值，要根据市场需求确定农业供给侧结构性改革的方向和目标。二是坚持区域比较优势原则。推进农业供给侧结构性改革，必须从黑龙江实际出发，因地制宜，充分合理地利用各地的自然条件和社会经济资源，把市场需求与本地的比较优势结合起来，提高农业生产的专业化水平，比较集中地生产当地最具有资源条件和市场竞争力的优势产业与特色产品。三是坚持效益最大化原则。推进农业供给侧结构性改革，既要提高农业生产的微观效益，促进农民持续增收；又要提高农业生产的宏观效益，促进农业与农村经济健康发展；还要实现经济效益与生态效益的有机结合。四是坚持外向化原则。黑龙江作为农业大省，农产品商品率高，特别是粮食总产量的80%以上调出省外，要坚持外向化原则推进农业供给侧结构性改革，建立面向国内外市场的开放式农业发展模式。

推进农业供给侧结构性改革，应抓住三个关键词作为切入点。首先，应以供给侧为切入点，提高农业供给质量和效率，更好地满足消费者的多样化需求。农业供给侧结构性改革的目的是减少低效和无效供给，扩大有效供给，提高农业供给的质量和效率。其次，应以农业结构为切入点，多层次地调整优化农业生产和农村产业结构，更好地适应市场需求的变化。农业供给侧结构性改革的主要任务和途径，是调整和优化农产品结构、农业生产结构和农村产业结构。最后，应以改革为切入点，一方面推进科技创新和理论创新，另一方面推进制度创新和管理创新，走出产出高效、产品安全、资源节约、环境友好的农业现代化道路。

（五）核心动力：深化农村改革与制度创新

推进农业现代化，必须坚持创新发展理念，充分发挥创新引领农业发展的第一动力作用。2013年6月，国务院批复黑龙江《“两大平原”现代农业综合配套改革试验总体方案》，这是国家层面的重大发展战略。近年来，各项改革试验工作稳步有序推进，取得了阶段性成果。今后，应进一步深化“两大平原”现代农业综合配套改革试验。在深化改革试验过程中，“胆子要大”，要积极探索，大胆试验，要敢于突破，勇于创新。实现农业现代化，在发展农业生产力层面主要依靠科技创新来驱动，在完善农业生产关系层面主要依靠改革和制度创新来推动。实际上，改革的本质就是创新，现代农业改革的过程就是通过制度创新来推动现代农业建设与农村发展的过程。实现创新，是农业与农村深化改革的基本要求，是改革要实现的过程性目标和阶段性结果，最终目的是要促进和加快现代农业的发展；同时，创新也是判断、评价农业与农村改革进展程度与成效的重要标准。因此，加快发展现代农业，必须全面深化农业与农村改革，加大制度创新力度，破解制约现代农业发展的体制机制障碍和深层次矛盾。特别是推进“两大平原”现代农业综合配套改革试验，更应突出创新思维，进一步增强创新意识，加大创新力度。

针对我国现代农业建设中存在的主要问题和矛盾，应从改革体制、完善机制、调整政策、健全体系、理顺关系、优化模式、修改法律等方面进行深化改革和制度创新。

（本部分内容发表于《理论探讨》2017年第4期，作者：郭翔宇。）

二、争当农业现代化建设排头兵

黑龙江省第十二次党代会坚决贯彻落实习近平总书记对黑龙江省重要讲话精神，明确提出在奋力走出黑龙江全面振兴发展新路子的过程中，要坚持把发展现代农业作为振兴发展的重要内容，争当农业现代化建设排头兵。

（一）正确认识争当农业现代化建设排头兵的内涵与重大意义

上一节谈到，农业现代化建设排头兵，是指在农业现代化建设过程中走在最前列，农业现代化程度和水平最高、对全国各地现代农业发展能起到示范和引领作用。一方面，成为农业现代化建设排头兵，要求黑龙江农业现代化水平排在全国最前列；另一方面，成为农业现代化建设排头兵，要求黑龙江在推进农业现代化建设、深化现代农业改革和制度创新上走在全国最前列。这是习近平总书记寄予黑龙江的重要嘱托和殷切期望，是党中央赋予黑龙江的重大任务和历史使命。

（二）科学确定争当农业现代化建设排头兵的实现路径与推进措施

1. 构建现代农业产业体系、生产体系、经营体系

现代农业是包含产业体系、生产体系、经营体系在内的有机整体。因此，加快发展现代农业、争当农业现代化建设排头兵，首先要加快构建现代农业“三大体系”。一要加快构建现代农业产业体系。现代农业产业体系是由农业内部不同层次产业部门和环节构成的产业系统，要完备农业产业体系，提高农业产业化程度，丰富农业功能，使农业产业向横向拓展，向纵向延伸。二要加快构建现代农业生产体系。现代农业生产体系是由各种农业生产要素有机集合而形成的生产系统，要用现代物质装备武装农业，用现代科学技术提升农业，进一步提高农业机械化和科技化水平。三要加快构建现代农业经营体系。现代农业经营体系是由各种农业经营主体和经营方式构成的经营系统，要在适度规模经营的基础上，培育新型的规模化经营主体，发展多元化的农业经营方式，提高现代农业组织化程度。

2. 推进农业供给侧结构性改革

推进农业供给侧结构性改革，是当前现代农业发展的迫切需要，是提高农业发展质量效益和竞争力的必然选择。推进黑龙江农业供给侧结构性改革，应坚持市场导向、区域比较优势、效益最大化、外向化等原则。一方面，应以供给侧为切入点推进改革，减少低效和无效供给，扩大有效供给，提高农业供给质量和效率，更好地满足消费者的多样化需求。另一方面，应以农业结构为切入点进行改革，多层次地调整优化农业生产和农村产业结构，更好地适应市场需求的变化。要调整和优化农产品结构，重点是优化农产品品种和品质结构，进一步增加绿色优质安全和特色农产品供给，提高农产品优质化率；要调整和优化农业生产结构，推进农林牧渔结合；要调整和优化种植业内部结构，推动粮经饲统筹，同时调整和优化畜牧业内部结构；要调整和优化农村产业结构，大力发展农村新产业新业态。

3. 推进农村一二三产业深度融合

当前情况下发展现代农业的另一条根本途径是推进农村一二三产业融合发展，这是拓宽农民增收渠道、构建现代农业产业体系的重要举措，是加快转变农业发展方式、探索中国特色农业现代化道路的必然要求。推进农村三次产业融合发展，关键是要准确把握其内涵实质。农村三产融合，不是一般意义的农村一二三产业的简单相加，其实质是在农产品生产即农村第一产业发展的基础上，进一步发展以农产品加工为主的第二产业和以农产品及其加工品销售为主的第三产业，使农村一二三产业在同一农业经营主体下交叉融合，实现农产品产加销、农工贸一体化，推进农业延长产业链，融入供应链，提升价值链，最终让农民更多地分享第二、三产业创造的价值增值和收益分配。

4. 提高农业综合生产能力

加快发展现代农业、争当农业现代化建设排头兵，必须以保障国家粮食安全为首要任务，努力提高农业综合生产能力。农业是安天下稳民心的产业，粮食是关系国计民生的特殊商品。解决好全国13亿多人口的吃饭问题，始终是治国安邦的头等大事。在发展现代农业过程中，要不断增强农业综合生产能力，确保谷物基本自给、口粮绝对安全，把13亿中国人的饭碗牢牢端在自己手中，自己的饭碗主要要装自己生产的粮食。黑龙江作为农业大省和国家重要商品粮基地，是我国21世纪粮食增产和粮食供给能力潜力最大的地区，维护国家粮食安全是黑龙江义不容辞的责任。今后，要进一步发挥黑龙江农业生产优势，按照国务院《关于建立粮食生产功能区和重要农产品生产保护区的指导意见》，积极创建国家水稻、玉米生产功能区和大豆生产保护区。一要进一步发挥黑龙江农业生产优势，要稳定发展水稻生产，叫响龙江大米品牌，使中国人的饭碗装更多的龙江米；二要扩大大豆种植面积，提高大豆市场竞争力和占有率；三要积极发展绿色食品产业，培育壮大绿色生态农产品知名品牌和龙头企业，推行绿色生产方式，深入实施“三减”行动，扩大中高端绿色有机农产品供给，推动黑龙江成为全国的绿色粮仓。

5. 促进农民持续增收

增加农民收入是“三农”工作的中心任务。加快发展现代农业、争当农业现代化建设排头兵，必须以促进农民持续增收为目标，争取提前实现农民收入翻一番，并进一步缩小城乡居民收入差距，特别是要努力降低城乡居民收入绝对数差距扩大的程度。一要扩大农业合作化、组织化、规模化经营程度，通过降本增效、优质优价等方式增加农民经营性收入。二要促进农民充分就业，增加农民工资性收入。一方面，进一步推进农村富余劳动力转移就业，加快农村转移人口市民化进程；另一方面，对于农村务农人员，帮助其充分利用剩余劳动时间，特别是在北方农产品主产区较长农闲时期，创造更多的就地或就近就业机会。三要推进农村土地制度、宅基地制度、集体产权制度改革，增加农民财产性收入。四要加大农业补贴力度，完善农村社会保障制度，增加农民转移性收入。五要加快发展政策性农业保险，积极探索实施农产品目标价格补贴，防范、减轻农民因自然灾害和市场风险而对收入的不利影响。

（三）深化现代农业与农村改革，为争当农业现代化建设排头兵提供动力

加快发展现代农业、争当农业现代化建设排头兵，必须坚持创新发展理念，充分发挥创新引领现代农业发展的第一动力作用。针对现代农业发展中存在的主要问题和矛盾，应重点从以下几个方面进行深化改革和制度创新。

一要推进农村集体产权制度创新，核心是探索农村集体所有制经济的有效组织形式和实现方式，重点是进行土地制度改革。要改革农村土地征收和集体经营性建设用地制度，完善土地增值收益的合理分配机制；改革农村宅基地制度，完善农民住房保障机制，探索宅基地有偿使用与自愿退出机制和农民住房财产权抵押、担保、转让的有效途径；改革耕地保护制度，完善基本农田保护补偿机制；探索实行耕地轮作休耕制度；改革创新农村集体资产和水利、林业等管理体制。

二要推进农业经营制度创新。一方面，改革农业生产经营组织形式，加快培育新型农业经营主体，构建新型农业经营体系；另一方面，创新农业社会化服务机制，大力培育多种形式的农业经营性服务组织，健全新型农业社会化服务体系。

三要推进农业支持保护制度创新，加大农业支持保护力度，完善农业生产激励机制。要完善财政支农政策，建立农业投入稳定增长机制；改革主要农产品收购收储政策，完善农产品价格形成机制；改进农产品市场调控制度，创新农产品流通方式；改革农业补贴制度，提高农业补贴政策效能；完善粮食主产区利益补偿机制，调动主产区政府抓粮积极性；创新农村金融制度，建立现代农村金融体系，提升农村金融服务水平；创新农业保险品种，完善农业保险制度，提高保障水平。

四要推进管理创新，更好地发挥政府的主导作用。适应市场经济和新常态下现代农业运行与发展变化，为更好地发挥政府的作用，在管理目标上，要在保障主要农产品有效供给的基础上更加注重增加农民收入、促进农民充分就业、优化农业结构、提高农业生产效率、促进农业可持续发展；在管理职能上，主要是科学制定农业发展战略和中长期农业发展规划，调整、优化农业结构与布局，完善农产品市场体系，规范市场行为与秩序，完善农产品质量和食品安全体系；在管理方式上，应以宏观间接调控为主，创新调控思路与政策工具，采取相机调控、精准调控措施，加大定向调控力度，适时预调微调；在管理手段上，应以经济手段和法律手段为主，注重宏观经济政策之间的协调配合，增强宏观调控的针对性和协调性，并及时修改不适应现代农业发展的法律法规，研究制定新的法律法规。

（本部分内容刊发于黑龙江省委宣传部《智库专报》2017年第3期，原文标题为“关于加快发展现代农业、争当农业现代化建设排头兵的建议”，作者：郭翔宇。）

三、加快建设现代化大农业

2018年9月，习近平总书记在东北三省考察时强调，中国现代化离不开农业现代化。这与两年前总书记到黑龙江考察调研时讲到要坚持把发展现代农业作为黑龙江振兴发展的重要内容的思想是一脉相承的。新时代，实现黑龙江全面振兴、全方位振兴，要深入学习领会习近平总书记关于东北振兴的重要思想，从国家发展大局的高度深刻认识东北振兴的重大意义。加快建设现代农业，要深化农垦体制改革，把农业科技放在更加突出的位置，要更好支持粮食生产，保障国家粮食安全，还应保护好黑土地，加快农业绿色发展。

(一)深化农垦体制改革，更好发挥农垦在现代农业建设中的骨干作用

农垦在我国农业发展和国家建设中具有重要的战略地位，为保障国家粮食安全、支援国家建设、维护边疆稳定作出了重大贡献。黑龙江农垦形成了组织化程度高、规模化特征突出、产业体系健全的独特优势，是国家关键时刻抓得住、用得上的重要力量。因此，在新时代东北全面振兴过程中，要更好发挥农垦在现代农业建设中的骨干作用。一方面，要“深化农垦体制改革”；另一方面，要“加快建设现代农业的大基地、大企业、大产业”。

垦区土地资源富集，人均占有资源多，耕地集中连片，发展现代化大农业具有得天独厚的优势。农垦改革，作为全省国有企业改革的重点，要坚持国有农场的性质，坚持垦区集团化、农场企业化的方向，通过改革进一步调动农场工人的积极性、维护好他们的权益、提高他们的素质，要不断提高农业生产的组织化、机械化水平，要全面增强农垦内生动力、发展活力、整体实力。以垦区集团化带动农场企业化，以行政体制改革、经营体制改革带动农场办社会职能改革。垦区集团化、农场企业化以及农场办社会职能改革，将会促进农垦现代农业大基地、大企业、大产业建设和农场现代化城镇的繁荣，为垦区在黑龙江乡村振兴中发挥示范、引领、带动和辐射作用提供重要支撑。通过深化改革和加快发展，北大荒农垦集团要努力形成农业领域的航母和具有全球竞争力的企业。

(二)把农业科技放在更加突出的位置，给农业现代化插上科技的翅膀

中国现代化离不开农业现代化，农业现代化关键在科技、在人才。早在1998年，党的十五届三中全会就提出，农业的根本出路在科技。2012年中央1号文件提出，农业科技是加快现代农业发展的决定力量。从世界农业发展历史来看，农业增长与发展的源泉主要来自农业科技创新和科技进步。20世纪四五十年代，发达国家农业科技进步贡献率为25%左右，到20世纪70年代以后达到70%左右，目前美国等农业发达国家科技贡献率更是高达90%以上。从我国实际情况来看，农业科技创新能力还不强，农业科技发展水平还不高，农业科技进步贡献率不到60%，远低于发达国家水平。因此，要把发展农业科技放在更加突出的位置，给农业现代化插上科技的翅膀。

现代化大农业是以更加先进的科学技术为生产手段、以更高水平农机装备为生产工具，具有更高技术密集度和更高综合生产能力的现代农业，因此，加快黑龙江现代化大农业发展，要加大农业科技创新力度，进一步提高农业科技化水平，即加大农业科技体制改革力度，健全激励机制，突破农业科技创新的制度障碍；加大政府农业科技投入力度，真正把农业科研投入放在公共财政支持的优先位置，提高农业科技投入的比重和强度；加强农业技术推广，建立多元化的农业推广组织体系。另外，要大力推进农业机械化、智能化，进一步提高农机装备水平，即加大农机化工程实施力度，装备更多的具有世界一流水平的现代化大型农业机械，实现主要粮食作物种管收全程机械化。在此过程中，要更好发挥高等农业院校和农业科研院所的作用，加强农业科技研发与推广以提供更先进的成果支撑，加强智库建设与理论研究以提供更有效的政策咨询，加强农业农村教育与技能培训以提供更有力的人才保障。

(三)加快农业绿色发展，保护好黑土地

绿色发展既是现代农业发展的内在要求，也是生态文明建设的重要组成部分。绿色是永续发展的必要条件和人民对美好生活追求的重要体现，必须坚持节约资源和保护环境的

基本国策，坚持可持续发展，坚定走生产发展、生活富裕、生态良好的文明发展道路，这是将生态文明建设融入经济、政治、文化、社会建设各方面和全过程的全新发展理念。用绿色发展新理念引领发展行动，就是要坚持绿色富国、绿色惠民，为人民提供更多优质生态产品，推动形成绿色发展方式和生活方式，协同推进人民富裕、国家富强、中国美丽。其中，用绿色发展理念引领农业发展行动，就是要推进农业绿色发展。推进农业绿色发展是农业发展观的一场深刻革命，也是农业供给侧结构性改革的主攻方向。

加快农业绿色发展，基本途径是改变传统的农业生产方式，减少化肥、农药、除草剂等投入品的过量使用，推动农业生产方式绿色化，构建科技含量高、资源消耗低、环境污染少的农业产业结构和生产方式，走出一条产出高效、产品安全、资源节约、环境友好的农业现代化道路。加快农业绿色发展，基本目标是发展绿色食品产业，提供更多优质、安全、特色农产品，促进农产品供给由主要满足“量”的需求向更加注重“质”的需求转变，重点培育绿色有机农产品知名品牌，提高市场知名度和美誉度，推动黑龙江由大粮仓变成绿色粮仓、绿色菜园、绿色厨房。

加快农业绿色发展，还要着力解决好耕地保护问题。我国人多地少，人均耕地面积仅为世界平均水平的1/3。因此，要像保护大熊猫一样保护耕地，特别是要确保东北黑土地不减少、不退化。黑土地，是地球上珍贵的土壤资源，是东北地区的独特优势。由于长期高强度利用，加之土壤侵蚀，导致黑土地有机质含量下降、理化性状与生态功能退化，严重影响粮食综合生产能力提升和农业可持续发展。因此，保护好黑土地，是推进东北农业绿色发展的重要内容，要把东北黑土区打造成为绿色农业发展先行区。保护黑土地，要坚持用养结合原则，综合施策，统筹粮食增产、畜牧业发展、农民增收和黑土地保护之间的关系，不断优化农业结构和生产布局，推广资源节约型、环境友好型技术，统筹土、肥、水、种及栽培等生产要素，综合运用工程、农艺、农机、生物等多种措施，在保护中利用好黑土地，在利用中保护好黑土地。

（本部分内容发表于《黑龙江日报》2018年11月14日，作者：郭翔宇。）

（四）多措并举，实现粮食安全“压舱石”首要担当

2023年9月，习近平总书记在黑龙江考察时强调，牢牢把握在国家发展大局中的战略定位，奋力开创黑龙江高质量发展新局面。其中，最为重要的是，黑龙江要以发展现代化大农业为主攻方向，建好建强国家重要商品粮生产基地，当好国家粮食安全“压舱石”。

1. 以发展现代化大农业为主攻方向，率先实现农业现代化

黑龙江作为农业大省和国家重要商品粮生产基地，习近平总书记高度关注黑龙江农业发展问题，强调黑龙江要以发展现代化大农业为主攻方向，争当农业现代化排头兵。

现代化大农业，首先是现代农业，黑龙江要率先实现农业现代化。如何率先实现农业现代化，习近平总书记指明了“五化”的推进路径：一要加快推进农业物质装备现代化。要加快用现代物质条件装备农业，提高农机装备质量，在进一步提高农业机械化程度、实现主要农作物全程全面机械化的基础上，重点提高粮食生产高质量机械化水平。二要加快推进农业科技现代化。农业现代化，关键是农业科技现代化，要加快推进富锦、甘南两个全国农业科技现代化先行县共建工作，探索构建科技支撑农业农村现代化的新机制新模式，带动全省进一步增强农业科技创新能力，提升农业科技进步贡献率。三要加快推进农

业经营管理现代化。要重点扶持、建设家庭农场、农民合作社等新型经营主体和农业产业化龙头企业，加快推进土地流转等农业社会化服务体系建设，着力提高农业生产经营集约化、专业化、组织化、社会化程度。四要加快推进农业信息化。要充分利用信息技术、数字技术和大数据、物联网等工具加快发展智慧农业，提高农业技术、设施装备、市场流通、经营管理等要素的数字化、智能化、自动化、网络化水平。五要加快推进农业资源利用可持续化。要坚持绿色发展理念，在保护好黑土地、提高水资源利用效率的基础上，加快推进农药和化肥施用减量化，提高农作物秸秆和畜禽粪污的综合利用率。

其次，现代化大农业，是具有“大”字特征的现代农业，黑龙江要走现代化“大”农业的发展道路。如何发展现代化大农业，习近平总书记提出了“三大”的建设目标。一要加快建设现代农业大基地。要依靠土地规模大的优势，进一步提高粮食综合生产能力和供给保障能力，建好建强国家重要商品粮生产基地，确保平时产得出、供得足，极端情况下顶得上、靠得住。二要加快建设现代农业大企业。要努力把北大荒农垦集团打造成世界一流现代农业产业集团，发挥其组织化程度高、规模化特征突出、产业体系健全的独特优势，建成中国特色新型农业现代化示范区，形成农业领域航母。三要加快建设现代农业大产业。要把农业产业优势转化为龙江高质量发展新动能新优势，横向上健全农业产业体系，推进粮经饲统筹、农林牧渔多业并举，优化农业产业结构，提升农业整体素质；纵向上延长农业产业链条，协同推进农产品初加工和精深加工，提升价值链，拓展农业发展空间。

2. 建好建强国家重要商品粮生产基地，当好国家粮食安全“压舱石”

习近平总书记强调，黑龙江省要牢牢把握在国家发展大局中建好建强国家重要商品粮生产基地的战略定位，要在维护国家粮食安全中积极履职尽责。黑龙江是全国粮食主产区，2022 年粮食作物种植面积达到 22 024.8 万亩，占全国的 12.4%；粮食总产量达到 7 763 万吨，占全国的 11.3%，连续 13 年位居全国首位。在国内粮食需求不断增长、国际粮食供应不稳定的情况下，黑龙江粮食生产实现了十九连丰，充分发挥了维护国家粮食安全“压舱石”的作用。

在全国粮食产量增速放缓、粮食进口量占粮食总产量的比重趋升的情况下，2022 年 12 月中央农村工作会议提出，要实施新一轮千亿斤粮食产能提升行动。对于国家来说，保障粮食和重要农产品稳定安全供给始终是建设农业强国的头等大事。黑龙江把多种粮、种好粮作为头等大事，就是要让中国人的饭碗里装更多的优质龙江粮，为保障国家粮食安全作出更大的贡献。中共黑龙江省委明确提出，要落实国家新一轮千亿斤粮食产能提升行动，稳定粮食种植特别是大豆种植面积，计划 5 年内全省粮食产能提高 1 000 万吨以上，综合生产能力达到 9 000 万吨。这意味着，黑龙江将为国家新一轮千亿斤粮食产能提升做出 20%以上的贡献，这充分体现出黑龙江坚决扛起国家粮食安全的政治责任和积极为党为国分忧的大局意识。

建好建强国家重要商品粮生产基地，必须采取综合措施提高粮食综合产能。一要充分利用好各种土地资源，进一步提高土地利用率，重点是要保护、利用好黑土地，优先把黑土地建成高标准农田，同时要改良、利用好盐碱地和白浆土，科学利用坝外地，为提高粮食综合产能奠定坚实的物质基础；二要大力提升农业科技创新能力，强化科技赋能粮食增产，重点是要推动种业创新，集成推广高产技术，为提高粮食综合产能提供有力的技术支撑；三要充分调动和保护好农民种粮的积极性，重点是要加快研究制定保障农民种粮收益的长效机制，促进黑龙江农民收入尽快达到并超过全国平均水平；四要大力发展畜牧业和粮食精深加工业，促进粮食转化增值，延长粮食产业链，重点是要打造食品和饲料产业集群，提高粮食生产综合效益。

3. 加快推进乡村振兴，让农村具备现代化生产生活条件

黑龙江要在以现代化大农业为主攻方向、建好建强国家重要商品粮生产基地的同时，加快推进乡村振兴，让农村具备现代化生产生活条件。黑龙江农业现代化水平，尤其是农业机械化程度、农业科技进步贡献率等指标高于全国平均水平，但乡村振兴程度和农村现代化水平相对落后。据测算，2020年，黑龙江乡村振兴程度为46.5%，低于全国平均水平12.2个百分点，排在全国第18位；农村现代化水平为47.2%，低于全国平均水平4.6个百分点，排在全国第22位。

全面推进乡村振兴，总目标是实现农业农村现代化，加快建设农业强国。黑龙江要加快推进乡村振兴，率先建成农业强省。一要巩固拓展脱贫攻坚成果，增强脱贫地区和脱贫群众内生发展动力。重点要以产业发展推进脱贫攻坚与乡村振兴有机衔接，努力把帮助贫困人口稳定就业、增加收入的扶贫产业做强做大，促进扶贫产业升级和乡村产业兴旺。二要全面推进乡村产业、人才、文化、生态和组织振兴，加快乡村振兴进度。重点要加强乡村基础设施建设，提高其完备度；完善农村公共服务供给，提高其便利度；加快农村人居环境整治提升，提高其舒适度，持续改善农村生产和生活条件现代化水平。三要推动农业农村高质量发展，促进农民增收。要大力发展质量农业，努力生产出知名度和美誉度更高、数量更多的优质农产品。既要帮助农民实现优质优价，促进农业增效和农民增收；又要更好地满足消费者吃得好、吃得安全、吃得健康和富有营养的多样化需求。四要加快建设农业强省，支撑黑龙江现代化强省和农业强国建设。要针对黑龙江农业“大而不强”的现状和优劣势，坚持锻长板、补短板相结合，在发挥农业生产规模优势的基础上，重点提升农业发展水平，提高农业生产效率，增强农业竞争力。

（本节内容发表于《黑龙江日报》2023年9月30日，作者：郭翔宇。）

四、推进现代农业综合配套改革试验

2013年6月13日，国务院批复《黑龙江省“两大平原”现代农业综合配套改革试验总体方案》。

黑龙江“两大平原”即松嫩平原、三江平原，是我国黑土资源的主要分布地区，位于黑龙江腹地，包括11个市的51个县（市、区）和黑龙江农垦总局9个管理局的114个农场，面积28.9万平方千米，人口2 367万人。该区域农业资源富集，耕地面积1.62亿亩，占全省（2亿亩）的80%以上；2012年粮食产量5 215万吨，占全省（5 760万吨）的90%以上，占全国（5 895.5万吨）的8.8%，是我国重要的粮食主产区和商品粮生产基地。

在“两大平原”开展现代农业综合配套改革试验，既是进一步释放农业发展潜力，保障国家粮食安全的现实需要；也是巩固和完善农村基本经营制度，探索农业现代化与工业化、信息化、城镇化协调发展的重大举措，具有十分重大的意义。

（一）“两大平原”现代农业改革的重点是调整农业生产关系，应进一步强化“改革”色彩

“两大平原”现代农业改革试验的重点是调整农业生产关系，主要是破解制约现代农业发展的体制机制障碍和深层次矛盾，目的是使其更好地适应和促进农业生产力的发展，加快现代化大农业建设进程。为此，建议突出五个方面的改革。

一是改革体制，主要是要改革农业生产经营组织形式，创新农业生产经营体制；改革土地、水利、资金等管理体制，提高生产要素利用效率。

二是完善机制，主要是完善粮食主产区利益补偿机制，完善农产品价格形成机制，完善农业用水价格形成机制，建立农业保险大灾风险分散机制等。

三是健全体系，主要是调整、优化农业结构与布局，建立现代农业产业体系；创新农村金融、农业保险和农业科技服务，完善农业社会化服务体系；搞活流通，完善农产品市场体系；强化监管，完善农产品质量和食品安全体系；推进城乡一体化，完善农村基本公共服务和社会保障体系。

四是创新制度，主要是改革农业补贴制度，完善农业保险制度，创新耕地保护制度，改革农村征地和宅基地制度，健全政府调控和法律保障制度等。

五是理顺关系，重点是改善城乡、工农关系，实现城乡统筹与一体化发展；正确处理政府与市场的关系，使市场在资源配置中发挥决定性作用和更好发挥政府作用；理顺中央与地方、粮食主产区与主销区、农垦与农村等不同主体与地区之间的责权利及相互关系，发挥各方的积极性；理顺农村土地所有权、承包权和经营权之间的关系，进一步坚持和完善农村基本经济制度和基本经营制度。

（二）“两大平原”现代农业改革的本质是创新，应大胆试验，加大创新力度

进行“两大平原”现代农业综合配套改革，“胆子要大”，要积极探索，大胆试验，要敢于突破，勇于创新。实现创新，是“两大平原”现代农业改革试验的基本要求，是改革要实现的过程性目标和阶段性结果，最终目的是要促进和加快现代农业的发展；同时，创新也是判断、评价“两大平原”现代农业改革进展程度与成效的重要标准。党的十八大提出了创新驱动发展战略，现代农业的发展与改革也需要创新驱动。其中，现代农业的发展主要是依靠科技创新来驱动，特别是黑龙江发展的现代化大农业，更是依靠先进的科学技术进步驱动、具有更高技术密集度的现代农业。农业与农村改革则主要是依靠制度创新来推动。

因此，推进“两大平原”现代农业综合配套改革试验，应树立创新思维，增强创新意识，加大创新力度，要进一步解放思想，更新观念，努力实现制度创新。“两大平原”现代农业综合配套改革试验中的制度创新，应包括农业生产经营体制、农村土地管理体制、水利管理体制等体制创新，粮食生产利益补偿机制、粮食价格形成机制、农业用水价格形成机制等机制创新，农产品市场体系、农产品质量与食品安全体系、城乡基本公共服务与社会保障体系等体系创新，农业补贴政策、粮食价格政策、农业保险政策、农产品市场调控政策等政策创新，农村金融服务、农业保险服务、农业科技服务等服务创新，农业生产经营主体、农业社会化服务主体、市场及其调控主体等主体创

新，农村土地承包经营权流转模式、农业规模经营模式等模式创新，农村土地集体所有制的实现方式、农村基本经营制度的实现形式等路径创新。同时，在推进改革过程中还要注重管理创新。努力实现上述制度创新和管理创新，是实现“两大平原”现代农业综合配套改革试验目标的基本保证。

（三）“两大平原”现代农业改革有底线要求，要在保持稳定的前提下探索创新

在改革创新过程中，“步子要稳”，改革要坚持基本底线，要在保持稳定的前提下进行改革创新。

一要坚持农村土地农民集体所有，坚持农村基本经济制度。农村土地集体所有制是农村的基本经济制度，是我国基本经济制度的重要组成部分，是农村基本经营制度和村民自治制度的重要基础。深化农村土地制度改革，推进农地承包经营权流转和规模经营，都不能改变农村土地农民集体所有这个农村最大的制度，不能把农村集体所有制改垮了。当然，在坚持农村土地集体所有这一基本经济制度下，可以积极探索改革农村土地集体所有的组织形式和有效实现形式、集体经济组织的成员资格确定及进入与退出方式、农民在集体经济组织中的财产权益及其对所承包土地和所使用宅基地权能扩大途径等。

二要坚持家庭经营的基础性地位，坚持农村基本经营制度。以家庭经营为基础、统分结合的双层经营体制是我国农村的基本经营制度。在坚持农村基本经营制度中，重点是坚持家庭经营的基础性地位。农民家庭是集体土地承包经营的法定主体，家庭经营在农业生产经营中居于基础性地位。农村集体土地必须由集体经济组织内的农民家庭承包，其他任何主体都不能取代农民家庭的土地承包地位。创新农业经营主体，不能忽视数量众多、比例最大的普通农户。

三要坚持稳定土地承包关系，坚持农地农用。党中央明确要求，稳定农村土地承包关系并保持长久不变，任何组织和个人都不能剥夺和非法限制农民承包土地的权利。推进农地流转不能改变现有土地承包关系，应在坚持农村土地集体所有权、稳定农户承包权的前提下放活、用活土地经营权。而且，经营权流转之后的土地不得改变用途，农地不能非农化，改革不能把耕地改少了。

四要坚持保障农民的物质利益，坚持维护农民合法权益。改革的出发点和落脚点是在加快现代农业发展的基础上增加农民收入，改革不能损害农民利益，这是农村工作的基本准则。这“四大底线”在农业与农村改革过程中是不能突破的，尤其是在农村土地制度改革过程中，必须坚持这些基本底线不动摇，避免改革不慎带来意外的全局性风险和震荡。

（四）“两大平原”现代农业改革是一项全新的探索性实践，应加强理论研究

“两大平原”现代农业综合配套改革试验具有先行先试性质，是一个探索性实践过程，没有现成的路可走。整体改革试验，要把握正确的方向，要有明确的目标定位；要把握改革的重点内容，要有合理的任务安排；要把握当前改革的背景变化，要有鲜明的时代特征；要把握国家的战略方针，要有基本的原则要求。改革试验中的每一项具体任务都是一个大课题，进行任何一个方面的改革试验，都需要全面把握该项改革试验任务的历史演进与现状，客观了解主要问题及其不利影响，深入分析成因与制约因素，比较借鉴国内外发达地区的成功做法和先进经验，科学制定完成改革试验任务的思路途径和政策措施等并付诸实施。所有这些都需要进行深入系统的理论研究和综合设计。同时，在改革实践过程中，还要进行跟踪研究和深化研究，及时考察评估改革试验进程与绩效，总结分析成功经验或失败教训，进一步修订、完善改革思路和方案。对于改革试验过程中出现的新情况、新问题，要及时分析研究，妥善提出对策。因此，建议改革试验领导小组办公室和承担不同改革试验任务的有关部门设立若干专项课题，组织政府部门和高等院校、科研院所的专家学者进行联合研究，为改革试验提供理论依据和决策参考。

（五）“两大平原”现代农业改革依靠政府推动，但必须充分尊重农民意愿和经济规律

改革试验的实施主体是政府，各项改革试验任务需要各级政府及其相关部门推进落实。政府不仅要研究制定改革试验方案，细化分解改革试验内容，落实改革试验措施，还要协调解决改革试验过程中出现的新情况、新问题，评估考核改革试验绩效，总结推广改革试验经验与成功做法。因此，各级政府应发挥主导作用，以高度的政治责任感积极推动改革试验。

农民是农业生产经营主体和现代农业建设主体，改革试验的主要目的是在加快现代农业发展过程中提高农民收入，让农民在参与农业现代化进程中充分享受现代化成果。因此，政府在推进改革试验过程中，一方面要充分尊重农民意愿，注重发挥农民的首创精神；另一方面要尊重农业生产规律和市场经济规律，注重发挥市场机制和经济规律的作用。也就是说，推进任何改革试验措施，都不能违背农民意愿，不能违反经济规律，特别是在推进城镇化、农地流转、培育新型农业经营主体过程中不能操之过急，不能强行追求进度，不能行政干预过度，否则可能事与愿违。

（六）“两大平原”现代农业改革是政策红利，应抓住机遇、用好政策并争取国家更大支持

黑龙江“两大平原”现代农业综合配套改革试验，是国家目前开展的唯一涉及农业生产关系的重大调整和变革，是黑龙江经济建设史上唯一上升到国家层面的重大发展战略，是全国综合配套改革试验区的重要组成部分。在黑龙江先行开展现代农业综合配套改革试验，体现了党中央和国务院对黑龙江的高度重视和充分信任，是黑龙江加快发展难得的历史机遇和重大政策红利。

首先，黑龙江必须紧紧抓住这个不可多得的发展机遇，积极创造条件，营造良好的改革环境，确保改革试验取得预期成效。这需要省委省政府进行科学的顶层设计，需要各级政府共同努力，需要发挥全省人民的聪明智慧。对于这次可以先行先试的“两大平原”现代农业改革试验，绝不能再错失良机。

其次，黑龙江必须用好用足国家政策，充分释放政策红利。国务院在批复《方案》时，要求国家有关部门按照职责分工，积极指导和支持黑龙江开展“两大平原”现代农业综合配套改革试验，对拟推出的与现代农业发展相关的改革事项要优先在“两大平原”先行先试，并要求国家发展和改革委员会将“两大平原”现代农业综合配套改革试验纳入全国综合配套改革试验区管理，牵头建立省际协调机制，加强指导和协调，有序推进改革试验工作。作为全国现代农业综合配套改革试验的“特区”，黑龙江必须用好用足国家政策，使改革试验成为加快黑龙江现代农业发展的强大动力。

最后，黑龙江还应积极争取更多国家支持。在“两大平原”进行现代农业改革试验本身就是国家对黑龙江的最大政策支持。除了对于国家拟推出的与现代农业发展相关的改革事项争取优先在“两大平原”先行先试，对于具有突破性的重大改革试验事项争取国家及时批复之外，还要主动争取国家更多的技术指导和国家有关部门的协调配合，更主要的是要大力争取国家的经济支持。对于完善粮食主产区利益补偿机制、完善农业支持保护政策特别是农业补贴政策、创新政策性农业保险、农业水利工程和基础设施建设、生态环境保护、大豆目标价格补贴试点、农产品目标价格保险试点等改革事项，应积极争取对黑龙江的资金倾斜。

（七）“两大平原”现代农业改革试验是“趟路子”，应发挥示范引领作用，为全国创造经验

“两大平原”现代农业改革试验既要促进黑龙江现代农业加快发展，又要为全国现代农业发展和农村改革“趟路子”，并应发挥示范引领作用。

进行“两大平原”现代农业综合配套改革试验，首先是黑龙江农业发展过程中的一项重大政策安排，其直接目的和作用是通过改革试验加快黑龙江现代农业发展，进一步提高黑龙江农业综合生产能力和农民收入水平。

其次，这是黑龙江经济建设过程中的一项重大战略部署，现代农业改革试验的思路、做法和经验可为黑龙江省全面深化改革提供启示和借鉴。

最后，这是国家目前开展的唯一涉及农业生产关系的重大调整和变革，是国家层面的重大发展战略，是全国综合配套改革试验区的重要组成部分。改革试验要为全国粮食主产区实现“四化同步”发展发挥示范引领作用，要为全国现代农业发展和农村改革提供经验，“趟路子”。当然，对黑龙江来说，这既是难得发展机遇，也是重大考验。

（本部分内容刊发于《决策建议》2014 年第 21 期，原文标题为“关于加快推进‘两大平原’现代农业综合配套改革试验的建议”，作者：郭翔宇。）

五、多元主体联合，创新现代农业经营体系

2016 年 5 月 23—25 日，习近平总书记在黑龙江考察调研时强调，振兴东北地区等老工业基地是国家的一个重大战略。他希望黑龙江坚持问题导向，贯彻新发展理念，深化改革开放，优化发展环境，激发创新活力，扬长避短、扬长克短、扬长补短，努力走出一条新形势下老工业基地振兴发展新路子。在肯定黑龙江是农业大省和粮食主产区、长期以来为国家粮食安全作出的突出贡献时，指出粮食安全是国家安全的重要基础，近 5 年来，黑龙江粮食总产量、商品量、调出量保持全国第一，成为维护国家粮食安全的一块“压舱石”。将这两方面联系起来，黑龙江要坚持把发展现代农业作为振兴发展的重要内容，要坚持发展现代农业方向，争当农业现代化建设排头兵。之所以要坚持把发展现代农业作为黑龙江振兴发展的重要内容，是因为振兴老工业基地不是一个产业振兴概念，不仅仅是要振兴工业；而是一个区域振兴概念，要振兴的是区域内整个经济和社会发展事业，其中理应包含现代农业的发展。因此，黑龙江在老工业基地振兴过程中，不能忽视现代农业发展。

如何加快发展现代农业，习近平总书记指出，现代农业是包含产业体系、生产体系、

经营体系在内的有机整体，要以构建三个体系为抓手加快推进农业现代化。早在2015年全国两会期间参加吉林代表团审议时，总书记就指出，推进农业现代化，要突出抓好加快建设现代农业产业体系、现代农业生产体系、现代农业经营体系三个重点。2016年4月25日，习近平总书记在安徽小岗村农村改革座谈会上进一步强调，要以构建现代农业产业体系、生产体系、经营体系为抓手，加快推进农业现代化。在统筹抓好现代农业产业体系、生产体系、经营体系建设过程中，要因地制宜推进多种形式规模经营，用规模经营提升农业竞争力、增加农民收入。特别是，东北地区有条件发展规模化经营，农业合作社是发展方向，是带动农户增加收入、发展现代农业的有效组织形式。因此，要总结推广先进经验，把农民合作社进一步办好。对于黑龙江来说，加快构建现代农业三大体系，要坚持现代化大农业发展方向，使农业成为体现黑龙江优势与特色的现代产业。

习近平总书记的上述重要讲话精神，为黑龙江现代农业发展指明了目标方向和具体抓手。近年来，黑龙江坚持现代化大农业发展方向，不断深化“两大平原”现代农业综合配套改革试验，积极为全国农村改革和现代农业发展“趟路子”。特别是绥化市，在实践中积极探索，大胆创新，在构建现代农业“三大体系”过程中率先趟出了一条新路子。它们从创新现代农业经营体系入手，推进“以村为基本单元的复合型经营主体”建设，然后以现代农业经营体系创新推进现代农业生产体系建设，进而共同支撑现代农业产业体系发展。

（一）绥化市以村为基本单元的“复合经营”体系的内涵与基本特征

近年来，绥化市积极推进土地流转和规模经营，大力培育和发展专业大户、家庭农场、农民合作社、产业化龙头企业等新型经营主体。2016年，全市土地流转面积1 736万亩，是2011年的4.1倍，占全市耕地面积的60%；参加土地流转的农户数为66万户，是2011年的3.3倍，占全市农户总数的64.4%；200亩以上规模经营面积1 860万亩，是2011年的3.7倍，占全市总种植面积的65%；农机专业合作社246个，是2011年的3.7倍，占全省农机合作社总数的20.1%。

在大力培育新型农业经营主体的基础上，绥化市进一步推进农户、农民合作社、农业企业、村级集体经济组织等多种经营主体进行联合经营，使家庭经营、集体经营、合作经营、企业经营等多种经营方式共同发展，探索建立了“以村为基本单元的复合型经营主体”模式。这是面向市场新特征、应对政策新变化、顺应农民新需求，在农业经营方式、管理方法、收益水平、农民认可接受程度、生产要素合理配置等方面找到的最佳平衡点，是一种由多元经营主体参与、多种经营形式共同发展的一种新的农业经营体系。其中，有一个经营主体居于主导地位，其他经营主体相对处于从属地位，相应的经营形式主要取决于居主导地位的经营主体。

从对绥化市十个典型村的初步调研情况看，可以将这个“复合型经营主体”分为三种不同的具体模式。

1. 以农业合作社为主导，合作社吸收村集体、企业入股，进行联合经营

在这种“复合经营”模式中，庆安县发源村以春芽水稻合作社为主导，兰西县林升村以庆丰大葱种植专业合作社为主导，聚宝村以光辉水稻种植合作社为主导，绥棱县宝山村以宝山利民专业种植合作社（后来又组建了农机合作社，实现两社合一）为主导，肇东市永丰村以裕村香米业联合社为主导，海伦市东兴村以东兴农机合作社为主导，其基本特征是：

(1) 在这种“复合经营”模式中，农民合作社起着主导作用，其他经营主体参与其中。从农产品供应链角度说，农民合作社是核心组织，居于统领地位。

(2) 这些农民合作社不仅是服务性经济组织，它们还都是生产经营实体。世界各国，特别是发达的欧美、日韩等国家，农业合作社基本上是在流通领域进行合作，多以服务型合作社为主，农民都是独立的生产经营主体，入社是为了解决自身面临的困难，获得合作社在农业生产资料购买、农产品销售以及资金、技术等方面提供的服务。绥化市的这些农民合作社，主要是在农业生产领域进行合作，都是生产经营型合作社，主要不是简单地为社员提供供销、信贷、技术等服务，而是直接从事农业生产经营活动，依靠规模经营获取更大收益，通过收益二次分红使农民增收，体现农民合作社服务农民社员的经营宗旨。

(3) 这些合作社不仅是劳动者的联合，它们都具有股份合作性质，属于股份合作社。国际上的农业合作社都是劳动者的联合，是“人”的联合，而不是资本的联合，在收益分配上主要是按社员与合作社的交易量进行盈余返还，而不是按股分红。这是合作社区别于股份制企业的主要标志。绥化市的这些农民合作社，在坚持合作社基本原则、价值和宗旨的基础上，积极吸收多种非农民经营主体入股，进行按股分红。如兰西庆丰大葱种植专业合作社引入正大集团等四家企业入股15%，吸纳村集体入股12%。因此，这些合作社，具有合作社和股份制企业双重属性，属于股份合作社。这一特征实际上符合我国国情和农业发展实际，体现了“中国特色”。

(4) 这些合作社在发展过程中都比较注重自己组建社办企业。如肇东市裕村香米业联合社下辖米业公司、建筑公司、水泥构建厂等；绥棱县宝山利民合作社成立宝山农业开发公司，从事合作社产品的品牌打造和市场开发；庆安县发源村春芽水稻合作社成立博林米业公司，成为省级产业化龙头企业，并与村集体、企业联合组建博林鑫农业集团，发展有机稻种植，建设水电站、旅游山庄，推动一二三产业融合发展。

(5) 这些合作社在发展过程中都注重发挥村级组织和村集体的作用。具体形式有三种：一是村集体牵头领办合作社，如绥棱县宝山利民专业种植合作社直接由村集体领办，兰西县庆丰大葱种植专业合作社、肇东市裕村香米业联合社理事长由村党支部书记或村委会主任担任。二是村集体入股合作社。如庆安县发源村以1 200亩机动地入股合作社，村委会主任以村集体股东身份担任合作社副理事长；兰西县林升村以村集体机动地、建设用地、草原等入股合作社，占12%股份；绥棱县宝山村也是以集体机动地入股合作社。三是村集体与企业合作，如庆安县发源村用村集体资源入股17%，与博林鑫农业集团合作建设水电站，年分红68万元。

2. 以农业企业为主导，企业与合作社、村集体合作，进行联合经营

这种“复合经营”模式以望奎县龙蛙农业发展股份公司和明水县龙睿绿色农业开发有限公司为代表。龙蛙农业发展股份公司的基本做法：一是公司与望奎县先锋镇四段村和村里的彦林水稻种植合作社联合，整村流转土地，建立水稻生产基地3.6万亩；二是公司与哈尔滨银行望奎支行合作，成立“望奎县紫丁香农民专业合作社协会”，积极为会员发放贷款；三是公司与顺丰快递、淘宝等物流、电商合作，进行农产品订单预售、线上交易。

明水县龙睿绿色农业开发有限公司也是这种模式，以企业为主导，一方面与向荣村合作牵头组建桃果蔬菜种植合作社，吸引农户入股，另一方面与村集体合作，共同投资进行棚室建设和市场经营。

3. 以村集体经济组织为主导，进行“村企社”联合经营

这种“复合经营”模式以青冈县民众村和北林区永兴村为代表。民众村的主要特点是充分发挥村级组织的战斗堡垒作用，发挥村“两委”班子的号召力和影响力，带领农民增收致富。主要途径有两个：一是村集体发起组建春景现代农业专业合作社，依托种植业合作社又组建春景现代农机专业合作社，引领农民带地入社，整村实现规模经营；二是村党支部和村委会招商引资，成立大董黑土地农业有限公司，实现产加销一体化。北林区永兴村先是由村党支部牵头领办，分别成立了大成福水稻、蔬菜、农机、烟叶四个农民专业合作社，全村 1.72 万亩耕地全部入社，实现规模经营，建立了“村集体＋合作社＋农户”的“村社合一”运行模式和农资采购、土地耕种、技术指导、产品销售“全统一”的经营模式；然后，由村党支部和村委会牵头，成立了大成福农工商贸易有限公司，对四个合作社和一个米业加工厂实行统一经营管理，构建了村企一体、企社融合、社联农户的复合型农业经营体系。它们的共同经验是，整合村内全部生产要素，发挥村集体、龙头企业、合作社各自优势，采取“村企社”联合方式，在整村流转土地、规模经营的基础上推进现代农业发展。

从上述分析可以看出，在三种具体的“复合经营”模式中，起主导作用的经营主体是不同的。从数量来看，农民合作社主导的居多。但是，有一个可喜的趋势值得关注，即村集体越来越发挥了重要作用。除了第三种模式就是以村集体经济组织为主导外，在第一种和第二种模式中，村集体也发挥着重要影响。因此，加强农村基层组织建设非常重要，这里的关键是选好用好带头人。

（二）绥化市农业“复合经营”模式的绩效表现与作用机理

绥化市推进以村为基本单元的“复合型经营主体”建设，是一个有益的实践探索。从十几个典型农村的发展情况来看，这种实践探索是成功的，表现出了较好的综合绩效，而且预示出良好发展前景。这种实践探索是一种创新，是一种基于改革而实现的制度创新，在培育了新的“复合型经营主体”的基础上丰富了农业经营体系，在完善农业基本经营制度的基础上创新了农业经营体制机制，实现了较大程度的“统分结合”，初步实现了农业“第二次飞跃”。这种改革创新，体现了党的十八届五中全会提出的创新、协调、绿色、开放、共享五大发展理念，符合习近平总书记在安徽小岗村农村改革座谈会和视察黑龙江关于加快构建现代农业“三大体系”的重要讲话精神，适应黑龙江现代化大农业的大规模、大农机、大科技、大组织、大合作、大服务、大产业等发展要求。

绥化市农业“复合经营”模式的综合绩效，首先表现在大幅度地增加了农民收入，一方面明显地提高了农民来自土地的经营性收入和财产性收入，另一方面大大减少了农民的剩余劳动时间，促进了农民的相对充分就业，增加了农民的工资性收入。在庆安县发源村，入社农民土地初次分配加二次分红，与当地自行流转的农户相比，亩均增收 200～300 元；土地旱改水之后，农民转包费又增加 300 元。转出土地农民就地或转移就业，又多了一份工资性收入。在青冈县民众村，2015 年农民人均纯收入 12 721 元，分别高于全县和全市平均水平 4 386 元和 2 000 元，分别高出 53%和 19%。带地入社农户，亩均收入 718 元，户均土地收益 1.7 万元；每户务工收入 3.6 万元，两项收入相加达 5.3 万元。在绥棱县宝山村，2015 年农民人均纯收入 12 032 元，比 2011 年增加了 1.3 倍，年均增长 23%。在兰西县林升村，整体上看，合作社带动农户入社，拉动全村人均增收 4 300 元。具体分析，2015 年，入社农民"保底＋分红"，户均收入 70 715 元，高出当地户均收入 2.2 倍；亩均纯收益 4 283 元，高出未入社土地 2 780 元，增长 1.85 倍。在肇东市永丰村，2015 年入社农民人均收入 1.89 万元，比全市平均水平高出 76%。

其次，农业"复合经营"大大加快了农业现代化进程。农业"复合经营"使农民合作社等农业规模经营主体融入了农产品供应链，且在供应链上越来越占据主导地位；延长了农业产业链，实现了农村一二三产业融合发展；提升了农业价值链，实现了农产品价值增值，且增值部分越来越多地留在农村和农民手里。这种"复合经营"促进了土地流转和规模经营，推动了大型农机设备和先进农业技术的采用，提高了农业生产机械化和科技化水平，增强了农民和农业生产经营的组织化程度，因而显著提高了农业劳动生产率、土地产出率、资源利用率和资金收益率，且有利于保障农产品有效供给及质量安全。

最后，农业"复合经营"显著提高了新农村建设水平。农业"复合经营"在增加农民收入的同时也增加了村集体收入。庆安县发源村 1 200 亩机动地入社，比一般流转增加村集体收入 35 万元；村集体与公司共建水电站，每年股份分红 68 万元。兰西县林升村集体股份分红收入 771 万元，亩均 3 570 元，比直接发包增收 10 倍多。绥棱县宝山村 2015 年村集体由 2011 年负债 370 万元增加到收入 580 万元。肇东永丰村 2015 年村集体分红收入 20 万元。农村集体经济实力的增强促进了农村社会事业发展，农村经济社会事业的发展又强化了党的最基层组织功能，巩固了党在农村的执政基础。

绥化市的农业"复合经营"模式之所以有这些综合绩效，根本原因在于，多元经营主体的各自优势得到充分发挥，各种生产要素得到最有效的优化配置，实现了"1＋1＞2"的效果。

从作用机理分析，"复合经营"的绩效来源于"节本增效"两个方面。"增效"的途径是土地增产和农产品更好的销售价格。土地增产的原因，主要是大型农业机械设备的使用和先进适用农业技术的采用，提高单位土地面积的产量，其基础在于通过农地流转实现了规模经营。同时，多元主体"复合经营"通过土地整治等措施又提高了土地利用率。农产品销售价格的提高主要是由于：一是农产品优质，优质是优价的物质基础；二是生产经营主体通过复合经营提高了组织化程度，使传统分散经营的个体小农户得以联合起来进入市场，市场谈判能力和讨价还价能力增强，这是农产品优价的有力主观条件。

"节本"主要有四个方面：一是节约物化成本。"复合经营"实现了统一批量购买农业生产资料，既可以保证货真价实，又可以降低购买价格，减少物化费用支出。二是节约机械成本。多主体"复合经营"扩大土地经营规模后，提高了农业机械的利用率和作业效率，特别是农机合作社的组建与参与，在降低单位面积土地机械成本的同时，还可以为当地和周边农户提供代耕、代收服务，又增加了一项农机服务经营收入。三是节约劳动力成本。通过农地流转实现规模经营之后，大大减少了单位面积土地上的劳动力投入，节约了劳动力成本；同时，从土地上解放出来的富余劳动力就地或异地转移到非农领域就业，又创造了工资性收入。四是节约资金成本。复合经营后使规模经营主体的信用担保能力和贷款信誉提高，或者与金融机构合作，有助于获得额度更大、期限更长、利率更优惠的贷款，降低了资金成本支出。

从绥化市推进“复合经营”模式的实践中可以提炼出五个关键词，即经营主体、规模经营、农地流转、农民增收、农业现代化。这五个关键词之间的关系是：农业发展的主要目标是促进农民增收，实现农业现代化；农民增收、农业现代化的关键是土地规模经营；土地规模经营的基本途径是农地流转；农地流转的最有效模式是新型经营主体规模转入土地。由此可以看出，新型经营主体通过土地流转，进行规模经营，既能够促进农民增收，又有利于促进农业现代化，最终为新农村建设和农村全面小康社会建设奠定物质基础。

（三）进一步完善绥化市农业“复合经营”体系的思考与建议

绥化市以村为基本单元推进农业“复合经营”，初步构建了一种新的现代农业经营体系和经营模式，今后还应进一步完善。

(1) 以村为基本单元推进“复合经营”，有其规模上的合理性。绥化市拥有耕地 2 900 万亩，有 1 336 个村，大村 3 万多亩，小村接近 1 万亩，村均耕地 2.17 万亩。绥化市认为，以村为基本单元，从生产关系适应生产力发展的角度看，无论是农机作业、科技集成、品牌打造，还是倒茬轮作、生态保护都比较合适，符合适度规模经营的“度”。但是，在推进“复合经营”过程中，可以不局限于一个村；反过来，一个村也可不局限于一种经营模式，主要是看起主导作用的经营主体的情况，可灵活对待。

(2) 充分利用“两大平原”现代农业综合配套改革试验的政策进行先行先试，既要敢于突破，勇于创新，又要注意稳步推进。改革探索有基本底线，要在保持稳定的前提下试验创新。一要坚持农村土地农民集体所有，坚持农村基本经济制度。二要坚持家庭经营的基础性地位，坚持农村基本经营制度。三要坚持稳定土地承包关系，坚持农地农用。四要坚持保障农民的物质利益，坚持维护农民合法权益。这“四大底线”不能突破，必须作为原则要求来坚持。

(3) 绥化市的农业“复合经营”模式是农民的创造，是基层群众在发展实践中摸索出来的。政府在进一步完善过程中，既应充分尊重农民的创造和意愿，又要及时总结提炼，上升到理性认识层面形成指导性意见和政策，通过政策扶持、宣传指导、示范引导等方式加以推广，既不能靠行政干预过度，也不能使各类经营主体过分依赖政府。

(4)“复合经营”模式的成功是一个渐进过程，是基本条件具备之后的水到渠成过程。既不能操之过急，也不能拔苗助长。目前，许多农村刚刚具备了“复合经营”模式的雏形，处于起步和初期发展阶段。因此，重点是完善这些雏形，使其成熟成形，不必盲目追求数量扩张。

(5) 在各村推进“复合经营”过程中，多数是以农民合作社为主导，这既符合我国农业发展实际，又符合国际惯例。当前，农民合作社数量已经很多了，但许多合作社规模较小，实力较弱，带动能力不强，且运行不规范，有的甚至名不副实。因此，在今后深入推进复合经营过程中，应注重合作社的规范运营，要遵循合作社服务农民社员的宗旨，坚持合作社的基本原则和价值。

(6) 深入推进以村为基本单元的“复合经营”模式，既要积极促进绥化市农民增收、现代农业发展和新农村建设，又要努力为全省乃至全国现代农业发展和农村改革“趟路子”。绥化市的成功探索，绥化市的改革思路、做法可以为全省和全国提供启示和借鉴，可以形成经验发挥更大的示范引领作用。

总之，绥化市推进以村为基本单元的复合型经营主体建设的实践探索，创新了现代农业经营体系，促进了现代农业产业体系和现代农业生产体系的构建。对于黑龙江来说，加快构建现代农业三大体系，要坚持现代化大农业发展方向，使农业成为体现黑龙江优势与特色的现代产业。一要用大产业构建现代农业产业体系。现代农业产业体系是由农业内部不同层次产业部门和环节构成的产业系统，加快构建现代农业产业体系要完善农业产业体系，提高农业产业化程度，丰富农业功能，使农业产业向横向拓展，向纵向延伸。二要用大农机和大科技构建现代农业生产体系。现代农业生产体系是由各种农业生产要素有机集合而形成的生产系统，加快构建现代农业生产体系要用现代物质装备武装农业，进一步提高农业机械化水平；用现代科学技术提升农业，进一步提高农业科技化水平。三要用大组织和大规模构建现代农业经营体系。现代农业经营体系是由各种农业经营主体和经营方式构成的经营系统，加快构建现代农业经营体系要在适度规模经营的基础上，培育新型的规模化经营主体，发展多元化的农业经营方式，提高现代农业组织化程度。

（本部分内容发表于《农业经济与管理》2016 年第 4 期，作者：郭翔宇。）

参考文献

阿历克斯·英格尔斯，1985. 人的现代化：心理·思想·态度·行为［M］. 殷陆君，译．成都：四川人民出版社．

巴·哥尔拉，刘国勇，王钿，2020. 乡村振兴战略背景下新疆农业农村现代化发展水平测度［J］. 北方园艺，2020（17）：145－152.

坂下明彦，2000. 日本农协的组织、机能及其运营［J］. 农业经济问题（9）：57－61.

贝塔朗菲，1987. 一般系统论：基础、发展和应用［M］. 北京：清华大学出版社．

布莱克 C E，1989. 现代化的动力：一个比较史的研究［M］. 杭州：浙江人民出版社．

布莱克 C E，1996. 比较现代化［M］. 上海：上海译文出版社．

曹光四，张启良，2015. 我国城乡居民收入差距变化的新视角［J］. 调研世界（5）：9－12.

曹俊杰，2019. 新中国成立 70 年农业现代化理论政策和实践的演变［J］. 中州学刊（7）：38－45.

曹跃群，郭鹏飞，罗玥琦，2019. 基础设施投入对区域经济增长的多维影响：基于效率性、异质性和空间性的三维视角［J］. 数量经济技术经济研究，36（11）：140－159.

常绍舜，2011. 从经典系统论到现代系统论［J］. 系统科学学报（3）：1－4.

陈蕾，周艳秋，何晴，2021. 房地产税改革试点形势下的公共服务质量与房地产税税基评估：基于中国 35 个大中城市经验数据的模拟测算［J］. 宏观质量研究，9（6）：17－29.

陈仁安，2018. 英美农村区域规划经验及对中国乡村振兴的启示［J］. 世界农业（6）：24－28.

陈锡文，2001. “十五”期间农业、农村发展思路和政策建议［J］. 管理世界（1）：138－144.

陈锡文，2007. 走中国特色农业现代化道路［J］. 求是（22）：25－28.

陈锡文，2018. 实施乡村振兴战略，推进农业农村现代化［J］. 中国农业大学学报（社会科学版），35（1）：5－12.

陈晓华，2009. 坚持走中国特色农业现代化道路［J］. 农业经济问题（10）：4－6.

陈燕，2021. 农业农村现代化与乡村振兴：内在逻辑与机制建构［J］. 学习与探索（10）：114－121.

陈秧分，刘玉，王国刚，2019. 大都市乡村发展比较及其对乡村振兴战略的启示［J］. 地理科学进展，38（9）：1403－1411.

陈垚，汪晓文，张国兴，2021. 交通基础设施对农村减贫的门槛效应研究［J］. 中国地质大学学报（社会科学版），21（5）：110－123.

陈耀邦，1999. 乡镇企业的发展与农村现代化［J］. 求是（18）：5－9.

陈煜，刘云强，王芳，2020. 农村经济区域发展水平时空差异变动趋势及影响因素分析：基于四川省五大经济区面板数据［J］. 农村经济（5）：50－57.

程承坪，曹扬，2020. “同地同权”能否促进农户消费和人力资本投资？——基于农村住房拆迁的实证研究［J］. 学习与实践（3）：36－47.

程智强，程序，2003. 农业现代化指标体系的设计［J］. 农业技术经济（2）：1－4.

褚宏启，2000. 教育现代化的路径［M］. 北京：教育科学出版社．

崔大树，2002. 关于区域现代化基本涵义的理论探讨［J］. 经济学动态（12）：30－34.

崔大树，2003. 区域现代化的理论与实证研究［D］. 杭州：浙江大学．

崔大树，黄庆，2003. 区域现代化指标体系的构建［J］. 当代经济科学（1）：80－85，96.

崔研，2000. 广东省率先实现现代化指标体系的设立研究［D］. 广州：暨南大学.
代贵金，王彦荣，宫殿凯，2019. 日本农业现代化及其对中国的启示［J］. 中国农学通报，35（3）：158－164.
戴林送，杨国才，2007. 我国农村现代化的实证研究［J］. 数理统计与管理（5）：840－845.
戴长征，2014. 中国国家治理体系与治理能力建设初探［J］. 中国行政管理（1）：10－11.
党国英，2018. 振兴乡村 推进农业农村现代化［J］. 理论探讨（1）：86－91.
邓德胜，祝海波，杨丽华，2007. 国外农村现代化模式对我国实现农村全面小康的启示［J］. 经济问题（2）：90－92.
邓祥征，梁立，吴锋，等，2021. 发展地理学视角下中国区域均衡发展［J］. 地理学报，76（2）：261－276.
邸菲，胡志全，2020. 我国农业现代化评价指标体系的构建与应用［J］. 中国农业资源与区划，41（6）：46－56.
杜金亮，李慧萍，2000. 论人的现代化与人的全面发展的关系［J］. 齐鲁学刊（5）：110－114.
杜萍，2009. 新农村建设中农村现代化评价指标体系及评价的研究：以江苏省为例［J］. 安徽农业科学，37（26）：12722－12724，12768.
杜志雄，2021. 农业农村现代化：内涵辨析、问题挑战与实现路径［J］. 南京农业大学学报（社会科学版），21（5）：1－10.
范从来，杨继军，2013. 中国特色社会主义现代化：学术源起、实践探索与理论反思［J］. 经济学家（2）：5－14.
范红忠，周启良，陈青山，2015. FDI区域分布差异的市场机制研究：来自中国287个地级以上城市的经验证据［J］. 国际贸易问题（4）：116－125.
付蓓，2012. 民生视域下西部民族地区现代化问题思考［J］. 人民论坛（26）：152－153.
傅晨，2001. 基本实现农业现代化涵义与标准的理论探讨［J］. 中国农村经济（12）：4－15.
傅晨，2010. 广东省农业现代化发展水平评价：1999—2007［J］. 农业经济问题（5）：26－33.
高强，2019. 乡村振兴的立法考量：基于国际经验的思考［J］. 农村经济（8）：10－16.
高强，曾恒源，2020. “十四五”时期农业农村现代化的战略重点与政策取向［J］. 中州学刊（12）：1－8.
高志刚，2002. 区域经济差异理论述评及研究新进展［J］. 经济师（2）：38－39.
高志刚，丁煜莹，2021. 中国西北地区城市的韧性测度及影响因素［J］. 科技导报，39（24）：118－129.
顾益康，2000. 西部大开发接轨东部大市场：对新世纪中国东西部合作开发的战略思考［J］. 求是（10）：560－565.
郭冰阳，陈小彦，2006. 我国农业现代化水平的综合评价［J］. 统计与决策（1）：95－96.
郭冠清，2020. 新中国农业农村现代化的政治经济学分析［J］. 经济与管理评论，36（5）：14－26.
郭海红，2019. 中国农业绿色全要素生产率时空分异与增长路径研究［D］. 青岛：中国石油大学（华东）.
郭岚，2008. 中国区域差异与区域经济协调发展研究［M］. 成都：巴蜀书社.
郭文卿，孟淑萍，1994. 论乡镇企业在建设现代化农村中的地位和作用［J］. 思想战线（2）：6－12.
郭翔宇，2017. 实施乡村振兴战略 加快推进农业农村现代化［J］. 农业经济与管理（5）：22－24.
郭翔宇，2018. 实施乡村振兴战略的时代意义与创新价值［N］. 黑龙江日报，03－09（009）.
郭翔宇，胡月，2018. 乡村振兴战略的鲜明特征［N］. 中国社会科学报，11－14（004）.
郭翔宇，胡月，2020. 乡村振兴水平评价指标体系构建［J］. 农业经济与管理（5）：5－15.
郭跃文，邓智平，2021. 中国共产党乡村经济政策的百年演变和历史逻辑［J］. 广东社会科学（4）：5－

13，254.

国务院发展研究中心农村经济研究部课题组，叶兴庆，程郁，2021. 新发展阶段农业农村现代化的内涵特征和评价体系 [J]. 改革（9）：1-15.

海若，2018. 乡村振兴看国外特色发展之路 [J]. 资源导刊（3）：50-51.

韩文龙，2019. 以城乡融合发展推进农业农村现代化 [J]. 红旗文稿（1）：24-26.

韩秀兰，阚先学，2011. 韩国农村现代化的路径及启示 [J]. 当代世界（2）：67-69.

韩长赋，2010. 加快发展现代农业 [N]. 人民日报，11-22.

韩长赋，2013. 积极推进新型农业经营体系建设 [N]. 人民日报，08-07（009）.

韩长赋，2013. 实现中国梦 基础在“三农” [J]. 农村工作通讯（18）：6-12.

何传启，1999. 第二次现代化：人类文明进程的启示 [M]. 北京：高等教育出版社：133-138.

河南省人民政府发展研究中心“乡村振兴战略研究”课题组，谷建全，刘云，等，2018. 河南省乡村振兴指标体系研究 [J]. 农村．农业．农民（B版）（4）：24-35.

亨廷顿，王冠华，1989. 变化社会中的政治秩序 [M]. 上海：生活·读书·新知三联书店.

宏观经济研究院课题组，叶剑峰，2000. 现代化标准研究 [J]. 宏观经济研究（4）：41-45.

洪银兴，2012. 现代化理论和区域率先基本现代化 [J]. 经济学动态（3）：4-8.

胡海洋，姚晨，胡淑婷，2019. 新时代区域协调发展战略的效果评价研究：基于中部崛起战略下的实证研究 [J]. 工业技术经济，38（4）：154-160.

黄季焜，陈丘，2019. 农村发展的国际经验及其对我国乡村振兴的启示 [J]. 农林经济管理学报，18（6）：709-716.

黄蓉，2022. 制造业集聚与碳减排空间溢出效应研究：基于技术交易视角的检验 [J]. 生态经济，38（2）：22-26，90.

黄少鹏，2002. 农业标准化是我国现代化农业发展的重要支撑：以安徽农业标准化工作成效为例 [J]. 中国农村经济（5）：63-66.

黄文新，马康贫，顾建敏，1995. 农村现代化指标体系及其推广应用 [J]. 农业技术经济（3）：11-15.

黄修杰，储霞玲，2020. 基于国际比较的广东农业高质量发展思考 [J]. 南方农业学报，51（6）：1502-1510.

黄祖辉，林坚，2003. 农业现代化：理论、进程与途径 [M]. 北京：中国农业出版社.

吉尔伯特·罗兹曼，2014. 中国的现代化 [M]. 南京：江苏人民出版社.

贾磊，刘增金，张莉侠，等，2018. 日本农村振兴的经验及对我国的启示 [J]. 农业现代化研究，39（30）：359-368.

江必新，2013. 推进国家治理体系和治理能力现代化 [N]. 光明日报，11-15（001）.

姜长云，李俊茹，2021. 关于农业农村现代化内涵、外延的思考 [J]. 学术界（5）：14-23.

蒋和平，黄德林，2006. 中国农业现代化发展水平的定量综合评价 [J]. 农业现代化研究（2）：87-91.

解安，路子达，2019. 农村现代化：实现“两个一百年”奋斗目标的必由之路 [J]. 河北学刊，39（6）：105-109.

康芸，李晓鸣，2000. 试论农业现代化的内涵和政策选择 [J]. 中国农村经济（9）：9-14.

柯炳生，2000. 对推进我国基本实现农业现代化的几点认识 [J]. 中国农村经济（9）：4-8.

孔令刚，2017. 实施乡村振兴战略 推进农业农村现代化 [N]. 安徽日报，10-30（007）.

孔祥智，2021. 推进农业农村现代化 实现城乡融合发展 [J]. 智慧中国（5）：38-41.

劳洁英，王成，王金亮，等，2021. 1986—2018年广州市建设用地扩张及其影响因素研究 [J]. 测绘科学，46（9）：199-206，223.

雷原，1999. 农村现代化及其基本特征和衡量指标 [J]. 人文杂志（3）：84-88.

李昌平，2013. 新村建设：农村现代化的重要路径［J］. 求是（11）：18－19.
李德玲，1998. 浅谈人的现代化［J］. 理论学刊（3）：33－34.
李刚，李双元，2020. 青海省农业农村现代化发展水平研究［J］. 农业现代化研究，41（1）：24－33.
李广斌，1998. 论我国农村现代化中的人力资本投资［J］. 青海社会科学（4）：21－26.
李季刚，马俊，2021. 数字普惠金融发展与乡村振兴关系的实证［J］. 统计与决策，37（10）：138－141.
李克乐，杨宏力，2021. 劳动力转移、土地流转和溢出效应对农户种植结构的影响［J］. 湖南科技大学学报（社会科学版），24（5）：77－89.
李培月，吴健华，钱会，2012. 样本统计量对水质评价中熵权计算的影响［J］. 南水北调与水利科技，10（2）：68－74.
李武装，2010. "文化现代化"研究述评［J］. 中共中央党校学报，14（3）：84－87.
李飏，李旭瀚，2018. 我国欠发达地区现代化指标体系研究：以广东省为例［J］. 广东社会科学（4）：52－57.
李永宁，2009. 江苏省农村现代化的实证研究［J］. 统计与决策（13）：106－108.
李裕瑞，王婧，刘彦随，等，2014. 中国"四化"协调发展的区域格局及其影响因素［J］. 地理学报，69（2）：199－212.
李周，温铁军，魏后凯，等，2021. 加快推进农业农村现代化："三农"专家深度解读中共中央1号文件精神［J］. 中国农村经济（4）：2－20.
厉以宁，2000. 区域发展新思路［M］. 北京：经济日报出版社.
梁丹，张小林，连建功，2005. 我国农村现代化评价指标体系的研究：以宜兴市为例［J］. 安徽农业科学（9）：1732－1733，1736.
梁艳，2013. 河北省农村现代化对农民生活满意度影响的统计分析［D］. 石家庄：河北经贸大学.
林毅夫，2002. 中国的城市发展与农村现代化［J］. 北京大学学报（哲学社会科学版）（4）：12－15.
林永然，2021. 交通基础设施对区域贫困的影响研究：基于省域面板数据的实证检验［J］. 学习论坛（1）：115－121.
刘光辉，1992. 乡镇企业与农村现代化［J］. 经济问题（9）：49－52.
刘奇葆，2011. 积极探索西部地区农业农村现代化道路［J］. 求是（15）：23－26.
刘荣勤，秦庆武，1994. 农村教育与农村现代化：山东莱芜农科教协调发展的启示［J］. 中国社会科学（2）：87－100.
刘巽浩，任天志，1995. 中国农业（农村）现代化与持续化指标体系的研究［J］. 农业现代化研究（5）：287－291.
刘耀彬，2008. 中国省区现代化水平及进程测度研究［J］. 科技进步与对策（6）：91－94.
刘震，2018. 城乡统筹视角下的乡村振兴路径分析：基于日本乡村建设的实践及其经验［J］. 学术前沿（6）：76－79.
刘志丹，2014. 国家治理体系和治理能力现代化：一个文献综述［J］. 重庆社会科学（7）：33－40.
龙晓柏，龚建文，2018. 英美乡村演变特征、政策及对我国乡村振兴的启示［J］. 江西社会科学，38（4）：216－224.
卢丹，2002. 现代化指标体系及评价方法研究［D］. 北京：首都经济贸易大学.
芦千文，姜长云，2018. 乡村振兴的他山之石：美国农业农村政策的演变历程和趋势［J］. 农村经济（9）：1－8.
陆杉，熊娇，2021. 农村金融、农地规模经营与农业绿色效率［J］. 华南农业大学学报（社会科学版），20（4）：63－75.

陆益龙，2018. 乡村振兴中的农业农村现代化问题［J］. 中国农业大学学报（社会科学版），35（3）：48-56.
罗荣渠，1990. 从“西化”到现代化［M］. 北京：北京大学出版社.
罗荣渠，1993. 现代化新论［M］. 北京：北京大学出版社.
罗荣渠，2004. 现代化新论：世界与中国的现代化进程［M］. 北京：商务印书馆.
罗烨欣，甘翠丽，李文，等，2021. 福建省休闲乡村空间分布特征及其影响因素研究［J］. 中国农业资源与区划，42（11）：276-286.
马恩成，1995. 对农村工业化、城市化与农业现代化、城乡一体化的探讨［J］. 南方农村（2）：5-7.
马浩，2013. 山东区域经济非均衡协调发展研究［D］. 北京：北京交通大学.
毛飞，孔祥智，2012. 中国农业现代化总体态势和未来取向［J］. 改革（10）：9-21.
梅方权，1999. 中国农业现代化的发展阶段和战略选择［J］. 调研世界（11）：3-5，7.
莫莉，余新晓，赵阳，等，2014. 北京市区域城市化程度与颗粒物污染的相关性分析［J］. 生态环境学报，23（5）：806-811.
穆克瑞，2021. 新发展阶段城乡融合发展的主要障碍及突破方向［J］. 行政管理改革（1）：79-85.
纳麒，郑宝华，2009. 云南特色农业农村现代化道路选择［J］. 云南社会科学（3）：11-16.
宁满秀，袁祥州，王林萍，等，2018. 乡村振兴：国际经验与中国实践——中国国外农业经济研究会2018年年会暨学术研讨会综述［J］. 中国农村经济（12）：130-139.
牛若峰，1999. 要全面理解和正确把握农业现代化［J］. 农业经济问题（10）：13-16.
牛若峰，2001. 中国农业现代化走什么道理［J］. 中国农村经济（1）：4-11.
潘弘图，2005. 福建农村现代化研究［D］. 福州：福建农林大学.
彭超，刘合光，2020. “十四五”时期的农业农村现代化：形势、问题与对策［J］. 改革（2）：20-29.
彭张林，张强，杨善林，2015. 综合评价理论与方法研究综述［J］. 中国管理科学，23（S1）：245-256.
钱学森，2001. 创建系统学［M］. 太原：山西科学技术出版社.
任保平，李梦欣，2021. 西部地区基本实现现代化：现状、约束与路径［J］. 西部论坛，31（5）：85-99.
任保平，2018. 新时代中国经济从高速增长转向高质量发展：理论阐释与实践取向［J］. 学术月刊，50（3）：66-74，86.
三浦武雄，浜冈斌，1983. 现代系统工程学概论［M］. 北京：中国社会科学出版社.
盛四辈，2012. 系统论视角下的我国国家创新体系战略群演进研究［D］. 合肥：中国科学技术大学.
石大建，陈小玉，1998. 人的现代化和社会现代化的关系［J］. 广西师范大学学报（哲学社会科学版）（S2）：55-59.
宋彦蓉，张宝元，2015. 基于地区现代化评价的客观赋权法比较［J］. 统计与决策（11）：82-86.
苏为华，2000. 多指标综合评价理论与方法问题研究［D］. 厦门：厦门大学.
苏杨，马宙宙，2006. 我国农村现代化进程中的环境污染问题及其对策［J］. 调研世界（6）：5，7-11.
速水佑次郎，弗农·拉坦，等，2014. 农业发展：国际前景［M］. 北京：商务印书馆.
孙贺，傅孝天，2021. 农业农村现代化一体推进的政治经济学逻辑［J］. 求是学刊，48（1）：81-89.
孙立平，1988. 社会现代化［M］. 北京：华夏出版社.
孙宁华，洪银兴，于津平，2013. 苏南地区现代化的标杆国家、进程评价和战略选择［J］. 南京社会科学（4）：6-13，20.
孙晓欣，马晓冬，2016. 江苏省农业现代化发展的格局演化及驱动因素［J］. 经济地理，36（10）：123-130.

覃诚，汪宝，陈典，等，2022. 中国分地区农业农村现代化发展水平评价［J］. 中国农业资源与区划，43（4）：173－182.

谭爱花，李万明，谢芳，2011. 我国农业现代化评价指标体系的设计［J］. 干旱区资源与环境，25（10）：7－14.

谭智心，2020. 城镇化进程中城乡居民财产性收入比较研究：一个被忽略的差距［J］. 学习与探索（1）：131－137.

汤放华，陈立立，2011. 20 世纪 90 年代以来长株潭城市群区域差异的演化过程［J］. 地理研究，30（1）：94－102.

唐金虎，吴胜荣，周忠林，1993. 无锡县农村现代化指标研究［J］. 农业经济问题（7）：22－27.

田春艳，吴佩芬，2018. 我国推进农村生态现代化的实践经验探索［J］. 农业经济（1）：50－52.

田杰，吴殿廷，李雁梅，等，2002. 我国各地区现代化进程研究［J］. 中国软科学（6）：99－102.

田毅鹏，2018. 东亚乡村振兴社会政策比较研究断想［J］. 中国农业大学学报（社会科学版），35（3）：23－28.

万永坤，王晨晨，2022. 数字经济赋能高质量发展的实证检验［J］. 统计与决策，38（4）：21－26.

王春光，1998. 我国农村现代化阶段性指标体系研究［J］. 浙江社会科学（3）：90－95，109.

王立胜，刘岳，2021. 整县推进：农业农村现代化的"潍坊模式"［J］. 文化纵横（2）：91－100，159.

王丽艳，杨楠，王振坡，等，2017. 土地产权制度、户籍制度与城乡统筹发展研究［J］. 农村经济（7）：45－51.

王录仓，武荣伟，梁炳伟，等，2016. 中国农业现代化水平时空格局［J］. 干旱区资源与环境，30（12）：1－7.

王沛，2020. 以乡村振兴战略为抓手 推动辽宁农业农村现代化发展［J］. 农业经济（6）：36－37.

王树华，顾丽敏，2018. 区域现代化的动力因素与作用机制［J］. 现代经济探讨（6）：14－19，42.

王欣亮，2015. 比较优势、产业转移与区域经济协调发展研究［D］. 西安：西北大学.

王秀华，2009. 欠发达地区现代化模式研究［J］. 改革与战略，25（3）：122－125，128.

王亚华，苏毅清，2017. 乡村振兴：中国农村发展新战略［J］. 中央社会主义学院学报（6）：49－55.

王永明，姜玲玲，王美霞，等，2022. 省域相对贫困村多尺度空间格局与分异机制［J］. 经济地理，42（1）：152－159.

王兆华，2019. 新时代我国农业农村现代化再认识［J］. 农业经济问题（8）：76－83.

王珍珍，穆怀中，2018. 高等教育人力资本与城镇化发展［J］. 华中科技大学学报（社会科学版），32（1）：76－85.

王铮，2002. 理论经济地理学［M］. 北京：科学出版社.

魏宏森，2013. 钱学森构建系统论的基本设想［J］. 系统科学学报（1）：1－8.

魏后凯，闫坤，等，2018. 中国农村发展报告 2018：新时代乡村全面振兴之路［M］. 北京：中国社会科学出版社.

魏后凯，2019. 深刻把握农业农村现代化的科学内涵［J］. 农村工作通讯（2）：1.

魏后凯，2019. 在区域发展新格局中实现西部高质量发展［J］. 新西部（34）：35－37.

魏后凯，郜亮亮，崔凯，等，2020. "十四五"时期促进乡村振兴的思路与政策［J］. 农村经济（8）：1－11.

魏素豪，李晶，李泽怡，等，2020. 中国农业竞争力时空格局演化及其影响因素［J］. 地理学报，75（6）：1287－1300.

吴志斌，屈雅红，徐燕明，2020. 中国美丽乡村的时空分异特征及影响因素分析：基于文化地理的视角［J］. 福建论坛（人文社会科学版）（8）：47－59.

仵明丽，2015. 美欧等发达国家乡村演变的历程与启示［J］. 时代金融（2）：26－27.
夏四友，文琦，赵媛，等，2017. 榆林市农业现代化发展水平与效率的时空演变［J］. 经济地理，37（10）：173－180.
辛岭，刘衡，胡志全，2021. 我国农业农村现代化的区域差异及影响因素分析［J］. 经济纵横（12）：101－114.
辛岭，蒋和平，2010. 我国农业现代化发展水平评价指标体系的构建和测算［J］. 农业现代化研究，31（6）：646－650.
辛岭，王济民，2014. 我国县域农业现代化发展水平评价：基于全国 1980 个县的实证分析［J］. 农业现代化研究，35（6）：673－678.
辛向阳，2014. 推进国家治理体系和治理能力现代化的三个基本问题［J］. 理论探讨（2）：27－31.
信桂新，杨朝现，杨庆媛，等，2017. 用熵权法和改进 TOPSIS 模型评价高标准基本农田建设后效应［J］. 农业工程学报，33（1）：238－249.
徐辉，王亿文，张宗艳，2021. 黄河流域水—能源—粮食耦合机理及协调发展时空演变［J］. 资源科学，43（12）：2526－2537.
薛亮，2008. 从农业规模经营看中国特色农业现代化道路［J］. 农业经济问题（6）：4－9，110.
燕洁，王双进，李蕊，2020. 农业产业链发展国际经验借鉴［J］. 农业经济（10）：120－122.
杨文杰，巩前文，2021. 城乡融合视域下农村绿色发展的科学内涵与基本路径［J］. 农业现代化研究，42（1）：18－29.
杨希，2016. 日本乡村振兴中价值观层面的突破：以能登里山里海地区为例［J］. 国际城市规划，31（5）：115－120.
杨小平，2011. 破解农村金融服务难的制度安排：以广西田东县为例［J］. 中国金融（14）：82－84.
杨勇，2015. 中国农村现代化模式研究［D］. 北京：外交学院.
杨志远，2016. 西部欠发达民族地区现代化进程的路径分析［J］. 西南民族大学学报（人文社科版），37（6）：130－134.
姚成胜，邱雨菲，黄琳，等，2016. 中国城市化与粮食安全耦合关系辨析及其实证分析［J］. 中国软科学（8）：75－88.
姚成胜，滕毅，黄琳，2015. 中国粮食安全评价指标体系构建及实证分析［J］. 农业工程学报，31（4）：1－10.
姚成胜，朱伟华，黄琳，2019. 中国农业经济发展的区域差异、时空格局演变及其驱动机制分析［J］. 农业现代化研究，40（4）：537－546.
叶普万，白跃世，2002. 农业现代化问题研究述评：兼谈中国农业现代化的路径选择［J］. 当代经济科学（5）：89－92.
叶兴庆，2017. 实现国家现代化不能落下乡村［J］. 中国发展观察（21）：10－12，27.
叶兴庆，2018. 新时代中国乡村振兴战略论纲［J］. 改革（1）：65－73.
易军，张春花，2005. 北方沿海地区农业现代化进程的定量评价［J］. 中国软科学（1）：134－139.
殷朝华，2005. 新疆区域经济协调发展的机制研究［D］. 石河子：石河子大学.
于江，2017. 乡村振兴的德国经验［J］. 群众（24）：63－65.
于津平，孙俊，2013. 基本现代化指标体系及其在我国东部地区现代化进程中的作用［J］. 江苏行政学院学报（4）：47－51.
于正松，李同昇，龙冬平，等，2014. 陕、甘、宁三省（区）农业现代化水平格局演变及其动因分析［J］. 地理科学，34（4）：411－419.
余科豪，程样国，2012. 现代化与农村现代化［J］. 南昌大学学报（人文社会科学版），43（5）：

52－55.
余立，孙劲松，2017.“新发展理念”：习近平关于现代化发展理念的检视、重构和开拓［J］. 理论与改革（6）：64－72.
俞可平，2014. 国家治理体系的内涵本质［J］. 理论导报（4）：15－16.
袁金辉，2005. 中国农村现代化的基本内涵与经验［J］. 国家行政学院学报（4）：27－30.
张冬平，黄祖辉，2002. 农业现代化进程与农业科技关系透视［J］. 中国农村经济（11）：48－53.
张航，李标，2016. 中国省域农业现代化水平的综合评价研究［J］. 农村经济（12）：53－57.
张合成，2017. 农业农村现代化实现六大突破［J］. 中国经济报告（12）：18－19.
张晖，2020. 乡村振兴战略的政治经济学阐释［J］. 求索（1）：141－148.
张建杰，张昆扬，张改清，等，2021. 家庭农场绿色生产行为选择及其区域比较研究［J］. 农业经济与管理（1）：46－57.
张梦中，马克·霍，2001. 定性研究方法总论［J］. 中国行政管理（11）：39－42.
张米尔，包丽春，任腾飞，2022. 地理标志对特色农产品出口的作用研究：基于出口市场的国别面板数据［J］. 中国软科学（2）：56－64.
张文彩，2018. 乡村振兴视阈下农村现代化的路径选择［J］. 农业经济（9）：29－31.
张香玲，李小建，朱纪广，等，2017. 河南省农业现代化发展水平空间分异研究［J］. 地域研究与开发，36（3）：142－147.
张晓瑞，2005. 我国地区现代化指标体系的构建［J］. 工业技术经济（5）：38－39.
张学良，2012. 中国区域经济增长新格局与区域协调发展［J］. 科学发展（7）：64－78.
张延曼，2020. 新时代中国特色城乡融合发展制度研究［D］. 长春：吉林大学.
张应武，欧阳子怡，2019. 我国农业农村现代化发展水平动态演进及比较［J］. 统计与决策，35（20）：95－98.
张玉英，吕剑平，2021. 基于“三农”及城乡融合四维度的农业农村现代化发展水平评价：以甘肃省为例［J］. 南方农村，37（5）：18－26.
张治会，2017. 西南山区农业现代化研究［D］. 北京：中国农业科学院.
章磷，姜楠，2021. 黑龙江省农业农村现代化发展水平综合评价［J］. 北方园艺（16）：161－169.
赵宏波，2014. 吉林省中部地区经济差异与协调发展研究［D］. 长春：中国科学院研究生院（东北地理与农业生态研究所）.
赵景阳，郭艳红，米庆华，2007. 广义农业现代化的内涵与评价研究：以山东省为例［J］. 农业现代化研究（1）：28－31，46.
赵克荣，2003. 论人的现代化与人的全面发展［J］. 社会科学研究（5）：61－63.
赵西君，2015. 基于二次现代化理论的苏南地区现代化发展路径研究［J］. 理论与现代化（2）：5－9.
赵旭，1999. 略论我国农村现代化指标体系的设计［J］. 江苏统计（6）：20－22.
赵艳琼，2003. 创新农村制度体系：提升农村现代化程度［J］. 广西民族学院学报（哲学社会科学版）（S2）：74－76.
赵颖文，吕火明，2018. 四川省农业农村现代化发展水平评价及障碍因素研究［J］. 农业经济与管理（4）：28－37.
郑晔，佘欢，2009. 农村现代化的发展趋势及其现实选择［J］. 社会科学研究（6）：28－33.
郑重，1993. 农村的现代化、工业化、城市化［J］. 改革（6）：77－80.
中国现代化战略研究课题组，2004. 中国现代化报告 2004：地区现代化之路［M］. 北京：北京大学出版社.
中国现代化战略研究课题组，2005. 中国现代化报告 2005：经济现代化研究［M］. 北京：北京大学出版社.
中国现代化战略研究课题组，2006. 中国现代化报告 2006：社会现代化研究［M］. 北京：北京大学出版社.
中国现代化战略研究课题组，2007. 中国现代化报告 2007：生态现代化研究［M］. 北京：北京大学出版社.
中国现代化战略研究课题组，2009. 中国现代化报告 2009：文化现代化研究［M］. 北京：北京大学出版社.
中国现代化战略研究课题组，2018. 中国现代化报告 2018：产业结构现代化研究［M］. 北京：北京大学出版社.
钟水映，李强谊，徐飞，2016. 中国农业现代化发展水平的空间非均衡及动态演进［J］. 中国人口·资源与环境，26（7）：145-152.
钟真，谢东东，查紫振，2021. "十四五"中国农业农村现代化的战略取向与关键政策［J］. 江海学刊（2）：113-119，254.
周启良，范红忠，2021. 人力资本—产业结构匹配度对城市化的影响：来自中国 287 个地级及以上城市的经验证据［J］. 重庆大学学报（社会科学版），27（4）：199-215.
周森，1994. 乡村城镇化道路的实践探索：学习邓小平关于农村现代化的思想、理论的体会［J］. 南方农村（5）：7-9.
朱道华，2002. 略论农业现代化、农村现代化和农民现代化［J］. 沈阳农业大学学报（社会科学版）（3）：178-181，237-238.
朱强，俞立平，2010. 中国现代化指标体系评价的实证研究［J］. 求索（6）：50-52.
珠江三角洲农业现代化指标体系课题组，1999. 2010 年珠江三角洲基本实现农业现代化的评价指标体系［J］. 南方农村（2）：4-8.
珠江三角洲农业现代化指标体系课题组，1999. 关于 2010 年珠三角基本实现农业现代化评价指标体系的说明［J］. 南方农村（3）：9-13.
祝志川，张国超，张君妍，等，2018. 中国农业农村现代化发展水平及空间分布差异研究［J］. 江苏农业科学，46（19）：386-391.
邹广文，2022. 中国式现代化道路的文化解析［J］. 求索（1）：15-21.
邹林，曹泳鑫，1998. 乡村政治结构变迁与农村和农民的现代化［J］. 理论与改革（5）：6-8.
"农业现代化评价指标体系构建研究"课题组，张淑英，夏心旻，2012. 农业现代化评价指标体系构建研究［J］. 调研世界（7）：41-47.
《苏州市率先基本实现农业农村现代化评价考核指标体系（2020—2022 年）（试行）》在京发布［EB/OL］.（2020-05-28）［2024-10-05］. https：//nyncj.suzhou.gov.cn/nlj/tpxw/202005/d0bd46220abb4a25b8548fd3fc92e598.shtml.
《潍坊市全面推进乡村振兴加快实现农业农村现代化指标体系》在京发布［EB/OL］.（2021-06-06）［2024-10-05］. https：//mp.weixin.qq.com/s/KcW2b-glE1_mDiW9RbBq6g.
《中国农村金融服务报告 2018》［EB/OL］. http：//www.pbc.gov.cn/goutongjiaoliu/113456/113469/3892519/2019091917241089761.pdf.
《中国现代化进程监测系统研究》课题组，2003. 中国现代化进程监测系统研究［J］. 统计研究（5）：3-14.
Altieri M A，Rosset P M，Nicholls C I，1997. Biological control and agricultural modernization：Towards resolution of some contra dictions［J］. Agriculture and human values（3）：303-310.
Anderson T W，Cheng H，1982. Formulation and estimation of dynamic models using panel data［J］.

Journal of Econometrics, 18 (1): 47 - 82.

Anselin L, 1988. Lagrange Multiplier Test Diagnostics for Spatial Dependence and Spatial Heterogeneity [J]. Geographical Analysis, 20 (1): 1 - 17.

Arimotoy, 2011. Participatory rural development in 1930s Japan: The economic rehabilitation movement [R]. Tokyo: PRIMCED Discussion Paper Series.

Ayobami O K, Bin Ismail H N, 2013. Host's supports for voluntourism: A pragmatic approach to rural revitalization [J]. Australian Journal of Basic & Applied Sciences.

Bai J, 2004. Estimating cross-section common stochastic trends in nonstationary panel data [J]. Journal of Econometrics, 122 (1): 137 - 183.

Bai J, 2009. Panel Data Models With Interactive Fixed Effects [J]. Econometrica, 77 (4): 1229 - 1279.

Bai X, Shi P, Liu Y, 2014. Realizing China's urban dream [J]. Nature, 509: 158 - 160.

Binswanger H P, Ruttan V W, 1978. Induced innovation: technology, institutions and development [M]. Baltimore: Johns Hopkins University Press.

Binswanger-MKHIZE H P, DE REGT J P, Spector S, 2010. Local and community driven development: Moving to scale in theory and practice: The World Bank new frontiers of social policy [R]. Washington D C.

Boehlje, Michael, 1999. Structural Changes in the Agricultural Industries: How Do We Measure, Analyze and Understand Them? [J]. American Journal of Agricultural Economics, 81 (5): 1028 - 1041.

Carlos Parra-López, Groot J C J, Carmona-Torres C, et al., 2008. Integrating public demands into model-based design for multifunctional agriculture: An application to intensive Dutch dairy landscapes [J]. Ecological Economics, 67 (4): 538 - 551.

Carof M, Colomb B, Aveline A, et al., 2013. A guide for choosing the most for multi-criteria assessment of agricultural systems according expectations [J]. Agricultural Systems: 51 - 62.

Carr P J, Kefalas M J, 2010. Hollowing out the Middle: The Rural Brain Drain and What It Means for America [J]. Journal of Rural Social Sciences, 291 (14): 30 - 34.

Deere C D, Gonzales E, Prez N, et al., 1995. Household Incomes in Cuban Agriculture: A Comparison of the State, Co-operative and Peasant Sectors [J]. Development and Change (2): 209 - 234.

Dernberger R F, 1980. Agricultural Development: The Key Linkin China's Agriculture Modernization [J]. American Journal of Agricultural Economics (3): 346 - 357.

Diederen P, 2003. Modernization in Agriculture: What Makes a Farmer Adopt an Innovation? [J]. International Journal of Agricultural Resources, Governance and Ecology (2): 328 - 342.

Elhamoly Adel I, Nanseki Teruaki, Shinkai Shoji, et al., 2011. Implementation Degree of Agricultural Decisions at the Egyptian Farm Level and the Expected Role to the Agricultural Extension: a Comparison with Japan [J]. Journal of the Faculty of Agriculture (2): 417 - 424.

Gary R Sands, Terence H Pod, 2000. A generalized environmental sustainability index for agricultural systems [J]. Agriculture, Ecosystems and Environment (79): 29 - 41.

Geroy G D, Williams R A, 1990. White paper analysis of human resource policy considerations of revitalization of rural America: Office for Applied Research Report [R]. Ft. Collins: Colorado State University.

Gladwin C H, Long B F, Babb E M, et al., 1989. Rural entrepreneurship: One key to rural revitalization [J]. American Journal of Agricultural Economics, 71 (5): 1305 - 1314.

G M Miletić, M M Golubić, M Žanić, 2017. Second home development and rural revitalization: a case study from Croatia [C] // The XXVII European Society for Rural Sociology Congress, 24 - 27

July 2017.

Greene M J, 1988. Agriculture diversification initiatives: State government roles in rural revitalization [J]. Rural Economic Alternatives.

Guangmi LU, Zaiqing ZHU, 2017. Comparative Analysis on Farmers' Specialized Cooperatives from the Perspective of Agricultural Industry Chain [J]. Asian Agricultural Research, 9 (02): 6-9, 11.

Hamzah I, 2010. Effective institutional arrangement in rural development [D]. Scotland: The University of Glasgow.

Hardeman E, Jochemsen H, 2012. Are There Ideological Aspects to the Modernization of Agriculture? [J]. Journal of Agricultural & Environmental Ethics, 25 (5): 657-674.

Henderson V, 2003. The Urbanization Process and Economic Growth: The So-What Question [J]. Journal of Economic Growth, 8 (1): 47-71.

Hicks J R, 1946. Value and capital [M]. Oxford: Clarendon Press.

Hietala Koivu R, 2002. Landscape and Modernizing Agriculture: a Case Study of Three Areas in Finland in 1954—1998 [J]. Agriculture Ecosystems&Environment (1): 273-281.

Huffman W E, Evenson R E, 2001. Structural and productivity change in US agriculture, 1950—1982 [J]. Agricultural Economics, 24 (2): 127-147.

Inglehart R, 1997. Modernization and Postmodernization: Cultural, Economic, and Political Change in 43 Societies [M].

Jang H, Yunjung K, 2016. Comprehensive rural development strategies of Korea and their implications to developing countries [J]. Journal of Rural Development (39): 1-34.

Johnson T G, 1989. Entrepreneurship and development finance: Keys to rural revitalization [J]. American Journal of Agricultural Economics, 71 (5): 1324-1326.

Jorgenson D W, 1961. The Development of a Dual Economy, Economic Journal (282): 309-334.

Kader R A, Mohamad M R B, Ibrahim A A H, 2009. Success factors for small rural entrepreneurs under the one-district one-industry programme in Malaysia [J]. Contemporary Management Research, 5 (2): 147-162.

Kawate T, 2005. Rural revitalization and reform of rural organizations in contemporary rural Japan [J]. Journal of Rural Problems, 40 (4): 393-402.

Kemavuthanon S, 2014. Leadership in the OVOP and similar movement: The comparative study between the OVOP movement in Japan and OTOP project in Thailand [J]. International Journal of Public Administration (37): 542-555.

Kennedy E T, 1994. Approaches to Linking Agriculture and Nutrition Programs [J]. Health Policy And Planning, 9 (3): 294-305.

Kindle P A, 2012. Book Review: Survival of Rural America: Small Victories and Bitter Harvests [J]. Online Journal of Rural Research & Policy, 7 (1).

Korsching P, 1992. Multicommunity collaboration: An evolving rural revitalization strategy [J]. Rural Development News.

Krugman P R, 1991. Increasing Return and Economic Geography [J]. Journal of Political Economy, 99 (3): 483-499.

Levy M J, 1996. Modernization & the structure of societies [M]. New Brunswick and London: Transaction Publishers: 35-84.

Lewis A, 1954. Economic Development with Unlimited Supplies of Labour [J]. The Manchester school of economic and social studies, 22 (2): 139 - 191.

Luther Tweeten, Stanley R, Thompson, et al., 2002. Agricultural Policy for the 21st Century [J]. Lowa State Press (4): 5 - 23.

Ma Y, 2013. Research on Rural Human Resources Development under the Background of New Urbanization [J]. economic (2): 51 - 52.

Mauricio R Bellon, Jon Hellin, 2011. Planting hybrids, Keeping Landraces: Agricultural Modernization and Tradition among Small-Scale Maize Farmers in Chiapas, Mexico [J]. World Development (8): 1434 - 1443.

McLaughlin K, 2016. Infectious disease: Scandal clouds China's global vaccine ambitions [J]. Science (283): 352.

Murakami Naoki, 2011. Rural Industrialization and the Role of Human Capital: An Analysis of Backto Business in Henan Province [J]. Journal of Henan University (Social Science) (2): 32 - 42.

Myers R H, 1971. Modernization Effect upon Exports of Agricultural Produce: South Korea Comment [J]. American Journal of Agricultural Economics (1): 132 - 141.

Nonaka A, Ono H, 2015. Revitalization of Rural Economies though the Restructuring the Self-sufficient Realm [J]. Japan Agricultural Research Quarterly, 49 (4): 383 - 390.

Prandl-Zika V, 2008. From Subsistence Farming towards a Multifunctional Agriculture: Sustainability in the Chinese Rural Reality [J]. Journal of Environmental Management (2): 236 - 248.

Rajesh Bahadur Thapa, Yuji Murayama, 2008. Land Evaluation for Peri-urban Agriculture Using Analytical Hierarchical Process and Geographic Information System Techniques: A Case Study of Hanoi [J]. Land Use Policy (2): 225 - 239.

Ranis G, Fei J C, 1961. A theory of economic development. [J]. American Economic Review, 51 (4): 533 - 565.

Rees W E, 1992. Ecological Footprint and Appropriated Carrying Capacity: What Urban Economics Leaves Out [J]. Environment and Urbanization, 4 (2): 121 - 130.

Rezaei-Moghaddam K, Karami E, 2008. A multiple criteria evaluation of sustainable agricultural development models using AHP [J]. Environment Development and Sustainability, 10 (4): 407 - 426.

Ruttan V W, Hayami Y, 1984. Toward a theory of induced institutional innovation [J]. The Journal of Development Studies (4): 203 - 223.

Schultz, Theodore William, 2006. 改造传统农业 [M]. 梁小民, 译. 北京: 商务印书馆.

Steven Archambault, 2004. Ecological modern Ization of the Agriculture Industry in Southern Sweden: Reducing Emissions to the Baltic Sea [J]. Journal of Cleaner Production (12): 491 - 503.

Theodore W Schultz, 1964. Transforming traditional agriculture [M]. Chicago: University of Chicago Press.

Thu n T A, 2013. One Village One Product (OVOP) in Japan to One Tambon One Product (OTOP) in Thailand: Lessons from grass root development in developing countries [J]. Journal of Social and Development Sciences, 4 (12): 529 - 537.

Timmer C P, 1988. The Agricultural Transformation [J]. Handbook of Development Economics, 1 (Part II): 276 - 331.

Turyareeba P J, 2001. Renewable Energy: its Contribution to Improved Standards of Living and Modernization of Agriculture in Uganda [J]. Renewable Energy (3): 453 - 457.

Twomey M J, Helwege A, 2001. Modernization and stagnation: Latin American Agriculture into the

1990s [M]. Greenwood Press Inc：270.

Vaneeckhaute C，Meers E，Michels E，et a1.，2013. Ecological and Economic Benefits of the Application of Bio-based Mineral Fertilizers in Modern Agriculture [J]. Biomass and Bioenergy (49)：239 - 248.

Von Wiren-Lehr S，2001. Sustainability in Agriculture-an Evaluation of Principal Goal-oriented Concepts to Close the Gap Between Theory and Practice [J]. Agriculture，Ecosystems &Environment (2)：115 - 129.

Waldron S，Brown C，Longworth J，et al.，2010. A Critique of High-value Supply Chains as a Means of Modernizing Agriculture in China：The Case of the Beef Industry [J]. Food Policy (5)：479 - 487.

Xia H J，Wang B G，Zhang S P，2015. A Report on the Actual Investigation of Rural Community Construction in Europe (I)：Taking Germany and France as Examples [J]. Construction of Small Towns (4)：81 - 84，93.

Yang J，2018. Community participation for sustainable development：Revisiting South Korean rural modernization of the 1970s [J]. Community Development Journal，53 (1)：61 - 77.

Yansui Liu，Fang Fang，Yuheng Li，2014. Key issues of land use in China and implications for policy making [J]. Land Use Policy (40)：6 - 12.

Zhang L，2016. Rural Revitalization：Introductions for Rural Planning and Development in East Asia [J]. Urban Planning International.